# केसव सुनहु प्रबीन

मुग़लकालीन हिन्दी साहित्यिक परिवेश

# केसव सुनहु प्रबीन

## मुग़लकालीन हिन्दी साहित्यिक परिवेश

**ऐलिसन बुश**

अनुवाद
**रेयाज़ुल हक़**

भूमिका व सम्पादन
**दलपत राजपुरोहित**

वाणी प्रकाशन

प्रकाशन के उत्कृष्टतम 62 वर्ष

vaniprakashan.com

सजिल्द पहला संस्करण : 2025

**वाणी प्रकाशन**

*4695, 21-ए, दरियागंज, नयी दिल्ली-110 002*

*फ़ोन : + 91 11 23273167, 23275710*

**शाखाएँ**

*अशोक राजपथ, पटना-800 004, बिहार*

*कॉफ़ी हाउस कैम्पस, महात्मा गांधी मार्ग, प्रयागराज-211 001, उत्तर प्रदेश*

*महात्मा गांधी अन्तरराष्ट्रीय हिन्दी विश्वविद्यालय, वर्धा-442 001, महाराष्ट्र*

sales@vaniprakashan.in

vaniprakashan@gmail.com

Kesav Sunhu Prabeen

*by* Allison Busch

*Translated by* Reyazul Haque

*Bhoomika & Edited by* Dalpat Rajpurohit

ISBN : 978-93-6944-916-3

Criticism



मूल्य : ₹ 950



*आर. टेक ऑफ़सेट, दिल्ली-110 093 में मुद्रित*

*वाणी प्रकाशन का लोगो मक़बूल फ़िदा हुसैन की कूची से .*

*मेरे माता-पिता*
*बीजे और रॉबर्ट बुश*
*के लिए*

# अनुक्रम

## अध्याय दो : रीतिकाव्य का सौन्दर्यबोध



## अध्याय तीन : ब्रजभाषा के बुद्धिजीवी



## अध्याय चार : मुग़ल दरबार में रीति साहित्य

## अध्याय पाँच : वृहत्तर हिन्दुस्तान में रीति साहित्य



## अध्याय छह : औपनिवेशिक भारत में रीति साहित्य का भाग्य



## उपसंहार

# केसव सुनहु प्रबीन

मुग़लकालीन हिन्दी साहित्यिक परिवेश

**भूमिका**

# हिन्दी अतीत के नये प्रतिमान

दलपत राजपुरोहित

डॉ. ऐलिसन बुश के बारे में पहली बार सन् 2006 में मित्र टाइलर विलियम्स से सुना था। टाइलर 'साहित्य सम्मेलन लाइब्रेरी', इलाहाबाद (अब प्रयागराज) से दिल्ली वापस लौटे थे और बताया कि वहाँ उनका मिलना ऐलिसन बुश से हुआ जो रीति कवि केशवदास पर काम कर रही थीं। विदेश से आयी हुई कोई अध्येता रीतिकाल पर शोध कर रही है, यह सुनकर आश्चर्य हुआ था क्योंकि जेएनयू में उस वक़्त रीतिकाव्य का कोई नामलेवा नहीं था। टाइलर को अगले ही साल ऐलिसन बुश के साथ शोध-कार्य करने हेतु कोलम्बिया यूनिवर्सिटी के पी-एच.डी. कार्यक्रम में दाख़िला मिल गया था। सन् 2008 शुरू होते-होते ऐलिसन बुश से मुझे एक ई-मेल मिलता है जो कोलम्बिया यूनिवर्सिटी में हिन्दी-उर्दू लेक्चरर पद हेतु साक्षात्कार का आमन्त्रण था। उस पद के लिए आवेदन तो किया था लेकिन इंटरव्यू के लिए बुला लिया जाऊँगा, इसकी आशा न थी। बाद में पता चला कि ऐलिसन बुश कोलम्बिया के हिन्दी-उर्दू कार्यक्रम को विस्तार दे रही थीं और हिन्दी-उर्दू भाषा शिक्षण के लिए मुझ जैसे युवा स्कॉलर पर दाँव लगाने को तैयार थीं।

हिन्दी-उर्दू लेक्चरर पद के उसी साक्षात्कार के लिए मार्च 2008 में पहली बार ऐलिसन बुश से न्यूयॉर्क में मिलना हुआ था। वे अकादमिक बहसों से लेकर, खाने-पीने, न्यूयॉर्क की सर्दी में पहनने-ओढ़ने जैसी हर छोटी-बड़ी चीज़ की परवाह करने वाली थीं। अमेरिका या कहें तो विदेश की धरती पर मेरे पहले ही दिन वे एक 'ग्रोसरी स्टोर' पर मुझे ले गयीं। वे बताती गयीं कि कौन सी चीज़ें खायी जा सकती हैं और कौन से बिस्किट एकदम भारतीय बिस्किट जैसे लगते हैं! जिस स्नेह से वे मिलतीं, उससे लग नहीं रहा था कि वहाँ मेरा इंटरव्यू चल रहा था। अमेरिका में जिस तरह मेरे पहले सात-आठ दिन गुज़रे, वह समय भारत के बाहर भारत-अध्ययन

की अकादमिक दुनिया का ज़बरदस्त और सुखद परिचय था। स्नेहिल, मदद करने को तत्पर, जानने को उत्सुक, भारतीय साहित्य का गहरा ज्ञान रखने वाली और धाराप्रवाह हिन्दी बोलती ऐलिसन बुश ऐसी ही विद्वान थीं जिनसे मैंने अपने ही साहित्य को, अपनी ही संस्कृति को नये रूप में पहचाना। कोलम्बिया की नौकरी मुझे मिल गयी थी और मैं अगस्त 2008 में फिर अमेरिका पहुँचा, जहाँ अगले दस साल ऐलिसन बुश के साथ एक ही विभाग में काम करते हुए गुज़रने वाले थे।

उनकी किताबें, नोट्स आज जब देखता हूँ और जब किसी शब्द, मात्रा, अक्षर या बिन्दी तक पर उनकी टिप्पणी पढ़ता हूँ तो लगता है हिन्दी ऐलिसन के लिए केवल भाषा शिक्षण का मामला नहीं थी बल्कि पूरी ज्ञान-परम्परा थी जिसके गूढ़ तर्कों तक वे पहुँची थीं और उनकी परवाह करती थीं। सन् 2009 से 2019 तक दस साल हमने एक पुस्तक पर साथ काम किया था जिसमें रीति कवि पद्माकर की 'हिम्मतबहादुर विरुदावली' का अंग्रेज़ी अनुवाद शामिल था। हम महीने में दो बार एक-दूसरे के घर पर पूरा दिन अनुवाद करने में एवं उस पर बहस करने में बिताते थे। इतिहासकार विलियम पिंच इस समूह के हमारे तीसरे साथी थे। ऐलिसन चाहती थीं कि मैं अपनी पी-एच.डी. भी कोलम्बिया यूनिवर्सिटी से ख़त्म करूँ और भाषा से परे अध्ययन-अध्यापन करूँ। वे अपने साथ जुड़े हर व्यक्ति के लिए बेहतर चाहती थीं और उस पर भरोसा रखती थीं कि वह अपनी सीमाओं का विस्तार करे तथा उस क्षितिज को पाने की कोशिश करे जो उसकी क्षमता में है। मैंने पी-एच.डी. भारत से ही पूरी की और इस क्रम में उन्होंने बहुत सहारा दिया। फिर ऑस्टिन में एक नयी नौकरी के लिए साक्षात्कार देने जा रहा था। कुछ तनाव, कुछ आत्मविश्वास में कमी, अनिश्चितता की चिन्ता, सब महसूस हो रहा था। फ़्लाइट में बैठे-बैठे ऐलिसन बुश का एक ई-मेल मिला। जिसमें 'भगवद्गीता' के एक श्लोक का उद्धरण देती वे मेरा हौसला बढ़ाती हैं। शायद मेरी मन:स्थिति का उनको पता था। टेक्सस विश्वविद्यालय की वह नौकरी भी मुझे मिली। ऐलिसन इसकी चिन्ता किये बग़ैर कि मैं कोलम्बिया छोड़ के जा रहा हूँ, मुझे परिवार और मित्रों सहित अपने घर पर एक शानदार दावत देती हैं। बाद में मुझसे अपने सिलेबस, किताबें, सब साझा करती हैं। सन् 2018 की जिस गर्मी में मैं कोलम्बिया से अपना संसार समेट रहा था, ऐलिसन को गम्भीर कैंसर होने की ख़बर मिलती है। हम उसके बाद भी ऑनलाइन मिलते रहे और पद्माकर पर अपनी किताब को आगे बढ़ाते रहे। सन् 2019 की शुरुआत में एकबारगी लगा कि वे ठीक हो जायेंगी। मैं न्यूयॉर्क गया हुआ था। वे मुझे लंच पर ले गयीं। उनका

वज़न काफ़ी कम हो गया था। उन्होंने समझाया कि टेक्ससवाली मेरी नौकरी में अध्ययन-अध्यापन सम्बन्धी कितनी आज़ादी है! वे मेरे लिए बहुत ख़ुश थीं। नहीं जान रहा था कि वह हमारी अन्तिम मुलाक़ात थी। कैंसर से लड़ते 19 अक्टूबर 2019 को ऐलिसन ने इस संसार को हमेशा के लिए विदा कह दिया।

ऐलिसन के न होने से सबसे ज़्यादा हानि हिन्दी जगत् ख़ासकर हिन्दी अतीत के अध्ययन को हुई है। उनको अभी बहुत कुछ लिखना ना। कई प्रोजेक्ट पर वे काम कर रही थीं। आलोचना के नये आयाम उभरने थे जिनकी कमी हमेशा रहेगी। लेकिन आज जब हम उनका लिखा पढ़ते हैं तो लगता है, वे कितना कुछ सँभालकर और लिखकर गयी हैं। इसकी सबसे बड़ी मिसाल यह किताब है जो आपके हाथों में है। भारत के पूर्व-आधुनिक दौर या मुग़ल-राजपूत काल पर कोई अध्ययन आज बिना इस पुस्तक से गुज़रे, इसका उद्धरण दिये अधूरा है। इसीलिए अंग्रेज़ी में सन् 2011 में आयी इस पुस्तक को हिन्दी में प्रस्तुत करना ज़रूरी था। हिन्दी अतीत की समझ और भावी अध्ययन की सम्भावनाएँ इस किताब में समायी हुई हैं।

मुग़लकाल में साहित्य की प्रधान धारा के रूप में स्थापित लेकिन आधुनिक काल में लगभग विस्मृत और उपेक्षित ब्रजभाषा की रीति कविता को लेकर ऐलिसन बुश की इस पुस्तक में दी गयी मूल स्थापनाओं को सिलसिलेवार यहाँ रखना उचित होगा। ये स्थापनाएँ निम्न हैं–

## हिन्दी साहित्य के इतिहास का विऔपनिवेशीकरण

सोलहवीं सदी से लेकर उन्नीसवीं सदी तक भारतीय दरबारों में रचे गये हिन्दी या ब्रजभाषा रीति साहित्य को आधुनिक काल में परखने की जो श्रेणियाँ बनीं, उनका विकास भारत में न होकर यूरोप में हुआ था। यह मानना कि कविता मानस के अन्त:स्थल से स्वत: उद्भूत होती है और वह कवि की निजी भावनाओं को सरल-सहज रूप से अभिव्यक्त करती है तथा समाज के लिए उपयोगी होती है, दरअसल उन्नीसवीं सदी के यूरोप में रोमांटिक दौर में पैदा हुए मानक थे। इन मानकों की स्वयं यूरोप में कोई लम्बी परम्परा नहीं थी क्योंकि रोमांटिक दौर से पहले कविता वहाँ भी पूर्व-स्थापित क्लासिकल मानकों से प्रभाव ग्रहण किये बिना सम्भव नहीं थी। अर्थात् 'कविता की रीति' को लेकर स्थापित सिद्धान्त भारत की तरह यूरोप में भी उतने ही प्रतिष्ठित थे। उन्नीसवीं सदी के रोमांटिक दौर में प्रचलित हुए मानक ब्रिटिश सत्ता के भारत से सम्पर्क में आने के साथ ही यहाँ भी प्रचलित होते हैं। इस तरह उपनिवेशवाद राजनीतिक सत्ता ही नहीं सौन्दर्यबोधीय निरंकुशता को भी

भारत लाया। ब्रिटिश-औपनिवेशिक साहित्यिक मानकों का बहुत गहरा प्रभाव हिन्दी साहित्य के इतिहास-लेखन पर पड़ा। इससे हिन्दी इतिहास और आलोचना में बहुधा रीति साहित्य को एक पतनशील मध्यकालीन संस्कृति का उत्पाद मान लिया गया। हम अगर इतिहास और साहित्यिक संस्कृति का विऔपनिवेशीकरण चाहते हैं तो हमें हिन्दी अतीत को इन मानकों से बाहर निकालकर परखना होगा।

केशवदास जैसे रीतिकवियों ने अपनी विषयवस्तु और काव्य-शैली के लिए संस्कृत काव्य को आधार बनाया था। इससे देशभाषा में कविता की संभावनाएँ खुलीं, उसके 'कंटेंट' को व्यापकता मिली, वह शास्त्रीय रूप से समृद्ध हुई और उसे विस्तृत स्वीकृति मिली। इस प्रक्रिया में संस्कृत के बजाय देशभाषा में सुन्दर, परिष्कृत रचना के लिए कवियों ने आत्मविश्वास हासिल किया और साहित्य लेखन के क्षेत्र में ब्रजभाषा ने धीरे-धीरे संस्कृत की जगह ले ली। दूसरी सहस्राब्दी में देशभाषाकरण की यह प्रक्रिया वैश्विक थी। क्लासिकल चीनी साहित्य के संवाद के ज़रिए ही जापानी साहित्य का उद्‌भव हुआ। यूरोप में यूनानी व लैटिन काव्य को आधार बनाकर रोमन, फ्रेंच, इतालवी और जर्मन कवियों के उभार की भी यही कहानी रही है। इन कवियों को उनकी परम्परा में उच्च स्थान हासिल है। केशवदास, चिन्तामणि, मतिराम आदि रीतिकवि अपने काल में जितने सम्मानित थे वे आधुनिक काल में उतने ही निन्दा के पात्र बन गये। इसके लिए हिन्दी की राष्ट्रवादी और मार्क्सवादी दोनों आलोचना परम्पराएँ ज़िम्मेदार हैं। आधुनिक इतिहास और आलोचना की कोटियों से बाहर निकलकर ब्रजभाषा या क्लासिकल हिन्दी के कवियों और उनकी साहित्यिक उपलब्धियों को इसीलिए समझा जाना ज़रूरी है।

दरबारी सन्दर्भ में लिखे साहित्य को मुग़लकाल में संस्कृति का एक विशेष क्षेत्र माना जाता था। दरबारी परिवेश साहित्य में रूप और शैली को विशेष महत्त्व देता था। संस्कृत इन दोनों क्षेत्रों में सदियों से प्रतिष्ठित थी। इसलिए उस काल के कवि भले ही किसी भी भौगोलिक क्षेत्र से आये हों, उनके लिए ज़रूरी था कि दरबारी साहित्य वे उसी भाषा में लिखें जिस भाषा ने एक जटिल प्रक्रिया से गुज़रकर उच्च स्थान हासिल किया था। ब्रजभाषा ऐसी ही देशभाषा थी। ऐतिहासिक रूप से मुग़लों और राजपूतों का साथ आना जिससे अकबर के काल से वृन्दावन में कृष्ण मन्दिरों को प्रश्रय मिलना, सूफ़ी स्थानों और सन्तों को प्रश्रय मिलना, साथ ही ध्रुपद आदि हिन्दुस्तानी संगीत की मुग़ल दरबार में प्रतिष्ठा होना तथा एक 'मुग़ल रसिक' का विकास होना सोलहवीं-सत्रहवीं सदी में चल रही ऐतिहासिक प्रक्रिया थी। इसके

समानान्तर, और बहुत कुछ इसी प्रक्रिया से समर्थित, भक्ति कविता और कृष्ण-भक्त वैष्णव समुदायों का उभार होने से ब्रजभाषा सोलहवीं सदी से ही अपार लोकप्रियता हासिल कर रही थी। इसलिए केशवदास जैसे रीति कवि सजग रूप से ब्रजभाषा का चुनाव कर रहे थे।

वैष्णव सांस्कृतिक सन्दर्भ में उभरी ब्रजभाषा को केशवदास आदि रीति कवियों ने ऐतिहासिक चरित-काव्य, दरबारी महाकाव्य, छन्द, अलंकार और रस-शास्त्र, कवि-वंश-लेखन, राज-वंशावली, राजप्रशस्ति, भव्य और सचित्र पाण्डुलिपियों, हिन्दुस्तानी संगीत, नगर-वर्णन व तीर्थाटन, योग साधना, आयुर्वेद व युद्धनीति के सैकड़ों ग्रन्थों की भाषा बनाया। सोलहवीं सदी से उन्नीसवीं सदी तक ब्रजभाषा राजस्थान से लेकर असम और हिमाचल से लेकर दक्कन तक के भूभाग में उच्च अभिरुचि के काव्य और अभिव्यक्ति की भाषा बन गयी थी। शैल्डन पोलक के शब्दों में कहें तो यह एक सार्वदेशिक देशभाषा या 'कॉस्मोपॉलिटन वर्नाक्यूलर' बन चुकी थी। दुर्भाग्य से आधुनिक काल में ब्रजभाषा को हिन्दी की एक 'बोली' बता दिया गया और इसका अध्ययन उन हिन्दी विभागों में सीमित रह गया जिनके अपने संकुचित मानदण्ड थे। जबकि इसका पुनर्मूल्यांकन किये बिना भारत में इतिहास-लेखन की परम्पराओं को समझा नहीं जा सकता और भारत में 'इतिहास न होने' के हेगेलियन और जेम्स मिल्सियन पूर्वाग्रहों को तोड़ा नहीं जा सकता। ऐलिसन बुश के अनुसार रीति कविता और 'कोर्ट कल्चर' या दरबारी परिवेश एक-दूसरे पर आश्रित थे। बृहत्तर हिन्दुस्तान में फैली यह साहित्यिक संस्कृति बहुभाषी व समावेशी थी। इसलिए रीति कविता को जाने बिना भारत के बहुलतावादी अतीत को समग्रता में नहीं समझा जा सकता।

## एक रीति कवि का उदय

केशवदास सत्रहवीं सदी की दहलीज़ पर खड़े भारत के साहित्यिक रूपान्तरणों को सबसे प्रभावशाली ढंग से बयान करते हैं। ओरछा के ये कवि ऐलिसन बुश के चिन्तन के आधार हैं। सोलहवीं सदी की शुरुआत में ग्वालियर के तोमर राज्य के विघटन के बाद ओरछा आये षड्दर्शन के पण्डित, पुराणों के विद्वान, एक ब्राह्मण परिवार में केशवदास का जन्म होता है। केशवदास के "भाखा बोलि न जानई जिनके कुल को दास" को हम जानते ही हैं। पारिवारिक विरासत में मिली संस्कृत को छोड़कर देशभाषा को अपनाना केशवदास का क्रान्तिकारी क़दम था। देशभाषा कविता में नाथ-सिद्ध बानियाँ, पूरब के सूफ़ियों, पश्चिम के जैनियों

और चारण-भाटों, तुलसीदास और सूरदास का काव्य, ब्रजमण्डल के कृष्ण-भक्त सम्प्रदायों द्वारा विकसित कविता, तथा सम्भवत: ओरछा में आश्रय पाये कृपाराम के नायिकाभेद सम्बन्धी काव्य आदि केशवदास को विरासत में मिले थे जो उनकी कविता के उभार की सांस्कृतिक शर्त थे। लेकिन उनकी कविता के उभार की राजनीतिक शर्त मुग़ल-राजपूत व्यवस्था थी। ओरछा राज्य मधुकरशाह (शासनकाल सन् 1554-1592) के समय से ही मुग़ल साम्राज्य का हिस्सा बनने की प्रकिया में था। विविध विषयों पर लिखे केशवदास के आठ ग्रन्थ इस नयी बनी ऐतिहासिक व्यवस्था की भूमि पर उपजे।

केशवदास का पहला ग्रन्थ 'रतनबावनी' (सन् 1580 का दशक) रासोकाव्य के पराक्रम, भक्ति की अन्तरंगता व आत्मसमर्पण, 'भगवद्गीता' के महाकाव्यात्मक वैभव को आधार बनाकर मुग़लों से हार के बरक्स बुन्देलों के शौर्य का वर्णन है, जिसमें क्षत्रिय-मूल्यों की प्रतिष्ठा की गयी है। मुग़ल-राजपूत गठजोड़ में विकसित हो रही एक नयी साहित्यिक संस्कृति, जिसे बाद में रीति-काव्य कहा गया, के सरोकारों का परिचय करवाने वाली तीन प्रभावशाली रचनाएँ केशवदास की 'रसिकप्रिया' (सन् 1591), 'कविप्रिया' (सन् 1601) और 'छन्दमाला' (सन् 1602) हैं। वैष्णव-भक्ति और सौन्दर्यबोध को आधार बनाकर लिखे गये ये तीन ग्रन्थ ब्रज को दरबारी गरिमा प्रदान करते हैं और ब्रज के 'क्लासिक' भाषा बनाने में महती भूमिका निभाते हैं। इन ग्रन्थों में 'बालक-बालिकाओं' की शिक्षा, विशेषकर अभिज़ात वर्ग के शिक्षण की चिन्ताएँ समायी हुई हैं। इनके लेखन के बाद संस्कृत के वाल्मीकि से अपना सम्बन्ध जोड़ते हुए केशवदास भक्ति के आलोक में अपनी 'रामचन्द्रचन्द्रिका' (सन् 1601) लिखते हैं। केशवदास का 'वीरसिंहदेवचरित' (सन् 1607) एक नये उभरे राजपूत राजा का चरित है जो समकालीन राजसी वैभव का सौंदर्यकरण करता है। एक राजा का 'राजसी आत्म-प्रस्तुतीकरण' करता यह ग्रन्थ ब्रजभाषा में इतिहास-लेखन का सशक्त उदाहरण भी है। मुग़ल व अन्य राजपूत दरबारों से ओरछा के सम्पर्क, ओरछा नगर में बन रहे मन्दिर व भक्तों के समाधि-स्थल व जलाशय, ओरछा नगर-वर्णन, जहाँगीर का अकबर से विद्रोह, अबुल फ़ज़ल की हत्या, ओरछा में उत्तराधिकार का संघर्ष आदि घटनाओं के ब्योरों पर आधारित यह रचना उस काल का इतिहास है। यह ग्रन्थ केशवदास को विरासत में मिली काव्य-परम्परा का समकालीन सन्दर्भ में आधुनिकीकरण तो है ही, साथ ही एक राजा के नैतिक रूप से उच्चता के दावों और राजनीतिक सामर्थ्य का मूर्त रूप भी है। उस काल में

कवियों के पास अतीत के ज्ञान की सांस्कृतिक पूँजी होती थी जिनसे तत्कालीन राजा आध्यात्मिक और नैतिक मार्गदर्शन लेते थे। केशवदास का वीरसिंह के निजी पठन के लिए लिखा गया अगला ग्रन्थ 'विज्ञानगीता' ऐसी ही रचना है। यह ग्रन्थ राज-धर्म पर एक बौद्धिक चर्चा भी है।

अपने पहले ग्रन्थ 'रतनबावनी' में मुग़लों से राजपूत टकराव से अपनी जिस साहित्यिक यात्रा की शुरुआत केशवदास करते हैं, वह उनके अन्तिम ग्रन्थ 'जहाँगीरजसचन्द्रिका' (सन् 1612) में मुग़लों से समृद्ध गठजोड़ पर ख़त्म होती है। प्रसिद्ध कवि रहीम के पुत्र इराज शाहनवाज़ सम्भवतः इस कृति के संरक्षक थे, जो केशवदास से मार्गदर्शन पाते हुए इस ग्रन्थ में चित्रित किये गये हैं। यह ग्रन्थ केशवदास का मुग़ल दरबारी वर्ग से सम्पर्क दिखाता है। केशवदास इस समय भले ही मुग़ल फ़ारसी संस्कृति के सम्पर्क में आये हों, उनकी कविता पर फ़ारसी प्रभाव बहुत ही कम है। वे सशक्त रूप से संस्कृत की अपनी विरासत को ही देशभाषा काव्य में अपनाते हैं। इस ग्रन्थ में वे जहाँगीर को एक हिन्दू भक्त के रूप में चित्रित करते हैं। भक्ति और रीति दोनों संवेदनाएँ एक साथ लिये केशवदास भक्तिकाल के 'फुटकल' कवि नहीं, बल्कि ऐसे दरबारी व्यक्ति थे जो कवियों की आने वाली पीढ़ी के लिए मिसाल बन गये। उनके जैसी कविता लिखना आगे आने वाले कवियों के लिए, तथा मुग़ल-राजपूत दरबारों के लिए, अभिलाषा की वस्तु बन गया।

## ब्रजभाषा कविकुल

भारत शास्त्र-निर्माताओं की उर्वर भूमि रहा है। संस्कृति, समाज या राजकाज का कोई भी क्षेत्र भारत में सिद्धान्त-निर्माण से परे नहीं था। सिद्धान्त एक ज्ञानात्मक आवश्यकता भी थी जो व्यवहार से पहले आती थी। रीतिग्रन्थ ऐसे ही साहित्यिक व्याख्या हेतु लिखे सैद्धान्तिक ग्रन्थ थे। ऐलिसन का कहना है कि रीतिग्रन्थ वे संकेत ग्रन्थ हैं जिनसे काव्य-रचना, व्याख्या और प्रदर्शन सम्भव होते थे और परखे भी जाते थे। संस्कृत पर आधारित इन ग्रन्थों में कवियों की मौलिक स्थापनाएँ छिपी हुई हैं। एक रीति बौद्धिक का प्रमुख उद्देश्य काव्य के सिद्धान्तों की देशभाषा में शिक्षा हुआ करता था। वहीं कुछ का मन्तव्य काव्य के सिद्धान्तों और उनके ग्रहण के मूल्यों का 'अपनी मति अनुसार' पुनर्गठन भी होता था। इसलिए अठारहवीं सदी तक आते-आते उत्तर भारत के लगभग हरेक राजा के भण्डार में एक रीतिग्रन्थ शामिल हुआ करता था।

रीति कवियों की विश्वदृष्टि में 'कविकुल' शब्द के प्रयोग को समझने की

ज़रूरत है। कविकुल कवियों का, काव्य के सहृदयों का, कवि के परिवार में हुए कवि-बन्धुओं का आपसी 'नेटवर्क' था, जो छापेख़ाने की संस्कृति के आने से पहले पाण्डुलिपि परिवेश में सामुदायिक रूप से जुड़ा हुआ था। ब्रज कवियों के इस आत्मसजग समुदाय की चिन्ताओं में संस्कृत की काव्य-परम्परा तो थी ही, अपने समकालीन कवि भी थे जो क्लासिकल साहित्य के मानदण्डों को स्थानीय भाषा में रचने की सम्भावनाएँ तलाश कर रहे थे। ब्रजभाषा का कविकुल कैसे दरबारी हलक़ों से बाहर साहित्यिक चर्चा कर रहा था, सन् 1737 में ब्रज विद्वान सुरति मिश्र के निर्देशन में आगरा में हुई एक संगोष्ठी इसका सशक्त उदाहरण है। शिवदास अपनी रचना 'सरससार' में इस संगोष्ठी का जीवन्त ब्यौरा पेश करते हैं। यह संगोष्ठी साहित्यिक आदर्शों के ग्रहण पर आम सहमति बनाने पर ज़ोर देती है। यह साहित्य को परखने के तत्त्वों का गठन भी करती है और नये सिद्धान्त भी प्रस्तावित करती है। उस काल में ऐसी सभाएँ दूसरी भी होती रही होंगी, इससे इनकार नहीं किया जा सकता।

मुग़लकाल में जो समावेशी संस्कृति बनी, उसे न तो केवल फ़ारसी प्रस्तुत कर सकती थी न ही संस्कृत। ब्रज इन दोनों परम्पराओं के बीच स्थित थी जिसने फ़ारसी और संस्कृत दोनों से ही काव्य-शैली और शब्दावली अपनायी। एक महत्त्वपूर्ण बात जिसे ज़ोर देकर ऐलिसन बुश कहती हैं, वह यह कि फ़ारसी तज़किरे और तवारीख़ ब्रज के कवियों का संज्ञान न के बराबर लेते हैं। न ही फ़ारसी के ग्रन्थ मुग़ल साम्राज्य में राजपूतों का अपना दृष्टिकोण ही पेश करते हैं। इसलिए केवल फ़ारसी-स्रोतों को आधार बनाकर लिखा गया मुग़लकालीन इतिहास अधूरा है। ब्रजभाषा के ग्रन्थ इतिहास की उपज तो हैं ही, उनमें इतिहास भी दर्शाया गया है। अतः हर मुग़लकालीन भारत के अध्येता को रीतिकाव्य पर सोचना चाहिए।

ब्रजभाषा में इतिहास-लेखन ब्रज के अपने रासो-ग्रन्थों और चरितकाव्यों के रूप में प्रचलित होता है। इतिहास-लेखन की इस विधा में अर्द्ध-रिपोर्ताज व अर्द्ध-यथार्थवादी तत्त्वों को आलंकारिक भाषा में प्रस्तुत किया जा रहा था। संस्कृत परम्परा में इतिहास-लेखन के कुछ उदाहरण बाण, कल्हण और विल्हण हैं लेकिन वहाँ इस विधा को वह महत्त्व हासिल नहीं था जो ब्रजभाषा में मिला। केशवदास की तरह, मानसिंह के आमेर दरबार में अमृतराय और नरोत्तम कवि ऐसे ही इतिहासकार-कवि थे। लाल कवि का 'छत्रप्रकाश' छत्रसाल बुन्देला का इतिहास है, वहीं वृन्द के ग्रन्थ औरंगज़ेब और उनके बाद के काल का इतिहास प्रस्तुत करते हैं। मान कवि,

चिन्तामणि, मतिराम, सूदन, महेशदास और पद्माकर के कुछ ग्रन्थ इतिहास-लेखन की कोटि में आयेंगे। भूषण के ग्रन्थ तथा श्रीधर का 'जंगनामा' राजनीतिक व्यंग्य के अद्‌भुत उदाहरण हैं। ब्रजभाषा मुग़ल-राजपूत समावेशी संस्कृति, राजपूत 'आत्म-प्रस्तुतीकरण' का माध्यम थी। वह प्रसंगानुकूल शैली और मिश्रित शब्दावली पर निर्भर रहती थी। संस्कृत या फ़ारसी की तरह इसका कोई ठोस व्याकरण नहीं था जिससे यह भाषा शब्द और शैली-भण्डार में विशाल होती गयी। मिर्ज़ा ख़ान का 'तुहफ़त अल-हिन्द' (सन् 1675), रतनजीत का 'भाषा व्याकरण' (सन् 1717) और भिखारीदास का 'काव्यनिर्णय' (सन् 1746) ब्रज को परिभाषित करने के कुछ अपवाद ज़रूर हैं।

बेनेडिक्ट एंडरसन ने नेशन को एक 'परिकल्पित समुदाय' माना है। उन्होंने इस समुदाय के बनने के पीछे प्रिंट संस्कृति, साक्षरता का विस्तार और राष्ट्रीय जुड़ावों को कारण माना है। लेकिन ब्रजभाषा का कविकुल इन कारणों के बिना भी एक साहित्यिक समुदाय का निर्माण कर रहा था।

### मुग़ल दरबार में रीति-प्रश्रय

रीति कवियों को सबसे पहले प्रश्रय किसने दिया? मुग़लों ने या राजपूतों ने? ऐलिसन बुश के अनुसार किसी एक जगह पर अँगुली रखने के बजाय इसे मुग़ल-राजपूत दरबार की साझी कविता कहना ठीक होगा। यानी रीति कविता मुग़ल दरबार के साथ उन राजपूत दरबारों में विकसित हुई जो मुग़ल सम्पर्क में आये। मेवाड़ इस प्रक्रिया का अपवाद है, जिनका इतिहास मुगलों से टकराहट का ज़्यादा रहा है और जहाँ से कोई रीतिग्रन्थ सत्रहवीं सदी के अन्त तक नहीं आया। हालाँकि वहाँ 'रसिकप्रिया' की चित्रकला सन् 1630 से ही फली-फूली। जिस तरह ध्रुपद संगीत ब्रज और ग्वालियर राज्य से मुग़ल दरबार में आकर व्यापक प्रसिद्धि पाता है, उसी तरह रीति कविता का आश्रय भी मुग़लों द्वारा भारतीय संस्कृति में रचने-बसने की ज़रूरत से सम्भव हुआ। मुग़ल दरबार में प्रश्रय के बाद रीति कविता हिन्दुस्तान के व्यापक राजपूत दरबारों में फैली। अबुल फ़ज़ल ने अकबर की हिन्दी और फ़ारसी कविता 'गुफ़्तन-ए-नज़्म-ए हिन्दी व फ़ारसी' में गहरी दिलचस्पी का उल्लेख अपने 'अकबरनामा' में किया है। अबुल फ़ज़ल मुग़ल दरबार में नायिकाभेद की कविता की प्रसिद्धि की बात भी करते हैं। फ़ारसी के अनेक कवियों का उल्लेख करने वाले, ध्रुपद गायिकी को बड़ा स्थान देने वाले, हिन्दी गीतकारों की सूची बनाने वाले अबुल

फ़ज़ल अपने इतिहास में ब्रज के कवियों का कोई संज्ञान नहीं लेते। यह प्रवृत्ति बाद तक चलती रही जो फ़ारसी के मुग़ल आर्काइव की बड़ी कमी है। लेकिन हुमायूँ के दरबार में ब्रज के कवि नरहरि को वज़ीफ़ा मिलना, जिनको इस्लाम शाह सूरी के समय से ही दरबारों में प्रसिद्धि मिल गयी थी, मुग़लों द्वारा शुरुआती रीति कवियों के प्रश्रय के कुछ उदाहरण हैं। ऐसे ही कवि करनेस थे जिनके ग्रन्थों का खो जाना हुमायूँ के काल के ब्रज कवियों को जानने में बड़ी बाधा है।

अकबर के दरबार से ब्रज कवियों के बारे में जानकारियाँ मिलनी शुरू होती हैं। कवि गंग ऐसे ही कवि थे जिनकी कविता की एक पाण्डुलिपि एक चिश्ती सूफ़ी ख़ानक़ाह से मिली है। कवि गंग लेकिन मुग़ल-सत्ता के आलोचक के रूप में ख्यात हुए। उनकी कविता मुग़ल-सत्ता को 'पलटकर जवाब देने वाली कविता' थी। बीरबल और रहीम भी अकबरी दरबार के हिन्दी कवि थे, जिन दोनों की प्रशस्ति में कवि गंग ने पद लिखे थे। बीरबल और रहीम से केशवदास का जुड़ाव था जिसे ऐलिसन बुश ने विस्तार से दिखाया है। हिन्दी कविता को बहुत आनन्द से सुनने और हिन्दी कवियों 'शुअरा-ए हिन्दी' के बड़े वर्ग का उल्लेख जहाँगीर अपने 'जहाँगीरनामा' में करते हैं। वे कहते हैं कि 'हिन्दुस्तान के राजपूत अपने कवियों को चारण कहते हैं।' यह चारण कविता की राजपूत वर्ग में प्रसिद्धि को दर्शाता है। शाहजहाँ ने नायक बख्शू के हिन्दुस्तानी संगीत के पदों का संकलन तैयार करवाया था। ग्वालियर के सुन्दर कविराय शाहजहाँ के दरबारी कवि थे जो अपने 'सुन्दर श्रृंगार' में बताते हैं कि शाहजहाँ से ही उन्होंने 'कविराय' और 'महाकविराय' की उपाधि पायी थी। सुन्दर कविराय ने 'शाहजहाँ के लिए 'सिंहासन बत्तीसी' ग्रन्थ भी लिखा जो बाद में सन् 1805 में फ़ोर्ट विलियम कॉलेज के पाठ्यक्रम का हिस्सा बना। सुन्दर कविराय का 'सिंहासन बत्तीसी' ग्रन्थ सन् 1866 से भारतीय ब्रिटिश सिविल सेवा के लिए ज़रूरी 'टेक्स्ट' के रूप में चुना गया था। ब्रज में लिखने वाले कविन्द्राचार्य सरस्वती भी शाहजहाँ तथा दारा शुकोह से वज़ीफ़ा पाये ऐसे ही कवि थे। चिन्तामणि अपने 'रसविलास' में शाहजहाँ की प्रशस्ति लिखते हैं। ग़ुलाम अली आज़ाद बिलग्रामी का अठारहवीं सदी में लिखा फ़ारसी तज़किरा 'मआसिर अल-किराम' ब्रज कवियों पर एक विस्तृत अंश शामिल करता है। औरंगज़ेब के दरबारी मीर इसा तो हिन्दी कवियों को आश्रय देने के लिए 'अपने समय के रहीम' के रूप में ख्यात थे। मीर इसा द्वारा आश्रित इन कवियों में श्रीपति भट्ट, बलबीर और कृष्ण कवि शामिल हैं। औरंगज़ेब के पुत्र की शिक्षा के लिए लिखे वृन्द के ग्रन्थ प्रसिद्ध हैं

ही। देखा जाये तो मुग़ल दरबार और उसकी मुस्लिम पृष्ठभूमिवाले दरबारियों तथा अवध जैसे अठारहवीं सदी में उभरे राज्यों में ब्रज कवियों को प्रश्रय और उनकी महत्त्वपूर्ण उपस्थिति एक बड़े वर्ग द्वारा रीतिकाव्य की क़द्रदानी की अद्‌भुत मिसाल है। इस नगरीय मुग़ल अभिजात वर्ग द्वारा ब्रज कविता को पसन्द किया जाना ही इस काव्य-परिवेश की अद्‌भुत सफलता का बड़ा कारण था।

## रीति कविता का विस्तृत परिवेश

मुग़ल दरबारी वर्ग जहाँ ब्रज कविता का क़द्रदान था, वहीं बृहत्तर हिन्दुस्तान के राजपूत राजा अपनी राजसी छवि को प्रस्तुत करने के लिए इसे अनिवार्य भाषा मानते थे। ऐलिसन बुश राजपूत शब्द के वृहद् अर्थ लेती हैं जिसमें राजस्थान के तत्कालीन शासक ही नहीं उत्तरी और पूर्वी भारत तथा दकन के उप-शाही राजा भी शामिल हैं। राजपूत वर्ग अर्थात् वे राजा जो मुग़ल मनसबदार वर्ग में शामिल हुए। संगीत की तरह मुग़ल-राजपूत सम्पर्क से राजपूत चित्रकला (मेवाड़ी, बूँदी, किशनगढ़ी, मालवी, पहाड़ी) शैलियाँ विकसित हुईं। अगर हम राजपूत चित्रकला की तरह 'राजपूत साहित्य' की कोटि बनायें तो इसमें डिंगल-पिंगल की परम्पराएँ भी घुल-मिल जाती हैं। मुग़लकाल में उभरे राजपूत वर्ग द्वारा रीति कविता को अपनाने का कारण यह था कि पश्चिमी भारत की वीरगाथाएँ और वाचिक परम्पराएँ एक मुग़ल मनसबदार की राजसी प्रतिष्ठा का गुणगान करने के लिए अब काफ़ी नहीं थीं। उनकी आवश्यकता देशी परम्पराओं के साथ संस्कृत की तरफ़ झुके ब्रज कवि ही पूरा कर सकते थे। जिस तरह चित्रकला और स्थापत्य के गुणी-कलावन्त मुग़ल व राजपूत दरबारों में आवाजाही करते थे, ब्रज के कवि भी मुग़ल और राजपूत या फ़ारसी, संस्कृत और देशभाषा परम्पराओं को ध्यान में रखकर अपनी रीति-शैली विकसित कर रहे थे।

ओरछा के बुन्देलों की तरह आमेर भी ऐसा ही दरबार था जहाँ शुरुआती रीति कविता मिलती है। अमृतराय का 'मानचरित' और नरोत्तम का 'मानचरित रासो' ऐसे ही ग्रन्थ हैं जिनमें रासो, चारण-भाट और संस्कृत-काव्य की शैलियों पर एक राजपूत राजा की प्रतिष्ठा की गयी है। नरोत्तम के 'मानचरित रासो' की प्रति मिर्ज़ा राजा जयसिंह ने तैयार करवायी थी जिन्होंने औरंगज़ेब के कई सैन्य अभियानों का नेतृत्व किया था। बिहारीलाल इन्हीं जयसिंह के दरबार में थे। आमेर के वृहद् पुस्तकालय में चित्रकला, काव्य की पुस्तकों का संग्रह करके मिर्ज़ा जयसिंह ने मुग़लों की तरह ही 'किंगशिप' का आदर्श रखा था। आज इस पुस्तकालय को हम 'पोथीख़ाना' नाम से जानते हैं। आमेर में ही प्रसिद्ध रीतिकवि कुलपति मिश्र आश्रय पाते हैं।

मारवाड़ के जसवन्त सिंह के 'भाषाभूषण' की आज विद्यमान पाण्डुलिपियों की चर्चा करें तो यह उस काल की 'बेस्टसेलर' रचना थी। हिन्दुस्तान में राजा किस तरह साहित्य सिद्धान्त-निर्माण का काम कर रहे थे, इसकी सूची लम्बी है जिसमें कन्नौज के हर्ष और धार के भोज के संस्कृत उदाहरणों के बाद मेवाड़ के राणा कुम्भा, विजयनगर के कृष्णदेवराय, बीजापुर के इब्राहिम आदिल शाह, गोलकोंडा के क़ुली क़ुतुबशाह, ओरछा के इन्द्रजीत, किशनगढ़ के सावन्त सिंह और मारवाड़ के जसवन्त सिंह शामिल हैं। मारवाड़ के साथ बूँदी भी ऐसा राज्य था जहाँ मुग़लों से सम्पर्क में आने के बाद रीति कविता और राजपूत चित्रकला दोनों विकसित होती हैं। कवि चिन्तामणि शाहजहाँ के मुग़ल दरबार से जहानाबाद और दकन के गोलकोंडा दरबार में रहे थे जहाँ उन्होंने संस्कृत के सौन्दर्यबोधीय ग्रन्थों का ब्रज अनुवाद किया। शाहजी भौंसले के दरबार में लिखे ग्रन्थ में वहाँ चिन्तामणि त्रिपाठी की उपस्थिति दर्ज है। भूषण और चिन्तामणि के भाई मतिराम त्रिपाठी का 'ललितललाम' बूँदी नरेश व मुग़ल मनबदार भावसिंह की राजसी आकांक्षाओं को प्रदर्शित करने वाला ग्रन्थ है। बूँदी नगर का विस्तृत ऐतिहासिक वर्णन इस ग्रन्थ में है। राजपूत सम्प्रभुता के संरक्षक भावसिंह को इसमें एक मुग़ल रसिक के रूप में चित्रित किया गया है। उत्तर भारत के साथ रीति कविता गुजरात और दकन के दरबारों में प्रसिद्धि पा रही थी। शिवाजी के दरबार में भूषण और कच्छ-भुज राज्य की सन् 1748 में स्थापित ब्रजभाषा-पाठशाला इसके अन्यतम उदाहरण हैं। यानी अठारहवीं सदी के अन्त तक रीति साहित्य भारतीय समाज के अधिकतर हिस्सों में पहुँच चुका था।

सन् 1814 में थॉमस ब्रॉटन अपने 'सलेक्शन फ्रॉम द पॉप्युलर पोइट्री ऑफ़ हिन्दूज़' में रीति कविता को अहम स्थान देते हैं जो ब्रिटिश-भारतीय सैनिकों में प्रचलित थी। सन् 1860 तक रीति कविता की वैसी ही उपस्थिति भारत में देखी जा सकती है जैसी पहले हुआ करती थी। लेकिन इसके बाद साहित्य के सुधारवादी और उपयोगितावादी रुझानों के चलते, साहित्येतिहास में भक्ति-रीति कोटियों के प्रचलन, हिन्दी के एक अनुशासन और राष्ट्रभाषा के रूप में उभरने के साथ ही ब्रजभाषा साहित्यिक संस्कृति नेपथ्य में चली जाती है जिसका पटाक्षेप होने में देर नहीं लगती।

## हिन्दी अतीत की नयी बौद्धिक निर्मितियों की ओर

ब्रजभाषा के साहित्यिक संसार को समझना उस परिवेश में जाना है, जहाँ राष्ट्रवाद के उदय से पहले हिन्दू-मुसलमान अपनी सांस्कृतिक ज़रूरतों के बयान हेतु एक साझी

भाषा का प्रयोग कर रहे थे। इस पुस्तक में रीति कविता पर चर्चा अपनी सम्पूर्णता में आ गयी हो, ऐसा भी नहीं है। अभी भी इस काव्य के अप्रकाशित बहुत सारे ग्रन्थों को प्रकाश में लाना व प्रकाशित ग्रन्थों को पढ़ा जाना बाक़ी है। यह पुस्तक हिन्दी अतीत को समझने व उसे सराहने के प्रतिमान और आलोचनात्मक शब्दावली देती है। रीति कविता के विकास को भक्ति के बरक्स खड़ा करने और उसे हिन्दी साहित्य के किसी ग़लत मोड़ के रूप में देखने की प्रवृत्ति हमें छोड़नी होगी। इतिहास के अनेक स्वरों को सुनना, विभिन्न नज़रियों से उसे देखना एक बेहतर मानविकी बनाने की ओर पहला क़दम है। ब्रजभाषा साहित्य को पढ़ना इतिहास की अनेक परतों को खोलना है जो हमें बेहतर समाज व विवेकवान इन्सान बना सकता है। शर्त यह है कि इस साहित्य के स्वरों को आवाज़ दी जाये, उनके अर्थों को स्वयं खुलने दें, न कि किसी पूर्वनिर्धारित मानक के साथ उसे पढ़ा जाये।

प्रोफ़ेसर शैल्डन पॉलक की प्रेरणा से इस पुस्तक का हिन्दी अनुवाद सम्भव हुआ। इतिहास और आलोचना की किताब के अनुवाद की अपनी चुनौतियाँ होती हैं। रेयाज़ुल हक़ का आभार जिन्होंने यह गुरुतर कार्य किया।

हम वाणी प्रकाशन के हृदय से आभारी हैं। प्रतिष्ठान की सी.ई.ओ. अदिति माहेश्वरी-गोयल ने इस पुस्तक में विशेष दिलचस्पी ली और इसके प्रकाशन को प्राथमिकता में रखा, हिन्दी संसार को उनके जैसे प्रकाशकों की बहुत ज़रूरत है।

**–दलपत राजपुरोहित**

ऑस्टिन, 10 दिसम्बर 2024

# भारतीय अंग्रेज़ी संस्करण की भूमिका

फ्रांचेस्का ऑर्सीनी

मेरी यादों में हमेशा के लिए बस जाने वाली ऐलिसन की पहली छवि वह है जिसमें वे एक बेहद ख़ूबसूरत बनारसी सिल्क की साड़ी पहने हुए थीं। बिन्दी, गहनों और पूरे सोलह श्रृंगार के साथ। अगर मैं ग़लत नहीं हूँ तो यह शायद बनारस की 1993 या 1994 ई. की बात है। उस वक़्त, वे सोलहवीं सदी के ब्रजभाषा के मशहूर कवि केशवदास पर शोध कर रही थीं, जो दरबारी (या रीति) कवियों में पहले और सबसे प्रसिद्ध माने जाते हैं। बनारस में मैं भी बीसवीं सदी के शुरुआती दौर की हिन्दी साहित्यिक संस्कृति पर काम कर रही थी, जिस साहित्यिक परिवेश ने रीतिकाव्य को पूरी तरह से ख़ारिज कर दिया था।

हालाँकि, औपनिवेशिक-राष्ट्रवादी दौर में रीति परिपाटी की कविता अभी भी लिखी जा रही थी, लेकिन इसे अपने संकीर्ण और पारम्परिक विषयों के लिए कड़ी आलोचना का सामना करना पड़ रहा था। रीतिकाव्य में स्त्री का नख-शिख वर्णन, नायिकाओं और प्रेम की अवस्थाओं की श्रेणियाँ व उपश्रेणियाँ, और आश्रयदाताओं की अतिरंजित प्रशंसा जैसे विषय प्रमुख थे। लेकिन औपनिवेशिक-राष्ट्रवादी दौर में काव्य-विधा की एक नयी परिभाषा पेश की गयी जिसके तहत कविता कवि की व्यक्तिगत भावना या सामुदायिक प्रेरणा की अभिव्यक्ति मानी गयी। इसकी रोशनी में रीति कविता 'सच्ची' कविता तो थी ही नहीं, बल्कि इसको अनैतिक व अनन्त रूप से दोहरावों से भरी हुई, चाटुकारितापूर्ण और व्यर्थ समझा गया। यहाँ तक माना गया कि इस काव्य ने आश्रयदाताओं, कवियों और साहित्य-प्रेमियों को भ्रष्ट बनाया। इस कविता ने उन्हें मातृभूमि के प्रति जागरूक और सक्रिय नागरिक बनने की जगह अशक्त बना दिया।

काफ़ी हद तक रीतिकाव्य आज भी इस कठोर आलोचना से उबर नहीं पाया है। स्कूलों में इसके कुछ ही नमूने पढ़ाये जाते हैं, कॉलेज और विश्वविद्यालयों में

शायद ही कोई इसे पढ़ता हो, और साहित्यिक इतिहासों में इसका उल्लेख प्रायः आलोचनात्मक या खेद और क्षमा याचना के लहजे में किया जाता है। कुछ हिन्दी विद्वान आज भी इस काव्य-शैली पर काम कर रहे हैं और इसके संस्करण तैयार कर रहे हैं, लेकिन वे उस ऐतिहासिक परिप्रेक्ष्य को चुनौती नहीं देते, जिसने लगभग पूरी तरह से उनके कार्यक्षेत्र को ख़ारिज कर दिया है। और यह स्थिति तब है जब चार शताब्दियों तक इस काव्य का गहन अध्ययन, निरन्तर अभ्यास और आदान-प्रदान हुआ था, और इसे आश्रयदाताओं की ज़रूरतों के हिसाब से सावधानीपूर्वक रचा और आकार दिया गया था। यही वह काव्य था जो संगीत और चित्रकला की गहरी समझ के लिए आवश्यक भावनाओं के आधारभूत व्याकरण में रचा-बसा था, वह व्याकरण जिसे इस विधा ने समाज के साहित्यिक तबक़ों तक पहुँचाया। रीतिकाव्य के वृहत्तर परिवेश में हज़ारों सैद्धान्तिक ग्रन्थ, संग्रह और संकलन बने, और इस कविता को सुन्दर पाण्डुलिपियों में चित्रों और चित्रकारी के साथ प्रस्तुत किया गया।

तो आख़िर इन रीति कवियों ने इतने वर्षों तक लिखा क्या था? समुचित रूप से जिसे काव्यात्मक माना जाता था, उसकी रुचि और परिभाषा में आये गहरे बदलाव के कारण यह सवाल आज भी हमारे सामने है। ऐलिसन बुश का सबसे बड़ा काम यह था कि उन्होंने लम्बे समय से स्थापित इस दृष्टिकोण को चुनौती दी और हिन्दी के पाठकों के सामने इस काव्य-शैली को एक नये दृष्टिकोण से पेश किया। और यह अद्‌भुत है कि उन्होंने जब यह काम किया तब वे अध्ययन के क्षेत्र में कितनी युवा थीं। वर्षों तक उनके व्याख्यान अक्सर बुनियादी बातों से शुरू होते थे, जिनसे वे स्थापित इतिहास को झकझोरने और नयी ज़मीन तैयार करने का प्रयास करती थीं।

यह पुस्तक उनके ज़मीनी शोध से विकसित हुई थी जो ब्रिटिश कोलम्बिया विश्वविद्यालय, वैंकूवर, और फिर शिकागो विश्वविद्यालय में संस्कृत और हिन्दी के बरसों तक किये गये लम्बे गहन अध्ययन की परिणति थी। यहाँ उन्होंने इन दोनों भाषाओं का समर्पण के साथ और गहराई से अध्ययन किया, जिसके दौरान उन्हें प्रेरणादायक शिक्षक मिले (जिनमें से एक से उन्होंने बाद में विवाह किया)। यह पुस्तक उनके शोध-प्रबन्ध पर आधारित है, जिसमें उन्होंने केशवदास का अध्ययन करते हुए भारत में, मुख्यतः बनारस में, कई साल बिताये। उनका इरादा था कि यह पुस्तक उनकी कई अन्य कृतियों में सबसे पहली कड़ी होगी, लेकिन अब पीड़ादायक रूप से यह उनकी गहन विद्वता की अकेली गवाही के रूप में उपस्थित है। अपने कई बेहतरीन निबन्धों की तरह इस पुस्तक में ऐलिसन बुश अकेले अपने

दम पर हिन्दी के रीतिकाव्य का पुनर्मूल्यांकन करने निकल पड़ती हैं। वे यह बताती हैं कि इसका क्या अर्थ था और उन लोगों के लिए ठीक-ठीक इसके क्या मायने थे, जो इसे रच रहे थे। वे यह स्पष्ट करती हैं कि कैसे इतिहास के एक विशेष बिन्दु पर, यानी मुग़ल शासन के पहले सौ वर्षों में, संस्कृत काव्यशास्त्र और अलंकारशास्त्र में निपुण विद्वानों और कवियों ने अपनी विद्या को देशभाषा में प्रस्तुत किया और इसमें अद्भुत काव्य-रचनाएँ कीं। वे यह भी बताती हैं कि कैसे यह काव्य-शैली पहले स्थानीय आश्रयदाताओं को सम्मानित करने के लिए बनी, लेकिन जल्द ही मुग़ल दरबार में प्रतिष्ठा के शिखर पर पहुँच गयी।

केशवदास ब्रजभाषा कविता की अद्वितीय सफलता और प्रसार की कहानी में एक महत्त्वपूर्ण शख़्सियत थे, और वे ऐलिसन बुश के पसन्दीदा कवि भी बने रहे। केशवदास का पहला कार्यक्षेत्र ओरछा नामक एक छोटा-सा बुन्देला दरबार था, जहाँ उन्होंने वहाँ के शासक की प्रिय गायिका रायप्रवीन को शिक्षित किया। इसके बाद उन्होंने बादशाह जहाँगीर को समर्पित *जहाँगीरजसचन्द्रिका* लिखी। उनकी रचनाएँ इतनी प्रचलित हुईं कि भव्य पाण्डुलिपियों में इस कविता पर सचित्र प्रतिलिपियाँ बनीं। अगर हम शेल्डन पॉलक द्वारा पेश किये गये इस शब्द के ज़रिये कहें तो ब्रजभाषा इसी तरह सार्वदेशिक देशभाषा (कॉस्मोपॉलिटन वर्नाक्युलर) बन गयी।[1]

अपनी पुस्तक *पोइट्री ऑफ़ किंग्स* में ऐलिसन बुश बताती हैं कि ब्रजभाषा कविता ने कैसे एक मुख्य विधा द्वारा आरम्भिक आधुनिक काल में प्रतिष्ठा पाई थी–यह विधा थी रीतिग्रन्थ, जिसे ब्रजभाषा कवि आश्रयदाताओं के समक्ष अपने कौशल के प्रमाण के रूप में प्रस्तुत करते थे। उन्होंने यह भी दिखाया कि ब्रजभाषा कविता का दायरा ब्रज-क्षेत्र से बहुत दूर तक, पश्चिम में कच्छ से लेकर पूर्व में बंगाल तक, पंजाब की पहाड़ियों से लेकर दक्कन तक फैल गया। उनकी सह-सम्पादित पुस्तक *कल्चर एंड सर्कुलेशन : लिटरेचर इन मोशन इन अर्ली मॉडर्न इंडिया* और *पोएट्री ऑफ़ किंग्स* दोनों ब्रजभाषा कवियों को एक गतिशील समुदाय के रूप में दिखाती हैं, जिसमें वे महत्त्वाकांक्षी मनसबदारों और साथ ही छोटे-बड़े शासकों के साथ ख़ुद को जोड़ने वाले उद्यमियों के रूप में सामने आते हैं।[2] ये रीति कवि मनसबदारों के अमले का एक ज़रूरी हिस्सा बन जाते हैं। ये कवि केवल एक समृद्ध सांस्कृतिक वातावरण ही नहीं बनाते थे, बल्कि किसी दरबार के सन्देशवाहक और शिक्षक के रूप में व्यावहारिक भूमिकाएँ भी निभाते थे। अपने निबन्धों में, विशेष रूप से वीरगाथात्मक कविता और ब्रजभाषा के ऐतिहासिक काव्यों पर अपने

शोध में ऐलिसन बुश ने दिखाया कि यह कविता कई आवश्यकताओं को पूरा करती थी। यह कविता आरम्भिक आधुनिक काल में उत्तर भारत की दरबारी और व्यापारिक संस्कृति में गहराई से रची-बसी थी।[3] दरअसल, इस काल में जो लोग कविता को रचने, गाने या उसका आस्वादन लेने में सक्षम नहीं थे, और जो लोग मौक़े पर सही काव्य-पंक्तियाँ पेश नहीं कर सकते थे, उन्हें मन्दबुद्धि समझा जाता था। इसके विपरीत, जो लोग काव्य की समझ रखते थे, उन्हें परिपूर्ण मनुष्य के रूप में स्वीकार किया जाता था। ब्रजभाषा के काव्यात्मक और भावनात्मक व्याकरण का ज्ञान कैथरीन स्कोफ़िल्ड के शब्दों में 'मुग़ल रसिक' के लिए अनिवार्य था।[4]

इस पुस्तक के चौथे अध्याय में ऐलिसन बुश दिखाती हैं कि केवल मुग़ल-सत्ता की परिधि में आने वाले हिन्दू राजा और रसिक ही ब्रजभाषा में कविता या उसका रसास्वादन नहीं कर रहे थे, बल्कि मुग़ल दरबार के ठीक केन्द्र में मुस्लिम मुग़ल आश्रयदाता और कलाप्रेमी भी रीतिकाव्य में अभिरुचि रख रहे थे।[5] मुग़लों की दिलचस्पी की ब्रजभाषा के प्रसार में अहम भूमिका थी। जबकि फ़ारसी-स्रोत और इतिहासकार फ़ारसी कविता को ही प्राथमिकता देते हैं। ऐलिसन बुश अपने सूक्ष्म शोध से दिखाती हैं कि फ़ारसी-स्रोतों में भी ब्रजभाषा कवियों की उपस्थिति और उनकी गतिविधियों के महत्त्वपूर्ण संकेत छिपे हुए हैं। यहाँ तक कि ब्रजभाषा में लिखी गयी अनेक रचनाएँ शाही मुग़ल और अभिजात आश्रयदाताओं को समर्पित थीं। सरयूप्रसाद अग्रवाल की पुस्तक *अकबरी दरबार के हिन्दी कवि* (1950) में जो अतिशयोक्ति प्रतीत होती थी, उसे ऐलिसन बुश ने एक बड़ी सच्चाई के संकेत के रूप से स्थापित किया है।[6] उन्होंने यह समझाया कि जिसे हम मुग़ल संस्कृति कहते हैं, वह केवल फ़ारसी संस्कृति तक सीमित नहीं थी–चाहे वह शाही दरबार हो, अधीनस्थ दरबार हों, सूबाई अधिकारियों का दल हो, या मुग़ल कस्बों की संस्कृति हो। यह एक बहुभाषी मिली-जुली संस्कृति थी जिसमें फ़ारसी कविता के साथ ब्रजभाषा, संस्कृत, हिन्दुस्तानी संगीत और अन्य सांस्कृतिक तत्त्व भी मौजूद थे।[7]

ऐलिसन बुश ने रीति कविता को पुन:परिभाषित करते हुए इसे ख़ुद कवियों और आश्रयदाताओं की दृष्टि से देखा कि उनके लिए क्या महत्त्वपूर्ण था? वे किस बात को महत्त्व देते थे और क्यों? इन सवालों ने उन्हें रीतिकाव्य के विशाल आर्काइव को नये सिरे से देखने का अवसर दिया। हिन्दी कवि लगभग चार शताब्दियों तक इसी काव्य-संसार की रचना में लगे रहे थे जिससे यह आर्काइव विशाल बनता गया। ऐलिसन बुश ने रीति कवियों के उन शब्दों, विषयों, और छन्दों पर गहराई से काम

किया, जिनसे यह काव्य जीवन्त हुआ। अपनी इस पुस्तक और लेखों में वे हमेशा कविता, काव्य-शैली और इतिहास के विभिन्न स्तरों पर काम करती रहीं।

इनमें पहला स्तर था कविता की पंक्तियों, शब्द-चयन, और रजिस्टर पर ध्यान देना। अपने एक लेख, 'रीति एंड रजिस्टर', में उन्होंने एक सरल लेकिन गम्भीर सवाल उठाया कि रीति कविता में फ़ारसी शब्दों की उपस्थिति को कैसे समझा जाये?[8] वे दिखाती हैं कि कभी-कभी शब्द-चयन केवल अनुप्रास का खेल होता है, जैसे बिहारी की पंक्ति *'रस की सी रुख ससिमुखी'* में 'रुख' शब्द के माने। कभी-कभी यह आश्रयदाता के मुग़ल सम्बन्धों को सम्मान देने का एक चतुर तरीक़ा होता है, जैसे केशवदास का बीरसिंह देव बुन्देला को *'नखत सोमटत नखत सो, बखत बलंद बिसेखी'* कहकर सम्बोधित करना। लेकिन फ़ारसी शब्दों का प्रयोग कभी-कभी व्यंग्य का हथियार भी बन सकता है, जैसे भूषण ने सम्राट औरंगजेब को 'अवरंग' (रोगी और पीला) कहा है।

ऐलिसन बुश ने न केवल रीति-ग्रन्थों और उनकी परम्पराओं पर गहन शोध किया, बल्कि अन्य विधाओं पर भी काम किया, जैसे नगर-वर्णन, काव्य की इकाई के रूप में कवित्त, और चरित व प्रबन्ध जैसी ऐतिहासिक विधाएँ। उनकी एक बड़ी खोज यह थी कि इस आरम्भिक आधुनिक साहित्यिक संस्कृति में ब्रजभाषा और फ़ारसी की कुछ शैलियाँ आपस में एकरूप हो गयीं–जैसे दोहा और शेर, नगर के सौन्दर्य की प्रशंसा करने वाली कविता (शोभा या वस्फ़), और मसनवी व हिन्दवी प्रेमाख्यान। इस सशक्त अन्तर्दृष्टि को अभी और अधिक विकसित करने की आवश्यकता है।

*पोइट्री ऑफ़ किंग्स* यह दर्शाती है कि ऐलिसन बुश ने पाठालोचन और साहित्यिक विश्लेषण को इतिहास के साथ जोड़ा जिसमें कवियों का अपना इतिहास (उनका ख़ुद को कविकुल का हिस्सा मानना); कवियों का विभिन्न क्षेत्रों और संस्कृतियों में प्रसार (उनकी दूसरी पुस्तक *कल्चर एंड सर्कुलेशन* का शीर्षक भी यही है); और इन कवियों की मुग़ल और राजपूत इतिहास में भूमिका और जीवन-यात्राएँ प्रमुख हैं। पहले के हिन्दी विद्वान अक्सर मुग़ल दरबार में हिन्दी कवियों की उपस्थिति को बढ़ा-चढ़ाकर दिखाते हैं, लेकिन ऐलिसन बुश का काम, संगीतशास्त्र पर इतिहासकार कैथरीन स्कोफ़िल्ड के शोध के समान, इन कवियों की उपस्थिति के सन्दर्भ और प्रभावों पर गहराई से विचार करता है। जब हम यह दावा करते हैं कि मुग़ल दरबार ने रीति कविता को सबसे पहले आश्रय प्रदान किया, तो इसका अर्थ क्या था?

वास्तव में यह पुस्तक और ऐलिसन बुश का समग्र लेखन आरम्भिक आधुनिक भारत के सांस्कृतिक इतिहास पर पुनर्विचार के प्रयास में अग्रणी रहा है। यह ऐतिहासिक चरित्रों के सरोकारों और स्थितियों के प्रति अधिक संवेदनशील दृष्टिकोण अपनाता है। वे एक सामूहिक प्रयास कर रही थीं जो पिछले दस वर्षों या उससे अधिक समय में वे जिन कार्यशालाओं, पैनलों और सम्मेलनों का हिस्सा रहीं, उनका उद्देश्य भाषाओं के बीच की दीवारों को गिराना और अपने विशेष विषय से बाहर निकलकर उसे एक बड़े बहुभाषी संसार का हिस्सा मानकर सोचने पर बल देना था। इन वर्षों में (भक्ति, सूफ़ी, फ़ारसी, दरबारी, नगरीय-अभिजात, या लोकप्रिय) आर्काइव को एकत्र करना और उसे विस्तार देना, साहित्यिक अनुगूँजों, समानताओं, सम्बन्धों और विभिन्नताओं को खोजना, साहित्य, कला, संगीत, धर्म, इतिहास, क़ानून जैसी विधाओं में काम करना और अपने कौशल व दृष्टिकोणों का विस्तार करना शामिल था। इस सन्दर्भ में, जैसा कि *कल्चर एंड सर्कुलेशन* पुस्तक से स्पष्ट होता है, ऐलिसन बुश एक बार फिर एक नयी राह तैयार कर रही थीं। 2019 में अपने निधन से पहले वे एक बेहद रोमांचक परियोजना पर काम कर रही थीं। वे अपनी प्रिय मित्र और कलाओं की इतिहासकार मॉली एटकिन के साथ मिलकर एक पुस्तक लिख रही थीं जो काव्य और चित्रकला में नायिका के अर्थ और महत्त्व पर केन्द्रित थी। कुछ वर्षों पहले ऐलिसन बुश, मॉली एटकिन और कैथरीन स्कोफ़िल्ड ने इस पर चर्चा की थी कि अगर ब्रजभाषा काव्य, राजपूत चित्रकला, और हिन्दुस्तानी संगीत के सौन्दर्यशास्त्र को 'अन्तर-माध्यम' (intermedial) के रूप में देखा जाये तो इसका क्या अर्थ होगा? दूसरे शब्दों में जब कोई मानसून पर आधारित कविता का गायन सुनता है और साथ ही बारिश का एक चित्र देखता है, तो हरेक माध्यम किस तरह एक विशेष चीज़ को जन्म देता है और किस तरह ये माध्यम अलग-अलग चीज़ों पर ज़ोर देते हैं? साथ ही, दूसरे माध्यम से होने वाले अनुभव किसी और माध्यम को कैसे समृद्ध करते हैं। वे कैसे इन्द्रियों की एक सघनता उत्पन्न करते हैं जो एक अलग अनुभव और दशा के संकेत देती है। इन विद्वानों को सुनना एक ऐसा अनुभव था मानो हम चुपके से आरम्भिक आधुनिक विद्वानों की एक सभा को सुन रहे हों, जो कला को देखने, कविता पढ़ने और संगीत सुनने के नये और गहन तरीक़ों को सीख रहे थे। ये विद्वान हमें वास्तव में रस से भरी एक दुनिया में ले जाते हैं। आप उनकी इस चर्चा को *मॉनसून फ़ीलिंग्स* (2018) में पढ़ सकते हैं।[9]

ऐलिसन बुश एक समर्पित शिक्षक और मार्गदर्शक थीं। साथ ही उनमें दोस्ती करने का विशेष हुनर था। वे अपने पेशेवर रिश्तों को गहरे, व्यक्तिगत और प्रेम व सहानुभूति-भरे सम्बन्धों में बदल देती थीं। मुझे कई ऐसे अवसर याद हैं जब हम कार्यशालाओं, पुस्तकालयों, या ब्रजभाषा अध्ययन सत्रों से चुपचाप निकलकर एक प्याली चाय या एक ग्लास वाइन के साथ बाहर कहीं बैठकर अपनी निजी ज़िन्दगी के बारे में लम्बी और सन्तोषजनक बातें किया करते थे। मुझे ऐसे दो अवसर याद हैं और ये दोनों ब्रजभाषा पर काम करने वाले विद्वानों और छात्रों के सालाना सम्मेलन 'ब्रज कैंप' से जुड़े हुए हैं, जो अब ऑनलाइन होने लगा है।[10] एक बार हम छोटे-से रोमानियाई क़स्बे मिरकुरिया च्युक में एक साधारण इतालवी रेस्तराँ में बैठे थे, जो हमारे होस्टल के साधारण भोजन के बाद हमें शुद्ध विलासिता जैसा लग रहा था। इससे भी एक जादुई शाम वारसा के लेज़िन्की पार्क के पवेलियन की थी, जब एक गर्म दिन बीतते-बीतते हमें शाम की एक ठण्डक में लपेट गया था। हम अँधेरे में बैठे रहे और हमेशा की तरह जीवन, शिक्षण, कठिन सहयोगियों, परिवारों, और भविष्य के बारे में बात करते रहे। अपने मन का बोझ भी एक-दूसरे से बाँटते रहे कि महिला अकादमिक होने के नाते कई ज़िम्मेदारियों के बीच सन्तुलन बनाने के साथ-साथ मानवीय और विनम्र बने रहने की कोशिश हम कैसे करती थीं। हम हर बार मिलने पर ऐसा करती थीं, और मुझे तब लगता था कि हम यों ही मिलती रहेंगी, और मिलते-जुलते बूढ़ी, चिड़चिड़ी और झुर्रियों-भरी उम्र तक पहुँच जायेगी। अब जब वे हमारे बीच नहीं हैं और यह किताब उनकी अकेली किताब बनी रहेगी, तो यह याद करके जो दु:ख होता है, वह बयान से परे है। लेकिन मेरी यादों में वे हमेशा सुन्दर, नरमदिल और दमकती हुंई बनी रहेंगी, और यह पुस्तक भविष्य के पाठकों और विद्वानों के लिए एक ख़ास सन्दर्भ और आदर्श बनी रहेगी।

**फ्रांचेस्का ऑर्सीनी**
पोलिनो,
जुलाई, 2022

## सन्दर्भ :

1. शेल्डन पॉलक और ऐलिसन बुश पति-पत्नी के रूप में न केवल एक मज़बूत रिश्ते बल्कि साहित्यिक विमर्शों पर परस्पर साझेदारी की भी अद्भुत मिसाल थे।
2. *कल्चर एंड सर्कुलेशन : लिटरेचर इन मोशन इन अर्ली मॉडर्न इंडिया,* थॉमस डीब्राउन और

ऐलिसन बुश द्वारा सम्पादित (लाइडेन : ब्रिल, 2014 ई.)। यह पुस्तक जल्दी ही भारत में प्रकाशित होने वाली है।

3. ऐलिसन बुश की योजना अपने निबन्धों का विस्तार करके उन्हें पुस्तकों के रूप में परिवर्तित करने की थी।

4. कैथरीन बटलर स्कोफ़िल्ड, 'लर्निंग टू टेस्ट द इमोशंस : द मुग़ल रसिक', *टेलिंग्स एंड टेक्स्ट्स : म्यूज़िक, लिट्रेचर एंड परफ़ॉर्मेंस इन नॉर्थ इंडिया,* फ्रांचेस्का ऑर्सीनी और कैथरीन बटलर स्कोफ़िल्ड द्वारा सम्पादित (कैम्ब्रिज यूके : ओपन बुक्स पब्लिशर्स, 2015 ई.) पृ. 407-422

5. अपने अद्भुत निबन्ध 'हिडेन इन प्लेन व्यू : ब्रजभाषा पोइट्री एट द मुग़ल कोर्ट', *मॉडर्न एशियन स्टडीज़,* 44 : 2 (2010 ई.), पृ. 267-309 में ऐलिसन बुश यही दिखाती हैं।

6. सरयू प्रसाद अग्रवाल, *अकबरी दरबार के हिन्दी कवि*। (लखनऊ : लखनऊ विश्वविद्यालय, 1950 ई.)।

7. जैसा कि ऑड्रे ट्रुश्के के काम ने संस्कृत के सम्बन्ध में भी दिखाया है। देखिए *कल्चर ऑफ़ एनकाउंटर्स : संस्कृत ऐट द मुग़ल कोर्ट* (न्यूयॉर्क : कोलम्बिया यूनिवर्सिटी प्रेस, 2016)।

8. *बिफ़ोर द डिवाइड : हिन्दी एंड उर्दू लिटररी कल्चर,* फ्रांचेस्का ऑर्सीनी द्वारा सम्पादित (नयी दिल्ली : ओरिएंट ब्लैकस्वान, 2010), 84-120

9. मार्ग्रिट पर्नाऊ, इंगे राजामणि और कैथरिन स्कोफ़िल्ड द्वारा सम्पादित (नयी दिल्ली : नियोगी, 2018 ई.)।

10. देखें https://earlyhindibrajbhashaworkshop.wordpress.com/2020-online-braj-camp/

# सुनने की ज़रूरत : हिन्दी अनुवादक का एक नोट

आगे सामने आने वाले नामालूम सवालों के लिए हिन्दी अतीत और इसके साहित्य को सुनने की कोशिश करते रहने के वादे के साथ ऐलिसन बुश यह किताब हमें सौंपती हैं, और विदा लेती हैं। लेकिन तब तक उन्होंने इतने जवाब, और उनसे भी अधिक इतने सारे सवाल उठाये हैं कि हिन्दी के साहित्यिक इतिहास में, और इस इतिहास को लेकर, नये नज़रियों, तथ्यों, प्रतिमानों और राजनीति की एक भरी-पूरी दुनिया बन सकती है। बहुत कम किताबें अपने विषय से जुड़े हुए क्षेत्र को बदल देने की क्षमता रखती हैं, और बुश की यह किताब उनमें से एक है।

जब मैंने इस किताब पर अनुवाद शुरू किया, मुझे नहीं पता था कि कैसी एक दुनिया मेरे सामने खुलने वाली थी। हिन्दी साहित्य, कविता और चिन्तन के इतिहास में बेहद दिलचस्पी होने के बावजूद, ईमानदारी से कहूँ तो रीति साहित्य कभी भी मेरे सरोकारों का हिस्सा नहीं रहा था। इसलिए शुरुआत में इसे मैंने ऐतिहासिक महत्त्व की ज़रूरी किताब की तरह लिया। लेकिन बहुत देर नहीं हुई कि यह पता लगने लगा कि यह किताब न तो रीति साहित्य की समझ को जस का तस छोड़ने को तैयार है और न ही साहित्यिक आलोचना और इतिहास में गहराई तक जज़्ब पूर्वाग्रहों को। अपनी भाषा से सरोकार रखने वाले किसी भी व्यक्ति के लिए यह एक ज़रूरी और काफ़ी उकसावा है। मगर यह किताब सिर्फ़ उकसावा नहीं है, यह हिन्दी और राष्ट्र के इतिहास का आधार बनी हुई जिन प्रवृत्तियों से आगाह करती है, जिन चिन्ताओं को रेखांकित करती है और जिन ख़तरों से सचेत करती है, उनके ख़तरनाक और खुले नतीजे हम अपने सामने देख रहे हैं। सिर्फ़ साहित्य के क्षेत्र में नहीं, ख़ुद समाज, और राजनीति के व्यापक क्षेत्रों में भी। यह किताब एक संकटग्रस्त समय में एक बहुत गम्भीर, बहुत ईमानदार और बहुत संजीदा गुज़ारिश है। सवालों की शक्ल में एक गुज़ारिश। अगर आप सुनने को तैयार हों।

आख़िरकार यह किताब आपके हाथ में है–लम्बी देरी के बावजूद। इसकी पूरी ज़िम्मेदारी और दोष मेरा है। कई वजहों से किताब के अनुवाद का काम रुकता और लम्बा खिंचता गया। शेल्डन पॉलक के लगातार आग्रहों और कई बार ज़रूरी नाराज़गियों को इसका श्रेय दिया जाना चाहिए कि अन्त में यह किताब पूरी हुई। शेल्डन को आभार। साथ ही आभार अपूर्वानन्द को, जो इस प्रेरणा की एक वजह थे। शुभम श्री, सहारे की ख़ातिर, यह अनुवाद आपके लिए।

# भूमिका और आभार

शोध की वर्तमान स्थिति को देखते हुए मुग़लकालीन भारत के दरबारों में फलने-फूलने वाली क्लासिकल हिन्दी या ब्रजभाषा काव्य-परम्परा का किसी एक पुस्तक में सम्पूर्ण और समग्र विवरण प्रदान करना सम्भव नहीं है। एक तरफ़ जहाँ ब्रजभाषा के भक्ति साहित्य पर, जिसकी आर्काइव सम्बन्धी अपनी चुनौतियाँ हैं, धार्मिक इतिहास के विद्वानों ने तुलनात्मक रूप से अच्छा काम किया है, वहीं मुग़लकालीन दरबारी साहित्य और राजपूत साहित्य पर उसकी तुलना में कम ध्यान गया है। इसलिए हम आरम्भिक आधुनिक हिन्दी साहित्यिक संस्कृति के धर्मनिरपेक्ष स्वरूपों के बारे में बहुत कम जानते हैं।

हमारी इस कम जानकारी का आंशिक कारण यह भी है कि आरम्भिक आधुनिक काल में ऐतिहासिक सामग्री का अभाव रहा है। आधुनिक काल से पहले के लेखक आत्म-प्रचार में बहुत विश्वास नहीं करते थे। इस काल के कुछ लेखकों के बारे में बेहतर सामग्री उपलब्ध है, लेकिन क्लासिकल हिन्दी लेखकों के विचार-जगत् के बारे में उनके द्वारा छोड़े गये बहुत थोड़े-से अवशेषों से एक सम्पूर्ण सिद्धान्त रचने की कोशिश करना बहुत दुष्कर कार्य है। जितना सम्भव था मैंने इस परम्परा के कवियों को इतिहास में ढूँढ़ने की कोशिश की है, लेकिन कुछ मामलों में तो बहुत महत्त्वपूर्ण कवियों के बारे में भी बहुत ही कम जानकारी उपलब्ध है। चूँकि किसी दरबार या कवि के अपने काव्य में सम्पूर्ण सूचना का मिलना बहुत दुर्लभ था, इसलिए मैंने एक 'सिनेकडकिक' पद्धति अपनायी। इस पद्धति का तात्पर्य है हरेक कविता के अपने निहितार्थों की तलाश करना, किसी ग्रन्थ के निर्माण के विभिन्न आयामों की जाँच करना और कवियों को मिले गये राज्याश्रय के सन्दर्भों की तलाश करना। साथ में यह भी देखना कि इस पद्धति का कितना सामान्यीकरण किया जा सकता है। इस प्रकार मैं आरम्भिक आधुनिक दरबारी बौद्धिक और साहित्यिक

जीवन के मुख्य सरोकारों का एक मिला-जुला दृष्टिकोण प्रस्तुत करने में सक्षम रही हूँ। ऐसी पृथक सामग्री पर काम करते हुए एक व्यापक परिप्रेक्ष्य को तैयार करना कई बार बहुत श्रमसाध्य काम लगा। या शायद इसे असम्भव को साकार करने की ज़िदवाला विलक्षण काम कहना बेहतर रहेगा। सम्भव है कि कई जगहों पर लगे कि मैं निशाना चूक गयी हूँ। लेकिन यह उस सम्पूर्णता के आग्रह से बेहतर है जिसका मतलब होता है कि हिन्दी में औपनिवेशिकता के ठीक पहले के काल की परम्पराओं को समझने की उम्मीद को ही छोड़ दिया जाये।

इस किताब में मेरा ज़ोर वृहद् सत्रहवीं सदी पर है, लेकिन मैं अठारहवीं और उन्नीसवीं सदी के उन लेखकों, संकलनकारों और टीकाकारों की सामग्री का सहारा ले रही हूँ, जो पहले के लेखन-कार्यों पर प्रकाश डालने में मदद कर सकते हैं। साथ ही, मैं फ़ारसी और संस्कृत के समकालीन लेखकों के ग्रन्थों की मदद भी ले रही हूँ। जिनमें दरबारों में आश्रित रीति कवियों के बारे में कुछ ऐतिहासिक सूचना उपलब्ध है। इस काल में राजपूत चित्रकला और वास्तुकला की एक सुदृढ़ परम्परा रही है। इसलिए इन अनुशासनों के अध्ययन तथा मुग़लकालीन भारत के सामाजिक और बौद्धिक इतिहासकारों के हालिया अध्ययन का सहारा भी इस पुस्तक में लिया गया है।

आरम्भिक आधुनिक काल के साहित्यिक इतिहासकारों के लिए एक बहुत विकट चुनौती इसकी आधारभूत संरचना को लेकर है यानी क्लासिकल हिन्दी लेखकों की महत्त्वपूर्ण किताबों के प्रकाशित संस्करणों की अनियमित उपलब्धता, और अप्रकाशित रचनाओं के मामले में पाण्डुलिपियों के संग्रहों तक विश्वसनीय पहुँच का अभाव। एक सदी पहले नागरी प्रचारिणी सभा द्वारा की गयी पाण्डुलिपियों की एक व्यापक खोज जैसे बड़े पैमाने पर किये गये पाण्डुलिपि-अभियानों ने ब्रजभाषा के हज़ारों ग्रन्थों को उजागर किया, जिनमें से एक बहुत बड़ी संख्या अब भी अप्रकाशित है, जो चिन्ताजनक है। भारतीय पाण्डुलिपि-संग्रहों तक पहुँचना एक बहुत थका देने वाला काम है जिसके नतीजे भी निश्चित रूप से अनियमित होते हैं। हिन्दी पाण्डुलिपियों के आरम्भिक सर्वेक्षण के प्रकाशित होने के बाद अनेक देशी रियासतों के अपने पाण्डुलिपि-संकलन भी बन गये हैं, जो आरम्भिक आधुनिक दरबारों द्वारा बड़े लगन से संरक्षित किये गये कार्यों के श्रेष्ठतम स्रोत हैं। लेकिन आधुनिक काल में आकर अनेक राजाओं की जागीरें तबाह हो गयीं, पाण्डुलिपि-संकलन बेचे या चुराये जा चुके हैं तो कुछ कलह में डूबे उत्तराधिकारियों के मुक़दमों

में सीलबन्द हैं या दीमकों द्वारा खाये जा चुके हैं। अगर कोई पुराना दरबारी संकलन किसी तरह से अक्षुण्ण मिल भी जाता है तो पाण्डुलिपियों के कैटेलॉग को देखने के लिए ज़रूरी नौकरशाही से पार पाना मुश्किल है। पाण्डुलिपि को पढ़ने की अनुमति के लिए असल में एक प्रति हासिल करने की अनुमति को तो छोड़ ही दीजिए, इस प्रक्रिया में सबसे समर्पित अध्येता की भी सहन-शक्ति जवाब दे देती है। अप्रकाशित पाण्डुलिपियों को प्राप्त करने की मेरी कोशिशों में कभी-कभी मुझे सफलता हासिल हुई और मैंने उनमें से कुछ सामग्री को इस पुस्तक में शामिल किया है। इसके बावजूद अब भी आरम्भिक आधुनिक साहित्यिक लेखन की एक अधिक सम्पूर्ण समझ के लिए भारतीय पाण्डुलिपि संकलनों तक अबाध पहुँच और अधिक सामग्री के प्रकाशन और उसकी व्याख्या की प्रतीक्षा है।

इस काम में आख़िरी चुनौती भाषा से सम्बन्धित है। औपनिवेशिक काल में भारतीय दरबारी संस्कृति के विनाश और बीसवीं सदी के आरम्भिक दशकों में खड़ी बोली हिन्दी साहित्य के क्षेत्र से ब्रजभाषा के निष्कासन (देखें, अध्याय : छह) के बाद से, वह साहित्यिक भाषा जो महज़ एक शताब्दी पहले सुसंस्कृत उत्तर भारतीयों की बोलियों और उनकी लेखनी से प्रवाहित होती थी, वह अब केवल कुछ लोगों को ही समझ आती है। ब्रजभाषा अभी भी वैष्णव गायन की जीवन्त भाषा है और शास्त्रीय हिन्दुस्तानी गायकी के कलाकारों के बीच इसकी अभी भी कुछ प्रतिष्ठा है। लेकिन कुछेक सीमित सांस्कृतिक क्षेत्रों को छोड़कर ब्रजभाषा बहुत पहले ही एक महत्त्वपूर्ण साहित्यिक भाषा के रूप में ख़त्म हो चुकी है।

यह बात कि बीसवीं सदी से पहले का अधिकतर हिन्दी साहित्य ब्रज में लिखा गया है लेकिन बीसवीं सदी और उसके बाद अधिकतर हिन्दी भाषी ब्रजभाषा नहीं जानते हैं, इसका आधुनिक अध्ययन और पठन-पाठन की पद्धतियों पर अपरिहार्य प्रभाव पड़ा है। भारत या पश्चिम में ब्रजभाषा किसी औपचारिक संस्थागत सन्दर्भ में बहुत ही कम पढ़ाई जाती है और बहुत कम विद्वानों की क्लासिकल हिन्दी ग्रन्थों की भाषाओं पर पूरी तरह पकड़ है। मैंने लगन के साथ दरबारी ब्रज साहित्य के अध्ययन में डूबकर इस पर पन्द्रह साल से अधिक का समय लगाया है और साथ ही क्लासिकल भाषा संस्कृत में व्यापक प्रशिक्षण प्राप्त किया है, जो सौभाग्य से अभी भी पश्चिम में व्यापक रूप से पढ़ाई जाती है। लेकिन दरबारी ब्रज ग्रन्थों को समझना आसान नहीं है और उस ज्ञान के आगे मैं नतमस्तक हूँ, जिसको मेरे लेखक और पाठक पचास साल पहले तक जानते थे।

पश्चिमी भाषाओं में रीति साहित्य पर विद्वत्ता की लगभग अनुपस्थिति को देखते हुए मैंने कवियों और दरबारों के बारे में सामान्य पृष्ठभूमि सम्बन्धी सूचनाओं के लिए हिन्दी भाषा के स्रोतों से भारी लाभ प्राप्त किया है। ऐसा नहीं कहा जा सकता है कि आजकल रीतिकाव्य का अध्ययन हिन्दी में फल-फूल रहा है, लेकिन विश्वनाथ प्रसाद मिश्र, डॉ. किशोरीलाल, और रामानन्द शर्मा जैसे कुछ समर्पित विद्वानों ने महत्त्वपूर्ण रीति कवियों के ग्रन्थों को उपलब्ध कराया है जिन्हें 'ग्रन्थावलियों' के नाम से जाना जाता है। अक्सर इनमें मूल्यवान परिचयात्मक सामग्री सम्मिलित होती है। हिन्दी में अलग-अलग कवियों पर केन्द्रित अनगिनत पुस्तकें भी भरपूर हैं, साथ ही तुलनात्मक और विश्लेषणात्मक अध्ययन भी। लेकिन मैं यहाँ रीति साहित्य पर हिन्दी अध्ययन की सफलताओं और असफलताओं का ब्योरा नहीं दूँगी, सिवाय यह कहने के कि भारतीय विशेषज्ञों के प्रश्न व्यापक रूप से मेरे प्रश्नों से भिन्न रहे हैं। इस पर कोई शक नहीं कि उन्होंने रीति कविता को समझने का महत्त्वपूर्ण आधार निर्मित किया है, साथ ही अलग-अलग कवियों और उनके आश्रयदाताओं के जीवन सम्बन्धी विवरणों को स्थापित किया है। उन्होंने कविता व ग्रन्थों की प्रामाणिकता की पुष्टि की है और उनके रचनाकाल को निर्धारित किया है। साथ ही क्लासिकल हिन्दी काव्य पर विशिष्ट संस्कृत बुद्धिजीवियों के प्रभावों का पता लगाया है। रीतिकालीन बौद्धिक जीवन पर इस पुस्तक के अध्याय–तीन को छोड़कर, जहाँ विषय–वस्तु की माँग थी कि मैं एक केन्द्रित दृष्टि-बिन्दु से देखूँ, मैंने अध्ययन की अधिक विवरण-केन्द्रित शैली से बचने की कोशिश है। मैंने अलग-अलग पेड़ों पर ध्यान केन्द्रित करने के बजाय एक व्यापक दृष्टि को अपनाते हुए पूरे वन को देखने की कोशिश की है। लेकिन अनेक रीति कवियों और उनके राज्याश्रय व उनके ग्रन्थ तथा जीवन इस चर्चा में आते हैं। मैं यह दावा निश्चित रूप से नहीं कर रही हूँ कि मैंने हमेशा उन सभी के साथ न्याय ही किया है। इस पुस्तक में पाठकों को सम्भवत: सभी पेड़ों को निकटता से देखने का अवसर न मिले, लेकिन मैं आशा करती हूँ कि वे उस वन की एक समझ प्राप्त कर पायेंगे जिसे ब्रजभाषा के लेखकों के बौद्धिक और सांस्कृतिक कार्यों ने रचा था। पाठक यह समझ पायेंगे कि यह साहित्यिक परिवेश आरम्भिक आधुनिक सांस्कृतिक इतिहास के लिए क्यों महत्त्वपूर्ण हैं।

इस पुस्तक के लिखे जाने के दौरान मेरी मदद करने वाले सभी मार्गदर्शकों और सहकर्मियों का मैं वर्णन करूँ तो यह एक प्रस्तावना की किसी भी समुचित शब्द सीमा को पार कर जायेगा। सबसे पहले मैं भारत, यूरोप और उत्तर अमेरिका

में उन सभी शिक्षकों का आभार व्यक्त करती हूँ जिन्होंने मेरे ऊपर सरस्वती की कृपा का विस्तार किया। सबसे महत्त्वपूर्ण विद्वान आर.एस. मैक्ग्रेगर हैं, जिनकी अग्रणी पुस्तकों ने भारत के बाहर क्लासिकल हिन्दी पर शोध की आधारशिला रखी। आधुनिकता से पहले के हिन्दी साहित्यिक अध्ययन के मार्ग पर अनेक निकटवर्ती सहयात्रियों का भी मैं विशेष आभार व्यक्त करती हूँ जिनमें इमरे बंघा, टॉमस डीब्राउन, नलिनी देलवोई, जैक हॉली, फ्रांचेस्का ऑर्सीनी और रूपर्ट स्नैल हैं। हिन्दी साहित्य के विद्वान और मेरे आत्मीय आदित्य बहल के बिना अब यह मार्ग एकाकी लगता है। मैं सिंथिया टॉलबोट का विशेष आभार व्यक्त करती हूँ जिन्होंने न सिर्फ़ मेरे लेखन के अनगिनत प्रारूपों को अथक रूप से पढ़ा, बल्कि मेरे अध्ययन की दिशा को पश्चिमी भारत ख़ासकर राजस्थान की तरफ़ मोड़ा। उदयपुर में अभिलेखागारों के मेरे फ़ोटोग्राफ़ों में मुड़ी हुई पाण्डुलिपियों को दबाये हुए उनका अँगूठा इस बात की निशानी है कि राजपूत साहित्य के साथ मेरे बौद्धिक काम पर उनकी उपस्थिति का कितना प्रभाव रहा है। मुज़फ़्फ़र आलम, कैथरीन ऐशर, जानकी बाखले, एन्ना बिगलो, ब्रोनवेन ब्लेडसो, पिका घोष, चार्ल्स हॉबर्ट, एन कुमार, जेनीस लिओश्को, पैट्रिक ऑलिवेल, फ्रेंसिस प्रीचेट और राकेश रंजन का आभार जिन्होंने इस किताब के प्रकाशन से लेकर सतत बौद्धिक और नैतिक समर्थन दिया। कैरोल ब्रेकेनरिज इस पुस्तक को प्रकाशित रूप में देखने के लिए जीवित नहीं रहीं, लेकिन उन्हें किसी तरह विश्वास था कि मैं इसे पूरा कर पाऊँगी, भले ही जब मैं ऐसा नहीं कर पा रही थी। पुस्तक में लगी तस्वीरों में मदद के लिए मैं मार्था बेशेरिनी और एडवर्ड रदर्ब का शुक्रिया अदा करती हूँ। बेहतरीन सम्पादन के लिए लेस्ली क्रिसेल और कैथरीन उलरिक की आभारी हूँ। मेरे ब्रज और राजस्थानी अनुवादों पर परामर्श के लिए दलपत राजपुरोहित का आभार।

कोलम्बिया यूनिवर्सिटी के सेमिनार कक्षों को जीवन्त बनाने वाले उल्लेखनीय ग्रेजुएट छात्रों का सामूहिक ज़िक्र ज़रूरी है, लेकिन पैटन ब्रशेट, दिव्या चेरियन, आर्थर डडनी, मैट कर्लान्जिक, ऑड्रे ट्रुश्के, और टाइलर विलियम्स का विशेष धन्यवाद जो इस पाण्डुलिपि की तैयारी की विभिन्न अवस्थाओं के दौरान बड़े परिश्रमी शोध सहायक रहे हैं। उनके पारिश्रमिक का बड़ी उदारता से 'कोलम्बिया यूनिवर्सिटी समर ग्रांट प्रोग्राम इन ह्यूमनिटीज़' ने समर्थन किया। सिमरन जीत सिंह ने ब्रजभाषा की सिक्ख विरासत पर मेरे ज्ञान को गहराई दी, भले ही वह समृद्ध आर्काइव इस अध्ययन का केन्द्र नहीं हो सका।

इस परियोजना को अनेक संस्थानों और अनुदानों ने सम्भव बनाया है। पीएचडी फ़ेलोशिप के लिए मैं सोशल साइंसेज़ एंड ह्यूमनिटीज़ रिसर्च काउंसिल ऑफ़ कनाडा, यूनिवर्सिटी ऑफ़ शिकागो, फुलब्राइट-हेज़ डॉक्टरल डिज़र्टेशन रिसर्च प्रोग्राम और अमेरिकन इंस्टीट्यूट ऑफ़ इंडियन स्टडीज़ की आभारी हूँ। शोध की प्रक्रिया में भारत की कई अतिरिक्त यात्राएँ करनी पड़ीं, जिनके लिए यूनिवर्सिटी फ़ंड नॉर्थ कैरोलाइना के पार्टनर्स ग्रांट, अमेरिकन फ़िलोसॉफ़िकल सोसायटी के फ्रैंकलिन ग्रांट प्रोग्राम और नेशनल एंडोनमेंट फ़ॉर द ह्यूमनिटीज़ के सहकार के साथ अमेरिकन इंस्टीट्यूट ऑफ़ इंडियन स्टडीज़ की एक वरिष्ठ फ़ेलोशिप ने उदारता से वित्तीय सहायता दी। इंस्टीट्यूट फ़ॉर एडवांस्ड स्टडी, शिमला ने मेरे अन्तिम अध्याय को लिखने के लिए सुखद परिवेश और हिन्दी विद्वानों के साथ बौद्धिक समागम का अवसर मुहैया कराया। अमेरिकन काउंसिल ऑफ़ लर्नेड सोसायटीज़ (सोशल साइंसेज़ रिसर्च काउंसिल और नेशनल एंडोनमेंट फ़ॉर द ह्यूमनिटीज़ के सहप्रायोजन के साथ) के एक इंटरनेशनल एंड एरिया स्टडीज़ फ़ेलोशिप और साथ ही कोलम्बिया यूनिवर्सिटी के चेंबरलेन फ़ेलोशिप ने अन्तिम शोध और सम्पादन के लिए छुट्टी के दौरान समर्थन दिया। मैं कोलम्बिया में डिपार्टमेंट ऑफ़ मिडिल इस्टर्न, साउथ एशियन, एंड अफ्रीकन स्टडीज़ की आभारी हूँ जिन्होंने पुस्तक के प्रकाशन की लागत में योगदान दिया। अनेक संस्थानों ने पुस्तक के लिए पाण्डुलिपियों और चित्रों को हासिल करने में सहायता की है। मैं विशेषकर एशियन आर्ट आर्काइव्स, यूनिवर्सिटी ऑफ़ मिशिगन, बॉडलियन लाइब्रेरी, ऑक्सफ़ोर्ड, फ्रियर गैलरी ऑफ़ आर्ट, हिन्दी साहित्य सम्मेलन, इलाहाबाद, ज्ञान प्रवाह वाराणसी, राजस्थान ओरिएंटल रिसर्च इंस्टीट्यूट, रॉयल कलेक्शन, विंडसर पैलेस, सॉदबीज़ न्यूयार्क और विक्टोरिया एंड अलबर्ट म्यूज़ियम, लन्दन के निदेशकों और कर्मियों का विशेष धन्यवाद अदा करती हूँ।

मैं सेज पब्लिकेशंस, कैम्ब्रिज यूनिवर्सिटी प्रेस और ड्यूक यूनिवर्सिटी प्रेस की आभारी हूँ जिन्होंने मेरे लेखों के हिस्सों को पुन: प्रकाशित करने की अनुमति दी। अध्याय : एक में केशवदास के ऐतिहासिक कार्यों पर चर्चा 2005 के मेरे लेख 'लिटररी रेस्पॉन्सेज़ टू द मुग़ल इम्पेरियम : द हिस्टॉरिकल पोयम्स ऑफ़ केशवदास' पर आधारित है, जो मूल रूप से *साउथ एशिया रिसर्स* 25 (1) में प्रकाशित हुआ था। सर्वाधिकार © सेज पब्लिकेशंस (सर्वाधिकार सुरक्षित, प्रकाशन अधिकारधारकों और प्रकाशकों सेज पब्लिकेशंस इंडिया प्राइवेट लि., नयी दिल्ली की अनुमति से

पुनः प्रस्तुत)। रीति कवियों के अध्ययन पर मेरा एक लेख पहले 'द एंग्ज़ायटी ऑफ़ इनोवेशन : द प्रैक्टिस ऑफ़ लिटररी साइंस इन द हिन्दी रीति ट्रेडिशन, *कम्पेरेटिव स्टडीज़ ऑफ़ साउथ एशिया, अफ्रीका एंड द मिडल ईस्ट* 24(2) : 45-59 में प्रकाशित हुआ था। अध्याय : चार 'हिडेन इन प्लेन व्यू : ब्रजभाषा पोएट्स एट द मुग़ल कोर्ट' का एक संशोधित संस्करण है, जो पहली बार *मॉडर्न एशियन स्टडीज़* 44 (2) : 267-309 में प्रकाशित हुआ था।

अन्त में, मैं अपने माता-पिता को धन्यवाद कहती हूँ कि उन्होंने मुझ पर कभी सन्देह नहीं किया, तब भी नहीं जब उन्हें निश्चित रूप से इस पर सन्देह था कि मेरा संस्कृत और हिन्दी अध्ययन कभी भी एक लाभप्रद रोज़गार में बदल पायेगा या नहीं। मेरी बहनों जेनिफ़र और लॉरिन, मेरी आंट बेवरली, मेरे कज़िन बार्ब और मार्क और मेरी सबसे पुरानी मित्र रेबेका और लिज़ा मेरी शक्ति के नियमित स्रोत रहे हैं। अब मैं कई तरह से यह समझती हूँ, जिसे मैं पहले कभी समझ नहीं सकी, कि जब लेखक अपने जीवनसाथियों को उनके धैर्यपूर्ण आत्म-संयम के लिए धन्यवाद कहते हैं तो वह कोई निरर्थक आभार नहीं होता है। धन्यवाद, शेली!

**–ऐलिसन बुश**

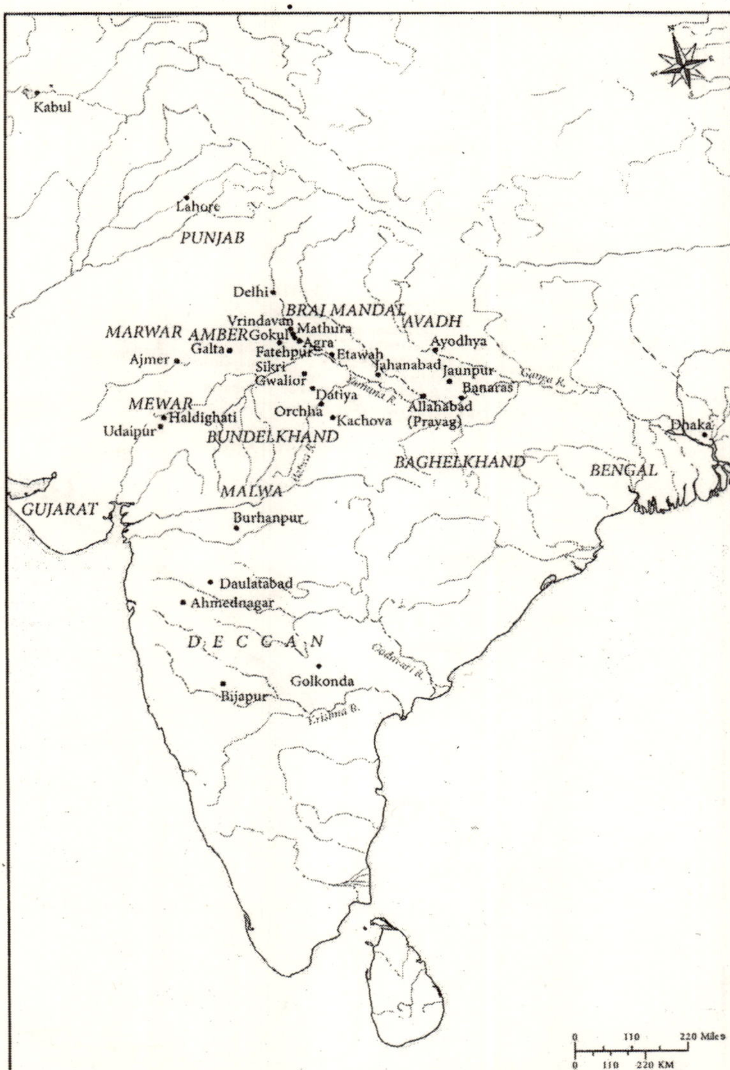
Kabul
Lahore
PUNJAB
Delhi
BRAJ MANDAL
AVADH
Vrindavan
Mathura
MARWAR
AMBER
Gokul
Agra
Galta
Fatehpur
Sikri
Etawah
Ayodhya
Ajmer
Jahanabad
Jaunpur
Ganga R.
Gwalior
Jamuna R.
Banaras
Datiya
MEWAR
Allahabad
(Prayag)
Orchha
Kachova
Haldighati
Udaipur
BUNDELKHAND
BAGHELKHAND
BENGAL
Dhaka
MALWA
GUJARAT
Burhanpur
Daulatabad
Ahmednagar
D E C C A N
Godavari R.
Golkonda
Bijapur
Krishna R.
0 110 220 Miles
0 110 220 KM

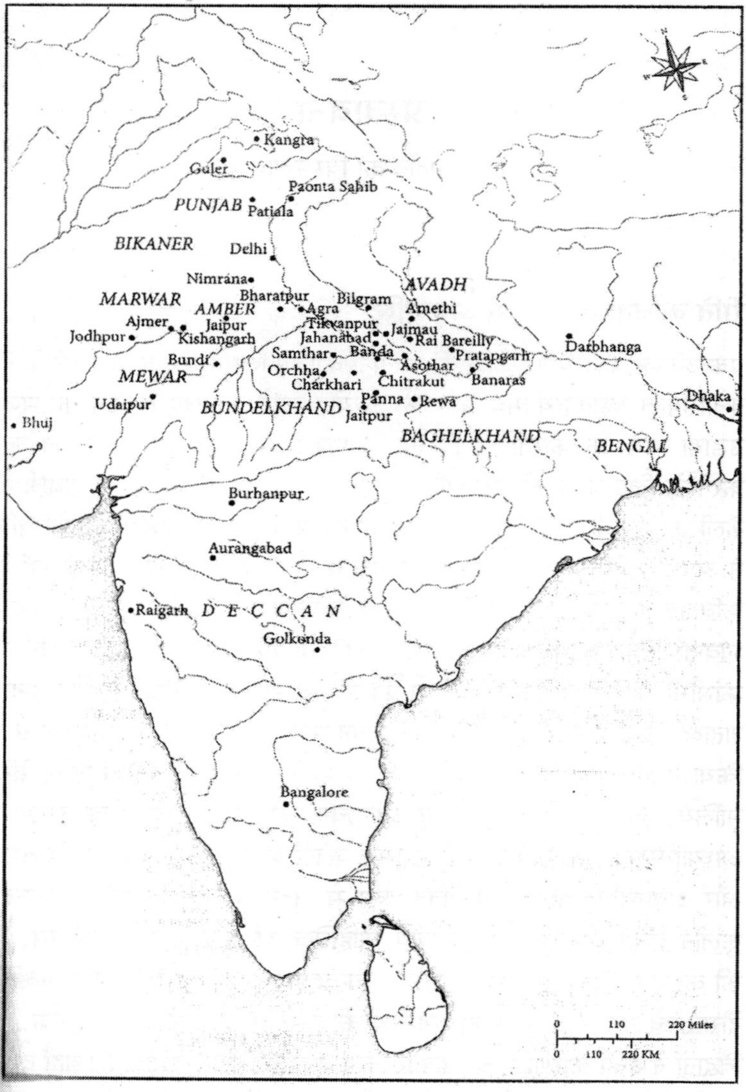
Kangra
Guler
Paonta Sahib
PUNJAB
Patiala
BIKANER
Delhi
Nimrana
MARWAR
Bharatpur
AMBER
Agra
Bilgram
AVADH
Amethi
Ajmer
Jaipur
Tikyanpur
Jajmau
Jodhpur
Kishangarh
Jahanabad
Rai Bareilly
Darbhanga
Bundi
Samthar
Banda
Pratapgarh
MEWAR
Orchha
Asothar
Charkhari
Chitrakut
Banaras
Udaipur
Panna
Rewa
Dhaka
BUNDELKHAND
Jaitpur
Bhuj
BAGHELKHAND
BENGAL
Burhanpur
Aurangabad
Raigarh
D E C C A N
Golkonda
Bangalore
0 110 220 Miles
0 110 220 KM

# प्रस्तावना

अतीत का विस्मरण

## रीति कविता और इससे असन्तुष्टि

एक अंग्रेज़ी साहित्य की कक्षा की कल्पना कीजिए जिसमें एक कथा कहने के लिए क्लासिकल महाकाव्यात्मक रूप का उपयोग करने के लिए मिल्टन का मज़ाक़ उड़ाया जाये। फटकारती हुई शिक्षिका अपना सिर हिलाते हुए वर्जिल की नक़ल करने के लिए कवि को डाँटे और वर्जिल की लैटिन लगने वाली शब्दावली और शैली को शुद्ध विद्याडम्बर कहकर नकार दे। साथ ही, यह सवाल करे कि वर्जिल ने अपनी विषयवस्तु अपने निजी अनुभव से ग्रहण क्यों नहीं की? और क्यों ऐसी कविताएँ नहीं लिखीं जिनमें रोज़मर्रा यानी बोलचाल की भाषा में अपनी आन्तरिक भावनाओं को अभिव्यक्त किया गया हो? या फिर कल्पना कीजिए कि आप फ्रांसीसी साहित्य के किसी इतिहास को पढ़ रहे हों जिसमें चौदहवीं और पन्द्रहवीं शताब्दी में रचित धार्मिक पदों या तत्कालीन सन्तों के जीवन को तो प्रमुखता से पेश किया गया हो लेकिन सत्रहवीं शताब्दी के महान नाटककारों जैसे कोर्नील, रेसिन, मॉलियर जैसों की इस आधार पर आलोचना की गयी हो कि उनके लेखन की आध्यात्मिकता असन्तोषजनक है, जिसके क्लासिकल सन्दर्भ अत्यधिक विस्तारपूर्ण और अवास्तविक हैं, या वे नैतिक रूप से निंदनीय हैं क्योंकि यह स्वच्छन्द व कुलीन दुनिया से निकले हैं। यूरोपीय साहित्यिक इतिहास के सन्दर्भ में ऐसे दृश्यों की कल्पना करना असम्भव है, लेकिन चिन्ताजनक तथ्य यह है कि इसी अवधि के दौरान रचे गये भारतीय दरबारी साहित्य की ऐसी ही प्रवृत्तियों को आधुनिक हिन्दी विद्वानों ने उन्हीं कारणों से अस्वीकार किया था जिन्हें ऊपर दर्शाया है। यहाँ दरबारी हिन्दी साहित्य से मेरा मतलब सोलहवीं शताब्दी के उत्तरार्द्ध से लेकर उन्नीसवीं

शताब्दी तक भारतीय दरबारों में रचे गये रीतिग्रन्थ हैं। इन ग्रन्थों पर होने वाली अपार चर्चाओं में, लेखकों द्वारा इसके प्रति अरुचि, अस्वीकार का लम्बा इतिहास है। ध्यान सबसे निराशाजनक रूप से इस बात पर केन्द्रित किया जाता है कि रीति कविता साहित्य के उस मानक पर खरी उतरने में असफल है जिस मानक का विकास भारत नहीं यूरोप में विकसित हुआ। उस मानक की रचना भी किसी और देशकाल में हुई जो रीतिकाल के इतिहास से भिन्न था। औपनिवेशिक काल में विक्टोरियाई दौर के इंग्लैंड के ये मानक थे जिन पर दुर्भाग्य से रीति कविता को परखा जा रहा था।

अपने अद्भुत व्यंग्यात्मक लेख 'हाऊ नॉट टू राइट द हिस्ट्री ऑफ़ उर्दू लिटरेचर' में राल्फ रसेल ने उर्दू साहित्य के इतिहास-लेखन को लेकर अपने शुरुआती अनुभवों के बारे में अपनी आपबीती सुनाई है। क्लासिकल हिन्दी साहित्य पर आधुनिक अध्ययन के बारे में मेरी अपनी भावनाएँ उनकी कही गयी बातों के सार में प्रतिबिम्बित होती हैं। जैसे–

> अगर उर्दू साहित्य का आपके लिए बहुत महत्त्व नहीं है तो कृपया इसका इतिहास लिखने की कृपा करने से बचें। इसे लिखने की आप पर कोई बाध्यता नहीं है, और यह सभी लोगों के लिए बहुत अच्छा होगा कि आप इस ख़ुद को इस श्रम से, और पाठकों को निराशा से, बचायें।[11]

राल्फ रसेल की तरह ही मैंने अपने विषय पर अध्ययन की शुरुआत निराशा के एक बेहद गहन दौर से की। हिन्दी और संस्कृत दोनों साहित्यों में गहरी रुचि रखने वाली एक ग्रेजुएट छात्रा के रूप में, मैं क्लासिकल दरबारी हिन्दी साहित्य परम्परा के अस्तित्व के बारे में जानने को उत्साहित थी। लेकिन जब मैंने इसके बारे में और अधिक जानना आरम्भ किया तो मुझे याद है कि मैं कितनी हैरान हुई थी। पहले अंग्रेज़ी और फिर हिन्दी में जिन विद्वानों की तरफ़ मुड़ी, वे दावा करते थे कि रीति साहित्य एक पतनशील साहित्य था। यह पूरी तरह से अप्राकृतिक था। यह आडम्बरपूर्ण और नक़ल से भरपूर था। यह आश्चर्यजनक रूप से ऐन्द्रिक था और इसलिए नैतिक रूप से संदिग्ध था। सबसे बढ़कर तो (आमतौर पर तर्क की दिशा यही होती थी) यह एक पतनशील उत्तर-मध्यकालीन संस्कृति का उत्पाद था। इस पतन को विभिन्न कारणों से जोड़ा जाता था, जैसे औपनिवेशिकता से पहले के दौर में भारतीय संस्कृति में आयी एक सर्वव्यापी क्लान्ति या पतन, सामन्ती सामाजिक स्थितियाँ, मुग़लकाल में ख़ासकर सुल्तान औरंगज़ेब (शासनकाल 1658-1707 ई.) के दौर में होने वाला कथित विनाश, गौरवमय भक्तिकाल के बाद से धार्मिक

भावनाओं में आयी शिथिलता या भ्रष्टाचार। कभी-कभी कारण अलग भी हुआ करते थे, लेकिन कहानी मोटे तौर पर समान थी, वह यही कि रीतिकालीन कविता साहित्यिक विनाश की ही एक गाथा थी।

केशवदास (सक्रिय 1600 ई. में) के बारे में अपने पहले विचारों को भूलना मेरे लिए कठिन है। वे हिन्दी साहित्य के अग्रणी क्लासिसिस्ट रचनाकार थे, जिनके बारे में के.बी. जिन्दल ने अपनी किताब 'अ हिस्ट्री ऑफ़ हिन्दी लिट्रेचर' में विस्तार से लिखा है। मेरा पहला स्रोत यही किताब थी। संस्कृत का उत्कृष्ट साहित्य सभी आरम्भिक दक्षिण एशियाई भाषाओं के लिए एक आधारभूत सन्दर्भ-स्रोत था[12], और वह सोलहवीं सदी के उत्तरार्द्ध में ख़ासकर दरबारी हिन्दी साहित्य के लिए आधारशिला बन गया था। जिन्दल इस विरासत को इस तरह देखते हैं–

> केशव[दास] में मौलिकता खोजना व्यर्थ है। हमें संस्कृत में केशव के पदों के समान्तर रचनाएँ भरपूर मिल सकती हैं, जबकि उनमें से अधिकतर तो शब्दशः अनुवाद हैं...हमारी भाषा के सौभाग्य से, केशव द्वारा स्थापित किये गये नियमों का सटीक अनुपालन उनके अनुवर्तियों ने नहीं किया... *कविप्रिया* दण्डी की संस्कृत कृति *काव्यादर्श* का स्थानीय भाषा में लगभग एक रूपान्तरण है...तेरह अध्यायों में विविध अलंकारों के बीच अन्तर को लेकर मीन-मेख निकाला गया है...औसत पाठक काव्य की इन विशेषताओं की लम्बी सूची को लेकर असमंजस में पड़ जाता है, जिनसे कोई काव्य अच्छा बनता है...जब केशवदास विद्वत्तापूर्ण प्रशिक्षण के बन्धनों से स्वयं को छुटकारा दिला पाते हैं, तब वे अत्यन्त भावपूर्ण हो सकते हैं...केशव के पास जितनी सूझ-बूझ है, अगर उतनी ही प्रेरणा भी होती तो वे महानतम लोगों में शामिल होते। स्थिति यह है कि उनके काव्य में वह खरी धार्मिक आभा नहीं है जिसने सूर और तुलसी को उनके समकालीनों से कहीं आगे पहुँचा दिया।[13]

आगे आने वाले अध्यायों में केशवदास और अन्य रीति कवियों का एक कम पूर्वाग्रहग्रस्त अध्ययन यह प्रमाणित करेगा कि के.बी. जिन्दल का यह वक्तव्य सच नहीं था। इन अध्यायों में केशवदास द्वारा अपनायी गयी शास्त्रीयता का गहराई से विश्लेषण किया जायेगा। साथ ही केशवदास के काव्य-जगत् के सन्दर्भ में उसे समझने का प्रयास भी किया जायेगा। मगर यह महज़ अकादमिक या अध्ययन सम्बन्धी कुछेक त्रुटियों को सुधारने का प्रश्न नहीं है। काश कि ऐसी वर्णनात्मक

अभद्रता को किसी एक असहृदय साहित्यिक इतिहासकार की खिन्नता कहकर ख़ारिज किया जा सकता। असल में केशवदास के बारे में जिन्दल की चर्चा हिन्दी अध्ययन के क्षेत्र में व्याख्या को लेकर व्यापक समस्याओं का एक प्रतीक है। कुछ क्षण के लिए इस निष्कर्ष को मान लेते हैं कि केशवदास में तुलसी और सूर की 'धार्मिक आभा' का अभाव है। किस कसौटी से यह 'धार्मिक आभा' काव्यात्मक उपलब्धि का एक संकेतक है और, अगर यह है भी तो, किसने इसकी माप निर्धारित की और कब? किसी को भी इस बात से असहमति नहीं होगी कि धार्मिक विधाएँ आधुनिकता के पूर्व के हिन्दी काव्य का एक महत्त्वपूर्ण घटक हैं, लेकिन इस व्यापक, और व्यापक रूप से रुचिकर, काव्य में भक्ति-पदों से कहीं अधिक और बहुत कुछ शामिल है। मैं भारत में केशवदास पर एक सम्मेलन में एक अनाम सहकर्मी की हताशा से सहमत हूँ, जिन्होंने एक समय कहा था, "क्यों केशवदास पर होने वाली चर्चाओं को हमेशा इस बात पर क्षमायाचना के साथ शुरू होना चाहिए कि वे तुलसी नहीं थे?" (ऐसा लगता है कि किसी को भी इससे समस्या नहीं है कि एक श्रद्धेय भक्त कवि तुलसीदास ने स्वयं काफ़ी कुछ प्राचीन काव्य को ही पुन:प्रस्तुत किया था।)

उसी शताब्दी में जब केशवदास (और तुलसी) ने संस्कृत काव्य और साहित्यिक सिद्धान्त को विषयवस्तु और शैलीगत नियमों के लिए खँगाला, फ्रांसीसी कवि भी प्राचीन काव्य की ओर लौटे और उन्होंने आधुनिक भाषाओं में उनके संस्करण निर्मित किये। बहुत जल्दी ही यह समझ विकसित हुई कि स्थानीय भाषा में होने वाले लेखन के लिए यह आवश्यक नहीं है कि वह केवल एक अपरिष्कृत मुहावरा और लैटिन ग्रन्थों का साधारण स्थानापन्न भर हो। जिस तरह उत्तर भारतीय कवि केशवदास ने अपने पूर्वजों की संस्कृत को पीछे छोड़ने का आत्मविश्वास हासिल किया ताकि हिन्दी लेखन का एक सुन्दर, परिष्कृत स्वरूप विकसित किया जा सके, आरम्भिक आधुनिक फ्रांसीसी लेखक भी अपनी क्लासिकल परम्परा की परछाईं से बाहर निकले और इस बात को समझा कि उसके सांस्कृतिक प्रभुत्व को अब चुनौती दी जा सकती है। अब परिष्कृत स्थानीय भाषा का साहित्य न केवल सम्भव था, बल्कि यूरोप और भारत दोनों के दरबारों में उसे बहुत सराहना भी मिली। सवाल यह नहीं है कि फ्रांसीसी और क्लासिकल हिन्दी साहित्य के इतिहास की यात्राओं को बिना किसी गम्भीर चिन्तन के एक समान मान लिया जाये, हालाँकि आरम्भिक आधुनिक काल में विभिन्न क्षेत्रों में समान्तर प्रवृत्तियों की तलाश करना शिक्षाप्रद है।

मगर यह आश्चर्य का कारण है कि जहाँ कॉर्निले और रेसिने को स्थापित फ्रांसीसी साहित्य में बहुत ऊँचा स्थान दिया जाता है, केशवदास और उनके समान अन्य रीति कवि, जो किसी समय उतने ही प्रख्यात थे, अब आधुनिक हिन्दी-साहित्य आलोचना और इतिहास-लेखन में नियमित रूप से निन्दा के पात्र बन गये हैं। भारतीय संस्कृति में जो कुछ भी श्रेष्ठ हो रहा था, वे इस बात का उदाहरण बनने के बजाय भारतीय संस्कृति की त्रुटियों के प्रतीक बन गये हैं। जिन्दल और अन्यों ने केशवदास के साथ जैसा व्यवहार किया है, सत्रहवीं शताब्दी के फ्रांसीसी कवियों के प्रति यूरोपीय साहित्यिक इतिहासकारों के वैसे किसी व्यवहार की कल्पना तक नहीं की जा सकती। जो फ्रांसीसी विभाग रेसिने या कॉर्निले पर एक नये शोध को प्रोत्साहित नहीं करे, उसको एक अपूर्ण विभाग समझा जायेगा; जिस पुस्तकालय में उनकी अप्रकाशित पाण्डुलिपियाँ हों और उन्हें बर्बाद होने को छोड़ दिया जाये, ऐसे पुस्तकालय की भर्त्सना की जायेगी।

वे कौन सी विचित्र ऐतिहासिक स्थितियाँ हैं जो किसी संस्कृति को अपनी साहित्यिक धरोहर का तिरस्कार करने और व्यापक रूप से उसे भुला देने में सक्षम बनाती हैं, जबकि वहीं दूसरी संस्कृतियाँ अपनी धरोहरों को आगे बढ़कर गले लगाती हैं? आंशिक रूप से यह पुस्तक इस प्रश्न का एक अनुसन्धान है, लेकिन यह अधिक केन्द्रित रूप से स्मृति की, स्मृति से जुड़ने की एक कार्रवाई है। मैं रीति साहित्य की कथा को पुनर्स्थापित करने की चेष्टा कर रही हूँ और इसने जिस महत्त्वपूर्ण सांस्कृतिक अर्थव्यवस्था को समृद्धि तक पहुँचाया, उसको समझने की कोशिश कर रही हूँ। मैं चाहती हूँ कि पाठक क्लासिकल हिन्दी के भरपूर सौन्दर्यबोध के संसार को समझें, और वे उन कवियों के जीवन्त विद्वत्तापूर्ण जीवन और परिवर्तनशील सामाजिक इतिहासों के बारे में जाने, जिन्होंने अपनी साहित्यिक उपलब्धियों के साथ आरम्भिक आधुनिक भारत के दरबारों को सम्मानित किया।

## ब्रजभाषा के रीति साहित्य का परिचय

इस पुस्तक के सन्दर्भ में 'हिन्दी' भाषा का आशय केवल खड़ी बोली से नहीं है, जो बहुत बाद में अंग्रेज़ी भाषा के साथ-साथ स्वतन्त्र भारत की दो आधिकारिक भाषाओं में से एक के रूप में स्वीकृत होने वाली थी। यहाँ जिस आरम्भिक आधुनिक काल की पड़ताल की गयी है, उस समय हिन्दी बहुत अलग हुआ करती थी। आधुनिक राष्ट्र-राज्य के मानकीकरण की अनिवार्यता तब मौजूद नहीं थी। पुरानी हिन्दी की

भाषाई दुनिया में कई बोलियाँ बसती थीं। जिन कवियों ने स्थानीय भाषाओं के साहित्य को समृद्ध बनाया, उन्होंने हमेशा उसी भाषा में नहीं लिखा जिसे वे बोला करते थे। साहित्य को, और विशेषकर दरबारी सन्दर्भों में रचे गये साहित्य को, संस्कृति का एक विशेष क्षेत्र माना जाता था। साहित्य का यह क्षेत्र रूपवादी था, परम्परा की लीक पर चलता था, और केवल उन्हीं भाषाओं में लिखा जा सकता था, जिन्हें एक जटिल प्रक्रिया के तहत साहित्यिक होने का सम्मान प्राप्त था। रीति कवियों ने, चाहे उनका जन्मस्थान या भाषा कोई भी हो, अपना हिन्दी ग्रन्थ एक विशिष्ट साहित्यिक बोली में रचा जिसे आज ब्रजभाषा या अनौपचारिक रूप से ब्रज कहा जाता है। इसकी भी अपनी एक कहानी है जिसे कहने की आवश्यकता है।

सत्रहवीं शताब्दी का आरम्भ, जो रीति साहित्य का ठीक-ठीक आरम्भ बिन्दु भले न हो लेकिन सुविधा के लिहाज़ से इसे आरम्भ माना जा सकता है, इस काल में ब्रजभाषा हिन्दी का नया-नया उभरता हुआ स्वरूप थी। लेकिन जिन सामाजिक और धार्मिक प्रक्रियाओं ने साहित्यिक भाषा को जन्म दिया और इसे ख्याति दिलायी, वे पचास वर्षों से अधिक समय से जारी थीं। उत्तर भारतीय वैष्णव समुदायों को पूरी सोलहवीं शताब्दी में भारी लोकप्रियता हासिल हो रही थी, वे ब्रज-क्षेत्र के साथ मिथकीय काव्यों के माध्यम से जुड़े हुए स्थानों पर अपना अधिकार स्थापित कर रहे थे, जो कृष्ण के अवतार के रूप में विष्णु की लीलाओं का केन्द्र थे।[14] सूरदास, और असाधारण रूप से सफल तुलसीदास जैसे महाकवियों ने स्थानीय भाषा में गहन श्रद्धा से भरपूर ग्रन्थों की रचना की थी। (तुलसीदास ने एक व्यापक प्रसिद्धि पायी, लेकिन उनका *रामचरितमानस* अवधी में है जो हिन्दी की एक पूर्वी बोली है)। इस साहित्य की कल्पना के केन्द्र में कृष्ण का बचपन था, वृन्दावन के गोपालकों के बीच में उनकी बालसुलभ क्रीड़ाएँ थीं, ब्रज की गोपियों के साथ उनका रास-रंग था।

जिन धार्मिक घटनाओं ने ब्रजभाषा के सफलतापूर्ण उभार में सहायता की, वे मोटे तौर पर एक राजनीतिक प्रक्रिया से मेल खाती थीं। जैसे शहंशाह अकबर (शासनकाल 1556-1605 ई.) के लम्बे शासनकाल के दौरान मुग़ल शासन को मिलने वाली मज़बूती। अकबर की आरम्भिक राजधानी फ़तेहपुर सीकरी और उससे लगा हुआ मुग़ल केन्द्र, आगरा पवित्र हिन्दू स्थलों-वृन्दावन और मथुरा के क़रीब स्थित थे (जिन्हें अक्सर एक साथ ब्रजमण्डल कहा जाता है), जो उभरते हुए भक्ति आन्दोलन के गढ़ थे। जिन राजपूत राजाओं को हाल ही में मुग़ल व्यवस्था में शामिल किया गया था, जिनमें केशवदास के आश्रयदाता ओरछा के बीर सिंह देव

बुन्देला (शासनकाल 1605-27 ई.) शामिल थे, वे ब्रजमण्डल में मन्दिरों के प्रमुख प्रायोजक थे। साथ ही, वैष्णव समुदायों की ओर से अकबर के फ़रमानों ने इस क्षेत्र की सांस्कृतिक प्रतिष्ठा को और अधिक बढ़ाया।[15] इस वैष्णव उत्साह और ब्रज में राजपूत और मुग़ल आश्रय के मेल से ऐसा परिवेश रचा गया जिसने इस क्षेत्र की भाषा में एक नयी रुचि को विकसित किया। भले ही इसके नाम से संकेत मिलते हों कि इसकी उत्पत्ति हिन्दू समुदायों में हुई थी, ब्रजभाषा आरम्भ से ही एक बहुत ही बहुमुखी काव्य भाषा थी जिसने कई लोगों को आकर्षित किया। जैसे वैष्णवों ने भक्ति के लिए इसका उपयोग किया, यह अकबर के काल से ही एकाएक और बहुत प्रतिष्ठा के साथ एक प्रमुख दरबारी भाषा बन गयी, जैसा कि ऐतिहासिक दस्तावेज़ संकेत करते हैं। इसी ब्रजभाषा में, और विशेषकर दरबारी परिवेश में रचे गये साहित्य को, इतिहास-लेखन की एक ऐसी आम सहमति के साथ जो आधुनिक काल में जाकर बनी, रीति साहित्य कहा गया।

यह सही है कि ब्रजभाषा और रीति उत्तर भारत की सबसे महत्त्वपूर्ण स्थानीय साहित्यिक भाषा और उन दरबारी ग्रन्थों को वर्णित करने के लिए सटीक या सन्तोषजनक शब्द नहीं हैं, जिनमें भाषा की बहुत बड़ी धरोहर मिलती है। लेकिन हम इन शब्दों से बच नहीं सकते हैं। आधुनिक काल से पूर्व का हिन्दी साहित्य जटिल है और साहित्यिक और सामाजिक अर्थों में बहुत विविधतापूर्ण है। अन्य भारतीय भाषाओं की तुलना में इसका भौगोलिक क्षेत्र बहुत व्यापक है, और व्यापक रूप से उलझा हुआ भी है। इससे भी बढ़कर, कोई भी विशेष रूप से इस पर सहमत नहीं हो सकता कि हिन्दी क्या है, इसका साहित्य कब से आरम्भ हुआ और इसकी प्रमुख विशेषताएँ क्या हैं। हिन्दी के उपयोग को हिन्दुस्तान के उत्तरी सिरे से लेकर दक्कन तक, गुजरात से बंगाल तक तलाशा जा सकता है, और हिन्दी जहाँ भी गयी, वहाँ वह क्षेत्रीय प्रभावों में ढल गयी। इस तथ्य की झलक इस भाषा को हासिल हुए ढेर सारे नामों में देखी जा सकती है (अगर सचमुच में इसे समस्याओं से परे जाकर, एक भाषा के रूप में देखा जा सके)। अवधी, ब्रजभाषा, गूजरी, राजस्थानी, पिंगल, डिंगल, सधुक्कड़ी, हिन्दुस्तानी, देहलवी, पूरबी ज़बान, दक्कनी और रेख़्ता महज़ कुछेक नाम हैं जो आरम्भिक हिन्दी रूपों (या इससे मिलते-जुलते आरम्भिक उर्दू रूपों) के साहित्य के लिए उपयोग में लाये जाते रहे हैं। यह समझने की कोशिश करना कि पिछले पाँच सौ या उससे अधिक सालों में जिन लोगों ने उनका उपयोग किया है, उनके लिए उन शब्दों के क्या अर्थ थे, एक असाध्य कार्य है।[16] कुछ

कवियों ने जहाँ अपनी स्थानीय भाषा को बहुत ही स्थानीय परिप्रेक्ष्य के साथ देखा और उसे अपने क़स्बे या क्षेत्र के नाम से पुकारा, दूसरे कवि किसी नाम को लेकर पूरी तरह सचेत नहीं थे, और जब उन्हें नाम लेने की आवश्यकता पड़ी तो उन्होंने हिन्दवी या महज़ 'भाषा' जैसी व्यापक अभिव्यक्तियों का उपयोग किया।[17]

'ब्रजभाषा' और 'ब्रज' जैसे शब्द आज भले ही व्यापक रूप में उपयोग में लाए जा रहे हैं, आश्चर्यजनक रूप से आधुनिक काल से पहले उनका चलन बहुत कम था।[18] क्लासिकल हिन्दी के ब्रज-क्षेत्र से सम्बन्ध का सबसे पहला न सही, लेकिन एक आरम्भिक उल्लेख सत्रहवीं शताब्दी के उत्तरार्द्ध में भारतीय साहित्य के एक भारतीय मुसलमान प्रशंसक के एक फ़ारसी ग्रन्थ में मिलता है। अपने ग्रन्थ *तुहफ़तुल-हिन्द* (सम्भवतः 1675 ई.) में मिर्ज़ा ख़ान ने जिसको भाखा (भाषा) कहा है, उसकी परिभाषा *ज़ुबान-ए अहल-ए बिर्ज* (ब्रजवासियों की भाषा) के रूप में दी है। इसके साथ ही उन्होंने समुचित भौगोलिक सटीकता के साथ ब्रज-क्षेत्र की सीमाओं और मथुरा के साथ उसकी निकटता को समझाया है।[19] ब्रजभाषा की मौजूदा हज़ारों रचनाओं का अभी तक एक सर्वेक्षण कर पाने में कोई सक्षम नहीं हुआ है, जो अभी भी पाण्डुलिपियों के रूप में रखी हुई हैं, लेकिन अपने आप में 'ब्रजभाषा' शब्द का सत्रहवीं शताब्दी के उत्तरार्द्ध से पहले कोई प्रमाण मिलता दिखाई नहीं देता है।[20] बल्कि इस भाषा को दूसरे नामों से पुकारा जाता था। मिर्ज़ा ख़ान के क़रीब-क़रीब समकालीन फ़क़ीरुल्लाह औरंगज़ेब के शासनकाल में एक आला प्रशासक थे। वे अपने समय के स्थानीय साहित्य को सुदेश की भाषा बताते हैं, और उनके विवरण में बताये गये क्षेत्र ब्रजमण्डल के क्षेत्र से भली-भाँति मेल खाते हैं।[21] मध्यदेश की बोली और इसका एक प्रकार मध्यदेशी भी प्रचलन में थी।[22] एक और प्रयोग में लिया गया नाम ग्वालियरी था, या जैसा कि फ़ारसी में कहने का चलन था, *ज़बान-ए ग्वालियर* भी ब्रजभाषा का ही नाम था।[23] ऐसे में 'ब्रज' नाम कब और कैसे चलन में आया यह पूरी तरह से स्पष्ट नहीं है, लेकिन यह नाम सहज ही उन वैष्णव समुदायों के स्वायत्त प्रभावों (एजेंसी) के बारे में संकेत करता है जो सोलहवीं शताब्दी से ब्रजमण्डल की धार्मिक प्रतिष्ठा को सक्रिय रूप से अपना रहे थे।

मैं नामों के इस जटिल उलझन में अधिक उलझना नहीं चाहती, इसलिए मुझे इस किताब में यह दर्ज करने दीजिए कि मैं 'ब्रजभाषा' नाम का उपयोग कर रही हूँ क्योंकि यह नाम जिस क्लासिकल साहित्यिक संस्कृति का वर्णन करता है, उसके लिए आवश्यक महत्त्वपूर्ण विशेषताएँ इस नाम में निहित हैं, और इसलिए भी कि

यह नाम स्थापित हो चुका है। इसमें परिभाषा सम्बन्धी समस्याएँ भी हैं, जिन्हें संस्कृत परम्परा अव्याप्ति (विस्तार की अपर्याप्तता) कहेगी। यानी ब्रजभाषा में ऐसी अनेक चीज़ें लिखी गयी हैं जिनका कोई भी सम्बन्ध ब्रज से नहीं है, चाहे भौगोलिक आधार पर लें या अवधारणा के आधार पर; इसके बावजूद मुझे किसी और नाम पर ज़ोर देने का कोई कारण नहीं दिखाई देता, और यों भी निश्चित रूप से ऐसे नाम की भी अपनी त्रुटियाँ होंगी। फिर भी, मेरे लिए इसी के साथ यह कहना भी आवश्यक है कि ब्रजभाषा नाम न सिर्फ़ इस काल के लिए ऐतिहासिक रूप से अनुपयुक्त है, बल्कि यह हिन्दी के अतीत पर उस प्रभुत्वशाली वैष्णव दृष्टिकोण को ही मज़बूत बनाता है, जिससे हटकर यह किताब एक नयी दिशा में मुड़ने की कोशिश करती है। उस अतीत की अवधारणा को हिन्दू धार्मिकता के एक विशेष क्षेत्र में स्थापित करने से इस साहित्य का कुछ हिस्सा अत्यधिक दुरूह या अस्पष्ट हो जाता है, क्योंकि मुग़ल काल के हिन्दी लेखक धार्मिक रूप से एक बहुलतावादी ज़मीन पर काम कर रहे थे और विविधतापूर्ण पाठक वर्गों के लिए लिख रहे थे। ब्रजभाषा मुग़ल दरबार में अत्यधिक लोकप्रिय थी, और भ्रमणकारी कवियों के एक व्यापक नेटवर्क ने मुग़ल साम्राज्य के केन्द्रों को राजपूत, वैष्णव और व्यापारी समुदायों के साथ जोड़ा। ब्रजभाषा उन कुछ कविताओं की भाषा भी है जिनका आलम्बन सोलहवीं शताब्दी से सिख समुदाय लेने लगे थे, और आख़िरकार जिन्हें संकलित करके गुरु ग्रन्थ साहिब का स्वरूप दिया गया।[24] इसलिए उस धार्मिक और सांस्कृतिक विविधता के बारे में सचेत रहना आरम्भिक आधुनिक हिन्दी ग्रन्थों के इतिहासकारों के लिए अपरिहार्य है जिसे 'ब्रज' जैसा एक हिन्दू केन्द्रित नाम अपने पीछे छिपा देता है।

ब्रज नाम की तरह *रीति* नाम भी आधुनिक काल से पहले यदा-कदा ही एक विशिष्ट साहित्यिक श्रेणी के रूप में प्रयुक्त होता है, और बीसवीं सदी से पहले के साहित्य को वर्णित करने के लिए बीसवीं शताब्दी के एक नाम का उपयोग करने को लेकर कई क़िस्म की आपत्तियाँ प्रस्तुत की जा सकती हैं। अपनी आधुनिक उत्पत्ति के बावजूद, यह नाम उस दरबारी साहित्य संस्कृति के लिए पूरी तरह उपयुक्त है, क्योंकि यह रीति कवियों में संस्कृत की पुरानी परम्पराओं, ख़ासकर दरबारी विधाओं को अपने समय की स्थानीय साहित्यिक संस्कृति में अपनाने की आधारभूत रुचि को दर्शाता है। रीति का एक अच्छा अनुवाद 'पद्धति' हो सकता है (यह संस्कृत की 'ऋ' धातु से बना है, और इसका अर्थ है मार्ग), जैसा कि रीति कवियों के लेखन से स्पष्ट होता है, और इस पद में कहा गया है—कविता की रीति।[25] आरम्भिक आधुनिक काल

की उपयुक्त स्थितियों में सशक्त हो रहे देशभाषा के दरबारी बुद्धिजीवियों के समुदाय के लिए पद्धति के प्रश्न केन्द्र में थे। जहाँ वैष्णव भक्त कवियों ने आमतौर पर लेखन की एक कम रूपात्मक प्रणाली अपनाई, जो पदों के सन्दर्भ में और अपने इष्ट देवताओं से अन्तरंग सम्बन्धों की उनकी इच्छित अभिव्यक्ति को देखते हुए उपयुक्त थी, नये दरबारी आश्रय के परिवेश ने देशभाषा और रचनाकर्म के एक उन्नत स्वरूप के विकास को प्रोत्साहित किया। संस्कृत के पास सदियों की प्रतिष्ठा थी, और इसकी साहित्यिक धरोहर समुचित आदर्शों को प्रस्तुत करने में अत्यधिक सक्षम थी। रीति रचनाकारों का मुख्य रूप से ब्राह्मण वर्ग परिश्रम के साथ क्लासिकल काव्य सिद्धान्तों से लिए विषयों पर प्रबन्ध लिखने लगा, जिससे अलंकारशास्त्र के पुराने संस्कृत अनुशासन का एक नया ब्रजभाषा स्वरूप विकसित हुआ।

रीति रचनाकारों की मुख्य साहित्यिक और बौद्धिक प्रवृत्तियों को प्रस्तुत करने के लिए अगर कोई एक विधा है तो वह है ब्रजभाषा रीतिग्रन्थ। रीतिग्रन्थ मूलतः एक काव्य 'मैन्युअल' है जिसमें लेखक संस्कृत अलंकारशास्त्र की प्रमुख अवधारणाओं को परिभाषित और सोदाहरण वर्णित करता है, जैसे कि रस, नायिकाभेद या अलंकार। कुछ रीति लेखक मुख्यतः पद्धति में रुचि रखते थे, जबकि कुछ कविता के प्रति अधिक आकर्षित थे। अधिक विद्वान और बहुमुखी प्रतिभावाले लेखक सिद्धान्त और व्यवहार दोनों में निपुण थे। अलंकार और कविता की ये मिली-जुली रचनाएँ, जो विद्वत्ता और साहित्यिक विशेषताओं को एक साथ जोड़ने के कारण आधुनिक पाठक को उलझन में डालने के लिए मशहूर हैं, सत्रहवीं शताब्दी से हिन्दुस्तान में अत्यधिक लोकप्रिय हो गयीं। मुग़ल सन्दर्भों में, मध्य और पश्चिमी भारत के राजपूत दरबारों में, और छिटपुट ही सही सुदूर दक्कन में उनके व्यापक आश्रय के प्रमाण मिलते हैं। असल में, जैसा कि रीतिग्रन्थ विधा के आश्रय के प्रतिमानों से दिखाई देता है, इस साहित्यिक संस्कृति का प्रसार उन क्षेत्रों से बख़ूबी मेल खाता है, जहाँ-जहाँ मुग़ल साम्राज्य की क्षेत्रीय आकांक्षाएँ क़ायम थीं। इसकी वजहें इस पुस्तक में स्पष्ट की जायेंगी (देखें, नक़्शा-2)। उस काल के अधिकतर राजाओं ने रीति साहित्य लिखवाया। पूरे आरम्भिक आधुनिक काल में रीतिग्रन्थ प्रमुख विधा थी, जिसे हिन्दी दरबारी कवियों और बौद्धिकों ने सशक्त बनाया। हालाँकि अनेक रचनाकारों ने विभिन्न आश्रयदाताओं की आवश्यकताओं को अपने ग्रन्थों में विविधता लाकर पूरा किया, जिसके तहत उन्होंने दरबारी महाकाव्य, धार्मिक काव्य और ऐतिहासिक वीरगाथाओं समेत रचनाएँ कीं। अगर हज़ारों नहीं तो सैकड़ों रीति रचनाएँ मौजूद हैं,

लेकिन इन ग्रन्थों की संख्या, गुणवत्ता और हिन्दी के विकास में उनका ऐतिहासिक महत्त्व जितना अधिक है, उनकी विद्वत्तापूर्ण समझ उतनी ही कम है।

## रीति साहित्य की दशा

रीतिग्रन्थों की रचना में कमी तब आनी शुरू हुई जब ब्रिटिश औपनिवेशिक शासन की जड़ें गहरायीं। ऐसा नहीं था कि यह रातोंरात हुआ हो—महत्त्वपूर्ण रीतिग्रन्थ 1840 के दशक तक भारत की रियासतों में रचे जा रहे थे और यहाँ तक कि आधुनिक हिन्दी साहित्य के कथित संस्थापक भारतेन्दु हरिश्चन्द्र (1850-1885 ई.) ने ऐसी अनगिनत कविताओं की रचना की जिन्हें उचित ही रीतिकाव्य के तहत रखा जा सकता है। मगर उन्नीसवीं शताब्दी में रीति कविता में निरन्तरता से अधिक बाधाएँ और टूटन दिखाई देती है। सुधारों के इच्छुक भारतीयों के साथ मिलकर ब्रिटिश नागरिक (सिविल) प्रशासन ने उत्तर भारत के भाषाई, साहित्यिक और बौद्धिक जीवन की स्थितियों में बहुत से बदलाव किये भारतीय भाषाओं का मानकीकरण शुरू हुआ जो सुधारवादी आन्दोलन में अचानक ही उन्हें अत्यधिक अस्त-व्यस्त लगने लगी थीं। इसके साथ छापेख़ाने और नयी शिक्षण पद्धतियों का विस्तार और साहित्य के उद्देश्य के बारे में बहुत ही भिन्न क़िस्म के विचारों का प्रचार-प्रसार आदि औपनिवेशिक राजनीतिक मशीनरी के कुछेक महत्त्वपूर्ण सांस्कृतिक सह-उत्पाद थे। आधुनिक यूरोपीय साहित्य से लिये गये नये विषय और विधाएँ भारतीय भूमि पर प्रत्यारोपित की गयीं। सदियों से भारतीय शिक्षण और साहित्य का संबल रही वृत्तियों के परम्परागत नेटवर्क को विस्थापित कर दिया गया, या फिर उन्हें गहराई से पुनर्व्यवस्थित किया गया। रीतिग्रन्थ और उनका आलम्बन रहे दरबारी संस्थान अब अतीत के अवशेष बनकर रह गये।

लेकिन ऐसा नहीं था कि रीतिग्रन्थों की रचना एक ही दिन में बन्द हो गयी। उनकी मृत्यु का विधिवत् अनुष्ठान किया गया। औपनिवेशिक नज़रिया यह था कि उत्तर-मुग़लकाल के हिन्दी साहित्य ने भारत के सांस्कृतिक पतन के मिथक में केन्द्रीय भूमिका निभायी थी, और इसके परिणामस्वरूप अब औपनिवेशिक शासन के "सभ्यताकारी प्रभाव" की आवश्यकता थी।[26] आगे चलकर, आरम्भिक बीसवीं शताब्दी में जो उत्तर भारतीय बुद्धिजीवी हिन्दी साहित्य को अथक प्रयासों से एक आधुनिक अकादमिक अनुशासन में बदल रहे थे, वे उन्नीसवीं सदी के सुधारवादी तर्कों को राष्ट्रवादी चिन्तन की नयी धाराओं के साथ मिला रहे थे, और इनकी मदद से वे एक आकांक्षी राष्ट्र के अनुकूल एक साहित्यिक और ज्ञान के लक्ष्य को गढ़ने

की कोशिश कर रहे थे। महावीर प्रसाद द्विवेदी (1864-1938 ई.) और रामचन्द्र शुक्ल (1884-1941 ई.) हिन्दी अध्ययन के जनकों में से थे, और उन्होंने भाषा और साहित्य दोनों को ही राष्ट्र-निर्माण की सेवा में लगा दिया, जिसमें रीति कविता देश के सामन्तवादी अतीत और उस दौर की पहचान बन गयी थी। अब पतनशील लगने वाले साहित्य से भारत को मुक्त कराया जा रहा था। अब ज़ोर यह था कि लोगों के लिए सामाजिक रूप से उपयोगी साहित्य की रचना की जाये, जिसका परिणाम यह हुआ कि हिन्दी की कुलीन साहित्यिक विरासत अचानक ही सन्दिग्ध बन गयी।

इस अवधि तक आते-आते भारतीय संस्कृति के अनेक आयामों पर पतनशीलता का कलंक लग गया। औपनिवेशिक और राष्ट्रवादी ज्ञान के नये विधानों के तहत पहले-पहल सबसे अधिक दुर्गति लेकिन रीतिग्रन्थों की हुई। सबसे पहली बात तो रीतिग्रन्थ औपनिवेशिक युग के ठीक पहले एक ऐसे युग में पनपे थे, जो अब धिक्कार का भागी था। इसलिए उसे विकट रूप से उस सम्भावित सांस्कृतिक कमज़ोरी से जोड़ दिया गया, जिसने भारत को औपनिवेशिकता के आगे सम्भावित रूप से पराजित बना दिया था। रीति कविता की दुर्गति का दूसरा कारण यह था कि इस साहित्य की विषयवस्तु अब प्रासंगिक नहीं लगती थी। यह राजनीतिक रूप से शक्तिहीन राजाओं का वृत्तान्त और उनके अब ख़त्म हो चुके राज्यों का अतिरेकपूर्ण बखान माना जाने लगा। इस कविता को कामुकता से भरपूर दरबारी काव्य माना जाने लगा। ख़ासकर प्रबन्धकाव्य के लेखन को नकारा गया जो राष्ट्र की ज़रूरतों के लिए आगे देखने के बजाय पीछे मुड़कर क्लासिकल संस्कृत के विषयों को उठाते हुए दिखाई पड़ते थे। तीसरा कारण, पूरे परिवेश में बदलाव का रुझान था। पश्चिम से नये विचारों का आयात हो रहा था, यूरोपीय रोमांटिसिज़्म द्वारा लोकप्रिय बनाये गये अधिक प्राकृतिक लगने वाले मोटिफ़्ट के पक्ष में क्लासिकल भारतीय काव्य की परम्पराशीलता का त्याग किया जा रहा था। संक्षेप में, हिन्दी के साहित्यिक अतीत के पुनर्मूल्यांकन को जन्म देने में कई क़िस्म के कारकों ने योगदान दिया और साहित्यिक उत्कर्ष के लिए नये मानकों का समर्थन किया जो भारत को अधिक आधुनिक और अधिक सुसभ्य बनाते थे।

## वर्तमान में औपनिवेशिक काल के आदर्शों की व्याप्ति

इसमें कोई आश्चर्य की बात नहीं है कि औपनिवेशिक और राष्ट्रवादी अवधियों में जब अनेक मोर्चों पर नाटकीय उथल-पुथल हो रही थी, हिन्दी साहित्य की

रचना, उपभोग और उसे संकल्पित करने की पद्धति में गहरे परिवर्तन आये। जो बात आश्चर्यजनक है वह यह है कि राजनीतिक स्वाधीनता के साठ वर्षों के बाद भी औपनिवेशिक काल के आदर्शों की निरन्तरता बनी हुई है। उपनिवेशकों की विश्वदृष्टि के बारे में एक उचित सन्देह के साथ उत्तर-औपनिवेशिक अध्ययन के उभार के बावजूद तथा भारत की सांस्कृतिक संरचनाओं और ज्ञान-निर्माण को इनकी अपनी शर्तों पर समझने के प्रति अनुकूल दृष्टि रखने वाले एक समग्र अकादमिक परिवेश के बावजूद, भारत की मध्यकालीन पतनशीलता के बारे में अभी भी दावे किये जा रहे हैं। बात दिखाती यह है कि क्लासिकल हिन्दी साहित्य से जुड़ी हर चीज़ के बारे में एक सम्पूर्ण पुनरावलोकन करना कितना आवश्यक और समीचीन है।[27]

हिन्दी के साहित्यिक इतिहास-लेखन में काल-विभाजन एक ऐसा घटक है जिसकी पुन:संकल्पना आवश्यक है। काल-विभाजन लगभग तीन चौथाई सदी से अधिक समय से जड़ हो चुका है। 1929 ई. में आधुनिक हिन्दी साहित्य के इतिहास की आधारशिला, रामचन्द्र शुक्ल के *हिन्दी साहित्य का इतिहास* के प्रकाशन के बाद से यह एक सामान्य बात रही है कि चौदहवीं से लेकर उन्नीसवीं सदी तक की अवधि में रचे गये साहित्य को मध्यकालीन बता दिया जाता है। आमतौर पर इस काल का उपविभाजन करते हुए, इसकी आरम्भिक अवधि को भक्तिकाल (1318-1643 ई.) कहा जाता है, इसके कवियों की श्रेष्ठ उपलब्धियों के लिए हिन्दी साहित्य इतिहासों में इस काल की प्रशंसा की जाती है। बाद के काल को रीतिकाल (1643-1843 ई.) कहा जाता है, जिसे आम सहमति के अनुसार हीन माना जाता है। इस काल-विभाजन पर एक ऊपरी दृष्टि डालने भर से ही यह प्रश्न उठ खड़ा होना चाहिए कि मध्यकाल की एक अवधि कैसे उन्नीसवीं सदी के बीच तक जारी रह सकती है, जबकि पश्चिम में उचित रूप से 'मध्यकालीन' कही जाने वाली किसी भी चीज़ के अवसान की तिथि बहुत पहले बीत चुकी थी। पश्चिम में इस बात की सशक्त दलीलें बढ़ती जा रही हैं कि 1500 से 1800 ई. के वर्षों को पूरे विश्व में 'पूर्व आधुनिक' या 'आरम्भिक आधुनिक' काल के रूप में देखे चाहिए।[28] यह विचार एक औपनिवेशिक दृष्टि का अवशेष है कि भारत की ही तरह हिन्दी साहित्य में आधुनिकता भी सिर्फ़ ब्रिटिशों के आने के साथ ही आ सकती थी और इस नज़रिये पर सवाल नहीं उठाया जाता है। शुक्ल जी के काल-विभाजन के पीछे साहित्य के वर्गीकरण का कोई मज़बूत सिद्धान्त काम करता दिखाई नहीं देता।[29]

मुग़लकालीन हिन्दी साहित्य न तो काल की अवधारणा के अनुसार और

न ही अपने आचरण में ही 'मध्यकालीन' है। रीति साहित्य निस्सन्देह संस्कृत क्लासिसिज़्म और आरम्भिक आधुनिक विश्व की नयी सांस्कृतिक धाराओं के बीच में एक जटिल सम्बन्ध स्थापित करता है, लेकिन बिना किसी आलोचनात्मक दृष्टि के इस शब्द को पश्चिमी बौद्धिक इतिहास से आयातित करने से भारतीय सामग्री की विशिष्टताओं के एक सटीक अनुसन्धान में बाधा ही आती है। शुक्ल जी ने 'मध्यकालीन' हिन्दी की अवधारणा में जिस तरह भक्ति और रीति साहित्य को दो भागों में विभाजित किया है, वह एक अनन्य समस्याग्रस्त हिस्सा है। शुक्ल जी के काम में यह विचार आरम्भिक बीज रूप में ही है, लेकिन उससे इतिहास-लेखन सम्बन्धी एक सहमति विकसित हुई कि भक्तिकाल का धार्मिक साहित्य मुग़लकाल के दौरान पतित होकर दरबारी शैली में बदल गया। यह विचार हिन्दी साहित्य के इतिहास की अवधारणा को उत्तर-मुग़लकालीन पतन के साथ जोड़ने के समान है, जबकि इस विचार को कब का ख़ारिज किया जा चुका है।[30] हाल के वर्षों में अठारहवीं शताब्दी में मुग़लकालीन भारत के पतन की प्रकृति पर ही नहीं बल्कि इसके विचार पर भी पुनर्चिन्तन हुआ है।[31] अरसे तक साम्राज्यवादी और राष्ट्रवादी इतिहास-लेखन के लिए एक महत्त्वपूर्ण आधारभूमि रहा काल-विभाजन का मॉडल अभी भी हिन्दी बौद्धिक दुनिया में प्रभुत्वशाली हैसियत रखता है, जिसके नुक़सानदेह परिणाम उस दौर की हमारी समझ पर पड़ते हैं।

आरम्भिक आधुनिक हिन्दी साहित्य के अध्ययन की अवस्थिति के बारे में एक अन्य चिन्ता, विशेषकर पश्चिम में, यह है कि वहाँ अ-धार्मिक विषयों पर शोध का लगभग सम्पूर्ण अभाव है। सम्भव है कि इसकी वजह यह हो कि ऐतिहासिक रूप से कम से कम उत्तर अमेरिका में पूर्व-आधुनिक भारत के बारे में मानविकी सम्बन्धी शिक्षण और अनुसन्धान का काम साहित्य और इतिहास के विभागों के बजाय धार्मिक अध्ययन विभागों में हुआ। पूर्व-आधुनिक हिन्दी अध्ययनों के बारे में अकेला सम्मेलन 'द भक्ति कॉन्फ्रेंस' के नाम से जाना जाने वाला अन्तरराष्ट्रीय आयोजन था जो यूरोप में हर तीन साल पर आयोजित होता था।[32] उत्तर भारतीय भक्ति परम्पराओं पर महत्त्वपूर्ण कार्य सामने आये हैं, उनमें रुचि रखने वाले एक पश्चिमी पाठक या कॉलेज शिक्षक के सामने कबीर जैसे स्थापित कवियों के कई अच्छे अनुवादों में से चुनने के विकल्प हैं।[33] स्वाभाविक रूप से दूसरे विद्वानों ने भक्ति के सामाजिक आयामों पर ध्यान केन्द्रित किया है। यह एक ऐसा विषय है जिसे समकालीन भारत में दलित आन्दोलन और इसके परिणामस्वरूप दलित साहित्य की असाधारण

सफलता ने एक फ़ौरी स्वरूप भी प्रदान किया है। दलित आन्दोलन एक समय में हिन्दू जाति व्यवस्था के अधीन 'अछूत' के रूप में जाने जाने वाले ऐतिहासिक रूप से उत्पीड़ित समूहों की राजनीतिक गोलबन्दी है।[34]

यहाँ मैं जिन रुझानों की रूपरेखा पेश कर रही हूँ, उनका एक दुखद परिणाम यह है कि इस अवधि में शोध लगभग पूरा का पूरा धर्मों के इतिहास और समाज विज्ञान की तरफ़ झुका हुआ है। किसी भी क्लासिकल रीति कवि पर हिन्दी को छोड़कर किसी भी भाषा में बहुत कम लिखा गया है। फिर उन आधारभूत सामाजिक, राजनीतिक और बौद्धिक प्रश्नों को तो छोड़ ही दें, जिन पर अनुसन्धान के लिए उनकी साहित्यिक संस्कृति हमें प्रेरित करती है। ऐसे रीतिग्रन्थों की संख्या आश्चर्यजनक रूप से अधिक है, जो अभी भी अप्रकाशित हैं–एक बहुत ही फ़ौरी अनुमान 30 प्रतिशत का है जो अभी वेष्टी बन्धनों में बन्द पड़ा है। प्रकाशित ग्रन्थों में से भी अधिकतर का अनुवाद नहीं हुआ है और इस तरह वे अहिन्दीभाषी पाठक वर्ग के लिए पूरी तरह पहुँच से बाहर हैं।[35] रीति साहित्य की उपेक्षा को आंशिक रूप से व्यावहारिक अर्थों में भी समझा जा सकता है। रीति एक तकनीकी शैली है और अपनी समकक्ष भक्ति-कविता की तुलना में इसमें महारत हासिल करना भी मुश्किल काम है। इसके लिए संस्कृत, ब्रजभाषा और भारतीय साहित्य सिद्धान्त में वर्षों के प्रशिक्षण की ज़रूरत पड़ती है। ये ऐसे कौशल हैं, जो पश्चिमी विद्वानों के बजाय भारतीयों द्वारा आसानी से अर्जित किये जाते हैं। क्योंकि पश्चिमी विद्वान सामान्यतः दक्षिण एशियाई भाषाओं में अपना प्रशिक्षण एक वयस्क के रूप में शुरू करते हैं। लेकिन डर इस बात है कि पश्चिमी विद्वानों में हिन्दी के दरबारी साहित्य में रुचि का जो अभाव मिलता है वह सम्भवतः एक अधिक घातक पूर्वाग्रह से उत्पन्न हुआ हो सकता है, जिसके तहत भारतीय पूर्व-आधुनिकता के किसी भी अध्ययन के केन्द्र में धार्मिक प्रश्नों को रख दिया जाता है। इस तरह यह भारत के 'आध्यात्मिक पूरब' होने के बारे में अरसे से क़ायम ओरिएंटलिस्ट रुझान को ही मज़बूत करता है।[36] हालाँकि विगत कुछ वर्षों से यह रुझान बदला है जिसमें कई नये महत्त्वपूर्ण अध्ययनों ने उन अनेक सांस्कृतिक धाराओं को देखने की कोशिश की है, जिनसे हिन्दी के अतीत का अध्ययन फला-फूला है।[37]

यह बात जहाँ सच है कि भारत में लिखा गया हिन्दी साहित्य का इतिहास अनिवार्य रूप से रीति साहित्य को भक्ति साहित्य से कम सम्मान देता है, फिर भी कम से कम भारतीय विद्वानों ने इसकी उपेक्षा नहीं की है। उन्होंने रीति कवियों और

उन दरबारों के बारे में ज्ञान की सामान्य दशा को बेहतर बनाया है, जहाँ उनकी आवाजाही थी। अनेक महत्त्वपूर्ण रचनाओं को सम्पादित किया गया है। इसके बावजूद इस काव्य पर अधिकतर अध्ययन भारत की स्वाधीनता के तुरन्त बाद के वर्षों में ही किया गया; और पिछले तीस वर्षों में बहुत कम ही ऐसे अध्ययन प्रकाशित हुए हैं जो महत्त्वपूर्ण हों। यह हैरान कर देने वाली बात है। क्षेत्रीय विश्वविद्यालयों पर हावी हिन्दी के एकल भाषावादी प्रभाव के तहत हिन्दी प्रोफ़ेसरों के अथक प्रयासों के चलते कुछेक किताबें आती रहती हैं, लेकिन इन प्रकाशनों में उत्तर-औपनिवेशिक अनुसन्धान के वैश्विक रुझानों के प्रति जागरूकता मुश्किल से ही दिखती है। ऐसे में मुग़लकालीन हिन्दी साहित्य का यह महत्त्वपूर्ण आर्काइव जिस क़िस्म की पुनर्परिकल्पना की माँग करता है, वह तो और भी कम मिलता है।[38]

हिन्दी अध्ययनों में बौद्धिक रूढ़िवाद की अपनी वजहें हैं। अंग्रेज़ी में काम करने वाले अध्येताओं से जहाँ यह अपेक्षा की जा सकती है कि वे हाल के दशकों में दक्षिण एशियाई अध्ययनों को रूपान्तरित कर देने वाले प्रमुख हस्तक्षेपों से अवगत होंगे, उत्तर भारत के शहरों और क़स्बों के हिन्दी विद्वानों के पास ज़रूरी नहीं कि अंग्रेज़ी में वैसी दक्षता हो, पुस्तकालयों के संसाधन उपलब्ध हों, या यात्राओं के अवसर हों ताकि वे पश्चिमी शोध रुझानों के साथ महत्त्वपूर्ण रूप से ख़ुद को परिचित करा सकें। यह एक ऐसी विडम्बना है जो मुझे लगातार परेशान करती है। उत्तर-औपनिवेशिक अध्ययनों के क्षेत्र में अत्यन्त महत्त्वपूर्ण योगदान देने वालों में भारतीय विद्वान शामिल रहे हैं, लेकिन इसके बावजूद इस क्षेत्र पर अंग्रेज़ी में लिखने वाले भारतीय लेखन का प्रभुत्व है, चाहे वे भारत से बाहर के विश्वविद्यालय हों या भारतीय महानगरों के। उनके निष्कर्ष मुख्यत: हिन्दी भाषा में काम करने वाले शोधकर्ताओं तक पहुँच नहीं पाते जो सहज ही ब्रजभाषा साहित्य जैसे शोध के विशिष्ट क्षेत्रों में होने वाले अधिकतर अध्ययनों के लेखक हुआ करते हैं।[39] पश्चिम में हिन्दी का क्षेत्र बहुत छोटा है, और वहाँ विद्वानों ने सम्भवत: भारतीय सहकर्मियों के साथ अन्तरराष्ट्रीय संवाद को प्रोत्साहित करने के लिए पर्याप्त प्रयास नहीं किए हैं।

एक तरफ़ जहाँ भारत के मध्यकालीन 'पतन' और सांस्कृतिक 'ह्रास' की अवधारणाओं को अरसा पहले ही ख़ारिज़ कर दिया गया है, वहीं हिन्दी दरबारी साहित्य की मौजूदा संकल्पनाओं के सन्दर्भ में ये अवधारणाएँ अभी भी बनी हुई हैं। अनेक अनुशासनों में सम्भव है कि प्राच्यवाद और राष्ट्रवाद के निरंकुश प्रभुत्व की इमारत अभी हिल गयी हो, लेकिन उपनिवेशवाद से पहले के हिन्दी साहित्य के

अध्ययन में बेलगाम रूप से ये अवधारणाएँ प्रभुत्वशाली बनी हुई हैं। इस स्थिति से रूढ़ अवधारणाओं की एक जकड़न में दम घोंट दिये जाने का ख़तरा पैदा होता है। हिन्दी के विद्वान भारत के धार्मिक चरित्र का महत्त्व इसके भक्ति साहित्य से लगाते हैं; वे रीति साहित्य में मुस्लिम शासन के अधीन उत्तर-मध्यकालीन 'हिन्दू भारत' के पतन की झलक देखते हैं; वे भले यह न कहें लेकिन निस्सन्देह उनमें औपनिवेशिक राज्य का महिमागान देखा जा सकता है कि उसने भारत को उपन्यास और साहित्यिक आधुनिकता के अन्य आयामों से परिचित कराया। इस समस्या को अगर सरल तरीक़े से कहें तो यह कहा जा सकता है कि आरम्भिक बीसवीं सदी में, उत्तर-औपनिवेशिक आवाज़ें अंग्रेज़ी में बात करती हैं, जबकि ओरिएंटलिस्ट आवाज़ें अभी भी ज़िन्दा हैं और हिन्दी में बोलती हैं।

इस अहम अलगाव की एक और चिन्ताजनक अभिव्यक्ति एक ठेठ आधुनिकतावादी रूपरेखा के भीतर से उत्तर-औपनिवेशिक अध्ययनों का उत्पादन है। औपनिवेशिक काल में न सिर्फ़ वर्तमान बल्कि अतीत की भी रचना की गई थी, इसलिए अतीत भी उत्तर-औपनिवेशिक पुनर्रचनाओं का महत्त्वपूर्ण अंग होना चाहिए। ज्ञान को बड़ी आसानी से 'आधुनिक' बनाम 'आधुनिकता पूर्व' की बाइनरी श्रेणियों में बाँट दिया जाता है, और ऐसा करने वाले विद्वान औपनिवेशिक विभाजन के दोनों ओर की बहसों से अक्सर ही अनजान होते हैं। विद्वान लोग यह जानने का दावा तब तक नहीं कर सकते हैं कि उपनिवेशवाद ने भारतीय अस्तित्व के परम्परागत मार्गों को अपरिवर्तनीय रूप से कैसे बदल दिया, जो कि उत्तर औपनिवेशिक सिद्धान्त का एक आधारभूत सूत्र है, जब तक वे अतीत के ज्ञान का अनुसन्धान कर पाने, या पर्याप्त रूप से इसकी सैद्धान्तिकी रच पाने में नाकाम रह जाते हैं कि वे 'परम्परागत मार्ग' वास्तव में क्या थे?

इस किताब का एक उद्देश्य परम्परागत साहित्यिक मार्गों या पद्धतियों के एक विशेष समूह की छानबीन करना है। ये पद्धतियाँ 1600 से 1850 ई. के बीच ब्रजभाषा में लिखने वाले भारतीय दरबारी बुद्धिजीवियों के बीच प्रचलित थीं। अगर इन्हें बारीकी से देखा जाये तो साबित यह होगा कि वे उभरती हुई शुरुआती आधुनिक दशाओं के समक्ष नयी-नयी और सचेत रूप से रची गई पद्धतियाँ थीं और उतनी परम्परागत भी नहीं थीं। मेरा मुख्य सरोकार इससे है कि उन्नीसवीं सदी के पहले रीति साहित्य का पूरा सांस्कृतिक ताना-बाना किस तरह क़ायम किया गया था और यह कैसे काम करता था। लेकिन मेरे लिए यह भी आवश्यक है कि मैं औपनिवेशिक

काल में पैदा हुई उन रिक्तियों की चर्चा भी करूँ, जिन्होंने इस ताने-बाने को नष्ट कर दिया। उसके बाद इस टूटन या विच्छेद की वजह बनी शख़्सियतों द्वारा रचे गये इसके इतिहास को देखूँ। यही वह इतिहास है जिसमें रीति साहित्य का अध्ययन फँसा हुआ है। वह समय आ गया है जब उत्तर भारत की पूर्व औपनिवेशिक दरबारी-परम्पराओं को समझने के लिए एक ताज़ा प्रतिमान की स्थापना की जाये, एक ऐसा प्रतिमान जो शुरुआत में ही उन्हें एक असफलता मानकर फ़ैसला न सुना दे।

नये दृष्टिकोणों का विकास करने के लिए हमारे लिए यह आवश्यक है कि उन अवधारणाओं का एक आलोचनात्मक पाठ किया जाये, जो हिन्दी के साहित्यिक इतिहास के बारे में ज़ड़ीभूत हो चुकी हैं। लेकिन इससे यह भी ज़रूरी हो जाता है कि हम औपनिवेशिक ज्ञान-मीमांसा की आलोचना से आगे बढ़ते हुए ऐतिहासिक पुनर्संरचना की विधि को अपनायें। इसके लिए औपनिवेशिक काल से पहले के भारत के साहित्यिक और बौद्धिक मूल्यों के साथ एक ईमानदार सम्बन्ध स्थापित करना होगा। रीति का मेरा अध्ययन क्लासिकल हिन्दी लेखकों में मेरी गहरी रुचि और उनके प्रति सम्मान से शुरू होता है। इसको जीवन्त बनाने वाली मेरी धारणा यह है कि जिन कवियों ने इस परम्परा को बनाया, वे किसी मध्यकालीन धुँध में खोये हुए लोग नहीं थे। वे एक उद्देश्य के साथ और बौद्धिक सूझ-बूझ पर चलते हुए काम कर रहे थे। उनकी कविता और विद्वत्ता उनके अपने काल में लोकप्रिय भी थी और प्रतिष्ठित भी। यह आधुनिक साहित्यिक और सांस्कृतिक इतिहासकारों का काम है कि वे समझने की कोशिश करें कि ऐसा क्यों हुआ। अगर हमें रीति की साहित्यिक संस्कृति के संसार को समझना है तो हमें उन लोगों के दृष्टिकोण से इसे देखने का प्रयास करना होगा जिन्होंने इसे रचा था। और कुछ अर्थों में इसका मतलब है कि हम अपने आप को कुछ देर के लिए वर्तमान समझ से परे कर दें, या कम से कम अपने साहित्यिक सामाजीकरण को पीछे छोड़ दें, ताकि हम उन मार्गों का अनुभव कर सकें जिनसे होकर एक दूसरी साहित्यिक संस्कृति बनी थी।

## दरबारीपन के साथ असहजता क्यों?

भारतीय साहित्य को ग्रहण करने की प्रक्रिया पर हमारे अपने दौर के विचारों को पुराने सन्दर्भों पर थोपने की प्रवृत्ति (anachronism) का गहरा प्रभाव पड़ा है। औपनिवेशिक काल में भारत में आयातित रोमांटिक (और प्रोटेस्टेंट) सांस्कृतिक मूल्यों के आधार पर आधुनिकता से पहले की कविता को बिना सोचे-समझे परखने

को लेकर हमें सतर्क रहने की ज़रूरत है।[40] और फिर दरबारीपन और ब्राह्मण बुद्धिजीवियों द्वारा रची गई उच्च संस्कृति दोनों के प्रति वर्तमानवादी असहजता भी एक अन्य क़िस्म का सामाजीकरण है जो एक अधिक आत्मसजगता की माँग करती है। पिछले तीस वर्षों में निम्नवर्गीय प्रसंग के अध्ययन का रुझान देखने को मिला है, जिसकी उपलब्धियों को सबाल्टर्न स्टडीज़ और हाल ही में दलित आर्काइव्स में आयी रुचि में देखा जा सकता है। इतिहास-लेखन और साहित्यिक अध्ययन में अकुलीन आवाज़ों को वापस क़ायम करना जहाँ एक अमूल्य योगदान है, जिसमें भागीदारी करने के लिए हिन्दी ग्रन्थों के पास बहुत कुछ मौजूद है, वहीं क्या यह भी सम्भव नहीं है कि ऐसा करते हुए किसी सीमा का ध्यान रखा जाये? हाल में दिल्ली में जवाहरलाल नेहरू विश्वविद्यालय और शिमला में इंडियन इंस्टीट्यूट ऑफ़ एडवांस्ड स्टडी के दर्जनों छात्रों और सहकर्मियों के साथ बात करते हुए मुझे इस बात पर हैरानी हुई कि उनमें से एक भी शोधकर्ता हिन्दी के दरबारी अतीत पर काम नहीं कर रहा था। कई लोगों को तो इसकी ज़रूरत महसूस हुई कि वे मुझे इस बात पर फटकारें कि मैंने शोध का ऐसा एक विषय चुना था। राष्ट्रवादी दौर से ही भक्तिकाव्य की आध्यात्मिक श्रेष्ठता और बाद के रीतिकालीन साहित्य की नैतिक पतनशीलता एक साहित्यिक-ऐतिहासिक मान्यता है जिसे कोई चुनौती नहीं दी जा रही है। ऐसे में जिन पूर्व आधुनिक काल के ग्रन्थों को अध्ययन के लायक़ समझा जाता है, वे सिर्फ़ भक्ति परम्परा से आते हैं। यह स्वीकार करने से भक्तिकाव्य की महानता पर कोई आँच नहीं आती है कि आज के दलित आन्दोलनों के महान पूर्वगामी के रूप में कभी-कभी बिना पर्याप्त चिन्तन के इसका महिमामण्डन किया जाता है और इसे ब्राह्मणवादी वर्चस्व के विरुद्ध एक क़िस्म के लोकतान्त्रिक संघर्ष में स्वतन्त्रता के स्वर के रूप में अपनाया जाता है। कुछ (विशेषकर निर्गुण) भक्ति समुदाय वास्तव में जाति व्यवस्था के मुखर विरोधी थे, लेकिन ढेर सारे भक्त कवि भी ब्राह्मण ही थे। आधुनिक लोकतान्त्रिक भारत के जातिवाद-विरोधी माहौल में इससे पुरातनपन्थी बात और क्या हो सकती है कि 'सामन्ती' भारत के दरबारों में ब्राह्मण बुद्धिजीवियों द्वारा रचे गये रीति साहित्य का अध्ययन किया जाये? कम से कम तर्क तो यही दिये जाते हैं। प्रचलित मार्क्सवाद की अथक रूढ़िवादिता के अनुसार, ऊँची जातियों द्वारा रचे गये साहित्य का अध्ययन करने से ही कोई व्यक्ति एक प्रतिक्रियावादी के रूप में चिह्नित हो जाता है।[41] यह सही है कि अगर सिर्फ़ सत्ताधारी शक्तियों द्वारा और उनके लिए रचे गये स्रोतों को ही लिया जाये तो भारतीय

इतिहास का पूरा वर्णन असम्भव है। लेकिन अगर हम उनको छोड़ दें तो भी हम एक समग्र वर्णन तक कभी नहीं पहुँच पायेंगे। ब्राह्मणों और दरबारों के बिना भारत का एक साहित्यिक इतिहास उतना ही असंगत है, जितना असंगत अभिजातों और पेरिस की संस्कृति की अनदेखी करने वाला फ़्रांस का साहित्यिक इतिहास होगा।

इसके बावजूद, एक ऐसी आधुनिक दुनिया में जहाँ लोकतन्त्र राजकाज के सर्वोच्च रूप में उभरा है, इस पर ज़ोर देना एक चुनौती-भरा काम हो गया है कि दरबारों को सांस्कृतिक संस्थानों के रूप में गम्भीरता से लेने की ज़रूरत है। आधुनिक काल से पहले दुनिया भर में दरबार ही प्रमुख राजनीतिक और सांस्कृतिक केन्द्र तथा वित्तीय आधार थे। लेकिन इन दिनों उनमें अनेक अन्तर्निहित अर्थ समाये हुए हैं और ऐसे अर्थ भारत से अधिक शायद और कहीं नहीं मिलेंगे जहाँ इतने सारे दरबार अस्तित्व में थे। एक संस्थान के रूप में दरबार अधिकतर ख़त्म हो चुके हैं और इससे इतिहास-लेखन सम्बन्धी एक गम्भीर समस्या पैदा होती है। स्वाधीनता से पहले भारतीय राजकुमारों पर अपने काम में इयान कोपलैंड ने असफलता के उस प्रयोजन (teleology of failure) की तरफ़ ध्यान खींचा है जो आधुनिक काल में भारतीय दरबारों के बारे में बहसों में रचा-बसा होता है।[42] दरबारों और दरबारी संस्कृति के लिए सही शब्दावली और विश्लेषण की रूपरेखा को खोजना आसान नहीं है। दूसरी समस्या यह है कि राजतन्त्र को आज पूरी तरह अनाधुनिक, या उससे भी बदतर, आडम्बरपूर्ण और सामाजिक रूप से शोषणकारी समझा जाता है। अंग्रेज़ी भाषा में निहित कुछ संरचनाएँ और सम्बन्ध अपने आप में दरबारीपन के बारे में एक गहरी अस्पष्टता को उजागर करते हैं। किसी भी थिसारस पर एक सरसरी नज़र डालने भर से यह उजागर हो जाता है कि कैसे विनम्रता, सभ्यता और शिष्टता जैसे शब्दों के साथ दरबारीपन का सकारात्मक मूल्यांकन किया गया है। लेकिन साथ ही दरबारीपन बहुत अलग क़िस्म के अर्थों को भी जगाता है, जिनके समानार्थी शब्दों में चाटुकारिता, चापलूसी और ख़ुशामद आदि शामिल हैं।[43] इसी से मिलती-जुलती असहजता विलासिता के विचार से भी जुड़ी हुई है, जो दरबारी जीवन को परिभाषित करने वाली विशेषताओं में से एक है। जहाँ वैभव, समृद्धि, आमोद-प्रमोद और शिष्टता जैसे कुछ शब्द सक़ारात्मक हैं, वहीं अधिकतर शब्द न केवल साफ़ तौर पर नकारात्मक हैं बल्कि पूरी तरह पूर्वाग्रह से ग्रस्त भी हैं, जैसे–अतिरेक, भोग-विलास, आत्म-तुष्टि, सुखवाद, अय्याशी, असंयम, व्यसन।[44] प्रोटेस्टेंट मूल्य आधुनिक अंग्रेज़ी भाषा में क्या इस क़दर रच-बस गये हैं कि हम बिना 'पतन' और

'अतिरेक' कह कर रीति कविता को ख़ारिज किये बिना दरबारी वैभव के बारे में बात तक नहीं कर सकते। आख़िरकार शब्द महज़ शब्द नहीं होते। वे किसी संस्कृति के इतिहास और उसके केन्द्र में निहित वैचारिक संरचनाओं के सूत्र होते हैं।[45]

इसी के समान, और उतनी ही आधुनिक, एक असहजता अक्सर भारतीय दरबारी काव्य की धारणा और उसे रचने वाले पेशेवर लेखकों के प्रति भी मिलती है। उन्नीसवीं सदी के रोमांटिसिज़्म के तहत, दरबारी काव्य अत्यधिक अपव्ययी और अत्यधिक नक़लची, अत्यधिक आडम्बरपूर्ण और अत्यधिक बौद्धिक आडम्बर के रूप में बदनाम होने लगा था। इस काव्य को लिखने वाले अधिकतर ब्राह्मणों की परम्पराओं को विद्याडंबर और अलंकारपूर्ण अतिरेक के रूप में जाना जाने लगा है।[46] अपने आप में 'पंडिट्री' ('पण्डिताई') शब्द अंग्रेज़ी में बौद्धिक उपलब्धि के अर्थ में नहीं बल्कि बौद्धिक वितण्डावाद के अर्थ में लिया जाता है। जानकार पाठकों को पता होगा कि यह संस्कृत के पण्डित (विद्वान) से ही उत्पन्न हुआ है। इसी तरह, यह भी बड़ी आसानी से मान लिया जाता है कि दरबारी कवियों को केवल किसी राजा की ख़ुशामद करने के लिए, और उस राजा की राजनीतिक वैधता को मज़बूत करने के लिए ही काम पर रखा जाता था। इस नज़रिये के मुताबिक़ ऐसे साहित्य में दरबारी जीवन की जटिलताओं की एक बारीक समझ का बनना असम्भव था।[47] इस किताब में ऐसे अनेक अवसर आयेंगे जब उन विभिन्न भूमिकाओं का अवलोकन किया जायेगा, जिन्हें भारतीय दरबारों में ज्ञान की अर्थव्यवस्था में कवियों ने ख़ास भूमिका निभायी थी। अन्य बातों के अलावा रीति साहित्यकार शिक्षक, सलाहकार, इतिहासकार, राजनीतिक टिप्पणीकार, कूटनीतिज्ञ और सैनिक हो सकते थे। उनका महत्त्व सिर्फ़ साहित्यिक संस्कृति के लिए ही नहीं था, बल्कि अपने समय के समाज के लिए भी वे महत्त्वपूर्ण थे। सांस्कृतिक व्यवहार का वह दरबारी फ़ैशन आज पुरातन हो चुका है, लेकिन इसका मतलब यह नहीं है कि वह अपने दौर में महत्त्वहीन था। बल्कि इसके उलट सच तो यह है कि भारतीय सांस्कृतिक इतिहास में विशेषज्ञता हासिल करने की इच्छा रखने वाले किसी भी व्यक्ति के लिए उनकी समझ हासिल करना अनिवार्य है। भारत से सम्बन्धित इन मामलों को कहना कुछ हद तक अजीब लग सकता है, क्योंकि पूर्वी एशिया के आधुनिकता-पूर्व ऐसे ही दरबारी ग्रन्थों के बारे में एक परिष्कृत विद्वत्ता मौजूद है और अभी भी कन्फ्यूशियन और जापानी क्लासिकल ग्रन्थों पर आधुनिक बुद्धिजीवी और साहित्यिक इतिहासकार उतना ही अधिक ध्यान देते हैं।[48] लेकिन भारतीय ऐतिहासिक और साहित्यिक अध्ययनों में,

विशेष रूप से हिन्दी के क्षेत्र में, दरबारी संस्कृति का अध्ययन इतना अविकसित है कि वास्तव में यह स्थिति हास्यास्पद होने की सीमा तक पहुँच जाती है।[49]

## पुस्तक की रूपरेखा

रीति साहित्य की दुनिया में प्रवेश करने का एक सहज स्थान वह देशकाल है, जहाँ यह साहित्य शुरू हुआ था यानी सोलहवीं शताब्दी के अन्तिम दौर में ओरछा के दरबार में केशवदास मिश्र के साथ। यह सही है कि इसके कुछ समय पहले से रचनाओं की ऐसी निशानियाँ मिलती हैं जिन्हें उचित ही रीति कहा जा सकता है, लेकिन केशवदास के बारे में विशेष रूप से बहुत मज़बूती से यह दावा किया जा सकता है कि वे पहले रीति कवि थे। उनका विशेष सामाजिक इतिहास और उनको वृत्ति देने वाले दरबार का राजनीतिक इतिहास इसमें सहायक होगा कि हम उन नवोन्मेषों का आकलन कर सकें जो रीति साहित्यिक संस्कृति के आरम्भ के संकेत देते हैं। केशवदास के पूर्वज पहले ग्वालियर में संस्कृत के पण्डित हुआ करते थे। ग्वालियर मुग़लकाल से पहले के उत्तर भारत में एक फलता-फूलता हुआ सांस्कृतिक और राजनीतिक केन्द्र था। इसके बाद केशवदास के पूर्वज सोलहवीं शताब्दी के उत्तरार्द्ध में ओरछा चले आये जो तब बुन्देलखण्ड के सीमावर्ती क्षेत्रों (जो आज मध्य प्रदेश में स्थित हैं) में उभरता हुआ एक गुमनाम-सा राज्य था। हालाँकि केशवदास ने अपने पिता काशीनाथ मिश्र की ही तरह दरबारी पण्डित का पेशा अपनाया, लेकिन इसी के साथ उन्होंने परम्परा से हटते हुए एक असाधारण-सा क़दम उठाया और अपनी अभिव्यक्ति के प्राथमिक माध्यम के रूप में संस्कृत को छोड़कर, ख़ुद को एक भाषा कवि घोषित किया। केशवदास ब्रज रीतिग्रन्थ विधा के जन्मदाता नहीं थे, लेकिन वे इस विधा के सबसे महत्त्वपूर्ण आरम्भिक प्रतिपादक थे। उन्होंने क्लासिकल काव्य के विषय पर दो लम्बे प्रबन्धकाव्य लिखे, और एक लघु रीतिग्रन्थ छन्द विधान पर लिखा। इस प्रक्रिया में उन्होंने देशभाषा में अलंकारशास्त्र को व्यवस्थित रूप देने का आधार तैयार किया, जिसे बाद की पीढ़ियों के लेखकों द्वारा और भी विकसित किया जाना था। उन्होंने ब्रज साहित्य की अभिव्यक्तिपरक सम्भावनाओं का नाटकीय रूप से विस्तार किया, जो उनके दौर तक सामान्यतः भक्ति-पदों और दसवीं सदी में लिखे गये प्रतिष्ठित संस्कृत ग्रन्थ *भागवतपुराण* के अनुवादों तक सीमित थीं।

भाषा और साहित्यिक कार्य में ये महत्त्वपूर्ण बदलाव उसी समय होने वाले बड़े

राजनीतिक बदलावों के साथ-साथ चल रहे थे। केशवदास के अपने जीवनकाल में ओरछा राज्य मुग़ल साम्राज्य के अधीन आ गया था। सामान्यत: केशवदास क्लासिकल साहित्यिक मानकों से बहुत दूर नहीं गये, लेकिन उनका लेखन, ख़ासकर उनके परवर्ती जीवन में, मुग़ल दरबार के अपने अनुभवों की आकर्षक निशानियाँ लिये हुए है। अध्याय-एक में केशवदास के लेखन की और उस राजनीतिक सन्दर्भ की एक रूपरेखा दी गयी है जिसमें वे रहे और अपना कवि-कर्म किया। ये दोनों ही बातें रीति साहित्य के लिए एक प्रतिमान हैं।

केशवदास का परिचय भले ही रीति साहित्य का परिचय मान लिया जाये, लेकिन यह एक आंशिक परिचय ही होगा। अगर हम दरबारों द्वारा तैयार करवाई गयी कविता और काफ़ी हद तक सभी दरबारों में फैली समान मानसिकताओं, राजनीतिक गतिविधियों और सांस्कृतिक प्रक्रियाओं की उपज की तुलना राजपूत पेंटिंग के दृश्य-जगत् और वास्तुकला से करें तो भी रीतिकाव्य का आंशिक परिचय ही मिलेगा। इसलिए मुझे यह महसूस हुआ कि रीतिकाव्य की विधाओं और काव्यात्मक संवेदनाओं के बारे में एक विस्तृत सर्वेक्षण इसके अगले अध्याय में देना आवश्यक है। रीति कई सारे समुदायों की साझी परम्परा थी, और भले ही इसकी जड़ें दरबारी साहित्य की अखिल भारतीय व्यवस्था में जमी हुई थीं, इसकी अपनी ख़ास विशेषताएँ भी थीं। यह कविता चली आ रही वैष्णव रचना-परम्परा और फ़ारसी सांस्कृतिक व्यवस्था के सम्पर्क में आये रीति कवियों के सम्पर्क से उपजी थी। दूसरे अध्याय में मेरा उद्देश्य यह है कि ब्रजभाषा काव्य के कुछ आकर्षणों को रेखांकित किया जाये, जो इतने असाधारण थे कि आरम्भिक आधुनिक काल में पूरे भारत के विभिन्न क्षेत्रों के रसिकों ने इसके सौन्दर्य और श्रेष्ठता का रसास्वादन करने के लिए कई सारे ब्रज कवियों को आश्रय तथा जीवनवृत्तियाँ दीं।

अध्याय–तीन से पाँच उस बौद्धिक, राजनीतिक और सामाजिक परिवेश से सरोकार रखते हैं जिसमें रीति लेखकों ने काम किया। इसमें वृहद् सत्रहवीं शताब्दी पर विशेष ध्यान केन्द्रित किया गया है। मैंने प्रतिनिधि रीति कवियों के लेखन और उनकी रचना-यात्राओं की छानबीन की है, जिसमें मेरा उद्देश्य उनके साहित्यिक रुझानों और रीति-विश्वदृष्टि को दर्ज करना रहा है। इस अवधि के दूसरे दरबारी पेशेवरों की तरह कवि भी मुग़ल दरबार और क्षेत्रीय दरबारों के बीच आते-जाते थे। कुछेक लेखक किसी विशेष दरबार से सम्बद्ध थे; अन्य लेखक आश्रय (वृत्ति) की एक अधिक घुली-मिली व्यवस्था (सर्किट) का हिस्सा थे, जिसमें वे कई शासकों,

स्थानीय कुलीनों और व्यापारी समुदायों के आकर्षण का केन्द्र बनते थे। इसने ग्रन्थों और साहित्यिकों का एक व्यापक नेटवर्क खड़ा किया।

अध्याय–तीन में बौद्धिक इतिहास से सम्बद्ध कुछ विशेष और केन्द्रीय प्रश्नों पर ध्यान दिया है यानी रीति-परम्परा स्थानीय विद्वत्ता की एक नयी शाखा थी। सभी रीति कवि दण्डी और आनन्दवर्धन (क्रमश: सातवीं और नौवीं शताब्दी) जैसे महान संस्कृत लेखकों की तर्ज़ पर साहित्यिक सिद्धान्तकार नहीं थे, लेकिन अधिकतर ने कम से कम एक रीतिग्रन्थ की रचना की थी। मैं यहाँ जो समझाने की कोशिश कर रही हूँ, वह यह है कि क्यों यह साहित्यिक विधा, जो निश्चित रूप से एक सहज विकल्प नहीं थी, आरम्भिक आधुनिक भारत में दरबारी हलक़ों में इतनी प्रतिष्ठित हो गयी। ख़ुद रीति लेखकों से ही संकेत लेते हुए, मैंने इस बात का अनुसन्धान भी किया है कि देशभाषाओं में लिखने का प्रण लेने के दौर में संस्कृत और हिन्दी की सीमाओं के बीच आवाजाही करने का क्या मतलब था। रीतिग्रन्थों ने कई क़िस्म की ज़रूरतों को पूरा किया। एक तो ये ग्रन्थ अपने काल के संस्कृत में प्रशिक्षित लेकिन ब्रज में लिखने वाले साहित्यिकों की बौद्धिक अभिव्यक्ति की प्रणाली थे; दूसरा वे कवि बनने की आकांक्षा रखने वालों के लिए पाठ्यपुस्तक थे और साथ ही काव्यात्मक रचनात्मकता का एक प्रदर्शन भी। रीति कवियों ने यह भी महसूस किया कि वे संस्कृत के हज़ारों साल पुराने साहित्यिक सिद्धान्त को एक स्थानीय भाषा का स्वरूप देकर इसकी प्रतिष्ठित परम्परा का कुछ हद तक नवीनीकरण कर रहे हैं। मुग़लकालीन भारत की बदली हुई सांस्कृतिक स्थितियों में यह बात समझ में आती थी।

अध्याय चार मुग़ल दरबार की उन विशेष स्थितियों पर ध्यान केन्द्रित करता है जिन्होंने रीतिकाव्य और इन कवियों की विद्वत्ता के उभरने में केन्द्रीय भूमिका निभायी। आज भले ही ब्रज साहित्य को स्पष्ट रूप से हिन्दुओं की विरासत माना जाता है, लेकिन इसको जो हैसियत हासिल हुई वैसी कभी नहीं मिल पाती अगर इसको मुग़ल आश्रयदाताओं ने प्रायोजित नहीं किया होता। मुग़लों की प्रमुख दरबारी भाषा फ़ारसी थी, लेकिन दरबारों में ब्रज संगीतकारों, कवियों और काव्य-मर्मज्ञों की एक आश्चर्यजनक संख्या काम करती थी। आधुनिक दक्षिण एशिया में यह बात सोची भी नहीं जा सकती कि हिन्दुओं और मुसलमानों की आमतौर पर एक साझी संस्कृति हो सकती है, और इस तरह एक ऐसी सांस्कृतिक व्यवस्था के बारे में जानना-सीखना एक विशेष मूल्य रखता है जिसमें असाधारण रूप से बहुलतावाद की विभिन्न स्थितियाँ विकसित हुईं।

अध्याय–पाँच उन रीति परम्पराओं पर ध्यान केन्द्रित करता है जो वृहत्तर हिन्दुस्तान में फली-फूलीं। इसमें राजपूत दरबारों द्वारा इन नयी सांस्कृतिक शैलियों को अपनाये जाने पर विशेष ध्यान दिया गया है। मुग़ल और राजपूत दरबारों में प्रचलित कवियों और विधाओं के बीच स्वाभाविक रूप से कुछ समानता थी, लेकिन राजपूत दरबारों द्वारा दी जाने वाली वृत्तियाँ कहीं व्यापक थीं। विशेष रूप से ब्रज विद्या के क्षेत्र में यह बात और भी सच थी। कभी जिस दरबारी क्षेत्र में संस्कृत लेखकों का बोलबाला था, उसमें अपनी पहचान और स्वीकृति के लिए प्रयास में लगे हुए, स्थानीय भाषा के एक उभरते हुए समुदाय के रूप में रीति कवियों को अपने क्लासिकल अग्रगामियों के साथ एक आत्मीयता का बोध हुआ। लेकिन अपने काल के विद्वानों की सभाओं में भागीदारी करते हुए वे एक-दूसरे के साथ भी संवाद में थे। अक्सर वे अपने को कविकुल का अंग बताते हैं, और इस सामाजिक नेटवर्क का नक़्शा हमें उस काल की साहित्यिक संस्कृति के बारे में तो बताता ही है, यह शुरुआती आधुनिक बुद्धिजीवियों की मानसिकताओं और आकांक्षाओं के बारे में भी बताता है। यह कविता हमें राजपूत आश्रयदाताओं के सौन्दर्यबोध और राजनीतिक कार्यक्रमों के बारे में भी बताती है, जिस वर्ग ने एक व्यापक रीति साहित्य को आश्रय दिया।

छठा अध्याय एक ऐसे बिन्दु पर शुरू होता है जहाँ उपनिवेशवाद द्वारा लाये गये गहरे बदलावों के तहत रीति की साहित्यिक संस्कृति का अन्त हो गया। इस अध्याय में यह देखने की कोशिश की गयी है कि कैसे ब्रिटिशों द्वारा अपनाये गये व्यापक सांस्कृतिक बदलावों ने हिन्दी के साहित्यिक अतीत और इसके मनचाहे भविष्य दोनों ही अवधारणाओं को प्रभावित किया। मैंने उन प्रक्रियाओं की रूपरेखा पेश की है जिनमें 'भक्ति' और 'रीति' की नयी साहित्यिक-ऐतिहासिक श्रेणियों को सूत्रबद्ध किया गया, जिसमें धार्मिक साहित्य को एक ऊँचा आसन दिया गया जबकि दरबारी शैलियों को आमतौर पर पतनशील मान लिया गया। रीतिबोध अब एक शर्मिन्दगी की वजह थी, उससे नफ़रत की जा सकती थी, इसलिए वे अतीत का अवशेष बना दी गयीं। ऊपर दिये गये विद्वान जिन्दल और दूसरे साहित्यिक विद्वानों के उद्धरणों से ज़ाहिर है कि इस परम्परा को आरम्भिक राष्ट्रवादियों के हाथों जिस बर्ताव से गुज़रना पड़ा, उससे यह कभी भी उबर नहीं पायी। और आज क्लासिकल हिन्दी के अध्ययन पर इसके गम्भीर परिणाम मौजूद हैं। इस किताब के अब तक के अध्यायों में जिस तरह व्याख्यात्मक दृष्टिकोण को एक नयी दिशा दी गयी है, उनके अनुसार

मैंने पुस्तक के अन्त में दिये संक्षिप्त निष्कर्ष में रीति कविता के पठन और शोध की नयी दिशाओं के प्रस्ताव रखे हैं।

## हिन्दी अतीत की नयी बौद्धिक निर्मितियों की ओर

भारतीय कविता के छात्रों के लिए हालाँकि रीति साहित्य में बहुत सम्भावनाएँ हैं, लेकिन इसके प्रति मुझमें जो गहरा अनुराग पैदा हुआ है, उससे मैं पाठकों को जोड़ पाने में कामयाब रही हूँ या नहीं, यह मेरे लिए उतनी चिन्ता की बात नहीं है जितनी कि यह कि वे इसके बारे में कुछ जान सकें। रीतिकाल पर सामग्री की उतनी जानकारी क्यों नहीं है? ऐसा क्यों है कि सबने कबीर और मीराबाई का नाम सुन रखा है लेकिन केशवदास का नाम इतना अनजान है? साहित्यिक पसन्द बदलती रहती हैं। स्थापित नाम बदलते हैं। कुछ साहित्यिक रुझानों का जीवन लम्बा होता है, कुछ बीच रास्ते में ही खो जाते हैं। ऐतिहासिक बदलाव की जटिलताओं से जूझने वाले व्याख्यापरक समुदायों के लिए ये ऐसे नतीजे हैं जिनसे बचा नहीं जा सकता है। आधुनिकता ने उपन्यास जैसी नयी विश्व-साहित्यिक विधा को पैदा किया है, जो हमारे दौर की आवश्यकताओं को अभिव्यक्त करने के लिए विशेष रूप से उपयुक्त दिखाई देती है। बेशक मैं ऐसी एक असंगत बात की पैरवी नहीं कर रही हूँ कि भारत के अतीत की दरबारी शैली की ओर लौट जाया जाए। लेकिन मेरा मक़सद यह है कि अवधारणा की उस भारी जड़ता को ख़त्म किया जाये, जो हमें सदियों की साहित्यिक विरासत के साथ तालमेल बिठाने से रोकती है। आधुनिक हिन्दी विद्वत्ता जहाँ इस विचार पर इतनी अधिक दृढ़ है कि आधुनिकता-पूर्व का दरबारी साहित्य निरर्थक और अप्रासंगिक है, वहीं पश्चिम में इस साहित्य का अध्ययन लगभग अनुपस्थित है और भारत में भी यह ख़त्म होता जा रहा है। इससे उस साहित्यिक संस्कृति की दुनिया और रचनाकर्म को समझने की हमारी क्षमता भी क़रीब-क़रीब मिटती जा रही है जो किसी वक़्त भारत की प्रतिष्ठा थी। औपनिवेशिकता और राष्ट्रवाद ने इसे मिटा देने में बड़ी भूमिका निभायी है। इस किताब का उद्देश्य बौद्धिक सन्तुलन और पहुँच दोनों को ही फिर से स्थापित करने के लिए कुछ आलोचनात्मक उपकरण पेश करना है।

हिन्दी और इसकी असाधारण दरबारी संस्कृति की दो से अधिक सदियों के क़रीब पहुँचना व उन्हें फिर से पहुँच के दायरे में ले आना उन सभी की रुचि के लिए एक प्रासंगिक परियोजना है जो भारतीय साहित्य की परवाह करते हैं। साथ ही उन सभी के लिए भी जो उत्तर-उपनिवेशवाद की पूर्व-औपनिवेशिकता के साथ ठोस

जिरह होते देखना चाहेंगे। आरम्भिक आधुनिक काल के सामाजिक, बौद्धिक और यहाँ तक कि राजनीतिक इतिहास के लिए भी इससे नयी खिड़कियाँ खुलेंगी। दरबार कैसे काम करते थे, या साहित्यिक और बौद्धिक समूह कैसे बनते थे, सामाजिक निर्मिति की ऐसी धर्मनिरपेक्ष प्रणालियों की गतिकी को समझना ज्ञान के संसार के लिए एक बहुत उपयोगी पूरक आयाम होंगे। भक्ति आन्दोलनों के मामले में पहले ही ऐसा किया जा चुका है। जैसे कि सांस्कृतिक जुड़ाव के आधुनिक प्रकारों, ख़ासकर राष्ट्रवाद के बारे में माना जाता है कि वे प्रिंट संस्कृति की तकनीक के माध्यम से सक्षम हुए थे। लेकिन यहाँ जिन प्रमाणों पर ग़ौर किया जा रहा है, वे बताते हैं कि औपनिवेशिकता से पहले के प्रमाणों को आधुनिक समाज विज्ञान के सिद्धान्तों के निष्कर्षों के साथ संवाद में लाने की ज़रूरत है।[50] ब्रजभाषा के कवि अपनी साहित्यिक पहचान के बारे में बहुत सजग थे और कुछ पाण्डुलिपियाँ बहुत तीव्रता के साथ और विस्मय में डालने वाली संख्या में प्रसारित होती थीं।

इसे देखते हुए कि रीति साहित्य को मुख्यतः राजपूत और मुग़ल दरबारों ने प्रोत्साहित और प्रायोजित किया, क्लासिकल हिन्दी-स्रोतों पर ध्यान देने से आरम्भिक आधुनिक इतिहास के क्षेत्र को भी इससे लाभ मिलता है। इससे हम इस काल के बारे में फ़ारसी और यूरोपीय लेखकों के माध्यम से जो जानते हैं, उसमें अधिक समृद्धि आयेगी। इस काल के सांस्कृतिक इतिहास के आलोचनात्मक महत्त्व से जुड़े सवाल अभी बस उठने शुरू ही हुए हैं।[51] हमें आधारभूत राजनीतिक और आर्थिक मुद्दों जैसे कि राज्य की निर्मिति की प्रक्रियाओं और मानवीय कारकों, सैनिक विजयों की सूचियों और अतिरिक्त कृषि उपज पर क़ब्ज़ा करने के अन्यायों से आगे बढ़ने की ज़रूरत है, जो दशकों से मुग़लकाल के इतिहासकारों की दिलचस्पी का मुख्य विषय रहे हैं। हमारा ध्यान रीति कविता की तरफ़ केन्द्रित करके ही हम आरम्भिक आधुनिक जीवन के अवधारणात्मक आधारों को समझ सकते हैं। इसके लिए हमें यह जानने की ज़रूरत है कि लोग किस तरह कोई ग्रन्थ पढ़ते थे, रसास्वादन की प्रणालियाँ क्या थीं, और सौन्दर्यबोध क्या था? लेकिन साथ में साहित्यिक संस्कृति की विशेष किस्मों को प्रायोजित करने के पीछे के राजनीतिक निहितार्थों को भी समझना ज़रूरी है। अगर हम आरम्भिक आधुनिक भारत के निवासियों के सामाजिक जगत् और उनकी सांस्कृतिक पसन्द को बेहतर समझेंगे तो हम उस दौर के भारत को भी बेहतर समझ पायेंगे। ठीक है कि रीति लेखक मुख्यतः कवि थे, लेकिन उनके पास राजनीति (जैसे कि राजपूत-मुग़ल सम्बन्ध), मानसिकताओं (उन लेखकों

के लिए कौन सी बातें अहमियत रखती थीं और क्यों), और सामाजिक संसर्ग की प्रणालियों (जैसे कि दरबारी शिष्टाचारों और बहु-संस्कृतिवाद सम्बन्धी आरम्भिक आधुनिक मोड़ों आदि) के बारे में बताने के लिए भी कुछ महत्त्वपूर्ण बातें हैं।

क्लासिकल हिन्दी साहित्य का परिवेशगत मिला-जुला आश्रय विलक्षण है। रीति कवि निश्चित रूप से संस्कृत काव्यशैलियों को भाषा में रूपान्वित करना चाहते थे, जिस पर हिन्दी विद्वानों ने उचित ही ज़ोर दिया है। लेकिन केवल इसी पर ध्यान केन्द्रित करने से उनके जटिल उद्देश्य और साहित्यिक पहचान के बारे में महत्त्वपूर्ण-बिन्दुओं से हम वंचित रह जायेंगे। आरम्भिक आधुनिक काल में रीति परम्परा के विकास में मुग़ल आश्रय की निस्सन्देह एक केन्द्रीय भूमिका थी, और अठारहवीं सदी में उर्दू के उभार से पहले इस साहित्यिक संस्कृति में हमेशा ही भारतीय मुसलमान रसिकों और कवियों का एक बड़ा हिस्सा शामिल था। दरबारी ब्रजभाषा ने संस्कृत और फ़ारसी तथा हिन्दू और मुसलमान सांस्कृतिक संवेदनाओं के बीच एक पुल का काम किया। और यह एक ऐसी उर्वर भूमि थी जिसने विभिन्न दुनियाओं का स्वागत किया।

आइए, हम एक ऐसे काल की यात्रा पर चलें जब रीति कवि उत्तर भारतीय साहित्यिक जीवन के केन्द्र में थे। हम उस पल को देखने की कोशिश करते हैं, जब कहा जा सकता है कि रीति साहित्य शुरू ही हुआ था और इसके पहले कवि केशवदास थे।

## सन्दर्भ :

11. रसेल 1999 : 39
12. पॉलक 2006 : 283–329
13. जिन्दल 1993 : 143–47 (आसानी के लिए वर्तनी और विराम चिह्नों में थोड़ा संशोधन किया गया है)।
14. वाडेविल 1996 : 47–71
15. एंटविस्टल 1987 : 161; पॉवेल्स 2002 : 239 में दिये गये सन्दर्भ भी देखें।
16. उर्दू के साहित्यिक आरम्भ की खोज में नामकरण सम्बन्धी इस उलझन की एक उपयोगी समीक्षा के लिए देखें फ़ारूक़ी 2003 : 806–19
17. विशेष रूप से मुस्लिम लेखक अक्सर अपनी स्थानीय भाषा को 'हिन्दवी' कहते थे। उनके लिए मुख्य अन्तर यह था कि भाषा फ़ारसी (या अरबी) नहीं थी। अपने आप में 'भाषा' शब्द आमतौर पर संस्कृत के साथ एक विपरीत या विरोधी सम्बन्ध को उजागर करता है।
18. हरिहरनिवास द्विवेदी कहते हैं कि सत्रहवीं शताब्दी के दौरान बंगाली वैष्णवों के माध्यम से

ब्रजभाषा शब्द प्रचलन में आया होगा, जिन्होंने अपनी ख़ुद की काव्यात्मक शैली 'ब्रजबुलि' (ब्रजबोली) को विकसित किया था, जिसे कृष्ण और राधा की वाणी माना जाता था। द्विवेदी 1955 : 59–62

19. *तुहफ़तुल*-हिन्द, पृष्ठ 54
20. किशोरीलाल (1971 : 473–74) में उद्धृत दो दोहे देखें, जिनमें से एक का संक्षिप्त उल्लेख इस किताब के अध्याय–तीन के एक नोट में भी किया गया है।
21. फ़कीरुल्लाह के अनुसार, सुदेश क्षेत्र में ग्वालियर और आगरा शामिल हैं और इसकी सीमा उत्तर में मथुरा, पूर्व में इटावा, दक्षिण में ओरछा और पश्चिम में भुसावर और बयाना से लगती है। *तरजुमा-ए मन्कुतुहल वा रिसालह-ए रागदर्पण*, पृ. 98-99
22. पहले का प्रमाण *अर्धकथानक* (1641), पद 7 में मिलता है। मध्यदेशी पर देखें द्विवेदी 1955। इस अवधि की साहित्यिक भाषा के नामकरण से सम्बन्धित मुद्दे डेल्वोये (1991 : 158) उठाते हैं।
23. रीति कवि चिन्तामणि त्रिपाठी ने अपने *कविकुलकल्पतरु*, 4.6; 4.9 (अध्याय–तीन में एक अंश की संक्षेप में चर्चा की गयी है) में मथुरा मण्डल और ग्वालियर की भाषा की प्रशंसा की है। ज़बान-ए ग्वालियर शब्द का इस्तेमाल फ़ारसी कवि बनावलीदास ने ब्रज कवि नन्ददास की भाषा का नामकरण करने के लिए किया था। मैकग्रेगर 1984 : 36 नं. 92. ग्वालियरी शब्द का पहली बार इस्तेमाल जयकीर्ति ने 1629 में किया था। किशोरीलाल 1971 : 473 (अगरचन्द नाहटा के हवाले से) देखें।
24. मान 2001 : 5 देखें।
25. रीति शब्द के कुछ प्रमाण सुधाकर पाण्डे (1987 : 21-22) द्वारा संकलित किये गये थे। ब्रजभाषा कवियों ने जिस तरह इसका इस्तेमाल किया है, उसमें रीति शब्द संस्कृत कवि वामन (लगभग 800 ई.) द्वारा व्यक्त की गयी तीन रीतियों या क्षेत्रीय साहित्यिक शैलियों (वैदर्भी, गौड़ी और पांचाली) की साहित्यिक प्रणाली से सम्बद्ध नहीं है।
26. उर्दू, बंगाली और तेलुगु सहित कई अन्य प्रतिष्ठित साहित्यिक परम्पराओं का भी यही हश्र हुआ।
27. औपनिवेशिक ज्ञान रचनाओं और स्थानीय प्रणालियों के साथ उनकी अन्त:क्रिया की कुछ मूलभूत आलोचनाओं में शामिल हैं सईद 1978; इंडेन 1992; ब्रेकेनरिज और वान डेर वीर 1993; चटर्जी 1993बी; कोहन 1996। पॉलक 2011 आरम्भिक आधुनिक दक्षिण एशियाई बौद्धिक इतिहास का एक ऐसा हालिया अध्ययन है जो परम्पराओं पर आधारित है।
28. उन्नीसवीं सदी तक आधुनिकता को स्थगित करना भारतीय साहित्यिक इतिहास में एक व्यापक प्रवृत्ति का हिस्सा है। बंगाली के मामले में, देखें सीली 2004 : 3। 1500 से 1800 ई. तक की अवधि की पुन: अवधारणा 'आरम्भिक आधुनिक' (early modern) के रूप में करने के लिए देखें रिचड्र्स 1997 और सुब्रह्मण्यम 1998।
29. यह धारणा औपनिवेशिक और राष्ट्रवादी विमर्श का एक मुख्य हिस्सा है कि अंग्रेज़ों के आने से पहले भारतीय लोग सांस्कृतिक रूप से जर्जर एक मध्ययुग (इस जर्जरता के लिए अक्सर मुस्लिम शासन को दोषी ठहराया जाता है) के एक जड़ निवासी थे। देखें चटर्जी 1993 ए : 92–115

30. अहमद 1972 : 1–3 इसका उदाहरण है। आरम्भिक आधुनिक हिन्दी अकेली प्रमुख साहित्यिक परम्परा नहीं है जिस पर पतनशील होने का धब्बा लगा हुआ है। आम विद्वानों के बीच उसी अवधि के अरबी साहित्य के लिए तिरस्कार पर देखें तूरावा 2008 : 249–50।
31. 'पतन' मॉडल में शुरुआती दखल बेली 1983; आलम 1986; वाशब्रुक 1988 ने दी थी। यह भी देखें आलम और सुब्रह्मण्यम 1998 : 55–68; अलवी 2002; ब्राउन 2003 : 14–26; मार्शल 2003
32. इस सम्मेलन ने प्रकाशनों की एक नियमित श्रृंखला तैयार की। एनट्विसल और सॉलोमोन 1999; ऑफ्रेडी 2002; कैलेवार्ट और टेलियू 2002; हॉर्स्टमैन 2006
33. अंग्रेज़ी में लिखने वाले विद्वानों के दृष्टिकोण से हिन्दी भक्ति साहित्य की हमारी समझ इन कुछ चुने हुए कार्यों से बनी है: मैकग्रेगर 1973; ब्रायंट 1978; हेस और सिंह 1983; हॉली 1984, 2005, 2009; हॉली और जुर्गेंसमेयर 1988; लुटगेनडॉर्फ़ 1991; स्नेल 1991बी; कैलेवार्ट और फ्रीडलैंडर 1992; वाडेविल 1993; पॉवेल्स 1996 और 2002; रोसेनस्टीन 1997; हॉर्स्टमैन 2002; धारवाड़कर 2003
34. भक्तिकाल के सामाजिक और राजनीतिक आयामों का विश्लेषण लोरेंजेन 1995 है; कबीर पर दलित परिप्रेक्ष्य के लिए देखें, धर्मवीर 2008
35. सबसे प्रसिद्ध रीति कवि बिहारीलाल (ग्रियर्सन 1896; हॉलैंड 1969; बहादुर 1990; चौधरी 2002; स्नेल, आगामी लेखन) के दोहों के कई अनुवाद हैं। के.पी. बहादुर ने *रसिकप्रिया* (1972) और केशवदास द्वारा रचित *रामचन्द्रचन्द्रिका* (जिसे *रामचन्द्रिका* के नाम से भी जाना जाता है) (1976) के कुछ हिस्सों का भी अनुवाद किया है; रामानन्द शर्मा और हर्ष दहेजिया ने हाल ही में 'भूले-बिसरे' रीति कवियों के पदों का एक संकलन तैयार किया है, जिसका अंग्रेज़ी और आधुनिक मानक हिन्दी दोनों में अनुवाद किया गया है।
36. दक्षिण एशिया पर लिखने वाले विद्वानों की आधुनिकता-पूर्व भारतीय सांस्कृतिक इतिहास के अधिकांश भाग को दरबारों और राजनीतिक संरचनाओं द्वारा निभायी गयी भूमिका पर विचार किये बिना धार्मिक धाराओं से जोड़ने की अविवेकी प्रवृत्ति की एक सुखद आलोचना के लिए देखें, पॉलक 1998 : 29-31।
37. रसिकप्रिया पर बहल (1974) और शोकर (1983) के लेखों ने केशवदास के बारे में हमारी समझ को कुछ आगे बढ़ाया, लेकिन दोनों ही लेखों का उद्देश्य अधिक गहन अध्ययनों की पूर्वपीठिका बनना था जो कभी साकार नहीं हो सका। रूपर्ट स्नेल (1991बी, 1994बी, आगामी), इमरे बंघा (1999, 2000, 2005), हाइडी पॉवेल्स (2005), स्टेफ़ानिया कैवेलियर (2010ए), और संध्या शर्मा (2011) द्वारा रीति साहित्य पर हाल ही में किये गये कार्य हिन्दी ज्ञानक्षेत्र में अधिक सन्तुलित प्रवृत्ति के स्वागत योग्य संकेत हैं, जहाँ गैर-भक्ति साहित्य को उसका उचित स्थान दिया गया है। श्रीनिवासन 2007 और टॉलबोट 2009 जैसे आरम्भिक आधुनिक इतिहासकारों द्वारा किये गये नये शोध भी पूर्व-आधुनिक हिन्दी साहित्य पर विद्वानों की जिज्ञासाओं और विश्लेषणों की सीमा का विस्तार कर रहे हैं।
38. कुछ अपवादों के लिए अध्याय–छह, नोट 130 देखें।
39. समकालीन भारत में हिन्दी और अंग्रेज़ी साहित्यिक संस्थाओं में निहित पूर्वाग्रह आधारित

प्रतिष्ठाओं और नियन्त्रणों के कुछ संकेतों के लिए, ऑर्सीनी 2002ए : 82-85; सदाना 2007 देखें।

40. रोमांटिसिज़्म और उर्दू साहित्य के विश्लेषणों के लिए प्रीचेट 1994 : 127-83 देखें; भारत के सांस्कृतिक अतीत के पुनर्निर्माण में 'प्रोटेस्टेंट मान्यताओं' की चर्चा के लिए, शोपेन 1991 देखें।

41. इस तरह, जॉन स्टुअर्ट मिल पर एक हालिया चर्चा में दावा किया गया है कि उनका "कविता, संगीत और कला के प्रति प्रेम भी उन्हें रूढ़िवादी विचारों की ओर ले गया। सौन्दर्यशास्त्री हमेशा दायीं ओर झुकते हैं...पुरातन कला से प्रेम भी पुरातन व्यवस्था का ही सम्मान करना है।" (गोपनिक 2008 : 86) पहचान की राजनीति से प्रेरित साहित्यिक इतिहास के ख़तरों पर, विशेष रूप से इस बात के सरोकार के साथ कि आधुनिक आलोचकों ने कबीर को ब्राह्मणवाद द्वारा हथियाए जाने से बचाने की कैसी कोशिश की है, देखें अग्रवाल 2009बी।

42. कोपलैंड 1997 : 13–14।

43. रोडेल 1986 : 237 (और यह केवल एक आंशिक सूची है)।

44. वही, 691

45. लैकॉफ़ और जॉनसन 1980

46. कोहन 1996 : 51–53। पश्चिमी पाठकों के बीच क्लासिकल संस्कृत कविता की जटिलताओं के प्रति आम अरुचि पर ब्रोनर 2010 : 9–13 की तुलना करें।

47. इस तरह के दृष्टिकोण की सरलता पर देखें इस्लाम और रसेल 1998 : 5–7; मीसामी 1987 : 40–76

48. चीन के एक इतिहासकार द्वारा बौद्धिक इतिहास का एक उत्कृष्ट कार्य, जो लिखित सामग्री की सम्पदा का गम्भीरता से उपयोग करता है, एल्मन 2000 है; *द टेल ऑफ़ गेन्जी पर,* देखें शिराने 2008; यूरोपीय और पूर्वी एशियाई दरबारी संस्कृति का एक उपयोगी तुलनात्मक अध्ययन है क्नेष्टगेस और वेन्स 2005

49. राव, शुलमन और सुब्रह्मण्यम (1992), अली (2004) और पॉलक (2006) की हाल की पुस्तकें पूर्व-आधुनिक भारतीय दरबारों में निर्मित साहित्यिक अभिलेखों पर गम्भीरतापूर्वक लिखे गये परिष्कृत, बारीक इतिहास का प्रतीक हैं।

50. पॉवेल्स (2002, 296) ने पूर्व-औपनिवेशिक आर्काइव की जाँच की और पाया कि प्रिंट संस्कृति का एंडरसन का मॉडल काफ़ी हद तक अप्रासंगिक है। डिमॉक और स्टीवर्ट (1999 : 51-57) ने आधुनिकता से बहुत पहले गौड़ीय मण्डलियों में *चैतन्यचरितामृत* के बड़े पैमाने पर प्रसार और मानकीकरण पर जोर दिया है। वल्लभ संप्रदाय के गठन पर, बार्ज़ 1976 और शाह 2004 देखें।

51. मुग़लकाल सम्बन्धी शोध में जाँच के दायरे को व्यापक बनाने की आवश्यकता पर, तुलना करें सुब्रह्मण्यम 2001 : 10; एक्विल 2007 : 2-10। इसका मतलब यह नहीं है कि मुग़लकालीन संस्कृति पर विद्वता का पूरी तरह से अभाव है। दृश्य-कला और वास्तुकला जैसे कुछ क्षेत्र अपेक्षाकृत अच्छी स्थिति में हैं (उदाहरण के लिए, बीच 1992; आशेर

1995ए; सेयलर 1999; कोच 2001)। मुग़ल संस्कृति के एक क्षेत्र के रूप में भारतीय संगीत के महत्त्वपूर्ण अध्ययनों में डेल्वोये 1991 और ब्राउन 2003 शामिल हैं। इस काल के फारसी साहित्य की खोज लोसेन्स्की 1998; आलम 2003 : 159-86; किनरा 2008 में की गयी है। मुग़ल सामाजिक इतिहास में और मुग़ल-सत्ता के सांस्कृतिक आधार पर अवधारणा निर्मित करने में कुछ प्रगतियों में ओ'हैनलॉन 1999, 2007ए; आलम और सुब्रह्मण्यम 2004; लाल 2005; आलम 2009 शामिल हैं। विशेष रूप से हिन्दी साहित्यिक संस्कृति के साथ मुग़ल जुड़ाव पर, देखें फुकन 2000 और 2001

अध्याय–एक

# ओरछा के केशवदास

*भाषा बोलि न जानई, जिनके कुल को दास।*
*भाषा कवि भो मंदमति, तिहि कुल केशवदास।।*

–*कविप्रिया*, 2.17

## एक 'मन्दमति' हिन्दी कवि?

सत्रहवीं सदी की दहलीज़ पर खड़े भारत के साहित्यिक रूपान्तरणों को केशवदास मिश्र से अधिक शक्तिशाली रूप में और कोई बयान नहीं कर सकता। उत्तर भारतीय साहित्यिक संस्कृति में केशवदास का साहित्यिक जीवन निर्णायक भूमिका निभाता है। अपने ग्रन्थ *कविप्रिया* (1601) के दूसरे अध्याय में जब वे पाठकों को अपना परिचय देते हैं तब वे ज़ोर देकर कहते हैं कि उनके परिवार के नौकर भी हिन्दी बोलना नहीं जानते थे। हमारा अनुमान है कि ऐसा इसलिए था कि उनके नौकर संस्कृत बोलते थे। उनकी वंश-परम्परा पण्डितों की थी, इसलिए संस्कृत की लीक छोड़कर भाषा को अपनाने का उनका फ़ैसला और भी उल्लेखनीय था।

केशवदास के परिवार के बारे में अधिक सटीक ब्योरों को उनके समग्र लेखन में जहाँ-तहाँ बिखरे हुए सूत्रों से ही जुटाया जा सकता है। उनके पूर्वज, दिनकर मिश्र और त्रिबिक्रम मिश्र, दोनों संस्कृत के विद्वान थे और उन्होंने तोमर राजाओं से पण्डितराज की उपाधि अर्जित की थी। वे पहले दिल्ली और बाद में ग्वालियर में स्थित थे। केशवदास के परदादा के पिता शिरोमणि मिश्र षड्दर्शन में सिद्धहस्त थे। उनके बाद, केशवदास के दादा कृष्णदत्त मिश्र ओरछा के संस्थापक राजा रुद्रप्रताप (शासनकाल 1501-31) द्वारा पुराणों के विद्वान के रूप में नियुक्त किये गये थे। केशवदास के पिता काशीनाथ मिश्र संस्कृत शास्त्रों के विशारद थे, जिन्हें रुद्रप्रताप के कनिष्ठ पुत्र मधुकर शाह (शासनकाल 1554-92) के दरबार में सम्मान मिला था। यह एक बहुत ही प्रतिष्ठित पारिवारिक इतिहास है।[52]

लेकिन अपने पूर्वजों के संस्कृत कौशल में केशवदास के प्रत्यक्ष अभिमान पर एक प्रकार की असहजता के बोध का साया है कि उन्होंने इस परम्परा को जारी नहीं रखा। इसलिए उन्होंने स्वयं को तुच्छ बताते हुए एक 'मन्दमति' हिन्दी कवि के रूप में अपना परिचय दिया है।

परन्तु हमें उनके शब्दों को जस का तस लेने की आवश्यकता नहीं है। वास्तव में, यह अध्याय प्रमाणित करेगा कि केशवदास का यह आत्म-निरूपण पूरी तरह असत्य था। साहित्यिक दुर्बलता के बारे में कवि का दावा आरम्भिक स्थानीय साहित्यिकों के सम्मुख रही व्यग्रता को रेखांकित करता है।[53] ऐसा तब के देशभाषा लेखकों ने बहुत किया है। केशवदास के दोहे का केन्द्रीय तत्त्व इस बात की ओर इशारा करता है कि ब्रजभाषा के लिए संस्कृत को छोड़ना एक अहम क़दम था। यह सामान्य रूप से रीति-परम्परा की एक महत्त्वपूर्ण विशेषता भी थी। देशभाषा में दरबारी लेखन की उन्नत शैलियों के लिए मार्ग तलाशते हुए कवि ने अपने कन्धों पर संस्कृत अतीत के प्रभावशाली वैभव को महसूस किया था जिसका दूरगामी प्रभाव भी पड़ना था।

ईसा की पहली सहस्राब्दि से भारतीय दरबारों में प्रकाण्ड विद्वानों द्वारा विकसित किया गया संस्कृत काव्य पूरे विश्व की सबसे प्रतिभाशाली और विद्वत्तापूर्ण परम्पराओं में से एक है। संस्कृत काव्य के एक अत्यन्त उत्कृष्ट रचना-संसार के साथ-साथ अलंकारशास्त्र के रूप में अलंकारों का एक जटिल उप-क्षेत्र भी विकसित हुआ। दर्जनों मौलिक प्रबन्धों में संस्कृत बुद्धिजीवियों ने सदियों तक साहित्यिक अभिव्यक्ति के व्यवहारों पर चर्चाएँ की थीं और नियम बनाये थे। ऐसा करते हुए उन्होंने कविता के उद्देश्य के बारे में आधारभूत प्रश्नों की पड़ताल की थी। हम यहाँ उन उत्कृष्ट व्याख्याओं के एक पूरे के पूरे उप-अनुशासन को छोड़ ही दे रहे हैं जो अलंकार शास्त्र पर विकसित हुआ था। संस्कृत पण्डितों ने सौन्दर्यबोधीय प्रतिक्रिया के बारे में प्रभावशाली सिद्धान्त विकसित किये और इसे व्यवहार में लागू करने की पद्धतियाँ रचीं। इन सिद्धान्तों में साहित्यिक संकेतों और रचना के तत्त्वों में सावधानी बरतते हुए परिवर्तन करना भी सम्भव था। दर्जनों प्रकार के अलंकार सिद्धान्त रचे गये, जिन्होंने सौन्दर्यबोधीय अनुभवों पर एक अत्यन्त समृद्ध दार्शनिक विमर्श में नये आयाम जोड़े। एक दरबारी कवि ही नहीं, किसी भी प्रकार का कवि बनने के लिए इस जटिल संस्कृत साहित्यिक व्यवस्था में भागीदारी करना ज़रूरी था। लेकिन हिन्दी कविता के लिए ऐसी कोई व्यवस्था अस्तित्व में नहीं थी। इसके बारे में सोचना भर भी कइयों को उस समय अतार्किक या हास्यास्पद लगता होगा।

केशवदास द्वारा लेखन शुरू करने से बहुत पहले विभिन्न प्रकार के हिन्दी कवि देशभाषाओं का रचनात्मक उपयोग करते आ रहे थे। पीढ़ियों से नाथ-सिद्धों और योगियों की वाणियाँ धार्मिक यात्रियों के होंठों पर थीं। पूरब में सूफ़ी लेखकों और पश्चिम में जैनियों ने चौदहवीं शताब्दी से हिन्दी की विशेष दोहा-चौपाई शैली में कथाओं का विकास किया था। केशवदास के अपने समकालीन राजस्थान के भाट रासो शैली में वीरगाथाएँ गा रहे थे। विस्मयकारी रूप से विविध समुदायों और स्थानों में हिन्दी गीतों का प्रदर्शन होता था। सन्त, जैन, वैष्णव और सूफ़ी अनौपचारिक संगतों में, मन्दिरों, ख़ानक़ाहों और दरबारों में उन्हें प्रस्तुत करते थे। इस तरह केशवदास हिन्दी में अभिव्यक्ति की सम्भावनाओं की एक समृद्ध सम्पदा के उत्तराधिकारी थे। लेकिन इसमें से अधिकतर परम्पराएँ लिखित के बजाय अभी भी वाचिक परम्परा में आती थीं।

देशभाषाओं के औपचारिक काव्य के विरुद्ध सांस्कृतिक पूर्वाग्रह गहराई तक जमे हुए थे, लेकिन ऐसा विशेषकर पण्डित समुदायों में था।[54] एक संस्कृत विश्वदृष्टि में दृढ़ता से जमे हुए परिप्रेक्ष्य के अनुसार क्लासिकल से स्थानीय भाषाओं में विकास की दिशा इकहरी थी और वह केवल पतन की ओर ही जा सकती थी। देशभाषा का लेखक होने का मतलब भाषाई और बौद्धिक असफलता का प्रदर्शन करना था। इस क्षेत्र में जो सोपानक्रम क़ायम था, वह सबसे आधारभूत भाषाई स्तर पर था। देशभाषाएँ अपनी परिभाषा में ही अपभ्रष्ट थीं। उनकी निम्नतर स्थिति का अनुमान इस तथ्य से लगाया जा सकता है कि उन्हें अपने नामों के लायक़ भी नहीं समझा गया। उन्हें बस भाषा कहा जाता था। इसके उलट संस्कृत प्रतिष्ठा के सबसे ऊँचे स्थान पर न सिर्फ़ स्थित है बल्कि यह उसका प्रतिमान भी है। संस्कृत का अर्थ ही है 'परिमार्जित' या 'परिष्कृत'। संस्कृत को देववाणी या सुरवाणी के रूप में भी व्यापक सम्मान मिला। ऐसे में कैसे एक हिन्दी कवि एक ऐसी भाषा के आगे संकोच को छोड़कर कुछ और अनुभव कर सकता था, जो न केवल सिद्धि बल्कि दैवीय प्रतिष्ठा का दावा करती थी? विशेषकर केशवदास जैसा कवि जिसकी पृष्ठभूमि ही एक ब्राह्मण परिवार की थी।

इसके बावजूद 'मन्दमति' हिन्दी लेखकों ने चुनौती स्वीकार की, और अपने क्लासिकल पूर्वजों के एकाधिकार के प्रति विभिन्न दृष्टिकोण अपनाये। एक ऐसे साहित्यिक क्षेत्र में अपने लिए एक स्थान बनाने की कोशिश करते हुए, जिस पर ऐतिहासिक रूप से संस्कृत का प्रभुत्व रहा था, उन्हें आमतौर पर अपनी कम

परिष्कृत रचनाओं की वैधता का दावा करने की आवश्यकता पड़ती थी। देशभाषा के पक्ष में तर्क देते हुए उनके मुहावरे में एक ताज़गी को रेखांकित किया जाता था, जो परम्परा के भार से मुक्त थी–भक्ति रचनाकार इसका अक्सर उपयोग किया करते थे। कबीर (पन्द्रहवीं सदी) से जुड़ा एक लोकप्रिय दोहा हिन्दी को एक बहती धारा के समान बताता है, और इसकी तुलना में संस्कृत को कुएँ के ठहरे हुए पानी के समान बताता है।[55] कबीर सामाजिक सोपान के निचले पायदान पर स्थित एक बुनकर थे, जिनके लिए शिक्षा प्राप्त करने के अवसर बहुत थोड़े से ही थे। वे चाहते भी तो संस्कृत में शायद ही लिख सकते थे। देशभाषा में लिखने का अधिक जटिल निर्णय- और इसे निर्णय ही माना जाना चाहिए–तुलसीदास जैसे ब्राह्मण कवि का है, जो केशवदास के समकालीन थे और सभी संकेत यही बताते हैं कि वे संस्कृत में लिख सकते थे।[56] तुलसीदास पूरे संस्कृत साहित्यिक उपकरण के प्रति अपनी अनभिज्ञता ज़ाहिर करते हैं और अपनी विख्यात अदक्षता को क़रीब-क़रीब एक सम्मान-चिह्न की तरह प्रदर्शित करते हैं :

*कबि न होउँ नहिं बचन प्रवीनू। सकल कला सब बिद्या हीनू।*
*आखर अरथ अलंकृति नाना। छन्द प्रबंध अनेक बिधाना।*
*भाव भेद रस भेद अपारा। कबित दोष गुन बिबिध प्रकारा।*
*कबित बिबेक एक नहिं मोरे। सत्य कहउँ लिखि कागद कोरे।।*[57]

इस लघु घोषणापत्र में तुलसीदास ने संस्कृत अलंकारशास्त्र के क्षेत्र से तकनीकी शब्दावली की एक श्रृंखला का उपयोग किया है। कवि ने यहाँ सहज अभिव्यक्ति की प्रतिभा को प्राथमिक महत्त्व दिया है, जो व्यवस्थित प्रशिक्षण से बढ़कर है। इस प्रशिक्षण को क्लासिकल साहित्य-संस्कृति में भागीदारी के लिए आधारभूत अनिवार्यता माना जाता था। निस्सन्देह कोई भी व्यक्ति तुलसीदास के प्रति-सौन्दर्यबोधीय सिद्धान्तों (counter-aesthetics) का क़रीब से निरीक्षण करके उनके प्रति अनादर का प्रदर्शन नहीं करना चाहेगा, क्योंकि शास्त्रों की अनभिज्ञता का उनका दावा निश्चित रूप से सतही है। अपनी स्वीकृत देशभाषा की सहजता के बावजूद उनका *रामचरितमानस* एक विचारपूर्ण कृति है, जिसमें युगों पुरानी साहित्यिक व्यवस्थाओं का विषयगत और व्यावहारिक ज्ञान रचा-बसा हैं।[58] लेकिन कबीर और तुलसी जैसे अनेक भक्त कवियों ने ख़ुद को क्लासिकल साहित्यिक नियमों के विरुद्ध विद्रोहियों के रूप में प्रस्तुत किया है। आरम्भिक आधुनिक काल में संस्कृत के साये से बचने के लिए यह विद्रोहपूर्ण नज़रिया एक सामान्य माध्यम था।

केशवदास ने लेकिन दूसरा नज़रिया अपनाया जो ऐतिहासिक रूप से बहुत दूरगामी था। एक मन्दमति लेखक होने के दावे को खोखला साबित करते हुए उन्होंने ख़ुद को एक ऐसा भाषा-कवि साबित किया जिसके पास बहुत विशेष कौशल थे। यह विरोधाभास ही है कि उनमें सबसे अग्रणी कौशल संस्कृत का उनका गहरा ज्ञान था। संस्कृत के साहित्यिक अधिकार को नकारने की जगह उन्होंने हिन्दी की एक नयी व आत्म-सजग रूप से श्रेणीबद्ध भाषा को विकसित करते हुए संस्कृत पर अपने अधिकार को अपनाया। एक अत्यधिक जटिल और प्रभावशाली ढंग से नवोन्मेषी ब्रजभाषा शैली में व्यापक रूप से संस्कृत आधारित कृतियाँ लिखते हुए, उन्होंने विश्व को दिखाया कि देशभाषा एक बहुमुखी प्रतिभा रखती थी। यह एक शिष्ट साहित्यिक माध्यम भी थी। उन्होंने एक प्रधान दरबारी भाषा के रूप में इसको स्वीकृति दिलाने के लिए ज़मीन निर्मित की।

## ब्रजमण्डल में भक्ति-साहित्य

जब हम यह दावा करते हैं कि केशवदास एक महत्त्वपूर्ण अर्थ में उस सांस्कृतिक परिघटना के संस्थापक थे, जिसे हम अब रीतिकाव्य कहते हैं, तब यह अनिवार्य हो जाता है कि हम इस बात को रेखांकित करें कि उन्होंने क्या स्थापित किया और क्या नहीं। कहने का अर्थ है कि हमें यह देखना ज़रूरी है कि हम किन पहलुओं में इस नवाचार को देख सकते हैं और कहाँ उनसे पहले से चले आ रहे पहलुओं को भी परखने की ज़रूरत है। इस अध्याय का बाद का हिस्सा केशवदास की व्यापक साहित्यिक उपलब्धियों की चर्चा को समर्पित है। इसकी एक आवश्यक पृष्ठभूमि उन धार्मिक, राजनीतिक और काव्यात्मक संस्कृतियों के प्रकारों का एक अवलोकन है, जो उन्हें विरासत में मिली थी। इसमें पहली विचारयोग्य वस्तु एक साहित्यिक भाषा के रूप में ब्रजभाषा का नाटकीय उभार था जो पिछली दो पीढ़ियों में ही देखने को मिला था। सोलहवीं सदी के मध्य से ही वृन्दावन और मथुरा के भक्ति-केन्द्रों में कई महत्त्वपूर्ण ब्रज कवियों को फलते-फूलते देखा जा सकता है। ये कवि कृष्णोपासना के नये रूपों से सम्बद्ध थे जो इस क्षेत्र में वैष्णव स्थलों पर दावा करने वाले अनेक भक्ति सम्प्रदायों के साथ जुड़े हुए थे।[59] ब्रज-क्षेत्र की हिन्दी बोली का श्रद्धालुओं के लिए विशेष महत्त्व था क्योंकि ऐसा माना जाता था कि स्वयं भगवान ने पृथ्वी पर कृष्ण अवतार के रूप में यह भाषा बोली थी। एक ऐसे समय में जब धार्मिक और औपचारिक साहित्यिक ग्रन्थों को मुख्यतः संस्कृत में लिखा जा रहा

था, स्वामी हितहरिवंश, स्वामी हरिदास, हरिराम व्यास और सूरदास जैसे अग्रणी लेखक 'पद' के नाम से जानी जाने वाली स्थानीय विधा में सुन्दर भक्ति कविता रच रहे थे। *भागवतपुराण* में रुचि की एक लहर थी, जिसने इसकी पवित्र कथाओं के स्थानीय संस्करणों की शुरुआत की थी। *भागवतपुराण* एक समादृत भक्ति ग्रन्थ है जिसे मूलतः संस्कृत में रचा गया था और जो कृष्ण भक्तिकाव्य का लोकप्रिय स्रोत है। वैष्णव कवियों ने विभिन्न सौन्दर्यबोधीय भावों में कृष्ण की लीलाओं को यादगार बना दिया, जिनमें से कुछ ने संस्कृत अलंकारशास्त्र को भी गहन धार्मिकता में पिरोया। उन्होंने न सिर्फ़ *भागवतपुराण* में बतायी गयी कृष्ण की गाथाओं को आधार बनाया, बल्कि शृंगार रस की क्लासिकल परम्पराओं की भी मदद ली, जिसमें इस रस के संयोग और वियोग दोनों स्वरूप सम्मिलित हैं। इनमें किशोरावस्था में कृष्ण के प्रति गोपियों (विशेषकर राधा) के अनुराग और मथुरा नगर में अपनी वयस्क ज़िम्मेदारियों को निभाने के लिए गोकुल ग्राम से कृष्ण के प्रस्थान पर उनके विरह से जुड़े विषय प्रमुख थे। उभरते हुए विभिन्न वैष्णव समुदायों के लिए पदों के सामूहिक गायन के माध्यम से कृष्ण की लीलाओं का उत्सव मनाना धार्मिक अनुभव का एक सशक्त माध्यम था। चाहे वह गौड़ीय सम्प्रदाय हों, वल्लभ सम्प्रदाय, राधावल्लभ या हरिदासी सम्प्रदाय।[60] पूरे वृन्दावन क्षेत्र में मन्दिर बनने लगे, जिनकी नयी स्थापत्य संरचनाओं में समूह गायन के लिए ज़रूरी स्थान को शामिल किया गया था। कुछ मामलों में लोकप्रिय कवियों के पदों को श्रद्धालु समुदाय की पूजा-पद्धति में अपना लिया गया और आगे चलकर इस सम्बन्ध को स्वाभाविक रूप देने के लिए कथाएँ भी बनायी गयीं। इसका सबसे मशहूर उदाहरण सूरदास और वल्लभाचार्य का है। ब्रजमण्डल के अनेक प्रसिद्ध धार्मिक व्यक्तियों और कवियों की सटीक जीवनियाँ तथा ऐतिहासिक तथ्य अधिकतर अपार भक्तिभाव से भरी परम्पराओं और एक-दूसरे से होड़ लेने वाले पन्थों के दावों के बीच हमेशा के लिए खो गये हैं। इसके बावजूद सोलहवीं सदी के उत्तरार्द्ध तक निस्सन्देह वैष्णव गतिविधियाँ ब्रज कविता और वास्तुशिल्पीय ज़मीन को रूपान्तरित कर रहे थे, जिसके तहत देशभाषा में उभरती हुई एक नयी उत्साही परम्परा को स्वर और आकार मिल रहे थे।

ब्रज का यह तीव्र विकास केवल ब्रजमण्डल की ही उपज नहीं था, जो नाम वृन्दावन और मथुरा क्षेत्रों को मिला था। पश्चिम में राजस्थान स्थित फ़तेहपुर और गलता जैसे दोनों स्थान उपासकों के समुदायों को आकर्षित कर रहे थे और ग्रन्थ आधारित नये भक्ति समुदायों के निर्माण में सहायता कर रहे थे। राजस्थान स्थित

फ़तेहपुर में आरम्भिक ब्रज पदों का सबसे महत्त्वपूर्ण संग्रह 1582 ई. में बनाया गया था जो नये-नये जन्मे दादूपंथ का आध्यात्मिक केन्द्र था। उसी तरह गलता रामानन्दी सम्प्रदाय का केन्द्र था।[62] गलता में ही सत्रहवीं शताब्दी के आरम्भ में नाभादास ने अपनी प्रतिष्ठित *भक्तमाल* की रचना की थी। यह एक लोकप्रिय ग्रन्थ है जिसमें प्रभावशाली वैष्णवों के कर्मों का वर्णन किया गया है, जिसने दूसरों को इस आन्दोलन का हिस्सा बनने के लिए प्रेरित किया।[63]

पूरब में बुन्देलखण्ड में होने वाली गतिविधियों ने भी धार्मिक और साहित्यिक अभिव्यक्तियों के नये स्वरूपों को एक ठोस रूप देने में महत्त्वपूर्ण भूमिका अदा की। यहाँ केशवदास के अलावा कृपाराम और हरिराम व्यास ओरछा से सम्बद्ध थे। कृपाराम के बारे में निश्चित रूप से कुछ भी ज्ञात नहीं है, जिनकी *हिततरंगिणी* में बेतवा नदी का ज़िक्र है। यह राज्य से बहने वाली यमुना नदी की एक सहायक नदी है और यही इस अनुमान का आधार है कि कृपाराम यहाँ के रहने वाले थे।[64] अगर इस कृति में गूढ़ संकेतों में दी गयी तिथि वास्तव में इसका रचनाकाल है, तब यह सबसे आरम्भिक ब्रज रीतिग्रन्थ होगा। ऐसे में यह केशवदास की उपलब्धियों से भी पचास साल पहले का ग्रन्थ हो जायेगा, जो सम्भवत: उसी दरबार में लिखा गया था जहाँ केशवदास को आश्रय मिला था।[65] नीचे जिस *रसिकप्रिया* का वर्णन किया गया है, उसकी तरह *हिततरंगिणी* भी नायिकाभेद पर एक प्रबन्धकाव्य है, जो एक विशिष्ट वैष्णव आचार में रचा-बसा है। यह संस्कृत की धरोहर और सोलहवीं शताब्दी की उभरती हुई धार्मिक गहनता का एक मिला-जुला उत्पाद है। कृपाराम के बारे में अन्य बातों की ही तरह हम यह भी नहीं जानते कि वे ठीक-ठीक किस पन्थ से सम्बद्ध थे। लेकिन उनके द्वारा दिया गया शीर्षक और पूरे ग्रन्थ में बार-बार हित (प्रेम) शब्द का उपयोग एक ऐसी संवेदना को प्रस्तुत करता है जिसकी तुलना आरम्भिक वैष्णव काव्य के दूसरे उदाहरणों से की जा सकती है। उल्लेखनीय रूप से इसमें ब्रज सन्त कवि हितहरिवंश (1502-52 ई.?) आते हैं जिनका राधावल्लभ सम्प्रदाय के संस्थापक के रूप में आदर किया जाता है।[66] हालाँकि इस तुलना का मतलब सीधे-सीधे इस सम्प्रदाय से जुड़ाव नहीं लगाया जा सकता।

ओरछा से सम्बद्ध बताये जाने वालों में हरिराम व्यास भी हैं, जो वृन्दावन आकर बसने वाले परिवार की पहली पीढ़ी से थे। ये 'पद' विधा के आरम्भिक प्रयोगकर्ता थे। हालाँकि माना जाता है कि व्यास ने अपना अधिकतर जीवन वृन्दावन में बिताया था, अनेक स्रोत उन्हें ओरछा के शासक मधुकरशाह (शासनकाल 1554-92) से

जोड़ते हैं, जो ख़ुद भी एक मशहूर भक्त थे। ब्रजभाषा के संस्थापक भक्त कवियों के साथ जैसा कि अक्सर होता है, यह प्रमाण स्पष्ट नहीं हैं, लेकिन हरिराम व्यास की तीन कविताओं में मधुकरशाह का वर्णन मिलता है और सत्रहवीं सदी के वैष्णव जीवनचरित इस बुन्देला राजा के साथ उनके सम्बन्ध की पुष्टि करते हैं।[67] एक भक्त कवि और एक राजा के बीच इस अनुमानित आश्रय का तालमेल इस बात से बैठता है कि इस दरबार ने सोलहवीं सदी के मध्य में वैष्णव पन्थ को अपना लिया था।[68] हरिराम व्यास ने आरम्भिक भक्त कवियों की तर्ज़ पर अनेक पद लिखे हैं। लेकिन वे सम्भवतः पहले कवि हैं जिन्होंने ब्रज *रासपंचाध्यायी* लिखी थी, जो *भागवतपुराण* के दशमस्कन्ध के आधार पर रचे गये पाँच अध्याय हैं। इनमें गोपियों के साथ कृष्ण की रासलीला की कथा कही गयी है। इस विधा को नन्ददास (सक्रिय 1570) और भूपति (सक्रिय 1687) समेत अन्य ब्रज लेखकों ने अपनाया।[69] मूल संस्कृत ग्रन्थों को देशभाषाओं में लिखने की गहन रुचि केशवदास और अन्य रीति कवियों के यहाँ प्रमुख सरोकार के रूप में उभरने वाली थी। अभी तो यह अलबत्ता धार्मिक ग्रन्थों तक ही सीमित थी।

## मुग़ल सेना का आगमन

ओरछा दरबार में केशवदास के लम्बे और विशिष्ट करियर के दौरान नयी साहित्यिक शैली के उभार के लिए एक तरफ़ ज़रूरी शर्त भक्ति की सांस्कृतिक विरासत थी, तो दूसरी तरफ़ राजनीतिक कारक भी कम महत्त्वपूर्ण नहीं थे। मध्य भारत के भूगोल से परिचित एक पाठक के मन में यह सवाल उठ सकता है कि सोलहवीं सदी में बुन्देलखण्ड के बीहड़ों में से कैसे एक प्रभावशाली राज व्यवस्था और प्रमुख साहित्यिक परम्परा इस तरह पनप सकती थी? यद्यपि केशवदास एक कर्तव्यनिष्ठ दरबारी कवि की तरह अपने आश्रयदाताओं की वंशावली को सूर्यवंश के उत्तराधिकारी राम के साथ और ऐतिहासिक राजाओं जैसे कि गहड़वालों के साथ जोड़ते थे, ओरछा की स्थापना 1531 ई. में ही हुई थी। इस समय लोदी काल के अन्तिम दौर की राजनीतिक अस्थिरता का लाभ उठाते हुए रुद्रप्रताप ने इस क्षेत्र में विस्तार किया और गढ़कुंडार के क़िले से निकलकर बेतवा नदी के किनारे एक नयी राजधानी की स्थापना की थी।[70]

तात्कालिक राजनीतिक सरोकारों ने ओरछा शासकों की अगली दो पीढ़ियों पर गम्भीर दबाव बनाया। रुद्रप्रताप का उसी साल निधन हो गया था, जिस साल उनकी

राजधानी की स्थापना हुई थी, और उनके बड़े पुत्र भारतीचन्द (शासनकाल 1531-54) को उत्तराधिकार मिला। जब भारतीचन्द बिना किसी वारिस के दिवंगत हुए, तब रुद्रप्रताप के कनिष्ठ पुत्र मधुकरशाह को बुन्देलखण्ड पर परिवार के वर्चस्व को बनाये रखने का ज़िम्मा मिला। एक बड़ा राजनीतिक ख़तरा सूर वंश की तरफ़ से आया जो अफ़ग़ानी जंगी सरदारों का एक नया-नया खड़ा हुआ समूह था। शेरशाह सूर ने 1540 ई. में ख़ुद मुग़ल बादशाह हुमायूँ को गद्दी से बेदख़ल कर दिया था, जिसके नतीजे में हुमायूँ फ़ारस भाग गये थे और इसके बाद पन्द्रह साल तक भारत से बाहर दर-ब-दर घूमते रहे। ओरछा हालाँकि शेरशाह के बेटे इस्लाम शाह को रोकने में भले ही सफल रहा था, लेकिन अब अकबर के शासनकाल में फिर से इस पर हमले का ख़तरा मंडरा रहा था।[71] 1570 के दशक तक, बुन्देला राज्य टिका नहीं रह पाया।[72] मधुकरशाह ने अपने काल के कई सारे क्षेत्रीय राजाओं की तर्ज़ पर श्रेष्ठ मुग़ल शक्तियों के आगे घुटने टेक दिये। मधुकरशाह ने अधीनता स्वीकार कर ली और अपने बेटे और फ़ौज के साथ मुग़ल साम्राज्य की सेवा में शामिल हो गये।

उल्लेखनीय रूप से इसी दौर में एक कवि के रूप में केशवदास का उदय हो रहा था और ब्रजभाषा की साहित्यिक परम्परा के दरबारी वैभव की नींव पड़ रही थी। मुग़ल हुकूमत की जड़ें जब गहरी हो रही थीं, तब मध्य और पश्चिमी भारत के क्षेत्रीय शासकों के पास एक सीमित क़िस्म की सम्प्रभुता बची हुई थी। यह फ़ारसी ऐतिहासिक दस्तावेज़ों में तो क़रीब-क़रीब दिखाई नहीं देगी, लेकिन इसे उनके अपने दरबारों की सांस्कृतिक उपलब्धियों और ख़ासकर साहित्यिक और दृश्यात्मक दस्तावेज़ों में तलाश किया जा सकता है। यहीं पर केशवदास महत्त्वपूर्ण रूप से तस्वीर में आते हैं। उन्होंने ओरछा घराने की प्रतिष्ठा में अपार योगदान दिया और मधुकर शाह तथा उनके पुत्रों के शासनकाल में विभिन्न पदों पर बने रहे। केशवदास ओरछा राजाओं के मित्र, सलाहकार और गुरु थे, लेकिन वे एक मँजे हुए कवि और बौद्धिक भी थे। उन्होंने विविध विषयों पर आठ महत्त्वपूर्ण ग्रन्थ लिखे, जिनमें से अनेक देशभाषा लेखन के क्षेत्र में अभूतपूर्व थे।[73] उनका असाधारण रचनाकर्म एक कवि और विद्वान के रूप में उनकी आकांक्षाओं को स्वर देता है, साथ ही साथ, उत्तर भारत के इतिहास के एक बहुत नाज़ुक मोड़ पर उनके आश्रयदाताओं की सांस्कृतिक, धार्मिक और राजनीतिक आकांक्षाओं को भी प्रस्तुत करता है।

*रतनबावनी* को आमतौर पर केशवदास की पहली रचना माना जाता है, हालाँकि इसका रचनाकाल पता नहीं है। यह उचित ही है कि यह एक वीरगाथा है जिसमें

ओरछा पर मुग़ल नियन्त्रण की कहानी कही गयी है। इस कथा का नायक रतनसेन बुन्देला है, जो मधुकरशाह के आठ पुत्रों में से चौथे थे।[74] वे अकबर की फ़ौज के ख़िलाफ़ एक ऐसी लड़ाई में ओरछा सेना का वीरतापूर्वक नेतृत्व करते हैं, जिसमें पराजय एक तरह से तय थी। केशवदास हमें रचना के आश्रयदाता के बारे में नहीं बताते, लेकिन इसका अनुमान लगाने में बहुत मुश्किल नहीं होती है कि मधुकरशाह ने इसे लिखने का ज़िम्मा उन्हें तब सौंपा होगा जब ओरछा को पहली बार मुग़ल चढ़ाई का सामना करना पड़ा होगा। यह 1570 के दशक के अन्त से 1580 के दशक के आरम्भ की बात रही होगी।

*रतनबावनी* का ठीक-ठीक रचनाकाल और आश्रय की स्थितियाँ अज्ञात हैं, इस ग्रन्थ को इसकी विधा के आधार पर एक ऐतिहासिक सन्दर्भ दिया जा सकता है। यह पश्चिमी भारत के रासोकाव्यों के क़रीब है, साथ ही इसमें अचूक रूप से वैष्णव प्रभाव दिखाई पड़ते हैं। यह रचना छप्पय में लिखी गयी है, जो रासो कवियों के पसन्दीदा छन्दों में से एक था। इसकी भाषा प्राकृत शैली की पुरातनता से भरी हुई है, जो इस विधा में अक्सर देखने को मिलती है। यह कवि की विशेषता बन गयी परिपक्व भाषा में रचे गये संस्कृतनिष्ठ काव्य से विशेष रूप से अलग क़िस्म की रचना थी। ग्रन्थ की भाषा कई जगहों पर भले ही अस्पष्ट हो, इसका सन्देश बहुत साफ़ है कि राजकुमार रतनसेन एक बहादुर क्षत्रिय हैं और विष्णु उनके पक्के रक्षक हैं। इसका एक प्रसंग बहुत साफ़ तौर पर महाभारत की पूर्व संध्या में कृष्ण के साथ अर्जुन के संवाद से मेल खाता है, हालाँकि इसमें एक वास्तविक भेद भी है। प्रसंग में राजकुमार जब वह युद्धभूमि के लिए प्रस्थान करने वाले हैं, तब उनके समक्ष भगवान राम एक ब्राह्मण के स्वरूप में उपस्थित होते हैं।[75] निष्काम कर्म के सन्देश के ठीक उलट, जो कि *भगवद्गीता* का सार है, राम रतनसेन को विश्वास दिलाने की कोशिश करते हैं कि वे आत्मसमर्पण कर दें, युद्धभूमि से भाग जायें और अपनी जान बचायें। साथ ही, वे निम्नलिखित शब्दों में मुग़ल सेना की चढ़ाई के आगे ओरछा की दयनीय स्थिति को प्रस्तुत करते हैं :

*तव परत दिठि पाठानि की तब तौ को सत्थहि रहइ।*
*सुन रतनसेन मधुसाह सुव पत्ति गएँ बिन क्यों रहइ।।*[76]

ये टिप्पणियाँ राम और रतनसेन के बीच तीव्र बहस को जन्म देती हैं। यह संवाद-शैली की एक जीवन्त प्रस्तुति है, जिसके लिए केशवदास आगे चलकर उचित ही मशहूर होने वाले थे। युद्ध में रतनसेन की निश्चित मृत्यु को रोकने की राम

की हरेक चेष्टा को विप्र उवाच के संस्कृत पद के साथ प्रस्तुत किया गया है, जो *गीता* के उपदेशात्मक परिवेश के साथ एक और सम्बन्ध को भी रेखांकित करता है। *गीता* में भी उवाच का ऐसा ही उपयोग महत्त्वपूर्ण संवादों को प्रस्तुत करने के लिए किया गया है। जैसा कि अनुमान लगाया जा सकता है, राजपूत नायक एक भी तर्क को सुनने वाला नहीं है। वह ब्राह्मण/राम की आत्म-संरक्षा का, लेकिन कायरतापूर्ण बातों का प्रत्युत्तर सशक्त शब्दों में देता है :

*जासु इस्ट रावन हनिय जियत जगत जस गाइयहु।*
*सोइ रतनसेन कुल-लाड़िलहु (सु) पंचसथ्य किमि भज्जियहु।।*[77]

ज्ञात होता है कि भगवान रतनसेन की परीक्षा ले रहे थे। जब वे क्षत्रिय राजकुमार की एकनिष्ठा से सन्तुष्ट हो जाते हैं, तब वे अपने दिव्य रूप में उनके सामने प्रकट होते हैं। एक बार फिर से एक अन्य ग्रन्थ से सन्दर्भ लेने का उदाहरण यहाँ देखा जा सकता है। ऐसे एक प्रसंग को पढ़ते हुए *गीता* के ग्यारहवें अध्याय का वह प्रसंग किसे याद नहीं आ जायेगा जहाँ चर्चित रूप से कृष्ण ने अपने विश्वरूप को अर्जुन के सामने उजागर किया था? इसके बाद जादुई तौर पर आकाश में अन्य देवगण उपस्थित होते हैं और राजकुमार की महिमा गाते हैं। लेकिन आख़िर में राम की सारी भविष्यवाणियाँ सच साबित होती हैं। रतनसेन की सेना वास्तव में पराजित होती है, और युद्ध में युवराज एक नायक की तरह मृत्यु को प्राप्त होते हैं। उनके आत्मबलिदान से स्वयं शहंशाह अकबर अभिभूत हो उठते हैं, जो रचना के अन्त में थोड़े से पल के लिए आते हैं।[78]

इस बात को लेकर अनिश्चितता है कि *रतनबावनी* की व्याख्या किस तरह की जाये? यह सवाल ख़ासकर ओरछा-मुग़ल राजनीतिक सम्बन्धों के इतिहास पर इसके प्रभाव को देखते हुए उठता है।[79] क्या *रतनबावनी* को योद्धाओं के वर्णन के रूप में देखा जाये, जो मुग़ल शासन से पूर्व ओरछा की विशेषता थी? या फिर यह इस दरबार के मुग़ल हुकूमत की अधीनता में चले जाने की घटनाओं पर एक अधिक जटिल टिप्पणी है? मुग़लों के अधीन ओरछा के समर्पण के बारे में फ़ारसी-स्रोत कुछ ब्योरे देते हैं, जिसमें अक्सर ही मुग़ल साम्राज्य का नज़रिया होता है, लेकिन कहीं भी रतनसेन की अन्तिम स्थिति का वर्णन नहीं है।[80] केशवदास ने बड़ी सुविधा से इस बात का ज़िक्र छोड़ दिया है कि रतनसेन अकबर के बंगाल के अभियानों में उनके साथ-साथ लड़े थे। उन्होंने मुग़ल शासन की चढ़ाई के अपने ब्योरे में 'इतिहास में

बदलाव लाकर उसे बेहतर' बनाना पसन्द किया, जिसमें उन्होंने एक अकेली लड़ाई पर ज़ोर देते हुए दिखाया कि बुन्देलों ने कायरता से हार मान लेने की जगह कैसे शत्रु का बहादुरी से सामना किया।[81]

एक इतिहासकार के रूप में केशवदास की पात्रता के बारे में हम चाहे जो कहें, *रतनबावनी* हार के सम्मुख भी बुन्देलों के शौर्य का एक मार्मिक उत्सव है। क्षत्रिय धर्म के आचरण को साकार करते हुए, जिसे अक्सर पत या पति (सम्मान) कहा गया है, यह अखिल क्षत्रिय मूल्यों की एक विकसित होती हुई व्यवस्था में दरबार की भागीदारी के संकेत देती है। इसे अन्य क्षेत्रीय राजदरबारों के साथ सम्बद्ध करती है, जो मुग़ल शासन की गतिकी में महत्त्वपूर्ण रूप से जुड़े हुए थे। आमेर के कच्छवाहा राजा और उनसे भी पश्चिम में मेवाड़ के राणा ऐसे ही शासक थे। केशवदास अपने राजनीतिक कार्यभार के लिए साहित्यिक संसाधनों की एक व्यापक शृंखला को बड़े कौशल के साथ जुटाते हैं। *रासो* का पराक्रम, भक्ति की अध्यात्मिक अन्तरंगता और आत्म-समर्पण, *भगवद्गीता* का महाकाव्यात्मक वैभव। यह उनका पहला काव्य था, और इसमें ही हम उन्हें एक दक्ष कवि के रूप में पाते हैं जो क्लासिकल विषय की पुनर्रचना करने और उनमें स्थानीय दृष्टिकोणों को पिरोने में दक्ष है। ब्रजभाषा जैसी एक देशभाषा इसके लिए बहुत उपयुक्त थी। केशवदास द्वारा रतनसेन के विख्यात पराक्रम और भगवान राम के उनको खुले समर्थन के वर्णन का भारी प्रभाव पड़ा होगा, और शायद इससे अभी-अभी पराजित, और नये नये वैष्णव बने राज्य को कुछ सांत्वना भी पहुँची होगी।

## हिन्दी क्लासिसिज़्म का उदय

आने वाली रचनाओं में केशवदास न तो *रतनबावनी* विधा पर फिर से वापस आने वाले थे और न ही इसमें निहित मुग़ल-विरोधी राजनीतिक दृष्टिकोण को अपनाने वाले थे।[82] अपने करियर के अगले चरण में उन्होंने एक नयी दिशा अपनायी। 1591 से 1602 के वर्षों में फैले हुए इस चरण में कवि ने अपने काव्य को और इसके नतीजे में ब्रजभाषा की साहित्यिक परम्परा को एक नया रास्ता दिया, जो एक अधिक बौद्धिकतापरक मार्ग था। अब केशवदास एक साहित्यिक सिद्धान्तकार और शिक्षक के रूप में अपने कौशल का प्रदर्शन करने लगे थे। ये ऐसे ग्रन्थ थे, जिनके लिए पण्डित होने की उनकी पृष्ठभूमि ने उन्हें इस काम के लिए अत्यन्त अनुकूल बना दिया। इस काल में ही उन्होंने तीन रीतिग्रन्थ, *रसिकप्रिया, कविप्रिया* और *छन्दमाला*

की रचना की। एक साथ मिलकर ये तीनों ग्रन्थ उत्तर भारत में क्लासिकल काव्य-सिद्धान्त पर देशभाषा का समग्र वक्तव्य हैं। इन रचनाओं के साथ रीति साहित्य को परिभाषित करने वाली कुछ विशेषताएँ सामने आयीं जैसे संस्कृतशास्त्र के साथ संवाद और एक दरबारी सन्दर्भ में देशभाषा में शास्त्रज्ञान पर नया ज़ोर।

केशवदास के करियर के इस चरण में उनके संरक्षक मधुकरशाह के पाँचवें पुत्र राजा इन्द्रजीत थे। इन्द्रजीत का दरबार कछोवा में था। वे अपने प्रख्यात भाइयों रामशाह और बीर सिंह देव (जिनके बारे में आगे और पढ़ेंगे) के समान राजनीतिक हैसियत कभी नहीं हासिल कर पाये, लेकिन उन्होंने एक बुद्धिजीवी के रूप में कुछ प्रतिष्ठा अर्जित की। ऐसा लगता है कि उन्होंने जिस कवि को प्रायोजित किया था, उसके विद्वत्तापूर्ण रुझानों में उनकी अपनी भी रुचि थी। ब्रज परम्परा में इन्द्रजीत को महान संस्कृत कवि भर्तृहरि पर अपनी भाषा टीकाओं के चलते प्रसिद्ध जाना जाता है, जिनमें से दो बची रह पायीं। अपने प्रख्यात दरबारी कवि की ही तरह इस राजा ने भी संस्कृत परिपाटी में ब्रजभाषा में शास्त्रज्ञान सम्बन्धी रचनाएँ रचीं। वे एक बहुत संस्कृतनिष्ठ भाषा में भी रचते थे, जो निश्चित रूप से उन संस्कृत-स्रोतों से प्रभावित थी जिन पर उन्होंने टीकाएँ लिखी थीं। इन्द्रजीत एक कवि भी थे, लेकिन वे कभी-कभार ही लिखते थे। उन्होंने भले ही कोई बड़ा साहित्यिक ग्रन्थ नहीं लिखा हो, उन्हें 'धीरज नरिंद' की छाप या छद्म नाम से लिखे कुछ पद रचना का श्रेय दिया जाता है।[85]

भर्तृहरि पर इन्द्रजीत की ज्ञानप्रद टीकाओं में जहाँ एक धर्मनिरपेक्ष झुकाव मिलता है, केशवदास की विद्वत्ता हाल के भक्ति आन्दोलन के साथ महत्त्वपूर्ण सम्बन्धों को उजागर करती है। ख़ासकर उनका पहले रीतिग्रन्थ *रसिकप्रिया* (1591) रस सिद्धान्त पर केन्द्रित रचना है जो मोटे तौर पर रूद्रभट्ट के संस्कृत ग्रन्थ *शृंगारतिलक* (सम्भवत : ग्यारहवीं सदी) पर आधारित है। संस्कृत की दरबारी परम्पराओं में काव्यशास्त्र रचना एक आम बात थी और इस अग्रणी ब्रज कवि के लिए यह एक सहज विषय था। लेकिन उन्होंने जिस तरह से इसको रचा वह काव्य-परम्परा में नवाचार उपस्थित करता है क्योंकि इसमें राधा और कृष्ण के प्रति एक आदरपूर्ण दृष्टिकोण है। ठेठ कालक्रम के आधार पर कहें तो *रसिकप्रिया* पहला ब्रज रीतिग्रन्थ नहीं है (यह श्रेय कृपाराम की *हिततरंगिणी* को जाता है) लेकिन *रसिकप्रिया* इस विधा की सबसे प्रभावशाली रचना ज़रूर है। यह रीति साहित्यिक संस्कृति के सरोकारों से परिचित कराने के लिए सबसे समृद्ध रचना भी है।

इस रचना में केशवदास कुछ रणनीतियाँ अपनाते हैं जो अन्योन्याश्रित हैं। पहली है संस्कृत काव्यशास्त्र के प्रधान विचारों को प्रस्तुत करने की अभिलाषा। वे रस को, इसकी समवर्ती भावनात्मक और शारीरिक अवस्थाओं को, परिभाषित करने की कोशिश करते हैं। वे नायिकाओं और नायकों के प्रकारों को परिभाषित करते हैं। साथ ही वे मिलन और वियोग के क्लासिकल आयामों को परिभाषित करते हैं। संस्कृत पर आधारित एक साहित्यिक आदर्श के अनुसार कविता के आधारभूत तत्त्वों पर बल रीतिग्रन्थों की सामान्य संरचना को दिखाता है। इन ग्रन्थों का रूप कविता की पाठ्यपुस्तकों की तरह है। इसमें मुख्यत: दो प्रकार के पद्य मिलते हैं। एक तो लक्षण यानी *परिभाषा* और दूसरा *उदाहरण*। लक्षण रूप में बहुत लगन से रचे गये दोहे हैं, जिनमें संस्कृत साहित्य से लिये गये विषय विशेष के सबसे आधारभूत चरित्रों का सारतत्त्व प्रस्तुत किया गया है। लेकिन क्लासिकल काव्यशास्त्र की एक विद्वत्तापूर्ण व्याख्या इसका केवल एक केन्द्रीय तत्त्व है। परिभाषाओं को प्रस्तुत करने वाले दोहों के बीच में मौलिक कविताएँ भी बिखरी हुई हैं। आमतौर पर सवैया या कवित्त में रचित ये मौलिक कविताएँ काव्य के अंगों को कविता से दर्शाती हैं। भक्ति सम्बन्धी विषयों को लेकर ब्रज कवियों के अनुराग को देखते हुए, पद्य में दिये गये अधिकतर उदाहरण कृष्ण और राधा की प्रेमकथा के प्रसंगों का वर्णन करते हैं।

ऊपरी तौर पर दिखने वाली इस विषयवस्तु पर यह ज़ोर पहले की संस्कृत परम्पराओं से एक बड़ा प्रस्थान था। संस्कृत अलंकारशास्त्र की कविताएँ ऐन्द्रिक विषयों पर केन्द्रित होती थीं। एक नियम के रूप में उनमें नायक और नायिकाओं के रूप में सामान्य व्यक्तियों को लिया जाता था। ऐसे काव्य दरबारी श्रोताओं को सम्बोधित करते थे। लेकिन सोलहवीं सदी में नये वैष्णव धर्मशास्त्र की एक धारा विकसित हुई जो पुराने स्थापित सौन्दर्य सिद्धान्तों के साथ एक संवाद में थी। यह तब हो रहा था जब सनातन और रूप गोस्वामी (सक्रिय 1540) ने बंगाल के हुसैन शाह की सेवा (शासनकाल 1493-1518) छोड़ दी और ब्रजमण्डल में निवास करने आये (जो ओरछा से दो सौ मील की दूरी पर उत्तर-पश्चिम में स्थित था)। उन्होंने गौड़ीय सम्प्रदाय के विकास में भारी योगदान दिया। सम्भव है कि केशवदास को कम से कम रूप गोस्वामी के *भक्तिरसामृतसिंधु* या *उज्ज्वलनीलमणि* जैसे ग्रन्थों की जानकारी रही हो, जिनमें इसी प्रकार भक्तिजनित आध्यात्मिकता पर क्लासिकल सौन्दर्यबोध की शब्दावली का उपयोग किया गया था।[84] चाहे जो भी हो, जो शृंगार

संस्कृत के दरबारी साहित्य में लम्बे समय तक प्रधान रस माना जाता रहा था, अब भगवान के लिए एक आवेगपूर्ण अभिलाषा के साथ जुड़ गया। अब बार-बार राधा और कृष्ण की प्रेमकथा के माध्यम से इसका उदाहरण दिया जाने वाला था। *वैष्णव सौन्दर्यबोध में सोलहवीं सदी के इन नए विकासों ने ब्रज रीतिग्रन्थ विधा के विकास में भारी योगदान दिया [ज़ोर मेरा]।*

केशवदास की *रसिकप्रिया* के आठवें अध्याय से विरह पर चर्चा से लिया गया यह अंश दिखाता है कि पाठ में कैसे विद्यानुराग, अनुराग और समर्पण की विशेषताएँ आपस में अन्त:क्रिया करती हैं। केशवदास इस अध्याय का आरम्भ विद्वत्तापूर्ण लक्षणों की एक शृंखला से करते हैं जिनमें इस आधारभूत साहित्यिक अलंकार की सामान्य श्रेणियों की रूपरेखा दी गयी है :

अथ विप्रलम्भ शृंगार लक्षण–

*बिछुरत प्रीतम प्रीतमा होत जु रस तिहिं ठौर*
*बिप्रलंभ सिंगार कहि बरनत कबि-सिरमौर।*
*बिप्रलंभ सिंगार को चारि प्रकार प्रकास*
*प्रथम पूर्ब-अनुराग पुनि, करुना, मान, प्रवास।।*[85]

ब्रज रीतिग्रन्थ के लक्षण रूपी दोहे आमतौर पर संस्कृत-स्रोतों के विचारों को अपनाते हैं, जिसमें कवि तकनीकी शब्दावली को जस का तस रखता है, या फिर उसके किसी ब्रज रूपान्तरण का उपयोग करता है जो देशभाषा की छन्द सम्बन्धी ज़रूरतों को पूरा करता हो। अक्सर कवि आधिकारिक क्लासिकल स्रोतों पर अपनी निर्भरता के संकेत भी करता है, जैसा कि केशवदास ने यहाँ *बरनत कबि-सिरमौर* के साथ इंगित किया है। यहाँ जो सिद्धान्त कार्य कर रहा है, वो यह है कि साहित्यिक विषय के प्रत्येक आयाम को ऐसे सटीक वर्गीकरण और टीका-टिप्पणी के साथ प्रस्तुत किया जाये कि वह शास्त्रसम्मत हो। इसके अनुसार, केशवदास वियोग अनुराग के प्रत्येक उप-प्रकार की चर्चा करते हैं, जिसमें वे पहले प्रकार *पूर्वानुराग* से आरम्भ करते हैं। पहले वे अवधारणा का लक्षण प्रस्तुत करते हैं, इसके बाद की कविता इसकी अधिक व्याख्या करने का काम करती है :

अथ पूर्वानुराग लक्षण (दोहा)

*देखतहीं दुति दम्पतिहि, उपजि परत अनुराग*
*बिन देखे दुख देखियै, सो पूरब अनुराग*

श्रीराधिकाजू को प्रच्छन्न पूर्वानुराग यथा (कबित्त)–

*फूल न दिखाव सूल फूलत है हरि बिनु,*
*दूर करि माल बाल ब्याल-सी लगति है*
*चँवर चलाव जिन बीजन हलाव मति,*
*केसव सुगन्ध बाय बाय-सी लगति है*
*चन्दन चढ़ाव जिन ताप-सी चढ़ति तन,*
*कुंकुम न लाव अंग आग-सी लगति है*
*बार-बार बरजत बावरी है वारौं आनि,*
*बीरी न खवाव बीर बिष-सी लगति है*[86]

अन्तिम कवित्त एक उदाहरण है, जिसमें रीति कवि के पास रचनात्मक अभिव्यक्ति की अत्यधिक गुंजाइश थी। यहाँ केशवदास ने ध्यान राधा के विरह पर केन्द्रित किया है, जिसमें साहित्यिक परम्पराओं के विद्वत्तापूर्ण वर्णन के परे जाकर एक मार्मिक कविता की रचना की है, जो विरह में डूबे प्रेमियों को सताने वाली यन्त्रणाओं के बारे में है। यह विशेष कविता विरहिणी की परम्परा पर आधारित है। विरहणी एक ऐसी नायिका है जो धार्मिक, दरबारी और अधिक लोकप्रिय काव्य में मिला करती है।[87] अपने प्रेमी की अनुपस्थिति में

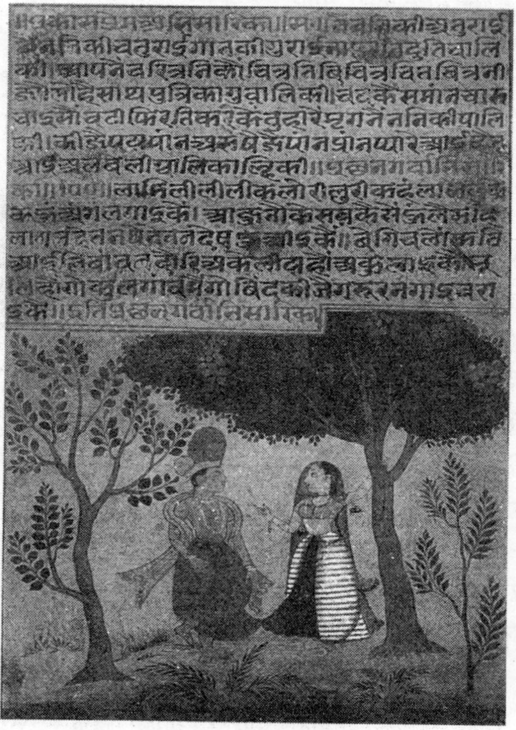

चित्र 1.1, गर्वाभिसारिका नायिका, रसिकप्रिया, लोकप्रिय मुग़ल शैली, 1610-1624

उसके श्रृंगार का सारा साज-सामान उसमें पीड़ा ही पैदा करता है। शीतल गुणोंवाला चन्दन प्रेमानुराग में तपते उसके शरीर के ताप में जलने लगता है। हवा का झोंका उसको शान्ति देने के बजाय उलटे उसके आवेगों की लपटों को हवा देता है। कवित्त का दृश्य विधान अधिकतर इस विधा के अनुरूप ही है, लेकिन राधा और हरि का नाम एक भक्तिपूर्ण व्याख्या को सम्भव बनाता है। क्या *रसिकप्रिया* एक विद्वत्तापूर्ण ग्रन्थ है, या ऐन्द्रिक काव्य है या फिर यह धार्मिक अनुभव के लिए पाठक को आमन्त्रित करता है? इन तीनों सरोकारों को बड़ी कुशलता के साथ आपस में गुँथा गया है।

ग्रन्थ का शीर्षक ही बड़ी होशियारी से इन बहु-उपयोगों के बारे में इंगित करता है। शब्दशः इसका अर्थ है 'रसिकों की प्रिया', और इसमें एक काव्यात्मक आनन्द का वादा किया गया है। वैष्णव सन्दर्भों में रसिक शब्द का अर्थ सिर्फ़ रस लेने वाला ही नहीं होता, बल्कि भक्त या श्रद्धालु भी होता है। इससे रसिकों की प्रिया का मतलब 'भक्तों की प्रिया' भी लगाया जा सकता है।[88] इसके अर्थ पर एक और परत चढ़ाते हुए, रसिक कृष्ण का पर्यायवाची है और इस तरह प्रिया उनकी 'प्रियतमा' राधा होंगी। इस कोण से, यह कृति भगवान और उनके प्रियतम के बीच वैष्णव चिन्तन को भी अद्‌भुत रूप से प्रस्तुत करती है।

केशवदास इस पर कोई हठ नहीं करते हैं कि हम किसी एक व्याख्या को अपनायें। वास्तव में, *रसिकप्रिया* के कई प्रसंग ऐसे हैं, जिनमें क्लासिकल सौन्दर्यबोध की शब्दावली को आध्यात्मिक क्रियाओं के मुहावरों के साथ बड़ी कुशलता से मिलाया गया है। आरम्भ में अपने पाठकों (जिन्हें वे 'रसिक' कहते हैं) को सम्बोधन में कवि कृष्ण को एक ऐसे इष्ट के रूप में प्रस्तुत करता है जिनकी मुक्तिकारी गतिविधियों में सभी नौ रस समाये हुए हैं और उन्हें सभी प्रकार के सौन्दर्यबोधीय अनुभवों के अन्तर्निहित आधार के रूप में स्थापित करते हैं :

*श्रीबृषभानुकुमारिहेत श्रृंगाररूप भय*
*बास हासरस हरे मातुबंधन करुनामय*
*केसी प्रति अति रौद्र बीर मारो बत्सासुर*
*भय दावानल पान पियो बीभत्स बकी उर*
*अति अद्‌भुत बंचि बिरंचिमति, सांत सन्ततै सोच चित*
*कहि केसव सेवहु रसिक जन, नवरसमय ब्रजराज नित*[89]

इस पद में बहुत संक्षेप में कृष्ण-कथा की सभी मुख्य घटनाओं को सुनाया गया है, जिसके लिए संस्कृत काव्यशास्त्र और भक्ति-शास्त्र से ली गयी अर्थपूर्ण भाषा

का उपयोग किया गया है। कृष्ण की प्रत्येक लीला एक क्लासिकल रस को वर्णित करती है, जबकि देवता की उपासना के लिए एक आध्यात्मिक कर्म का आह्वान अत्यावश्यक है।

*रसिकप्रिया* के तीसरे अध्याय में इसी तरह से सौन्दर्यबोधीय शब्दावली का अपने विशेष उद्देश्य के लिए उपयोग किया गया है। इसमें प्रेमिकाओं के मुख्य उपप्रकारों स्वकीया और परकीया की रूपरेखा दी गयी है।[90] नीचे दिये गये अन्तिम पद्य में इस भाग का समापन भी है और अगले अध्याय की पीठिका भी :

*जगनायक की नायिका, बरनी केसवदास*
*तिनके दरसन रस कहौं, सुनौ प्रछन्न प्रकास*[91]

यहाँ राधा को जगनायक की नायिका कहते हुए उनका आदर करना संस्कृत काव्य की भाषा में दैवीय जोड़े की महत्ता की ओर एक क्रीड़ायुक्त संकेत है। जब वह अगली पंक्ति में दरसन रस का उपयोग करते हैं, जो यहाँ विचाराधीन तकनीकी विषय से अलग चीज़ है, वे दर्शन की हिन्दू प्रथा का परोक्ष सन्दर्भ देते हैं, जिसमें एक श्रद्धालु मन्दिर में एक प्रतिमा के सम्मुख अन्तरंगता के साथ संवाद में लीन होता है।

यह स्पष्ट हो जायेगा कि *रसिकप्रिया* पूरी तरह से गहन वैष्णव आध्यात्मिकता में रची-बसी है, जिसने सोलहवीं सदी में कई ब्रज कवियों को प्रेरित किया। लेकिन नयी बात यह है कि इस ग्रन्थ में काव्य के विज्ञान में एक निरन्तर रुचि बनी रहती है। केशवदास साहित्य के विद्वान थे और वे वर्गीकरण की दृढ़ता को लेकर गहराई तक चिन्तनशील थे, कि इसने उनकी कृति को उनके पूर्वगामियों से एक पृथक दर्जा दिया।[92] उन्होंने यह भी कल्पना की कि वे लेखकों के एक नये वर्ग की आवश्यकताओं को पूरा कर रहे हैं, जो स्वयं कवि की तरह, अब संस्कृत की जगह ब्रज में अभिव्यक्ति कर रहे थे। उनके उद्देश्य को कोलोफ़ोन (अन्तिम पृष्ठ) पर पाठकों से विदाई लेते हुए इस तरह प्रभावशाली ढंग से सम्प्रेषित किया गया है :

*इहिं बिधि केसवदास रस, अनरस कहे बिचारि*
*बरनत भूल परी जहाँ, कबिकुल लेहु सुधारि*
*जैसे रसिक प्रिया बिना, देखिय दिन दिन दीन*
*त्यों ही भाषाकबि सबै, रसिकप्रिया बिन हीन*[93]
*बाढ़ै रति मति अति परै, जानै सब रस रीत*
*स्वारथ परमारथ लहै, रसिकप्रिया की प्रीत*[94]

केशवदास यहाँ ख़ुद को भाषा कवियों के एक नवजात समुदाय के भीतर रखते हैं, और आने वाली पीढ़ियों से आग्रह करते हैं कि वह उनके काम के महत्त्व को स्वीकार करे। अगली पीढ़ी ने फ़ौरन उत्तर दिया। *रसिकप्रिया* फ़ौरन ही विद्वानों, कवियों और कृष्ण-भक्तों के बीच क्लासिक बन गयी। भारत भर के अभिलेखागारों में आज अनगिनत पाण्डुलिपियाँ और अनेक टीकाएँ अभी भी मौजूद हैं।[95] यह कृति चित्रकारों के लिए भी एक लोकप्रिय विषय थी। वास्तव में, *रसिकप्रिया* की पहली ज्ञात सचित्र पाण्डुलिपि का रचनाकाल 1610-24 के आसपास लगाया गया है। यह एक ऐसी गूढ़ शैली में तैयार की गयी थी जिसे कला इतिहासकार 'लोकप्रिय मुग़ल' शैली कहते हैं। इससे यह सम्भावना बनती है कि इसका निष्पादन कवि के जीवनकाल में ही किया गया था। यह महत्त्वपूर्ण पाण्डुलिपि भारतीय पोथी की शैली में क्षैतिज रूप में नहीं बनी है, बल्कि इसका स्वरूप फ़ारसी की खड़ी (ऊर्ध्व) किताबी रूप में है। इससे इस पर समकालीन मुग़ल पेंटिंग शैलियों के प्रभाव दिखते हैं (चित्र 1.1)। 1630 के दशक तक आते-आते *रसिकप्रिया* की सचित्र पाण्डुलिपियाँ मालवा, आमेर और मेवाड़ समेत बड़े राजपूत दरबारों तक में बनवायी जाने लगी थीं (चित्र 2.2)।[96] कुछ ही समय के भीतर काव्य-रचना पर केशवदास का यह क्लासिक ब्रज प्रबन्ध सभी अभिमानी राजपूत राजाओं के पुस्तकालयों का एक अनिवार्य हिस्सा बन गया।

## दरबार की देशभाषा

केशवदास की तीसरी रचना *कविप्रिया* (1601) समान रूप से प्रभावशाली साबित हुई। *रसिकप्रिया* से एक पूरे दशक के बाद लिखी गयी यह कृति कई अर्थों में इसी के समान एक उद्यम है। ग्रन्थों की समानता उनके मिलते-जुलते नामों और सोलह अध्यायों वाले स्वरूप से रेखांकित होती है। जहाँ उनके पहले रीतिग्रन्थ ने रस सिद्धान्त के विषय को उठाया था, दूसरा ग्रन्थ अलंकारों के पूरक विषय को समर्पित है। उनके बीच भिन्नता को बताने का एक दूसरा तरीक़ा यह कहना होगा कि *रसिकप्रिया* व्याख्या पर ज़ोर देती है, जो कि एक रसिक का दृष्टिकोण है। जबकि *कविप्रिया* का सरोकार रचनाकर्म से है, जो एक कवि का उपकरण है। इसके बावजूद दोनों कृतियों का एक साझा उद्देश्य है और वो यह है कि संस्कृत काव्य के साहित्यिक मूल्यों और व्यवस्थाओं को देशभाषा में लिखने वाले नये साहित्यिक समुदाय के लिए उपलब्ध कराया जाये। *कविप्रिया* कवियों को सिखाती है कि कैसे

संस्कृत की अभिव्यक्तिपरक भूमिकाओं को अपनाकर और उन्हें रूपान्तरित करते हुए ब्रजभाषा को क्लासिकल काव्य से रचा-बसा दिया जाये और उसे एक दरबारी गरिमा दी जाये।

*कविप्रिया* में राधा-कृष्ण के पदों की कोई कमी नहीं है, जो *रसिकप्रिया* में भी सर्वव्याप्त थे। लेकिन उनके सुर में एक उल्लेखनीय बदलाव आया है। रचना का समग्र परिवेश कहीं अधिक सांसारिक है। दरबारी संस्कृति के साथ कवि की गहन सम्बद्धता का एक बोध विशेष रूप से राजवंश पर पहले अध्याय में बड़े नाटकीय ढंग से आया है। *रसिकप्रिया* में राजाओं और राजत्व से जुड़ी किसी बात का बस एक संक्षिप्त उल्लेख भर था, यहाँ तक कि उसमें राजा इन्द्रजीत तक की आमतौर पर अनदेखी की गयी थी जो सम्भवतः कृति के आश्रयदाता थे। इसके उलट *कविप्रिया* इन्द्रजीत के पारिवारिक इतिहास में बहुत उदारता के साथ जाती है, ओरछा की स्थापना की कहानी और दरबार के समकालीन कामकाज के बारे में बताती है। वे राजवंश की प्रशंसा में आमतौर पर कही जाने वाली आडम्बरपूर्ण बातों और नीरस ब्योरों तक से सन्तुष्ट नहीं होते (जैसे राजा क से राजा ख का जन्म हुआ, जिन्होंने राजा ग को जन्म दिया, आदि आदि)। कवि समकालीन दरबारी संस्कृति का एक लम्बा और जीवन्त वर्णन भी देता है, जिसका नमूना उनकी छह पातुरों (गणिकाओं) के वर्णन में मिलता है। इन्द्रजीत की सभाओं में सुसंस्कृत संगीत और साहित्य इन गणिकाओं के माध्यम से आता था।

*हाव-भाव सम्भावना, दोला सम सुखदाय।*
*पियमन देति झुलाय गति, नवरस नवरंगराय।।*
*भैरवयुत गौरी सँयुत, सुरतरंगिनी लेखि।*
*चन्द्रकला सी सोभियै, नैनविचित्रा देखि।।*[97]
*नागरि सागरि राग की, सागर तानतरंग।*
*पति पूरन ससि दरस दिन, बाढ़त तान तरंग।।*[98]
*रंगराय कर अँगुली, सकल गुणनि की मूरि।*
*लागत मूढ़ मृदग मुख, शब्द रहत भरपूरि।।*
*अंग जिते संगीत के, गावत गुनी अनंत।*
*रँगमूरति अंग-अंग प्रति, राजत मूरतिवन्त।।*[99]
*रायप्रवीण प्रवीण सों, परबीनन मन सुक्ख।*
*अपरबीन केशव कहा, परबीनन मन दुक्ख।।*

*रतनाकर लालित सदा, परमानंदहि लीन।*
*अमल कमल कमनीय कर, रमा कि रायप्रवीन।।*[100]

इस भाग में द्विअर्थी और यहाँ तक कि त्रिअर्थी शब्द भरे हुए हैं। विशेषकर कलात्मक है केशवदास द्वारा प्रवीण शब्द के साथ किया गया खेल, जिसे वे एक तरफ़ प्रवीण राय के नाम और दूसरी तरफ़ परवीणन यानी प्रतिद्वन्द्वी वीणावादक दोनों ही अर्थों में प्रयोग करते हैं।[101] लेकिन प्रवीण शब्द का मूल अर्थ 'कुशल' होता है, जो *कविप्रिया* में दरबारी विशेषज्ञता और रंजकता पर नये बल को रेखांकित करता है। अन्य स्त्रियों के बारे में बहुत कम जानकारी है, आधुनिकता से पहले के इतिहास में पुरुषकेन्द्रित विवरणों में स्त्री नामों का बचा रह जाना ही अपने आप में एक उपलब्धि है। लेकिन हम इतना जानते हैं कि प्रवीण राय एक मशहूर गणिका, राजा की प्रेमिका और केशवदास की शिष्या थीं।[102]

*रसिकप्रिया* और *कविप्रिया* दोनों को ही पाठ्यपुस्तकों के स्वरूप में लिखा गया था, जो सभी रीतिग्रन्थों का आधार रूप है, लेकिन *कविप्रिया* विशेष रूप से यह आभास देती है कि इसका उपयोग दिशा-निर्देश देने के लिए किया गया था। निश्चित रूप से इसका उपयोग प्रवीण राय को सिखाने के लिए किया गया था, जिनके बारे में कवि ने स्पष्ट रूप से कहा हैं कि उनके लिए *कविप्रिया* की रचना की गयी थी।[103] जब वे अपनी कृति के उद्देश्य को और विस्तार से बताते हैं, जब वे एक अधिक प्रचलित और सामान्य रूप से उपयोग किये जाने वाले सिर्फ़ एक पुल्लिंग बहुवचन के बजाय विशेष रूप से एक स्त्रीलिंग संज्ञा का उपयोग भी करते हैं, तब मानो वे इस बात पर विशेष रूप से ज़ोर देना चाहते थे कि लड़कियाँ उनके शिक्षा विज्ञान के सरोकारों का उद्देश्य थीं।[104] वे अपनी कृति के उद्देश्य के रूप में बताते हुए लिखते हैं कि लड़के और लड़कियाँ (बाला-बालकनि) साहित्यिक परम्पराओं की गहराई (पन्थ अगाध) को समझें। वे प्रवीण के सम्बोधन के प्रति विशेष रुचि दिखाते हैं, जिसका मतलब कोई भी समझदार व्यक्ति हो सकता है (इसका मतलब होगा कि वह केशवदास का पाठकों के प्रति एक आम सम्बोधन है), लेकिन सभी सम्भावनाएँ इसी की हैं कि वह उनकी करिश्माई शिष्या को सम्बोधित था। ऐसा लगता है कि प्रवीण ने बख़ूबी उनकी शिक्षाएँ ग्रहण की थीं, क्योंकि केशवदास ओरछा राजवंश पर अपने आरम्भिक प्रसंग में एक विलक्षण कवयित्री के रूप में उनका उल्लेख करते हैं।[105]

*कविप्रिया* के अगले भाग में, जिसमें प्रस्तावना का समापन होता है, दरबार

के अन्य कवि का विशेष उल्लेख किया गया है, वे कवि स्वयं केशवदास ही हैं। अब मशहूर हो चुके और इस अध्याय के शीर्षक के रूप में दिये गये पद में दुनिया के आगे अपनी 'मन्दमति' का दावा करने के अलावा, यह भाग केशवदास के अपने कविवंश को समर्पित है। एक ब्रज कवि द्वारा आत्म-परिचय का यह एक दुर्लभ उदाहरण है। हालाँकि कई जगहों पर इसे एक गूढ़ स्वरूप में प्रस्तुत किया गया है, लेकिन यह इस काल में दरबारी पेशेवर शख़्सियतों की अभिव्यक्ति के बारे में महत्त्वपूर्ण संकेत प्रदान करता है। अपना पारिवारिक इतिहास दर्ज करते हुए केशवदास यह साफ़ करते हैं कि उनके आरम्भिक पूर्वज तोमर राजाओं की सेवा में थे। पहले वे दिल्ली और आगे चलकर ग्वालियर में थे, लेकिन उनके दादा कृष्णदत्त के समय, जिनका उल्लेख ऊपर पुराणवेत्ता के रूप में किया गया है, उन्होंने अपना निवास बदला और ओरछा चले आये। कवि अचानक इस प्रवास का कोई कारण नहीं देता, लेकिन हमें अनकही रह गयी बातों पर ग़ौर करना होगा। अधिकतर सम्भावना यह है कि 1518 में इब्राहीम लोदी द्वारा ग्वालियर पर क़ब्ज़ा कर लेने के बाद केशवदास का परिवार तोमरों के प्रति अपनी परम्परागत सेवा से विस्थापित हो गया। माना जाता है कि दरबार के पण्डित, संगीतकार, वास्तुशिल्पी और साहित्यिक हस्तियाँ विभिन्न जगहों में बिखर गयीं, जिनमें दिल्ली, आगरा, ओरछा और बुन्देलखण्ड में रीवा शामिल हैं (जो आज मध्य प्रदेश का उत्तर-पूर्वी हिस्सा है)।[106] याद कीजिए कि रुद्रप्रताप ने 1531 में ओरछा में अपना नया दरबार क़ायम किया, जिसमें उपयुक्त गुणियों की नियुक्ति की ज़रूरत पड़ी होगी। इनमें कर्मकाण्डों के विशेषज्ञ, ज्योतिषी, विद्वान, कवि और ऐसे ही लोग शामिल हैं। अध्याय एक में राजवंश के बरअक्स अपने कविवंश को रखते हुए, ऐसा लगता है कि केशवदास यह कहने की कोशिश कर रहे हैं कि उनकी अपनी कथा भी समान हैसियत की हक़दार है। अपनी वंशावली को दर्ज करने में उनकी गहरी रुचि सम्भवतः उन हिंसक ऐतिहासिक घटनाओं की ताज़ा-ताज़ा यादों से पैदा हुई हो, जिन्होंने उनके परिवार को उजाड़ दिया था।

दो पीढ़ियों के बाद केशवदास ने जब लिखने की शुरुआत की, ओरछा एक महत्त्वपूर्ण क्षेत्रीय शक्ति और सांस्कृतिक नवोन्मेष का एक प्रमुख केन्द्र बनने की दिशा में अग्रसर था। जल्दी ही व्यापक हिन्दुस्तान में परिष्कृत ब्रजकाव्य लिखने की क्षमता रसिकता और दरबारी संस्कृति का एक मानदण्ड बनने वाली थी। और इसमें *कविप्रिया* जैसे ग्रन्थों के प्रसार की कोई कम भूमिका नहीं थी, जो इस दरबारी

शिल्प में महारत पाना सिखाती है। यह कृति अलग-अलग पदों को रचने के स्तर पर काव्य-रचना की विशिष्ट आधारशिलाओं के बारे में समझाती है। छन्दों के आधारभूत नियम, विभिन्न क़िस्म के अलंकार (उपमा, रूपक और अनेक अन्य जटिल उप-प्रकार जिनकी परिकल्पना आरम्भिक आधुनिक कवियों ने की थी), काव्य-परम्पराएँ, और विभिन्न क़िस्म के दोष, जो कि उभरते हुए कवियों की सबसे सामान्य चिन्ताएँ होती हैं, इनमें शामिल थे। आज हालाँकि क़ायदा यह है कि कविता को किसी की आत्मसंवेदनाओं की अभिव्यक्ति के रूप में देखा जाता है, लेकिन परम्परागत भारतीय काव्य एक विभिन्न तर्क के आधार पर काम करता था। कविता के लिए स्थापित नियमों का पालन करना अनिवार्य है। नियमों के अनुसार नहीं लिखी गई कविता को कविता नहीं माना जाता।

विशेष रूप से इस सिद्धान्त का उदाहरण केशवदास की सामान्य अलंकार की अवधारणा में देखा जा सकता है। कवि ने इस विषय पर पूरे चार अध्याय समर्पित किये हैं, जो इस ग्रन्थ का एक चौथाई हिस्सा है। ये अध्याय रंगों, वस्तुओं के गुणों और प्राकृतिक विश्व के बारे में[107] और दरबार के साज़ो-सामान के बारे में अनेक भागों में विभाजित हैं।[108] आमतौर पर यह अनुमान लगाया जा सकता है कि किसी वस्तु का रंग या इसका चारित्रिक गुण महज़ यथार्थवादी प्रतिनिधित्व का कोई साधारण-सा मामला होगा, जिस पर एक पूरे अध्याय में लगातार चिन्तन करने की मुश्किल से ही कोई ज़रूरत पड़ेगी। लेकिन काव्यात्मक ब्रह्माण्ड में ऐसा नहीं होता है। एक कवि के नज़रिये से बाहरी दुनिया का वर्णन करते हुए कुछ निश्चित सिद्धान्तों का पालन करना ज़रूरी है, जैसा कि 'पीत' (पीला रंग) और 'चंचला' पर निम्नलिखित विद्वत्तापूर्ण विमर्शों में देखा जा सकता है :

अथ पीत वर्णन–

[कविता लिखते समय कुछ वस्तुओं को परम्परागत रूप से पीतयुग के रूप में वर्णित किया जाता है]

*हरिवाहन, विधि, हरजटा, हरा[109] हरद, हरताल।*
*चंपक, दीपक, वीररस, सुरगुरू, मधु सुरपाल।।*
*सुरगिरि, भू, गोरोचना, गन्धक, गोधनमूत।*
*चक्रवाक, मनसिल सदा, द्वापर, वानरपूत।।*
*कमलकोस, केशव-वसन, केसरि, कनक, सभाग।*
*सारोमुख, चपलादि सब, पीतरि, पीत पराग।।*

उदाहरण–

*मंगल ही जु करी रजनी विधि, याहि ते मंगली नाम धरयो है।*
*दीपति दामिनि देह सँवारि, उड़ाय दई धनु जाई वरयो है।।*
*रोचन को रचि केतकि चंपक फूलनि में अंगवास भरयो है।*
*ग़ौरि करि गुराई की मैल मिलै करि, हाटक कै करहाट करयो है।।*[110]

अथ चंचल वर्णन–

*तरल तुरग, कुरंग, गन, बानर, चलदल पान।*
*लोभिन के मन, स्यारजन, बालक, काल विधान।।*
*कुलटा कुटिल, कटाक्ष, मन, सपनो, जोबन, मीन।*
*खंजन, अलि, गजश्रवन श्री दामिनी, पवन प्रवीन।।*[111]

उदाहरण–

*भौंर ज्यों भवत लोल, ललना लतानि प्रति,*
*खंजन से थल, मीन मानो जहाँ जल है।*
*सपनो सो होत, कहूँ आपनो न अपनाये,*
*भूलिए न बैन ऐन आक को सो फल है।*
*गहिय धौं कौन गुन, देखा ही रहिये री,*
*कहिए कछू न, रूप मोह को महल है।*
*चपला-सी चमकनि, सोहै चारू चहूँ दिसि,*
*कान्ह को सनेह, चल दल को सो दल है।।*[112]

इससे यह भ्रम हो सकता है कि कविता के नियमों की इस किताब का पालन करते हुए लिखी गयी कविता ज़रूर एक जड़ और नीरस कविता होगी, लेकिन ये नियम रचनात्मकता के लिए अक्सर एक उत्पादक शक्ति के रूप में काम करते थे। यहाँ केशवदास ने एक सुन्दर कविता रची है जिसमें वेदना में डूबी एक प्रेमासक्त गोपी को उसकी सखी फटकार रही है। यहाँ पर विषय सार्वभौम है कि प्रेम ख़तरनाक है, लेकिन इसके चंगुल में आ गये लोगों के लिए यह प्रतिरोध्य है।

कुछ संस्कृतियों में साहित्यिक आम सहमति मौन या अनकही रहती है। लेकिन भारत में अलंकारशास्त्र के विकसित और समृद्ध क्षेत्र में साहित्यिक सहमति की भूमि कहीं अधिक मुखर रूप से व्यक्त की गयी थी। जब केशवदास ने सामान्य अलंकारों पर चार अध्याय लिखे तो उन्होंने ऐसा इसलिए किया कि कविकुल और

साहित्यिक संस्कृति में भागीदारी करने वाले रसिकों के बीच परम्पराओं की एक जटिल व्यवस्था स्वीकृत थी। केशवदास का एक सबसे विस्मयकारी 'सामान्य अलंकार' पूरे अध्याय–आठ में व्याप्त है, और यह राज्यश्री भूषण वर्णन के विषय पर है। दूसरे शब्दों में इसका सरोकार इससे है कि दरबार के बारे में काव्य-रचना कैसे करें। केशवदास बताते हैं :

*राजा, रानी, राजसुत, प्रोहित, दलपति, दूत।*
*मंत्री, मंत्र, पयान, हय, गय, संग्राम अभूत।।*
*आखेटक, जल केलि, पुनि, विरह, स्वयंबर जानि।*
*भूषित सुरतादिकनि करि, राज्यश्रीहि बखान।।*[113]

केशवदास ने वस्तुओं और विषयों की इतनी बारीक श्रेणियों के साथ बहुत विस्तार से दरबारी ब्योरों से जुड़े विषयों को विकसित किया। उन्होंने हरेक विषय के लिए लक्षण और उदाहरण प्रदान किये। आगे चलकर यह प्रवृत्ति रीति लेखकों की विशेषता बन जाने वाली थी। इस चर्चा में जो बात उल्लेखनीय रूप से अनुपस्थित है, वह है केशवदास के अपने दरबार के बारे में ब्योरे। यह इसलिए भी उल्लेखनीय है क्योंकि *कविप्रिया* के पहले और दूसरे अध्याय में ऐतिहासिक रूप से विशिष्ट बातें कही गयी हैं (जिनमें कई सारे समकालीनों और पूर्वजों के नाम लिये गये हैं)। केशवदास ने पूरी चर्चा को क्लासिकल काव्य के आदर्शों के अमूर्त क्षेत्र में ही रखा है। वस्तुतः उदाहरण के रूप में दिये गये पदों में आदर्श राजा राम बहुत अधिक बार आते हैं।

आदर्श को लेकर सरोकार एक ऐसे कवि के लिए सहज ही महसूस होता है, जो आख़िरकार काव्यरचना सिखाने की कोशिश कर रहा है। इसके बावजूद रामराज्य के सिद्धान्त का सहारा लेते हुए केशव के मन में केवल काव्य सम्बन्धी पाठों से भी अधिक कुछ रहा होगा। निस्सन्देह, उन्होंने एक कवि के रूप में अपने शिष्यों और राजसी आश्रयदाताओं को राजसी सदाचरण सम्बन्धी निर्देश देना अपना कर्तव्य समझा था। सदियों से संस्कृत (और फ़ारसी) कविता नैतिक और राजनीतिक व्यवस्था के संरक्षण के कार्य से गहराई से जुड़ी हुई थी। यह एक ऐसा सरोकार था, जिसे ब्रज दरबारी साहित्य में भी भरपूर देखा जा सकता था।[114] सम्भव है कि साहित्यिक मामलों में केशवदास का प्रत्यक्ष क्लासिसिस्ट दृष्टिकोण एक से अधिक स्तरों पर काम कर रहा हो। कवि के सामान्य अलंकार जितना संस्कृत काव्य-संसार

का परिचय है, उतना ही वे बुन्देल राजाओं की अपनी रणनीतियों के बारे में भी बताते हैं। यह एक महत्त्वाकांक्षी घराना था जो मुग़ल शासन के तहत अपने बूते खड़ा होने लगा था। भारतीय परम्परा ने राजनीतिक प्राधिकार के लिए रामराज्य से अधिक सशक्त किसी प्रतीक को जन्म नहीं दिया है, जिसकी वजह से राजाओं और उनके दरबारी कवियों के लिए इसकी कल्पना को एक ऐसे सौन्दर्यबोधीय कार्यक्रम में अपनाना एक सहज पसन्द बन जाता है। एक ऐसे दरबार के लिए समकालीन हालात की अनदेखी करके मिथक को चुनना अपनी साख बचाने का एक क़दम भी हो सकता है, जो राज्य अभी भी पिछली पीढ़ी के दौरान अपनी स्वतन्त्रता खो देने की सच्चाई से जूझ रहा था।

## रामराज्य और राम-भक्ति

केशवदास का तीसरा और कम चर्चित रीतिग्रन्थ *छन्दमाला* (1602) साहित्य सिद्धान्त में कवि की रुचि को सम्पूर्णता देता है, जिसमें *रामायण* के कालजयी विषयों पर विशेष उत्साह से ध्यान केन्द्रित किया गया है। यह एक लघु रचना है, जिसमें केवल दो अध्याय ही हैं और यह छन्द सम्बन्धी दो आधारभूत उपविभाजनों की बात करते हैं। वे हैं वार्णिक और मात्रिक छन्द या तकनीकी अर्थों में किसी छन्द के वर्ण और मात्रा। इसमें से हरेक का उदाहरण देने के लिए वे राम के बारे में पदों का उपयोग करते हैं।[115] ब्रजभाषा के छन्द पर यह पहला ज्ञात प्रबन्ध है।[116] केशवदास ने छन्दों के व्यवस्थित वर्गीकरण की कोशिश की, जिसके माध्यम से उन्होंने देशभाषा के पद्य रूपों की सूची को नाटकीय रूप से विस्तार दिया। सम्भव है कि उन्होंने इन्द्रजीत, प्रवीण राय, या किसी अन्य शिष्य के लिए व्याख्यानों की एक श्रृंखला के रूप में इस कृति की रचना की हो। आरम्भ में ही उनके शिक्षण सम्बन्धी उद्देश्य का स्पष्ट उल्लेख किया गया है–"मैं चाहता हूँ कि सभी भाषाकवि छन्द की जटिलताओं को आसानी से समझ जायें। इसलिए ही मैंने यह सुन्दर पुस्तक लिखी है।"[117] *छन्दमाला* ब्रजभाषा को परिष्कृत करने के केशवदास के समग्र अभियान के पूरी तरह अनुरूप है, ताकि देशभाषा कवि अपने क्लासिकल पूर्वगामियों जितनी सुसभ्यता के साथ बोल सकें।

ऐसा कहा गया है कि *छन्दमाला* केशवदास की पुस्तक *रामचन्द्रचन्द्रिका* का सह-ग्रन्थ है। यह 1601 में पूरी हुई एक उल्लेखनीय ब्रज रामायण है।[118] *छन्दमाला* के आधे से अधिक पद सीधे-सीधे इस महाकाव्य से उठा लिये गये हैं। अपने आप में

*रामचन्द्रचन्द्रिका* नये छन्द रूपों में एक गहरी रुचि प्रदर्शित करती है और दोनों ग्रन्थों के बीच में एक सम्बन्ध को मज़बूती से पेश करती है। जहाँ तुलसी का कुछ समय पहले रचित और अधिक लोकप्रिय *रामचरितमानस* मुख्यत: दोहे और चौपाइयों में रचा गया था, केशवदास ने ऐसे छन्दों का उपयोग किया है जो हिन्दी साहित्य में अब तक नहीं देखे गये थे (और कुछ तो उसके बाद से कभी भी नहीं देखे गये हैं)। पहले अध्याय में कवि अपने उद्देश्य को साफ़-साफ शब्दों में व्यक्त करता है–"अगाध छन्दों का उपयोग करते हुए, मैं भगवान राम की चन्द्रिका का वर्णन करूँगा, जिनकी अनवरत ज्योति पूरे विश्व को प्रकाशमान करती है।"[119]

*रामचन्द्रचन्द्रिका* की प्रस्तावना इस विषयवस्तु पर कवि के दृष्टिकोण के और अधिक संकेत देती है। संस्कृत *रामायण* के प्रतिष्ठित रचनाकार वाल्मीकि केशवदास के सपने में आते हैं। सुखसार के बारे में पूछे जाने पर वाल्मीकि केशवदास को रामनाम जपने के लाभों के बारे में बताते हैं। इसके बाद ब्रज कवि राम का भक्त हो जाता है (*कर्यो रामचन्द्रजु इष्ट*) और अब अपनी भाषा में *रामायण* लिखने के लिए प्रेरित होता है। यह प्रसंग एक धार्मिक और साथ ही एक साहित्यिक अभिप्रेरणा को प्रदर्शित करता है। यहाँ जिन घटनाओं का वर्णन किया गया है, वे देशभाषा के शास्त्रीय भाषा के रूप में उद्भव के लगभग क्लासिकल विषय भी हैं, जिसमें केशवदास के ब्रज रामायण को संस्कृत परम्परा के आदि कवि द्वारा प्राधिकृत किया गया है। यहाँ एक आदि कवि एक-दूसरे आदि कवि को मशाल थमाते हैं।[120]

केशवदास ने साबित किया कि वे वाल्मीकि के शिष्य होने के पूरी तरह लायक़ थे। *रामचन्द्रचन्द्रिका* छन्द सम्बन्धी अपने नये प्रयोगों के लिए उल्लेखनीय तो है ही, यह एक पारंगत कवि की एक ऐसी कृति है जिसमें रसों और अलंकारों को इस तरह उपयोग में लाया गया है कि उनसे सुन्दर और परिष्कृत भावात्मक अभिव्यक्ति उभरकर आती है। वाल्मीकि का अपना रामायण भी ऐसी ही एक कृति थी, जिसमें बड़े कलात्मक ढंग से पद्य भाषा का आविष्कार करने की कोशिश की गयी थी। कह सकते हैं कि केशवदास ने अपने रीतिग्रन्थ का बड़ी कुशलता के साथ उपयोग किया है, और ब्रजभाषा का साहित्य यहाँ संस्कृत सौन्दर्यबोध की सम्पूर्ण शक्ति के साथ समृद्ध हुआ है। *रामचन्द्रचन्द्रिका* को संस्कृत महाकाव्य-शैली के साथ ब्रजभाषा का पहला मुख्य प्रयोग माना जा सकता है। निश्चित रूप से इसमें ऐसे जीवन्त, रोमांचक दृष्य हैं जहाँ केशवदास कथा को गति देते हुए बड़ी तेज़ी से आगे ले जाते हैं, लेकिन वे इसका वर्णन करने में समय भी लेते हैं। वे इसे उनतालीस स्कन्धों में

बयान करते हैं, जहाँ वे ठहरकर बड़ी उदारता के साथ किसी वन या चाँदनी का वर्णन करते हैं। या फिर बड़े प्रेम से राम के दिव्य रूप का शिख-नख वर्णन करते हैं। यह सर्वोच्च सौन्दर्य से भरपूर एक रसयुक्त काव्य है।[121] यह संस्कृत जैसी एक विशिष्टता को बनाये रखने में सफल होते हुए भी एक बोलचाल की स्थानीय शैली की आत्मीयता और ओज को बचाये रखता है। केशवदास ने विभिन्न छन्दों और रजिस्टरों को अपनाया है, जिससे इस कृति को महानतम संस्कृत दरबारी काव्य जैसा एक समृद्ध चरित्र मिला है।

*रामचन्द्रचन्द्रिका* ब्रजभाषा के लिए पूरी तरह से एक अभूतपूर्व रचना है। इसके बावजूद इसकी नवीनता कवि के पहले के रीतिग्रन्थों के दृष्टिकोणों और विषयों के साथ एक संगति लिये हुए है। यह एक नवक्लासिक रचना है और यही इसके लिए सबसे सटीक शब्द महसूस भी होता है। यह केशवदास अपनी मँजी हुई विद्वत्ता और संस्कृत आदर्शों पर आधारित एक परिष्कृत शैली के सचेत विकसित रूप को प्रदर्शित करते हैं। यद्यपि *रामचन्द्रचन्द्रिका* में ऐसे आदर्श राजसी विषय रचे-बसे हैं, जिनका उत्कर्ष वाल्मीकि रामायण में मिलता है, लेकिन इसी के साथ यह भक्ति साहित्य की एक सशक्त कृति भी है। केशवदास को वाल्मीकि ने राम की उपासना करने की जो नसीहत दी थी, वह अनसुनी नहीं गयी। कवि की जो भी निजी प्रवृतियाँ रही होंगी, ग्रन्थ के सम्भावित संरक्षक राजा इन्द्रजीत के निर्देश भी केशवदास द्वारा विषयवस्तु के चुनाव में निस्सन्देह एक अहम कारक रहे होंगे, जो राम भक्त के रूप में जाने जाते थे।[122] काव्य और भक्ति के क्षेत्र एक-दूसरे के प्रतिकूल नहीं हैं, जैसा कि केशवदास ने अपनी *रसिकप्रिया* में स्थापित किया था।[123]

यह स्वाभाविक ही है कि *रामचन्द्रचन्द्रिका* की तुलसी की रामायण से तुलना की बात उठे, जो क़रीब तीस साल पहले अवधी में लिखी गयी थी। उस समय ब्रज अभी तक एक प्रभावशाली साहित्यिक भाषा नहीं बनी थी (तुलसी आगे चलकर अपने लेखन में ब्रजभाषा को लेकर रुचि दिखाने वाले थे)। यह साफ़ नहीं है कि ये दोनों कवि कभी एक-दूसरे से मिले थे या नहीं, लेकिन हिन्दी साहित्यिक परम्परा को साफ़ तौर पर यह महसूस होता है कि उन दोनों की आपस में मुलाक़ात हुई होगी, क्योंकि हिन्दी साहित्य में दोनों मशहूर लेखकों के बीच कई सम्भावित संवाद दर्ज मिलते हैं।[121] इन दस्तावेज़ों में ज़रूरी नहीं है कि ऐसी कोई बात दर्ज हो जो "सचमुच में हुई हो", लेकिन ऐसी किंवदन्तियाँ सांस्कृतिक स्मृतियों को निर्मित करती हैं। ये किंवदंतियाँ इस पीढ़ी के दौरान देशभाषा में साहित्यिक स्पेस के भीतर के वाद-

विवाद और संवादों के संकेत देती हैं। जहाँ दोनों महाकाव्यों में ही भक्ति मिलती है, उनकी सौन्दर्यबोधीय बनावट और उनके इच्छित पाठक वर्ग अलग-अलग हैं। तुलसीदास ने जितना दावा किया है, उतना असल में उन्होंने परिष्कृत अलंकारों से ख़ुद को दूर नहीं रखा है, लेकिन उनकी दिलचस्पी एक कला के रूप में काव्य में कम है, और महात्माओं और भक्तों तक अपना गहन आध्यात्मिक सन्देश पहुँचाने में अधिक। रामकथा का केशवदास का रूप इसके उलट एक साहित्यिक उपक्रम है जो एक राजा या एक भक्त-राजा के मनोरंजन के लिए रचा गया था।

## एक नयी तरह की राजनीति

केशवदास की अगली कृति *वीरसिंहदेवचरित* (1607)[125] भी कवि की अपनी विशिष्ट महाकाव्य-शैली में लिखी गयी स्मारकीय कृति है। यहाँ कवि ने असाधारण बहुमुखी प्रतिभा का प्रदर्शन किया है, जिसमें वे कालजयी रामकथा जैसे मिथकीय महाकाव्यात्मक विषयों से अलग हटकर कुछ नये ऐतिहासिक सरोकारों से जुड़ते हैं। इनमें पहला सरोकार है समकालीन राजसी वैभव का सौन्दर्यीकरण। ग्रन्थ का शीर्षक दरबारी चरित विधा के साथ इस कविता के जुड़ाव को दिखाता है। चरित किसी राजा या किसी दूसरे आदर्श व्यक्तित्व का जीवनचरित होता है। इस मामले में राजा केशवदास के नये आश्रयदाता और ओरछा के नए शासक बीर सिंह देव बुन्देला थे।

जब सोलहवीं सदी के अन्तिम दौर में ओरछा मुग़लों के अधीन आया तब यह राज्य राजनीतिक सम्बन्धों के एक नये चक्र में शामिल हुआ। बुन्देला शासक अब न सिर्फ़ मुग़लों की फ़ारसी तहजीब के सम्पर्क में आये, बल्कि उनका सम्पर्क अनेक क्षेत्रों में फैले राजपूत दरबारों की संस्कृति से भी हुआ, जो मुग़ल शासन व्यवस्था के साथ एक संवाद के ज़रिये उभर रहा था। अब यह ग़ैर-राजपूत पृष्ठभूमि द्वारा (जैसा कि पश्चिमी राजपूतों, और आगे चलकर ब्रिटिशों ने उनके बारे में कहा है) शासित मध्य भारत की आदिवासी भूमि पर एक बाहरी राज्य नहीं रह गया था, या दस्युओं का इलाक़ा भर नहीं था (जैसा कि अकबर के काल में मशहूर और चिड़चिड़े इतिहासकार बदायूँनी ने लिखा था), अब दरबारी केन्द्रों के बीच ओरछा की एक बड़ी पहचान बनने लगी थी।[126]

1592 में मधुकरशाह के निधन के बाद उत्तराधिकार के तहत उनके बड़े बेटे रामशाह गद्दी के हक़दार थे। जबकि केशवदास के आरम्भिक आश्रयदाता इन्द्रजीत जैसे उनके दूसरे भाइयों को अपनी जागीरें चलानी थीं। लेकिन ओरछा में राजसी

उत्तराधिकार का हस्तान्तरण अपेक्षित रूप से सम्पन्न नहीं हुआ। मधुकर के आठ बेटों में छठे बीर सिंह देव ने रामशाह और रामशाह के ऊपर ख़ुद शहंशाह अकबर के ख़िलाफ़ बार-बार विद्रोह किया। सत्रहवीं सदी की शुरुआत में जब शहज़ादा सलीम अपने पिता अकबर से नाख़ुश हुए तब उन्होंने अपने क़िस्म के विद्रोह की एक शुरुआत की थी। उन्होंने इलाहाबाद में एक बाग़ी दरबार क़ायम किया था। इस मौक़े पर बीर सिंह ने नयी पीढ़ी के साथ रणनीतिक रूप से खड़े होने का फ़ैसला किया और 1602 में उन्होंने भावी शहंशाह का अगाध सम्मान प्राप्त किया जब उन्होंने अकबर के एक क़रीबी दोस्त और सलाहकार अबुल फ़ज़ल का क़त्ल कर दिया। अबुल फ़ज़ल एक ताक़तवर दरबारी थे जिनके बारे में शहज़ादा सलीम को आशंका थी कि वे उनकी राजनीतिक कामयाबी की राह में सीधे-सीधे एक रुकावट थे। 1605 में जब अकबर का निधन हुआ और सलीम ने शहंशाह जहाँगीर के रूप में गद्दी सँभाली, तब वे ओरछा के बाग़ी को इनाम देने की हैसियत में आ गये। बीर सिंह ने अपने बड़े भाई रामशाह से गद्दी छीन ली, और उन्होंने ऐसा किसी अवैध दस्यु की तरह नहीं बल्कि मुग़ल साम्राज्य के एक फ़रमान के बूते किया।

राजा मधुकरशाह ने नियमित विद्रोहों की हद तक जाकर मुग़ल साम्राज्य का विरोध किया था, लेकिन उनके बेटे बीर सिंह देव बुन्देला नयी मनसबदारी व्यवस्था में एक सक्रिय और अधिक भरोसेमन्द सहभागी बन गये। मनसबदारी व्यवस्था बादशाह की सेवा में अब एक प्रभावशाली मुग़ल राजनीतिक और फ़ौजी बन्दोबस्त था।[127] अनुचित तरीक़े से ओरछा की गद्दी पर ख़ुद को क़ायम करने वाले बीर सिंह ने अपनी प्रतिष्ठा को फिर से स्थापित करने के लिए कई तरीक़े अपनाये। अपनी राजसी आत्म-छवि गढ़ने के लिए उन्होंने क्लासिकल अतीत का सहारा लिया, लेकिन उनका राजनीतिक सौन्दर्यबोध भी नये वैष्णव, मुग़ल और अखिल राजपूत शैलियों का एक विवेकपूर्ण मिश्रण था। भक्ति में उनके दरबार की रुचि बनी रही, जिसे उनके पिता ने विकसित किया था। यह 1614 में तब उत्कर्ष पर पहुँच गयी, जब राजा ब्रजमण्डल के एक राजकीय दौरे पर गये, जिसे उन्होंने भव्य तड़क-भड़क के साथ सम्पन्न किया और प्राचीन राजाओं की प्रथा पर चलते हुए अपने भार के बराबर सोना उपहार स्वरूप वितरित किया।[128] इस रिवाज को हाल ही में मुग़लों ने भी अपनाया था। एक भक्त के बजाय एक निर्माता के रूप में जाने जाने वाले बीर सिंह मधुकरशाह से कहीं अधिक आडम्बरपूर्ण थे। उन्होंने ओरछा में अपने बसाये एक नये शहर दतिया और इसके अलावा अन्य जगहों पर प्रमुख

इमारती परियोजनाओं को धन दिया। उनसे अगली पीढ़ी में मुग़ल दरबार की यात्रा करने आये एक यूरोपीय ज्याँ-बैप्टिस्ट टैवर्नियर ने मथुरा के केशवदेव मन्दिर को 'सारे भारत में सबसे आलीशान इमारतों में से एक' कहा था।[129] अन्य मुग़लकालीन स्रोतों में बीर सिंह की बनारस में मशहूर विश्वेश्वर मन्दिर पर उदारता के लिए उनकी प्रशंसा की गयी है।[130]

भक्ति अनेक राजपूत राजाओं के लिए आध्यात्मिक और राजनीतिक संसाधन दोनों ही थी। अपने राज्य में स्मारकों का निर्माण अपनी श्रद्धा का एक अहम सार्वजनिक प्रदर्शन था जो स्थानीय जनाधार के बीच में काम करता था। इसी क्रम में मधुकरशाह ने चतुर्भुज मन्दिर का काम शुरू किया था और बीर सिंह देव ने उसका जीर्णोद्धार कराया। या फिर 1618 में भक्त कवि हरिराम व्यास की समाधि का बीर सिंह देव द्वारा निर्माण कराया गया। लेकिन ब्रजमण्डल में इमारतों पर उदार ख़र्च साम्राज्य के चलन के प्रति एक सक्रिय क़िस्म की प्रतिबद्धता थी, जो अपने काल के लिए पूरी तरह से एक नयी बात थी (यह मधुकरशाह के शासनकाल में उल्लेखनीय रूप से अनुपस्थित थी)। मथुरा में निर्माण-कार्य कराते हुए, बीर सिंह ने एक राजसी व्यवहार को ही अपनाया जो मुग़ल मनसबदारी के कुलीन भागीदारों से की जाने वाली अपेक्षाओं के अनुरूप था। अकबर के अग्रणी राजपूत सहयोगी मान सिंह कछवाहा द्वारा इसका आदर्श प्रस्तुत किया गया था। इस काल में, राजपूत राजाओं ने अक्सर ही ऐसी इमारती परियोजनाओं में धन दिया जो मुग़ल साम्राज्य के वजूद का एक साकार रूप हुआ करती थीं।[131] धार्मिक बहुलता के प्रति अकबर की प्रतिबद्धता का मतलब था कि ब्रजमण्डल में हिन्दू उपासना-स्थलों को भी मुग़ल-हुकूमत धन और सहायता प्रदान करती थी। इसे वृन्दावन में मान सिंह की मशहूर इमारत गोविन्ददेव मन्दिर (1590) में देखा जा सकता है। एक हिन्दू उपासना-स्थल होने के बावजूद यह फ़तेहपुर सीकरी में अकबर के हालिया निर्माण की दृश्य भाषा पर आधारित है, जिसने इस वैष्णव स्मारक को सीधे मुग़ल तख़्त से जोड़ दिया।[132] ओरछा का चतुर्भुज मन्दिर भी इसी स्थापत्य शैली में है, जिसमें मुग़ल निशानियों के प्रति सजगता दिखाई पड़ती है। केशवदास ने अपने *वीरसिंहदेवचरित* में एक पूरा पद इस मन्दिर को समर्पित किया है (चित्र 1.2)।[133] वैष्णव स्थापत्य चाहे राजपूत शासक के अपने क्षेत्र में बनाया गया हो या कहीं और, न सिर्फ़ भक्ति सम्बन्धी एक वक्तव्य था, बल्कि प्रभावशाली तरीक़े से राजनीति के बारे में एक बयान भी था। मुग़ल शासन के तहत मनसबदारों के प्रति नयी अपेक्षाओं पर पूरी तरह खरा उतरते

हुए, यहाँ तक कहा जाता है कि बीर सिंह देव बुन्देला ने मान सिंह के तहत आमेर के कछवाहा वंश को मिलने वाले यश का बड़ा हिस्सा भी अपने नाम कर लिया था।[134]

चित्र 1.2 चतुर्भुज मन्दिर, ओरछा
(एडवर्ड रॉथफ़र्ब के सौजन्य से)

जहाँ बीर सिंह देव के दिनों का ओरछा दरबार 'सत्ता के नक़्शे' में अपने स्थापत्य के माध्यम से योगदान के लिए तुलनात्मक रूप में मशहूर है,[135] इसके साथ उनके राज्य की एक साहित्यिक विरासत भी है। उन्होंने केशवदास को *वीरसिंहदेवचरित* लिखने का जो ज़िम्मा सौंपा, वह एक असाधारण साहित्यिक काम था, जिसे एक असाधारण राजनीतिक दौर में सम्पन्न किया गया। इस रीतिग्रन्थ की तिथि बीर सिंह के ओरछा की गद्दी पर औपचारिक रूप से विराजमान होने के साथ मिलती है।[136] यह शासन करने की बीर सिंह की उपयुक्तता को लेकर एक विस्तृत साहित्यिक, नैतिक और राजनीतिक दलील पेश करती है, जिसे एक ऐसे समय में परिकल्पित किया गया जब यह दावा उनके बुन्देले सहधर्मियों के एक समूह को सबसे सन्दिग्ध महसूस हुआ होगा। और जैसा कि संयोग से हम कथा में ही इसे देखते हैं, ख़ुद कवि को भी ऐसा ही महसूस हुआ था।

इस विषयवस्तु के बारे में केशवदास ने कभी कभी चाहे जो भी सन्देह ज़ाहिर किए हों, उन्होंने पूरी लगन के साथ इस लेखन कार्य को अपनाया। उन्होंने एक ऐसी

काव्य-शैली में अपने नए संरक्षक के बारे में तैंतीस कांड ('प्रकाश') रचे, जिसे उन्होंने *रामचन्द्रचन्द्रिका* में पराकाष्ठा पर पहुँचाया था। इसी के साथ उन्होंने संस्कृत से प्रशस्ति की लम्बी परम्परा का सहारा भी लिया। यह रचना ब्रज ऐतिहासिक कविताओं में से एक सबसे पुराने उदाहरणों में से एक भी है, जिसको मुग़ल काल से जोड़ा जा सकता है। क़रीब-क़रीब पहली एक तिहाई रचना ज्ञात ऐतिहासिक घटनाओं का तथ्यात्मक ब्योरा है। इसमें बीर सिंह और रामशाह के बीच ओरछा की गद्दी को लेकर प्रतिद्वन्द्विता पर विशेष ज़ोर दिया गया है। इसमें कोई सन्देह नहीं है कि केशवदास ने जो कुछ बयान किया है, वे असल में ख़ुद उन अधिकतर घटनाओं के गवाह थे। कई जगहों पर वे एक तमाशबीन या एक राजनीतिक सलाहकार तक के रूप में ख़ुद को कथा में शामिल करते हैं।[137]

आधुनिक पाठक को जो चीज़ फ़ौरन उल्लेखनीय लगेगी, वह यह है कि ओरछा का राजनीतिक यथार्थ ऐसा था जो केशवदास की विधा के लिए ज़रूरी राजसी साहित्यिक रचना या प्रतिनिधित्व के क्लासिकल आदर्शों के अनुरूप नहीं था। यानी उनके 'नायक' बीर सिंह हमेशा नायकों की तरह व्यवहार नहीं करते थे, न ही इस काव्य में खलनायकों के रूप में पेश किये गये लोग पूरी तरह से खलनायक थे (उनके बड़े भाई रामशाह और शहंशाह अकबर)। जहाँ *रामचन्द्रचन्द्रिका* में ख़ुद राम को प्रस्तुत किया गया था जो राजसी व्यवहार के सर्वोत्तम आदर्श थे, वहीं क्लासिकल दरबारी काव्य के कल्पनाशील क्षेत्र में विश्वासघात और ख़ून-ख़राबे से भरे ओरछा के हालिया इतिहास को ले आना कहीं अधिक चुनौतीपूर्ण रहा होगा। इस नैतिक संभ्रम को समझने की भूमिका बनाने की ख़ातिर, कवि ने पूर्व-कथा में दान और लोभ के साकार रूप दो चरित्रों के बीच में एक संवाद शामिल किया है। यह संवाद भाइयों के बीच में टकराव के अनौचित्य और राजनीतिक सत्ता के लोभ का पूर्वाभास देता है, जो *वीरसिंहदेवचरित* में बार-बार उभरने वाली एक समस्या बन जाती है, जैसा कि बुन्देला राज्य में हो रहा था। इन मुद्दों को सबसे पहले लोभ द्वारा उठाया जाता है, जिसने बड़े उचित तरीक़े से इसे प्रस्तुत किया है :

*बोल्यो लोभ छोभ मति भई, सुनि सुनि राजनीति यह नई*[138]
*सुनियतु एक पिता के पूत, दोई जन धरमज्ञ सपूत*
*ऐसी कहूँ सुनी नहिं होई, एकहि घर में राजा दोइ*
*अब यह हार जीति क्यों भई, वे जो एक अनेक कौन विधि ठइ*[139]

रामशाह और बीर सिंह के बीच में संघर्ष के बारे में लिखते हुए केशवदास को लगातार कुछ क़िस्म के तनावों का सामना करने को मजबूर होना पड़ा। ये उनकी आँखों के सामने हो रही राजनीतिक साज़िशों के दोषों को बयान करने और चरित विधा द्वारा अपेक्षित आदर्शों को रचने की पद्धतियों का पालन करने के बीच के तनाव थे। इस तरह कृति काव्यादर्शों के मार्मिक उल्लंघनों से भरी पड़ी है। परम्परागत रामायण के प्रसंगों का केशवदास ने जिस तरह से उपयोग किया है, वह इसका सटीक बयान करता है। दोषरहित नैतिकता और महाकाव्यात्मक विषयों की अतिरेकपूर्ण प्रशंसा को अपनाने के बजाय, यह अक्सर ही एक नाटकीय विडम्बना के बोध को रचती है।

वाल्मीकि के महाकाव्य में जब लक्ष्मण राम के साथ वन चले जाते हैं, या भरत अपनी माता कैकेयी के छल के बारे में जानने के बाद अयोध्या की गद्दी को बलपूर्वक नकार देते हैं, तब हम पाते हैं कि वहाँ भाइयों की सेवा केन्द्रीय सरोकारों में से एक है।[140] रामशाह और बीर सिंह के बीच सत्ता-संघर्ष की केशवदास की कथा अचूक रूप से *रामचन्द्रचन्द्रिका* के एक नाटकीय हिस्से पर आधारित है, जिसमें भरत अपने पूज्य बड़े भाई से वनवास जाने के कुछ ही समय बाद मिलते हैं। जब भरत राम को खोजने के लिए वन जाते हैं, तब वे अपने पूरे दल के साथ हैं, और उन्हें देखकर राम का दल पहले यह सोचता है कि उनके छोटे भाई के आने के पीछे वैमनस्यपूर्ण इरादे हैं। क्लासिकल रामायण कथा में इस ग़लत धारणा को जल्दी ही दूर कर दिया जाता है। चाहे थोड़े समय के लिए ही सही, भाई ख़ुश हैं और आपस में मिल रहे हैं। इसके बाद भरत इस बात पर राज़ी हो जाते हैं कि वे राम के राज्याधिकारी की तरह काम करेंगे। फिर वे बड़ी निष्ठापूर्वक अपने बड़े भाई की चरणपादुकाओं को अयोध्या लेकर लौट जाते हैं जो उपयुक्त राजा की राजसी उपस्थिति के प्रतीक हैं। यहीं आकर केशवदास का *वीरसिंहदेवचरित* क्लासिकल महाकाव्य से महत्त्वपूर्ण रूप से अलग होता है। यह एक कथात्मक प्रस्थान है जिसको ओरछा में इस ग्रन्थ को सुनने वाला कोई भी देखने से चूक नहीं सकता था। केशवदास छोटे भाई बीर सिंह को रामशाह के महल की तरफ़ उसी तरह बढ़ते हुए दिखाते हैं, जैसे *रामचन्द्रचन्द्रिका* में भरत-राम का दृश्य प्रस्तुत किया गया है।[141] लेकिन रामायण की कथा के ठीक उलट, कनिष्ठ ओरछा राजकुमार अपने बड़े भाई के विरुद्ध युद्ध छेड़ देते हैं और गद्दी छीनने में कामयाब रहते हैं। केशवदास के लिए क्लासिकल साहित्यिक तरीक़े समकालीन ऐतिहासिक घटनाओं को समझने

और पेश करने के लिए एक सशक्त माध्यम थे। उनकी मदद से अतीत के स्वीकृत सांस्कृतिक आदर्शों पर उनकी परख भी की जा सकती थी। इस दृश्य में वे अपने राजाओं और राम और भरत के बीच में जो तुलनाएँ पेश करते हैं (या, शायद यह कहना अधिक सटीक होगा कि जिन विरोधाभासों को वे रेखांकित करते हैं), वे उनके अपने समय के सत्ता-सम्बन्धों पर एक मर्मभेदी टिप्पणी है।

बड़े साहित्यिक आदर्शों के साथ समकालीन राजनीतिक टकराव या विरोधाभास की यह समस्या इसी तरह तब मज़बूती से उभरकर सामने आती है, जब केशवदास बीर सिंह के हाथों अबुल फ़ज़ल की जघन्य हत्या का वर्णन करते हैं, जो एक प्रतिष्ठित मुग़ल बुद्धिजीवी और अकबर के सलाहकार थे। यह सही है कि उत्कृष्ट काव्य के नियम एक ऐसे नायक की अपेक्षा करते हैं जो युद्धभूमि में एक भयंकर योद्धा हो। लेकिन किसी भी रीतिग्रन्थ में यह नहीं लिखा है कि उसे एक हत्यारा होना चाहिए। एक कुशल रचनाकार और व्यवहारकुशल दरबारी केशवदास एक दक्ष चरित्र-चित्रण और सतर्कता के साथ प्रासंगिक दृश्यों की भावनात्मक दिशा को रचते हुए वास्तविक जीवन की इस अड़चन को बख़ूबी बरतते हैं। एक आरम्भिक संवाद में बीर सिंह शहज़ादा सलीम को मनाने की कोशिश करते हैं कि वे इस हड़बड़ी-भरी और घृणास्पद योजना पर अमल करने की ज़िद छोड़ दें। इससे केशवदास ने अपने नायक को पाठक की थोड़ी-सी सद्भावना पाने के काबिल बना दिया।[142] लेकिन जब अपरिहार्य हो चुकी हत्या का दृश्य आता है, तब कवि इसको हरसम्भव जल्दबाज़ी में ख़त्म करते हैं, और हमारा ध्यान नायक से हटा कर अबुल फ़ज़ल की नेकी और महानता पर, युद्ध में उनकी बहादुरी पर और यहाँ तक कि केशवदास ब्राह्मणों के लिए अबुल फ़ज़ल के समर्थन पर ज़ोर देने के लिए कुछ कसीदे लिखते हैं। ये सभी क्लासिकल साहित्यिक कल्पना में प्रशस्ति से मेल खाते हैं। केशवदास ने थोड़े समय के लिए अपने आश्रयदाता से बढ़कर अबुल फ़ज़ल को नैतिक रूप से ऊँचा दर्जा दिया है, जिसका समापन अगले एक पूरे काण्ड में होता है जो अपने प्रिय मित्र की मौत पर अकबर की वेदना को समर्पित है।[143]

जब केशवदास शेख़ अबुल फ़ज़ल की गरिमा और बहादुरी की तारीफ़ें करते हैं, या फिर ठहरकर अकबर के ग़म को दिखाते हैं, तब बड़े कौशल के साथ वे कथात्मक तनाव और नाटक को रच रहे होते हैं। लेकिन मन में यह बात उठती है कि बात यहाँ साहित्यिक मिज़ाज और रचनात्मक रणनीति के मुद्दों तक ही सीमित नहीं है। बात कुछ और भी है। क्या यह काव्यात्मक रणनीति अपने आश्रयदाता की

राजनीतिक आलोचना थी? या क्या कवि बीर सिंह द्वारा ख़ुद महसूस की गयी बेचैनी को स्वर दे रहे थे, जब वे इस हत्या को अंजाम देने के लिए मजबूर किये गये थे? या शहंशाह की मेहरबानियों पर निर्भर एक मातहत के रूप में उन्होंने बाध्यता महसूस की थी? जो बात तय है वह यह है कि ग्रन्थ ने जिस तरह परम्परागत विषयों की तह में जाकर एक आधुनिक तरीक़े से उनका अपने लिए उपयोग किया है, और जिस तरह इसने इस श्रेणी के लिए विशिष्ट काव्य चरित्र-चित्रणों को नकारा या कम से कम रचनाकार उनके परे गया–वह एक नयी क़िस्म की राजनीति द्वारा अपेक्षित अधिक जटिल नैतिक विशेषताओं को व्यक्त करने के लिए उपयुक्त है।

## राजसी दृढ़ीकरण

*वीरसिंहदेवचरित* के पन्द्रहवें 'प्रकाश' के आरम्भ में केशवदास एक नया रुख़ अपनाते हैं। भावनात्मक रूप से जटिल यथार्थवाद को छोड़कर वे एक अलग क़िस्म के साहित्यिक अभियान पर निकल पड़ते हैं। समृद्ध काव्यात्मक दृश्यावली को आँकते हुए वे दावा करते हैं कि बीर सिंह असल में एक परिपूर्ण राजा हैं। कृति के आरम्भिक हिस्से में औचित्य और प्राधिकार सम्बन्धी भ्रम का जो साया था, उल्लेखनीय रूप से अब वह अनुपस्थित है। ऐसा लगता है जैसे बीर सिंह की अपने भाई राम शाह पर निर्णायक जीत और जहाँगीर का कनिष्ठ ओरछा राजकुमार के प्रति समर्थन एक नये या स्पष्ट शाही समर्थन की आवश्यकता को दर्शाते हैं।

हम इस कथा को फ्रेम करने वाली कहानी पर वापस लौटते हैं। इस कहानी में दान और लोभ बीर सिंह की राजधानी ओरछा की यात्रा पर निकलते हैं, जिसे 'अभी-अभी' 'जहाँगीरपुर'[144] का नाम दिया गया है। इसके बाद राजा के राजपाट और उनकी नैतिक सम्पूर्णता पर सैकड़ों पद कहे गये हैं। ज्यों-ज्यों ये दोनों चरित्र बुन्देला क्षेत्रों में चलते जाते हैं, वे दृष्टि में पड़ने वाली हरेक चीज़ की प्रशंसा करते हैं। यह कहना ज़रूरी है कि इसकी शुरुआत बीर सिंह की स्थापत्य सम्बन्धी उपलब्धियों से होती है। केशवदास का ग्रन्थ बीर सिंह के बुन्देलखण्ड में भवनों के क्षेत्र में चर्चित योगदानों का वर्णन करने में कभी यथार्थवाद का सहारा नहीं छोड़ता है,[145] क्योंकि उनका बल शुद्ध, सौन्दर्यीकृत विवरण के रूप में विशिष्ट ब्योरों पर उतना नहीं है। उदाहरण के लिए नीचे दिये गये बीर सागर के वर्णन को देखें, जो राजा द्वारा बनवायी गयी एक झील है (और भारतीय गर्मियों की आक्रामक उष्णता को ध्यान में रखकर इसे पढ़ें) :

*लीनी कहंन कछू जब दान, ह्वै गई देवी अन्तरध्यान*
*दान लोभ तब दोऊ भले, देखन जहाँगीर पुर चले*
*देखे पुर पट्टन गत ग्राम, कहौं कहाँ लगि तिनिके नाम*
*देखे सर सरिता सुखदानि, वीर समुद्र देखियौ आनि*
*वीर बीरसागर को देखि, वरनन लागे वचन विसेखि*
*अति आनंद भूतल जल खंड, अद्‌भुत अमल अगाध अखंड*
*फूले फूलन कौ आवास, मानौ सहित नक्षत्र अकास*
*अति सीतलता कैसो देस, ग्रीष्म रितु पावत न प्रवेस*
*सुभ सुगन्धता कैसो ओक, मानहु सुन्दरता कौ लोक*
*जग सतावनि कौ हरतार, मनहु चन्द्रिका कौ अवतार*
*तंग तुरग घननि की राजि, बर्खत पवन बुंद जल साजि*
*अरुन जोति दामिनि संचरै, जगत चित्त की चिन्ता हरै*
*नाचत नीलकंठ चहुँ दिसा, बरखत बरसा वासर निसा*
*फूले पुंडरीक चन्द्रभान, स्वेतनाम-चद्रिका समान...*[146]

हालाँकि केशवदास की कविता राजा द्वारा जलाशयों के क्षेत्र में किये गये सचमुच के कामों की प्रशंसा करती है,[147] इस चित्रण की व्यापक दलील यह है कि बीर सिंह का राज्य स्वर्गिक है। यह एक ऐसा सुरक्षित राज्य है जहाँ भारतीय मैदानों में सताने वाली गर्मियों जैसी सारी अप्रसन्नताएँ दूर ही रहती हैं। यह एक आनन्दमय स्थान है, *"जग सतावनि कौ हरतार"*–बीर सिंह की राजकीय क्षमताओं के लिए प्रजा में जो अपेक्षाएँ रही होंगी, यह उसका एक सटीक नाम था।

यही तर्क राजा की दिनचर्या को बड़े विस्तार से बयान करने में भी काम करता है। इसका एक छोटा-सा अंश यहाँ प्रस्तुत किया जा रहा है :

*बीरसिंह भोजन करि गए, रावर मैं रवनपति ठए*
*राजा रतन श्रृंग पर जाइ, देखी वनराजी सुख पाई*
*मौरे आम बिलोके वीर, तरलित कोमल मलय समीर*
*तनु तन मनौ अतनि की भुजा, कैंधो बनी बरत की धुजा*
*ललित लवंगलता हिडोल, झूलत मधुप मत अति लोल*
*बोली कल कोकिला सुदेस, मधु रितु के जनु कहत संदेस*
*उतसौं भवन भूप तब देखि, सुनि सुन्दरी समेत बिसेखि*
*मदन विजय की दुंदभि बजी, सबही कामदेव विधि सजी...*[148]

कवि ने बड़े विस्तार से और बड़ी श्रद्धा के साथ अपने आश्रयदाता के धार्मिक कर्तव्यों का विस्तार से वर्णन किया है, जिसमें वे उपदेशों का पाठ सुनते हैं, ब्राह्मण को गाय दान में देते हैं। साथ ही, उन्होंने विश्राम के दौरान विनोद की गतिविधियों को भी प्रस्तुत किया है। ये उनके निजी सौन्दर्य और करिश्मे को रेखांकित करते हैं। मुख्य कथाक्रम से ऐसे विचलन का तथा अलंकृत विवरणों की प्रस्तुति का संस्कृत महाकाव्य में एक लम्बा इतिहास रहा है। ऐसे विवरणों में कहानी मुख्य किरदारों की गतिविधियों और संवादों पर केन्द्रित नहीं रह जाती। केशवदास ने अपनी *कविप्रिया* में कवियों को निर्देश दिया है कि वे राजा के व्यक्तित्व और राजपाट की परिपूर्णता को विस्तार से पेश करें। उनसे कहा गया है कि ऐसा करते हुए वे सिर्फ़ उन्हीं बातों तक सीमित न रह जायें जिन्हें वे अपनी आँखों से देखते हैं, बल्कि उन्हें राजसी विवरण के स्थापित अलंकारों और दृश्यविधान की मदद भी लेनी चाहिए।[149]

पहली सहस्राब्दी में संस्कृत काव्य के उदय के साथ, राजत्व का चित्रण हमेशा ही एक जटिल मुहावरे के साथ सामने आता है, और शायद राजत्व को इसकी ज़रूरत भी थी। काव्य हमेशा ही नैतिक और राजनीतिक सामर्थ्य का आलंकारिक मूर्त रूप था। इसी तरह केशवदास की स्थानीय कविता प्रकाश-दर-प्रकाश (अध्याय) बड़ी बारीकी के साथ राजा बीर सिंह के महात्म्य के हरेक पहलू का उत्सव मनाती है। वे जिस भूमि पर राज करते हैं, उसकी भरपूर सुन्दरता का वर्णन करते हैं। एक अधिक रोमांचक, यथार्थवादी आरम्भ के फ़ौरन बाद ये मनोरंजन पर आधारित विवरणात्मक अध्याय एक परिपूर्ण राजा की छवि रचते हैं, जो क्लासिकल नियमों के अनुरूप हैं। ये विवरण पहले के राजनीतिक तख़्तापलट और हत्या के कलंक को पूरी तरह से धो देते हैं। मूल तर्क को महाकाव्य के अन्त में राज्यश्री और राजधर्म को लेकर एक लम्बी बहस के माध्यम से प्रस्तुत किया गया है। इसमें संस्कृत पदों का भरपूर उपयोग राजनीतिक सन्देश को रेखांकित करने में मदद करता है।[150]

एक आधुनिक पाठक के लिए यह समझने के लिए बहुत प्रयास करने पड़ेंगे कि इस क़िस्म की कविता किस तरह काम करती थी और यह आज क्यों महत्त्वपूर्ण है? रीति साहित्य की जटिलताएँ, संस्कृत अभिव्यक्ति की तकनीक और क्लासिकल दरबारी दृश्यविधान पर इसकी निर्भरता को अक्सर आडम्बर और अतिरेक कहकर ख़ारिज किया जाता है। लेकिन अगर हम इस बात को नहीं समझते कि इस ग्रन्थ द्वारा पेश किये जाने वाले तर्क के लिए यह बात कितनी महत्त्वपूर्ण है कि ऐसे अध्याय इसमें शामिल हैं, और उनके स्वरूप को (और इससे अपरिचित आधुनिक

**पाठकों** को जो बात व्यथित कर देने की हद तक बातूनी लग सकती है) उनके कथ्य से अलग नहीं किया जा सकता है, तब हम उनके मूल मर्म को समझने से चूक जायेंगे। क्योंकि यह भाग महज़ एक कथा में अलग से जोड़ दिया गया सतही हिस्सा नहीं है और न ही यह एक राजनीतिक सत्ता को घृणास्पद रूप से वैध ठहराने की एक चापलूस कोशिश है। बल्कि इससे बहुत अलग, यह उस दरबारीपन का एक समृद्ध और संवेदनशील उत्सव है जिसे बुन्देला राजा अपने काल में विकसित करने के सपने देख रहे थे। सांस्कृतिक प्रतिष्ठा का सवाल बुन्देलों के लिए कोई छोटा सवाल नहीं था, जिनको शुरू-शुरू में दूसरे राजपूत नीची जाति के नौसिखिये कहकर हिक़ारत से ख़ारिज करते थे। जैसा कि बीर सिंह देव ने बड़े कौशल के साथ किया, रणनीतिक गठजोड़ के ज़रिये मुग़लों की प्रतिष्ठा का सहारा लेना अपनी सामाजिक वंचना को दूर करने की एक पद्धति थी। कला, साहित्य और बौद्धिक जीवन को प्रायोजित करना एक और तरीक़ा था। केशवदास अकेले व्यक्ति नहीं थे जो राजसी आत्म-निर्माण की राजा की बहुमुखी कोशिशों में हिस्सा ले रहे थे। इसी दरबार में *वीरमित्रोदय* नाम का ग्रन्थ भी लिखा गया, जो दो लाख पदों के साथ *महाभारत* से दो गुना बड़े आकार का है और सबसे बड़ा धर्मशास्त्र है। मित्र मिश्र ने केशवदास से कुछ समय बाद ही इसकी रचना की थी, जो एक ब्राह्मण परिवार से थे और केशवदास के परिवार की ही तरह हाल ही में ग्वालियर से ओरछा आए थे।[151] चाहे स्थापत्य हो, या ब्रजभाषा का साहित्य, या फिर धार्मिक और सामाजिक आचारों पर संस्कृत ग्रन्थ, राजपाट के क्लासिकल आचारों में इस महान रुचि और सांस्कृतिक उत्कृष्टता के लिए इस प्रवृत्ति ने बीर सिंह देव की हैसियत को अपने राज्य के साथ-साथ पूरे हिन्दुस्तान में स्थापित किया।

## ज्ञान प्राचीन काल का

अपने मशहूर दरबारी कवि की तरह बीर सिंह व्यापक गुणों और रुचियोंवाले व्यक्ति थे। अगर उनके आश्रय में रची गयी कृतियाँ इसका संकेत हैं, तब यह कहा जा सकता है कि वे स्थापत्य और साहित्य के वास्तविक रसिक थे। वे राजाओं के क्लासिकल विधिविधान में पारंगत थे। लेकिन आध्यात्मिकता में भी उनकी एक गहरी रुचि थी। एक राजसी भाषा में भक्ति के उनके सार्वजनिक प्रदर्शन का ज़िक्र किया जा चुका है, लेकिन उन्होंने जो रचनाएँ लिखवायीं, उनमें से कुछ निजी उपभोग के लिए भी थीं। केशवदास की *विज्ञानगीता* उनमें से एक है, जो कृष्ण मिश्र के *प्रबोधचन्द्रोदय* का ब्रज रूपान्तरण है। *प्रबोधचन्द्रोदय* संस्कृत का एक दृष्टान्त

नाट्य है जिसे मूल रूप से ग्यारहवीं सदी में चन्देल दरबार में लिखा गया था।[152] *विज्ञानगीता* एक गम्भीर रचना है, यह वेदान्त के भारतीय दर्शन की एक उद्घोषणा है, जिसका स्वर *रसिकप्रिया* में कृष्ण और गोपियों के लीलामय प्रसंगों या फिर *रामचन्द्रचन्द्रिका* में निहित राजसी तत्त्वों से बहुत अलग है। इस कृति के सौम्य परिवेश को *भगवद्गीता* और *योगवाशिष्ठ* जैसे स्थापित ग्रन्थों से लिये गये और मूल संस्कृत में उद्धृत किये गये अंश और भी गहन बनाते हैं। *वीरसिंहदेवचरित* की तरह, जब कवि को धर्म के बारे में कोई गम्भीर बात कहनी हो, तब संस्कृत उसका पसन्दीदा माध्यम हो जाती है।

इस कृति में पाण्डित्यपूर्ण शैली प्रत्यक्ष रूप से देखी जा सकती है, लेकिन यहाँ भी पण्डित अपने को देशभाषा के एक लेखक के रूप में अपनी पहचान देने से नहीं चूकता। इस बार विनम्रता के अपने परिचित अन्दाज़ को अपनी अभिरुचि के बारे में एक बेबाक़ वक्तव्य के साथ मिलाकर वह अपने पक्ष को मज़बूती देते हुए कहता है :

*तहाँ प्रवास सो निवास मिश्र कृष्णदत्त को*
*अशेष पंडित गुणी सुदास विस्नुभक्त को*
*सुकाशीनाथ तस्यपुत्र विज्ञ कृष्नदास को*
*सनाढ्य कुंभवार अंश वंश वेदव्यास को*

*तिनके केशवदाससुत, भाषा कवि मतिमंद*[153]
*करी ज्ञानगीता प्रगट, श्रीपरमानंदकंद*
*देव देवभाषा करैं नाग नागभाषानि*
*नर होइ नरभाषा करी, गीताज्ञानं प्रमानि*
*मूढ़ लहै जो गूढ़मति, अमित अनंत अगाध*
*भाषा करि तातैं कहों, छमियो बुध अपराध*[154]

एक बार फिर से कवि मतिमन्द होने का दावा करता है, लेकिन यह बात विश्वास करने के लायक़ नहीं है। इस कथा में अनेक ज्ञानी व्यक्तियों का उल्लेख है, भगवान शिव और सरस्वती, ऋषि अगस्त्य और वशिष्ठ उनमें से कुछ हैं। लेकिन स्पष्ट रूप से केशवदास मानते हैं कि उनकी अपनी सलाह नगण्य नहीं है, और इस तरह राजा के गुरु की भूमिका में वे ख़ुद को इस कथा में शामिल करते हैं। बीर सिंह केशवदास से आध्यात्मिक और नैतिक मार्गदर्शन लेते हैं, जिनमें से कुछ को कवि के परिचित संवादों के माध्यम से प्रस्तुत किया गया है। इस ग्रन्थ को देवताओं तथा

महामोह और विवेक के चरित्र-रूपों के बीच संवाद के रूप में रचा गया है।

हमें इस ग्रन्थ के कथ्य पर अधिक ठहरने की आवश्यकता नहीं है, जो वस्तुतः इसके आश्रयदाता के नैतिक और आध्यात्मिक मार्गदर्शन के लिए रचा गया एक ज्ञानकोष है। लेकिन *विज्ञानगीता* एक मज़बूत साक्ष्य है जो न सिर्फ़ केशवदास की बल्कि ब्रजभाषा की अभिव्यक्तिपरक क्षमताओं को उजागर करती है। 1610 तक आते-आते ब्रजभाषा मुख्यतः भक्तिगीतों का ही माध्यम नहीं रह गयी थी, यह साहित्यिक रूपों की एक व्यापक शृंखला का वाहक बन गयी थी, जिसमें सौन्दर्यबोध, काव्य के उन्नत विषय, स्थानीय इतिहास, धर्मशास्त्र, और दर्शन पर ज्ञानपूर्ण प्रबन्ध शामिल थे। केशवदास ने ओरछा दरबार में जो विभिन्न भूमिकाएँ निभायीं, उनकी जानकारी को सम्पूर्ण बनाने में भी *विज्ञानगीता* हमारी मदद करती है। अपने काल के अग्रणी लेखक के रूप में, स्वाभाविक रूप से ही केशवदास जैसे कवि से ओरछा राजाओं के शौर्य और महिमा का उत्सव मनाने की अपेक्षा की गयी होगी। इसलिए उन्होंने राजकुमारों और तवायफ़ों को काव्य-रचना और रसिकता के कौशल सिखाये। उन्होंने अपने पदों के ज़रिये रोज़मर्रा के जीवन को सुन्दर बनाया। उन्होंने अपने आश्रयदाताओं की कुलीनता और राजसी आत्म-प्रस्तुति में योगदान दिया, जो आरम्भिक आधुनिक काल के लिए आजकल के जनसम्पर्क अधिकारी का समकक्ष माना जा सकता है। उन्होंने राजधर्म पर बौद्धिक चर्चा के माध्यम से अपनी प्रजा के प्रति राजाओं को उनके कर्तव्यों की याद दिलायी। उन्होंने आध्यात्मिक मार्गदर्शक की भूमिका भी अदा की।[155] संक्षेप में, अपने फ़ारसी और संस्कृत समकक्षों की ही तरह, ब्रजभाषा के कवि भी दरबार की व्यापक सांस्कृतिक व्यवस्था का अहम अंग थे। श्रेष्ठतम कवि ऐसे परिपूर्ण साहित्यिक थे जो विविध विषयों पर लिख सकते थे और विभिन्न क्षमताओं में अपने आश्रयदाताओं की सहायता कर सकते थे।[156]

*विज्ञानगीता* के साथ ही ओरछा वंश में केशवदास की सेवाएँ समाप्त होती हैं। *वीरसिंहदेवचरित* में अपने संरक्षक की जो अप्रच्छन्न आलोचना हमने देखी थी, अगर उसे एक संकेत के रूप में लें तो सम्भवतः वे 'नई क़िस्म की राजनीति' से तंग आ चुके थे। अब यही राजनीति हाल के दशकों में उनके राज्य पर हावी थी। या शायद वे अपनी उम्र का बोझ महसूस करने लगे थे और क़रीब तीन दशकों में फैले अपने सफल करियर के बाद सेवामुक्त होने के लिए तैयार थे। अपनी कृति का समापन करते हुए वे यही भाव देते हुए दिखाई पड़ते हैं। वे आग्रह करते हैं कि उन्हें

मुक्त किया जाये और पर्याप्त संसाधन दिये जायें ताकि वे गंगातट पर जाकर बस सकें। यह क्लासिकल हिन्दू सोच के मुताबिक़ एक क़िस्म का रिटायरमेंट पैकेज था। दरबार ने उनकी इच्छा पूरी की।[157]

## मुग़ल दरबार के साथ केशवदास का सम्पर्क

केशवदास ने लेकिन फ़ौरन ही लिखना नहीं छोड़ा। वे कुछ समय तक सक्रिय रहे और उन्होंने एक और कृति की रचना की थी, वह थी *जहाँगीरजसचन्द्रिका* (1612)। साफ़ है कि एक कवि के रूप में उनकी अपने पेशे की शुरुआत करने के बाद से काफ़ी कुछ बदल गया था। जहाँ केशवदास की *रतनबावनी* में ओरछा राजकुमार को मुग़लों के ख़िलाफ़ युद्धभूमि में अपनी सेना का नेतृत्व करते हुए दिखाया गया है, उनकी अन्तिम कृति शाही नगर आगरा में एक मुग़ल शहंशाह का महिमागान है।

जैसा कि केशवदास के जीवनवृत्त या उनकी कृतियों के साथ जो अक्सर सवाल होते हैं, *जहाँगीरजसचन्द्रिका* भी सहज रूप से सवाल पैदा करती है कि कवि को मुग़ल दरबार का कितना अनुभव था। शहंशाह जहाँगीर और मुग़ल साम्राज्य के साथ बीर सिंह के नज़दीकी रिश्तों को केशवदास के साथ उनके समकालीन फ़ारसी लेखकों और उनके इस काल के स्थापत्य सम्बन्धी दस्तावेज़ों ने भली-भाँति दर्ज किया है। ओरछा के एक प्रमुख महल जहाँगीर मन्दिर का नाम शहंशाह के नाम पर रखा गया है। आज स्थानीय निवासी दावा करते हैं कि इस इमारत का निर्माण शहंशाह के दौरे के अवसर पर किया गया था (चित्र 1.3)।[158] दूसरे मनसबदारों की तरह, बीर सिंह भी अक्सर आगरा आया करते थे, जहाँ उन्होंने यमुना नदी के तट पर एक भवन बनवाया था। लेकिन जो बात उतनी साफ़ नहीं है वो यह है कि ख़ुद केशवदास का मुग़ल दरबार के साथ सीधे-सीधे कितना रिश्ता था। और जब हम रीतिकाव्य के आरम्भिक विकास को समझने की कोशिश कर रहे हैं, तो ऐसी किसी भागीदारी के किसी प्रमाण का हमारे लिए क्या मतलब होगा। आइए, उपलब्ध प्रमाणों को देखते हैं।

केशवदास ने सीधे-सीधे यह नहीं बताया है कि *जहाँगीरजसचन्द्रिका* लिखने का काम उन्होंने किसके कहने पर किया। ग्रन्थ का नाम भले ही जहाँगीर के नाम पर हो, शायद ख़ुद शहंशाह ने उन्हें इसका ज़िम्मा नहीं सौंपा था। अधिक सम्भावना इस बात की है कि मुग़ल दरबारी इराज शाहनवाज़ खान इस कृति के संरक्षक थे, जिसके संकेत ग्रन्थ की शुरुआत में इराज की प्रशंसा में लिखे गये अंश से मिलता है। यहीं इराज के पिता, मशहूर मुग़ल सेनापति और हिन्दी कवि अब्दुर्रहीम ख़ान-

ए-ख़ानाँ की तारीफ़ की गयी है। साथ ही इराज के दादा बैरम ख़ान की तारीफ़ भी की गई है, जो अकबर के सिपहसालार थे।[159] किताब की प्रस्तावना में केशवदास और इराज ख़ान के बीच में एक विशेष सम्बन्ध के संकेत दिये गये हैं, जहाँ यह युवा मुग़ल-अमीर एक बुज़ुर्ग और समझदार कवि से मार्गदर्शन पाना चाहता है।[160] ग्रन्थ के इतिहास से सम्बन्धित अधिक सटीक अनुमानों के लिए प्रमाण इस ग्रन्थ से अलग दूसरे स्रोतों में मिलते हैं। हम जानते हैं कि जहाँगीर ने 1612 में इराज को शाहनवाज़ खान का ख़िताब दिया था[161], और *जहाँगीरजसचन्द्रिका* की रचना उसी साल की गयी थी। इससे हम यह संकेत पा सकते हैं कि इराज ने यह ग्रन्थ एक तरह से अपना सम्मान ज़ाहिर करने के लिए लिखवाया था। अगर ऐसा है तब हमें इस बात की एक गम्भीर समझ बनानी होगी कि मुग़ल दरबार में ब्रज की क्या जगह थी, और उस माहौल में फ़ारसी शायरी के विशेष दर्जे के बारे में स्थापित समझ पर भी पुनर्विचार करना होगा।[162]

चित्र 1.3 जहाँगीर मन्दिर (ओरछा चित्र : सौजन्य एडवर्ड रॉथफ़र्ब)

इस सन्दर्भ में बात करते हुए यह देखना बहुत प्रासंगिक होगा कि केशवदास ने *कविप्रिया* और *वीरसिंहदेवचरित* की चुनिन्दा कविताओं में अकबर के एक अग्रणी दरबारी और मुग़ल कुलीन बीरबल का किस तरह उल्लेख किया है। उन्हें जिस तरह से पेश किया गया है, उसमें उन्हें एक ज्ञात संरक्षक राजा इन्द्रजीत के बारे में लिखी

गयी कविताओं के बहुत क़रीब रखा गया है। यह दिखाता है कि बीरबल के मामले में भी एक समान रिश्ता स्थापित किया गया था :

*इन्द्रजीत तासों कह्यो, माँगन मध्य प्रयाग।*
*माँग्यो सब दिन एक रस, कीजै कृपा सभाग।।*
*योंही कह्यो जु बीरबर, माँगु जु मन मे होय।*
*माँग्यो तब दरबार में, मोंहि न रोकै कोय।।*
*गुरु करि मान्यो इन्द्रजीत, तन मन कृपा विचारि।*
*ग्राम दये इकबीस तब, ताके पायँ पखारि।।*[163]

हालाँकि इन्द्रजीत ने फ़ौरन उन्हें उदारता के साथ ज़मीन दान में देकर उनके निवेदन को पूरा किया था, हम नहीं जानते कि बीरबल से केशवदास की अपनी इच्छा पूरी हुई थी कि नहीं। लेकिन निवेदन की प्रकृति दिलचस्प है–कवि दरबार में पहुँच हासिल करने का अभिलाषी है। *कविप्रिया* के अध्याय छह में पदों के एक अन्य समूह में दान के विषय को उठाया गया है, वहाँ भी केशवदास ने बीरबल और इन्द्रजीत का उल्लेख एक साथ किया है। यह हिस्सा दोनों की प्रशस्तियों के साथ समाप्त होता है, जिसमें बीरबल की प्रशंसा इस प्रकार की गयी है :

*पाप कै पुंज पखावज केशव शोक के शंख सुने सुखमा मैं।*
*झूठि की झालरि झाँझ अलोक की आवझ जूथन जानी जमा मैं।*
*भेद की भेरि बड़े डर के डफ, कौतुक भो कलि के कुरमा मैं।*
*जूझत ही बरबीर बजे बहु दारिद के दरबार दमामैं।।*[164]

आगे चलकर *वीरसिंहदेवचरित* में लिखा गया एक पद भी इसी तरह से बीरबल की उदारता को याद करता है।[165] *हिन्दी नवरत्न* (1910) में बतायी गयी एक घटना में ऐसा कहा जाता है कि जब अकबर केशवदास के आश्रयदाता इन्द्रजीत पर क्रोधित हो गये थे, तब कवि को आगरा जाना पड़ा था। तब बीरबल ने हस्तक्षेप करते हुए एक करोड़ रुपयों का जुर्माना माफ़ करवाया था। *हिन्दी नवरत्न* आज के अनेक विद्वानों की तुलना में वाचिक परम्पराओं को अधिक महत्त्व देने वाले लेखकों की एक सदी पुरानी हिन्दी आलोचना की एक किताब है। जैसा कि अक्सर ही किंवदन्तियों के साथ होता है, इस घटना की तथ्यात्मक सच्चाई का पता लगाना मुश्किल है (हालाँकि यह सन्देह ज़रूर उठता है कि सोलहवीं सदी के अन्तिम दौर के लिहाज़ से एक करोड़ रुपए की रक़म बहुत अधिक है और शायद इसे बढ़ा-

चढ़ाकर लिखा गया होगा)। लेकिन सम्भव है कि इसमें इन्द्रजीत और बीरबल के बीच सम्बन्ध को लेकर एक-दूसरे क़िस्म की सच्चाई दफ़्न हो। यह बात केशवदास और बीरबल के सम्बन्ध को भी दिखा सकती है।[166] बीरबल का निधन 1586 में हुआ था, इसलिए केशवदास अपने करियर के बहुत आरम्भिक दौर में ही उनसे मिले होंगे। तब अभी उन्होंने अपनी *रसिकप्रिया* जैसी एक आरम्भिक पुस्तक भी नहीं लिखी थी, जो 1591 में पूरी की थी। निस्सन्देह, उनकी भेंट की सम्भावना असम्भव नहीं है तथा बीरबल के बारे में सन्दर्भ वास्तविक हैं और उनकी व्याख्या करने की ज़रूरत है। इसके बावजूद, अगर उनके बीच में जान-पहचान किसी भी तरह से लम्बी चली थी, या उनका केशवदास पर कोई युगान्तरकारी प्रभाव था, तब यह समझना मुश्किल है कि केशवदास के व्यापक रचना-संसार में मुग़ल दरबार के साथ सम्पर्क का इतना कम उल्लेख क्यों है।

एक और परेशान करने वाली समस्या यह है कि उनके नाम की छाप को कैसे समझा जाये। हालाँकि यह समस्या सिर्फ़ केशवदास के रचना-संसार को लेकर ही नहीं है। हिन्दी कवि अक्सर अपने नाम को, या उसके किसी अन्य रूप को, अपने पदों में शामिल करके उन रचनाओं के लेखक होने के संकेत देते हैं। लेकिन केशवदास हमेशा अपना नाम अपनी रचनाओं में नहीं लिखते, ख़ासकर दोहों जैसे छोटे पदों में, जिसमें अप्रासंगिक या बाहरी सामग्री के लिए बहुत गुंजाइश नहीं होती है। छाप का उपयोग लेखक की दृढ़ आस्था पर ज़ोर देने या उसके संकेत देने के लिए किया जा सकता है। अक्सर छाप, अर्थ सम्बन्धी एक विशेष प्रभाव पैदा करता है, जैसा कि 'केशव' के अर्थ में, जिसका अर्थ विष्णु होता है और जो कवि और कृष्ण दोनों के लिए उपयोग में लाया जा सकता है। जैसा कि पहले इसका उल्लेख किया जा चुका है, कभी-कभी केशवदास ख़ुद अ़पनी कहानियों में एक चरित्र की तरह आते हैं, और ऐसे मामलों में यह निर्णय करना कठिन हो सकता है कि उनकी छाप उनके वास्तविक स्वर के संकेत देती है या घटनाओं में उनकी भागीदारी को। स्थिति को और भी दुरूह बनाते हुए, उनके काल में ओरछा-मुग़ल हुकूमतों के बीच राजनीतिक वार्ताओं में नियमित रूप से भागीदारी करने वाले एक मनसबदार का नाम भी केशवदास (मारू) था, और कभी-कभी कवि की छाप असल में उनके सन्दर्भ में इस्तेमाल हुई है। ओरछा के उत्तराधिकार के संघर्ष के दौरान एक बहुत ही उथल-पुथल-भरे पल में, जब बीर सिंह देव भागे हुए हैं और इन्द्रजीत को दरबार में बुलाया जाता है, केशवदास ने एक दोहे का अन्त इस तरह किया है : *"गये आगरें*

*केसवदास।"* इसका मतलब यह हो सकता है कि कवि केशवदास आगरा गये। या फिर इसका मतलब यह भी हो सकता है कि मनसबदार केशवदास मारू आगरा गये। या फिर पहले दोनों शब्दों *'आगरा गये'* को इसके पहले की पंक्तियों के कर्ता के साथ जोड़कर देखा जा सकता है, जिसमें केशवदास का नाम महज़ एक छाप है। हर मामले में यह सम्भव नहीं है कि इस उलझन को निर्णायक रूप से सुलझाया जा सकेगा। केशवदास जब अपने उपनाम मिश्र का भी उपयोग करते हैं (जो वे बहुत कम ही करते हैं), सिर्फ़ तभी यह घटनाओं में उनकी भागीदारी का एक स्पष्ट संकेतक होता है।[167] एक बात साफ़ है कि कवि मुग़ल दरबार में अपनी भागीदारी को शायद ही कभी प्रमुखता से प्रस्तुत करते हैं। यह बताना भी मुश्किल है कि वे कभी मुग़ल दरबार गये भी थे, और यही तथ्य इस बात के संकेत देता है कि या तो उनका जीवन मुग़ल दरबार से अधिकतर प्रभावित नहीं था, या फिर वे इस मामले पर बात नहीं करना चाहते थे।

न ही केशवदास की रचनाओं के माध्यम से मुग़ल हुकूमत और संस्कृति के साथ उनके विशेष सम्पर्क के संकेतों का पता लगाना कोई आसान काम है। अगर वे फ़ारसी लेखकों से घिरे हुए थे या उन्होंने रूमी और हाफ़िज़ जैसे शायरों की शायरी सुनते हुए कुछ समय बिताया होगा, तो ऐसा नहीं लगता है कि उन्होंने इसमें से कुछ ख़ास आत्मसात् किया था। निश्चित रूप से यह ऐसा कोई प्रभाव नहीं ही था, जिसने साहित्यिक बदलाव को कोई दिशा दी हो। आख़िरकार संस्कृत के बजाय ब्रजभाषा में लिखना एक महत्त्वपूर्ण बदलाव था। केशवदास ने अपना अधिकतर प्रशस्ति-काव्य उसी शैली में लिखा जिसे उन्होंने अपने आरम्भिक काव्य ग्रन्थों में विकसित किया था। इसमें इराज ख़ान और शहंशाह पर लिखा गया काव्य भी शामिल है। असल में एक ऐसे शैलीगत या विषयगत अन्तर के एक स्पष्ट मानदण्ड को खोजना व्यर्थ ही था, जो जहाँगीर जैसे एक 'मुसलमान' शहंशाह और राम या बीर सिंह देव जैसे एक 'हिन्दू' राजा के साहित्यिक चित्रणों को अलग-अलग दिखा सके।[168] कवि अधिकतर पहले से प्रतिष्ठित दृश्यविधान का पालन करते हैं—जैसे कि जब वे जहाँगीर को राम के सदृश दिखाते हैं। इसके लिए उनकी बहादुरी और राजसी सम्पूर्णता पर ज़ोर देने के लिए एक ऐसी साहित्यिक युक्ति की मदद लेते हैं जो कुछ-कुछ घिसी-पिटी सी है :

*जाके घोर दुंदुभी घनाघन घूमतहीं उजबक उलूक जवासे ज्यौं जरत हैं।*
*जाके बंदी मोरनि मैं बिक्रम को सोर सुनि ब्यालनि ज्यौं दिकपाल धीर न धरत हैं।*

*'केसौदास जाके मुखचन्द के प्रकास सब चक्रवर्ति चक्रवाक चंपेई मरत हैं।*
*जालिम जलालदीन-सुत जहाँगीर साहि जाकी संक लंकनाथ संकिबो करत हैं।।*[169]

इस बार राजसी विवरण के लिए केशवदास के अपने निर्देशों पर क़ायम रहते हुए शहंशाह की सल्तनत को विशिष्ट भौतिक विशेषताओं के रूप में नहीं दिखाया गया है जैसे कि सजीले बाग़ और स्थापत्य, जिसके लिए मुग़ल मशहूर थे। बल्कि स्थापित साहित्यिक झलकियों और प्राचीन संस्कृत शैली के अलंकारों में साम्राज्य को चित्रित किया है, जो नैतिक रूप से एक सम्पूर्ण सार्वजनिक सुख की तस्वीर है :

*नगर-नगर पर घनई तौ गाजें घोरि ईति की न भीति-भीति अधन अधीर की।*
*अरि नगरीनि प्रति करत अगम्यागौन भावै बिभिचारी जहाँ चोरी पर पीर की।*
*भूमिया के नाते भूमिधर ही तो लेखियतु दुर्गनि ही केसौदास दुर्गति सरीर की।।*
*गढ़नि गढ़ोई एक देवता हीं देखियतु ऐसी रीति राजनीति राजै जहाँगीर की।।*[170]

यह आख़िरी छन्द एक-दूसरे स्वरूप में, बहुत ही थोड़े से बदलाव के साथ *कविप्रिया* में आ चुका है, जहाँ राज्यश्री-भूषण के प्रसंग में कवि अपने पाठक कवियों को राजसी महिमा से सम्बन्धित साहित्यिक छवियों की रचना करने के निर्देश देते हैं। *कविप्रिया* की मूल कविता राम के बारे में है। लेकिन पद को नये मुग़ल सन्दर्भ में रूपान्तरित करते हुए केशवदास ने बड़ी सुविधा के साथ 'रघुबीर' की जगह 'जहाँगीर' लिख दिया।[171] आधुनिक हिन्दी आलोचनाओं में इस तरह की साहित्यिक युक्तियों को 'रीति की' बेकाबू हो चुकी 'समस्या' के रूप में देखने की प्रवृत्ति है। वहाँ इसे आलस्य, रूढ़िवादिता और भारतीय दरबारी कवि की एक शर्मनाक चापलूसी के रूप में देखा जाता है। लेकिन ऐसा करते हुए ये आलोचनाएँ एक बहुत ही महत्त्वपूर्ण बिन्दु से चूक जाती हैं। वह यह कि केशवदास ने इस काव्यात्मक रूप से समृद्ध, परम्परागत शैली में जहाँगीर की छवियों को रचा, या वे ऐसा कर सके, क्योंकि मुग़ल शासन एक पूरी तरह से रोज़मर्रा की सामान्य बात बन चुकी थी और कवि के लिए हिन्दू धर्म और राजपाट की परम्परागत संस्कृत ज्ञान व्यवस्था के तहत यह हुकूमत पूरी तरह समझ के दायरे में आती थी।[172]

अपनी विषयवस्तु और अपनी पृष्ठभूमि के बावजूद, *जहाँगीरजसचन्द्रिका* अपने मर्म में एक हिन्दू-केन्द्रित ग्रन्थ है। तब भी जब कवि ने मुसलमान शासकों और सूफ़ियों का चित्रण किया है। जब एक क़ाज़ी जहाँगीर को दुआएँ देते हैं, तो यह राम के बेटों लव और कुश की तरह विजय प्राप्त करने की दुआ होती है। एक शेख़ शहंशाह की उग्र ताक़त की उपमा देवी काली से करते हैं।[173] इसी दृश्य में जहाँगीर

को हिन्दू देवताओं की पूजा करते हुए दिखाया गया है। एक पल के लिए ऐसा लगता है मानो शहंशाह आगरा में अपने दरबार के सामने नहीं बल्कि वृन्दावन के किसी मन्दिर में एक प्रतिमा के सामने खड़े हों। जिसमें वे अगरबत्ती जलाते हैं, आरती करते हैं और देवताओं को भोग लगा कर उनकी आराधना करते हैं जो बस अभी-अभी उनके सामने उपस्थित हुए हैं।[174] ऐसे दृश्य न सिर्फ़ जहाँगीर द्वारा वृन्दावन के एक दौरे के बारे में उपलब्ध एक वर्णन को देखते हुए विरोधाभासी लगते हैं, जिसमें कहा गया है कि वे पूरे समय चमगादड़ों की गन्ध की शिकायतें करते रहे थे,[175] बल्कि उनके कुछ मुसलमान दरबारियों को ऐसे पद पूरी तरह क़बूल नहीं हुए होंगे। इसलिए कि इनमें मूर्तिपूजा के विरोध के सबसे बुनियादी इस्लामी नियम को उलट दिया गया है। केशवदास के लेखन से हम नहीं जान सकते हैं कि क्या वे इस्लाम के बारे में कुछ जानकारी रखते थे।

*जहाँगीरजसचन्द्रिका* में कुछेक जगहें ऐसी हैं, जहाँ केशवदास का दृश्यविधान बनी-बनायी मानक शैलियों से विचलित होता है। ऐसा करते हुए वे अपने संस्कृतनिष्ठ भाषाई भण्डार में छोटे-मोटे बदलाव करते हैं जो गहरे महत्त्व के हैं। तब वे भाषाई मिलन और बहुसंस्कृतिवाद की एक आरम्भिक झलक देते हैं जो आगे चलकर रीति साहित्य की एक विशेष पहचान बनने वाली थी।[176] यहाँ संस्कृत काव्य की तर्ज़ पर दोहे बनाये गये हैं और बहुआयामी शैली में कहीं-कहीं असामान्य रूप से फ़ारसी-अरबी शब्द पिरोये हुए हैं। जैसे कि जब जहाँगीर को *"आलम पनाह कुल्ली आलम के आदमी"* कहा गया है, या फिर जब उनके बेटे शहज़ादा ख़ुसरो को *"खलक की ख़ूबी को ख़ज़ानो"* कहा गया है।[177] फ़ारसी में पगी हुई अन्य अभिव्यक्तियाँ केशवदास की क़लम के लिए स्वाभाविक नहीं थीं। उनके रचना-संसार को देखते हुए ये उपयोग विलक्षण हैं और ऐसा लगता है सावधानी के साथ अध्ययन करते हुए उनका उपयोग किया गया है। फ़ारसी-अरबी शब्दावली का कुशलता के साथ उपयोग करने की वजह से यह ग्रन्थ 'मुग़लीकृत' मालूम पड़ता है। यह एक नयी क़िस्म की फ़ारसीकृत ब्रज की प्रशस्ति शैली की दिशा में एक प्रयास था।

यहाँ ज़रा-सी फ़ारसी मुग़ल दरबारी माहौल की याद दिलाती है, लेकिन तब भी यह प्रयोग फ़ारसी संस्कृति के साथ केशवदास की भागीदारी के बारे में बहुत कुछ नहीं बताता। और फिर वे यह शैली उनके करियर के बहुत अन्तिम दौर में अपनाते हैं। कवि ज़रूर दीवान-ए-ख़ास और दीवान-ए-आम का उल्लेख करते हैं।[178] इस ग्रन्थ में बीस से अधिक ज्ञात राजकुमारों, राजाओं, और कुलीनों की प्रशस्ति के पद

शामिल हैं। जब मुख्य किरदारों में से एक उदय नामक व्यक्ति ऐसा कहते हैं कि "मान सिंह की बाईं तरफ़ वह सुन्दर राजा कौन है जो [शाहज़ादा] परवेज़ से बातें कर रहा है?" तब ऐसा यक़ीन करने की इच्छा होती है कि केशवदास ने जिन चीज़ों का वर्णन किया है, उनमें से कुछ उन्होंने अपनी आँखों से देखा होगा। मुमकिन है कि आख़िरकार बीरबल ने उनकी मुग़ल दरबार में जाने की मनोकामना पूरी की हो।

इस ग्रन्थ के अन्त में दिये गये कुछ पद विशेष रूप से रुचिकर हैं, जहाँ केशवदास कथा में ख़ुद को भी शामिल करते हैं। *विज्ञानगीता* की ही तर्ज़ पर, कवि एक बार फिर से गंगातट पर जाकर बसने और त्याग व ध्यान का जीवन जीने की कामना व्यक्त करते हैं। जहाँगीर केशवदास से कहते हैं कि वे उनकी रचना से बहुत खुश हैं (तुव कविता सुख पाय) और उन्हें भरपूर इनाम देते हैं।[179] महज़ दो वर्षों के अन्तराल में लिखी गयी इन दो कृतियों में समान प्रसंगों को लिखने को क्या महज़ एक साहित्यिक सूत्र के रूप में मान लेना चाहिए, जो कवि की महज़ एक कपोल कल्पना थी, या फिर यह उनकी सेवानिवृत्ति की योजना का एक और प्रमाण है? जैसा कि पता लगता है, इसके बाद हमें केशवदास की कोई खोज-ख़बर नहीं मिलती।[180] शायद ऐसा सच में हुआ होगा कि केशवदास ने मुग़ल दरबार में अपनी कविता सुनाई होगी और शहंशाह से (और उसके पहले बीर सिंह देव से) एक बख़्शीश हासिल की होगी जो उनकी सेवानिवृत्ति के दिनों के लिए पर्याप्त रही होगी।

## निष्कर्ष

केशवदास को उचित ही पहला रीति कवि माना जाता है। इस अध्याय में दिखाया गया है कि केशवदास का साहित्यिक रुझान किस हद तक ऐसे एक अनुमान का समर्थन करता है। निश्चित रूप से स्थानीय भाषा की एक प्रमुख दरबारी परम्परा बिना किसी आधार के अचानक जन्म नहीं ले सकती थी, और इस काल में केशवदास की सफलता में पहले से मौजूद कई कारकों ने योगदान दिया। इसमें से एक सम्भावना संस्कृत काव्य की लम्बी परम्परा थी, जो 'उच्चाधिकार' (सुपरपोज़ीशन) की भाषा के रूप में काम आ सकती थी। वह एक आदर्श प्रस्तुत करती थी, जिसका पालन किया जा सकता था, और उसमें एक गरिमामय अन्दाज़ था जिसने नयी-नयी पनप रही देशभाषा के साहित्य को विश्वसनीयता दी।[181] केशवदास की पारिवारिक पृष्ठभूमि ने उन्हें भाषा कविता की एक नयी परम्परा को स्थापित करने के लिए एक सर्वोत्तम उम्मीदवार बना दिया। साल 1523 तक तोमर दरबार के बिखराव ने उनके पूर्वजों को ओरछा पहुँचाया। वे संस्कृत परम्पराओं के बीच पले-बढ़े, जिसने

हिन्दी और क्षेत्रीय भाषा के उस दरबार को अतुलनीय आभा पहुँचाने में मदद की, जहाँ वे सेवारत थे।

यह वह विरासत थी, जिस पर केशवदास को बहुत गर्व था। भले ही उन्होंने अपनी पारिवारिक परम्परा का पालन नहीं किया। संस्कृत और ख़ासकर साहित्यिक सिद्धान्तों का उनका ज्ञान उनके काम में गहराई से रच-बस जाने वाला था, लेकिन कोई ऐसी बात रही होगी, जिसने उन्हें अपने पूर्वजों की भाषा के बजाय ब्रज में लिखने का विचार भरा होगा। वृन्दावन में लोकप्रिय नयी भक्ति शैलियों की जानकारी निश्चित रूप से इनमें से एक वजह हो सकती है। विशेषकर यह देखते हुए कि दरबार ने वैष्णववाद को अपना लिया था और मधुकरशाह का जुड़ाव अग्रणी ब्रज कवि हरिराम व्यास के साथ था। आरम्भिक ब्रज रचनाओं में पद लिखे जाते थे, लेकिन इसमें ऐसे अनेक औपचारिक ग्रन्थ भी लिखे गये, जो केशवदास से कुछ दशक पूर्व उनके कामों का पूर्वाभास देते हैं। कृपाराम की *हिततरंगिणी* और नन्ददास की *रसमंजरी* दो ऐसी पुस्तकें हैं जो रीतिग्रन्थ विधा का अग्रदूत थीं। उन्होंने हिन्दी साहित्य, संस्कृति को क्लासिकल रूप देने और विस्तार की दिशा में मार्ग प्रशस्त किया था, जो आगे चलकर केशवदास की विशिष्टता और उनका रचना-संसार बनने वाला था। यह बात अलग है कि उन आरम्भिक रचनाओं में केशवदास की आगे आने वाली व्यापक पहलक़दमियों जितनी जटिलता नहीं मिलती है और वे उस पैमाने पर नहीं लिखी गई हैं। नन्ददास और उनके वरिष्ठ समकालीन कवि हरिराम व्यास ने भक्ति-ग्रन्थों, विशेषकर *भागवतपुराण* को, नये स्थानीय पाठक-श्रोता समूह के लिए रूपान्तरित किया था। इसने ब्रजभाषा को औपचारिक लेखन के एक माध्यम के रूप में विकसित करने में योगदान दिया। एक और ब्रज कवि हित हरिवंश ने अपने पदों में भारी संस्कृतनिष्ठ शैली का उपयोग किया, लेकिन उन्होंने अपनी कुछ कृतियाँ संस्कृत में लिखीं जो बताता है कि वे अपनी अभिव्यक्ति की सभी ज़रूरतों के लिए भाषा पर पूरा भरोसा नहीं कर सके।[182]

सम्भव है कि केशवदास को पन्द्रहवीं शताब्दी में ग्वालियर में विष्णुदास द्वारा रचे गये दो उल्लेखनीय भाषा महाकाव्यों *पांडवचरित* (1435), और *रामायणकथा* (1442) की जानकारी रही हो। हालाँकि इन दोनों ग्रन्थों का सोलहवीं सदी की ब्रज रचनाओं के साथ कोई सीधा सम्बन्ध नहीं था, और ऐसा लगता है कि आधुनिक काल तक वे अधिकतर भुला दिये गये थे। लेकिन यह देखना उल्लेखनीय है कि केशवदास के एक सदी से भी अधिक पहले समान रूप से हिन्दी की एक बोली

में कविता के प्रमाण मिलते हैं। ये ग्रन्थ उसी दरबार में रचे गये, जहाँ के बारे में हम जानते हैं कि केशवदास के पूर्वज अक्सर जाया करते थे।[183] इसके कोई संकेत नहीं हैं कि केशवदास के पूर्वजों ने देशभाषा में कभी कोई एक शब्द भी लिखा हो। लेकिन देशभाषा में परिष्कृत अभिव्यक्ति का एक सुषुप्त-सा बोध शायद मिश्र परिवार के साथ ग्वालियर से अपने नये घर ओरछा के दरबार तक आया हो। और शायद इसने सोलहवीं सदी के अन्तिम काल में केशवदास के लिए ब्रजभाषा के चुनाव को सम्भव बनाया हो।

ग्वालियरी विरासत का एक और क्षेत्र ब्रजभाषा में दरबारी अभिव्यक्ति से बहुत नज़दीकी रूप से जुड़ा हुआ है। यह क्षेत्र संगीत का है, जो केशवदास के लिए उतना प्रासंगिक नहीं है। मान सिंह तोमर (शासनकाल 1486-1516) के दरबार को एक ऐसी जगह माना जाता है, जहाँ ध्रुपद गायकी की प्रतिष्ठित विधा का आविष्कार हुआ था। इसका भारी आकर्षण ही मुग़ल शासकों में ब्रजभाषा और इसके साहित्य के प्रति आसक्ति की एक बड़ी वजह थी।[184] इन ध्रुपद शैलियों का एक आरम्भिक सम्बन्ध भक्ति आन्दोलन के समूह गायन की परम्पराओं के साथ भी था। असल में एक दावा तो यह भी किया जाता है कि ध्रुपद का आविष्कार स्वामी हरिदास ने किया था, जिन्हें इस किताब में आरम्भिक वैष्णव समुदाय के सबसे महत्त्वपूर्ण ब्रज लेखकों में से एक बताया गया है। ऐसा कहा जाता है कि वे न सिर्फ़ ध्रुपद के जन्मदाता थे, बल्कि वे अकबर के मशहूर दरबारी गायक तानसेन के शिक्षक भी थे। एक विद्वान के अनुसार, "अधिक सम्भावना इस बात की लगती है कि वे समकालीन थे, जिन्होंने सीधे-सीधे या अप्रत्यक्ष रूप से, ग्वालियर के तोमर शासकों के दरबार से जुड़े संगीतकारों से ध्रुपद गाना सीखा था।"[185] ध्रुपद की उत्पत्ति के बारे में सच्चाई जो भी हो, यह तो निश्चित है कि तोमर दरबार का परिवेश उर्वर था, जहाँ नयी सांस्कृतिक सम्भावनाएँ जन्म ले रही थीं। और उनका अपने काल के संगीत और काव्य दोनों के लिए ख़ासा महत्त्व था। भले ही केशवदास की रचनाएँ भक्ति-गीतों की तर्ज़ पर कभी संगीत-परम्परा का हिस्सा नहीं बन पायीं, यह याद करने लायक़ एक बात है कि कवि ने अपनी *कविप्रिया* का आरम्भ करते हुए इन्द्रजीत के दरबार की सांगीतिक संस्कृति की प्रशंसा की है।[186]

देशभाषा के दरबारी कवियों के लिए नयी सम्भावनाएँ पैदा करने की आंशिक जिम्मेदारी मुग़लशक्ति के उभार की भी है। चाहे कोई ग्वालियर और ब्रजमण्डल में कितने भी पूर्वसंकेतों की तलाश कर ले, इस विचार के लिए कहीं अधिक मज़बूत

आधार मौजूद है कि ब्रजभाषा की दरबारी शैली विशेष रूप से मुग़लकाल का उद्यम है। केशवदास सोलहवीं सदी के जिस उत्तरार्द्ध में वयस्क हुए, वह अकबर के लम्बे शासनकाल का दौर था, जिसने ऐसी स्थितियों को जन्म देने में मदद की, जिसमें ब्रज की दरबारी संस्कृति फल-फूल सकती थी। केशवदास की यात्रा का मार्ग दिखाता है कि कैसे दरबारी जीवन के व्यापक होते क्षेत्र में ब्रजभाषा का साहित्य एक प्रमुख उपस्थिति बन गया। यह एक महानगरीय भाषा के रूप में अपने पहले क़दम रख रही था। यह संस्कृत से सहारा ज़रूर ले रहा था लेकिन इसका दरबारी चलन नयी भाषा की चाल में ढला हुआ था। केशवदास के बुन्देले पूर्वज एक उच्च पद के आकांक्षी घराने से आते थे जिनके सरोकार एक उभरती हुई मुग़ल-सत्ता के बन्दोबस्त में अपनी भी एक हैसियत हासिल करने से जुड़े हुए थे। राजसी क्लासिसिज़्म के मुहावरे में उनका गहन निवेश इन नयी सांस्कृतिक और राजनीतिक आकांक्षाओं को स्वर देता था जिसे बीर सिंह देव के मामले में साफ़ तौर पर देखा जा सकता है। हालाँकि इस काल में रीति साहित्य अभी भी अविकसित अवस्था में ही था, लेकिन इसने एक स्थानीय मुहावरे में राजपूत मूल्यों का दावा करने के एक नये मार्ग के संकेत दे दिये थे। यह मुहावरा प्रधान रूप से अभी भी ब्राह्मणवादी ही था। यह ब्रज क्लासिसिज़्म एक ऐसा दरबारी रचनासंसार था, जो 1600 के आसपास बुन्देलों की सांस्कृतिक ज़रूरतों से भली-भाँति मेल खाता था। और सोलहवीं सदी में आगे चल मनसबदारी दरबारों में यह और परवान चढ़ने वाला था।[187]

यह दावा करना बेवक़ूफ़ी का काम होगा कि रीतिकाव्य का आरम्भ किसी बिन्दु पर हुआ था। हिन्दी के साहित्य इतिहास की अगर कोई समय-रेखा बनायें, तो इसका प्रस्थान किसी एक बिन्दु से नहीं बल्कि एक लम्बी रेखा से ही शुरू होगा। सम्भव है कि केशवदास स्वयं यह ठीक-ठीक बताने की स्थिति में नहीं होते कि उनके लेखन में क्या नया था, और जैसा कि मैंने *रसिकप्रिया* और *रामचन्द्रचन्द्रिका* दोनों के मामलों में ज़ोर दिया है, उनके काव्य को भक्ति और रीति दोनों क़िस्म की संवेदनाओं के लिए पढ़ा जा सकता है। इसके बावजूद, शुरुआतों के बारे में बोलने का एक अपना मूल्य होता है और ऐसी बातें विचारोत्तेजक होती हैं। यह निर्विवाद है कि सत्रहवीं सदी की ब्रज साहित्यिक संस्कृति में ऐसे तत्त्व थे जो सोलहवीं सदी में नहीं थे। चाहे इन्हें छन्द या अलंकारशास्त्र या विधाओं जैसी रूपात्मक विशेषताओं के आधार पर मापा जाये, या फिर रचनाकर्म के व्यापक आचार के आधार पर, या फिर राज्याश्रय के विविधतापूर्ण सन्दर्भों के आधार पर।

हम निजी प्रतिभा और रचनात्मकता जैसे गुणों की अनदेखी भी नहीं कर सकते हैं, जिनको मापना उस तरह से सम्भव नहीं है। ऐसा क्यों है कि आरम्भिक आधुनिक भारत में साहित्य के रसिकों द्वारा केशवदास की रचनाओं को इतनी उत्सुकता के साथ पढ़ा और संगृहीत किया जाता था, जबकि उनके भाई बलभद्र मिश्र को आमतौर पर भुला ही दिया गया है, जो समान सांस्कृतिक परिवेश का हिस्सा थे और जिन्होंने ब्रजभाषा में कुछेक छोटी रचनाएँ रचीं?[188] केशवदास के पूर्वजों में कोई भी कवि नहीं था। वे संस्कृत के विद्वान और पण्डित थे। संस्कृत के ज्ञान जैसे सांस्कृतिक संसाधनों की उपलब्धता, ग्वालियर में दरबारी जीवन की ऐतिहासिक स्मृति, या ब्रज की भक्ति-परम्परा ने सीधे-सीधे केशवदास की कविता को सम्भव नहीं बनाया। अहम बात यह है कि केशवदास ने इन तत्त्वों के साथ किया क्या। ओरछा ने विशेष बौद्धिक संसाधन मुहैया कराये और केशवदास ने उनको आधार बनाते हुए साहित्यिक संस्कृति को एक नयी दिशा में विस्तार दिया।

इस अध्याय में मुख्य रूप से ओरछा के एक सूबाई राज्य में होने वाली साहित्यिक गतिविधियों पर ध्यान केन्द्रित किया गया। केशवदास के नवोन्मेषों के बाद, और निस्सन्देह उनके परिमाणस्वरूप, ब्रजभाषा कविता के संसार को व्यापक रूप से विस्तार मिला। भौगोलिक अर्थ में यह सच है कि व्यापक हिन्दुस्तान के दरबारों में रीतिकाव्य बड़ी जल्दी एक अभिलाषा की वस्तु बन गया। लेकिन यह ब्रजभाषा की अभिव्यक्तिपरक क्षमता के अर्थ में भी सच है। इस बात का महत्त्व तब समझ में आता है जब हम आगे चलकर इस भाषा की सौन्दर्यबोधीय शक्ति को देखते हैं। यह देखते हैं कि यह भाषा कैसी सांस्कृतिक प्रतिध्वनियों को उत्पन्न करती है, और इससे किस तरह की विमर्शात्मक भूमि विकसित होती है। क्योंकि यही वे कारण थे जिन्होंने ब्रजभाषा को मुग़ल भारत के व्यापक विस्तार में दरबारी आश्रयदाताओं और कवियों के आस्वाद और आकांक्षाओं के लिए एक उपयुक्त माध्यम बना दिया।

## सन्दर्भ :

52. केशवदास के पूर्वजों के बारे में विवरण के लिए मुख्य स्रोत *कविप्रिया,* अध्याय 2; *रामचन्द्रचन्द्रिका,* 1.4; *विज्ञानगीता,* 1.5 हैं।
53. आर.एस. मैकग्रेगर ने निश्चित रूप से यह सही कहा है कि केशवदास की आत्म-आलोचनापूर्ण टिप्पणियाँ 'केवल नाममात्र के लिए' हैं (2003 : 928)। वास्तव में, केशवदास एक दूसरी जगह मंदबुद्धि होने के अपने दावों का खण्डन करते हुए ख़ुद को

सुमति (बुद्धिमान) कहते हैं। उदाहरण के लिए देखें *वीरसिंहदेवचरित,* 1.3। साहित्यिक अक्षमता के इस व्यापक भारतीय स्वरूप के अन्य उदाहरणों की चर्चा पॉलक 2006 : 320 नोट–67, 395; यशचन्द्र 2003 : 578 नोट 19 में की गयी है। केशवदास के समकालीन तुलसीदास के उदाहरणों में *रामचरितमानस* 1.9, 1.10, 1.100, 1.103 शामिल हैं (इनमें से पहला आगे उद्धृत किया गया है)।

54. बुश 2004

55. 'संस्किरित (जानीय) कूपजल, भाखा बहता नीर।' इस कहावत के कई रूप मौजूद हैं। खड़ी बोली में प्रकाशित संस्करण के लिए, प्रकाश 2006 : 55 देखें।

56. तुलसी अपने *रामचरितमानस* के प्रत्येक सर्ग की शुरुआत संस्कृत में प्रार्थनाओं की एक श्रृंखला से करते हैं। उन्होंने संस्कृत *अध्यात्मरामायण* से भी प्रेरणा ली। अन्य सम्भावित 'देववाणी' स्त्रोतों में प्रसन्नराघव और शायद *भागवतपुराण* में भी राम के बचपन से सम्बन्धित प्रसंग शामिल हैं। लुटगेनडॉर्फ़ 1991 : 7

57. *रामचरितमानस,* 1.9। विजयपाल सिंह (1998 : 51) द्वारा उद्धृत; तुलना करें लुटगेनडॉर्फ 1991 : 8। प्रामाणिक तुलसी टीका मानस पीयूष (पृष्ठ 190) के अनुसार, कोरे पृष्ठ पर लिखने (कागद कोरे) का सन्दर्भ शुद्ध हृदय से ली गयी गम्भीर शपथ का बोध कराता है।

58. तुलसी की रचनाओं की पूर्ववर्तियों में संस्कृत उदाहरणों के साथ-साथ अवधी में सूफ़ी लेखन की दो शताब्दियाँ भी मौजूद थीं, जो भारतीय सौन्दर्य सिद्धान्त के साथ एक जटिल जुड़ाव को दिखाती हैं, जिन्हें बौद्धिक और आध्यात्मिक संवादों के अंग के रूप में देखा जाना चाहिए जो भक्ति की अभिव्यक्ति के नये तरीक़ों को जन्म दे रहे थे। देखें एंटविस्टल 1987 : 42–43; डी ब्रूजन 2005; बेहल 2007

59. ब्रज के पुनरुद्धार और सोलहवीं शताब्दी में अनेक वैष्णव परम्पराओं के उद्‌भव के बारे में देखें एंटविस्टल 1987 : 136–73; वांडेविल 1996 : 47–71। आरम्भिक ब्रज साहित्यिक परिवेश का एक अच्छा परिचय पॉवेल्स 2002 : 1–12 में है।

60. आरम्भिक ब्रज लेखकों की पाण्डुलिपि परम्पराएँ, प्रदर्शन में उनके उपयोग की अत्यधिक पुष्टि करती हैं (ऐसे संकेत रीतिग्रन्थों में लगभग पूरी तरह से अनुपस्थित हैं)। उदाहरण के लिए, हित हरिवंश के चौरासी पद (चौरासी छन्द) को गठित करने वाली मुख्य संरचना राग है और रचना के एक हिस्से में चौपाइयों के प्रति झुकाव ध्रुपद से इसके सम्बन्ध की ओर संकेत करता है (स्नेल 1991बी : 312, 329 नोट 1); सूर पर, देखें हॉली 1984 : हरिराम व्यास पर, देखें पॉवेल्स 2002 : 33–35। सिख परम्परा के कई भजन भी रागों से जुड़े हैं (मान 2001 : 5)।

61. वल्लभ सम्प्रदाय द्वारा सूरदास को अपनाये जाने पर देखें हॉली 1984 : 5–20

62. ब्रायंट 1982

63. देखें पिंच 2002

64. देखें *हिततरंगिनी,* पद 308 (मैकग्रेगर 1984 : 124 में उल्लिखित)। सुधाकर पाण्डे (1969 : 42–44) और उमाशंकर पाठक (1999 : 141) ने भी तर्क दिया है कि कृपाराम ओरछा से थे।

65. 1541 का आँकड़ा देने वाले क्रोनोग्राम पर विवाद है, लेकिन जैसा कि आर.एस. मैकग्रेगर ने उल्लेख किया है, किसी भी तर्क ने इस प्रारम्भिक तिथि को अन्तिम रूप से ग़लत साबित नहीं किया है (1984: 124)। इस ग्रन्थ के तिथि-निर्धारण की एक हालिया चर्चा यादव 2008 : 18-19 है।

66. पाण्डे 1969 : 43, 60

67. पॉवेल्स 2002 : 19-20, 106-9; *दो सौ बावन वैष्णवन की वार्ता*, पृ. 348-49; *भक्तमाल*, पृ. 731

68. मैकग्रेगर ने गौड़ीय और राधावल्लभी दोनों प्रभावों का उल्लेख किया है (1984 : 124)। कोल्फ़ इस प्रक्रिया को 'अखिल भारतीय सरोकारों में भागीदारी' के एक नये स्तर के रूप में देखते हैं (2002 : 121)।

69. नीमान 1983; पॉवेल्स 1996। अवधी में एक और भी पुरानी स्थानीय भाषा में लिखी गयी भागवत का श्रेय ललच कवि को दिया जाता है। मैकग्रेगर 1984 : 96-99 देखें। मैं इस सन्दर्भ के लिए फ्राचेस्का ऑर्सीनी की आभारी हूँ।

70. एंटविस्टल 1987 : 175; गुप्ता 2001 : 1-2; कोल्फ़ 2002 : 121; रोथर्ब 2009 : अध्याय।

71. ओरछा के शासक भारतीचन्द और इस्लाम शाह सूर (शासनकाल 1545-53) के बीच झड़पों का उल्लेख केशवदास ने *कविप्रिया*, 1.19-20 में किया है।

72. मधुकर शाह को पहले 1577 में और फिर 1588 में मुग़लों को क्षेत्र सौंपने के लिए मजबूर किया गया था (एंटविस्ल 1987 : 175, *अकबरनामा से लिया गया*)। बदायूँनी ने उन्हें 1583 से विद्रोही के रूप में उल्लेख किया है (*मुतख़ब अल-तवारीख़*, 2: 378-79)।

73. केशवदास की रचनाओं की सटीक संख्या के बारे में कुछ भ्रम है, मुख्यत: क्योंकि *बारहमासा और नख-शिख* (जो *कविप्रिया* के क्रमश: अध्याय–10 और 14 का हिस्सा हैं) कभी-कभी *कविप्रिया* से स्वतंत्र रूप से प्रसारित होते थे। केशवदास को एक अतिरिक्त शिख-नख का श्रेय दिया जाता है, जो अट्ठाईस छन्दों की एक छोटी रचना थी, जिसे विश्वनाथप्रसाद मिश्र ने अपनी *केशवग्रन्थावली* में शामिल किया था। मिश्रा 1959ए : 7–8 देखें।

74. *वीरसिंहदेवचरित*, 2.42 में रतनसेन को मधुकर शाह का चौथा पुत्र बताया गया है। (केशवदास ने ओरछा के राजकुमारों की सूची जिन दो स्थानों पर दी है, *वीरसिंहदेवचरित*, 2.39-50 और *कविप्रिया*, 1.27-30, उनमें कुछ विसंगतियाँ हैं।)

75. अजीब बात यह है कि पहली दृष्टि में राम को 'गोपाल' कहा गया है। *रतनबावनी*, पद 8।

76. *रतनबावनी*, पद 9

77. वही, पद 17

78. अकबर ने पद 52 में रतनसेन की बहादुरी की सराहना की है।

79. हाइडी पॉवेल्स (2009) ने हाल ही में रतनबावनी की घटनाओं का सम्बन्ध 1577-78 के ओरछा पर उस मुग़ल आक्रमण के साथ क़रीबी से जोड़ने की सटीक पैरवी की है, जैसा कि अबुल फ़ज़ल के अकबरनामा के अध्याय 41 में बताया गया है। मैकग्रेगर (1984 : 129)

इस काम को 'एक काव्यात्मक अभ्यास' के रूप में देखने से सन्तुष्ट थे, जिसका उद्देश्य ऐतिहासिक तथ्यों का सटीक तौर पर पालन करना नहीं था; विजयपाल सिंह ने भी काम को यथार्थवादी की तुलना में अधिक कल्पनाशील और पारम्परिक वीर रस की कविता का एक उत्कृष्ट नमूना माना (1993 : 64)। गुप्ता 2001 : 16–21; बुश 2005 : 34–37 भी देखें।

80. *अकबरनामा* की तरह, *मआसिर अल-उमरा* 2 : 131–34 रतनसेन की उपेक्षा करता है।

81. सिंथिया टॉलबोट टिप्पणी करती हैं कि इतिहास-लेखन को उन्नत करना पश्चिमी भारत की एक प्रसिद्ध राजपूत कथा पृथ्वीराजरासो की रणनीतियों में से एक है (2007 : 25)।

82. रासो को 'प्रति-महाकाव्य' के रूप में, यानी 'मुस्लिम' विजय पर 'हिन्दू' प्रतिक्रिया के रूप में, चर्चा के लिए अहमद 1964 देखें।

83. राजा इन्द्रजीत की विद्वता के बारे में कुछ विवरणों के लिए, मैकग्रेगर 1968: 5–15 देखें। उनकी कविता के बारे में, *मिश्रबन्धु-विनोद,* 1:404 देखें।

84. हाबरमान 1988 : 30–39; डेलमोनिको 1998

85. *रसिकप्रिया,* 8.1–2। केशवदास संस्कृत सौन्दर्य परम्परा का अनुसरण करते हुए वियोग (करुणा विरह) में प्रेम के करुण भाव को एक वास्तविक दुखद स्थिति (करुण रस) से अलग करते हैं : "जब सुखद परिणाम की सारी उम्मीदें ख़त्म हो जाती हैं, तब करुणामय भावना उत्पन्न होती है।" *रसिकप्रिया,* 11.1

86. वही, 8.3–4। यह पूर्वानुराग पर लक्षण या उदाहरण छन्दों में से केवल एक है। *रसिकप्रिया* में, केशवदास आमतौर पर परिभाषाओं के प्रत्येक समूह के लिए चार लक्षण प्रदान करते हैं: दो राधा के बारे में और दो कृष्ण के बारे में, जो अपने प्रेम को प्रच्छन्न (गुप्त) और प्रकाश (खुले में) दोनों रूपों में प्रदर्शित करते हैं।

87. कृष्ण परम्परा का क्लासिक विवरण हार्डी 1983 है।

88. रसिकत्रयी शब्द का इस्तेमाल आमतौर पर हरिराम व्यास, हित हरिवंश और स्वामी हरिदास के लिए किया जाता था, जो वृन्दावन में जाकर बसने वाले तीन सबसे महत्त्वपूर्ण आरम्भिक व्यक्ति थे। देखें पॉवेल्स 2002 : 2

89. *रसिकप्रिया,* 1.2 (सुरति मिश्र की टिप्पणी पर आधारित, *जोरावरप्रकाश,* पृ. 54-57)।

90. इस पुस्तक के अध्याय 2 में नायिकाभेद के विषय पर और अधिक विस्तृत चर्चा की गयी है।

91. *रसिकप्रिया,* 3.74

92. इस पुस्तक का अध्याय 3 भारतीय सौन्दर्य सिद्धान्त में केशवदास के योगदान पर और विस्तार से बताता है।

93. इस वाक्यांश में कृष्ण के राधा से अलग होने का भी उल्लेख हो सकता है।

94. *रसिकप्रिया,* 16.14–16

95. विश्वनाथप्रसाद मिश्र (1959बी : 6, 1970) ने कुछ महत्त्वपूर्ण पाण्डुलिपियों और टिप्पणियों की चर्चा की है।

96. देसाई 1984 : 60–61, 100–4; दास 2000 : 4; दहेजिया 2009 : 178 देखें।

97. *कविप्रिया,* 1.48–49 (महाराव बख़्तावर सिंह की अप्रकाशित *कविप्रिया* की टीका से प्राप्त अन्तर्दृष्टि पर आधारित)। दूसरा छन्द श्लेष का एक उदाहरण है, जो एक ऐसा अलंकार है

जिसमें शब्दों का दोहरा अर्थ लगाया जाता है। उदाहरण के लिए, नयनबिचित्र के मामले में, भैरौ-जुत और गौरी-संजुत का अर्थ है 'भैरव और गौरी [रागों] के साथ,' जो उसकी संगीत प्रतिभा का प्रतीक हैं; उन्हीं शब्दों की व्याख्या 'भैरव और गौरी (क्रमशः शिव के साथियों में से एक और शिव की पत्नी पार्वती का एक विशेषण) के साथ' के रूप में भी की जा सकती है। यौगिक सुरतरंगिनी को दो तरीक़ों से विभाजित किया जा सकता है : गणिका या तवायफ़ पर लागू होने पर, इसका अर्थ है सुरत-रंगिनी (यौन सुख में प्रसन्नचित्त) लेकिन शिव के मामले में सही उच्चारण सुर-तरंगिनी (दिव्य नदी [यानी गंगा] का स्वामित्व) है, जो इस प्रसिद्ध किंवदन्ती का हवाला देता है कि गंगा नदी शिव के केश से निकलती है।

98. वही, 1.51। कवि गणिका के नाम के दो हिस्सों पर खेलता है : तान का मतलब राग है; तरंग का मतलब लहर है।

99. वही, 1.53, 1.55। बाद के छन्द में, केशवदास ने तकनीकी ज्ञान की शाखाओं और नर्तकी रंगमूर्ति के शारीरिक अंगों के दोहरे अर्थ में अंग शब्द का चतुराई से उपयोग किया है।

100. वही, 1.56–57। यहाँ अलग-अलग व्याख्याओं की गुंजाइश है। अपने *प्रियप्रकाश* भाष्य में, लाला भगवानदीन सुझाव देते हैं कि प्रतिद्वन्द्वी वादकों की वीणाएँ इसलिए निराशाजनक हैं क्योंकि उन्हें बजाने प्रवीण राय जैसा कोई प्रतिभाशाली संगीतकार नहीं है। इसके अतिरिक्त, यदि कोई छाप (कवि का हस्ताक्षर) शामिल करता है, तो अन्तिम पंक्ति के पहले आधे हिस्से को कवि की मन्दबुद्धि की मुद्रा के अनुरूप आत्म-हीनतापूर्ण अन्दाज़ में लिया जा सकता है : "अकुशल केशवदास की तो बात ही छोड़िए।" मैं इस अन्तर्दृष्टि के लिए इमरे बंघा की आभारी हूँ।

101. 'प्रतिद्वन्द्वी वीणा वादक' शब्द उस शाब्दिक हेराफेरी के कारण सम्भव हैं जो भाषा की एक विशेष ख़ूबी थी। ऐसी तकनीकों पर अगले अध्याय में अधिक विस्तार से चर्चा की गयी है।

102. प्रवीण राय के बारे में और अधिक जानकारी रचना में अन्य जगहों से जुटायी जा सकती है। *कविप्रिया,* 1.46; 1.61; 3.1; 7.15 देखें (यह अन्तिम पद उनके उस बग़ीचे का एक अलंकारपूर्ण काव्यात्मक वर्णन है, जिसे आज भी ओरछा में देखा जा सकता है। चित्र 2.1 देखें)। उनकी कविता के बारे में, अध्याय 4, नोट 6 देखें। पाठक 1999 : 157 में, *तनतरंग* को संगीत पर एक कृति, *संगीताखाड़ा* का श्रेय दिया गया है।

103. *कविप्रिया,* 1.61

104. वही, 3.1

105. प्रवीण राय की एक कथित कविता की चर्चा अध्याय 4 में की गयी है।

106. द्विवेदी 1955 : 7–8। यह भी ध्यान दें कि केशवदास ने *विज्ञानगीता,* 1.5 में अपने दादा के ओरछा में प्रभास सो निवास (निर्वासन में रहने जैसा) के रूप में निवास करने का उल्लेख कैसे किया है।

107. इस अध्याय पर संक्षेप में चर्चा स्टासिक 2005 में की गयी है।

108. यों तो केशवदास *कविप्रिया* में दण्डिन के काव्यादर्श (कविता पर दर्पण, सातवीं शताब्दी) के प्रति आमतौर पर अधिक ऋणी हैं, लेकिन यहाँ वे दो अन्य संस्कृत ग्रन्थों में स्थापित ढाँचे

का विकास करते हैं : अमरचन्द्र यति की *काव्यकल्पलतावृत्ति* (लगभग 1250) और केशव मिश्र की *अलंकारशेखर*, जो केशवदास से पहले की पीढ़ी में दिल्ली में लिखी गई थी।

109. हरि को हरा पढ़ना, जैसा कि लक्ष्मीनिधि चतुर्वेदी ने *कविप्रिया* के अपने संस्करण में किया है (पृष्ठ 48)।

110. *कविप्रिया*, 5.16–19

111. या "चतुर लोग।"

112. *कविप्रिया*, 6.25–27

113. *कविप्रिया*, 8.1–2

114. संस्कृत पर, पॉलक 2001बी देखें।

115. वर्णिक छन्द संस्कृत गण प्रणाली द्वारा नियन्त्रित होते हैं, जिसमें अपरिवर्तनीय संयोजनों और ह्रस्व और दीर्घ अक्षरों की गिनती का उपयोग किया जाता है। मातृक छन्द (जैसे कि लोकप्रिय दोहा) अपभ्रंश से निकले हैं और रूप में अधिक स्वतन्त्र हैं : छन्द के विभिन्न खण्डों के लिए मापों की एक निर्धारित कुल संख्या निर्धारित की गयी है, लेकिन अक्षरों की कुल संख्या पर कोई प्रतिबन्ध नहीं है। ऐसे विभिन्न संस्कृत, अपभ्रंश और प्राकृत पूर्ववृत्तों के लिए, जिन पर केशवदास निर्भर रहे होंगे, देखें भटनागर 1991 : 300–36

116. यह स्पष्ट नहीं है कि इस ग्रन्थ और पिंगल शिरोमणि के बीच क्या सम्बन्ध हो सकता है, जो कि डिंगल कवियों द्वारा प्रशंसित छन्दशास्त्र की रचना है, जिसके बारे में कहा जाता है कि यह सोलहवीं शताब्दी की है। देखें काम्फोर्स्ट 2008 : 90 नोट 163

117. छन्दमाला 1.3

118. यह सुझाव सत्यदेव चौधरी 1973 : 234 का है कि यह रचना *रामचन्द्रचन्द्रिका* को पूरा करने के बाद आये विचार के तहत लिखी गयी होगी।

119. *रामचन्द्रचन्द्रिका*, 1.21

120. *रामचन्द्रचन्द्रिका*, 1.7–21। स्थानीय भाषा की शुरुआत से जुड़े समान विषयों पर, देखें पॉलक 2006 : 309–16

121. *रामचन्द्रचन्द्रिका* में चुनिन्दा काव्य तत्त्वों की हाल ही में की गयी खोज कैवेलियर 2010बी है। हिन्दी रामायण परम्परा के प्रकाश में ग्रन्थ पर एक अच्छी सामान्य चर्चा स्टैसिक 2009 : 115-26 है।

122. इन्द्रजीत राम के भक्त थे, यह बात भर्तृहरि पर उनकी टिप्पणी के शुरुआती शब्दों से स्पष्ट होती है : "श्रीरामाय नमः" (मैं भगवान राम को प्रणाम करता हूँ)। मैकग्रेगर 1968 : 17 देखें। मधुकर शाह की मुख्य रानी (और सम्भवतः इन्द्रजीत की माँ), गणेश दे भी राम की एक प्रसिद्ध भक्त थीं। *भक्तमाल*, पृष्ठ 659-62 देखें।

123. आरम्भिक आधुनिक काल के दौरान काव्य और भक्ति के बीच महत्त्वपूर्ण अन्तसम्बन्ध पर अध्याय तीन में आगे चर्चा की गयी है।

124. विश्वनाथप्रसाद मिश्र (1966 : 420) और विजयपाल सिंह (1993 : 20-21) द्वारा दो प्रसिद्ध कवियों के बीच मुठभेड़ों को दर्ज किया गया है।

125. अंग्रेज़ी वर्तनी में मैंने बीर सिंह देव लिखा है क्योंकि यह आज इतिहास की पुस्तकों में मानक है। बीर सिंह केशवदास के शीर्षक, वीरसिंह, जिसका अर्थ है 'योद्धाओं के बीच सिंह' में प्रयुक्त अधिक क्लासिकल वर्तनी का एक तद्भव रूप है।

126. कोल्फ़ 2002 : 82-5, 121; *मुन्तख़ब अल-तवारीख़,* 2:378

127. नये शासन की अपेक्षाओं के साथ पूरी तरह से तालमेल नहीं बैठा पाये पुरानी शैली के राजपूत सरदार के रूप में मधुकर शाह की जटिल स्थिति के बारे में जानकारी के लिए देखें कोल्फ़ 2002 : 122–24 और पॉवेल्स 2009

128. एंटविस्टल 1987 : 175–76

129. इस मन्दिर को बाद में औरंगज़ेब ने नष्ट कर दिया था, और इसकी मूर्तियों को आगरा में जहाँआरा की मस्जिद की सीढ़ियों के नीचे दफ़ना दिया गया था (वही, 176, 181)

130. ओ'हैनलॉन 2011 : 264–65

131. ऐशर 1995बी।

132. केस 1996 मन्दिर के ऐतिहासिक और कलात्मक सन्दर्भ की एक बहुआयामी पड़ताल है।

133. बुन्देली वास्तुकला कार्यक्रम पर, आशेर 1995ए : 162–64 और रोथर्ब 2009 देखें।

134. कोल्फ़ 2002 : 133

135. उपयुक्त वाक्यांश मोनिका होर्स्टमैन (2005 : 21) का है, जो इसे सवाई जय सिंह द्वितीय (शासनकाल 1700–43) के तहत जयपुर द्वारा निर्मित परिवेश की धार्मिक और राजनीतिक गतिशीलता के सम्बन्ध में उपयोग करती हैं।

136. अन्तिम सर्ग में बीर सिंह के राज्याभिषेक का वर्णन देखें।

137. उदाहरण के लिए, *वीरसिंहदेवचरित,* 11.40-53 देखें।

138. केशवदास की 'नई क़िस्म की राजनीति' के बारे में टिप्पणी न केवल उस समकालीन सत्ता संघर्ष का स्पष्ट सन्दर्भ है जिसे कवि ने देखा था, बल्कि डर्क कोल्फ़ (2002 : 71-158) के निष्कर्षों को भी विश्वसनीयता प्रदान करती है, यानी ओरछा राज्य पहले के पुरबिया सरदार आधारित राजकाज से मुग़लों के अधीन नयी मनसबदारी प्रणाली में संक्रमण के दौर से गुजर रहा था।

139. *वीरसिंहदेवचरित,* 3.1-2। *रामचन्द्रचन्द्रिका,* 10.26 में सत्ता के लिए एक से अधिक दावेदारों की समस्या के बारे में पूर्वाभास की इसी तरह की भावना पर भी ध्यान दें।

140. *वाल्मीकि रामायण* क्लासिकल काल में अस्तित्व में नयी आयी सामाजिक और राजनीतिक संरचनाओं का प्रतीक है, जिसमें छोटे भाइयों के लिए बड़े भाइयों के अधीन रहना अनिवार्य था। पॉलक 2005बी देखें : 18–22

141. *वीरसिंहदेवचरित,* 12.14–23 की तुलना *रामचन्द्रचन्द्रिका,* 10.18–24 से करें।

142. *वीरसिंहदेवचरित,* 5.63–65

143. इस असाधारण प्रकरण का अधिक विस्तृत विश्लेषण बुश 2005: 38–43 है।

144. नये मुग़ल वर्चस्व का इससे अधिक शक्तिशाली प्रतीक सोचना मुश्किल है कि इस बुन्देला गढ़ का नाम शहंशाह के नाम पर रखा गया।

145. सर्ग 15 बीर सागर पर है; 16 चतुर्भुज मन्दिर पर है; बाद के सर्गों में ओरछा के परिवेश के

बारे में अन्य विवरण हैं–कुछ शैलीगत, कुछ शायद अधिक यथार्थवादी–जिसमें सर्ग 17 में बाज़ार का नक़्शा, 18 में नगर-वर्णन, 19 में पोलो मैदान और 20 में महल शामिल हैं।

146. *वीरसिंहदेवचरित,* 15.1–7

147. वीर सिंह की जलाशय परियोजना का उल्लेख उन्नीसवीं शताब्दी के बुन्देला वंश के इतिहास में मिलता है (कोल्फ़ 2002 : 129)

148. *वीरसिंहदेवचरित,* 22.16–20

149. संस्कृत महाकाव्य इसके लिए कुख्यात हैं कि वे मुख्य कथा से अलग प्रकरणों का विस्तार से वर्णन करते हुए और इसी तरह लीक छोड़कर दूसरे प्रसंगों को प्रस्तुत करते प्रतीत होते हैं जैसे कि एक जोड़े की जल-क्रीड़ा (पानी में मस्ती करना)। प्रभा 1976 इस शैली का एक अच्छा अवलोकन है। मेरे विचार से, आधुनिक हिन्दी फ़िल्मों के गीतों में पहाड़ों और घास के मैदानों के दृश्यों के रूप में आज भी यह परम्परा क़ायम है।

150. सर्ग 28-32 देखें।

151. पॉलक 2005ए : 65-67

152. यह कृति भक्ति और दरबारी दोनों हलक़ों में अत्यधिक प्रख्यात थी। प्रबोधचन्द्रोदय के हाल ही के अंग्रेज़ी अनुवादक के शब्दों में, "संस्कृत साहित्यिक संस्कृति के भीतर ही अपना प्रभाव छोड़ने से शुरू करके, यह नाटक रूपक नाटक के बतौर एक कसौटी के रूप में स्थापित हो गया, और विशेष रूप से दार्शनिक मामलों में साहित्यिक शिक्षा के लिए एक मॉडल बन गया" (कैपस्टीन 2009 : xliv)। ब्रजभाषा में इस ग्रन्थ के बड़ी संख्या में अनुवाद हुए और यहाँ तक कि मुग़ल राजकुमार दारा शिकोह से क़रीबी से जुड़े एक लेखक बनवालीदास द्वारा इसका फ़ारसी अनुवाद भी किया। ब्रज में प्रबोधचन्द्रोदय के साहित्यिक जीवन पर, देखें अग्रवाल 1962; फ़ारसी संस्करण का शीर्षक गुलज़ार-ए-हाल (लगभग 1662) है।

153. केशवराय, कवि के छाप या काव्यात्मक हस्ताक्षरों (छाप) में से एक हैं। यह सम्भवत: उनके किसी आश्रयदाता द्वारा कविराय (बाद में शाहजहाँ द्वारा हिन्दी और संस्कृत कवियों को दी जाने वाली उपाधि) के रूप में दी गई उपाधि थी। विजयपाल सिंह (1993 : 49) के अनुसार, राय भट्ट समुदाय में पाया जाने वाला एक उपनाम भी है।

154. *विज्ञानगीता,* 1.6–8। हमारा विश्वास है कि केशवदास द्वारा 'मूढ़' शब्द का उपयोग केवल 'गूढ़' के साथ तुकबन्दी में सुविधाजनक होने की वजह से किया गया था और यह अपने आश्रयदाता के बारे में कवि की वास्तविक भावनाओं को नहीं दर्शाता है।

155. वह इन्द्रजीत के राजगुरु भी थे, यह *कविप्रिया,* 2.20 (इस अध्याय में बाद में उद्धृत) में स्पष्ट किया गया है; तुलना करें *रसिकप्रिया,* 1.10

156. मुग़ल दरबार में ब्रजभाषा कवि के व्यवसाय की सामाजिक जटिलताओं पर बुश 2010a और अध्याय-चार में चर्चा की गई है।

157. *विज्ञानगीता,* 21.69–71

158. बुन्देला महल वास्तुकला में एक महत्त्वपूर्ण पड़ाव इस स्मारक पर देखें रॉथफ़र्ब 2009 : अध्याय 3
159. *जहाँगीरजसचन्द्रिका,* छन्द 3–8
160. वही, छन्द 9–10
161. *जहाँगीरनामा,* थैकस्टन अनुवाद, पृ. 123
162. अध्याय 4 में आगे के साक्ष्यों की चर्चा की गयी है।
163. *कविप्रिया,* 2.18–20
164. वही, 6.76
165. *वीरसिंहदेवचरित,* 1.64। यहाँ बीरबल को दान का मित्र माना गया है, जबकि टोडरमल (कर बढ़ाने के लिए ज़िम्मेदार अधिकारी) को लोभ का साथी बताया गया है।
166. *हिन्दी नवरत्न,* पृ. 330-31। मिश्रबन्धु कोई स्रोत नहीं देते हैं। विजयपाल सिंह (1993 : 21-23) द्वारा दिये गये मुग़ल सन्दर्भों में केशवदास से सम्बन्धित किंवदन्तियों को भी देखें।
167. ग्रन्थ के हालिया सम्पादक और टीकाकार किशोरीलाल, मुझसे कहीं अधिक भरोसे के साथ और नियमित रूप से केशवदास शब्द का अर्थ कवि के एक प्रत्यक्षदर्शी और अभिनेता से लगाते दिखते हैं। उदाहरण के लिए, *वीरसिंहदेवचरित,* पृ. 207-8, 219-20 देखें।
168. इन भीषण उद्धरणों का उपयोग यह संकेत देने के लिए किया गया है कि ये धार्मिक श्रेणियाँ आज की तुलना में आरम्भिक आधुनिक काल में कहीं कम स्पष्ट रूप से परिभाषित थीं।
169. *जहाँगीरजसचन्द्रिका,* पद 32। दूसरी पंक्ति में केशवदास ने चक्रवाक शब्द पर व्यंग्य किया है, जिसका अर्थ सामान्य और भारतीय कविता में रात में अपने प्रिय के लिए तड़पने के लिए प्रसिद्ध पक्षी तथा प्रेमी दोनों से है।
170. यह कवि द्वारा अपने छाप का किसी और निहितार्थ को जोड़े बिना केवल घोषणा के अर्थ में उपयोग किये जाने का एक अच्छा उदाहरण है।
171. *जहाँगीरजसचन्द्रिका,* पद 35 की तुलना केवल मामूली तौर पर भिन्न *कविप्रिया,* पद 8.5 से करें। इस पद्य में कविता मूल संरचना को प्रभावित किये बिना 'रघुबीर' को 'जहाँगीर' में बदलना (और इसी तरह कुछ अन्य छोटे-मोटे शब्दों में बदलावों के साथ) आसान था, जिसके लिए मात्रा के वजन के बजाय केवल उनकी कुल संख्या (31 या 32) महत्त्वपूर्ण थी।
172. तुलना करें चट्टोपाध्याय 1998 : 52–60
173. *जहाँगीरजसचन्द्रिका,* पद 185-86
174. वही, पद 163
175. एंटविस्टल 1987 : 173
176. अध्याय–दो देखें।
177. *जहाँगीरजसचन्द्रिका,* पद 167-168; पद 55। यहाँ केशवदास ने फ़ारसी शब्दों आलम, पनाह, कुल, आदमी, ख़ल्क़ (पृथ्वी/सृष्टि), ख़ूबी, और ख़ज़ाना के ब्रज-रूपों का प्रयोग किया है।
178. वही, पद 51-98। यह उल्लेखनीय है कि बीरबल के पुत्र 'धीरधरु' के सम्मान में लिखा गया पद 87 फिर से बीरबल की उदारता को दर्शाता है।

179. *जहाँगीरजसचन्द्रिका*, पद 198-201

180. केशवदास की मृत्यु क़ी सही तारीख़ किसी भी समकालीन स्रोत में दर्ज नहीं है, लेकिन उनके रचनाकर्म के एक प्रमुख विद्वान विजयपाल सिंह वर्ष 1623 का सुझाव देते हैं। केशवदास की तारीख़ों के बारे में विभिन्न साहित्यिक इतिहासकारों के प्रस्तावों के एक जायज़े के लिए, देखें सिंह 1993 : 31–33, 61–62

181. शेल्डन पॉलक दक्षिण एशिया में देशभाषा के साहित्यीकरण में सुपरपोजिशन को एक महत्त्वपूर्ण चरण के रूप में देखते हैं (2006 : 318–29)

182. हित हरिवंश ने जिन भाषाई प्रकार और शब्दावली को पसन्द किया उनकी चर्चा और उनके संस्कृत कार्यों की संक्षिप्त रूपरेखा के लिए, देखें स्नेल 1991बी : xiii, 5

183. *महाभारत* के विष्णुदास के संस्करण का केवल अन्तिम भाग, स्वर्गारोहण, शुरुआती आधुनिक पाण्डुलिपियों में बहुत प्रचलन में था। सम्भवतः मान सिंह तोमर के दरबार में ही किन्हीं थेघनाथ द्वारा भाषा में एक अस्पष्ट *भगवद्गीता* की रचना और माणिक द्वारा *वेताल पंचविंशती* का ब्रज चौपाइयों में रूपान्तरण भी ग्वालियर में ही हुआ था। मैकग्रेगर 1984: 103, 122।

184. नायक बक्शु, जो अपने समय के सबसे प्रख्यात साधकों में से एक थे, इस परम्परा को ग्वालियर से गुजरात ले गये और उनकी रचनाओं को बाद में मुग़ल सम्राट सम्राट शाहजहाँ के कहने पर *सहसरस* में संकलित किया गया। डेल्वोये 1994बी : 270

185. एन्टविस्टल 1987 : 156

186. *कविप्रिया*, 1.41–61

187. अध्याय–पाँच देखें।

188. हालाँकि उन्हें अपने भाई बलभद्र मिश्र के समान प्रतिष्ठा कभी नहीं मिली, लेकिन वे पूरी तरह से अज्ञात भी नहीं थे। उनके *रसविलास* और एक *शिख-नख* की कई पाण्डुलिपियाँ राजस्थान ओरिएंटल रिसर्च इंस्टीट्यूट में सुरक्षित हैं, और उनके काम की इतनी माँग थी कि प्रताप शाह और गोपाल कवि द्वारा कम से कम दो टीकाएँ लिखी गयीं। मैकग्रेगर 1984 : 130, 192। पाण्डे 1992 भी देखें।

अध्याय–दो

# रीतिकाव्य का सौन्दर्यबोध

"भाषा ब्रजभाषा रुचिर कहे सुमति सब कोय"

–*भिखारीदास*

## रीति साहित्य का पठन

पिछले अध्याय में केशवदास के रचनाकर्म और उनके परिवेश की चर्चा से रीति साहित्य की कुछ आधारभूत विशिष्टताएँ उभरकर सामने आयीं। लेकिन हमें यह जानना ज़रूरी है कि आधुनिक काल से पहले की ब्रज दरबारी संस्कृति किस तरह काम करती थी। और तब यह आवश्यक हो जाता है कि इस परम्परा की विधाओं और इसके प्रतिमानों का एक विस्तृत विवरण पेश किया जाये। साथ में, उन सैद्धान्तिक आधारों की चर्चा भी की जानी चाहिए जिन पर यह काव्य टिका हुआ था। इससे हमारा मतलब संस्कृत की क्लासिकल शैलियों के साथ इसके सम्बन्ध से तो है ही, यह भी जानना ज़रूरी है रीतिकाव्य ने संस्कृत की उस लीक को कितना तोड़ा। इसलिए हम इस और अगले अध्याय में रीतिकाव्य के सौन्दर्यबोधीय सिद्धान्तों और ज्ञानात्मक सरोकारों का एक विस्तृत विवरण देंगे। यह ब्योरा विस्तृत भले हो, लेकिन बहुत सम्भव है कि अभी भी यह अपूर्ण ही हो।[189]

रीति साहित्य इसके पूर्व के राजनीतिक परिवेश में विकसित संस्कृत काव्य की विश्वदृष्टि में रचा-बसा था। ब्रज कवि विशेष रूप से शृंगारिक रचनाओं के प्रति आकर्षित हुए थे। वहीं कुछ दूसरे कवियों ने संस्कृत से आने वाली प्रशस्ति की एक और मुख्य साहित्यिक विधा के ज़रिये अपने आश्रयदाताओं का महिमागान किया। अधिकतर रीति लेखक क्लासिकल अलंकारशास्त्र पर गहरे में निर्भर थे, जो संस्कृत काव्यशास्त्र की औपचारिक व्यवस्था थी। रीतिकाव्य के प्रमुख सरोकारों में लेकिन अब देशभाषा की संस्कृति थी। जैसा कि केशवदास के साहित्यिक जीवन-परिचय से स्पष्ट होता है कि कई रीति कवियों के लिए वैष्णव भक्ति भी एक मूल आध्यात्मिक और काव्यात्मक प्रेरणा हुआ करती थी।

जहाँ तक विधाओं की बात है, राजस्थान के रासो साहित्य ने इस पूरे रचना-संसार को जीवन्त बनाया था, जिस विधा का पूर्वी विस्तार ब्रजमण्डल से लगा हुआ था। इस काल में ऐतिहासिक काव्य-विधाओं में भी भारी रुचि मौजूद थी जो रासो या फिर वीर रस को प्रस्तुत करने वाले संस्कृत काव्य से असम्बद्ध नहीं थी। इसको मुग़लकाल में देशभाषा में लिखित राजकाज के नये तौर-तरीक़ों के प्रति सांस्कृतिक रुझान के रूप में भी देखा जाना चाहिए। शैलीगत रूप से देखें तो जैसे-जैसे कवियों का परिचय भारतीय-मुग़ल दरबार की संस्कृति में बढ़ता गया, कुछ रीतिकाव्यों में फ़ारसी और अरबी के शब्दों को शामिल करने की प्रवृत्ति भी बढ़ती गयी। इसे केशवदास की बाद की रचनाओं में साफ़ देखा जा सकता है। इस तरह की शब्दावली आरम्भिक आधुनिक हिन्दी शैली को परिभाषित करने वाली एक प्रवृत्ति बन गयी। संक्षेप में कहें तो रीति सौन्दर्यबोध पुरातन और नूतन, परिचित और अपरिचित, महानगरीय और क्षेत्रीय परिवेश का एक अनूठा मेल था। इस अध्याय में रीति कवियों के क्लासिकल दृष्टिकोणों के तत्त्वों को तो दिखाया ही जायेगा, साथ ही, परम्पराओं को एक साथ लाने, मिलाने और फिर से नयी परम्पराओं की खोज करने की उनकी क्षमता की बात भी की जायेगी। पहली नज़र में ये विशेषताएँ विरोधाभासी लगती हैं, लेकिन ये ब्रजभाषा के दरबारी साहित्य की कुछ मुख्य विशेषताएँ हैं। साथ ही, ये वे कारक भी हैं जिनके परिणामस्वरूप इस साहित्य का भारी आकर्षण पैदा हुआ।

आधुनिक यूरोपीय-अमेरिकी सांस्कृतिक क्षेत्र में इस बात को लेकर विशेष आस्थाएँ विकसित हुई हैं कि अच्छा काव्य किसे कहते हैं। अक्सर ही ऐसा मानकर चला जाता है कि काव्य मानस के अन्त:स्थल से उद्भूत होता है, और इसको कवि की निजी भावनात्मक इच्छाओं की अभिव्यक्ति होना चाहिए। लेकिन एक आधुनिक पाठक को चाहिए कि रीति साहित्य को पढ़ते हुए वह इस अवधारणा को फ़ौरन नकार दे। साहित्यिक उत्कृष्टता का एक स्वयंभू दिखने वाला यह मानक यूरोपीय संस्कृति और बौद्धिक इतिहास के एक विशेष दौर में पैदा हुआ था, जो उन्नीसवीं सदी के रोमांटिसिज़्म का दौर था। काव्य की एक ऐसी हैतुकी (aetiology) को एक वैश्विक, पार-ऐतिहासिक प्रासंगिकता नहीं दी जा सकती, जिसकी ख़ुद पश्चिम में भी कोई लम्बी परम्परा नहीं है। प्राचीन रोम या सत्रहवीं सदी के फ्रांस की तरह ही आधुनिक काल से पूर्व के भारत में साहित्य-रचना को लेकर जटिल नियम थे और असल में कविता के नियम अधिकतर दुनिया के इतिहास के लिए भी उतने ही सच हैं। ये नियम समकालीन पाठकों और स्रोताओं को इस बात की समझ भी देते थे

कि वे साहित्यिक रचनाओं को किस तरह ग्रहण करें। मिसाल के लिए, अतीत की स्थापित साहित्यिक मान्यताओं और आदर्शों के प्रति एक तरह की श्रद्धा हुआ करती थी और यह पूरी तरह से अपेक्षित था कि उनका अनुकरण किया जाये। इस तरह मौलिकता एक सफल कविता के लिए कोई पूर्वशर्त नहीं थी। मौलिकता के आग्रह को अगर आधुनिकों का एक साहित्यिक पूर्वाग्रह कहा जाये तो कोई अतिशयोक्ति नहीं होगी। रीति कवि साफ़ तौर पर नवोन्मेषी थे, लेकिन वे परम्परा के साथ बहुत क़रीबी संवाद में थे और कभी-कभी परम्पराओं द्वारा सीमित भी होते थे। परम्परा के आधार ग्रन्थों में से एक, केशवदास की *कविप्रिया* में ही ऐसे अनेक सूत्र दिये हुए हैं, जो नये काव्यात्मक लक्षणों का विरोध करते हैं।[190] एक और आधुनिकतावादी पूर्वाग्रह यह है कि कविता को सरल होना चाहिए, इसे आलंकारिक अतिरेकों से मुक्त होना चाहिए, या इसे बहुत 'विद्वत्तापूर्ण' नहीं होना चाहिए। यह अनुमान सहायक होने के बजाय बाधाएँ ही पैदा करता है। रीतिकाव्य किसी भी ऐसे व्यक्ति को समझ नहीं आयेगा जो जटिल काव्यात्मक अलंकारों और साहित्यिक तकनीकों के साथ एक सम्बन्ध बनाने का इच्छुक न हो।

दुर्भाग्य से आधुनिक काल के अनेक पाठकों को रीतिकाव्य समझ में नहीं आता। विशेषकर भारतीय साहित्य के इतिहासकारों को। एक सामान्य शिकायत यह है कि इसके मशहूर अलंकार इसके सौन्दर्य में वृद्धि करने के बजाय एक बोझ हैं, और यह कविता हृदयस्पर्शी होने के बजाय 'पांडित्यपूर्ण' है।[191] बेचारे केशवदास पर किसी और ने नहीं बल्कि आधुनिक हिन्दी आलोचना के संस्थापक रामचन्द्र शुक्ल ने ही हृदयहीन होने का कलंक लगा दिया। इसके बाद के कई विद्वानों ने उन्हें "कठिन काव्य का प्रेत" कहा।[192] इस बादवाली बात को उचित ठहराता हुआ यह दोहा चलन में है, जिसके रचनाकार के बारे में कोई निश्चित सूचना नहीं है :

*कवि कौ देनन चहै विदाई।*
*पूछे केशव की कविताई।।*[193]

केशवदास की उच्च साहित्यिक शैली में जटिल और प्रख्यात रूप से गूढ़ बिम्ब विधान हैं, जो आरम्भिक आधुनिक रसिकों के अपने मानदण्डों और कविता की अपनी आलंकारिक सज्जा के चलते मुग्धता का भाव पैदा करते थे। अब वे कुछ पाठकों के बीच विभ्रान्ति या उससे भी बढ़कर तिरस्कार का भाव पैदा करते हैं।

हालाँकि आधुनिक हिन्दी आलोचक यह बात भूल जाते हैं कि अंग्रेज़ी के रोमांटिक दौर के काव्य जैसी सरलता कभी भी रीति साहित्य का उद्देश्य नहीं थी। वास्तव में ये कवि ज्ञानी थे, और उनकी कविताओं को गहन ज्ञान को प्रदर्शित करने के लिए रचा गया था, जिसे अलंकारों और संकेतों, और कभी-कभी गूढ़ अर्थों के माध्यम से व्यक्त किया जाता था। यह संयोग नहीं है कि संस्कृत (और ब्रज) काव्यशास्त्र के पूरे अनुशासन को अलंकारशास्त्र के नाम से जाना जाता है, जो अलंकारों का विज्ञान है। अगर एक काव्य सिद्धान्त जटिलता और साहित्यिक अलंकारों के प्रति सशक्त आग्रह दिखाता है, और जो हमारे अपने सिद्धान्तों से बुनियादी तौर पर भिन्न है, तब भी केशवदास और आधुनिक काल के पूर्व के दूसरे भारतीय लेखकों के प्रति हमारा देय इतना तो बनता ही है कि हम उनके कार्यों को पहले उनकी कसौटियों पर देखें, न कि अपनी कसौटियों पर।[194]

रीति साहित्य से व्याख्यात्मक दूरी की इस समस्या का एक जटिल इतिहास है जो औपनिवेशिक काल से शुरू होता है। आज के हिन्दी भाषी लोगों में औपनिवेशिक काल के पूर्व की साहित्यिक विरासत को लेकर एक आम दूरी ने इसको और भी जटिल बनाया है। उपनिवेशवाद दूर देश से न सिर्फ़ राजनीतिक बल्कि सौन्दर्यबोधीय निरंकुशता को भी भारत ले आया।[195] औपनिवेशिक राज्य और भारतीय सुधारवादी समूहों दोनों द्वारा काव्यात्मक प्रतिभा के लिए नये मानक अपनाये गये, जिन्होंने साहित्य की सामाजिक उपयोगिता की प्राथमिकता की पैरवी की। एक दूसरा सरोकार यह था कि कवियों को अपनी रचना के लिए परम्परागत रूपात्मक मानदण्डों का पालन करने के बजाय अपने अनुभवों में उसका आधार तलाशना चाहिए। ज्ञान सम्बन्धी इस बड़े रूपान्तरण पर विचार करने के लिए मैं इस किताब के अन्त में इस विषय पर वापस आऊँगी। अन्तिम अध्याय में उपनिवेशवाद और ख़ासकर राष्ट्रवाद के तहत ब्रजभाषा की साहित्यिक परम्पराओं को नकारने पर भी चर्चा की जायेगी। कुछ लोगों को यह बात अप्रत्याशित लग सकती हैं लेकिन यहाँ भाषाविज्ञान सम्बन्धी एक अतिरिक्त तथ्य का उल्लेख करना प्रासंगिक होगा कि आधुनिक मानक हिन्दी में प्रवीणता प्राप्त करने से कोई ब्रजभाषा के रीतिकाव्य को पढ़ने के योग्य नहीं बन जाता है। इन दोनों बोलियों के बीच में दूरी उल्लेखनीय रूप से बड़ी है, और दोनों की साहित्यिक व्यवस्थाओं के बीच में खाई भी उतनी ही बड़ी है।

जिस तरह से शेक्सपीयर की भाषा और एलिज़ाबेथ कालीन काव्यात्मक नियमों की बेहतर समझ रखने से हम शेक्सपियर को बेहतर तरीक़े से समझ पाते हैं,

ऐसी एक समझ के साथ ब्रज कविता को पढ़ने का मतलब होगा कि हम इसकी परम्पराओं और परिपाटियों के बारे में ख़ुद को शिक्षित बनायें। अतीत के काव्य के बारे में हमारे भीतर जो साहित्यिक पूर्वाग्रह होते हैं, उनके प्रति सजग होने के साथ-साथ हमें साहित्यिक इतिहास के कुछ सामान्य सिद्धान्तों के प्रति भी सचेत होने की ज़रूरत है। जैसे कि क्लासिसिज़्म को लीजिए, जो पूरी दुनिया में देशभाषा की अनेक साहित्यिक संस्कृतियों के विकास में एक महत्त्वपूर्ण कारक रहा है। कुछ पल के लिए भारत के मामले को परे कर देते हैं। जापान का उदाहरण लेते हैं, वहाँ का साहित्य कैसे विकसित हुआ? क्लासिकल चीनी परम्पराओं के साथ एक गहरे संवाद के ज़रिये। रोमन साहित्य कैसे जन्मा? यूनानियों का अनुसरण करते हुए। दाँते और कोर्निले जैसे इतालवी और फ्रांसीसी दिग्गज रचनाकारों को विश्वसनीयता कहाँ से मिली? इन दोनों ने ही यूरोपीय साहित्यिक इतिहास के मोड़ों पर स्थानीय भाषा में नयी शैलियों को गढ़ा। वे दोनों ही प्राचीन विश्व के काव्यात्मक आदर्शों पर निर्भर थे। रेनेसां से लेकर उन्नीसवीं सदी तक, कवि और कलाकार नियमित रूप से क्लासिकल लेखकों से कलात्मक प्रेरणाएँ लिया करते थे। यहाँ तक कि एस्खिलस, सोफोक्लीज और यूरिपिडीज़ जैसी अतीत की दिग्गज शख़्सियतें भी दर्शकों की परिचित कहानियों को अपने तरीक़े से ढालकर पेश करती थीं। किसी ने भी शेक्सपियर पर नक़ल करने का आरोप नहीं लगाया कि उन्होंने पीछे जाकर प्लूटार्क से क्लासिकल विषयों को उठाया।[196] ताज़गी का एक यही मतलब नहीं था कि पहले जो कुछ भी आ चुका है उसको नकार दिया जाये। जहाँ तक ताज़गी एक साहित्यिक मूल्य थी, इसका मतलब यह भी हो सकता था कि पहले के विषयों को एक नये दृष्टिकोण के साथ उठाया जाये।[197] अगर यह बात ध्यान में रखी जाये, तब हिन्दी की रीति परम्परा की तक़नीकियों और सरोकारों को समझने में आधुनिक पाठकों को बहुत मदद मिलेगी।

## भारतीय अलंकारशास्त्र के कुछ आधारभूत सिद्धान्त

अधिकतर रीति कवियों, और ख़ासकर अग्रणी लेखकों ने क्लासिकल काव्य की विधाओं और साहित्यिक प्रणालियों को अपनाया।[198] संस्कृत की प्रतिष्ठा और लेखकों के सामाजिक-सांस्कृतिक जीवन को देखते हुए यह अपरिहार्य ही था। इन कवियों में क़रीब-क़रीब सभी ब्राह्मण थे, यह एक ऐसा वर्ग है जो संस्कृत परम्पराओं में आमतौर पर पारंगत होता है। सहज रूप से यह सोचा जाता है कि देशभाषा के ग्रन्थ क्लासिकल ग्रन्थों का सरलीकृत रूप होते हैं, लेकिन वे असाधारण

रूप से विद्वत्तापूर्ण भी हो सकते हैं। साहित्य के इतिहास में केशवदास का विशिष्ट योगदान यह था कि उन्होंने संस्कृत के शौष्ठव से समझौता किये बिना देशभाषा में काव्य-रचना के तरीक़ों की खोज की। सारे के सारे रीति साहित्य में केशवदास के ग्रन्थों जैसी जटिलता नहीं दिखती है, लेकिन कुछ ब्रज लेखकों ने उनकी उच्च शैली को अपनाया। विशेषकर साहित्य सिद्धान्त पर तकनीकी ग्रन्थों और लम्बे काव्यों की रचना में, जो क्लासिकल रचनाओं पर निर्भर थीं।

रीतिग्रन्थों की संस्कृति के बारे में सैद्धान्तिकी बनाने के लिए जो एक महत्त्वपूर्ण सिद्धान्त अभी भी प्रासंगिक बना हुआ है, वह वर्गीकरण के बारे में संस्कृत से उपजा एक सिद्धान्त है। यह प्रबन्ध काव्य नाम के लम्बे, कथात्मक ग्रन्थों और मुक्तक नाम से लघु, स्वतन्त्र काव्य के बीच भेद के बारे में बताता है। प्रबन्ध का सीधा मतलब आपस में सम्बद्ध एक कथा से है, और यह सामान्य शब्द कई विभिन्न उपविधाओं के लिए उपयोग में लाया जाता है। इनमें महाकाव्य, चरित, नाट्य के विभिन्न रूप शामिल हैं। किसी भी क्लासिकल कृति के देशभाषा संस्करण को भी इसी के तहत गिना जाता है। प्रबन्ध रीति साहित्य संस्कृति की उच्च विधाओं में आते हैं। ये ग्रन्थ बारीकी से रचे गये काव्यों के संसार का हिस्सा हैं। अक्सर ही उनमें जटिल छन्दों और सघन अलंकरणों का उपयोग किया जाता था। सभी ब्रज लेखकों ने प्रबन्ध रूप नहीं अपनाये। कइयों ने ख़ुद को मुक्तकों तक सीमित रखा, जो एक साहित्यिक सभा में प्रदर्शन के लिए उपयुक्त स्वरूप थे। मुक्तक, रीतिग्रन्थ विधा के केन्द्रीय महत्त्व की क्लासिकल साहित्यिक विधियों को दर्शाने के लिए भी उपयुक्त थे।

कवियों ने चाहे लम्बे ग्रन्थ लिखे हों या अधिक छोटे स्वतन्त्र काव्य, इस रचनात्मक प्रक्रिया पर नियमों की एक व्यापक श्रृंखला लागू होती थी। भारतीय काव्य के सन्दर्भ में, 'परम्परागत' को कभी भी अ-रचनात्मक का पर्यायवाची नहीं माना जाना चाहिए। साहित्य परम्परा का एक कार्य किसी पाठक को रस के लक्ष्य तक पहुँचाना है। क्लासिकल भारतीय सौन्दर्यबोध पर प्रबन्धों के अनुसार पहले आठ रस थे–श्रृंगार, हास्य, करुण, वीर, भयानक, रौद्र, अद्‌भुत और वीभत्स। आगे चलकर मध्यकाल और आरम्भिक आधुनिक काल में अतिरिक्त रसों को इसमें जोड़ा गया, जिनमें शान्त, वात्सल्य और भक्ति रस शामिल हैं। रसात्मक काव्य का उद्देश्य पाठक में एक निरन्तर भावनात्मक अनुभव का संचार करना है। हालाँकि पाठकों के लिए भावनात्मक प्रभावों का अनुभव करना संसार में हर जगह अपेक्षित है, भारतीय साहित्य में इस प्रक्रिया को परिष्कृत संरचनात्मक नियमों के अनुसार सम्पन्न करने के नियम बनाये गये थे। इस तन्त्र से पूरी तरह अवगत एक रसिक को यह बात पता

होगी कि उन सूत्रों और संकेतों की व्याख्या कैसे करें जिन्हें कवि ने जान-बूझकर पाठ में शामिल किया है।

संस्कृत और ब्रज दरबारी कवियों दोनों के ही पसन्दीदा विषय शृंगार काव्य से शुरू करें, जिसका आलम्बन विभाव यह था कि नायिका को नायक मनाने की कोशिश करता है। हालाँकि लड़की और लड़के का मिलन एक सार्वभौम साहित्यिक सूत्र है, भारतीय काव्य में प्रेम के सौन्दर्यबोधीय चित्रण के लिए मानदण्डों को बड़ी मेहनत और विस्तार से बताया गया है। चरित्रों को विशेष नैतिक और सामाजिक मानदण्डों के आधार पर गढ़ा जाना चाहिए। वे युवा, आकर्षक और कुलीन होने चाहिए।[199] एक बार मुख्य चरित्रों का परिचय होने के बाद अक्सर प्रेम की चिनगारी तब फूटती है, जब नायिका नायक के बारे में सुनती है या उसे देख लेती है।[200] प्रबन्ध कथा के मामले में, जहाँ साहित्यिक विस्तार के लिए अच्छी-ख़ासी गुंजाइश है, रस को आमतौर पर नायिका के विस्तृत वर्णन के माध्यम से बढ़ाया जाता है। इससे कवि को अपनी नायिका के सौन्दर्य का बखान करने और शृंगार रस के भाव को गहन बनाने का अवसर मिलता है। लेकिन जिस तरह आधुनिक काल से पहले के भारतीय चित्रित पोर्ट्रेट आमतौर पर यथार्थवादी प्रणालियों के आधार पर काम नहीं करते, कवि से अपेक्षा की जाती थी कि वह सौन्दर्य के स्वीकृत नियमों के आधार पर अपनी नायिका को चित्रित करेगा।[201] कालिदास की शकुन्तला के एक प्रभावशाली ब्रज संस्करण में, रीति कवि नेवाज आरम्भ में शकुन्तला के दत्तक पिता कण्व के आश्रम के शैथिल्य पर, और अपनी नायिका की बालसुलभ सरलता पर ज़ोर देते हैं। इसके बाद, शृंगार के भाव को निर्मित करने के लिए, वे शकुन्तला के विकसित होते यौवन की अवस्थाओं का चरणबद्ध रूप से वर्णन करते हैं। निम्नलिखित कवित्त में इसे देखा जा सकता है, जो रीति कवियों की पसन्दीदा चतुष्पदी शैली का सबसे लम्बा रूप है। यह काव्यात्मक वर्णन के लिए सर्वाधिक उपयुक्त छन्द माना जाता है :

*बिसरन लाग्या बालपन का अयानप*
*सखिन सो सयानप की बतिया गंठै लगी*
*दृग लागे तिरछ चलन पद मन्द लागे*
*उर म कच्छुक उससनि-सी चढ़ै लगी*
*अंगनि म आई तरनाई या झलकि*
*लरिकाई अब हर हरे दह त कंठै लगी*[202]

*हांन लगी कटि अब छीन कछला सी*
*द्वैज चन्द की कला सी तन दीपति बढ़ै लगी*[203]

इस पद में जो कुछ भी सुन्दर है, उसमें से बहुत कम ही इसकी नवीनता से उत्पन्न हुआ है। आधारभूत बिम्ब-विधान अपेक्षित है। एक किशोरी की तिरछी दृष्टि और उसकी बढ़ती जा रही मन्द चाल (जिसके बारे में सभी रसिक जानते हैं कि ऐसा इसलिए है कि उसने अपने बालपन के खेलों को छोड़ दिया है क्योंकि अब उसके कूल्हे और वक्ष भारी हो आये हैं) शृंगार शैली की हज़ारों संस्कृत और ब्रज कविताओं में आ चुकी हैं। न ही कथा में आने वाले मोड़ों से पाठक के अचम्भित होने की कोई सम्भावना है। भारत में कौन सा रसिक शकुन्तला की कहानी से अवगत नहीं होगा? लेकिन साहित्यिक सफलता के लिए कथा का परिचित होना कोई बाधा नहीं है बल्कि इसके उलट, यह पाठक को इसके लिए मुक्त कर देता है कि वह कविता की भावदशा में ख़ुद को सराबोर कर सके और इस बात का आनन्द उठा सके कि एक पुराने विषय को इस लेखक ने किस तरह प्रस्तुत किया है।[204]

शृंगार भाव को गहन बनाने के लिए एक सामान्य माध्यम नायिका का नख-शिख वर्णन करना था। राजसी रनिवास की औरतों से दरबारी कवियों के लिए कभी मिल पाने के अवसर बहुत कम ही होते होंगे, लेकिन इस तथ्य के बावजूद सौन्दर्यीकृत विवरण को पसन्द किया जाता था। नायिका के केश घने-काले होने चाहिए; आमतौर पर उसकी वेणी बनी होती है; कवि को उसके माथे के चमकते हुए आभूषण, उसकी तनी हुई भौंहों, बिम्ब फल की तरह उसके भरे हुए लाल होंठों, उसके पेट पर आकर्षक नन्हे रोओं, और उसकी पायल और मेहँदी से सजे हुए पाँवों तक उसकी सारी मनोरम विशेषताओं का उल्लेख करने से नहीं चूकना चाहिए। ब्रज में शिख-नख के अधिक विस्तृत वर्णनवाले कुछ पदों में से एक को देखकर इस विधा का परिचय मिल जाएगा। बीर सिंह देव बुन्देला के रनिवास को सुसज्जित करने वाली महिलाओं के बारे में केशवदास एक प्रसंग का आरम्भ इस तरह करते हैं :

*प्रिया प्रेम की देखनहारि, प्रतिभट कपटनि डाटनहारि।*
*किधौं सिंगार सरित सुखकारि, वंचकतानि बहावनिहारि।*
*किधौं सिंगार लोक कै जानि, कंचनपत्र पाँति सौं मानि।*
*किधौं प्रेम आगमन काल, रचे पावड़े रूप विशाल।*
*पाटिनि चिलक चित्त चौगुनी, मानौ दमकति घन दामिनी।*
*सेंदुर मांग भरी अति भली, तापर मोतिन की अवली।*
*गंग गिरा सौ जनु तनु तोरि, निकसी तनु जमुना जल फोरि।*[205]

*सीसफूल सिर जरया जराई, माँग फूल सोभियत सुभाई।*
*बेनी फूलनि की बरमाल, बैठा मध्य भाल मनि लाल।*
*तमनगरी पर तेज निधान, बैठे मनौ बारह भानु।*
*भृकुटि कुटिल बहु भाइन भरी, भाल लाल दुति दीसति खरी।*
*मृगमद तिलक रेख जुग बनी, तिनकी सोभा सोहत घनी।*
*जनु जमनाजल लखिं सुभगात, परसन पितहि पसारे हाथ।*
*लोचन मनौ मैन के जंत्र, भुज युग ऊपर मोहन मंत्र।*
*लोभ रहति लखि लोचन दुवौ, अरुन उदै, तारो सौ उवौ।*
*आनन्द लतिका कैसो फूल, सूँघत सोस सुधा कौं मूल।*
*कलित ललित लावण्य कपोल, गारे गोल अमोल कपोल।*
*तिनमैं परम रुचिर रुचि रईं, मृगलोचल मारीचिकामई।*
*श्रुति ताँटक सहित देखियै, एकचक्र रथ सौ लेखियै।*
*झलकति झुलमुलीन की पांति, मानौ पीत ध्वजा फहराति।*
*मानिकमय खुटिला छवि मढ़े, तिनपर तमकि तपनि जनु चढ़े।*
*द्विजगन अधर अरुन रुचि रये, देखि दाडिमी लज्जित भये।*
*जोति बढ़ायत दसा उतारि, मानौ स्यामल सींक पसारि।*
*कवि हित जनु रवि रथ तैं छारि, स्याम पाटकी डारि डोरि।*[206]

कवि बीस से अधिक पदों में इसी शैली में वर्णन करता जाता है, लेकिन तकनीक बहुत स्पष्ट है। एक बार फिर से यह याद दिलाना आवश्यक है कि उद्देश्य यह नहीं है कि पाठक को स्त्री के वर्णन की एक नयी पद्धति से मुग्ध कर दिया जाये। बल्कि यह है कि एक स्थापित विधा के भीतर नवोन्मेष को कैसे अपनाया जाये। केशवदास शरीर के नये अंग-वर्णन का उन्मेष नहीं कर सकते, लेकिन उनका वर्णन मौलिक है और अन्य अर्थों में गहन सन्तुष्टिजनक है। इस काव्यात्मक विवरण में रंग और प्रकाश सम्बन्धी बिम्ब एक नाटकीय दृश्यात्मक आयाम जोड़ते हैं। वेणी की उपमा भी आनन्दमय रूप से उन्हें बहा ले जाती है। जब कवि इस बात पर सोचता है कि रनिवास की महिलाओं की वेणियाँ 'लालसा की आनन्दमय नदियाँ' हैं, या 'कामतुष्टि के राज्य के सोपान' या फिर 'प्रीत का स्वागत करने के लिए बिछी हुई दरियाँ', तब वह एक रुचिकर प्रभाव उत्पन्न करने के लिए सन्देह अलंकार का उपयोग करता है। भारतीय लेखकों द्वारा विकसित शानदार अलंकारों में यह बस एक अलंकार है। यहाँ कवि जिस वस्तु को देख रहा है, उस विषय में अपने भारी

भ्रम के माध्यम से अपनी कलात्मकता को प्रदर्शित करता है यानी वह वेणियों के सौन्दर्य पर इतना विस्मित है कि यह भी नहीं तय कर पा रहा है कि जिन्हें वह देख रहा है वे क्या हैं।

यहाँ हमने क्लासिकल भारतीय साहित्य में आलम्बन विभावों को, ख़ासकर स्त्रियों के सम्बन्ध में, बरतने की कुछ पद्धतियों को बस छुआ भर है। कवि में रस को और गहन करने के लिए उद्दीपन विभावों का उपयोग करने की उत्कण्ठा भी जगी। बसन्तकाल का वर्णन एक मनोरम विकल्प था। सम्भवतः कोयल गा रही है, या आमों पर बौर लगने लगे हैं। शिख-नख की ही तरह, भारतीय काव्यशास्त्रियों ने इस बात के लिए भी सटीक नियमों की रचना की थी कि सुन्दर दृश्यों का वर्णन कैसे किया जाये। उदाहरण के लिए केशवदास सुझाते हैं–

*ललित लता, तरुवर, कुसुम, कोकिल, कलरव, मोर।*
*बरनि बाग अनुराग स्यों, भंवर भंवत चहुँ ओर।।*[207]

इसके बाद केशवदास उदाहरण के रूप में सचमुच के एक बाग़ का वर्णन करते हैं। यह उनकी शिष्या और तवायफ़ प्रवीण राय का बाग़ है (चित्र 2.1)। लेकिन सत्याभास उनकी पसन्दीदा शैली नहीं है। दरबार के सन्दर्भ में बात करें तो बाग़, उनके निर्माता की प्रतिष्ठा में वृद्धि करते हैं। उनके वर्णन से भावनाएँ भी जन्म लेनी चाहिए क्योंकि भावनाओं को प्रोत्साहित करना काव्य के प्रधान लक्ष्यों में से एक है।

चित्र 2.1 प्रवीण राय का बाग़, ओरछा एडवर्ड रॉथफ़र्ब के सौजन्य से

जिस दृश्य के अन्त में राजा दुष्यन्त के साथ शकुन्तला का प्रेम प्रसंग सम्पूर्णता प्राप्त करता है, उसमें कवि नेवाज मनमोहक बिम्बों का शानदार वर्णन करते हुए श्रृंगार के भाव को एक ऊँचाई देते हैं :

*बिन देखे नृप धरत न धीरहि, आयो नदी मालिनी तीरहि।*
*फूले कमल मोर जह बोलत, सीतल पवन मंद तह डोलत।*
*हरषि मोर पिक करत पुकारै, झुकि झुकि परी सघन तरु डारै।*
*सीतल घन छाया तह छाई, कमल दलन की सेज बिछाई।*[208]

ऐसा नहीं था कि नेवाज ने अपने बिम्बों को नये सिरे से गढ़ा हो, बल्कि उन्होंने अधिकतम श्रृंगारिक प्रभावों के लिए बने नियमों के भण्डार में से लेकर उन्हें रचा था। वर्षा या सावन के मौसम से सम्बद्ध मोरों को भारतीय काव्य में लालसा का प्रतीक माना जाता है। हरे पेड़ काम और उर्वरता दोनों का ही आह्वान करते हैं। चौपाई छन्द चुनकर कवि ने उचित ही पाठक को दुष्यन्त के साथ-साथ वन में खड़ा कर दिया है। चौपाई की संरचना ऐसी है कि यह अग्रगामी गति के भाव देती है जो एक अत्यन्त चरमबिन्दु तक ले जाने के लिए सर्वोपयुक्त है। ऐसे सुन्दर दृश्यों के समृद्ध वर्णनों का उपयोग रति के भाव को बढ़ाने के लिए किया गया है। क्लासिकल सोच के अनुसार यह श्रृंगार रस तक पहुँचने के लिए एक पूर्वरंग है।

यह उन साहित्यिक नियमों के एक गूढ़ ढाँचे का एक नमूना भर है (और इसलिए इसे सरलीकृत किया गया है), जो संयोग श्रृंगार से सम्बद्ध हैं। इसके बावजूद विप्रलम्भ श्रृंगार के विरह के बारे में बताने की बात आती है तब दूसरे नियम प्रासंगिक हो जाते हैं। नरोत्तम कवि के 'मान चरित' (लगभग 1600) की एक मार्मिक कुण्डलिया विरह में दग्ध प्रेमियों पर एक सुन्दर वन के विपरीत प्रभावों के बारे में बताती है :

*जे बिरही अति विरह बस, सोभत बागनि आइ।*
*सुमन सुगंध रु पवन वन, अति लागति तन लाइ।।*
*अति लागति तन लाइ, जाइ करि कहाँ बुझावहिं ।*
*राग रागिनी सुनत महा, अति ही दुख पावहि।।*
*उपवन तनौ समीरु, गन्ध ले वहै सदा ही।*
*औरु न देखहि नारि, भाजि जे विरही जाहीं।।*[209]

इन पदों में बेला, संगीत और समीर जैसे उद्दीपन विभावों का प्रयोग किया गया

है, ताकि विरह के नाम से जाने जाने वाली विनाशकारी मनोदशाओं के बारे में बताया जा सके। यहाँ हम एक बाग़ के सौन्दर्य के दूसरे पहलू को देखते हैं। यह प्रेमियों में आनन्द का संचार करता है, लेकिन अकेले इन सबका अनुभव करने को अभिशप्त लोगों के लिए ये असहनीय वेदना ले आते हैं। कुण्डलिया की रूपात्मक विशेषताएँ विरह में जलते प्रेमियों के अपरिहार्य दर्द को उजागर करती हैं, जिसमें आरम्भ और अन्त दोनों के लिए ही यह बिरही का उपयोग करके, दूसरी और तीसरी पंक्तियों में दोहरावों के माध्यम से प्रतिबिम्बिन प्रभाव उत्पन्न करने की कोशिश की गयी है। इस छन्द की ये पारिभाषिक विशेषताएँ हैं।

श्रृंगार रस के चित्रण में उद्‌दीपन विभावों के प्रभावों के अन्तिम उदाहरण के रूप में केशवदास का एक बहुचर्चित कवित्त दिया जा सकता है :

*सीतल समीर टारि, चन्द्र चन्द्रिका निवारि,*
*'केशौदास' ऐसे ही तो हरषु हिरातु है।*
*फूलन फैलाय डारि, झार डारि घनसार,*
*चन्दन को टारि चित्त चौगुनो पिरातु है।*
*नीर हीन मीन मुरझानी, जीवै नीर ही पै,*
*छीर के छिरी के कहा धीरजु धिरातु है।*
*पाई है तैं पीर किधौं यो ही उपचार करै,*
*आग को तो दाध्यो अंग आगिही सिरातु है।*[210]

इस कविता के अर्थ को समझना दो सम्बद्ध परम्पराओं के ज्ञान पर निर्भर करता है। पहली परम्परा से हम नरोत्तम के पद के माध्यम से पहले से ही परिचित हो चुके हैं, वह यह है कि एकपक्षीय प्रेम एक आग है। दूसरी परम्परा के अनुसार कुछ विशेष पदार्थों जैसे कि चाँदनी (चन्द्रिका), कपूर, और चन्दन के बारे में माना जाता है कि अपने शीतल गुणों से वे शरीर को शान्ति पहुँचाते हैं। लेकिन वियोग की आग इतनी शक्तिशाली है कि ऐसे सभी उपचार इससे बेकार हो जाते हैं। यहाँ आवेग की उपमा ज्वर के एक अशक्त कर देने वाले दौरे से दी गयी है, जिसका उपचार सिर्फ़ प्रियतम की उपस्थिति से ही हो सकता है।

विप्रलंभ श्रृंगार के विभिन्न भाव हैं, और भारतीय पण्डितों ने उनका भी पूरा विवरण और विश्लेषण करना ज़रूरी माना था। मान और इससे जुड़ा हुआ मान-मोचन ऐसे विषय हैं, जिन पर बहुत सिंद्धान्त बनाये गये, और कविताएँ रची गयीं। और जब नायिका का प्रेमी परदेश चला जाता है तो इसके नतीजे में विरह का एक

बहुत लम्बा दौर शुरू होता है, जिसे बारहमासा नाम की एक लोकप्रिय विधा में अभिव्यक्ति मिली है।[211] यह अपने आप में एक पूरी की पूरी विधा तो थी ही, इसे हिन्दी प्रबन्ध काव्य में बड़े कौशल के साथ एक विशेष उपविधा के रूप में भी शामिल किया गया, जिससे शृंगार के विप्रलम्भ स्वरूप के विकास में सहायता मिली। इसके अलावा, विप्रलंभ को समृद्ध बनाने के लिए ऐसी दस दशाओं का आह्वान करने का तरीक़ा भी अपनाया जाता था, जिनसे होकर अपने प्रियतम के वियोग में एक प्रेमी अपनी वेदना के दौरान गुज़रता है। ये हैं तीव्र लालसा, चिन्ता, प्रिय के गुणों का बखान, स्मृति, बेचैनी, रुलाई, उन्माद, सन्ताप, विराग और आख़िरकार मृत्यु। साहित्य में भावनाएँ कैसे काम करती हैं और एक रसिक कैसे इनका अनुभव करता है, भारतीय परम्परा ने न सिर्फ़ इन बातों को गहराई से समझा, बल्कि इतने परिष्कृत रूप में उन्हें अभिव्यक्त करने की कोशिश भी की, जिसकी मिसाल और कहीं नहीं मिलती है।

सभी साहित्यिक संस्कृतियाँ उन अनकहे (निहित) संकेतों का उपयोग करते हुए अर्थों की रचना करती हैं, जो इन संस्कृतियों के सदस्यों के बीच उपलब्ध हुआ करते हैं। लेकिन भारतीय व्यवस्था अधिकतर परम्पराओं से कहीं अधिक सचेत रूप से गूढ़ थी। कविता एक जटिल कला थी और विज्ञान पर आधारित थी। एक हज़ार वर्षों से अधिक समय तक, संस्कृत कविता के सैकड़ों विद्वानों की असाधारण प्रतिभा ने साहित्यिक सिद्धान्तों की एक समृद्ध धरोहर को जन्म दिया था, जिसको रचनात्मक बदलावों के साथ, मुग़लकालीन ब्रजभाषा के दरबारी कवियों ने अपनाया। रस की अनोखी भारतीय अवधारणा प्राचीन भारत की नाट्य-परम्परा से जन्मी थी, लेकिन आगे चलकर भाषा के एक विशेष क्षेत्र के रूप में कविता पर होने वाले गहन दार्शनिक चिन्तन ने रस सिद्धान्त को सम्पूर्णता (और जटिलता) दी। भाषा के इस विशेष क्षेत्र के लिए ज़रूरी था कि यह रूप सम्बन्धी अपनी विशिष्टताओं और अपने व्यवस्थित अनुशासन को हमेशा ध्यान में रखे। यह अनुशासन था अलंकारशास्त्र।

संस्कृत के शब्द अलंकारशास्त्र का उपयोग दो अर्थों में हुआ है। इसका एक अर्थ अलंकरण की कोई भी रचना हो सकती है (चाहे यह रचना अलंकारों के विषय तक सीमित हो या नहीं हो) और इस तरह इसके दायरे में रस या भारतीय काव्य का कोई भी दूसरा क्षेत्र आ सकता है। लेकिन अपने संकीर्ण अर्थ में अलंकारशास्त्र अलंकारों के विधान का एक उप-अनुशासन है–जिसमें रूपकों और उपमाओं जैसे अलंकारों की चर्चा की जाती है। संस्कृत की तरह ब्रजभाषा में अलंकारशास्त्र के

कुछ लेखकों ने विशेष तौर पर सिर्फ़ अलंकारों के बारे में ही लिखा है। दूसरे लेखकों ने इसे उन अनेक तत्त्वों में से सिर्फ़ एक तत्त्व माना है, जिनसे कविता की रचना होती है। इसलिए ऐसे लेखकों ने अपनी किताब में अलंकारों पर एक या दो ही अध्याय शामिल किए हैं। कुछ लेखकों ने, जिनमें सबसे प्रसिद्ध संस्कृत सिद्धान्तकार आनन्दवर्धन (850 ईसवी के आसपास सक्रिय) हैं, कविता के अलंकार केन्द्रित दृष्टिकोण की आलोचना करते हुए इसे कविता की 'आत्मा' की अनदेखी करने जैसा बताया है। इसकी जगह उन्होंने ध्वनि की कला को अपनाने की पैरवी की है। उनके अनुसार, ध्वनि भाषा की अधिक गूढ़ सांकेतिक शक्ति है।[212] लेकिन चाहे अलंकार साहित्यिक विवेचना के केन्द्र में हो या उसका कोई गौण पहलू हो, चाहे किसी ने इसका उपयोग करने की सलाह दी हो या इसको कमतर बताया हो, सभी कवियों और पाठकों के लिए ज़रूरी था कि वे साहित्यिक अलंकारों के विज्ञान में महारत हासिल करें। केशवदास के शब्दों में :

*जदपि सुजाति सुलक्षणी, सुवरन सरस सुवृत्त।*
*भूषण बिन न विराजई, कविता वनिता मित्त।।*[213]

(कोई स्त्री ऊँची जाति की, अच्छे लक्षणोंवाली, अच्छे रंगोंवाली और रसपूर्ण, और अच्छा बोलने वाली हो सकती है। लेकिन अलंकारों के बिना वह अच्छी नहीं लगती। यही बात कविता के लिए भी समान है।)

बेशक भारतीयों ने जिन साहित्यिक उपकरणों पर अलंकारों के रूप में सिद्धान्त बनाये, दूसरी काव्य-परम्पराओं में भी वे उपकरण पाये जाते हैं। लेकिन संस्कृत और ब्रज कवियों में जो कौशल मिलता है, वह बेजोड़ है। जैसे कि लेखकों ने श्लेष अलंकार के साथ शब्दों के बहुअर्थी उपयोग को एक भव्य विस्तार दिया। उन्होंने श्लेष का उपयोग करते हुए पदों और कुछ मामलों में तो पूरी की पूरी रचना ही इस तरह की है कि उनमें दो या दो से अधिक कहानियाँ एक साथ चलती हैं।[214] सामान्य उपमाओं और रूपकों के अतिरिक्त, बड़ी बारीकी से रची गयी दर्जनों श्रेणियाँ हैं जिनमें से सन्देह, अनन्वय, उत्प्रेक्षा, व्यतिरेक, व्याजस्तुति महज़ कुछेक अलंकार हैं। ये श्रेणियाँ इस पूरे उद्यम में असाधारण जटिलता ले आती हैं, और इस बात को सम्भव बनाती हैं कि कविता का एक विस्तृत और सटीक वर्गीकरण किया जा सके।

ब्रजभाषा के दरबारी कवियों ने अलंकारशास्त्र के क्षेत्र में एक ख़ास रुझान दिखाया। अपने रीतिग्रन्थों में उन्होंने अलंकरण के सैकड़ों भेदों को बड़े मोहक ढंग से परिभाषित और रूपायित किया है। सत्रहवीं सदी के उत्तरार्द्ध के अग्रणी रीति

कवियों में से एक मतिराम त्रिपाठी की आगे दी हुई कविता इस विचार की एक सुन्दर मिसाल है, जिसमें वे व्याजस्तुति की परिभाषा देते हुए उसका उदाहरण भी बताते हैं। वे दोहे से शुरू करते हैं जिसमें व्याजस्तुति के लक्षण बताये गये हैं, और जैसा कि चलन था, इसके बाद एक चौपाई (इस सन्दर्भ में कवित्त) आती है जो इस अलंकार का एक उदाहरण प्रस्तुत करती है :

व्याजस्तुति-लक्षण–

*निन्दा मैं स्तुति पाइए, स्तुति मैं निन्दा होय।*
*व्याजस्तुति सो कहत हैं, कबि-कोबिद सब कोय।।*

उदाहरण–

*देखत ही सबके चुरावती है चित्तनि कौं,*
*फेरि के न देती या अनीति उमड़ाई है।*
*कबि 'मतिराम' काम तीर है तें तीछन,*
*कटाछनि की कोरे छेदि छाती मैं गड़ाई है।*
*खंजरीट-कंज-मीन, मृगनि के नैननि की*
*छीनि-छीनि लेती छबि ऐसी तैं लड़ाई है।*
*तेरी अखियानि मैं बिलोकी यह बड़ी बात।*
*इते पर बड़ी-बड़ी पावती बड़ाई है।।*[215]

इस कविता में नायक अपनी प्रियतमा की आँखों की भर्त्सना करते हुए उन पर हर क़िस्म के विनाशकारी व्यवहारों का आरोप लगाता है। हालाँकि इसमें कोई शक नहीं है कि इस पद का प्रभाव प्रियतमा की प्रशंसा करना है। यहाँ मतिराम ने भले ही परम्परागत बिम्बों का सहारा लिया हो–तीर जैसी तीखी दृष्टि, फुर्तीली मछलियों जैसे नैन आदि–लेकिन उन्होंने बहुत होशियारी से इन स्थापित रूपकों को एक व्यंग्योक्ति में बदल दिया है। रीति के रचनाकारों ने कई दूसरी क़िस्मों के असामान्य अलंकारों को सूत्रबद्ध किया है, जिनमें अक्सर वे परम्परा के साथ नये-नये तरीक़ों से खेलते रहे हैं।

केशवदास के सभावहेतु अलंकार के एक निम्नलिखित उदाहरण में 'उपस्थिति से उत्पन्न' पर आधारित विषय में प्रेमासक्त नायिका अपने प्रेमी के आगमन का धैर्य के साथ प्रतीक्षा कर रही है। वह समीर से पीड़ित है, जिसने मार्ग में बार-बार मिलते हुए उसकी सुगन्ध को 'चुरा' लिया है, और अपने प्रियतम की वापसी की प्रतीक्षा करने की उसकी क्षमता को भी छीन रही है।

हेतु–

*हेतु होत है भाँति द्वै, वरणत सब कविराव।*
*केशवदास प्रकाश करि, वरणिं सुभाव अभाव।।*

उदाहरण–एक :

सभाव–

*केशव चंदनवृंद घने, अरविंदन के मकरंद शरीरो।*
*मालती, बेलि, गुलाब सु केतकी केतिक चंपक को बन पीरो।*
*रंभनि के परिरंभन संभ्रम, गर्व घनो घनसार को सीरो।*
*शीतल मंद सुगंध समीर हरोय इनसो मिली धीरज धरो।।* [216]

यहाँ पाठक समीर की यात्रा का सहभागी बन जाता है, और कवित्त-सवैया छन्द के अपने फुर्तीले, तरंगित प्रवाह में उसे बहा ले चलती है। केशवदास बड़े कौशल के साथ रहस्यमय 'सभाव से उत्पन्न' को उजागर नहीं करके रहस्य को बनाये रखते हैं, और कविता के अन्त में जाकर ही बताते हैं--नायिका छेड़ने वाले समीर के हाथों निर्ममता से पीड़ित है। अपूर्ण प्रेम की वेदना सर्वज्ञात है, लेकिन रीति परम्परा के सबसे प्रसिद्ध दो कवि-विज्ञों के ये उदाहरण दिखाते हैं कि कैसे अलंकारशास्त्र एक विशेष भारतीय काव्य-युक्ति है जो काव्यात्मक बारीकियों के बारे में सिद्धान्त बनाने और उसे व्यवहार में उतारने दोनों में ही उपयोग में लायी गयी।

अगले अध्याय में जैसा हम देखेंगे, कुछ रीति लेखकों ने क्लासिकल व्यवस्था में और समृद्धि लायी। लेकिन कइयों ने सिद्धान्त को जस का तस लिया। उन्होंने इसे नयी दिशाओं में विकसित करने का कोई प्रयास नहीं किया। प्रमुख संस्कृत आलंकारिकों ने भिन्न तरह से काम किया था। उनका प्रधान लक्ष्य सटीक और बौद्धिक रूप से कठोर परिभाषाओं की अभिव्यक्ति करना था जिन्होंने पूर्ववर्तियों के सिद्धान्तों को या तो चुनौती दी या फिर उन्हें कुछ हद तक संवर्धित किया। अधिकतर मामलों में वे उत्कृष्ट कवि नहीं थे। अपने ग्रन्थों में उदाहरण देने के लिए संस्कृत लेखकों ने स्वयं कविताएँ नहीं रचीं, उन्होंने आमतौर पर प्रसिद्ध क्लासिक ग्रन्थों जैसे कि *अमरुशतक* या भर्तृहरि से पदों को उद्धृत किया।[217] इसके उलट रीतिकवि के लिए मौलिक कविता लिखना मूल बात थी।

कुछ मामलों में रीति लेखकों ने काव्यात्मक अभिव्यक्ति के लिए सिद्धान्त को ही एक अवसर बना दिया। मारवाड़ के राजा जसवन्त सिंह की रचना कही जाने वाली *भाषाभूषण* (लगभग 1660) एक उत्कृष्ट और संक्षिप्त रीतिग्रन्थ है, जिसमें

कवि ने बड़ी सूझ के साथ काव्यात्मक प्रवीणता का एक उल्लेखनीय प्रदर्शन करते हुए लक्षणों और उदाहरणों को एक साथ मिलाया है। ज़्यादातर रीतिग्रन्थकारों ने दोहों का उपयोग सिर्फ़ लक्षणों को दिखाने के लिए किया था, और कवित्त या सवैयों को उदाहरणों के लिए प्रयोग किया था। *भाषाभूषण* में जसवन्त सिंह ने लक्षण-उदाहरण दोनों को दोहों में ही कहा है, मानो उन्होंने अपने लिए एक विशेष व्याख्यात्मक और काव्यात्मक चुनौती स्थापित की हो। दोहा जैसे छन्द रूप में कलात्मक सफलता की माप यह है कि इसमें दो संक्षिप्त पंक्तियों में एक कथा को समो देने की क्षमता होती है। *भाषाभूषण* का चुनौती-भरा काम और भी चुनौतीपूर्ण हो जाता है, जब कवि लक्षण और उदाहरण दोनों को एक ही दोहे में वर्णित करता है।[218] कल्पना कीजिए कि निम्नलिखित दोहे की रचना के लिए कितनी सैद्धान्तिक और काव्यात्मक दक्षता की आवश्यकता रही होगी। इस दोहे में गूढ़ोत्तर अलंकार की चर्चा की जा रही है :

*गूढ़ोत्तर कछु भाव तें, उत्तर दीन्हे होत।*
*उत बेतसतरु में पथिक उतरन लायक स्रोत।।*[219]

आवश्यकता से उत्पन्न यह सारगर्भित दोहा पाठेतर अर्थों के एक भण्डार पर आश्रित है। 'गूढ़ोत्तर' का सन्दर्भ यह है कि नायिका को यात्री आकर्षक लगता है और वह उससे वनकुँज में अकेले मिलने की इच्छुक है। सुनने वालों (अपने परिजनों आदि) को तो ऐसा लगेगा कि बड़े भोलेपन से वह रात में ठहरने का स्थान तलाश रहे एक पैदल यात्री की सहायता करते हुए उसे दिशा बता रही है। लेकिन जो बात नायिका का परिवार नहीं समझ पाता है, उसे पाठक उसके गूढ़ सन्देश के माध्यम से समझ लेता है (जो पाठक एक अठखेलियों-भरे पल में स्वयं वह यात्री बन जाता है)। ज्ञान के अर्थ में *भाषाभूषण* एक रीतिग्रन्थ है। लेकिन प्राथमिक रूप में यह एक बहुत ही परिष्कृत ढंग से की गयी काव्य-रचना है। यहाँ तक कि अपने तकनीकी पदों की रचना में भी उतनी ही परिष्कृत है।

आरम्भिक आधुनिक भारत के दरबारी परिवेश में ब्रजभाषा में अलंकारों पर सैकड़ों प्रबन्ध लिखे गये। ऐसे रीतिग्रन्थ कविता की बानगी तो थे ही, उभरते हुए लेखकों और रसिकों के लिए संसाधन भी थे, जो मर्म के अपने ज्ञान पर गर्व और आनन्द का अनुभव करते थे। और ब्रज साहित्यिकों ने जिस सुन्दरता के साथ अलंकारों पर इस चर्चा की परिकल्पना की, वह उनके द्वारा विकसित-परिष्कृत ज्ञान प्रणालियों में से केवल एक थी।

## नायिकाभेद और पद्धतियों की गणना

अलंकारशास्त्र के एक उपानुशासन नायिकाभेद का ब्रजभाषा में विशेष रूप से विकास हुआ। यह विभिन्न स्त्री-चरित्रों का एक वर्गीकरण है। जैसा कि पहले कहा गया है, नायिका शृंगार रस की आधारभूमि है। इसे शृंगार रस का आलम्बन विभाव माना गया है। परम्परागत संस्कृत सिद्धान्तकारों ने नायिकाभेद को रस सिद्धान्त के व्यापक अनुशासन के अन्तर्गत ही रखा। लेकिन आरम्भिक आधुनिक काल में यह विषय अपने आप में एक नया अनुशासन बन गया।

क्लासिकल भारतीय काव्य में प्रेम बिना किसी स्त्री के उत्पन्न नहीं हो सकता है। लेकिन सभी स्त्रियाँ समान नहीं हैं। रीति साहित्य सिद्धान्तकारों की एक विशेष आसक्ति स्त्री-चरित्रों की एक सम्पूर्ण सूची निर्मित करने को लेकर थी। उनके विभिन्न गुण क्या हैं, और वे अपने प्रेम को कैसे व्यक्त करती हैं? सबसे महत्त्वपूर्ण बात यह है कि एक लेखक को उनकी सभी सूक्ष्मताओं के साथ उनका चित्रण कैसे करना चाहिए? उदाहरण के लिए स्वकीया के मामले में यह आम सहमति थी कि एक कवि को स्त्री की मर्यादा पर बल देना चाहिए, जैसा कि मशहूर मुग़ल कवि रहीम (सक्रिय 1600) ने निम्नलिखित दोहे में किया है :

*रहत नयन के कोरवा, चितवनि छाय।*
*चलत न पग-पैजनियाँ, मग अहटाय।*[220]

स्वकीया की एक उपश्रेणी नवोढ़ा (नववधू) नायिका थी, जो कवियों को विशेष प्रिय थी। ऐसी एक स्त्री बिस्तर में प्रेमी के यौनाग्रहों को रोकने के लिए अपनी चोली बन्द रखती है और अपनी जंघाओं को आपस में कसकर जोड़ लेती है। कुछ कवियों ने तो और भी युवा स्त्रियों पर दृष्टि डाली है, जैसे कि मुग्धा जो यौवन की दहलीज़ पर अभी-अभी पहुँची है। इसी शृंखला का हिस्सा अज्ञातयौवना नायिका भी है जो अभी अविवाहित है और इतनी भोली है कि उसे अभी यौवन या प्रणय के बारे में कुछ भी नहीं पता है। आमतौर पर वह पहले-पहल अपने उभरते हुए वक्षों को देख कर आतंकित हो उठती है, उसे आशंका होती है कि उसे कोई बीमारी हो गई है। फिर उसकी कोई सखी या बड़ी-बूढ़ी उसे संसार की रीत समझाती है।[221] अपने पूर्ववर्तियों की ही तरह ब्रज कवि भी रति के कामोत्तेजक प्रकारों से मोहाविष्ट थे। एक परकीया के साथ प्रेम की गतियों का वर्णन करने के लिए अनेक भेदों की रचना की गयी। कुछ मामलों में प्रेम की पात्र कोई तवायफ़ है। इसमें कोई विस्मय की बात नहीं है कि इसके लिए भी एक नाम है–सामान्या नायिका। ऐसी नायिका जो 'सर्वसुलभ' हो।

ऐसा लगता है कि नायिकाभेद के भारतीय सिद्धान्तकारों को तीन-तीन प्रकारों की श्रेणियाँ पसन्द थीं। स्वकीया-परकीया-सामान्या की त्रयी के अलावा एक त्रिपक्षीय विभाजन है जो सम्बन्ध की तीन अवस्थाओं को दर्शाता है। प्रेम का थोड़ा अनुभव प्राप्त कर लेने के बाद स्त्री मुग्धा नहीं रह जाती है। वह मध्या बनने के लायक़ हो जाती है, और आख़िरकार वह प्रबुद्धा की अवस्था प्राप्त करती है। एक प्रबुद्धा नायिका सांसारिक रीतियों में समझदार है और उसके पास स्त्रैण चालों का एक पूरा भण्डार है। संभोग में उसका मन रमता है और वह अपने प्रेमी को अनेक प्रकार से फेरना जानती है (इन दोनों गुणों के भी दो उपप्रकार हैं–रति प्रिया और स्वाधीनपतिका)। एक अन्य तिहरा विभाजन इस बात को लेकर है कि कोई स्त्री उत्तमा है, मध्यमा है या अधमा। यहाँ मुख्य कसौटी यह है कि कोई स्त्री कितने शीघ्र क्रोधित होती है। उत्तमा वह है जिसे इसकी विशेष चिन्ता नहीं है कि उसका प्रेमी किसी और स्त्री के पीछे जाता है; एक मध्यमा वह है जो एक धृष्टता के बाद भी मान जाये। लेकिन अधमा अपनी ईर्ष्या में आक्षेपों की वर्षा कर देती है।[222] तकनीकी रूप से मान 'हताश प्रेम' का एक उपविषय है, लेकिन पण्डितों ने इसे भी वर्गीकरण का एक विषय बना दिया (मान अल्प, मध्यम और गम्भीर हो सकता है)। इससे हमें उनका एक और पसन्दीदा भेद मिलता है–मानिनी। यहाँ तक कि स्त्रियों द्वारा अपने क्रोध को व्यक्त करने की शैली को भी तीन प्रकार की योजनाओं में विभाजित किया गया। एक अधीरा स्त्री अपने पुरुष पर बेरोकटोक बरसती है। धीरा स्त्री वह है जिसने रणनीतिक उद्देश्यों के तहत अपने क्रोध को कभी-कभी नियन्त्रित करना सीख लिया है। धीरा स्त्री इनमें सबसे चालाक है क्योंकि वह जानती है कि पुरुष से प्रतिशोध लेने का सबसे अच्छा उपाय मौन हो जाना है, या फिर सही समय पर व्यंग्योक्तियों की वर्षा करना है।

अनभ्यस्त पाठक को यह लग सकता है कि श्रेणीकरण की यह मात्रा आश्चर्यजनक रूप से अधिक, या यहाँ तक कि अतिरेकपूर्ण है। लेकिन यह तो नायिकाभेद की मात्र एक सतही बानगी भर है। इसमें आठ भेदों-वाला एक प्रसिद्ध अष्टनायिकाभेद भी है, जिसमें प्रेमासक्त स्त्री की भावदशा का विस्तृत वर्णन है।

1. स्वाधीनपतिका (अपने प्रेमी को नियन्त्रण में रखने वाली)
2. उत्का (व्यग्र या आशंकित)
3. वासकसज्जा (शय्या सुसज्जित करने के बाद प्रतीक्षारत)
4. अभिसन्धिता (हठी)

5. खण्डिता (पश्चात्ताप पूर्ण, देखें चित्र 4.2)
6. प्रोषितपतिका (प्रेमी के दूर जाने से उदास)
7. विप्रलब्धा (मिलन के लिए नहीं आने वाले प्रेमी के कारण उदास)
8. अभिसारिका (बेबाकी से अपने प्रेमी से मिलने जाती हुई, देखें चित्र 1.1)

ये और अभी जिन अन्य श्रेणियों की रूपरेखा दी गयी है, उनको आपस में विभिन्न तरीक़ों से मिला करके अतिरिक्त व्यवस्थाएँ, उपव्यवस्थाएँ और उपोपव्यवस्थाएँ उत्पन्न की जा सकती हैं। कुछ रीति लेखकों ने पहले से मौजूद भेदों में संवर्धन करते हुए इस विषय पर अपनी छाप छोड़ने की अतिरिक्त चेष्टा की। उदाहरण के लिए, अपनी *रसिकप्रिया* में केशवदास ने अभिसारिका नायिका पर परम्परागत ज्ञान में वृद्धि करते हुए एक नयी श्रेणी जोड़ी–प्रेमाभिसारिका, यानी "जो स्त्री प्रेम के चलते निडर होकर अपने प्रियतम से मिलने के लिए जाती हो।"[223]

केशवदास ने नायिकाओं का अतिरिक्त विभाजन करते हुए उन्हें 'प्रछन्न' और 'प्रकाश' में बाँटा। यहाँ भेद इस बात पर आधारित है कि प्रेम-प्रसंग केवल प्रेमियों, और सम्भवत: किसी क़रीबी सखी भर को ही ज्ञात एक निजी मामला है, या फिर यह आम जानकारी में है। अकेले इस श्रेणीकरण ने सीधे-सीधे नायिकाओं की संख्या दोगुनी कर दी, जैसा कि कवि द्वारा उत्का की दोहरी व्याख्या में देखा जा सकता है। इसमें लक्षण के बाद जुड़वाँ पद 'प्रछन्न' और 'प्रकाश' दोनों के उदाहरण प्रस्तुत करते हैं :

अथ उत्का लक्षण–

*कौनहुं हेत न आइयो, प्रीतम जाके धाम।*
*ताको सोचति सोच हिय, केशव उत्का बाम।।*

अथ उत्का प्रछन्न–

*कैधों गृहकाज कै न छूटत सखा समाज, कैधौं कछु आज ब्रतवासर विभात तैं।*
*दीन्हों तैं न शोध किधों काहूसों भयो विरोध, उपजो प्रबोध किधौं उर अवदात तैं।*
*सुख मैं न देह किधौं मोहीसों कपट नेह, कैधौं देखि मेंहु अति धरे अधरात तैं।*
*किधौं मेरी प्रीतिकी प्रतीति लेत केशोराइ, अजहूँ न आये मन सूधो कौन बाततैं।।*

इस उदाहरण में नायिका जिस चिन्ता को महसूस करती है, वह पूरी तरह निजी है–सन्देह अलंकार के उपयोग पर ग़ौर कीजिए। नायिका यह तय नहीं कर पाती कि प्रेमी के न आने के पीछे सही कारण क्या है। दूसरी कविता में नायिका अपनी चिन्ता

को एक अन्य स्त्री को सुनाती है (लेकिन यह सखी नहीं है, वरना ऐसी स्थिति में अभी भी प्रछन्न श्रेणी ही लागू होगी) जो 'प्रछन्न उत्का' से 'प्रकाश' (चित्र 2.2) को अलग करती है :

प्रकाश उत्का–

*सुधि भूल गई भुलये किधौं काहुकि भूलेइ डोलत बाट न पाई।*
*भीत भये किधौं केशव काहु सों भेंटभई कोई भामिनी भाई।*
*आवत हैं मग आइ गयो किधौं आवहिगे सजनी सुखदाई।*
*आये न नन्दकुमार विचारी सु कौन विचार अबार लगाई।।* [224]

केशवदास चाहे स्वयं से या किसी और से बातें कर रही एक उत्का नायिका की भावनाओं का सन्धान करते हैं, उसकी विरहावस्था की वेदनामय दशा का वर्णन सशक्त ढंग से उपस्थित होता है, जो पाठक में विप्रलम्भ शृंगार रस का संचार करता है।

चित्र 2.2 प्रकाशा उत्का नायिका, सम्भवतया साहिबदीन की रचना, मेवाड़, लगभग 1630-35 सौजन्य : ज्ञान प्रवाह, बनारस

अलग-अलग विशेषताओंवाली नायिकाओं के अनेक भेद हैं। कुल मिलाकर उनकी संख्या बहुत अधिक हो सकती है। केशवदास ने अपनी *रसिकप्रिया* में कुल

360 सम्भावनाओं की गणना की थी, इससे भी अधिक की गिनती दर्ज की गयी है।[225] और इस गिनती में वे सभी अन्य स्त्रियाँ शामिल नहीं हैं जो साहित्य में आती हैं और इस तरह उनकी श्रेणियाँ बनायी जा सकती हैं, जैसे कि नायिका की सखियाँ और दूतियाँ। फिर कितनी ही धात्रियाँ, नाइन, मालिन आदि हुआ करती हैं। नायकों को भी श्रेणियों के लायक़ माना गया, लेकिन इतनी लगन के साथ कभी उनकी श्रेणियाँ नहीं बनायी गयीं। सम्भव है कि भारतीय काव्य में अक्सर एक स्त्री स्वर हो, लेकिन इसकी दृष्टि पुरुषों की ही रही है।

## काव्य-श्रेणियों पर इतना ज़ोर क्यों?

अनेक आधुनिक पाठकों को नायिका के इतने सारे भेदों की उपस्थिति उलझन में डालती रही है। भारतीय काव्य सिद्धान्त में अप्रशिक्षित लोग तो यह भी मान सकते हैं कि इतनी बड़ी संख्या में श्रेणियों का होना साहित्यिक अनुभव में नीरसता का संचार करता होगा। या फिर लैंगिक मुद्दों के प्रति संवेदनशील व्यक्तियों में विचार उठ सकता है कि कहीं ये सभी नायिकाभेद किसी अजीबोग़रीब पौरुषिक फन्तासी, या किसी क़िस्म की अतिरेकपूर्ण पुरुष-दृष्टि तो नहीं है। ब्रजभाषा के काव्य के एक आधुनिक व्याख्याकार ने उचित ही यह ध्यान दिलाया है कि भारतीय सौन्दर्यबोधीय सिद्धान्त एक बहुत ही सीमित व्याख्यात्मक व्यवस्था है।[226] उन्होंने ऐसी काव्यात्मक विशेषताओं की पहचान की है, जिनको विडम्बनात्मक रूप से परम्परागत भारतीय विद्वानों ने अपनी पूरी व्यवस्थाओं के बावजूद कभी सम्बोधित नहीं किया। रीति शैलियों को हिन्दी साहित्य के रूपवादी दौर का प्रतीक कहकर उनका उपहास किया गया, जिसमें कवि श्रेणियाँ बनाने में इतने व्यस्त थे कि वे अच्छा काव्य लिखना भूल गये। जब आरम्भिक बीसवीं सदी में अनगढ़ ऐतिहासिक विश्लेषणों का औपनिवेशिक और राष्ट्रवादी विमर्शों से मेल हुआ, तब नायिकाभेदों को एक पतनशील (और अत्यन्त कामुक) संस्कृति के प्रमाण के रूप में देखा गया। एक ऐसी संस्कृति जिसने अपनी क्लासिकल जीवन्तता को खो दिया था और जो अब दोहरावों और जड़ता के नए रसातल में डूब गयी थी।[227]

परम्परागत साहित्यिक श्रेणियों को सीधे-सीधे नकार देना जहाँ आसान है, वहीं बौद्धिक रूप से श्रमसाध्य काम यह होगा कि यह समझने की कोशिश की जाये कि जिन लोगों ने इन श्रेणियों का उपयोग किया, उन लोगों के लिए श्रेणियों का क्या अर्थ था और उन्होंने क्यों इन्हें इतना महत्त्वपूर्ण माना। औपनिवेशिक दौर से यूरोपीय ज्ञान-प्रणालियाँ और सौन्दर्यबोधीय व्यवस्थाएँ विश्व भर पर हावी रही हैं।

ये अन्य संस्कृतियों के परिष्कृत साहित्यिक अनुशासनों और व्याख्यात्मक नियमों को अबूझ बनाती और नकारती रही हैं। उत्तर-औपनिवेशिक आलोचना परम्परा ने साम्राज्यवाद के प्रहसनों की प्रभावशाली आलोचनाएँ प्रस्तुत की हैं। लेकिन भारत में ज़्यादातर ध्यान आधुनिक ग्रन्थों पर ही दिया गया है। औपनिवेशिकता से पूर्व के साहित्यिक अतीत को भी उत्तर-औपनिवेशिक ढंग से पढ़ना आवश्यक है। और ऐसे किसी भी पाठ का आरम्भ भारतीय पूर्व-आधुनिकता के साहित्यिक मूल्यों के साथ एक ईमानदार संवाद से ही शुरू होना चाहिए।

पूर्व-आधुनिक संस्कृति का अध्ययन करते हुए जो प्रश्न उठाने ज़रूरी हैं, वे आमतौर पर रूढ़िवादी विधाओं में नवोन्मेषों से सम्बन्धित हैं। साहित्यिक व्यवस्था के संसार में काव्यात्मक सौन्दर्य के मानक क्या थे? जब इतने सारे नियम स्थापित कर दिये गये थे तब लेखक के लिए मौलिकता दिखाने के अवसर कहाँ थे? निर्देशों पर आधारित नियमों की व्यवस्था किसी काव्यात्मक रचनात्मकता में सहायक होती है या उसके बजाय बाधा बनती है? असल में, एक पद के स्तर पर अपार रचनात्मक सम्भावनाएँ उपलब्ध थीं, और सीमाओं ने स्वतन्त्रता के अपने सुन्दर स्वरूपों की रचना की। अक्सर ही कवियों ने नायिका के नये भेद प्रस्तावित किये, लेकिन जब उन्होंने पुराने और स्थापित भेदों के बारे में भी लिखा, तब नयेपन के लिए भी गुंजाइश थी। कभी-कभी रीति कवियों ने पुराने विषयों को लेते हुए उसमें कोई छोटा-सा मोड़ दिया, या किसी कथन को एक नये सुन्दर तरीक़े से कहा। दक्षिण एशिया में सैकड़ों रामायणों का मिलना एक आम बात है, लेकिन उनमें से हरेक को अलग-अलग चीज़ों पर बल देते हुए और अलग-अलग निष्कर्षों के साथ कहा गया है।[228] इस तथ्य से अनुभव में कोई कमी नहीं आती कि हरेक व्यक्ति को कथा पहले से पता थी। इसके उलट, पहले से जानकारी होने की वजह से आनन्द में वृद्धि ही होती, क्योंकि एक आधुनिक तुलना का उपयोग करें तो, श्रोता एक पसन्दीदा पुराने गीत को एक नये बैंड के सुरों में (इसे 'कवर' कहा जाता है) सुनते हैं। ब्रज कविकुल के सदस्यों द्वारा अलंकारशास्त्र की रूपरेखा के आधार पर रचे गये रीति सम्बन्धी विषय इसी तरह काम करते थे। नये बलों की परिकल्पना हमेशा ही की जाती थी, जो इस परम्परा की जीवन्तता का गवाह है।[229]

रीति कवियों में अत्यन्त व्यवस्थित रहने की धुन को भी इसके अपने सांस्कृतिक पर्यावरण में समझने की ज़रूरत है। भारत हमेशा ही शास्त्र-निर्माताओं की एक संस्कृति रहा है। संस्कृति, समाज, या राज-काज का कोई भी क्षेत्र सिद्धान्त से परे

नहीं था। भारतीय अनेक क्षेत्रों में नियमों के आधार पर चलते थे, जिसमें दर्शन, वास्तु, संगीत, गणित, ज्योतिष और यहाँ तक कि काम (यौन) भी शामिल हैं। चाहे लोगों ने शब्दशः उनका पालन किया हो या नहीं (और निश्चित रूप से ही कइयों ने ऐसा नहीं किया था), इस बात पर एक गहरी आस्था थी कि सिद्धान्त व्यवहार को प्रभावशाली बनाता है। क्लासिकल संस्कृत विचार-जगत् में, सिद्धान्त को एक ज्ञानात्मक आवश्यकता तक माना गया। यह एक ऐसी चीज़ थी जो व्यवहार से पहले आती थी।[230]

अलंकारशास्त्र की ज्ञान व्यवस्था में साहित्यिक व्याख्या के महत्त्वपूर्ण सिद्धान्त भी काम कर रहे थे। रीतिकाव्यशास्त्र एक बहुत व्यवस्थित संकेत विज्ञान है, जो दरबारी काव्य-रचना, प्रदर्शन और व्याख्या को सम्भव बनाता है। दरबारों में सुगमता और साहित्यिक सफलता इस बात पर निर्भर करती थी कि कवि और दर्शक प्रधान घटकों में कितने पारंगत हैं। ये घटक इन सामाजिक और संवादपरक प्रक्रियाओं को सक्षम बनाने में महत्त्वपूर्ण माध्यम थे। हम चाहेंगे कि हमें रीतिकाव्य की प्रदर्शनकारी स्थितियों के बारे में अधिक पता चले, लेकिन हमें इसकी उतनी जानकारी नहीं है। फिर भी यह निश्चित है कि पद विधा भक्तिकाव्य की गायिकी परम्परा में आता था। ध्रुपद के साथ ऐसा ही था, जो मुग़ल हलक़ों में बहुत लोकप्रिय होने वाली एक शैली थी।[231] उर्दू की साहित्यिक संस्कृति से जुड़ी हुई मेहफ़िल की तरह, एक ऐसे परिदृश्य की कल्पना करना आसान है, जिसमें एक कवि अपने रसिकों की एक विशिष्ट सभा में अपने दोहे या चौपाइयों को प्रस्तुत करता होगा। सत्रहवीं सदी में दरबारी प्रस्तुति के बारे में बल प्रदान करता हुआ एक तथ्य जयराम पिंड्ये के ग्रन्थ *राधामाधवविलासचंपु* (लगभग 1650) में मिलता है, जो दक्कन के शाहजी भोंसले के आश्रय में रचे गये संस्कृत और देशभाषा के मिले-जुले काव्य का एक संकलन है। इस रचना में एक समस्यापूर्ति प्रतियोगिता के बारे में बताया गया है, जिसमें शाहजी की सभा के कवियों को ऐसे पदों को प्रस्तुत करने को कहा गया था, जो ज्ञातयौवना और अज्ञातयौवना प्रकार की नायिकाओं के बीच में भेद के बारे में बता सके। इन्हें संस्कृत अलंकारशास्त्री भानुदत्त द्वारा उनके बारे में दिये गये विवरण के आधार पर प्रस्तुत करना था।[232] इस तरह की स्थिति को सम्भवतः रीति सन्दर्भों में भी लागू किया जा सकता है, जिसमें नायिकाभेद प्रदर्शन का आधार होने के साथ-साथ रसिकों के बीच बहस का एक विषय भी था।[233] रीतिग्रन्थ की संरचना को ही दरबारी सभाओं की समस्यापूर्ति की वाचिक प्रथा के एक पाठ रूप में देखा जा सकता

है, जिसका उद्देश्य लक्षणों को प्रस्तावित करना और उनके लिए पद में उपयुक्त उदाहरणों की रचना करना था।

मुक्तकों का आनन्द लेने के लिए अलंकारशास्त्र में पारंगत होना अनिवार्य रहा होगा। प्रबन्ध-ग्रन्थों के पदों के उलट, मुक्तक किसी बड़ी कथा का अंग नहीं थे। इस पद्य शैली का आकर्षण यह है कि पाठक या श्रोता किसी कहानी के मध्य में उसमें प्रविष्ट होता है। कविता में पूरी कहानी कभी नहीं कही जाती है। विशेषकर दोहा में जहाँ कथात्मक विवरण की गुंजाइश सबसे कम होती है। उस साहित्यिक आधारभूत संरचना की कल्पना कीजिए जो बिहारी के निम्नलिखित दोहे का अर्थ लगा सकने के लिए काम कर रही होगी :

*मोहि करत कत बावरौ करैं दुराऊ दुरैन।*
*कहे देत रंग राति के रंग निचुरत से नैन।।*[234]

वक्ता, जिसे सम्बोधित किया गया है, और संवाद का विषय, तीनों का कहीं भी नाम नहीं लिया गया है। कविता की न्यूनतम कथा-सामग्री को देखते हुए, बस इतना ही कहा गया है कि किसी की लाल आँखें देखकर कोई व्यक्ति क्रोधित हो गया है। लेकिन नायिकाभेद का आत्म-विमर्श हमें बाक़ी की कथा को आसानी से पूरी करने में सक्षम बनाता है। अधिकतर सम्भावना यही है कि बिहारी ने एक खण्डिता नायिका और एक शठ नायक के बीच मिलन का चित्रण किया है। रीति साहित्य की परम्पराओं के अनुसार, पुरुष के लाल नेत्र इस बात के संकेत हैं कि उसने किसी और स्त्री के साथ प्रेम-संभोग में सारी रात गुज़ारी है। उसकी आँखें नींद की कमी से लाल हो सकती हैं, या चरम स्थितियों में, कामोन्माद के पलों में चीजें अस्त-व्यस्त हो गयी होंगी और पान का दाग़ उसके चेहरे पर लग गया। ऐसे में यह पद उसकी क्रोधित संगिनी के बारे में है जो अपने पुरुष के विश्वासघात के बारे में उससे प्रश्न कर रही है।

लेकिन सन्दर्भ की ऐसी पुनर्संरचना से इस कविता की व्याख्यात्मक सम्भावनाएँ ख़त्म नहीं हो जाती हैं। हम इसके बारे में निश्चित रूप से नहीं जानते कि आरम्भिक आधुनिक भारत में किसी रीति मुक्तक की उसके अनेक पाठकों और श्रोताओं ने किस तरह व्याख्या की। हालाँकि सम्भावनाएँ ऊपर वर्णित रूपात्मक साहित्यिक व्यवस्थाओं की सीमा के भीतर ही काम करती थीं। सौभाग्य से टीकाकार मूल्यवान संकेत प्रदान करते हैं। ऊपर उद्धृत कविता के लिए लल्लूलाल (सक्रिय काल 1800) *बिहारीसतसई* पर अपनी टीका *लालचन्द्रिका* में दो सम्भावित पाठ सुझाते

हैं। अपने विश्वासघाती प्रेमी के प्रति एक स्त्री के कठोर शब्दों का उल्लेख करने के बजाय, बिहारी का यह मुक्तक दो सखियों के बीच एक संवाद के रूप में भी देखा जा सकता है। इस मामले में, नायिका लक्षिता भेद की है और पद में कम तीखे सुर हैं—नायिका की सखी उसे उसके लाल नेत्रों के बारे में संकेतों-कोंचनों के साथ छेड़ रही है, जो बताता है कि वह अपनी सखी के अपने प्रेमी के साथ सारे कौतुक के बारे में जानती है। लेकिन अगर वक्ताओं को आपस में बदल दिया जाये, और इन शब्दों को सखी के बजाय नायिका के शब्दों के रूप में देखा जाये, तब नायिकाभेद की रूपरेखा के भीतर से एक बिल्कुल अलग क़िस्म का परिदृश्य उभरता है। तब नायिका एक 'अन्यसंभोगदुखिता' होगी, जो अपनी सखी पर इसलिए क्रोधित है कि उसने उसके प्रेमी के साथ रात्रि व्यतीत की है।[235] संक्षेप में कहें तो पाठकों के चिन्तन के लिए इस संक्षिप्त दोहे के मात्र सत्रह शब्द सम्भावनाओं के एक व्यवस्थित तन्त्र के भीतर से व्याख्याओं का एक समूह निर्मित करते हैं। असल में कवि के प्रेम के अनूठे व्याकरण पर महारत हासिल करके नयी सम्भावनाएँ रचने की उसकी क्षमता ठीक-ठीक रूप से रीतिकाव्य के अनुभवों से प्राप्त होने वाले आनन्द में से एक है। बिहारी के दोहों को ठीक ही गागर में सागर होने की गुणवत्ता के लिए सराहा गया है। यह रीति कवि इतने कम शब्दों में इतना कुछ कह जाता है, उसकी वजह यह है कि उसके पास साहित्यिक युक्तियों की एक सदियों पुरानी व्यवस्था है जो अर्थ और रसिकता के लिए एक सम्भावनाशील तन्त्र के रूप में काम करती है।

कुशल कवियों द्वारा पैने बिम्बों को गढ़ना, और इसके साथ-साथ एक ऐसे परिष्कृत श्रोता वर्ग का होना जो क्लासिकल सिद्धान्तों की बारीकियों से अवगत हो, ये दोनों बातें इस साहित्यिक संस्कृति के महत्त्वपूर्ण आधार थे। इस व्यवस्था में डूबकर ही हम ऊपर रहीम की कविता में दी गयी नवविवाहिता नायिका की पहचान कर सकते हैं—उसकी कनखियाँ बताती हैं कि स्त्री इतनी शर्मीली है कि वह अपने पति को सीधे नहीं देख सकती है, और उसकी मौन पायल एक ऐसी स्त्री की पहचान देती है जो इतनी भीरु है कि हिलते हुए वह कोई आवाज़ नहीं निकालती। एक अपरिचित पाठक को यह बात अस्पष्ट और रहस्यमय लगेगी कि क्यों एक स्त्री ईख की कटाई को लेकर इतनी उदास दिखाई देती है, लेकिन जो लोग जानते हैं, वे समझ सकते हैं कि वह अनुशयना नायिका है, और उसकी चिन्ता की वजह यह है कि उसके छिपने की जगह नष्ट हो रही है। ईख के पौधे लम्बे होते हैं, जहाँ वह देख लिये जाने के किसी भय के बिना अपने प्रेमी से मिल पाती थी। भारतीय काव्य के

रसिक जानते हैं कि एक अधीरा नायिका के क्रोध में फूट पड़ने की सम्भावना अधिक होती है, और गुरुमान (स्त्री में अपने प्रेमी की बेवफ़ाई से जन्मे ईर्ष्यापूर्ण आक्रोश का चरम रूप) का उपचार प्रणति है, जिसमें पुरुष को उसके चरणों में झुकना पड़ता है। नायिकाभेद की व्यवस्था काव्य में प्रेमियों के बीच हज़ारों क़िस्म के सम्भव संवादों को रूपायित करती है, जिससे कविकुल को एक भारी-भरकम पृष्ठभूमि का वर्णन करने की ज़रूरत नहीं रह जाती।

रीतिकाव्य संस्कृति के इन तत्त्वों के अलावा, जो प्रधानतः संस्कृत से आते हैं, ब्रजभाषा के संसार में काफ़ी कुछ ऐसा था जो नया था। जैसे कि दरबारी कवियों के लिए भी भक्ति एक बड़ा सरोकार थी। दूसरी बात यह थी कि, संस्कृत की आरम्भिक विधाओं को एक नया, स्थानीय मोड़ दिया जा सकता था। अक्सर प्रमुख नवोन्मेष साफ़ दिखते हैं, जैसे कि ब्रज लेखकों द्वारा देशभाषा के अपने अनोखे मानकों का उपयोग, या फिर छन्दबद्ध काव्य को दी गयी उनकी तरजीह। हम ऐसी मिली जुली कविता शैलियाँ भी पाते हैं, जो फ़ारसी प्रतिमानों पर आधारित हैं। अब मैं इनमें से कुछ ऐसी काव्य-परिपाटियों की चर्चा करूँगी जो लीक से हटकर चलीं।

## रीति कवि और भक्ति

आधुनिक काल में संस्कृत भाषा को बड़ी आसानी के साथ धार्मिक जीवन से जोड़कर देखने की एक प्रवृत्ति पायी जाती है। लेकिन यह प्रवृत्ति इस भाषा की बौद्धिक और राजनीतिक संस्कृति के परिष्कृत और सांसारिक पक्ष को छुपा देती है।[236] ऊपर दरबारी सभाओं की जिन प्रधान विधाओं यानी शास्त्रों, प्रबन्धों और मुक्तकों की चर्चा की गयी है, वे पूर्व-आधुनिक कालीन भारत के संस्कृत पण्डितों के लिए धर्मनिरपेक्ष मामले रहे थे। लेकिन रीति कवियों ने जहाँ अपने संस्कृत पूर्ववर्तियों से इन उपरोक्त विषयों को शृंगार, प्रशस्ति और पांडित्य की दरबारी शैलियों से जोड़ा, वहीं उनके कार्यों पर तत्कालीन भक्ति रुझानों की भी गहरी छाप थी।

दरबारी विधाओं में से कइयों की उत्पत्ति भले ही संस्कृत में हुई हो, लेकिन ब्रजभाषा में प्रत्यारोपित किये जाने के बाद उनको अधिक धार्मिक उपयोग में ले आया जाने लगा, या कम से कम उन्हें दरबारी और साथ ही धार्मिक ग्रन्थों के रूप में एक ही साथ पढ़ा जाता था। जैसा कि पिछले अध्याय में इसकी चर्चा की गयी है कि केशवदास की *रसिकप्रिया* पर भक्ति की गहरी छाप मिलती है। याद कीजिए कि कैसे राधा की छवि को रीति बिम्ब-विधान में इस तरह रचा गया है कि वह

जगनायका (यानी कृष्ण) की नायिका के रूप में आराध्य भी हैं। कृपाराम और नन्ददास जैसे ब्रजभाषा के आरम्भिक रीति कवि अपने रुझान में मुख्यत: भक्ति कवि हैं, भले ही उनकी रूपात्मक विशेषताएँ उन्हें रीतिकाव्य से सम्बद्ध करती हों। आगे चलकर ब्रज अलंकार शास्त्रियों जैसे कि चिन्तामणि त्रिपाठी (सक्रिय 1650) और भिखारीदास (सक्रिय 1740) पहले के संस्कृत सिद्धान्तों का इस तरह संशोधन करते हैं कि वे भक्ति के अनुरूप हो जायें। अनेक अन्य रीति लेखकों ने बहुत स्पष्ट रूप से राधा और कृष्ण के बीच प्रेम-प्रसंगों का चित्रण किया है, भले ही जब वे संस्कृत काव्य सिद्धान्तों से विद्वत्तापूर्ण बिन्दुओं पर चर्चा कर रहे हों। इसने उनके काव्य की आध्यात्मिक और धर्मनिरपेक्ष व्याख्याओं को सम्भव बनाया। इस अस्पष्टता का राजपूत और पहाड़ी चित्रकारों ने विशेष उपयोग किया, जिन्होंने सामान्यत: अपने पुरुष चरित्र के लिए नीले रंग का उपयोग करते हुए संकेत दिये कि उनके चित्रित कविता के नायक कृष्ण हैं (देखें चित्र 4.2)। जबकि यहाँ चित्रित कृष्ण वृन्दावन के कुंजों में वंशी बजाने वाले गोपाल के बजाय सम्भव है कि दरबार में बैठे हुए एक सजीले दरबारी हों। लेकिन इसके बावजूद वे कृष्ण हैं, और कुछ देखने वालों के लिए यह अनुभव दरबार से उतना सम्बन्धित न होकर धार्मिक श्रद्धा से सम्बद्ध रहा होगा। या सम्भव है कि एक ही साथ दोनों ही हो।[237] कुछ लम्बे प्रबन्ध काव्य मुग़लकालीन भारत की नयी वैष्णव भक्ति धाराओं से भी प्रभावित थे। केशवदास की *रामचन्द्रचन्द्रिका* राम के जीवन पर भक्ति से सराबोर एक प्रबन्ध है, भले ही यह संस्कृत की उच्च काव्य-शैली में रची गयी हो। ब्रज कवियों में *सुदामाचरित* एक बहुत ही लोकप्रिय विषय बन गया, जो कृष्ण के निर्धन बाल सखा सुदामा के बारे में वैष्णव कथा पर आधारित है।[238] इस काल में पहले की दरबारी विधाओं में वैष्णव भक्ति को शामिल करना नयी मिश्रित शैलियों में से सिर्फ़ एक था।

## ब्रजभाषा में इतिहास-लेखन

ब्रजभाषा में इतिहास-लेखन रचनात्मकता का एक और क्षेत्र था जिसने संस्कृत समेत कई स्रोतों को आधार बनाया। क्लासिकल परम्परा में ऐतिहासिक काव्य-लेखन में संस्कृत लेखकों की कभी भी मुख्य रुचि नहीं रही थी, लेकिन बाण का *हर्षचरित* (लगभग 640), बिल्हण का *विक्रमांकदेवचरित* (लगभग 1080), कल्हण की *राजतरंगिनी* (1148) इस परम्परा के महत्त्वपूर्ण उदाहरण हैं। आरम्भिक रीति लेखकों ने इस विधा के प्रति अपनी रुचि दिखायी, जो इतिहास और साहित्य के बीच एक अन्तरवर्ती स्थान ग्रहण करती है। इसमें अर्ध-रिपोर्ताज के तत्त्वों को कम

यथार्थवादी दृश्यों के साथ मिलाकर एक बहुत आलंकारिक भाषा में प्रस्तुत किया जाता है। कई स्थानीय सांस्कृतिक धाराएँ भी ब्रज के ऐतिहासिक लेखन से सम्बद्ध हुईं। वीर भाव भले ही संस्कृत के साहित्यिक भण्डार का एक आधारभूत घटक था लेकिन रासोकाव्य पश्चिमी भारत की एक विशिष्ट विधा थी जिसने सोलहवीं सदी में प्रभुत्वशाली जगह बनायी। हमने देखा कि रासो-परम्परा केशवदास की आरम्भिक *रतनबावनी* के लिए आदर्श रही होगी और मुग़लकाल में ऐसे काव्य राजपूत दरबारों में चलन में रहे थे। यह एक ऐसा दौर था जब राजस्थान की वाचिक, भाट परम्पराएँ औपचारिक लिपिबद्ध ग्रन्थों के लिए एक नयी सांस्कृतिक पसन्द के लिए मार्ग तैयार कर रही थीं।[239]

आरम्भिक आधुनिक भारत की जिस नयी और सर्वव्यापी परिघटना ने ब्रज इतिहास-लेखन के विकास पर उल्लेखनीय प्रभाव डाला था, वह थी मुग़ल-सत्ता। अनेक रीति-रचनाओं में एक स्थानीय पाठक वर्ग के लिए ऐतिहासिक घटनाओं को महत्त्वपूर्ण रूप से अभिव्यक्त किया गया है। जैसा कि अध्याय–एक में दिखाया गया है कि केशवदास के *वीरसिंहदेवचरित* का पहला भाग 1600 के आसपास मुग़ल-ओरछा राजनीतिक सम्बन्धों का एक विस्तृत ब्योरा है, जिसमें केशवदास ने मुख्य घटनाओं का वृत्तान्त प्रस्तुत किया है, मानो वे एक दरबारी इतिहासकार हों। उनमें एक ऐसी विशिष्टता दिखती है जो संस्कृत काव्य में दुर्लभ ही है। लेकिन इस ग्रन्थ के बाद के अध्यायों में वे इस ऐतिहासिक पद्धति से दूर चले जाते हैं, और सौन्दर्यपूर्ण काव्य और राजनीतिक उपदेशों को आपस में गूँथते हैं जिन्हें वे संस्कृत के साहित्यिक अतीत से ग्रहण करते हैं। इस काल के दक्षिण भारतीय इतिहास-लेखन पर एक हालिया पुस्तक के सैद्धान्तीकरण के हवाले से कहें तो एक पारंगत पाठक काव्यात्मक और ऐतिहासिक 'बुनावट' (textures) के बीच अन्तर कर सकता है।[240]

आमेर के कछवाहा दरबार में नरोत्तम कवि का *मानचरित* इस आदर्श का एक और उदाहरण है। निम्नलिखित छप्पय मुग़ल वंशावली में कवि की रुचि को दिखाता है और साथ ही साथ हाल की राजनीतिक घटनाओं की सूचना भी देता है :

*बब्बरु पुहुमि नरेस देस दिसि लीने केउव।*
*हम्माऊ हद मेटि हाकि दीने नृप तेउव।।*
*तासु पाट डिढ ठाठ महा अकबर सुविहाँनह।*
*सेव करे दरबार सहि उमराव अरु खानँह।।*

*चकत्ता चाउ चहुँ खण्ड पर भरै डंड संकै दुनी।*
*वर तेग एक नृप मांन की लई भौमि लोकनिसुनी।।*[241]

कवि ने यहाँ साम्राज्य की व्यवस्था के तहत स्थानीय सम्प्रभुता का एक नाटकीय स्वरूप प्रस्तुत किया है। यानी मुग़ल भले ही पृथ्वी पर शासन करते हों, लेकिन वे मान सिंह जैसे राजपूत राजाओं के बूते ही ऐसा कर पाते हैं। इस ग्रन्थ में एक दूसरी जगह पर नरोत्तम ने बड़ी लगन के साथ उन कई लड़ाइयों के नाम और वर्णन दिये हैं जिनमें मान सिंह ने स्वयं को अकबर के लिए अपरिहार्य बना दिया। वे काबुल में अकबर के सौतेले भाई मिर्ज़ा हाकिम के ख़तरे का अन्त करने में एक प्रमुख ताक़त थे। उन्होंने हल्दीघाटी की लड़ाई में मेवाड़ के राणा प्रताप सिंह के ख़िलाफ़ सेना का नेतृत्व किया। उन्होंने घात लगाकर बीरबल की जान लेने वाले यूसुफ़ज़इयों को इसका दण्ड दिया था। ऐसा नहीं है कि लड़ाई के सभी विवरणों को बहुत सटीक ढंग से दर्ज किया गया है और वे प्रमाणों के मानकों पर खरे उतरते हैं, जो कि आधुनिक अर्थ में इतिहास को परिभाषित करने वाली विशेषताएँ बन गयी हैं। नरोत्तम और सभी तरह के रीति कवियों ने खुलकर इतिहास को काव्यात्मक अलंकरणों से सुसज्जित किया। ध्वन्यानुरणवाले (onomatopoeic) शब्दों में प्रस्तुत करते हुए वे ऐसे लम्बे पदों की रचना करने में विशेष आनन्द लेते थे, जिनमें युद्ध की श्रव्यात्मक दृश्यभूमि को प्रस्तुत किया जाता था। निम्नलिखित पंक्तियाँ उनकी शैली का अहसास कराती हैं, जिनमें हल्दीघाटी की लड़ाई के लिए मान सिंह अपनी फ़ौज की व्यूह रचना कर रहे हैं :

*चढ़ी सेन सेना जि सेना समाह, सजे अंग अंगेनी अंगे सनाहं।।*
*ढली ढाल लालति हालति सेते, मिली रंग रंगेनि वैरख्ख पीते।।*
*भये ढिमढिम जि ढोलं निसानं, तबल्ले न तंदूर जानति कानं।।*
*बजै झिंझि झल्लोरि मृद्‌दंग तेते, सहन्नाइ भेर्ये रु नफ्फीर केते।।*[242]

नरोत्तम द्वारा रची गयी मान सिंह की जीवनी एक ऐसे रूप में है जिसे मैं समृद्ध इतिहास कहूंगी। इसमें कविता ने एक महत्त्वपूर्ण भूमिका निभाई है। भुजंगप्रयात छन्द में रचे गए इस पद में काव्यात्मक उत्कर्ष लेखक द्वारा वैण सगाई (वयण सगाई या वर्ण सम्बन्ध) के उपयोग से उत्पन्न होता है, जो राजस्थान के भाट कलाकारों द्वारा निखारी गयी एक अनुप्रास तकनीक है।[243] अनुप्रास और ध्वन्यानुरण-मय शब्दों की व्यवस्था नगाड़ों की आवाज़ों और सेना की दौड़-धूप को प्रस्तुत करती है, जिसमें अपने श्रोताओं के लिए यह इतिहास को जीवन्त बनाती है।

काव्यात्मक माध्यम जो भी हो, ब्रजभाषा के दरबारी ग्रन्थों में मुग़लकालीन राजनीतिक विषयों का भारी प्रचलन हमें बाध्य करता है कि हम इस प्रकार के लेखन को हिन्दी साहित्यिक इतिहास में एक नये और महत्त्वपूर्ण रुझान के रूप में देखें, भले ही अभी इसको लेकर सिद्धान्तों का पर्याप्त विकास नहीं हुआ हो। यह सम्भव है कि भारतीय-फ़ारसी तारीख़ की परम्परा के बारे में कुछ जागरूकता रीति लेखकों की चेतना में भी घर कर करने लगी हो। ये कवि कभी-कभार मुग़ल दरबारों में समय व्यतीत करने आते थे, उनके संरक्षक तो नियमित ही ऐसा करते थे। कुछ ग्रन्थ काव्य कम और युगान्तरकारी ऐतिहासिक घटनाओं के वृत्तान्त अधिक प्रतीत होते हैं। इनमें वृन्द का *सत्यसरूपरूपक* और श्रीधर का *जंगनामा* शामिल हैं। आरम्भिक अठारहवीं सदी में रचे गये ये दोनों ग्रन्थ क्रमशः 1707 में औरंगज़ेब के बेटों मुअज्ज़म (जो विजयी रहे और भावी सुल्तान बहादुरशाह बने) और आज़म शाह के बीच, और 1712-13 में जहाँदार शाह और फ़र्रुख़सियर के बीच उत्तराधिकार की लड़ाइयों को बयान करते हैं। यही पद्धति पन्ना दरबार के लाल कवि द्वारा रचित *छत्रप्रकाश* (1710) में अपनायी गयी है, जो बुन्देल नेता छत्रसाल (1649-1732) के राजनीतिक करियर पर रचित एक काव्य है। केशवदास और नरोत्तम के आरम्भिक काल में ही ऐतिहासिक विधाएँ रीति परम्परा का एक घटक बन चुकी थीं। वे संस्कृत में उपस्थित अवश्य थीं, लेकिन ब्रज संसार में उन्होंने एक नयी महत्ता प्राप्त की थी, जिसमें वे राजस्थानी कथात्मक काव्य से और सम्भावित रूप से मुग़ल दस्तावेज़ी शैली से प्रभावित हुई थीं।

## ब्रजभाषा काव्य की शब्दावली और तुक

आरम्भिक आधुनिक काल में ब्रजभाषा के कवियों की सफलता के लिए नयी, या कम से कम नवीकृत साहित्यिक विधाओं का विकास महत्त्वपूर्ण था। उतना ही महत्त्वपूर्ण था अपनी स्थानीय साहित्यिक भाषा के लहजे को नये रोमांचक तरीक़ों से मनचाहा रूप दे सकने की उनकी क्षमता। यह एक नया क्षेत्र भी था जहाँ संस्कृत और ब्रजभाषा के रास्ते निर्णायक रूप से अलग हो गये। संस्कृत अवधारणा के स्तर पर, कम से कम सिद्धान्त में एक स्थिर भाषा थी। वह एक बन्द व्यवस्था थी, जिसके नियम पाणिनी और पतंजलि (क्रमशः चौथी और पहली शताब्दी ईसा पूर्व) जैसे प्रख्यात वैयाकरणों द्वारा प्राचीन काल में ही लिपिबद्ध किये जा चुके थे।[244] इसके उलट ब्रजभाषा बहुत लचीली थी। आधुनिक हिन्दी-उर्दू की पूर्वगामी भाषा के

रूप में, जिनमें समान लचीलापन पाया जाता है, ब्रजभाषा के शाब्दिक मिज़ाज की व्यापकता ने इसके काव्यात्मक आकर्षण में शक्तिशाली तरीक़ों से योगदान दिया। इसने एक ऐसे साहित्य की फलने-फूलने में मदद की जिसका आनन्द कई समुदाय उठा सकते थे।

रीति कवियों में कुछ एक शैली विशेष को अधिक पसन्द करते हैं; अन्य लेखक एक लहजे या बोली के प्रति अधिक आकर्षित होते हैं। उन्हें किसी विशेष कवि या सन्दर्भ या आश्रयदाता की आवश्यकताओं के अनुसार जो भी शब्द या पद सर्वोपयुक्त लगते हैं, वे उनका मुक्त होकर उपयोग करते हैं। और ये चुनाव दूरंदेशी और अन्त:प्रेरणा से किये जाते हैं। जैसे कि तत्सम शब्द कृष्ण का उपयोग करने के बजाय कान्हा जैसे एक तद्भव शब्द, या इसके एक अन्य रूप कन्हैया का उपयोग करने से अन्तरंगता और सीधेपन का अहसास पैदा होता है। यह गाँव की उन गोपियों की चाहनाओं को अभिव्यक्त करने के लिए विशेष रूप से उपयुक्त है, जो इस वैष्णव कथा-चक्र के केन्द्र में हैं। कृष्ण को डाँटती हुई एक गोपी का वर्णन करने वाली कविता में, उनके स्वर को जीवन्त बोलचाल की शैली में श्रेष्ठ तरीक़े से प्रस्तुत किया जा सकता है, जैसे कि "छाड़हु बोलिबो बोल हँसौहै" बजाय इसके कि इसे अधिक औपचारिक लहजे के साथ प्रस्तुत किया जाये।[245]

लड़ाई के दृश्य पूरी तरह से एक भिन्न भाषाई तर्क पर काम करते हैं। इन मामलों में, जैसे कि नरोत्तम कवि द्वारा हल्दीघाटी में मानसिंह की सेना के वर्णन में देखा जा सकता है जिसमें राजस्थानी काव्य-शैली एक वीरता-भरे काव्य की एक समुचित मन:स्थिति में योगदान देती है। अन्य कवियों ने क़रीब-क़रीब प्राकृत जैसा पुरातनवाद रचने की कोशिश की है। ऐसा पद्माकर (1800 के आसपास) के एक छप्पय की इन आरम्भिक पंक्तियों में देखा जा सकता है, जिसमें छ, क और ध का उल्लेखनीय रूप से बार-बार उपयोग हुआ है–

*छिति अति छज्जिय अत्र छत्र छाहन छबि छक्किय।*
*चहुँव चक्क धक पक्क अरिन अकबक्क धरक्किय।।*
*इक्क दुवन तजि धरनि सरन तुव चरन सु तक्किय।*
*हय गय पयदल छोड़ि छोड़ि सुख सागर नक्किय।।*
*जगमग प्रताप जग्यव उमगि उथल पथल जल थल गयउ।*
*नृप मनि अनूप गिरि भूप जब निज दल बल हंकत भयउ।।*[246]

पद्माकर का यह छन्द बड़े संयत तरीक़े से विसंगत ध्वनियों का बार-बार

उपयोग युद्धभूमि के कोलाहल और आतंक दोनों को ही प्रस्तुत करता है, साथ ही श्रोताओं में वीर रस की अनुभूति भी भरता है।

तत्सम भाषा ने भी कुछेक रीति सन्दर्भों में अपनी महत्ता बनाये रखी है। आरम्भिक ब्रज लेखक चूँकि अलंकारशास्त्र पर अपने ग्रन्थों की रचना के लिए स्थापित संस्कृत-लेखन के प्रति ऋणी थे, इसलिए यह बात समझ में आती है कि रीतिग्रन्थों के लक्षण बताने वाले अंशों की तकनीकी शब्दावली संस्कृतनिष्ठ थी। एक परम्परागत पण्डित परिवार में पले-बढ़े केशवदास के पास विशेष रूप से तत्सम शैली में कौशल प्राप्त था। (कभी-कभी संस्कृत के अत्यधिक उपयोग ने भी गूढ़ होने की उनकी ख्याति में मदद की।) सदाचार या आध्यात्मिक मामलों पर अपने किसी राजसी आश्रयदाता को उपदेश देते हुए वे पूरी शक्ति के साथ तत्सम भाषा का उपयोग करते हैं। ऐसा *वीरसिंहदेवचरित* के अन्तिम पदों में और पूरी *विज्ञानगीता* में देखा जा सकता है। इन दोनों ही ग्रन्थों में शुद्ध संस्कृत उद्धरण मिलते हैं जिनके नतीजे में इन कृतियों के लिए उनका मनचाहा राजकीय, उन्नत सुर निर्मित हुआ। *विज्ञानगीता* के आरम्भिक पदों में केशवदास शान्त रस की रचना करते हैं, जो मोटे तौर पर वेदान्ती रुझानवाली एक रचना है। इसे उन्होंने लम्बे, लगभग मन्त्रनुमा, अधिकतर अर्ध संस्कृत भाषा में लिखा है, जो प्रत्यक्षतः अभिव्यक्ति से परे दैव प्रकृति को व्यक्त करने की एक चेष्टा है :

*जोति अनादि अनंत अमित अद्‌भुत अरूप गुनि।*
*परमानंद पुहमी प्रसिद्ध पूरन प्रकास पुनि।*
*निर्गुन नित्य निरीह निपट निर्बान निरंजन।*
*सम सर्वग सर्बज्ञ सर्ब चित चिंतत चिद्‌घन।*[247]

पुहमि (पृथ्वी, संस्कृत से), पुनि (संस्कृत के पुनः से) जैसे शब्द संकेत देते हैं कि *विज्ञानगीता* असल में एक स्थानीय भाषा का ग्रन्थ है, लेकिन न्यूनतम सीमा तक ही।

एक दूसरा पद जो संस्कृत न होते हुए भी संस्कृत के सर्वाधिक निकट माना जा सकता है, वह केशवदास की *जहाँगीरजसचन्द्रिका* का एक उल्लेखनीय कवित्त है। यह प्रशस्ति का क़रीब-क़रीब एक क्लासिक उदाहरण है :

*कवि, सेनापति, कुशल कलानिधि, गुणी, गिरपति।*
*सूर, गनेस, महेस, शेष, बहु बिबुध महामति।*

*चतुरानन, सोभानिवास, श्री धर, विद्याधर।*
*बिद्याधरी अनेक मंजुघोषादि चित्तहर।*
*दृष्टि अनुग्रह निग्रहनि जुत केसव सब भांति छम।*
*इमि जहाँगीर सुरतान अब देखहु अद्‌भुत इन्द्र सम।।*[248]

यहाँ उपयोग में लायी गयी ब्रजभाषा क़रीब-करीब शुद्ध संस्कृत है (जिसमें शब्दों को ब्रज में रूपान्तरित करने की छूट ली गयी है, जैसे कि 'श' को 'स' आदि)। अपने बिम्ब विधान में यह परम्परागत रूप से भारतीय है, जिसमें मुग़ल सुल्तान जहाँगीर की तुलना हिन्दू देवों के देव इन्द्र से की गयी है।

तथापि क़रीब से अन्वेषण करने पर एक दिलचस्प पेंच उजागर होता है। उपर्युक्त पद को एक विस्तारित श्लेष के रूप में पढ़ा जा सकता है, जिसमें प्रशस्ति के सारे शब्द जहाँगीर और इन्द्र दोनों पर समान रूप से लागू होते हैं।[249] पता चलता है कि एक ऐसी अति-संस्कृतनिष्ठ शैली की उपस्थिति में जो चीज़ बहुत मुश्किल से दिखाई देती है, वह एक बहुभाषी श्लेषालंकार है, जो दूसरी पंक्ति के 'शेष' शब्द के दो सम्भव उच्चारणों पर टिका हुआ है। इन्द्र सभा के सन्दर्भ में संस्कृत शब्द के रूप में इसे पढ़ें तो इसका अर्थ होगा शेषनाग, जो विष्णु के सहचर हैं। लेकिन ठीक इसी शब्द का अगर ब्रज की परिपाटी में उच्चारण किया जाये तो यह 'शेख' जैसा सुनाई देगा, जो इसको सम्भव बनाता है कि इसे एक आदरणीय धार्मिक मार्गदर्शक के लिए अरबी में उपयोग किये जाने वाले शब्द (शेख़) के रूप में भी समझा जाये। संस्कृत के वैचारिक संसार में जमे होने के बावजूद यह पद बड़ी बारीकी से अपने मुग़ल उद्‌गम को भी ज़ाहिर कर देता है।

लहजे के स्तर पर देखें तो भारतीय मुस्लिम दरबारी संस्कृति के साथ रीति लेखकों के सम्पर्क ने सांस्कृतिक मिश्रण के अनेक मामलों को जन्म दिया। कवीन्द्राचार्य सरस्वती की *कवीन्द्रकल्पलता* (लगभग 1650 ई.) क्लासिकल प्रशस्ति शैलियों में मनमोहक विविधताओं को समेटे हुए है, जो फ़ारसी-अरबी शब्दों के कुशलतापूर्वक उपयोग से ही सम्भव हो सका। यह ग्रन्थ मुग़ल बादशाह शाहजहाँ के लिए लिखा गया था। पहली दृष्टि में, इसके अनेक पद मानक शैली में दिखाई पड़ते हैं, जिस प्रकार की प्रशस्तिगाथा संस्कृत कवि सदियों से रचते आ रहे थे। लेकिन क्योंकि कवि ब्रजभाषा में लिखता है और भोज या किसी अन्य पुराने हिन्दू राजा के बजाय मुग़ल बादशाह को सम्बोधित करता है, इस तथ्य की वजह से उसके अनेक पद

मानक/औसत नहीं रह जाते। जैसे कि निम्नलिखित पंक्तियों में कविन्द्र जब बादशाह की बहुसांस्कृतिक क्षमता के गुण गाते हैं, जिसे उनके कवित्त में से लिया गया है।

*कुरान पुरान जानें, वेदनि के भेद जाने*
*एति रीझ एति बूझ और कहो काहि हैं*
*सुमेर को सोनों देत, दीन दुनी दोनो देत*[251]

ब्रज में क़ुरान का तुक पुराण के साथ बिठाना बड़ी सूझ-बूझ के साथ शाहजहाँ की एकता की कोशिशों को रेखांकित करता है। यानी इस तुक में उन चीज़ों की अस्तित्व-सम्बन्धी एकता को एक चमत्कारिक तरीक़े से प्रदर्शित किया गया है जिन्हें अन्यथा पूरी तरह से पृथक् समझा जाता है। संस्कृत में ऐसी साहित्यिक तकनीक एक क़िस्म से असम्भव रही होती, जहाँ तुक का प्रयोग दुर्लभ था। संस्कृत की जगह ब्रज के उपयोग ने कविन्द्र को इसमें भी सक्षम बनाया कि वे दीन-दुनी (धर्म और संसार) की अरबी अवधारणा के साथ मुस्लिम विचार-जगत् तक भी पहुँच बना सकें। इसी तरह सुल्तान की फ़ौजी शक्ति का गुण गाते हुए पण्डित कवि ने संस्कृत के अधिक प्रचलित विजय शब्द की जगह खुलकर फ़ारसी-अरबी शब्द फतुह (विजय) का उपयोग किया है :

*चीरा हीरा हय गय जर जरी साजि जिमी,*
*दिन दिन दूनो देइ कीत्ति लीजियति है।*
*साहिजहाँ राजनि की राजधानि छानी,*
*छीनि साहिनि की साही लीनी औरें दिजियति है।*
*वाजै वैरी वारि वोरे वाजे वैरी वारि डारे,*
*प्यास लागे पिया पिय आँसू पीजियति है।*
*जौ लौं पाछिली फतूह को कवित्त करें,*
*तौ लगि फतूह और औरे कीजयति है।।*[252]

निस्सन्देह, शब्दावली में किये गये इन सामंजस्यों ने ऐसे दर्शकों के लिए प्रदर्शनों को समझना आसान बनाया होगा जिसमें मुख्यतः फ़ारसी बोलने वाले लोग शामिल थे। लेकिन ये परिवर्तन सौन्दर्यबोध, अलंकार और सभी संकेतकों के आधार पर राजनीतिक रूप से भी प्रभावशाली थे।[253] मुख्य बात यह है कि ब्रजभाषा के कवियों को निश्चित सन्दर्भों में संस्कृत की तुलना में एक विशेष बढ़त प्राप्त थी, क्योंकि उनकी भाषा मुग़लकालीन भारत की फ़ारसी दुनिया के साथ इस तरह संवाद कर सकती थी जो क्लासिकल परम्पराओं द्वारा सम्भव नहीं थी।

फ़ारसी-अरबी सम्भावनाओं से जुड़ाव और असाधारण पद्धतियों से शब्दों में फेरबदल करने की स्वतन्त्रता के साथ, रीति कवियों ने मिश्रित लहजेवाले तुकों और अन्य काव्यात्मक प्रचुरताओं को प्रस्तुत किया। मारवाड़ के राजा जसवन्त सिंह की इस पंक्ति को लीजिए :

*अति कारी भारी घटा प्यारी बारी बयस।*
*पिय परदेस अंदेस यह आवत नाहीं संदेस।।*[254]

विरह के एक परम्परागत विषय की इस अत्यन्त संक्षिप्त रचना में संस्कृत से निकले दो शब्दों परदेस और सन्देस को बड़ी विशेषज्ञता के साथ फ़ारसी शब्द अंदेशा से जोड़ दिया गया है और इस तरह एक सुन्दर अनुप्रास तथा कविता में आन्तरिक तुक की रचना की गयी है।

मुग़ल कवि रहीम की कला-रचना तुक में और शब्दों के दक्ष खेल में विशेष रूप से समृद्ध है। उनकी *नगरशोभा* विभिन्न जातियों की भारतीय स्त्रियों की विशेषताओं के बारे में छोटी-छोटी झलकियों की एक श्रृंखला है। उन्होंने इसके लिए जो विधा अपनायी वह विशिष्ट रूप से फ़ारसी की है–*नगरशोभा* बहुत कुछ *शहरआशूब* से मेल खाती है, जो एक शहर विशेष के सुन्दर युवाओं के मनमोहक आकर्षणों के गुण गाने वाली परम्परागत कविता है। लेकिन रहीम की भाषा बुनियादी रूप से स्थानीय है।[255] वे संस्कृत और फ़ारसी दोनों क़िस्म के शब्दों को खुलकर मनचाहे तरीक़े से बदलते हुए उपयोग करते हैं ताकि दिलचस्प तुकान्तों की रचना कर सकें। निम्न कविता में महावत की पत्नी की इस प्रकार प्रशंसा की गयी है, जो बड़े मान के साथ हाथी की सवारी कर रही है, जबकि उसका पति हाथी को हाँक रहा है :

*पीत काँछि कंचुक तनहिं, बाला गहे कलाब*
*जाहि ताहि मारत फिरै, अपने पिय के ताब।।*[256]

यहाँ फ़ारसी शब्द ताब का (आमतौर पर इसका अर्थ गर्मी है, लेकिन मान और जोश भी), ब्रज के छन्दों के मुताबिक़ उपयोग किया गया है। जिस तरह संस्कृत शब्द कलाप को कलाब में बदल दिया गया है ताकि वह तुक योजना के अनुरूप हो सके, अधिक विस्मयकारी बात है।[257] इस उदाहरण में जो सिद्धान्त काम करता हुआ दिखाई देता है, वह यह है कि अगर शब्द अनुरूप नहीं है, तो इसे अनुरूप बनाया जा सकता है।

नायिकाभेद विषय पर अपनी रचना 'बरवै' में रहीम एक दूसरी पद्धति अपनाते हैं। उन्होंने अपने काम के शब्दों को चुनकर उन्हें एक असाधारण भाषाई और

काव्यात्मक साँचे में कसने की कोशिश की है। पूर्वी हिन्दी बोलियों में 'वा' उपसर्ग को जोड़ने से शब्दों में एक लघुता का प्रभाव बनता है। इसके लिए कभी-कभी इसके ठीक पहले के स्वर को लघुरूप दिया जाता है। लेकिन आडम्बरपूर्ण संस्कृतनिष्ठ युग्मों में इसका बार-बार उपयोग बहुत ही असंगत सुनाई देता है। जैसा कि मध्या विप्रलब्धा नायिका (मध्यम दर्जे की स्त्री जो अपने प्रेमी के न आने के कारण उदास है, यह ऊपर बतायी गयी अष्टनायिका व्यवस्था का एक उप प्रकार है) के इस चित्रण में देखा जा सकता है :

*देखि न केलि-भवनवा, नंदकुमार।*
*लाइ लाइ ऊँचा उससवा, भइ बिकरार।।*[258]

केलिभवन जैसे एक तत्सम शब्द को लघुता प्रदान करना यों तो एक बेतुकी बात है, और इस कविता का साहित्यिक प्रभाव ठीक इसी शाब्दिक क्रीड़ा में निहित है। इसलिए यहाँ वैभवपूर्ण संस्कृत शब्द अचानक ही आकर्षक बन पड़े हैं। फ़ारसी शब्दों को भी नहीं बख़्शा गया है, जैसा कि अधमा नायिका के इस उदाहरण में 'गुमान' के साथ किया गया है :

*बेरिहि बेर गुमनवा, जनि करु नारि*
*मानिक अउ गजमुक्ता, जउ लगि बारि*[259]

पूर्वी भाषा का प्रभाव उत्पन्न करने के लिए शब्दों में असामान्य बदलाव अत्यन्त व्यवस्थित काव्यात्मक प्रभाव हैं, जिनको निस्सन्देह इस बात से प्रोत्साहन मिला होगा कि अत्यन्त नियन्त्रित और अति संक्षिप्त बरवै पंक्ति के प्रत्येक भाग में सही वजनवाले छन्दों की रचना ज़रूरी थी।[260] वे फ़ारसी साहित्यिक दुनिया के एक प्रतिष्ठित सदस्य द्वारा स्थानीय भाषा के काव्य के एक ऐसे नये क्षेत्र में दिलचस्प प्रयत्न भी थे, जो भाषाई संकरण (हाइब्रिडिटी) और प्रयोगशीलता के लिए मुख्य रूप से अनुकूल था।

## राजनीतिक व्यंग्य

ब्रजभाषा के ख़ास भाषाई मिश्रण के कुछ उदाहरण अत्यन्त पोलेमिकल (वाद-विवादपरक) हैं। इसको राजा शिवाजी (शासनकाल 1674-1680) के दरबारी कवि भूषण त्रिपाठी द्वारा अपनायी गयी ब्रज-शैली में देखा जा सकता है। केशवदास की तरह भूषण भी जब भी चाहें तत्समों, संस्कृत की युग्म-शब्द सम्बन्धी शैलियों, और

क्लासिकल काव्य के सभी क़िस्म के उपकरणों के भण्डार का उपयोग करने में पूरी तरह सक्षम कवि हैं। लेकिन शब्दों के साथ खेलने के उनके कई मनमोहक उदाहरण फ़ारसी शब्दों को मनचाहा रूप देने के उनके कौशल पर निर्भर हैं, जिनसे वे एक शक्तिशाली विडम्बना का प्रभाव उत्पन्न करते हैं। मराठा शासक के राजतिलक के थोड़े समय पहले का उनका विशाल ग्रन्थ *शिवराजभूषण* (1673) प्रत्यक्षतः एक रीतिग्रन्थ है, जो अलंकारों के विषय पर लिखा गया है। लेकिन यह ग्रन्थ एक महिमागान के रूप में भी काम करता है, जिसके उदाहरण वाले पदों में लड़ाई में शिवाजी की सफलताओं का वर्णन और उनके संकटग्रस्त शत्रुओं पर अफ़सोस ज़ाहिर किया गया है। *शिवराजभूषण* आंशिक रूप से भूषण के प्रख्यात आश्रयदाता की सैनिक उपलब्धियों का उत्सव है। साथ ही, यह ग्रन्थ बादशाह औरंगज़ेब के काल में मुग़ल राजनीतिक व्यवस्था के साथ शिवाजी के मोहभंग को भी तीक्ष्ण रूप से अभिव्यक्त करता है।

कुछेक शब्दों के अद्‌भुत बहुभाषी उपयोग दिखाते हैं कि किस तरह कुछ चुने हुए ब्रज शब्दों को एक ही साथ संस्कृत और फ़ारसी लहजे में पढ़े जा सकने की अनोखी क्षमता है। यह अनोखापन यहाँ एक कड़वे व्यंग्य का प्रभाव उत्पन्न करता है। इन पंक्तियों में पीर शब्द के साथ किये गये प्रयोग पर ग़ौर करें :

*मीरन के उर पीर बढ़ी यों जु भूलि गई सुधि पीरन हू की।*

(*शिवराजभूषण*, पद 113)

द्विअर्थी प्रभाव उत्पन्न करने की यह तकनीक एक अकेले शब्द को अनेक अर्थों में दोहराने पर निर्भर करती है। इस अलंकार को क्लासिकल अर्थ में 'यमक' कहा गया है।[261] लेकिन यहाँ प्रभाव उससे नाटकीय रूप से अलग है। पीर शब्द का पहला उपयोग संस्कृत के शब्द पीड़ा के अर्थ में है। यही शब्द ब्रज में लिखे जाने पर फ़ारसी के सूफ़ी पीर का अर्थ भी प्रदान करता है। इसी तरह शिवाजी के शत्रुओं का द्विभाषी उपहास इन पंक्तियों में भी दिखता है :

*दच्छिननायक एक तुम्हीं भुव भामिनि को अनुकूल ह्वै भावै।*
*दीनदयाल न तो सो दुनी पर म्लेच्छ के दीनहिं मारि मिटावै।*[262]

यहाँ 'दीनदयाल' के एक अंश के रूप में दीन पहली बार संस्कृतनिष्ठ युग्म शब्द के अर्थ में उपस्थित होता है। यह एक नीरस लेकिन शिवाजी के लिए एक पूरी तरह से उपयुक्त राजसी उपाधि है। लेकिन पंक्ति का दूसरा हिस्सा और चाहे कुछ भी

हो, बिल्कुल नीरस नहीं है, जब अचानक हमें इसका अहसास होता है कि वही दीन शब्द अरबी अर्थ में धर्म के लिए प्रयुक्त हुआ है, जिसके बारे में कहा गया है कि शिवाजी इसका नाश कर रहे हैं। भूषण यहाँ अपने ठेठ कौशल के साथ औरंगज़ेब की मन्दिरों को तोड़ने वाली इस रूढ़ छवि को पलट देते हैं, और रेखांकित करते हैं कि शिवाजी की दृष्टि में उत्पीड़ितों को लेकर एक सच्चे हिन्दू राजा के लिए मुसलमान उत्पीड़क का उत्पीड़न आवश्यक है।

शब्दों के साथ भूषण की अवमाननापरक बहुभाषी क्रीड़ा का एक और शक्तिशाली उदाहरण वह है जिसमें वे बादशाह औरंगज़ेब के नाम के साथ खेलते हैं। विषय के रूप में उत्कृष्ट, लेकिन शाब्दिक रूप में यह भ्रष्ट प्रयोग है। फ़ारसी में औरंगज़ेब शब्द का एक प्रशंसात्मक अर्थ है–'सिंहासन को सुसज्जित करने वाला।' भूषण के यहाँ इस शब्द-युग्म का पहला हिस्सा 'औरंग' (सिंहासन) बदल कर 'अवरंग' हो जाता है। ब्रज ध्वनि के अनुसार बादशाह के नाम का यह एक सम्भव उच्चारण है। लेकिन यह संस्कृत शब्दों अव और रंग के मिश्रण से बने एक शब्द का संकेत भी देता है, जिसका अर्थ 'विवर्ण' या बेरंग होता है। यह एक ऐसा बिन्दु है जो भूषण जैसे संस्कृत में प्रशिक्षित ब्राह्मण या मराठा दरबार के सदस्यों के लिए तत्काल ही स्पष्ट होता होगा।[263] सुल्तान औरंगज़ेब के नाम को इस तरह जानबूझकर संस्कृत रूप देना शिवाजी के सामने औरंगज़ेब के अदम्य भय के संकेत देता है। इस तरह यह औरंगज़ेब की उत्कृष्ट उपाधि को अवमानना का एक स्रोत बना देता है।

ब्रजभाषा के यमक का एक और उदाहरण हमें एक दूसरी ही लीक पर ले जाता है, जिसमें कवि ने दो अलग-अलग फ़ारसी शब्दों का इस तरह ब्रजीकरण किया है कि वे एक जैसे सुनाई पड़ते हैं। यह बुन्देलखण्ड में पन्ना दरबार के इतिहासकार व कवि लालकवि द्वारा कुशलतापूर्वक संकल्पित एक व्यंग्य है जिसका तुलनात्मक प्रभाव कम है। लाल यह बताते हैं कि कैसे मिर्ज़ा राजा जयसिंह पन्ना शासक छत्रसाल बुन्देला और उनके भाई अंगद को मुग़ल सेना में शामिल होकर लड़ने के लिए तैनात करते हैं :

*मिलिकै नृप जयसिंह सौं, अंगद लिए बुलाई।*
*मनसिब भयौ दुहूनि कौ रहे संग सुख पाई।।*
*रहे संग कूरम*[264] *के ऐसे नृप बिराट के पंडव जैसे।।*
*यद्यपि मनसम मनसब*[265] *नाहीं। सब तैं उमगि अधिक उर माहीं।*[266]

चौथी पंक्ति की बारीकियों को अंग्रेज़ी अनुवाद में पूरी तरह व्यक्त करना असम्भव है, जिसमें मूल ब्रज रचना फ़ारसी-अरबी शब्दों मनसब और मुनासिब के साथ एक खेल रचती है। फ़ारसी में ये दोनों शब्द पूरी तरह असम्बद्ध हैं (दोनों शब्दों में आये स को फ़ारसी के अलग-अलग अक्षरों से लिखा जाता है–मनसब को ص यानी साद से और मुनासिब को س यानी सीन से। लेकिन कवि के लिए यह अप्रासंगिक है। स्वर अक्षरों और उनकी दीर्घता को भी ब्रजभाषा में मनमुताबिक़ बदला जा सकता है, जिससे मुनासिब किसी जादू की तरह मनसिब हो जाता है, और इस तरह अभी-अभी खोजे गये, दो एक जैसे सुनाई पड़ने वाले शब्दों पर आधारित एक चतुर द्विअर्थी बात बन जाती है।[267] ब्रजभाषा में ढाले गये फ़ारसी शब्दों का चयन एक मुग़लिया प्रभाव की रचना करता है, जो एक ऐसे परिदृश्य के लिए उपयुक्त था, जिसमें दो राजपूत नायकों को मुग़ल सेना में भर्ती किया जा रहा था। इसी के साथ लालकवि ने मनसबदारी व्यवस्था पर एक निशाना भी साधा है, जो मुग़ल राजनीतिक व्यवस्था का एक महत्त्वपूर्ण घटक था और सत्रहवीं सदी के अन्तिम दौर तक आते-आते कमजोर पड़ने लगा था।[268]

श्रीधर के *जंगनामा* के व्यंग्यात्मक पदों के मर्म में भी राजनीतिक अशान्ति ही है। उनकी रचनाएँ आरम्भिक आधुनिक ब्रज रचना-संसार में पैवस्त ऐतिहासिकतावाद की एक और मिसाल हैं। उनकी भारी फ़ारसीनुमा ब्रज कविताएँ फ़र्रुख़सियर और जहाँदार शाह के बीच दिल्ली की गद्दी को लेकर होने वाली लड़ाई पर केन्द्रित है, जिसके नतीजे में जहाँदार शाह 1713 में गद्दी से बेदख़ल हो गये। कथा के ऐतिहासिक मोड़ पर जहाँदार शाह के बारे में अपनी अप्रसन्नता को श्रीधर इस तरह व्यक्त करते हैं :

*इक रोज़ बैठे मौजदी मदिरा बढ़ायो मौज को*[269]

श्रीधर का व्यंग्य अविश्वसनीय लगने लगने वाले तुक पर निर्भर है, जैसे कि उन्होंने ईरानी नववर्ष पर मनाये जाने वाले उत्सव नवरोज़ के और भारतीय शहर कन्नौज के बीच एक जोड़ बैठाने की कोशिश की है। साथ ही उन्होंने लहजे में भी एक कुशल फेरबदल किया है। मोइज़ुद्दीन (जहाँदार शाह का असली नाम), जिसका अर्थ अरबी में एक ऊँची हैसियत रखता है (ईमान को ताक़त देने वाला), उसको मौजूद्दीन कहकर मज़ाक़ उड़ाया गया है, जिसका अर्थ इससे लगाया जा सकता है कि शहंशाह मौज-मस्ती में डूबे रहने वाले एक रंगीले इन्सान हैं जो हुकूमत करने के क़ाबिल नहीं हैं।

## आधुनिक भाषाई व्यवस्थाओं के समक्ष देशभाषा की अराजकता

ब्रज कविता की शाब्दिक विविधता आधुनिक काल में ख़तरे में पड़ गयी, जब पुराने ढंग की हिन्दी के ऊपर संस्कृतनिष्ठ खड़ी बोली के एक जोड़-तोड़कर खड़े किये गये रूप ने क़ब्ज़ा कर लिया। यह एक ऐसी भाषा थी जिस पर व्याकरण का अनुशासन चल सकता था। औपनिवेशिक दौर की अनेक भारतीय चीज़ों की तरह ब्रजभाषा को एक दोषपूर्ण, अस्त-व्यस्त (नियम विरुद्ध), और ख़तरनाक ढंग से मध्यकालीन मान लिया गया। उपयोग में जिस लचीलेपन का वर्णन हम करते रहे हैं, उसकी अभिव्यक्तिपरक क्षमता या साहित्यिक सुन्दरता के लिए प्रशंसा करने के बजाय अव्यवस्थित तोड़-मरोड़ कहकर उसकी निन्दा की गयी।[270] ब्रज के एक नियमबद्ध व्याकरण के अभाव को अब आसन्न भारतीय सांस्कृतिक शून्यता का परिचायक मान लिया गया। और फिर कट्टर हिन्दी और हिन्दू राष्ट्रवादियों के लिए, फ़ारसीकरण इस्लामी विजय के दाग़ का प्रतीक बन जाने वाला था।

बहुत कुछ औपनिवेशिक और राष्ट्रवादी विमर्श की तरह, ब्रजभाषा के व्याकरण विरोध की किसी चिन्ताजनक भारतीय दोष के रूप में निन्दा करना एक गहरी भूल है। संस्कृत भाषा की संरचना को प्राचीन भारतीय वैयाकरणों ने कुशलतापूर्वक अध्ययन करके लिपिबद्ध किया था। ऐसा करते हुए उन्होंने व्याकरण के एक परिष्कृत क्षेत्र को जन्म दिया था। देववाणी के लिए व्याकरण सर्वाधिक महत्त्व अवश्य रखता था, लेकिन नरभाषा पर यह व्याकरण सार्वभौम रूप से लागू होने योग्य नहीं था। औपनिवेशिक काल से पहले सिर्फ़ दो मौक़ों पर ब्रजभाषा का व्याकरण लिखने की आवश्यकता महसूस की गयी थी। पहला अवसर सत्रहवीं सदी में फ़ारसी पाठकों के लिए लिखा गया एक ग्रन्थ *तुहफतुल-हिन्द* (1675) था, जिसे मिर्ज़ा ख़ान ने लिखा था।[271] दूसरा ग्रन्थ *भाषाव्याकरण* (1717) कवि रतनजीत की रचना बतायी जाती है, जो गुजरात से आते थे।[272] व्याकरण की तकनीक भारतीयों को ज्ञात थी। बस इसको ब्रजभाषा पर लागू नहीं किया गया था (आधुनिक काल से पूर्व की किसी भी उत्तर भारतीय देशभाषा के लिए यही बात लागू होती है[273])। सम्भवतः इसलिए कि एक भाषा के लिए इसको अनावश्यक या किसी तरह अनुपयुक्त माना जाता था।

ब्रज की विविधता आरम्भिक आधुनिक भारतीयों की राय में कभी भी एक बोझ नहीं थी। वास्तव में विविधता के लिए इसकी अन्तर्निहित क्षमता की प्रशंसा तक की जाती थी, यहाँ तक कि रीतिग्रन्थ विधा के अपेक्षाकृत रूढ़िवादी परिवेशों में भी। अपने ग्रन्थ *काव्यनिर्णय* (1746) में भिखारीदास बड़े उत्साह से ब्रजभाषा के बारे

में बताते हैं जो संस्कृत और फ़ारसी से मिश्रित एक सुन्दर साहित्यिक भाषा है।[274] यह एक अद्‌भुत विडम्बना है कि ब्रज की साहित्यिक शक्ति का कुछ हिस्सा इसके 'भ्रष्ट होने' से आता है–यह एक ऐसी विशेषता है जो संस्कृत में नहीं है। उसका नाम ही इसका प्रमाण है।[275] कुछ परम्परागत भारतीय सिद्धान्तकार स्थानीय बोलियों के सच्चे मूल्य को लेकर गहरी आशंकाएँ रखते थे। उनका मानना था कि "अपभ्रष्ट [यानी अ-संस्कृत] भाषा इस तरह से किसी अर्थ को सम्प्रेषित करती है कि वह श्रोता को उस मूल, बोली बनने के पूर्व के [यानी संस्कृत के] शब्द की याद दिलाती है, जो माना जाता है कि भ्रष्ट होकर वह (अपभ्रष्ट) शब्द बना था"।[276] सत्रहवीं सदी तक, खण्डदेव जैसे संस्कृत दार्शनिक एक गहराई से बदल चुके सामाजिक भाषाई परिवेश को देख रहे थे, लेकिन एक पुरातन वैचारिक संसार को छोड़ना नहीं चाहते थे। वे तर्क दे रहे थे कि 'म्लेच्छों' (बर्बरों, अक्सर फारसी-अरबी बोलने वाले मुसलमानों) की भाषा अर्थ को संप्रेषित करने तक में सक्षम नहीं है।[277] इसी बीच ब्रजभाषा के कवि उन्हीं 'म्लेच्छों' के भरपूर शब्दों को अपना रहे थे। एक रीति लेखक के लिए, साहित्यिक शौष्ठव को फ़ारसी-अरबी और संस्कृत दोनों लहजों में व्यक्त करना सम्भव था। और उनको मिलाने में न सिर्फ़ एक आकर्षण था, बल्कि नये अर्थों और काव्यात्मक सम्भावनाओं की एक बहुत व्यापक श्रृंखला की तलाश भी की जा सकती थी।

## निष्कर्ष

मुग़लकाल में ब्रजभाषा के दरबारी काव्य का अवलोकन करना एक निर्माणाधीन नयी शक्तिशाली मिश्रित साहित्यिक परम्परा का अवलोकन करना है। यह हिन्दी को हिन्दी बनते हुए देखना है। आरम्भिक आधुनिक भारत में दरबारी लेखकों ने भक्ति और शृंगार दोनों पद्धतियों में लिखा है (और अक्सर एक ही कविता में लिखा है)। उन्होंने वीरगाथाएँ रचीं, कुछ ने संस्कृत से लम्बे समय से सम्बद्ध रहे प्रशस्ति जैसे उच्च काव्य के लहजों में लिखा, तो दूसरों ने अधिक देशभाषाई 'रासो' के मुहावरे में। उन्होंने इतिहासों की, विद्वत्तापूर्ण रचनाओं की और जटिल रूप से बुने हुए प्रबन्ध काव्यों की रचनाएँ कीं। उनके सरोकार कालेत्तर भी थे और विषयगत भी। और उनका रचना-संसार किसी क़िस्म की ऐसी जकड़नबन्दी का प्रतिरोध करता है, जिसमें साहित्यिक इतिहासकार उनको अँटाने की कोशिश करना चाहें।

सबसे महत्त्वपूर्ण बात यह है कि रीति साहित्य ने सांस्कृतिक बाधाओं को पार करके अनेक प्रकार के लोगों को सम्बोधित करने की एक असाधारण क्षमता

विकसित की जो फ़ारसी और संस्कृत में से कोई भी नहीं कर सका था। रीति साहित्य के सबसे प्रत्यक्ष पूर्ववर्ती भले ही क्लासिकल संस्कृत के संसार से आते थे, इसने सफलता पूर्वक समकालीन भारतीय-मुसलमान समुदायों को भी सम्बोधित किया, और कभी कभी उनकी अपनी ज़ुबान में ऐसा किया। मेरे कहने का यह मतलब नहीं लगाया जाना चाहिए कि ब्रज लेखक अचानक ही ग़ज़लें और मसनवियाँ रचने लगे थे जो फ़ारसी परम्परा की दो सबसे प्रतिष्ठित साहित्यिक विधाएँ हैं। कुछ रचनाकारों ने अपने आसपास की बहुसांस्कृतिक दुनिया की नयी काव्यात्मक सम्भावनाओं पर उत्साह के साथ प्रतिक्रिया दी। कुछ ने उत्साह दिखाया लेकिन व्यंग्यात्मक रूप में, और कुछ ने ज़रा भी उत्साह नहीं दिखाया। असल में कहें तो आरम्भिक रीति रचनाकारों की एक अच्छी-ख़ासी संख्या भारतीय मुस्लिम दरबारी संस्कृति के निकट सम्पर्क में थी। इसके बावजूद यह आश्चर्यजनक ही है कि कितनी कम फ़ारसी विधाएँ, बिम्ब और छन्द रूप ब्रजभाषा के भण्डार का हिस्सा बन पाये। जैसा कि ऊपर संकेत किया गया है, तारीख़ परम्परा से ब्रज लेखकों के अवगत होने के कारण सम्भव है कि उन्हें ऐतिहासिक लेखन के नये स्वरूपों के साथ प्रयोग करने को प्रोत्साहन मिला हो। रहीम की *नगरशोभा* फ़ारसी परम्परा की *शहरआशूब* से मिलती-जुलती है। और फिर निस्सन्देह ही रीतिकाव्य में फ़ारसी काव्य से कुछ विचार भी आये हैं, जैसे कि जब रसनिधि (सत्रहवीं सदी का अन्तिम काल?) मशहूर प्रेमियों लैला और मजनूँ का ज़िक्र करते हैं, या फिर बोधा (लगभग 1760?) इश्क़-ए-मजाज़ी बनाम इश्क़-ए-हक़ीक़ी की दोहरी सूफ़ी रूपरेखा को अपनाते हैं (मोटे तौर पर इनका अर्थ होगा सांसारिक प्रेम बनाम आध्यात्मिक प्रेम)।[278] यह भी बहुत सम्भव है कि ब्रजभाषा में तुकान्त दोहों की महत्ता, और सम्भवतः अपने आप में तुक ही फ़ारसी साहित्यिक संस्कृति की देन हैं।[279] लेकिन नवीनता को अपनाने में ब्रज कवियों की क्षमता की अपनी सीमाएँ थीं। बेहतर होगा कि रीति साहित्य की एक ऐसे सांस्कृतिक मण्डल के रूप में कल्पना की जाये जिसकी सीमाएँ लंघ्य थीं, लेकिन पूरी तरह से खुली हुई नहीं थीं।

रीति कवियों ने जहाँ ब्रजभाषा के संसाधनों का विविध रूपों और कौशलों के साथ उपयोग किया, उनमें विशेष रूप से शाब्दिक नवोन्मेषों की प्रवृत्ति थी। विभिन्न सन्दर्भों के प्रति रचनात्मक रूप से प्रतिक्रिया करते हुए, उन्होंने तुलनात्मक रूप से अव्यवस्थित देशभाषा की साहित्यिक सम्भावनाओं का दोहन किया, संस्कृत और हिन्दी शब्दों में 'तोड़-मरोड़' की और फ़ारसी शब्दों को ले आये। कुछ ब्रज कवियों

ने अपनी विशिष्ट विधा या आश्रयदाता की आवश्यकताओं के अनुरूप संस्कृतनिष्ठ या फ़ारसीकृत भाषा का उपयोग किया। एक मुग़ल बादशाह की प्रशस्ति लिखते हुए संस्कृतनिष्ठ शैली अधिक सार्थक महसूस होती क्योंकि इस भाषा में राजसी प्राधिकार का समर्थन करने का एक लम्बा इतिहास था। लेकिन फ़ारसी भाषा का उपयोग राजनीतिक बयानों को एक क्लासिकल रंगत देने के बजाय एक समकालीन रूप देता। कुछ मामलों में, फ़ारसीकृत भाषा का चुनाव सांस्कृतिक मेल-मिलाप के सौन्दर्यबोध को मज़बूत बनाता है, जैसे कि शाहजहाँ की एकता की कोशिशों पर ज़ोर डालने के लिए कवीन्द्राचार्य ने किया। कुछ दूसरे मामलों में मुग़ल राजनीति और एक अलोकप्रिय बादशाह की कड़ी निन्दा की गयी है, जैसे कि हम भूषण के काव्य में नाटकीय रूप से देखते हैं। लेकिन कुछ रीति कवियों के लिए राजनीति अप्रासंगिक थी। उनका लक्ष्य हरसम्भव सुन्दर पदों की रचना करना भर था, जिसमें किसी भी भाषा से सर्वश्रेष्ठ तत्त्वों को लिया जा सकता था।

रीतिकाव्य में सभी नवोन्मेषों के बावजूद, इस परम्परा की पहचान संस्कृत से प्राप्त होने वाली विरासत से बनती है। विशेषकर सौन्दर्यबोध सम्बन्धी भाव की व्यवस्था, नायिकाओं के भेद, और अलंकार इतने विस्तारपूर्वक रीतिग्रन्थ में वर्णित किये गये हैं। यह अपनी प्रचुरता के अर्थ में हिन्दी दरबारी संस्कृति की सर्वाधिक महत्त्वपूर्ण विधा थी। अलंकारशास्त्र चाहे संस्कृत में लिखा गया हो या ब्रज में, यह एक विद्धत्तापूर्ण उपकरण था जो सौन्दर्यबोधीय अनुभव को निखारता था, और इस बात के सिद्धान्त प्रस्तुत करता था कि इसकी निर्मिति करने वाले कवियों और इसकी अनुभूति करने वाले रसिकों में यह किस तरह काम करता है। कहने का मतलब यह नहीं है कि रीतिकाव्य के हरेक पाठक, लेखक या श्रोता ने किसी सभा में प्रवेश करने से पहले रीतिग्रन्थ की नियमावली का सावधानी से या विस्तारपूर्वक अध्ययन किया था। बल्कि ऐसी व्यवस्था का अस्तित्व होना एक साहित्यिक प्रथा की आधारशिला थी। देशभाषा के इन रीतिग्रन्थों में कविता की रचना और उसकी व्याख्या दोनों के लिए एक प्राचीन और नियमबद्ध सिद्धान्तों की निरन्तरता दाँव पर थी। भारतीय शास्त्रों के एक प्राचीन क्षेत्र का स्थानीकरण भी भारतीय बौद्धिक इतिहास में एक महत्त्वपूर्ण विकास था।

## सन्दर्भ :

189. ब्रजभाषा कविता की औपचारिक विशेषताओं के बारे में अधिक जानकारी के लिए स्नेल 1991ए का यह एक उत्कृष्ट लेख है।

190. दोषों (दोषों) की उनकी अवधारणा, विशेष रूप से 'अन्धदोष' की चर्चा अगले अध्याय में देखें।

191. विशेष तौर पर इसी तरह के सैद्धान्तीकरण सत्यदेव चौधरी (1973 : 237) और सुधाकर पाण्डे (1999 : 5-7) द्वारा किये गये हैं।

192. विजयपाल सिंह (1998 : 10) और किशोरीलाल (1993 : 9), दोनों ही केशवदास के महत्त्वपूर्ण विद्वान हैं। वे ब्रज परम्परा के अग्रणी क्लासिकल कवि के इस भ्रामक मूल्यांकन पर खेद व्यक्त करते हैं।

193. आनन्दनारायण शर्मा (1970 : 41) द्वारा उद्धृत।

194. दूसरों के सच्चे दावों को स्वीकार करने की दार्शनिक ज़रूरत पर देखें डेविडसन 2001। यह एक ऐसा विचार है जिसे मोटे तौर पर सम्भवत: सौन्दर्य-ग्रन्थों की व्याख्याओं तक विस्तार दिया जा सकता है।

195. प्रिचेट 1994 औपनिवेशिक काल के दौरान उर्दू साहित्य के सुधार में रोमांटिक सौन्दर्यबोध की ज़्यादतियों का एक बेहतरीन ब्योरा है।

196. के.बी. जिन्दल द्वारा केशवदास की इस पुस्तक के शुरुआती पन्नों में उद्धृत दन्डी पर आधारित आलोचना को याद करें।

197. लोसेन्स्की 1998 : 100-33 से तुलना करें।

198. हालाँकि यहाँ मैं मुख्य रूप से संस्कृत के साथ इसके सम्बन्धों पर ध्यान केन्द्रित कर रही हूँ, लेकिन सतसई जैसी कुछ रीति शैलियों की जड़ें प्राकृत में भी हैं। एक उत्कृष्ट रीतिग्रन्थ *बिहारीसतसई* की जटिल साहित्यिक पूर्ववर्तियों पर देखें हॉलैंड 1969 : 44-99।

199. केशवदास नायक को इस प्रकार परिभाषित करते हैं : "एक नायक आत्मविश्वासी, त्याग करने को तैयार, युवा और प्रेम कलाओं में निपुण होता है। उसे करिश्माई, सहनशील, सुन्दर, धनी, सुसज्जित और हमेशा अच्छे परिवार से होना चाहिए।" *रसिकप्रिया,* 2.1

200. प्रेमियों की पहली मुलाक़ात को पूर्वानुराग कहा जाता है, जिसका वर्णन भी विशिष्ट साहित्यिक आचारों के अनुसार किया गया था। इस अवधारणा की संक्षिप्त चर्चा के लिए, साथ ही रीतिग्रन्थ की संरचना के सामान्य परिचय के लिए, अध्याय–एक देखें।

201. राजपूत दरबारों में लिखवाये गये रीतिकाव्य की कमोबेश समकालीन रही भारतीय पोर्ट्रेट परम्पराओं पर देखें ऐटकेन 2002

202. शाब्दिक रूप से 'घड़े की तरह घुमावदार', जो महिलाओं द्वारा अपने सिर पर रखकर चलने वाले मिट्टी के घड़े के आकार का हवाला देता है।

203. *शकुन्तला नाटक,* पद 28

204. नेवाज को सचेत रूप से पढ़ने वाले निश्चित रूप से क्लासिकल कथा में उनके द्वारा किये गये कुछ बदलावों का रसास्वादन कर पायेंगे (उदाहरण के लिए, वे विदूषक चरित्र को छोड़ देते हैं)। इसके साथ-साथ मूल ब्रज की मनोहर लय और शब्दों के साथ चतुर खेल का भी आनन्द ले पायेंगे, जैसे कि उनके द्वारा वाक्यांशों की जोड़ी बनाना 'बालपन को अयानप' और 'सखिन सो सयानप'।

205. यह पद पिछली पंक्तियों के बिम्ब को आगे बढ़ाते हुए काले बालों की पृष्ठभूमि पर महिलाओं के चमकदार सफ़ेद मोती के आभूषणों और उनकी (सिन्दूर से भरी लाल) माँग

की तुलना प्रयाग में तीन नदियों के त्रिवेणी या संगम से करता है। (गंगा नदी पारम्परिक रूप से सफेद रंग की है, सरस्वती लाल और यमुना काली है।)

206. *वीरसिंहदेवचरित,* पद 22.51-57, 22.59-62, 22.66

207. *कविप्रिया,* 7.14

208. *शकुंतला नाटक,* पद 67

209. *मानचरित,* पद 117

210. *कविप्रिया,* 6.38। यही पद *रसिकप्रिया,* 1.25 में राधिका को प्रकाश वियोग शृंगार (विरह में राधा का प्रकट प्रेम) के उदाहरण के रूप में भी आता है।

211. लोक, भक्ति, सूफ़ी और दरबारी सन्दर्भों में समान रूप से पायी गयी इस महत्त्वपूर्ण हिन्दी शैली पर शार्लोट वाडेविल (1986); श्याम मनोहर पाण्डे (1999); और फ्रांचेस्का ऑर्सीनी(2010) ने चिन्तन किया है।

212. आनन्दवर्धन के बारे में, इंगल्स 1990 और मैकक्री 2008 देखें। कुछ ब्रज लेखक, विशेष रूप से भिखारीदास ने अपने *काव्यनिर्णय* में ध्वनि सिद्धान्त का भी उल्लेख किया है।

213. *कविप्रिया,* 5.1। वास्तव में, एक पुराने पद (*कविप्रिया,* 3.7) के अनुसार, केशवदास ने अलंकार के बिना कविता को 'नग्न' और इसलिए दोषपूर्ण माना है।

214. संस्कृत श्लेष परम्परा का एक बेहतरीन अध्ययन ब्रोनर 2010 है। केशवदास द्वारा श्लेष के उपयोग के कुछ उदाहरणों का उल्लेख अध्याय-एक में किया गया था, जो *कविप्रिया* में गणिकाओं के बारे में उनके छन्दों में आते हैं। मुग़ल बादशाह जहाँगीर और हिन्दू देवता इन्द्र के बारे में एक साथ एक श्लेष कविता के लिए नीचे भी देखें।

215. *ललितललाम,* vv. 182–83।

216. *कविप्रिया,* 9.15–16, 'सब को करि और जीरो को सीरो पढ़ते हुए', जैसा कि लाला भगवानदीन के *प्रियप्रकाश* में छपा हुआ है।

217. हालाँकि दण्डी और उद्‌भट जैसे कुछ उल्लेखनीय शुरुआती अपवाद हैं, नौवीं शताब्दी से क़रीब 1500 तक सैद्धान्तिक और साहित्यिक कार्यों को अलग-अलग रखने की आम प्रथा थी। पॉलक 2009 : xxiv–xxv

218. इस उत्कृष्ट संक्षिप्त स्वरूप की मिसालें संस्कृत में पहले से मौजूद थीं। अप्पय दीक्षित का कुवलयानन्द (16वीं शताब्दी) और जयदेव का चन्द्रलोक (13वीं शताब्दी) दो प्रसिद्ध उदाहरण हैं। बाद की ब्रज परम्परा से एक और उदाहरण है दुलह त्रिवेदी का *कविकुलकंठाभरण* (18वीं शताब्दी)।

219. *भाषाभूषण,* पद 177। यह छन्द *कुवलयानन्द,* पद 153 के समान है, हालाँकि जसवन्त सिंह ने अलंकार और उदाहरण छन्द दोनों के नामों को संशोधित किया है। लक्षण के लिए दिये गये पद में आनन्दवर्धन द्वारा प्रतिपादित वस्तुध्वनि या 'विषय-वस्तु के सन्दर्भ में सुझाव' के तत्त्व हैं (जैसे ध्वन्यालोक, पृष्ठ 71 की तुलना करें), लेकिन जसवन्त सिंह ने, जाहिर तौर पर अप्पय दीक्षित का अनुसरण करते हुए, ध्वनि सिद्धान्त को मान्यता देने के बजाय ऐसे परिदृश्यों को साहित्यिक अलंकरण के रूप में लेना पसन्द किया है। ध्वनि-केन्द्रित काव्यशास्त्र के वर्चस्व पर प्रतिक्रिया के रूप में अप्पय दीक्षित के कुवलयानन्द पर देखें ब्रोनर 2004 : 65-73

220. *बरवैनायिकाभेद,* पद 6

221. नवोदय और अज्ञातयौवना नायिका को उपरोक्त में क्रमशः पद 11 और पद 9 में चित्रित किया गया है।

222. जैसा कि *रसिकप्रिया,* 7.36–41 में स्पष्ट किया गया है।

223. *रसिकप्रिया,* 7.28–29

224. *रसिकप्रिया,* 7.7–9। टीकाकार सुरति मिश्र के अनुसार, हम जानते हैं कि यह पद प्रकाश उत्का है, क्योंकि सखी को सुखदायी (आराम या आनन्द देने वाली) की उपाधि दी गयी है, जो एक सेवक की भूमिका का संकेत देती है। *जोरावरप्रकाश,* पृष्ठ 185

225. *रसिकप्रिया,* 7.34–35। एस.के. डे (1988: 271, हॉली 2005 : 170 में उद्धृत) के अनुसार 384 एक सामान्य गणना है। भानुदत्त 1152 परिवर्तनों (permutations) की सम्भावना भी उठाते हैं, लेकिन इसे अस्वीकार कर देते हैं। देखें पॉलक 2009 : xxxv

226. ब्रायंट 1978 : 21–24

227. राष्ट्रवादी काल के हिन्दी लेखकों द्वारा रीति साहित्यिक शैलियों की अवमानना अध्याय छह का एक प्रमुख विषय है।

228. क्लासिक सैद्धान्तीकरण रिचमैन 1991 में है।

229. शुरुआती आधुनिक काल की फ़ारसी और उर्दू कविता में तुलनात्मक रूप से समान स्थिति मिलती है। इस अध्याय का नोट 9 और फ़ारूक़ी 1999 देखें।

230. पॉलक 1985

231. आर.एस. मैकग्रेगर (1984 : 118) का प्रस्ताव है कि विशिष्ट रीति कवि और सवैया 'जपे या गाए' जाते थे।

232. *राधामाधवविलासचंपू,* पृष्ठ 233

233. कम से कम एक रीति कवि, चिन्तामणि त्रिपाठी को शाहजी भोंसले ने आश्रय दिया था। मुग़ल मजलिस में चिन्तामणि की कविता के प्रदर्शन के बारे में कुछ सम्बन्धित विवरणों पर अध्याय–चार में चर्चा की गयी है।

234. *बिहारीसतसई,* पद 11

235. *लालचन्द्रिका,* पृष्ठ 36

236. शेल्डन पॉलक (2006) ने हाल ही में प्रदर्शित किया है कि कैसे 'देव वाणी' का 'नर वाणी' में एक विशिष्ट शहरी अस्तित्व था।

237. इस तरह के अन्तरों के धुँधले होने पर देखें दहेजिया 2009। रीति परम्परा के कुछ आधुनिक टीकाकारों ने श्रृंगार और भक्ति के रूपों के बीच इस आवाजाही को अस्वीकार कर दिया है। वे रीति को भक्ति का एक भ्रष्ट रूप मानते हैं, जिसमें राधा और कृष्ण के प्रति उचित श्रद्धा के बजाय दरबारी विलासिता के रूप में चित्रित किया जाने लगा। उदाहरण के लिए, सुधाकर पाण्डे की टिप्पणी देखें (1999 : 4–5)।

238. स्नेल 1992

239. 'विगत' और 'ख्यात' जैसी नयी (या कुछ मामलों में पुनः तैयार की गयी) राजस्थानी शैलियाँ, साथ ही अधिक अन्तरक्षेत्रीय ब्रज शैलियाँ, उन दरबारों द्वारा अपनायी गयीं जिनके

आश्रयदाताओं के बीच इतिहास में रुचि विकसित हो रही थी। ज़ीग्लर 1976 और अध्याय–पाँच देखें।

240. राव, शुलमन और सुब्रह्मण्यम 2003

241. *मानचरित,* पद 122

242. वही, पद 219। अंग्रेज़ी अनुवाद डिंगल (मारवाड़ी से भरपूर) पाठ का एक क़रीबी लेकिन सटीक अनुवाद नहीं है, जिसमें कई ध्वनि-अनुकरणात्मक (ओनोमेटोपीइक) शब्द हैं जिन्हें शाब्दिक रूप से प्रस्तुत करना मुश्किल है।

243. डिंगल कविता का एक मुख्य हिस्सा रही *वैण सगाई* की तकनीकों पर काम्पहोर्स्ट 2008: 89-108 में उपयोगी तरीक़े से चर्चा की गयी है।

244. देशपाण्डे 1993 सिद्धान्त और व्यवहार के बीच कुछ अन्तर पर चर्चा करते हैं। ब्रोनर और शुलमान 2006 संस्कृत कवियों के उपयोग पर क्षेत्र के प्रभाव की एक शक्तिशाली दलील पेश करते हैं। रीति सन्दर्भ से सम्बन्धित ट्रुश्के (2007) का काम भी प्रासंगिक है, जो दर्शाता है कि कैसे संस्कृत लेखकों द्वारा मुग़ल ग्रन्थों में कभी-कभी फ़ारसी शब्दों को अपनाया जाता है। रहीम द्वारा एक उदाहरण खेट-*कौतुकम* है। दास 1997 देखें।

245. *रसिकप्रिया,* 3.66

246. *हिम्मतबहादुरविरुदावली,* पद 76। युद्ध के दृश्यों का ध्वनि-अनुकरणात्मक (ओनोमेटोपीइक) प्रस्तुतीकरण निश्चित रूप से संस्कृत और हिन्दी साहित्य में अन्यत्र प्रमाणित है। तुलसीदास द्वारा इसी तरह की एक शक्तिशाली पंक्ति के लिए लुटगेनडॉर्फ़ (1991: 31) देखें।

247. *विज्ञानगीता,* 1.1

248. यह व्याख्या किशोरीलाल द्वारा कविता के आधुनिक हिन्दी अनुवाद पर आधारित है। *जहाँगीरजसचन्द्रिका,* पद 114। इन्द्र पक्ष (परिप्रेक्ष्य) से कविता का आधुनिक हिन्दी अनुवाद–देखिए सम्राट जहाँगीर किस तरह से भगवान इन्द्र की तरह ही विस्मयकारी हैं।
उनके दरबार में सभी प्रकार के बुद्धिमान देवता मौजूद हैं :
शुक्र और कार्तिकेय, चतुर चन्द्रमा, विद्वान बृहस्पति, सूर्य,
गणेश, शिव, शेषनाग,
ब्रह्मा, कामदेव, विष्णु, विद्याधर और उनके प्रेमी,
और एक आदमी के दिल को मोहित करने के लिए मंजुघोष जैसी अप्सराएँ।
इन्द्र हर तरह से एक सक्षम शासक हैं–
वे योग्य लोगों के प्रति दयालु हैं, और क़ानून तोड़ने वालों के प्रति कठोर हैं।

249. राजा को जान-बूझकर देवत्व के साथ मिलाना श्लेष का एक विशिष्ट उपयोग है। देखें ब्रोनर 2010 : 6, 85

250. संस्कृत ध्वनि 'ष' का ब्रज में नियमित रूप से उच्चारण 'ख' की तरह किया जाता है, इसे अक्सर ऐसा ही लिखा जाता है।

251. *कवीन्द्रकल्पलता,* पृ. 4, पद 8।

252. वही, पृ. 6, पद 13।

253. शाहजहाँ के साथ कवीन्द्र की राजनीतिक मध्यस्थता की चर्चा अध्याय–चार में की गयी है।

254. *भाषाभूषण*, पद 204। यह पद उपनागरिका वृति, या 'परिष्कृत पुनरावृत्ति' का एक उदाहरण है।

255. सुनील शर्मा (2011) द्वारा भारतीय-फ़ारसी शहराशूब पर चर्चा की गई है।

256. नगरशोभा, पद 131 (यहाँ क्रिया काँची को, 'पहनने के लिए' क्रिया से लिया गया है); कंचुक शब्द के साथ यहाँ एक सुन्दर खेल किया गया है, जिसका अर्थ कवच और ब्लाउज़ दोनों है; कलाप का अर्थ तीर/तरकश के अर्थ में लगाया जाता है, जैसा कि आप्टे 1957: 546 में प्रमाणित है। इस संक्षिप्त दोहे का सन्दर्भ पिछले पद द्वारा निर्धारित किया गया है।

257. नस्तालिक़ में, अक्षर 'बे' और 'पे' हमेशा अलग-अलग नहीं होते हैं, जो इसे नागरी की तुलना में फ़ारसी लिपि में एक अधिक मुनासिब तुकबन्दी बनाता है।

258. *बरवैनायिकाभेद*, पद 63। पद 18 में 'गुलबवा' (गुलाब) और पद 49 में "कोपभवनवा" (कोपभवन) की तुलना करें। रहीम द्वारा अवधी में अनौपचारिक सम्बोधनों (diminutives) के विशिष्ट उपयोग पर मैकग्रेगर 1984 : 122 और स्नेल 1994ए : 382 द्वारा भी टिप्पणी की गयी है।

259. *बरवैनायिकाभेद*, पद 5। एक अनकही बात यह है कि नायक ने किसी अन्य महिला के साथ समय बिताया था, जिसके कारण नायिका को गुरुमान या गम्भीर ईर्ष्यापूर्ण क्रोध का सामना करना पड़ा है। इसका महत्त्वपूर्ण उपचार आभूषणों को ख़रीद कर दिया जाता है।

260. प्रति पंक्ति विशिष्ट रूप से उन्नीस छोटी मात्राओंवाले बरवै की एक अर्थपूर्ण चर्चा स्नेल 1994ए ने की है।

261. 'ट्विनिंग' यानी जोड़े बनाना ब्रोनर 2010 : 21 द्वारा किया गया उपयुक्त अनुवाद है।

262. *शिवराजभूषण*, पद 110, 167

263. उदाहरण के लिए, *शिवराजभूषण*, पद 58, 74, 113 देखें। अन्तिम सन्दर्भ में व्यंग्य को युग्मित तुक बदरंग (मूल फ़ारसी) द्वारा और भी अधिक धारदार किया गया है।

264. मेरा मानना है कि लाल कवि यहाँ कछवाहा उपाधि कूर्म (जैसा कि नरोत्तम ने मानचरित में इस्तेमाल किया है) का हवाला देते हैं।

265. मैंने किताबों में मुद्रित 'मनसिव' को 'मनसिब' पढ़ा है। सम्भवत: ग्रन्थ के संपादक मूल में पाई जाने वाली एक प्रवृत्ति को ही दोहरा रहे थे, जैसा कि कई ब्रज पाण्डुलिपियों से पुष्ट हो चुका है कि 'ब' और 'व' के बीच भेद नहीं किया जाता था।

266. *छत्रप्रकाश*, अध्याय–10, पद। पृष्ठ 79। जैसा कि *महाभारत* के चौथे वृत्तांत में बताया गया है कि पाण्डवों ने अपने निर्वासन के निर्धारित तेरह वर्षों में से अन्तिम वर्ष राजा विराट के दरबार में भेष बदलकर बिताये, जिन्होंने उन्हें आश्रय दिया था।

267. यह भूषण द्वारा पीर शब्द में किये गये बदलावों से अलग नहीं है, जिसकी चर्चा ऊपर की गयी है। अध्याय–एक से केशवदास द्वारा प्रबीना/परबीना शब्द के साथ किये गये खेल को भी याद करें, जिसके अर्थ हैं प्रवीण राय, चतुर व्यक्ति और प्रतिद्वन्द्वी वीणा वादक।

268. मनसबदारी व्यवस्था में तनाव को आमतौर पर औरंगज़ेब के अधीन मुग़ल राज्य के कमज़ोर होने का एक कारक माना जाता है। अशर और टॉलबोट 2006 : 235-36

269. *जंगनामा*, पद 201

270. रामचन्द्र शुक्ल ने भूषण को विशेष रूप से दोषी ठहराया। देखें शुक्ल 1994 : 132-33, 141

271. इस दिलचस्प कृति के कई विषयों में से व्याकरण केवल एक है, जिसमें ब्रज छन्द की सबसे महत्त्वपूर्ण प्रारम्भिक चर्चा भी शामिल है। मैकग्रेगर 2001 में ब्रज की शब्दावली को नियमित करने के कुछ आधुनिकता-पूर्व प्रयासों की खोज की गयी है।

272. मैलिसन 2011 : 174 (भायाणी और पटेल द्वारा संस्करण का हवाला देते हुए)।

273. एडविन ग्रीव्स की नोट्स ऑन द ग्रामर ऑफ़ तुलसीदास आज पढ़ने में मनोरंजक लगती है क्योंकि भारतीय भाषाओं को मानकीकृत करने के ब्रिटिश औपनिवेशिक दृष्टिकोण और पूर्व-आधुनिक काव्य-रचनाकर्म की सुखद अराजकता के बीच बेमेल बहुत साफ़ है। ग्रीव्स ने प्रसिद्ध कवि के अवधी प्रयोगों की विस्मयकारी लीक को समझाने की कोशिश की, भले ही उन्हें यह स्वीकार करना पड़ा कि 'तुलसीदास के हाथों में एक शब्द को जितने भी संशोधनों और परिवर्तनों से गुज़रना पड़ता है, उन सभी को सूचीबद्ध करने का कोई भी प्रयास पूरी तरह से व्यर्थ होगा' (1895 : 9)।

274. *काव्यनिर्णय,* 1.14। भिखारीदास के सिद्धान्तों पर अगले अध्याय में अधिक विस्तार से चर्चा की गयी है।

275. अध्याय–एक देखें।

276. पॉलक 2006 : 309

277. पॉलक 2007 : 212–16

278. *रसनिधि* पर, शुक्ल 1994 : 189 देखें; बोध पर, प्रकाश 2003 : 81 देखें।

279. हॉलैंड 1969 : 105। हॉलैंड बिहारीलाल के कुछ विषयों के सूत्रों को इससे पहले की फ़ारसी कविता में भी खोजते हैं जैसे 'सौन्दर्य का व्यंग्यात्मक वर्णन' और 'महिलाओं की कोमलता की अतिशयोक्ति।'

अध्याय–तीन

# ब्रजभाषा के बुद्धिजीवी

हर कोई कहता है कि ब्रजभाषा देवभाषा के समान है।

*–कृष्ण कवि (अनूदित)*

## आरम्भिक आधुनिक भारत में देशभाषा की विद्वत्ता

पिछले अध्यायों में हमने रीति परम्परा की सबसे महत्त्वपूर्ण काव्यात्मक संरचनाओं के बारे में जाना। हम इस परम्परा को आकार देने वाली संस्कृत प्रणाली के तत्त्वों से भी परिचित हुए। इसके बाद इस अध्याय में हम अधिक क़रीब से देखेंगे कि आरम्भिक आधुनिक काल के बौद्धिक जीवन के दस्तावेज़ों के रूप में रीतिग्रन्थों की क्या विशेषताएँ थीं। भाषा लेखकों का एक नया समुदाय आरम्भिक आधुनिक भारत के दरबारी हलक़ों में अभूतपूर्व रूप से लोकप्रिय हो रहा था। ऐसे में रीति कवि स्वयं को साहित्यिक गतिविधियों के क्षेत्र में एक नयी शक्ति के रूप में स्थापित कर रहे थे। इस प्रयास में सबसे महत्त्वपूर्ण था एक ज्ञानात्मक संरचना का विकास यानी देशभाषा में शास्त्र (या व्यवस्थित चिन्तन) का एक नया क्षेत्र। इस काल की देशभाषा की बौद्धिकता को विस्तृत रूप में समझने के लिए जिस स्तर के अनुसन्धान की आवश्यकता है, वह यहाँ सम्भव नहीं है। लेकिन अलंकारशास्त्र के क्षेत्र में समुचित रूप से सन्तोषप्रद सामग्री उपलब्ध है, जो ब्रजभाषा लेखकों का प्रधान बौद्धिक सरोकार था।

इस काल में रीतिग्रन्थ विधा में रचे गये काव्य सिद्धान्त की जितनी रचनाएँ हमें मिली हैं, उनकी संख्या आश्चर्यजनक है। कई कम चर्चित लेखकों की (और कुछ लोकप्रिय लेखकों की भी) रचनाएँ चूँकि अभी भी अप्रकाशित हैं, इसलिए कोई भी वास्तव में नहीं जानता है कि रीति के कुल कितने ग्रन्थ लिखे गये। लेकिन कैटलॉग के अध्ययन पर आधारित मुख्य ग्रन्थों का एक सर्वेक्षण यह बताता है कि कुल

पाँच सौ रीति के स्वतन्त्र ग्रन्थ लिखे गये। वास्तविक संख्या एक हज़ार से अधिक भी हो सकती है। ब्रजभाषा के लगभग हरेक दरबारी कवि ने एक रीतिग्रन्थ लिखा। केशवदास और सुरति मिश्र जैसे कुछ लेखकों ने बड़े विषयों पर कई ग्रन्थ लिखे।[280]

अधिकतर रीतिग्रन्थ सीधे-सीधे नायिकाभेद, अलंकारों और छन्दों पर प्रबन्ध हुआ करते थे। लेकिन कुछ में संस्कृत शास्त्रों की विस्तृत पुनर्रचना की गयी है, और कुछेक ग्रन्थ ऐसे लगते हैं मानो उन्हें सदियों पुरानी भारतीय साहित्यिक बहसों में नए विचारों को प्रस्तुत करने की मंशा से लिखा गया था। आरम्भिक आधुनिक ब्रज लेखकों में अलंकारशास्त्र के प्रति मज़बूत प्रतिबद्धता (या रुचि) आंशिक रूप से राजपूत दरबारों के समर्थन का परिणाम थी। भारत की काव्यात्मक विरासत के प्रति कुछ भारतीय मुसलमान क़द्रदानों का आकर्षण भी इस परम्परा की व्यापक अपील की एक और वजह थी। रीति विद्वत्ता का उत्थान यह भी दिखाता है कि देशभाषा का कविकुल किस तरह साहित्यिक विज्ञान की प्राचीन व्यवस्था को जीवित रखने के एक लगनशील प्रयास में शामिल था।

इस अध्याय का एक उद्देश्य ब्रजभाषा अलंकारशास्त्र की सटीक प्रकृति को समझना है। कुछ मामलों में रीति लेखकों के सरोकार अपने संस्कृत समकक्षों से बुनियादी रूप से भिन्न थे। सातवीं सदी (भामह) से सत्रहवीं शताब्दी (जगन्नाथ) तक, संस्कृत की संस्कृति ने लगातार नये सिद्धान्तों को अद्यतन बनाये रखा जो प्रभावशाली है। उन्होंने साहित्यिक अभिप्राय (या शब्द-शक्ति) पर नये सिद्धान्त रचे, पुराने सिद्धान्तों को निरस्त किया या उनकी पुनर्रचना की, या इस पर चर्चा की कि रस कहाँ और कैसे उत्पन्न होता है। इसके उलट ब्रज लेखकों में ऐसी कोई रुचि नहीं थी कि वे इन बड़े सैद्धान्तिक प्रश्नों को इसी प्रकार से उठायें।[281] 'संस्कृत की परछाई', और जिस हीनता ग्रन्थि ने आरम्भिक भाषा लेखकों को चिन्तित किया था, उसके प्रति रीति का रवैया, उसके विरुद्ध विद्रोह करने का नहीं बल्कि उसके साथ सक्रिय रूप से संवाद स्थापित करने का था। उन्होंने एक प्रमुख क्लासिकल साहित्यिक परम्परा के सांस्कृतिक भण्डार का उपयोग किया।[282] संस्कृत पूर्ववर्तियों के प्रत्यक्ष या परोक्ष उद्धरण दिये जाते। आधारभूत क्लासिकल ग्रन्थों का अनुवाद किया जाता या उनकी पुनर्रचना की जाती थी। जैसा कि उल्लेख किया जा चुका है, केशवदास ने अपनी *रसिकप्रिया* के अधिकतर अंशों के लिए एक पुराने संस्कृत ग्रन्थ, रुद्रभट के *शृंगारतिलक* को आधार बनाया था। अपनी *कविप्रिया* रचते हुए, उन्होंने संस्कृत के तीन विभिन्न स्रोत-ग्रन्थों से अत्यधिक सहायता ली। वे थे दण्डी

का *काव्यादर्श* (सातवीं सदी), अमरचन्द्र यति की *काव्यकल्पलतावृत्त* (ल. 1250), और केशव मिश्र की *अलंकारशेखर* (ल. 1560)। हम मतिराम और भूषण की कविताओं से पहले परिचय पा चुके हैं, उनके बड़े भाई चिन्तामणि त्रिपाठी (स. 1650) महान संस्कृत सिद्धान्तकारों मम्मट, वैद्यनाथ, धनंजय, अप्पय दीक्षित के कृतज्ञ थे। कुछ रीति कवियों ने संस्कृत आलंकारिकों को श्रेय दिया (जैसे चिन्तामणि ने), जबकि दूसरे अपने स्रोतों के बारे में पूरी तरह मौन रहे (जैसे केशवदास)।[283] इसके बावजूद, अक्सर ही इस बात को निर्णायक रूप से दिखाया जा सकता है कि किसी भी रीतिग्रन्थ की पृष्ठभूमि में एक या अधिक संस्कृत स्रोत कहीं न कहीं मौजूद हैं। स्पष्ट रूप से इसका मतलब यह नहीं है कि रीति लेखकों को महज़ नक़लची लेखकों के रूप में नकार दिया जाना चाहिए। सबसे पहले तो साहित्यिक/कलात्मक चोरी या नक़ल की आधुनिक अवधारणा में लेखकत्व और वैयक्तिकता की मान्यताएँ जुड़ी हुई हैं जो इस काल में भारत के लिए आमतौर पर प्रासंगिक मान्यताएँ नहीं हैं।[284] रीति लेखकों ने पूर्ववर्ती रचनाओं को अपनाने में एक बहुत ही सूक्ष्म दृष्टि अपनायी। इसके बावजूद यह कहना उचित होगा कि रीति बौद्धिकों का विद्वत्तापूर्ण रचनाकर्म मुख्यत: एक संस्कृत विश्वदृष्टि पर आधारित था।

जहाँ संस्कृत अलंकारशास्त्र की ज्ञान प्रथाओं का भली-भाँति अध्ययन हुआ है, वहीं ब्रजभाषा की ज्ञान प्रथाओं पर अनुसन्धान करना चुनौतीपूर्ण है। आधुनिक काल से पूर्व भारतीय साहित्यिक व्याख्या का नियमित अंग रही टीकाओं को संस्कृत ग्रन्थों के संस्करणों में लगभग हमेशा से ही प्रकाशित किया जाता है। लेकिन हिन्दी प्रकाशनों में यह कभी भी आदत नहीं बन पायी। भारत की सभी क्षेत्रीय भाषाओं में सिर्फ़ ब्रजभाषा में ही टीकाओं की एक महत्त्वपूर्ण परम्परा है। लेकिन हम उसके बारे में इतना कम जानते हैं, कि इस भाषा में ज्ञान-परम्परा या विद्वत्ता को लेकर एक बड़ा शून्य निर्मित हो गया है। ब्रज टीकाएँ जितने विस्तृत विश्लेषण की माँग करती हैं, हम यहाँ उस स्तर तक कोशिश नहीं कर सकते हैं। लेकिन जहाँ भी सम्भव है, मैं इस महत्त्वपूर्ण भण्डार से सहायता लूँगी, जो उपनिवेशवाद से पूर्व के कविकुल और रीतिग्रन्थों के पूरे उद्यम के कामकाज से परिचय की एक महत्त्वपूर्ण खिड़की खोलती है। रीतिशास्त्र के बचे रह गये अनगिनत कार्यों के एक प्रतिनिधि संचयन को लिया गया है जो इस बात पर महत्त्वपूर्ण अन्तर्दृष्टि प्रदान करता है कि रीति बुद्धिजीवी एक विद्वान और साहित्यिक की अपनी भूमिका को किस तरह समझते थे। यह चयन विशेष रूप से केशवदास, चिन्तामणि और भिखारीदास जैसे अग्रणी सिद्धान्तकारों

पर आधारित है। उनके अपने दृष्टिकोण रीति परम्परा पर आधुनिक अवधारणा के बुनियादी रूप से उलट हैं। यह बताता है कि इस बौद्धिक संस्कृति के पुनरावलोकन की ज़रूरत है। इस पूरे अध्याय में ज़ोर इस बात पर होगा कि आधुनिकता-पूर्व की हिन्दी की अपनी कार्यवाहियों, व्याख्याओं और स्थापित साहित्यिक ग्रन्थों का आकलन किया जाये। क्योंकि हमारा लक्ष्य इसमें भागीदारी करने वाले लेखकों के दृष्टिकोण से इसको देखने की पद्धति जानना है, और उन मुहावरों का विश्लेषण करना है, जिसमें केशवदास जैसे भाषा के अग्रणी रचनाकारों ने अभिव्यक्ति का स्वर पाया। रीति परम्पराओं के आधारभूत उद्देश्य को समझने की कोशिश करते हुए, और इस काल के वैचारिक परिदृश्य के बारे में अवधारणाओं को विकसित करते हुए हम विवश होते हैं कि तथ्यों और सामग्री के टुकड़ों को जोड़ें ताकि उनके प्रभावों का अन्दाज़ा लगा सकें। ये टुकड़े कहीं कुछेक परिचयात्मक पंक्तियों के रूप में हैं, कहीं प्रकाशकीय टिप्पणियों के रूप में। कभी-कभी जब कोई लेखक यह कहता है कि उसने अपने समय के बौद्धिक जीवन में अपने स्थान को किस तरह समझा है या उसकी पद्धतियाँ क्या थीं—और इस अध्याय के लिए सबसे अधिक प्रासंगिक बात यह कि संस्कृत की जगह ब्रजभाषा का उपयोग करने का कवि के लिए क्या महत्त्व है—तब यह लगता है कि महज़ दुर्घटनावश ही उसने ऐसा उजागर नहीं किया है।

## देशभाषाई नवीनता का विरोधाभास

भारतीय बौद्धिक इतिहास के लिए ब्रजभाषा में एक सदी पुरानी साहित्यिक परम्परा के मायनों को अभी पूरी तरह समझा नहीं गया है। लेकिन रीति अलंकारशास्त्रों की चुनिन्दा रचनाओं का श्रमसाध्य अध्ययन हमारे सामने मौजूद है। नयी बात यह है कि इस पूरे उद्यम को संस्कृत से एक अफ़सोजनक पतन के रूप में देखने के बजाय अनेक विद्वानों ने रीति अलंकारशास्त्रियों के योगदान की पहचान करने का काम किया है। उन्होंने काव्यशास्त्र पर उनके प्रबन्धों के आचार्यत्व और मौलिकता दोनों के पक्ष में तर्क दिये हैं।[285] मैं उनके काम को आगे बढ़ाने की कोशिश कर रही हूँ। मेरा काम इस अवधारणा पर आधारित है कि ब्रज लेखकों ने अपनी क्लासिकल विरासत के साथ सार्थक तरीक़ों से संवाद किया था, और वे नयी दिशाओं में इसे आगे बढ़ाना चाहते थे।

पिछले अध्याय में यह प्रस्तावित किया गया था कि ब्रजभाषा के दरबारी काव्य की सांस्कृतिक रूप से समुचित समझ और व्याख्या विकसित करने में मौलिकता का अतिशय आग्रह और साहित्यिक प्रथाओं से घृणा करना एक बाधा ही हैं।

अलंकारशास्त्र पर चर्चा में यहाँ जो बात सहायक होगी, वह यह है कि हम बौद्धिक कौशल और बदलावों के ऐसे रूपों की पहचान करने के लिए तैयार हों, जो किसी भव्य पैमाने पर न होकर छोटे स्तर के रहे हों। रीति विद्या के समग्र रचना-संसार का सर्वेक्षण करने पर यह बात साफ़ हो जाती है कि ब्रज अलंकारशास्त्रियों ने विरासत में पायी हुई परम्परा को व्यापक रूप से अभी भी प्रासंगिक समझा था और इसलिए उनकी नज़र में इस परम्परा के आमूलचूल बदलाव की ज़रूरत नहीं थी। असल में प्राचीन क्लासिकल नियमों को नकारना तो दूर, उन पर सवाल करने का विचार भी तब के अनेक विद्वानों के लिए गम्भीर रूप से एक भूल महसूस हुई होगी। इसके बावजूद बदलाव ज़रूरी साबित हुआ। संस्कृत काव्य सिद्धान्त के आधारों की स्थापना को एक सहस्राब्दी से अधिक समय बीत चुका था। केशवदास ने और उनके बाद आने वालों ने एक देशभाषा के विद्वान और कवि के रूप में करियर को अपनाने के लिए अपने पूर्वजों का रास्ता त्याग दिया, अपने आप में इस तथ्य का मतलब ही यह था कि उन्हें भारी बदलावों को अपनाना पड़ा। संस्कृत परम्परा के साथ ब्रजभाषा के लेखकों का व्यवहार यह था कि उन्होंने प्राचीन शास्त्रों में श्रमसाध्य और सचेत परिवर्तन किये। ये ऐसे परिवर्तन थे कि आज उनको खोदकर उजागर करने के लिए कभी-कभी उतनी ही सजगता और सूझ-बूझ की ज़रूरत है। जो लोग विशेषज्ञ नहीं हैं, उनको यह आर्काइवल अभियान कई बार भाषाविज्ञान सम्बन्धी और शायद एक पुरातन कार्रवाई लगेगी। लेकिन यह खोज ऐसा दिखाने के लिए ज़रूरी है कि ब्रज पण्डित किस तरह सोचते और काम करते थे।

ब्रजभाषा विद्वानों ने दरबारी बौद्धिक जीवन में लम्बे समय से प्रतिष्ठित रही भाषा को त्यागकर एक रेडिकल क़दम उठाया था। उन्होंने कुछ मामलों में देशभाषा में अपनी रचनाओं को नये सैद्धान्तीकरण के रूप में घोषित भी किया। इसके बावजूद, अधिकतर ब्रजभाषा विद्वानों में इस बात पर ज़ोर देने की एक गहन प्रवृत्ति दिखती है कि वे स्थापित संस्कृत परम्पराओं से विचलित नहीं हुए हैं। स्थानीय भाषा की नवीनता के इस कदाचित विरोधाभासी प्रवृत्ति को केशवदास की *कविप्रिया* के तीसरे अध्याय में प्रस्तुत किये गये तर्क और सरोकार भली-भाँति प्रदर्शित करते हैं। अपने दरबार और स्वयं अपने पर केन्द्रित आरम्भिक अध्यायों के बाद लेखक अलंकारशास्त्रों पर चर्चा की शुरुआत करता है। वह दोषों के बहुचर्चित विषय को उठाता है, जो काव्य के सौन्दर्य को धूमिल करने वाले साहित्यिक दोष हुआ करते हैं। आरम्भिक साहित्यिक सिद्धान्तों का एक सार-संग्रह पेश करते हुए केशवदास

दण्डी के *काव्यादर्श* का अक्षरशः पालन नहीं करते हैं, जो यों तो *कविप्रिया* के लिए एक प्रमुख संस्कृत स्रोत है। इसकी जगह केशवदास पहली चाल के रूप में दोषों की अनेक नयी श्रेणियों को प्रस्तुत करते हैं, जिसके तहत वे शारीरिक अपंगता के विभिन्न रूपों के साथ काव्य के दोषों की तुलना करते हैं :

*राजत रंच न दोष युत, कविता, बनिता, मित्र*
*बुंदे हाला परत ज्यों, गंगा घट अपवित्र*
*विप्र न नेगी कीजई, मुग्ध न कीजै मित्त*
*प्रभु न कृतघ्ना सेइये, दूषणसहित कवित्त*

दोषों के नाम और लक्षण–

*अन्ध, बधिर अरु पंगु तजि, नगन, मृतक मतिशुद्ध*
*अन्ध विरोधी पन्थ को, बधिर जो शबद्धविरुद्ध*
*छन्द विरोधी पंगु गुनि, नगन जो भूषण हीन*
*मृतक कहावै अरथ बिन, केशव सुनहु प्रबीन*[286]

अब तक उपर्युक्त चर्चा पूरी तरह से नयी है। लेकिन अगर ध्यान दें तो हम पायेंगे कि कवि के नवोन्मेष न सिर्फ़ परिमित हैं, बल्कि गम्भीर रूप से मध्यमार्गी भी हैं। पहला दोष अन्धदोष पूरी तरह से केशवदास की अपनी मौलिक श्रेणी है। इस दोष में उन कविताओं को नकारा जाता है जो परम्परा का उल्लंघन करती हैं। अब अगर इस तथ्य पर ग़ौर करें कि एक नयी देशभाषा शैली को गढ़ने की कार्रवाई और ब्रजभाषा काव्यशास्त्र पर कुछेक आरम्भिक प्रबन्धों को लिखने का अपने आप में अर्थ यह है कि एक महत्त्वपूर्ण सीमा तक केशवदास ने संस्कृत की श्रेष्ठता को चुनौती दी और इस तरह परम्परा का उल्लंघन किया। इसके बावजूद 'परम्परा को चुनौती' देने का यह नया 'दोष' ब्रजकाव्य सिद्धान्त के विशेष चरित्र को रूपायित करता है, जिसने बड़े उद्यम के साथ क्लासिकल भारतीय साहित्य व्यवस्था की वैधता के परे जाते हुए भी उसको स्थापित रखने की कोशिश की।

जैसा कि रीतिग्रन्थ की रीति है, केशवदास अन्धदोष की अपनी परिभाषा को पुष्ट करने के लिए एक उदाहरण-रूपी पद प्रस्तुत करते हैं जो उनके तर्क को विकसित करता है। यह एक पैरोडी के रूप में है, और वे एक अनुभवहीन कवि को उस सम्भावित सौन्दर्यबोधीय विपदा के बारे में चेताते हैं। उदाहरण के रूप में दी गयी यह दोषपूर्ण रचना उनकी अपनी ही है, जिसे वे खण्डन कर रहे हैं :

*कोमलकुंज से फूल रहे कुच, देखतही पति चंद विमोहै।*
*बानर से चल चारु विलोचन, कोये रचे रुचि रोचन कोहै।*
*माखन सो मधुरो अधरामृत, केशव को उपमाकहुँ टोहै।*
*ठाढी है कामिनी दामिनी-सी, मृगभाभिनि-सी गजगामिनि सोहै।।*[287]

संस्कृत काव्य के किसी भी अनुभवी पाठक के लिए यह समझना बहुत मुश्किल नहीं होगा कि इन पदों के रूपकों में कितना घालमेल है और अभिव्यक्तियाँ कितनी अनुचित हैं। ग़ौर कीजिए कि कैसे सबसे असाधारण रूप से बुरे दोष परम्परा के खुले विरोध से सम्बन्धित हैं। सबसे पहले, किसी स्त्री के स्तन कमल की कलियों की तरह पुष्ट होने चाहिए, न कि खिलते हुए कमलों की तरह शिथिल या ढीले। अगली पंक्ति के बिम्ब एक जोखिम-भरे मिश्रण हैं, क्योंकि क्लासिकल साहित्यिक चिन्तन में चन्द्रमा कुछ कमल पुष्पों के बिखरने का कारण बनता है। दूसरी पंक्ति के पूर्वार्द्ध में, केशवदास का काल्पनिक अनगढ़ कवि एक बिम्ब को सही रचता है–जिसमें स्त्री के नयन चंचल हैं, लेकिन जब उमपान देने की बारी आती है तो वह पशु पात्र को चुनने में एक गम्भीर ग़लती करता है। संस्कृत काव्य में सुन्दर स्त्री मृगनयनी हुआ करती है, हिरणी जैसी आँखोंवाली, न कि बन्दर जैसी आँखों वाली। इससे बढ़कर, जब नयनों की गति का प्रश्न आता है, तब मीन (मछली) या खंजन चिड़िया पसन्दीदा बिम्ब हैं। क्योंकि तेज़ गतिवाली वस्तुओं के लिए रूपकों के रूप में वे परम्परा द्वारा स्वीकृत उपमाएँ हैं।[288] तीसरी पंक्ति के पूर्वार्द्ध में अभागे कवि ने फिर से चीज़ों में हेरफेर कर दिया है। निचले होंठ सचमुच में नर्म और मधुर हैं, लेकिन उनकी तुलना लाल बिम्ब फलों से की जानी चाहिए, न की विवर्ण पीत रंगवाले मक्खन से। किसी भी भावी कवि के लिए *कविप्रिया* के इन आरम्भिक प्रसंगों में सन्देश यह मिलेगा कि भाषा में रचना को अनिवार्य रूप से क्लासिकल बिम्ब-विधान पर आधारित होना चाहिए। संक्षेप में कहें तो, भाषा के काव्यशास्त्र को लेकर केशवदास की आधारभूत अवधारणा स्वतः ही नवोन्मेष के लिए इसकी सम्भावनाओं को सीमित करती है। इस तरह नवोन्मेष और परम्परा के पालन के प्रति एक सजग सन्तुलन स्थापित करना केशवदास की विशेषता थी। और यह विशेषता अनेक ब्रजभाषा बौद्धिकों की विद्वत्ता के आचरण को परिभाषित करती है।

सत्रहवीं शताब्दी के मध्य के सर्वाधिक महत्त्वपूर्ण ब्रज सिद्धान्तकारों में एक चिन्तामणि त्रिपाठी अपने ग्रन्थ *कविकुलकल्पतरु* (ल.1670) के आरम्भ में भाषा की नवीनता की प्रकृति के बारे में एक मिलता-जुलता तर्क व्यक्त करते हैं :

*जे खर वानी मंथहैं तिनको समुझ विचार।*
*चिन्ता मनि कवि कहत है भाषा कवित विचार।*
*मेरे पिंगल मंथले समुझौ छन्द विचार।*
*रीति सुभाषा कवित की वरनत बुध अनुसार।*[289]

अगर मैं उनके शब्दों के चयन की महत्ता को सही समझ रही हूँ, चिन्तामणि ने स्वयं को अपने संस्कृत स्रोत-ग्रन्थों के अनुवादक के रूप में उतना नहीं जितना कि भाषा कविता के नये चिन्तन में संलग्न एक विद्वान के रूप में देखते हैं। अपनी 'बुध अनुसार' जैसा वक्तव्य कवि की विनम्रता को ही नहीं दिखाता, बल्कि वह उनके नये दृष्टिकोण को भी प्रस्तुत करता है। स्पष्टतः ब्रजभाषा में एक नया साहित्य सिद्धान्त लिखने का उद्यम ही न सिर्फ़ जटिल था बल्कि ज्ञानात्मक रूप से जोखिम-भरा था। इसे केवल संस्कृत अवधारणाओं के आलोक में ही सम्पन्न किया जा सकता था, यह बात क्लासिकल भाषा पर केन्द्रीय निर्भरता को उजागर करती है। पूरी रचना में ही यह निर्भरता स्पष्ट रूप से दिखती है। एक नया भाषा सिद्धान्त प्रस्तुत करना तो दूर, *कविकुलकल्पतरु* का अधिकतर सरोकार इस बात से है कि वह साहित्य पर संस्कृत के सैद्धान्तिक विमर्शों की आधारभूत संरचना को प्रस्तुत कर पाये। चिन्तामणि की शैली यह है कि वे विभिन्न संस्कृत लेखकों द्वारा विषय विशेष पर की गयी रचनाओं को मिला-जुलाकर प्रस्तुत करते हैं। इस तरह यह रचना अपने बौद्धिक ऋणों के बावजूद, अन्ततः ब्रजशास्त्र का एक सफल, ठेठ उदाहरण है। ऐसा बहुत दुर्लभ ही मिलता है कि किसी एक विषय पर चर्चा को पूरी तरह से एक लेखक से लिया गया है। चिन्तामणि उन चर्चाओं को लेते हैं जिन्हें वे सर्वाधिक अकाट्य समझते हैं, और उन्हें एक नये संश्लेषित वर्णन के रूप में ढाल देते हैं। *कविकुलकल्पतरु* में यह अन्तर्निहित तर्क व्याप्त है कि ब्रजभाषा के बुद्धिजीवियों ने अपनी साहित्यिक संस्कृति को एक पूरी तरह से पृथक् क्षेत्र के बजाय संस्कृत कविकर्म की एक निरन्तरता में देखा।

पूरे रीति रचनासंसार में यही ज़ोर देखा जा सकता है कि अतीत के सिद्धान्तों में छोटे-मोटे परिवर्तन लाकर और उनको पुनर्व्यवस्थित किया जाये। आमेर दरबार में सक्रिय कुलपति मिश्र चिन्तामणि के एकदम समकालीन थे। उन्होंने मम्मट की मौलिक रचना *काव्यप्रकाश* (ग्यारहवीं सदी) को अपने प्रमुख *रीतिग्रन्थ रसरहस्य* (1670) में पुनर्प्रस्तुत किया। मम्मट के साहित्य सिद्धान्तों को आरम्भिक आधुनिक काल के अपने ब्रज पाठकों को तक पहुँचाने के क्रम में कुलपति ने अपने कुछ

विचारों को उसमें जोड़ने में कोई हिचक नहीं दिखायी। मम्मट के सर्वाधिक ख्यात पदों में से एक उनकी पुस्तक काव्य लक्षणों को दिखाती है। कुलपति मिश्र ने इस बात का ध्यान रखते हुए *रसरहस्य* के आरम्भ में उसको उद्धृत किया है, लेकिन वह इसको अपनी एक परिभाषा के साथ प्रस्तुत करते हैं–

*जगतैं अद्भुत सुखसदन, शब्द 'रु अर्थ कवित्त।*
*यह लक्षण मैंने कियो, समुझि ग्रन्थ बहु चित्त।*[290]

चिन्तामणि की ही तरह, कुलपति हमें बताते हैं कि अपने इस विचार पर पहुँचने से पहले उन्होंने अनेक ग्रन्थों को पढ़ा और समझा है। इस तरह एक बार फिर हम एक नये भाषा-क्षेत्र की विद्वत्ता पर संस्कृत अतीत के भारी प्रभावों के संकेत देखते हैं। लेकिन इसने नये ज्ञान की सम्भावना को ख़त्म नहीं किया। इसके उलट, जब कुलपति काव्य की अपनी परिभाषा प्रस्तुत करते हैं, तब न केवल वे इसको मम्मट के पहले प्रस्तुत करते हैं, बल्कि वे इसके रचनाकार होने की अपनी भूमिका को भी मुखर रूप में व्यक्त करते हैं ('मै ने कियो')। उनके ग्रन्थ के अन्तिम पृष्ठ (पुष्पिका) में इस बात को लेकर एक सारगर्भित वक्तव्य मिलता है जो इसके बारे में है कि उन्होंने अपने विद्वत्तापूर्ण अभियान की संकल्पना कैसे की :

*कहे भेद संक्षेप सो, अपनी मति अनुसार।*
*कवि सुहृदय सब पार करि, इन को करो विचार।*
*सब अर्थ अरु दुहुन को, मम्मट मति अनुसार।*
*कहे लक्ष्य लक्षण सकल अलंकार विस्तार।।*[261]

कुलपति के 'अपनी मति अनुसार' और 'मम्मट मति अनुसार' के जुड़वाँ पद इस बात को अत्यन्त स्पष्ट रूप से समेटते हैं कि कैसे ब्रजभाषा के रीति-ग्रन्थ एक ही साथ नये भी हैं और पुराने भी। वे आरम्भिक आधुनिक लेखकों के रचनात्मक उत्पाद हैं, जो क्लासिकल चिन्तन में गहराई से डूबे हुए थे।

## "अपनी मति अनुसार"

आधुनिक काल से पहले साहित्यिक और बौद्धिक परिवर्तन के संकेतकों को हमेशा पकड़ पाना आसान नहीं होता है। ऐसे संकेतकों का अक्सर उत्खनन ही करना पड़ता है। और अगर हम पश्चिमी आधुनिकता के परिप्रेक्ष्य से इस आदर्श को देखने की कोशिश करें कि परिवर्तन कैसा दिखता है, तब हम सम्भवत: इन संकेतों को देख पाने में नाकाम हो सकते हैं। देशभाषा की आरम्भिक विद्वत्ता अपनी नवीनता को

किस तरह व्यक्त करती है, यह दिखाने के लिए केशवदास की *रसिकप्रिया* एक विशेष उदाहरण है। पहली दृष्टि में यह ग्रन्थ *श्रृंगारतिलक* का एक बहुत निकट रूपान्तरण दिखाई पड़ता है, जिसे सम्भवत: ग्यारहवीं सदी में संस्कृत अलंकारशास्त्री रुद्रभट्ट ने रचा था।[292] केशवदास द्वारा उठाये गये अधिकतर विषय उनके इस स्रोत के समान ही हैं (और अधिकतर उसी क्रम में हैं)। और जब वे लक्षण पदों में समरूपी शब्दावलियों का उपयोग करते हैं तब रुद्रभट्ट पर उनकी निर्भरता निस्सन्देह प्रमाणित होती है। अगर हम इन प्रत्यक्ष सदृशताओं तक सीमित रह जायें और उनके आगे नहीं देखें, तो इस निष्कर्ष पर पहुँचना आसान होगा कि केशवदास ने अपने संस्कृत पूर्ववर्ती के सिद्धान्तों को बस अपने अन्दाज़ में प्रस्तुत किया है। लेकिन यह एक ग़लत निष्कर्ष होगा। वास्तविकता कहीं अधिक दिलचस्प है। अलंकारशास्त्र के सिद्धान्तों के लिए *श्रृंगारतिलक* भले ही केशवदास का मार्गदर्शक हो, लेकिन अक्सर ही केशवदास उसकी लीक से हटकर अपना मार्ग बनाते हैं।

जैसे कि एक बार जब वे एक नया मार्ग बनाते हैं, तब वे अपने पूर्ववर्ती के भेदों में विभिन्न रूपों का उन्मेष करते हैं, विशेष तौर पर ऐसी जगहों पर जहाँ मूल संस्कृत ग्रन्थ अपने विषयों को सरसरी, और यहाँ तक कि असम्बद्ध रूप में उठाता है। जैसे कि *श्रृंगारतिलक* में मिलन-स्थान के वर्णन को लीजिए। रुद्रभट्ट ने एक अकेले पद में प्रेमियों के मिलन को बहुत संक्षेप में समेट दिया है। उन्होंने एक उदाहरण देने तक का कष्ट नहीं उठाया है। केशवदास ने रचनात्मक उपशाखा रचने के लिए इस अवसर का उपयोग किया है। उन्होंने रुद्रभट्ट के मूल विचार का विकास करते हुए इसे एक पूरे नये अध्याय का एक महत्त्वपूर्ण घटक बना दिया है। यह अध्याय प्रेमियों के प्रणय-निवेदन पर केन्द्रित है, जिसमें अनेक मौलिक उदाहरणों को प्रस्तुत किया गया है। साथ ही उन्होंने अपनी नयी मौलिक श्रेणियाँ प्रस्तावित की हैं।[293] इस पद में, केशवदास 'अतिभय को मिलन' का एक अद्भुत विचार प्रस्तुत करते हैं, जो मिलन का एक आपातकालीन अवसर है (चित्र 3.1) :

*जानि आगि लागी बृषभान*[294] *के निकट भौन*
*दौरि ब्रजबासी चढ़े चहूँ दिसि धाई कै।*
*जहाँ तहाँ सोर भारी भीर नर-नारिन की*
*सब ही की छूट गई लाज हाइ भाइ कै।*
*ऐसे में कुँवर कान्ह सारो सुक बाहिर कै*
*राधिका जगाई और जुवती जगाइ कै।*

*लोचन बिसाल चार चिबुक कपोल चूमि*
*चंपे की सी माला लाल लीनी उर लाइकै।।*[295]

केशवदास मानो अपने नवोन्मेषों की घोषणा करते हुए इस अध्याय का समापन एक वक्तव्य से करते हैं जो रीति कवि-बुद्धिजीवियों की एक टेक प्रतीत होता है : "मै कहे, अपनी मति अनुसार।"[296] संस्कृत परम्परा के साथ केशवदास के सम्बन्ध को चाहे जैसे भी देखा जाये, लेखक की अपनी मान्यता के तहत उसकी मंशा एक नया ज्ञान रचने की थी।

ऊपर जिस कविता को उद्धृत किया गया है, उसमें केशवदास ने विशिष्ट ब्रज परिवेश में अपनी विषयवस्तु का स्थानीयकरण भी किया है। इसलिए कि अगर क्लासिकल संस्कृत अलंकारशास्त्र उनका मुख्य स्रोत था, तो आरम्भिक आधुनिक भक्ति-शैलियों ने भी उनके ज्ञानात्मक नज़रियों को आकार देने में महत्त्वपूर्ण तरीक़ों से योगदान दिया था। रुद्रभट्ट वैष्णव नहीं बल्कि एक शैव थे, लेकिन उनके साहित्य की सैद्धान्तिकी के लिए उनका धर्म हर हाल में अप्रासंगिक था। *शृंगारतिलक* में ईश्वर की बात वहीं उठती है जहाँ अपेक्षित है यानी आरम्भ के मंगलाचरण में, और इसके अलावा कहीं भी नहीं। इसके उलट *रसिकप्रिया* में राधा और कृष्ण सर्वव्याप्त हैं, कृति में हरेक लक्षण के बाद उदाहरण के पद बड़े प्रेम से एक-एक बार प्रत्येक इष्ट को समर्पित हैं।

राधा और कृष्ण के लिए केशवदास की श्रद्धा अपने संस्कृत पूर्ववर्तियों से सैद्धान्तिक विचलन के अनेक बिन्दुओं को एक आधार देती है। केशवदास के सभी नवोन्मेष उनकी भक्ति को अर्पित नहीं हैं, लेकिन अनेक हैं। उदाहरण के लिए जहाँ भी वे और रुद्रभट्ट अपने प्रियतम के विरह में दग्ध मरणावस्था को पहुँच गये प्रेमियों के साहित्यिक चित्रण को मान्यता नहीं देते हैं, तब रुद्रभट्ट ने इस श्रेणी से बचने का आधार पूरी तरह सिर्फ़ सौन्दर्यबोधीय रखा है। क्योंकि ऐसा काव्य सौन्दर्य से परे है। लेकिन उनके उलट केशवदास में महत्त्वपूर्ण बात यह है कि उनका काव्य एक भगवान के बारे में है, और वे एक अजर-अमर इष्ट की मृत्यु को नहीं दर्शा सकते थे।[297]

जब चिरकाल से संस्कृत सिद्धान्तकारों द्वारा स्वीकृत नायिकाओं के तीन प्रमुख भेदों की बात आती है, केशवदास एक श्रेणी सामान्या नायिका को तो पूरा का पूरा ही छोड़ देते हैं। एक बार फिर से वे परम्परा से जान-बूझकर हटने के निर्णय को वे अपने तर्क पर आधारित बताते हैं :

*और जु तरुनी तीसरी क्यों बरनौं यहि ठौर।*
*रस में बिरस न बरनियै कहत रसिक सिरमौर।*
*ये सब जितनी नायिका बरनी मतिअनुसार।*
*केशवदास बखानियहु बुधिबल अष्ट प्रकार।।*[298]

केशवदास का ब्रह्माण्ड तुलनात्मक रूप से भक्ति के प्रति उन्मुख था। ऐसे में सामान्या नायिका को छोड़ देना पूरी तरह से समझ में आता है। एक ऐसे ग्रन्थ में नैतिक रूप से सन्दिग्ध एक गणिका के चरित्र का वर्णन करना शायद ही सम्भव था, जिस ग्रन्थ की प्रधान नायिका राधा हैं।[299] एक नायिका के रूप में राधा की केन्द्रीय भूमिका को एक नये रेडिकल वैष्णव मार्ग के रूप में देखा जा सकता है।

केशवदास द्वारा रस सिद्धान्त के क्षेत्र की चर्चा पर कृष्ण और राधा के प्रति भक्तिपूर्ण रुझान का प्रभाव है। *रसिकप्रिया* के आरम्भ में वे कहते हैं कि कृष्ण नवरसमय हैं। अठारहवीं सदी के उनके टीकाकार सुरति मिश्र ने इसे उनके काम के सबसे मुख्य सूत्रों में से एक माना है।[300] शृंगार रस को पूर्णता देने वाले कई प्रकार के स्थापित हावों और भावों का वर्णन करते हुए उन्होंने राधा और कृष्ण के प्रेम को एक आधार के रूप में प्रयुक्त किया है।

*प्रेम राधिका कृस्न को हैं तातैं सिंगार।*
*ताके भाव प्रभाव तैं उपजे हाव बिचार।*[301]

इस मामले में भी, अपनी विषय-वस्तु पर केशवदास का नया सैद्धांतीकरण पूरी तरह से सुचिन्तित है, जैसा कि उनके द्वारा इस चर्चा के समापन के तरीक़े से देखा जा सकता है :

*राधा राधारमण के कहे जथामति हाव।*
*ढिठई केसवराय की छमियो कबि कबिराव।।*[302]

केशवदास एक बार फिर से परम्परा को नये रूप में ढालने की अपनी कोशिश को रेखांकित करते हैं। हालाँकि इस मामले में (अगर हम उनके अपने शब्दों पर ही विश्वास करें), संस्कृत स्रोत सामग्री से अपनी स्वतन्त्रता के बेबाक़ दावे पर उनकी इस शंका से आँच आती है कि उनके प्रस्तावित बदलाव कहीं बहुत अधिक दुस्साहसिक तो नहीं हैं। निस्सन्देह केशवदास के लिए स्थापित संस्कृत लेखक एक आधारशिला थे, और उन्हें हल्के में चुनौती नहीं दी जा सकती थी। लेकिन ये शब्द किसी ऐसे व्यक्ति के नहीं हैं जो परम्परा का आँख मूँदकर पालन कर रहा हो।[303]

केशवदास ने चिन्तन का विकास करने में एक असाधारण पद्धति अपनायी है, लेकिन *रसिकप्रिया* संस्कृत अलंकारशास्त्र के एक महत्त्वपूर्ण सिद्धान्त को दोहराती है कि शृंगार सर्वोपरि रस है, और अन्य रस इसके अधीन हो सकते हैं। अपनी पुस्तक के आरम्भ में ही वे सीधे-सीधे कहते हैं कि शृंगार सर्वोत्तम साहित्यिक भाव है।[304] और सोलह अध्यायों में से पहले तेरह अध्याय वे इस बिन्दु को विस्तार देने के लिए समर्पित करते हैं। बचे हुए अन्य रसों की एक अध्याय (चौदह) में संक्षेप में चर्चा की गयी है। इस अध्याय के लक्षण भी साधारण हैं, वे हास्य, वेदना और वीरता तथा अन्य भावों को ऊपरी तौर पर पेश करते हैं। लेकिन जब उदाहरण के पदों की बात आती है, बाक़ी सभी गौण रसों को केशवदास के इस आधारभूत सिद्धान्त की पुष्टि में लगा दिया गया है कि शृंगार सर्वश्रेष्ठ है। इस तरह वे पृथक् रसों के रूप में अपना एक सुनिश्चित सैद्धान्तिक अस्तित्व खो देते हैं। उनके इस तरीक़े को समझने के लिए निम्नलिखित उदाहरण देखें। यह पद वीर रस पर राधा की अभिव्यक्ति को आपस में टकराती तलवारों और सिरविहीन धड़ों से भरी हुई एक परम्परागत युद्धभूमि को रति की युद्धभूमि यानी रतिरण में बदल देता है :

*गति गजराज साजि देह की दिपति बाजि*
*हाव रथ भाव पत्ति राजि चली चाल सों।*
*केसौदास मन्दहास असि कुच भट भिरे*
*भेट भए प्रतिभट भले नखजाल सों।*
*लाज-साज कुलकानि सोच पोच भय भानि*
*भौहैं धनु तानि बान लोचन बिसाल सों।*
*प्रेम को कवच कसि साहस सहायक लै*
*जीत्यो रति-रन आज मदनगुपाल सों।*[305]

कृष्ण के अद्‌भुत गुणों के मामले में, जिन्हें प्रदर्शित करना कठिन नहीं है क्योंकि वे एक इष्ट हैं, केशवदास इस तर्क को इस शृंगारिक बिन्दु के साथ सुलझाते हैं कि वे राधा के सम्मुख अपना सारा आत्मसंवरण भूल जाते हैं (चित्र 3.2):

*माखन के चोर मधु-चोर दधि-दूधि-चोर*
*देखै नाहिं देखतहीं चित्त चोरि लेत हैं।*
*पुरुष पुरान अरु पूरन पुरान इन्हैं*
*पुरुष पुरान सु कहत किहिं हेत है।*

*केसौदास देखि देखि सुरनि की सुन्दरी वै*
*करतिं बिचार सब सुमति-समेत हैं।*
*देखि गति गोपिका की भूल जात निज गति*
*अगतिन कैसें धौं परम गति देत हैं।।*[306]

इसी के समान एक तकनीक अन्य रसों के बारे में भी अपनायी गयी है–रौद्र रस के एक उदाहरण में राधा वन के पशुओं के साथ इतनी निष्ठुर और उग्र हैं कि वे उनकी विविध ख़ूबियों को हथिया लेती हैं। इसीलिए उनके पास हिरणी जैसी आँखें, हाथी जैसी चाल आदि हैं। भयानक रस में राधा एक आँधी के समय वर्षा से इतनी भयभीत हैं कि वे कृष्ण के साथ कसकर आलिंगनबद्ध हो जाती हैं। एक बार फिर से प्रभुत्वशाली हाव-भाव भय के बजाय यह प्रेम ही है। यहाँ तक कि जो सम रस (जिसे शान्त रस के नाम से जाना जाता है) जगत् के साथ अनासक्ति के भारतीय आदर्श का चरम रूप है, केशवदास के यहाँ एक विरोधाभासी रंग ले लेता है, जब वे दिखाते हैं कि कृष्ण राधा के मधुर अधरों से इतने मोहासक्त हैं कि वे जगत की अन्य सभी मधुर वस्तुओं से विरक्त हो गये हैं।[307] अध्याय चौदह जहाँ एक असहमत आधुनिक आलोचक को 'अवैज्ञानिक और हास्यास्पद'[308] लगता है, वहीं असल में यह सौन्दर्यबोधीय प्रतिक्रिया का एक शक्तिशाली वैष्णव तर्क प्रस्तुत कर रहा है।

चित्र 3.2 कृष्णाजु को अद्‌भुत रस, केशवदास की *रसिकप्रिया* से, बूँदी, लगभग 1725 एशियन आर्ट आर्काइव्स, यूनिवर्सिटी ऑफ़ मिशिगन के सौजन्य से।

केशवदास ने जो सैद्धान्तिकी विकसित की और उनको आधार देने के लिए

उदाहरण के जिन पदों को रचा, वे एक समर्पित कृष्ण भक्त के लिए पूरी तरह प्रासंगिक और अर्थपूर्ण हैं। अपने साहित्यिक मूल्यों को स्पष्ट रूप में व्यक्त करते हुए, केशवदास आगे चलकर निम्नलिखित तीन श्रेणियों की एक प्रणाली में कवियों का वर्गीकरण करने वाले थे :

*उत्तम, मध्यम, अधम कवि, उत्तम हरि-रस लीन।*
*मध्यम मानत मानुषनि, दोषनि अधम प्रवीन।।*[309]

केशवदास ने विषयों में जो वर्गीकरण या सोपान प्रस्तुत किया है, वह आरम्भिक आधुनिक काल के लिए सामान्य था। उनके टीकाकार सुरति मिश्र याद करते हैं कि किस प्रकार उन स्वयं का परिचय तत्कालीन मुग़ल शहंशाह मुहम्मद शाह (शासनकाल 1719-48) से करवाया गया था : "वे (यानी सुरति मिश्र) सामान्यतः मनुष्यों के बारे में कविताएँ नहीं लिखते हैं बल्कि उन्होंने भगवान के विषय पर बहुत कुछ लिखा है। चूँकि हर कोई राजा को भगवान का अवतार बताता है, इसलिए उन्होंने यथासम्भव अपनी क्षमता अनुसार शहंशाह के बारे में कुछ कविताएँ रची हैं।"[310] इसी तरह केशवदास "हरि के रस में डूबे हुए थे," हालाँकि हमने देखा है कि उन्होंने राजाओं के सम्मान में कई काव्य रचे जो मनुष्य थे (हरि नहीं)। भले ही कवि बहुत स्पष्ट रूप से अपनी भक्ति को अपनी बौद्धिक अवस्थिति के साथ नहीं जोड़ता हो, *रसिकप्रिया* में समान्तरता या समरूपता की धुन सम्भवतः स्मरण और लीला के वैष्णव मूल्यों से उपजी होगी। इस समान्तरता में क़रीब-क़रीब हरेक साहित्यिक अवधारणा को राधा और कृष्ण दोनों के ऊपर लागू किया गया है।[311] इससे भी बढ़कर संस्कृतशास्त्रों का इस तरह से पुनर्लेखन करना कि यह राधा और कृष्ण दोनों के लिए सैद्धान्तिक रूप से प्रासंगिक होने का दावा करता हो, क्लासिकल नियमों से एक बड़े प्रस्थान को जन्म देता है। इसका एक उदाहरण यह है कि कृष्ण को एक ऐसे भाव को प्रदर्शित करते हुए दिखाया गया है, जिसे पहले के भारतीय चिन्तक बुनियादी रूप से स्त्रैण गुण मानते थे। वह है मान का भाव। रुद्रभट्ट और आमतौर पर संस्कृत की दरबारी परम्परा में 'पुरुषवादी दृष्टि' नायिकाओं की गतिविधियों पर ध्यान केन्द्रित करती है।[312] संस्कृत काव्य में, महिलाएँ क्रोध का अनुभव करती हैं लेकिन वे कभी क्रोध की प्रेरणा नहीं बनतीं। मान एक ऐसी नायिका का विशेष गुण है, जिसके साथ उसके प्रेमी ने निष्ठुरता या अन्याय किया है। मान और इसके साथ-साथ मान-मोचन पर अपने अध्याय में केशवदास एक स्त्री राधा की दृष्टि को कृष्ण के ऊपर डालने से कभी नहीं चूकते।

यह बात समझ में आने वाली है कि नायक और नायिका की भावनाएँ भिन्न तरीक़ों से व्यक्त हुई हैं, और लैंगिक नियमों के चलते उदाहरणवाले कई पदों में सच्ची समरूपता बाधित हुई है। कभी-कभी तो नियम ही स्त्रियों और पुरुषों के लिए भिन्न-भिन्न हैं। जैसे कि एक स्त्री में मान का सबसे गम्भीर रूप गुरुमान तब पैदा होता है जब उसे सन्देह होता है कि उसके प्रेमी की निष्ठा पूरी तरह उसके प्रति नहीं है :

*आन नारि के चिह्न लखि, अरु सुनि स्त्रवननि नाऊँ।*
*उपजे है गुरुमान तहँ, केसवदास सुभाऊँ।।*

हरेक साहित्यिक अवधारणा को राधा और कृष्ण पर लागू करने का केशवदास का आग्रह एक सैद्धान्तिक चुनौती बन जाता है, क्योंकि उन्हें कृष्ण के क्रोध के बारे में एक पूरक पद की रचना करने की ज़रूरत पड़ती है। कृष्ण के क्रोधित होने का आधार क्या है? भारतीय काव्य में स्त्रियाँ रात भर बाहर नहीं रहतीं और प्रेमी से गोपनीय रति में लीन रहने के बाद भारी आँखों के साथ सुबह घर नहीं लौटती हैं। इसका अपवाद सिर्फ़ गोपियों को माना जा सकता है। जबकि पुरुषों के लिए यह एक सामान्य बात हो सकती है। इसलिए केशवदास को एक पूरी तरह से नया परिदृश्य रचना पड़ा कि क्यों कृष्ण को अपनी प्रियतमा पर इतना क्रोध आया कि उन्हें फटकारना पड़ गया। लक्षण इस प्रकार है :

*लोक लीक उल्लंघि कछु, प्रिया कहै जब बैन।*
*उपजि परत गुरुमान तहँ, प्रीतम के उर-ऐन।।*

एक प्रेमी को किस तरह मनाना चाहिए, यह बताने के लिए केशवदास को विरासत में मिले अपने सैद्धान्तिक उपकरण का इस तरह उपयोग करना पड़ा कि वे प्रणति के लिए लैंगिक रूप से एक विशिष्ट तर्क उपस्थित कर सकें :

*पियहि मनावै पास परि, प्रिया परम हित मानि।*
*नापराध नहिं काम तें, बरनत ही रस-हानि।।*[313]

संस्कृत के आदर्शों की आँख मूँदकर नक़ल करने के बजाय, केशवदास ने उनसे गहरी प्रेरणा लेकर अक्सर अलग-अलग विषयों पर अपना दृष्टिकोण प्रस्तुत करने की कोशिश की है। कई मामलों में वे बहुत हद तक मौलिक दिशाओं तक में जाते हैं।

ये बौद्धिक प्रक्रियाएँ और प्रवृत्तियाँ भक्ति और रीति दोनों लेखकों पर व्यापक रूप से लागू होती हैं (कई बार भक्ति और रीति के बीच बहुत भेद नहीं रह जाता है,

जैसा कि केशवदास के मामले में साफ़ हो जाता है), जो अपनी क्लासिकल विरासत के साथ एक संवाद स्थापित करते हैं। इसमें बहुत सधे हुए शोध, और संस्कृत और ब्रजभाषा दोनों में ज्ञान का होना ज़रूरी है, ताकि आरम्भिक आधुनिक काल के भाषा लेखकों के मानस को समझा जा सके। लेकिन मूल ब्रज पाठ को संस्कृत-स्रोतों के साथ मिलाकर पढ़ने का श्रम करने वाला हरेक अध्येता इसी निष्कर्ष पर पहुँचा है कि भाषा लेखकों ने 'अपनी मति अनुसार' क्लासिकल परम्परा को नया आकार देने की कोशिश की। अक्सर वे यह भी बताते हैं कि वे क्या कर रहे हैं। कुछेक अतिरिक्त उदाहरण इसको दिखाने के लिए पर्याप्त होंगे।

भक्त कवि नन्ददास (1570 ई.) के प्रमुख सरोकारों में से एक यह था कि ब्रजभाषा के बढ़ते जा रहे पाठक समुदाय के लिए संस्कृत ग्रन्थों को उपलब्ध कराया जाये। नन्ददास केशवदास के पहले की पीढ़ी में सक्रिय थे। उन्होंने भानुदत्त की *रसमंजरी, रासपंचाध्यायी* (*भागवतपुराण* से), और कृष्ण मिश्र के *प्रबोधचन्द्रोदय* के ब्रज संस्करण रचे। बहुत उपयोगी ब्रजभाषा कोष *मानमंजरी* और *अनेकार्थमंजरी अमरकोष* पर आधारित थे।[314] इनमें से कोई भी संस्कृत-स्रोत का सीधे-सीधे अनुवाद भर नहीं है। उदाहरण के लिए *रसमंजरी* कृष्ण भक्ति से भरी हुई है और भानुदत्त के संस्करण से काफ़ी अलग है, जो रुद्रभट्ट की ही तरह भगवान की अनदेखी भले नहीं करते हों, लेकिन वे उन्हें किसी गौरवशाली आसन पर भी नहीं बिठाते हैं। इस विशेष उदाहरण में, और अधिक सामान्य रूप से, नन्ददास अपनी मति का उपयोग करते हुए दिखाई पड़ते हैं। इससे भी बढ़कर, वे "नन्द सुमति यथा के" अपने ठेठ अन्दाज़ में इसकी घोषणा भी करते हैं।[315]

नन्ददास के लगभग समकालीन हरिराम व्यास ने भी *भागवतपुराण* के *रासपंचाध्यायी* अंश के भाषाकरण में प्रत्यक्षत: रचनात्मक तरीक़ा अपनाया है। हेयडी पॉवेल्स ने ब्रज और संस्कृत ग्रन्थों की बारीक तुलना की है, और भले ही अपेक्षित रूप से इन दोनों में समान कथा कही गयी थी, दोनों संस्करण कुछ मामलों में एक-दूसरे से ज़रा भी मेल नहीं खाते हैं।[316] व्यास ने कुछ अध्यायों को छोड़ देने की छूट तो ली ही, उन्होंने अपनी तरफ़ से एक अध्याय जोड़ दिया जो मूल में नहीं था। यह कोई छोटी बात नहीं थी, क्योंकि इस वैष्णव ग्रन्थ के बहुचर्चित अंश में सिर्फ़ पाँच अध्याय ही हैं। और सिर्फ़ स्वरूप ही नहीं, कथ्य में भी भारी रूपान्तरण किया गया। संस्कृत *भागवत* में राधा को कभी भी गोपी नहीं कहा गया था, अब उन्हें नाटकीय रूप से कृष्ण की प्रधान प्रेयसी की एक नयी भूमिका दे दी गयी। एक

और प्रमुख बदलाव यह था कि व्यास को विरह में उतनी रुचि नहीं थी, जो कि कई मायनों में मूल संस्कृत का केन्द्रीय सौन्दर्यबोध है। "विरह की कथा में क्या आनन्द है?" वे पूछते हैं।[317] संयोग शृंगार पर ज़ोर माधुर्य के नये वैष्णव विषय के अनुकूल ही है, जो वृन्दावन के कुंजों में राधा और कृष्ण की प्रणयलीला में निहित है।

संस्कृत के चिन्तन-संसार के मुख्य विषयों को नये वैष्णव सिद्धान्तों के अनुकूल बनाने के लिए उनकी पुनर्रचना करने की रीति परम्परा की एक और मिसाल चिन्तामणि की रचना *कविकल्पतरु* है। इसके आरम्भ में गुणों के स्थापित विषयों की पुनर्रचना की गयी है। पहली नज़र में चिन्तामणि के विचार ऐसे लगते हैं मानो वे अपने संस्कृत पूर्ववर्ती मम्मट के *काव्यप्रकाश* की लीक पर चल रहे हों। त्रिपाठी ने ज़्यादातर तकनीकी शब्दावली मम्मट से ही ली है। वे जिस विधि से और जिस क्रम में गुणों का वर्णन करते हैं, वह भी मम्मट के दृष्टिकोण की पुष्टि करता है।[318] लेकिन करीब से देखने पर विषयवस्तु पर एक नया रवैया उजागर होता है।

चिन्तामणि मम्मट के साहित्यिक सिद्धान्तों को जस का तस दोहराते भर नहीं हैं। वे दूसरे संस्कृत विद्वानों की समान्तर प्रणालियों पर चिन्तन करते हैं, आधारभूत अवधारणाओं और बहस के बिन्दुओं को प्रस्तुत करते हैं। कुछ मामलों में, वे अपना मौलिक काव्य भी प्रस्तुत करते हैं ताकि मम्मट द्वारा छोड़ दी गयी श्रेणियों को दिखाया जा सके। और इसमें से कुछ चिन्तन पूरी तरह से नया है। इसमें उल्लेखनीय है माधुर्य गुण का चिन्तामणि का सिद्धान्त। इस नवीनता को बेहतर समझने के लिए हमें दोनों प्रसंगों को साथ-साथ पढ़ना ज़रूरी है।

चिन्तामणि–

*जो संयोग सिगार में सुखद द्रवावै चित्त।*
*जो माधुर्य बखानियैं यहई तत्त्व कवित्त।।*[319]

संयोग के मामले में एक आह्लादकारी अनुभव हृदय को पिघला देता है। यही माधुर्य कहलाता है–जो काव्य का सार है।

मम्मट–

*आह्लादकत्वम् माधुर्यम् शृंगारे द्रुतिकारणम्*
*(शृंगारे अर्थात् संभोगे द्रुतिर गलित्वम् इव)*[320]

माधुर्य वह है जो आह्लाद को जन्म दे। प्रेम में पिघल जाने की यह अन्तर्निहित वजह है ("प्रेम में" से मेरा तात्पर्य "संभोग" है और पिघल जाने से मेरा मतलब "गल जाना" है)।

ये दो परिभाषाएँ प्रत्यक्षत: समान हैं। भाषा के कवि के लिए एक विशेष लाभ यह था कि उसको व्याकरण के कठोर नियमों का पालन नहीं करना था। चिन्तामणि ने एक नई ब्रज क्रिया "द्रवावि" ही गढ़ डाली ताकि मम्मट की द्रुति की संकल्पना को व्यक्त किया जा सके। यह एक कविता में रसिक के गहराई से डूब जाने का बिम्ब है। लेकिन अनपेक्षित रूप से चिन्तामणि घोषणा करते हैं कि माधुर्य ही कविता का तत्त्व है। किसी भी संस्कृत सिद्धान्तकार ने किसी एक गुण को दूसरे से श्रेष्ठ नहीं बताया था। और निश्चित रूप से उन्होंने किसी गुण को काव्य की आधारभूत विशेषता नहीं बताया था। लेकिन माधुर्य को एक विशेष काव्यात्मक गुण के रूप में चिह्नित करते हुए, चिन्तामणि ने बड़े सूक्ष्म लेकिन मर्मभेदी तरीक़े से भाषा साहित्य का एक नया मूल्यांकन प्रस्तुत किया है, जो एक वैष्णव समुदाय की अपने आस-पास चलनेवाली बहसों के साथ संवाद भी करता है।[321] चिन्तामणि संस्कृत गुणों की प्रणाली में अपने संशोधन को अलक्षित नहीं रहने देते हैं, जिसे अब हम बड़े विश्वास के साथ कह सकते हैं कि यह रीति बुद्धिजीवियों की एक बड़ी प्रवृत्ति थी। वे दावा करते हैं, "गुणों की कुछ श्रेणियों का सिद्धान्त प्राचीनों ने किया था, और यहाँ मैं उन सबके बारे में अपनी मति अनुसार लिख रहा हूँ।"

मम्मट और अलंकारशास्त्र के स्थापित विषय पर लिखने वाले बाद के काल के एक अन्य ब्रज लेखक की करीबी तुलना ब्रज विद्वानों की मौलिकता को अन्तिम तौर पर स्थापित कर देती है। अठारहवीं सदी में अवध क्षेत्र से आने वाले एक प्रमुख आलंकारिक भिखारीदास साहित्य, साहित्य सिद्धान्त, साहित्यिक व्यक्तित्वों पर चर्चा करते हुए असाधारण विस्तार में जाते थे। उन्होंने *काव्यप्रकाश* में दी गई काव्य प्रयोजन की मम्मट की परिभाषा को इस तरह सम्पादित किया कि वह भक्ति को सामने ले आती है–

*एक लहैं तपपुंजन कौ फल, ज्यों तुलसी अरु सूर गुसांई।*
*एक लहै बहु संपत, केसब-भूषण ज्यों बर बीर बड़ाई।।*
*एकन कों जस ही सों प्रयोजन, है रसखान रहीम की नाई।*
*दास कबित्तन की चरचा, बुधिबतिन को सुख देति सदाई।।*[323]

*काव्यं यशसे अर्थकृते व्यवहारविदे शिवेतरक्षतये।*
*सद्यः परनिर्वृतये कान्तासम्मिततयोपदेश युजे।।*[324]

इसमें कोई सन्देह नहीं है कि *काव्यनिर्णय* (1746 ई.) के उपरोक्त पद में और अन्यत्र भिखारीदास अपने अनेक तर्कों को मम्मट पर आधारित करते हैं।[325]

लेकिन मम्मट के लिए काव्य मुख्य रूप से जहाँ एक धर्मनिरपेक्ष (सेक्युलर) कर्म था, भिखारीदास तीन प्राथमिक प्रयोजनों में से एक को आध्यात्मिक उपलब्धि से जोड़ते हैं। जब वे तुलसी और सूर जैसे भक्त कवियों का नाम लेते हैं तब अपनी सूची में इस आध्यात्मिक उपलब्धि को सबसे ऊपर रखते हैं। उन्होंने बड़ी लगन से मम्मट के काव्यप्रयोजन के प्रख्यात पद का पुनर्लेखन किया, यह तथ्य ग्यारहवीं सदी की संस्कृत और अठारहवीं सदी की ब्रजभाषा में साहित्य की अवधारणा में एक महत्त्वपूर्ण परिवर्तन को नाटकीय रूप से रेखांकित करता है।[326]

भिखारीदास के *काव्यनिर्णय* में अनेक ऐसे प्रसंग हैं, जो ब्रज बुद्धिजीवियों के अवधारणात्मक संसार को समझने की कोशिश करने वालों के लिए रुचि का विषय होंगे। ये हमें इस बात की याद दिलाते हैं कि रीति में सभी अहम सैद्धान्तिक बदलाव भक्ति से ही सम्बन्धित नहीं हैं। कुछ नये तर्क ब्रजभाषा की साहित्यिक और भाषाई विशेषताओं से भी उपजे हैं। भिखारीदास पहले रीति लेखक थे जिन्होंने तुक पर काम किया, जो हिन्दी भाषा रूपान्तरण की सर्वोच्च निशानी है (जैसा कि लैटिन से रोमन भाषाओं में रूपान्तरण हुआ था[327])। भिखारीदास इसको विशेष रूप से भाषा-शैली की विशेषता के रूप में देखते हैं। वे *काव्यनिर्णय* का पूरा का पूरा बाईसवाँ अध्याय इस विषय पर समर्पित करते हैं, जिसका आरम्भ उन्होंने इस घोषणा के साथ किया है, "भाषा बरनन में प्रथम, 'तुक' चाहिए बिसेखी।"[328] इसके बावजूद यह देखना दिलचस्प है कि रीति रचनाकर्म शुरू होने के डेढ़ सौ साल की अवधि तक ऐसी कोई कोशिश नहीं हुई कि इस विषय पर कोई सिद्धान्त रचा जाये, जो एक नया और बुनियादी रूप से भाषा का अपना विषय था (और हिन्दी कवि उसके बहुत पहले से तुक का उपयोग करते आ रहे थे)। अपेक्षा के अनुरूप ही, भिखारीदास के *काव्यनिर्णय* का यह अध्याय छोटा है, जिसमें सिर्फ़ सत्रह पद हैं, लेकिन यह एकदम नया काम है। हमेशा की तरह, ब्रज बुद्धिजीवियों के लिए मुद्दा क्लासिकल सिद्धान्त में आमूलचूल बदलाव लाना नहीं था, बल्कि पुराने आदर्शों के भीतर ही अपेक्षाकृत छोटे समन्वय करना था।

भिखारीदास का एक और नवोन्मेष उनके द्वारा की गयी भाषा के लहजे (रजिस्टर) पर एक लुभावनी चर्चा है, जो थोड़ी गूढ़ भी है। भारतीय परम्परा में संस्कृत को हमेशा ही एक शुद्ध, अपरिवर्तनशील भाषा के रूप में देखा गया है (इस विषय में तथ्य कुछ और ही हैं, लेकिन प्रभुत्वशाली भाषा की विचारधारा के लिए वे तथ्य अप्रासंगिक हैं)। साफ़ है कि भाषा की यह अवधारणा ब्रजभाषा के लिए

सैद्धान्तिक रूप से निरर्थक थी। क्योंकि रीति कवियों के फ़ारसी भाषा से परिचय की अनगिनत निशानियाँ इस भाषा में मिलती हैं। साथ ही इसमें भाषाई मिश्रण के अनेक दूसरे चिह्न भी मिलते हैं। *काव्यनिर्णय* के पहले अध्याय में, भिखारीदास ब्रजभाषा को एक ऐसी भाषा बताते हैं जो अपने मर्म में ही एक मिली-जुली भाषा है, और इसकी सुन्दरता ठीक-ठीक इसी में निहित है।

*भाषा ब्रजभाषा रुचिर, कहैं सुमति सब कोइ*
*मिलइ संस्कृत पारस्याउ, पइ अति प्रगट जो होइ*
*ब्रज मागधी मिलइ अमर, नाग जमन भाषानि*
*सहज पारसिहुं मिले, षटबिधि कबित बखानि*[329]

सभी सुमति रखने वाले लोग ब्रजभाषा के सौन्दर्य के बारे में सहमत हैं। ब्रज में संस्कृत और फ़ारसी का मेल हो सकता है, लेकिन यह फिर भी बहुत साफ़ भाषा है। ब्रज, अवधी, संस्कृत, प्राकृत, अरबी और देशी फ़ारसी मिली हुई हैं (पाये जाने और घुलने-मिलने दोनों अर्थों में)—कहा जाता है कि कविता के छह भिन्न प्रकार हैं।

यह अंश अपना अर्थ आसानी से नहीं खोलता है। जैसे कि यह साफ़ नहीं है कि मागधी का मतलब अपभ्रंश है या अवधी। न ही जमन (यानी यवन? या तुर्की?) और न ही सहज पारसी (स्थानीय फ़ारसी) के बीच इच्छित अन्तर स्पष्ट हो पाया है।[330] लेकिन जिस बात में कोई सन्देह नहीं है वह यह है कि जिन तीन साहित्यिक भाषाओं (ब्रज, यवन और फ़ारसी) का ज़िक्र भिखारीदास ने किया है, वे काव्य परम्परा के किसी क्लासिकल चिन्तन में नहीं मिलती हैं। तुक पर अपनी रचना की तरह ही, यहाँ भी साहित्य के बारे में पूरी तरह कुछ नया कहने का अवसर था। लेकिन क्या भिखारीदास ने उस अवसर को अपनाया?

हाँ भी और नहीं भी। इस काल में ब्रज में ज्ञान की बात कहना एक नाज़ुक सन्तुलन को साधने की कार्रवाई थी। यह एक आदरणीय ज्ञान परम्परा को बचाये रखने के साथ-साथ नये विकासों को भी उसमें जोड़ते चलते जाने का एक प्रतीक है, जो बताता है ऐसी प्रक्रियाएँ ज्ञानात्मक रूप से कितनी जटिल होती हैं। भिखारीदास ने एक पुरातन, श्रेणीबद्ध योजना का उपयोग करते हुए एक रेडिकल भाषाई परिवर्तन को अभिव्यक्ति दी। एक पूरी तरह से नयी अन्तर्दृष्टि की पैरवी करने के बजाय उन्होंने ब्रजभाषा के लहजे को षटविध के रूप में परिकल्पित किया। इस शब्द का इस्तेमाल बहुत पहले संस्कृत सिद्धान्तकार सिंहभूपाल ने प्राकृत, शौरसेनी, मागधी, पैशाची, चुलिका पैशाची, और अपभ्रंश जैसी ग़ैर-संस्कृत साहित्यिक भाषाओं के

लिए किया था।[331] हालाँकि भिखारीदास द्वारा प्रस्तावित काव्यभाषा की षटविध के आधे घटक परम्परा की लीक तोड़ते हैं, लेकिन उन्होंने छह तत्त्वों की पुरानी रूपरेखा को बनाए रखा। इसका मतलब यह रहा होगा कि भाषा में बहुत नया चलन लाने वाले इस लेखक ने ज़रूर यह महसूस किया होगा कि साहित्यिक भाषा का सिद्धान्त बनाते समय उसे अपने जिये हुए अनुभवों के बजाय स्थापित श्रेणियों का सहारा लेना चाहिए। भाषा में होने वाले नवोन्मेष की वैधता के लिए क्लासिकल अतीत के लेखकों और प्रणालियों की स्वीकृति ज़रूरी थी। कई बार तो उन्हें वेष भी बदलना पड़ा। सुदीप्त कविराज ने बहुत उपयोगी ढंग से आधुनिक और आधुनिकता-पूर्व के सांस्कृतिक बदलावों की पद्धतियों में अन्तर किया है। उनके अनुसार, "आधुनिक विद्रोह पूरी तरह से सफल होने से पहले ही अपनी सफलता की घोषणा कर देते हैं; वहीं परम्परागत संस्कृतियाँ इसको छुपाती थीं कि वे कहाँ विद्रोह कर रही हैं।"[332] ब्रजभाषा के बुद्धिजीवी निश्चित रूप से एक क्रान्ति कर रहे थे, लेकिन यह गुप्त क्रान्ति थी।

## सुरवाणी और नरवाणी

कहा जाये तो ब्रजभाषा के कवियों ने उस सांस्कृतिक स्थान का अतिक्रमण कर लिया जिस पर संस्कृत 1500 वर्षों से क़ाबिज़ थी। और ऐसा करते हुए उन्होंने संस्कृत की सर्वश्रेष्ठता के बारे में परम्परागत अवधारणा को चूर कर दिया। सदियों तक चले संस्कृत के इस साहित्यिक एकाधिपत्य के नाटकीय अन्त के संकेत कई कवियों ने दिये हैं–भले ही उन्होंने इसको बहुत कम नाटकीयता के साथ पेश किया हो। चिन्तामणि के *कविकुलकल्पतरु* के आरम्भ में काव्यलक्षण इसका एक उदाहरण है :

*वत कहाउ रस मै जुहै कवित कहावै सोइ।*
*गद्य पद्य है भाँति सौ सुरवानी मै होइ।।*
*छन्द निबध सुपद्य कहि गद्य होत बिन छन्द।*
*भाषा छन्द निबध सुनि सुकवि होत सानंद।।*

साहित्य की परिभाषा एक सौन्दर्यबोध से भरपूर अभिव्यक्ति के रूप में है। संस्कृत में साहित्य दो स्तरों पर है–गद्य और पद्य। छन्दों में रची गयी कृति 'पद्य' कहलाती है और 'गद्य' में छन्द का अभाव होता है। अच्छे कवि भाषा में पदों को सुनकर आनन्द उठाते हैं।

पहली दृष्टि में 'गद्य' और 'पद्य' की श्रेणियों में साहित्य का विभाजन एक मामूली बात लग सकती है। ऊपरी तौर पर लगता है कि यहाँ संस्कृत में साहित्यिक चिन्तन के सबसे आधारभूत सिद्धान्तों में से एक को दोहरा भर दिया गया है। लेकिन अगर क़रीब से देखें तो दो ऐसे बिन्दु ध्यान में आते हैं जिनका बहुत महत्त्व है। पहला यह कि आनन्द का सम्बद्ध भाषा कविता से है, संस्कृत से नहीं। और दूसरा भाषा लेखकों के सरोकार में गद्य को नहीं दिखाया गया है। चिन्तामणि सीधे-सीधे भाषा में गद्य के विचार को अस्वीकार नहीं करते हैं (और असल में ब्रज लेखकों ने समय-समय पर गद्य लिखे जिनमें चिन्तामणि शामिल हैं), लेकिन सैद्धान्तिक तर्क यह है कि इस आलंकारिक के लिए, छन्दबद्ध साहित्यिक विमर्श एक ऐसी चीज़ थी जो भाषा लेखन का विशेष गुण थी।

संस्कृत के साथ ब्रजभाषा के सम्बन्ध की एक अन्य सारगर्भित परिकल्पना दोषों को लेकर चिन्तामणि की रचनाओं में मिलती है। अपने पूर्ववर्ती केशवदास की तरह, चिन्तामणि नये दोषों को प्रस्तावित करने में ज़रा भी मितभाषी नहीं थे। यह दिखाता है कि भाषा कवि के लिए उपश्रेणियों का प्रसार रचनात्मक आत्माभिव्यक्ति के लिए एक महत्त्वपूर्ण उपाय था। उनका 'काचीदोष' अनगढ़ भाषा की आलोचना करने के लिए कटाई के बिम्ब का उपयोग करता है :

*जो नही प्रोगी सत-कविन, काची भासा जान*
*मथुरा-मण्डल ग्वारियई (ग्वारियर?) की परिपक बखान...*
*मथुरा-मण्डल ग्वारियर की सुरवानी कोइ*[334]

यहाँ कुछ ऐसे विचार पेश किये गये हैं, जो उस उपभेद से कहीं अधिक रेडिकल साबित होते हैं जिसमें पिरोकर उन्हें पेश किया गया है। चिन्तामणि का सरोकार यहाँ किसी हीन प्रकार की कविता को नकारना नहीं है। बल्कि वे ब्रजभाषा के विशेष दर्जे को बताने की कोशिश करते हैं। ब्रज एक 'परिपक्व' मानक है, जिससे 'अपरिपक्व' भाषाएँ तुलना नहीं कर सकती हैं। उससे भी असाधारण बात यह धारणा है कि अपनी साहित्यिक उत्कृष्टता के बल पर ब्रजभाषा को अब सुरवाणी कहा जा सकता है, जो लम्बे समय तक सिर्फ़ और सिर्फ़ संस्कृत के लिए ही आरक्षित रही श्रेणी थी।

ब्रजभाषा अब कुछ स्तर पर संस्कृत के समकक्ष बनती जा रही थी, इसका विचार स्वयं कुछ संस्कृत रचनाओं तक में देखा जा सकता है जो आरम्भिक आधुनिक काल में रची गयीं। इनमें से अकबर शाह की *शृंगारमंजरी* (लगभग 1670)

उल्लेखनीय है। शाह गोलकोंडा दरबार में भारतीय-मुस्लिम साहित्यिक दुनिया के सदस्य थे।[335] ग्रन्थ का इतिहास और उसकी तर्क-पद्धति दावा करती है कि भाषा ग्रन्थों की वैधता के बारे में लोगों का नज़रिया सत्रहवीं सदी के उत्तरार्द्ध में स्पष्ट तौर पर बदल रहा था। इस समय स्रोत-भाषा और लक्ष्य-भाषा की स्थापित परिपाटी में एक ऐतिहासिक उलट-फेर आया। यह ग्रन्थ सबसे पहले तेलुगु (आंध्रभाषा) में रचा गया और उसके बाद ही जाकर उसका संस्कृत (सुरवाणी) में अनुवाद किया गया। चिन्तामणि जब गोलकोंडा में रह रहे थे, तब उन्होंने मूल तेलुगु से नहीं, बल्कि इस संस्कृत अनुवाद से ही ब्रजभाषा में अनुवाद किया था।[336] यह तथ्य विद्वत्तापूर्ण रचनाकर्म के एक माध्यम के रूप में देशभाषा की एक नयी हैसियत की गवाही है कि संस्कृत मूल रचना की भाषा नहीं थी। एक दूसरी उल्लेखनीय बात यह है कि *शृंगारमंजरी* में ब्रजभाषा लेखकों का उल्लेख संस्कृत साहित्यिक दिग्गजों के साथ-साथ किया गया है—लगता है कि उन्हें बौद्धिक रूप से तुलनीय माना गया हो। केशवदास की *रसिकप्रिया* उन दो ब्रज ग्रन्थों में से एक थी, जिसे धनंजय की *दशरूपक*, मम्मट के *काव्यप्रकाश* और भानुदत्त की *रसमंजरी* जैसी प्रतिष्ठित संस्कृत कृतियों के साथ-साथ प्रमुख ग्रन्थ का नाम दिया गया। यह युगों पुरानी भाषाई श्रेणीक्रम के क्षरण को दिखाता है।[337]

संस्कृत के आलंकारिकों में हालाँकि यह बात सामान्य नहीं थी कि वे अपने ब्रज समकक्षों का हवाला दें, लेकिन हमारे पास इसके प्रमाण हैं कि वे उनका अध्ययन कर रहे थे। अठारहवीं सदी के एक बंगाली विद्वान और कवि वेणिदत्त भट्टाचार्य केशवदास के भाव की परिभाषा को अपनी पुस्तक *रसिकरंजन* में उद्धृत करते हैं। यह ग्रन्थ संस्कृत सिद्धान्तकार भानुदत्त की *रसतरंगिणी* (लगभग 1500) की टीका है। दिलचस्प यह है कि वे परिभाषा को मूल ब्रज में नहीं बल्कि उसका संस्कृत अनुवाद करते हुए उद्धृत करते हैं।[338] और इस पद में संस्कृत के छन्द की पहचान करना कठिन दिखता है, जो शायद भाषाई प्रत्यारोपण से उपजे अटपटेपन का नतीजा है। न ही पद का आख़िरी चरण एक सटीक अनुवाद है। सम्भव है कि संस्कृत पण्डित ऐसी कोई चीज़ कर रहे हों जिसे ब्रज लेखक लम्बे समय से करने के लिए जाने जाते थे, यानी एक प्रतिष्ठित साहित्यिक परम्परा का आह्वान, जो अपनी मति अनुसार भी हो।[339]

अकबर शाह और वेणिदत्त भट्टाचार्य द्वारा केशवदास को उद्धृत करना उन कुछ प्रमाणों से केवल कुछेक उदाहरण भर हैं जो दिखाते हैं कि इस काल में संस्कृत

और भाषा बुद्धिजीवियों का एक साझा समुदाय था। महान संस्कृत आलंकारिक जगन्नाथ पण्डितराज (1650 ई.) कुलपति मिश्र के आदरणीय गुरु थे। मिश्र आमेर दरबार से जुड़े हुए रीति लेखक थे, जिनकी *रसरहस्य* और दूसरी रचनाएँ संस्कृत के साथ पूरी तरह संवाद स्थापित करती थीं। जगन्नाथ के बारे में माना जाता है कि उन पर भाषा कविता की समकालीन प्रवृत्तियों का प्रभाव था।[340] ब्रज लेखकों के लिए अपनी भाषा रचनाओं में कहीं-कहीं संस्कृत श्लोकों को पिरोना कोई असामान्य बात नहीं थी (जैसे कि नरोत्तम कवि और केशवदास में देखा जा सकता है)। जसवन्त सिंह के *भाषाभूषण* पर अपनी ब्रज टीका में हरिचरणदास ब्रज और संस्कृत के बीच में खुली आवाजाही करते हैं, जिसमें वे कभी बिहारीलाल का कोई दोहा उद्धृत करते हैं और कभी अप्पय दीक्षित का कोई श्लोक। वे जसवन्त सिंह के कुछ ब्रज लक्षणों में सुधार के प्रस्ताव भी रखते हैं, लेकिन जब वे ऐसा करते हैं, वे यह एक संस्कृत ग्रन्थ, जयदेव के चन्द्रलोक के आधार पर करते हैं।[341] कविकुल में संस्कृत और ब्रज लेखक दोनों ही थे, और भले ही ऐतिहासिक रूप से उनके बीच में असमान सम्बन्ध रहे हों, यह स्थिति अब बदल रही थी और अब वे एक-दूसरे को प्रभावित करने लगे थे। भले ही उन्होंने इसको स्पष्ट रूप से स्वीकार किया हो या नहीं।

रीति रचनाओं पर संस्कृत टीकाकारों की उपस्थिति पर बहुत कम अध्ययन किया गया है। लेकिन यह उपस्थिति इस बात की पुष्टि ही करती है कि ये साहित्यिक संस्कृतियाँ कुछ हद तक एक-दूसरे में घुली-मिली थीं। *रसिकप्रिया* पर एक संस्कृत टीका *प्रमोदिनी* (1698 ई.) के लेखक समर्थ ने अपनी पीठिका में घोषणा की कि "देववाणी से अधिक ब्रज से उन्हें लगाव है।"[342] कृष्ण कवि उनकी अगली पीढ़ी में सक्रिय एक रचनाकार थे, और उन्होंने *बिहारीसतसई* पर अपनी टीका में एक तरह से समर्थ के भावों को ही व्यक्त किया है।[343]

किसी समय केशवदास ने अपने को मन्दमति कहा था, ब्रज लेखक अब उससे काफ़ी आगे निकल आये थे।

ज्यों-ज्यों दरबारी मण्डलियों में और उसके बाहर अलंकारशास्त्रों पर भाषा ग्रन्थों का भारी चलन बढ़ता गया, ब्रजभाषा के बुद्धिजीवियों का आत्मविश्वास समय के साथ बढ़ रहा था। इसके बावजूद अभी भी अनेक रीति लेखक क्लासिकल पूर्ववर्तियों से अपना भेद व्यक्त कर रहे थे और नये विचारों में योगदान देने की अपनी क्षमता के बारे में अपनी प्रत्यक्ष बेचैनियों को स्वर दे रहे थे। भारतीय परम्परा में महानतम भाषा आलंकारिकों में से एक भिखारीदास यह कहने को बाध्य हुए थे :

*सूर, केसौ, मंडन, बिहारी, कालिदास, ब्रह्म,*
*चिन्तामनि, मतिराम, भूषन से ग्यानिऐं।*
*लीलाधर, सेंनापति, निपट, निवाज, निधि,*
*नीलकंठ मिस्त्र सुखदेव देव मांनिऐं।*
*आलम रहीम रसखान रसलीन औ,*
*मुबारक से सुमति भए कहाँ लों बखानिऐं।*
*ब्रजभाषा हेत ब्रजबास हूँ न अनुमानों,*
*ऐसे ऐसे काबिन हूँ की बांनीं हूँ तें जांनिऐं।*[344]

डेढ़ सौ साल पहले केशवदास व्यवस्थित साहित्यिक चिन्तन के विद्वानों को यह दिखा चुके थे कि भाषा में ऐसी व्यवस्था न सिर्फ़ सम्भव थी, बल्कि आवश्यक भी थी। इसके बाद भी क्या उस परियोजना को साकार करने में कोई सन्देह रह गया था? सम्भव है कि भिखारीदास सिर्फ़ अपनी ज्ञानात्मक पद्धति की रूपरेखा पेश कर रहे थे। भाषा शास्त्र लिखने का मतलब था नये विचारों को पुराने विचारों में मिलाना, न कि एक आमूलचूल नया (स्वकल्पित) सिद्धान्त पेश करना।[345] केशवदास और चिन्तामणि के पहले दिये जा चुके वक्तव्यों से यही सुसंगत निष्कर्ष निकलता है, जिन्होंने भाषा ज्ञान के उद्यम की क्लासिकल विधियों की आवश्यकता पर ज़ोर दिया था।[346]

लेकिन भिखारीदास के *काव्यनिर्णय* के उपर्युक्त विश्लेषित अध्याय में इस बात के अचूक संकेत मिलते हैं कि क्लासिकल परम्परा पर अधिकार का महत्त्व उतना नहीं है जितना वे बता रहे थे। एक बार फिर हम कवि को पुरानी स्थापित परम्परा और नवोन्मेषों, दोनों को ही समुचित श्रेय देने का सन्तुलित क़दम उठाते देखते हैं। भिखारीदास ने अपने ग्रन्थ की शुरुआत कवि-प्रशंसा से ही की है, जो आधुनिक साहित्यिक आलोचकों के लिए विशेष रूप से मूल्यवान विधा है। इसलिए कि इस विधा से आरम्भिक आधुनिक काल के लेखकों की साहित्यिक आत्म-चेतना के बारे में जाना जा सकता है।[347] भिखारीदास अपने आरम्भिक पदों में संस्कृत लेखकों को प्रतिष्ठित स्थान पर रखते हैं, लेकिन वे सिर्फ़ दो का ही उल्लेख करते हैं–जयदेव और मम्मट। जबकि वे दो दर्जन ब्रजभाषा कवियों का स्मरण करते हैं।[348] इस तरह आरम्भिक आधुनिक काल में भाषा विद्या की रचना में चाहे जो भी बेचैनियाँ रही हों, इस बात के अचूक प्रमाण मिलते हैं कि वैसी आत्म-आश्वस्ति बढ़ रही थी, जो एक स्थापित होती हुई परम्परा दे सकती थी।

इसी तरह संस्कृत की बतायी जा रही महानता और ब्रजभाषा की समकालीन उपलब्धियों की हक़ीक़त के बीच भेद सूदन के *सुजानचरित्र* में मिलता है। वे भरतपुर के राजाओं की सेवा में थे और भिखारीदास के लगभग समकालीन थे। वे भाषा परम्परा के अस्तित्व को ही कलियुग में क्षीजती जा रही बुद्धि के नतीजे में होने वाले पतन के रूप में पेश करते हैं :

*ज्यौं ज्यौं कलि उद्धत भयो त्यौं त्यौं घटि गई बुद्ध।*
*अबके कवि भाषा कहत तऊ न समझत सुद्ध।।*[349]

साफ़ है कि संस्कृत की सर्वश्रेष्ठता और भाषा की पतनशीलता के बारे में पुराने विचार अभी भी बने हुए थे। इसके बावजूद वे भाषा की अक्षमता के बारे में चाहे जो कहें, भिखारीदास की तरह, सूदन की अपनी कवि-प्रशंसा में ब्रज साहित्यिक संस्कृति की मज़बूती की स्पष्ट पुष्टि मिलती है। इसमें संस्कृत लेखकों से कहीं अधिक संख्या में ब्रज लेखकों का उल्लेख हुआ है। जहाँ सूदन ने संस्कृत अतीत पर सिर्फ़ एक छप्पय लिखा है, वहीं हाल की सदियों में अहम भाषा लेखकों के बारे में बताने के लिए उन्हें पूरे के पूरे छह छप्पयों की ज़रूरत पड़ी।[350]

बलदेव मिश्र की *सत्कविगिराविलास* (लगभग 1750 ई.[351]) बुन्देलखण्ड में चरखारी के राजा विक्रम शाह द्वारा लिखवाया गया रीतिग्रन्थ था। इस ग्रन्थ में भी एक कवि-प्रशंसा है। इस बार तो संस्कृत कवियों को पूरी तरह ही छोड़ दिया गया है। यानी उन कवियों को–जो भिखारीदास से महज़ एक दशक बाद हुए थे–ज़ाहिर है कि इसकी ज़रूरत महसूस नहीं हुई कि मम्मट जैसे बड़े संस्कृत चिन्तकों को आदर के साथ देखा जाये। अब उनकी जगह केशवदास जैसे हाल के दिग्गज ब्रज चिन्तकों ने ले ली थी।[352]

इस पद में बलदेव मिश्र "आपनी उकुति मिलाइ" का उल्लेख करते हैं। यह इस बात की अहमियत को रेखांकित करता है कि इन लेखकों ने जिस तरह पुराने के साथ नये का मेल करने की अब परिचित हो चुकी रचनात्मक रणनीति अपनायी थी, वह कितनी महत्त्वपूर्ण थी। यह भी देखें कि बलदेव मिश्र का सरोकार यह भी है कि किस तरह सर्वाधिक लोकप्रिय कविताओं की रचना और संकलन किया जाये, जिसे आख़िरकार ब्रजभाषा की स्थापित परम्परा के रूप में देखा जा सके। ब्रज परम्परा के पास अब अपने क्लासिकल ग्रन्थ थे। और कवि संस्कृत की स्थापित परम्परा को छोड़ सकते थे। देशभाषाकरण की प्रक्रिया अपने समापन की ओर बढ़ रही थी।

## निष्कर्ष

ब्रजभाषा में लिखने वाले आरम्भिक आधुनिक लेखकों की ज्ञान-पद्धति पर बहुत ही कम काम हुआ है, और इस चर्चा ने एक अकेले क्षेत्र में कुछेक ऐसे प्रश्नों को उठाया है जो रुचि का विषय हैं।[353] हिन्दी के विद्वानों के लिए यहाँ जो सरोकार सबसे महत्त्वपूर्ण हैं उनमें एक यह है कि हम उपनिवेशवाद में संक्रमण से पहले विद्यमान भारतीय विद्वानों के अवधारणात्मक संसार को समझें। यह बात सिर्फ़ हिन्दी के विद्वानों के लिए ही नहीं, आमतौर पर बौद्धिक इतिहासकारों के लिए भी ज़रूरी है। अलंकार जैसे एक बहुत विकसित भाषा क्षेत्र में ब्रजभाषा लेखकों का तुलनात्मक रूप से एक रूढ़िवादी नज़रिया उससे कहीं अधिक बारीक विश्लेषण का हक़दार है, जितना इसको दिया गया है। इन लेखकों ने अपने अलंकारशास्त्र के विमर्श को जिस हद तक संस्कृत के आदर्श पर रखा है, उसको आमतौर पर अभाव के संकेत के रूप पेश किया गया है। कभी कभी इसको भारत की बौद्धिक जीवन्तता में एक पतन के रूप में बताया गया है, जो उपनिवेशवाद से ठीक पहले के काल में आई मध्यकालीन जड़ता का परिणाम था।[354]

हमें इस बौद्धिक संस्कृति का वर्णन करते हुए 'मध्यकालीन' और 'जड़ता" दोनों ही अवधारणाओं को नकार देना चाहिए। इनमें से एक तो यूरोपीय बौद्धिक इतिहास का बिना सोचे-समझे आयात है, और दूसरा यह एक ऐसी ज्ञान परम्परा पर एक पूर्वाग्रह से ग्रस्त प्रतिक्रिया है, जिसका केन्द्रीय मूल्य प्रगति नहीं है। लेकिन यहीं पर यह सवाल भी उठता है कि क्यों भाषा लेखक एक मुखर रूप से नयी साहित्यिक प्रणाली गढ़ने के बजाय संस्कृत की साहित्यिक अवधारणाओं में बारीक परिवर्तन करने के लिए इतने प्रतिबद्ध थे। कुछ निश्चित मामलों में, रीतिग्रन्थ विधा का उद्देश्य अनिवार्य रूप से नये सिद्धान्तों को प्रस्तावित करना नहीं था। इनमें से कुछ ग्रन्थों का उद्देश्य शिक्षित करना था, जबकि दूसरे एक काव्यात्मक उद्देश्य से रचे गये ग्रन्थ थे।[355] लेकिन अनेक रीति लेखक सिद्धान्तकार होने को लेकर गम्भीर थे। और यह अभी भी एक पहेली बना हुआ है कि उनकी बौद्धिक शैली क्यों इतनी संकोची थी, क्योंकि ज़ाहिर है कि स्थिति इससे अलग रही होती। ब्रजभाषा के लेखकों ने एक पूरी तरह नयी सौन्दर्यबोधीय प्रथा विकसित की, जिसमें उन्होंने भाषा में फ़ारसी शब्दों का उपयोग करते हुए एक बहुभाषी मायने रचे। उनमें से कुछ ने मुग़ल दरबारों में काम किया, या फिर वे ऐसी राजनीतिक और सांस्कृतिक स्थितियों के सीधे-सीधे गवाह बने जो उन संस्कृत सभाओं से बहुत अलग थीं जहाँ काव्य की शुरुआत

हुई थी। संस्कृत से अलग एक महत्त्वपूर्ण क्षेत्र होने के बावजूद फ़ारसी-अरबी की नयी भाषाई धारा को (जो आज भी बोलचाल की हिन्दी की विशेषता है) भाषा के उपयोग को लेकर नये सैद्धान्तीकरण का आधार नहीं बनाया गया। न ही तुक को लेकर कभी चर्चा हुई जो विशिष्ट रूप से भाषा का क्षेत्र थी। सभी रीति विद्वानों में क़रीब क़रीब भिखारीदास अकेले चिन्तक हैं जिन्होंने बदलाव के कुछ तत्त्वों की तरफ़ ध्यान दिलाया। लेकिन ऐसा करते हुए उन्होंने आश्चर्यजनक रूप से एक ऐसा सपाट अन्दाज़ अपनाया जो इस नयी खोज को रेखांकित करने के बजाय छुपाने का काम करता हुआ दिखता है। उनके रचनाकर्म में कहीं भी हमें ब्रजभाषा साहित्य पर पूरी तरह से नया कोई सिद्धान्त नहीं मिलता है। रीतिशास्त्रों के सैकड़ों व्यापक ग्रन्थों में यही बात क्यों मिलती है?

अठारहवीं सदी के दौरान प्रचलित हुआ एक व्यापक सिद्धान्त इस पर ज़ोर देता है कि अपनी बनावट में ही ब्रजभाषा अभिव्यक्ति को लेकर एक सीमित भाषाई माध्यम है। ख़ासतौर पर इसलिए कि रीति लेखकों ने गद्य की जगह पद्य को चुना। गद्य के क्षेत्र में कुंठित विकास ब्रज के ख़िलाफ़ शिकायतों की सूची में महज़ एक है। यही हाल आधुनिक काल से पहले की बांग्ला और तमिल जैसी दूसरी भारतीय भाषाओं के साथ है। इस विचार की जड़ें औपनिवेशिक पूर्वाग्रहों में हैं, ऐसा नहीं है कि यह विचार बनाने से पहले भारतीय बौद्धिक इतिहास के साथ कोई गम्भीर संवाद किया गया हो। इसलिए इन्हें नकारने में कोई हर्ज नहीं है। हिन्दी और संस्कृत दोनों में ही अनेक रचनाएँ इस बात को भली-भाँति दिखाती हैं कि गद्य एक तर्कसंगत बहस के लिए ज़रूरी नहीं होता है। हिन्दी का दोहा छन्द संस्कृत के श्लोक की तरह, अपने प्रभाव में गद्यनुमा हो सकता है। यहाँ तक कि संस्कृत तक में अलंकारशास्त्र के क्षेत्र में गद्य का उपयोग आरम्भिक नौवीं सदी में वामन के समय तक कभी नहीं किया गया था (वामन के समकालीन उद्भट अभी भी पद्य लिख रहे थे)। जबकि भारत की सर्वप्रतिष्ठित क्लासिकल भाषा के रूप में संस्कृत की बौद्धिक प्रतिष्ठा ब्रजभाषा से कहीं अधिक है। दो पीढ़ियों के बाद आनन्दवर्धन ने जब इस अनुशासन में दार्शनिक गद्य की एक अधिक जटिल शैली की शुरुआत की, तब भी कई लेखक संस्कृत उदाहरणों की रचना छन्दों में ही कर रहे थे। पद्य औपनिवेशिकता से पहले के भारत में औपचारिक अभिव्यक्ति का पूरी तरह से एक वैध माध्यम था। इसके बावजूद यह कहना ग़लती होगी कि ब्रजभाषा में गद्य परम्परा का अभाव था। ब्रजभाषा के गद्य में अनगिनत नाटक लिखे गये थे, इसी तरह वैष्णव वार्ताओं का

एक व्यापक रचनासंसार था, जिनमें अर्ध-ऐतिहासिक जीवन-चरित्र लिखे होते थे। कुछ रीति लेखकों ने ठीक-ठीक उसी शब्द 'वृत्ति' का उपयोग किया जिसका उनके संस्कृत पूर्ववर्ती उपयोग किया करते थे।[356] ऊपर ब्रजभाषा में जिस टीका परम्परा का उल्लेख किया गया है, वह भी भाषा गद्य का एक और महत्त्वपूर्ण रचनाकर्म है। और कुछ ब्रज टीकाएँ, जैसे कि केशवदास के आश्रयदाता और ओरछा के इन्द्रजीत द्वारा भर्तृहरि की टीका इतनी जटिल है कि यह तर्क देना असम्भव हो जाता है कि यह भाषा अपनी संरचना में ही सूक्ष्म तर्कों के अनुकूल नहीं थी।[357] ब्रजभाषा में गद्य मौजूद था। बस ब्रजभाषा के बुद्धिजीवियों ने अलंकारशास्त्र को लिखने के लिए इसका उपयोग नहीं किया। आमूलचूल रूप से एक नये काव्य सिद्धान्त के विकास में रीति लेखकों में रुचि के अभाव की वजहों को कहीं और देखने की ज़रूरत है।

नवक्लासिसिज़्म के प्रति एक बौद्धिक रुझान इसका एक अच्छा कारण है। यह बौद्धिक और सामाजिक इतिहास दोनों में ही प्रचलन में था। रीति सिद्धान्तकार अपने संस्कृत पूर्ववर्तियों के महान ज्ञान को जारी रखने और उसे अद्यतित करने के अभियान से प्रेरित थे। वे एक प्रमुख साहित्यिक समुदाय के रूप में ख़ुद को स्थापित करने की प्रक्रिया में भी थे। इस ब्रज कविकुल के सदस्य एक-दूसरे के साथ संवाद में तो थे ही, वे अपने संस्कृत पूर्ववर्तियों के साथ संवाद में भी थे, जिन्होंने एक ऐसी स्पष्ट सैद्धान्तिक प्रणाली रची थीं जो इस क़िस्म की देशभाषा की सार्वदेशिकता (कॉस्मोपॉलिटनिज़्म) के अनुकूल थी जिसकी रीति कवियों ने फलने-फूलने में मदद की।[358]

पुराने को ख़ारिज करने की प्रवृत्ति एक अधिक आधुनिक सांस्कृतिक मूल्य है। आधुनिक काल से पहले यह अपेक्षा करने का वैसा ही चलन नहीं था कि लेखकों को 'मौलिकता' दिखानी चाहिए–न तो भारत में ऐसा था और न ही और कहीं। कभी-कभी तो भाषा साहित्य के अनेक स्वरूपों को उसी हद तक साहित्यिक माना जाता था, जिस हद तक उनमें अतीत के साहित्यिक मूल्यों का समावेश मिलता था। भारतीय सन्दर्भ में, नवक्लासिस्ट लेखन को कभी-कभी 'मार्ग' कहा जाता था। यह एक ऐसा सिद्धान्त है जो इन परम्परागत मूल्यों को सटीक रूप से सूत्रबद्ध करता है, और अधिक स्थानीय, विशिष्ट देशी शैलियों से एक साफ़ अन्तर को दिखाता है।[359] जैसा कि पहले कहा जा चुका है, दुनिया में अन्य जगहों पर भी क्लासिक रचनाओं का अनुकरण फ्रांसीसी साहित्यिक संस्कृति (और इतालवी, और अनेक अन्य यूरोपीय भाषाओं) के उभार के लिए एक महत्त्वपूर्ण शर्त थी। जिन विशेषताओं

ने लैटिन को उन्नत बनाया था, उन्हीं को अपनाते हुए शुरुआती आधुनिक दरबारों से जुड़े फ्रांसीसी लेखकों ने अपनी रचनाओं में मर्यादा, वैभव और तर्क को रचा। इसी से मिलती-जुलती कही जा सकने वाली एक प्रक्रिया लगभग इसके समकालीन रीति साहित्य में भी चल रही थी, जो अपने ख़ुद के तर्कों के आधार पर क़ायम थी। संस्कृत के काव्यशास्त्र और विधाओं को अपनाते हुए रीति लेखकों ने भाषा को मर्यादापूर्ण स्थान दिलाया और एक विकसित हो रही दरबारी संस्कृति के अनुरूप बनाया, जो अब सिर्फ़ क्लासिकल कवियों का विशेष क्षेत्र नहीं रह गया था। ये तर्कशील लोगों द्वारा लिया गया एक सुचिन्तित निर्णय था और इसको कृत्रिमता या विद्वत्तापूर्ण रचनात्मकता की असफलता के प्रमाण के रूप में नहीं देखा जाना चाहिए, जैसा कि अक्सर किया जाता है। संक्षेप में कहें तो, दुनिया में हर जगह प्रतिष्ठित क्लासिकल परम्परा के व्यापक अनुकरण को सार्वभौमिक रूप से देशभाषाकरण की प्रक्रिया की एक महत्त्वपूर्ण अवस्था के रूप में स्वीकार किया जाता है और भारत के लिए भी यही तरीक़ा अपनाया जाना चाहिए।[360]

इसके बावजूद, ब्रजभाषा में होने वाले ज्ञानकर्म को संस्कृत के नियमों के मामूली दोहराव भर के रूप में सीमित नहीं किया जा सकता है। इससे भी बढ़कर, ये ग्रन्थ संस्कृत-स्रोतों पर आधारित ज़रूर हैं, लेकिन वे आधुनिक अर्थों में अनुवाद नहीं कहे जा सकते। जैसा कि ए.के. रामानुजन और हाल ही में जॉन कोर्ट ने कहा है, आधुनिकता से पहले के भारत में रुझान हमेशा ही 'इन्डेक्सिकल' शैली के अनुवाद की तरफ़ था, न कि उस 'आइकॉनिक' पद्धति का प्रचलन था, जिस पर आज अमल करते हुए हर शब्द का अनुवाद किया जाता है। इंडेक्सिकल अनुवाद स्रोत ग्रन्थ के साथ एक जटिल सम्बन्ध के संकेत देता है, और इसकी जड़ें लेखन की मौलिकता और नवीनता के बहुत ही अलग विचारों में निहित हैं। अनेक रीति लेखकों ने यही पद्धति अपनायी, जो ज्ञान की एक ऐसी शैली थी जो रचनात्मक भी थी और व्युत्पत्तिपरक भी। क्योंकि ब्रज लेखक सामग्री पर अपनी छाप छोड़ने में नाकाम नहीं रहे भले ही वे क्लासिकल विधाओं में काम कर रहे हों। और उन्होंने इसे संकोची लेकिन साफ़ शब्दों में "अपनी मति अनुसार" कहते हुए व्यक्त भी किया।[362]

इस दावे को गम्भीरता से लेने की ज़रूरत है कि रीति लेखक अपनी राय व्यक्त कर रहे थे। ये कोई छिटपुट, महत्त्वहीन दावे नहीं हैं। उन्हें अक्सर ही कहा गया, और वे न सिर्फ़ अलंकारों के ब्रज सिद्धान्तों के केन्द्र में हैं, बल्कि उन कवि-बुद्धिजीवियों की पहचान का अहम तत्त्व भी हैं जिन्होंने इस सांस्कृतिक संसार को निर्मित किया

था। संस्कृत के केन्द्रीय विचारों का भाषा में अनुवाद करना रीति बौद्धिक उद्यम का सिर्फ़ एक हिस्सा था। इन कवि-सिद्धान्तकारों ने बड़े सूक्ष्म रूप से शास्त्रों की पुनर्रचना की, संस्कृत में स्थापित विषयों में बदलाव किये, और उन्हें विशेष रूप से ब्रजभाषा के परिवेश में ढाला। कुछ मामलों में भक्ति का भावबोध भी नए सैद्धान्तीकरण को जन्म दे रहा था। यह बात एक पहेली बनी हुई है कि रीति लेखकों ने कभी भी भक्ति रस के विचार को क्यों नहीं अपनाया, जो सोलहवीं सदी में गौड़ीय वैष्णव समुदाय के संस्कृत धर्मशास्त्रियों द्वारा अपनायी गयी एक रेडिकल अवधारणा थी। जबकि रीति लेखकों के काव्य और सिद्धान्त में इतना सारा कुछ कृष्ण भक्ति के प्रभाव को ही ज़ाहिर करता है। सम्भव है कि पूरी तरह से एक नये रस को जोड़ना शायद लीक से बहुत दूर जाने के बराबर होता। या फिर सत्रहवीं सदी के मध्य में जगन्नाथ पण्डितराज ने इस विचार को जिस क्रुद्ध और परम्परावादी तरीक़े से नकारा था, उसका प्रभाव अभी भी था?[363] मामला चाहे जो हो, रीति बुद्धिजीवी संस्कृत परम्परा के एक कहीं पुराने विचार पर बने रहे, और भक्तिकाव्य के लिए भी शृंगार की प्रधानता की पैरवी करते रहे, जो प्रेम का सौन्दर्यबोध है।

यहाँ जो कई उदाहरण पेश किये गये हैं, उनको देखते हुए पहली नज़र में यह लेखन पहले से मौजूद सिद्धान्तों का सूक्ष्म परिमार्जन भर लगता है। आधुनिक पाठकों के लिए इस बात को हमेशा पहचानकर उसके महत्त्व को समझना आसान नहीं होता। ऐसा इसलिए नहीं है कि उसमें नयापन मौजूद नहीं है। बल्कि हमारा आधुनिकतावादी दिमाग़ ऐसे सूक्ष्म अन्तरों की अहमियत को स्वीकार करने का आदी नहीं है। आरम्भिक आधुनिक भारत में, नवीनता पुरानी प्रणालियों में घुली-मिली हुई थी।[364] पुनरुद्धार के ज़रिये नवोन्मेष की यह पद्धति महज़ परम्परा की लीक से हटने की कार्रवाई भर नहीं थी। क्लासिकल साहित्यिक संस्कृति की मर्यादा और शक्ति के साथ जुड़ने से वर्तमान में ब्रजभाषा की बौद्धिक और सौन्दर्यबोधीय सफलताओं को सुनिश्चित करने में मदद मिली। शायद इससे हमें भाषा की नवीनता के उस विरोधाभास को हल करने में मदद मिले, जिसके तहत केशवदास ने *कविप्रिया* में 'परम्परा के प्रति अंधदोष' को नकारा था। सम्भव है कि भाषा साहित्य की संस्कृति को संस्कृत के विचारों से समृद्ध करते हुए असल में रीति लेखक स्पष्ट रूप से एक रणनीतिक क़दम उठा रहे हों। केशवदास और सोलहवीं से अठारहवीं सदी के भारत में उनके अनेक उत्तराधिकारियों ने व्यापक बौद्धिक-ऐतिहासिक प्रक्रिया में योगदान दिया जिसके ज़रिये ब्रजभाषा उस सांस्कृतिक स्थान का अतिक्रमण करने लगी जिस

पर किसी समय संस्कृत का एकाधिकार था। उसने आख़िरकार संस्कृत की जगह ले ली। संस्कृत की शैली को अपनाकर, ब्रजभाषा ने संस्कृत की जगह को अपना लिया, और ब्रजभाषा संस्कृत को अधिक से अधिक अप्रासंगिक बनाती चली गयी।

मैंने इस अध्याय में संस्कृत के साथ रीति लेखकों के बौद्धिक सम्बन्धों पर चर्चा की है, लेकिन ऐसा करने से यह विचार पैदा होने का जोखिम है कि ब्रजभाषा का दरबारी साहित्य विशेष रूप से हिन्दू पण्डित समुदाय का क्षेत्र था। ऐसा नहीं था। अब मौक़ा इस बात का है कि इस महत्त्वपूर्ण मुद्दे पर पूरी तरह ध्यान दिया जाये कि रीति लेखकों ने व्यापक सामाजिक क्षेत्र में किस तरह भारतीय संस्कृति की अधिक समकालीन शैलियों के साथ अपना सम्बन्ध बनाया। रीति साहित्य के रसिकों का ही नहीं, लेखकों का भी एक महत्त्वपूर्ण समुदाय फ़ारसी में लिखने-पढ़ने वाले मुग़ल रईसों का था। रीति साहित्य की संस्कृति के उभार में इस मुग़ल रईस वर्ग की भागीदारी कम महत्त्वपूर्व नहीं थी, बल्कि बहुत मुमकिन है कि यही भागीदारी एक निर्णायक कारक थी।

## सन्दर्भ :

280. ब्रज अलंकारशास्त्र में सुरति मिश्र के योगदान पर, रामगोपाल शर्मा (1975) द्वारा किया गया अध्ययन देखें।
281. संस्कृत अलंकारशास्त्र की ख़ास विशेषताओं की चर्चा, जिसमें इसकी जटिल विकास यात्राओं और इस परम्परा के अपने रूढ़िवादी और नवीनतापरक विचारों के बीच द्वन्द्व भी शामिल है, ब्रोनर और टब 2008 में की गयी है; ब्रज परम्परा के भिन्न उद्देश्यों और दायरे के बारे में, देखें चौधरी 1992 : 3–4
282. अध्याय-एक देखें। हालाँकि, हमने देखा कि केशवदास के मामले में क्लासिकल लेखकों के प्रति सम्मान का प्रदर्शन एक सच्ची भावना के बजाय एक भंगिमा अधिक रही हो सकती है।
283. केशवदास ने *कविप्रिया,* 3.2 में यह प्रकट किया है कि वे संस्कृत साहित्य सिद्धान्त के क्षेत्र में विभिन्न स्थितियों से परिचित थे। हालाँकि वे कभी किसी संस्कृत सिद्धान्तकार का नाम नहीं लेते, लेकिन *कविप्रिया,* 3.51 में 'एक महाकवि' (एक कबिराज) का उनका उल्लेख निश्चित रूप से दण्डी के लिए रहा होगा।
284. भक्ति-ग्रन्थों के क्षेत्र में लेखकीय प्राधिकार पर पद्धति सम्बन्धी कुछ दृष्टिकोणों के लिए देखें, हॉली 1988; नोवेट्ज़के 2003
285. रीति बौद्धिक परम्पराओं के सावधानीपूर्वक, सहृदय अध्ययनों में विश्वनाथप्रसाद मिश्र (1959ए, 1959बी, 1972, 1994); सुधाकर पाण्डे (1969); किशोरीलाल (1971); कुँवर रे (1979); विद्याधर मिश्र (1990); रेणु भटनागर (1991); सत्यदेव चौधरी (1992); रामानन्द शर्मा (1998, 2003, 2004); विजयपाल सिंह (1998) के अध्ययन शामिल हैं।

286. *कविप्रिया,* 3.4-7। भगवानदीन नेगी को अलग ढंग से लेते हैं–धन सम्पत्ति का प्रबन्धकर्ता (वित्त का प्रशासक)। प्रियप्रकाश, पृष्ठ 15 देखें। अन्तिम वाक्यांश, "सुनहु प्रबीन" (सुनो, चतुर लोगों) को केशवदास की शिष्या प्रवीण राय के सम्बोधन के रूप में भी लिया जा सकता है।

287. *कविप्रिया,* 3.8

288. यह एक ऐसा बिन्दु है जिसे लेखक ने स्वयं उसी रचना में 'चंचला' की चर्चा में उठाया है, जिसे अध्याय-एक में उद्धृत किया गया है। टीकाकार बख्तावर सिंह भी इस विचार पर आपत्ति जताते हैं कि एक सुन्दर महिला की आँखों को लाल रंग का दिखाया जाना चाहिए, जो क्रोध से जुड़ा हुआ रंग है। *कविप्रिया* की टीका, फोलियो 16बी।

289. *कविकुलकल्पतरु,* 1.3, 1.6

290. *रसरहस्य,* पृष्ठ 2ए-बी। दुर्भाग्य से कुलपति मिश्र का अधिकांश कार्य अप्रकाशित है, जिससे उनके विचारों को जानना मुश्किल हो जाता है। विष्णुदत्त शर्मा का अध्ययन (1970) एक उपयोगी अवलोकन प्रदान करता है। राय 1979 भी देखें।

291. *रसरहस्य,* पृष्ठ 84ए (स्पष्ट करने के लिए थोड़ा संशोधित)।

292. *रसिकप्रिया* और *शृंगारतिलक* के बीच समानताओं पर जी.एच. शॉकर (1983) ने भी ध्यान दिया था।

293. *रसिकप्रिया,* 5.24–38 की तुलना रुद्रभट्ट की *शृंगारतिलक,* 2.38 में की गयी मूल चर्चा से करें।

294. वृषभानु राधा के पिता हैं।

295. *रसिकप्रिया,* 5.31

296. "कहे अपनी मति अनुसार," *रसिकप्रिया,* 5.41

297. *शृंगारतिलक,* 2.28 में दिये गये तर्कों की तुलना *रसिकप्रिया,* 8.54 के तर्कों से करें।

298. *रसिकप्रिया,* 5.39–40

299. यह समझ पाना आसान है कि कैसे केशवदास को गणिका की छवि में समस्या दिखाई दी होगी, जब समकालीन भक्ति मण्डलियों में गोपियों की परकीया स्थिति के प्रश्न पर नैतिक बहस छिड़ी हुई थी। देखें किंसले 1975 : 37–38 नोट–59, गौड़ीय वैष्णववाद में परकीया की विशेष स्थिति पर, देखें हाबरमान 1988 : 55–56

300. *रसिकप्रिया,* 1.2 (इस पद का अनुवाद पहले ही अध्याय–एक में दिया जा चुका है।) देखें *जोरावरप्रकाश,* पृष्ठ 54–57। नवरसमय की अवधारणा का एक सादृश्य रुद्रभट्ट के शिव के बारे में विचार में मिलता है, जिसमें उन्होंने शिव को सर्वरसाश्रय: कहा है, जो शृंगारतिलक, 1.1 में वर्णित है।

301. *रसिकप्रिया,* 6.15

302. वही, 6.57

303. आधुनिकता से पहले के लेखकों ने अपने मॉडलों के साथ जिस तरह से काम किया, उसकी जटिल और विचारशील प्रकृति को समझने के लिए भारतीय सांस्कृतिक सिद्धान्त में अभी तक पर्याप्त रूपरेखा विकसित नहीं कर पाया है। परम्परा का उपयोग केवल जड़ें जमा चुकी

रूढ़िवादिता भर नहीं होता; इसमें कई बारीकियाँ निहित हैं। राजपूत चित्रकला में 'परम्परा की बुद्धिमत्ता' के लिए एक उपयोगी दृष्टिकोण एटकेन 2010 है।

304. *रसिकप्रिया,* 1.16। रुद्रभट्ट का भी यही मानना था, और बाद में ग्यारहवीं शताब्दी में भोज द्वारा और साथ ही संस्कृत और ब्रज दोनों में काम करने वाले बाद के कई सिद्धान्तकारों द्वारा इसे विस्तार दिया गया। जैसा कि मतिराम के सबसे महत्त्वपूर्ण रीतिग्रन्थ, रसराज के लिए शीर्षक के चयन से संकेत मिलता है, वे भी शृंगार रस की सर्वोच्चता को स्वीकार करते हैं।

305. *रसिकप्रिया,* 14.25

306. वही, 14.36। इस कवित्त की अन्तिम पंक्ति में, केशवदास ने चार बार गति शब्द का ऐसे शानदार तरीक़े से उपयोग किया है कि इसका अनुवाद असम्भव है–*देखि गति गोपिका की भूलि जात निज गति, अगतिन कैसें धौं परम गति देत हैं।*

307. वही, 14.22, 14.28, 14.39

308. चौधरी 1973: 231। जिन्दल (1993 : 144) इस दृष्टिकोण को केशवदास की अपरिपक्वता का प्रतीक मानते हैं। पॉलक ने आधुनिक कन्नड़ विद्वानों द्वारा क्लासिकल लेखकों द्वारा संस्कृत श्रेणियों को अपनाये जाने पर इसी तरह की नकारने वाली प्रतिक्रिया नोट की है। यह एक ऐसा रवैया है जिसके चलते उन्होंने स्थानीय भाषा में नये स्थानीयकरणों के सैद्धान्तिक महत्त्व को पूरी तरह से ग़लत समझा (1998 : 22-23)।

309. *कविप्रिया,* 4.2। याद दिलाते चलें कि प्रवीण शब्द का अर्थ प्रवीण राय हो सकता है, जैसा कि मैं इसका अनुवाद करती हूँ, या इसका अर्थ सामान्य रूप से एक चतुर व्यक्ति हो सकता है।

310. *(नहीं मानुषि कबित करत, अरु प्रभु के बहुत बनाए, पै सबही के मत मैं नृपति, प्रभु कौ रूप बखान्यों, तातें पतिसाह के कबित सु किए यथ मत आन्यों)। रसगाहकचन्द्रिका,* फोलियो–एक।

311. अध्याय–एक में की गयी चर्चाओं को याद करें कि किस प्रकार राधा और कृष्ण के विभिन्न भावों में की गयी लीलाओं का उत्सव मनाने को सौन्दर्यबोधीय और धार्मिक दोनों की अनुभवों के रूप में परिकल्पित किया गया है।

312. सिनेमा के क्षेत्र पर लागू होने वाली पुरुष-दृष्टि (male gaze) की क्लासिक अवधारणा मल्वी 1988 की है, जिसमें ऐसे तत्त्व हैं जिनका उपयोग साहित्य पर भी किया जा सकता है।

313. *रसिकप्रिया,* 9.3, 9.6, 10.18

314. मैकग्रेगर 1973; 2001; 2003 : 923–26

315. मैकग्रेगर 1971 : 493। मैकग्रेगर के अनुसार, नन्ददास इस और इसी तरह के अन्य वाक्यांशों का उपयोग विशेष रूप से यह संकेत देने के लिए करते हैं कि वे संस्कृत-स्रोत से लिये गये एक अंश में बदलाव करते हुए उसका उपयोग कर रहे हैं। अन्य रूपों में शामिल हैं नन्द सुमति अनुसार; मैं यह कथा यथामति भाषा कीनी।

316. इस पैराग्राफ़ में दी गयी जानकारी पॉवेल्स 1996 : 163-82 पर आधारित है।

317. वही, 165

318. गुणों के विषय पर तुलनीय अंश *कविकुलकल्पतरु,* 1.12-28 और मम्मट, *काव्यप्रकाश,* 8.66-77 में मिलते हैं। मोटे तौर पर, चिन्तामणि तीन-तीन की संख्या में गुणों के समूहों

का समर्थन करने में मम्मट का अनुसरण करते हैं, न कि वामन जैसे शुरुआती संस्कृत सिद्धान्तकारों द्वारा समर्थित दस गुणोंवाले समूहों का।

319. *कविकुलकल्पतरु,* 1.14

320. *काव्यप्रकाश,* 8.68

321. विद्याधर मिश्र ने चिन्तामणि के इस विशेष नवाचार पर चर्चा की है (1990 : 152, 161)।

322. *कविकुलकल्पतरु,* 1.30

323. *काव्यनिर्णय,* 1.10

324. *काव्यप्रकाश,* 1.2

325. भिखारीदास ने *काव्यनिर्णय,* 1.5 में अपने स्रोतों में से एक के रूप में मम्मट के *काव्यप्रकाश* का विशेष रूप से उल्लेख किया है।

326. मैं इस बिन्दु पर मम्मट के साथ भिखारीदास की आलोचनात्मक सम्बन्धों के महत्त्व के प्रति सचेत करने के लिए इगाल ब्रोनर, व्हिटनी कॉक्स और लैरी मैक्क्री की आभारी हूँ।

327. पॉलक 2006 : 472 देखें।

328. भाषा-बरनन में प्रथम, तुक चाहिए बिसेषि, *काव्यनिर्णय,* 22.1। भिखारीदास के तुकान्त सिद्धान्त के महत्त्व को मैकग्रेगर 2003 : 941 और शुक्ल 1994 : 130 में भी देखा गया है।

329. *काव्यनिर्णय,* 1.14–15।

330. इन दो छन्दों की कुछ व्याख्याओं के लिए देखें, चतुर्वेदी 1962 : 7; शुक्ल 1994 : 132; मैकग्रेगर 2003 : 942; प्रकाश 2006 : 55। कुछ प्रमुख शब्दों के वैकल्पिक पाठ, जैसे पइ के लिए सो ('लेकिन' के बजाय 'जो') और अमर के लिए अवर ('अमर' यानी संस्कृत के बजाय 'और'), जैसे अर्थ समस्या को जटिल बनाते हैं। अन्तिम दो पंक्तियों में कुछ तनाव भी है, एक ऐसा तनाव जिसे व्याकरणिक रूप से हल नहीं किया जा सकता, कि क्या भिखारीदास यह संकेत देने की कोशिश कर रहे हैं कि ब्रजभाषा काव्य के लिए छह भाषाओं में से एक है या क्या वह वास्तव में पहली दो पंक्तियों में उठाये गये विचार को ही आगे बढ़ा रहे हैं कि ब्रज का उपयोग कई अलग-अलग रजिस्टरों में किया जा सकता है, जिसमें अवधी (या अपभ्रंश), प्राकृत, संस्कृत आदि के शब्द शामिल हैं।

331. *रसार्णवसुधाकर,* 3.306 देखें। *काव्यनिर्णय* 1.10 (1962 : 7) पर चतुर्वेदी की आधुनिक हिन्दी टिप्पणी के अनुसार, एक समान अवधारणा, षड्भाषा (छह भाषाएँ) का आह्वान चन्दबरदाई ने *पृथ्वीराजरासो* में किया था जो संस्कृत, प्राकृत, अपभ्रंश, राजस्थानी, ब्रज और अवधी का उल्लेख कर रहे थे।

332. कविराज 1992 : 35।

333. *कविकुलकल्पतरु,* 1.4–5

334. *कविकुलकल्पतरु,* 4.6, 4.9

335. अकबर शाह गोलकुण्डा के सुल्तान अबुल हसन कुतुब शाह (शासनकाल 1672-87) के शिक्षक शाह राजा के पुत्र थे। राघवन 1951: 7

336. *शृंगारमंजरी* (सं. मिश्र) देखें। चिन्तामणि के उल्लेखनीय यात्रामय लेखकीय जीवन और सत्रहवीं शताब्दी में ब्रजभाषा दरबारी आचार के प्रसार के लिए इसकी अहमियत पर आगे की चर्चा के लिए अध्याय–चार और पाँच देखें।

337. दूसरा ग्रन्थ सुन्दर का *सुन्दरशृंगार* (1631) था। देखें *शृंगारमंजरी* (सं. राघवन), पृ. 2

338. रसिकरंजन, फ़ोलियो 25, रेक्टो, लाइन 11। मैं सन्दर्भ के लिए शेल्डन पॉलक की आभारी हूँ।

339. ब्रज में लिखा है, "आनन लोचन बचन मग, प्रकटत मन की बात/ताही सों सब कहत हैं, भाव कबिनि के तात।" *रसिकप्रिया,* 6.1। वेणीदत्त भट्टाचार्य का "स्वानुभवविषयकृतो जयति" का विचार ब्रज से पूरी तरह अनुपस्थित है, जिससे पता चलता है कि वे अपने स्तर से फ़ौरी तौर पर रच रहे थे।

340. जगन्नाथ द्वारा रचित माना जाने वाला ब्रजभाषा पद का एक अंश आठवले 1968 : 420 में दिया गया है। जगन्नाथ का तुकबन्दी के प्रति झुकाव सम्भवत: भाषा के प्रभाव के कारण है; उन्होंने भाषा कवियों से (केवल पहले के लेखकों की कविताओं को उद्धृत करने के बजाय) अपनी खुद की कविता लिखने की प्रथा भी अपनायी होगी। विश्वनाथप्रसाद मिश्र (1959बी : 57) और शेल्डन पॉलक (2001ए : 408) ने समकालीन ब्रज शैलियों के साथ उनके कार्यों के सम्बन्ध का उल्लेख किया है।

341. *भाषाभूषण* टीका, फ़ोलियो 1ए

342. "सुरभाषा तें अधिक है, ब्रजभाषा सों हेत।" विश्वनाथप्रसाद मिश्र द्वारा उद्धृत (1970:230); तुलना करें किशोरीलाल 1971 : 474

343. "ब्रजभाषा भाषत सकल, सुरवाणी सम तूल, ताहि बखानत सकल कवि, जानि महारस मूल।" किशोरीलाल 1971 : 474 में उद्धृत।

344. *काव्यनिर्णय,* 1.5–7 से उद्धृत।

345. स्वकल्पित शब्द का उपयोग पहले के संस्कृत लेखकों द्वारा अपमानजनक रूप से किया जाता था जिसका वे परम्परा द्वारा स्वीकृत नहीं की गयी विशिष्ट सैद्धान्तिक और साहित्यिक अवधारणाओं का वर्णन करने के लिए उपयोग करते थे। देखें जगन्नाथ : "एक बार जब हमने यह स्थापित कर दिया है कि केवल एक विशेष प्रकार की भाषा का प्रयोग ही 'कविता' नाम के इस पदार्थ के रूप में मान्य होता है, तभी हम कविता को सही ढंग से परिभाषित करने की कोशिश कर सकते हैं; हम उस 'कविता' को परिभाषित नहीं करते हैं जिसे हमने अभी-अभी स्वयं गढ़ा है (...न तु स्वकल्पितस्य काव्यपदार्थस्य), *रसगंगाधर,* पृ. 6

346. आरम्भिक आधुनिक काल के फ़ारसी लेखकों ने पहले के ग्रन्थों में सुधार करने की इसी तरह की रणनीति अपनायी। कैथरीन ब्राउन (2003 : 45-50, 75-76) का मानना है कि भारतीय संगीत के कई प्रशंसक, जैसे कि फ़क़ीरुल्लाह और मिर्ज़ा ख़ान, आइन-ए-अकबरी में अबु अल-फ़ज़ल द्वारा संगीत की चर्चा पर बहुत अधिक निर्भर थे (ज़रूरी नहीं कि उन्होंने स्रोत को स्वीकार किया हो)–इसके लिए उन्होंने इसमें मामूली बदलाव लाये थे। स्पष्ट रूप से वर्तमान समय की तुलना में तब विद्वत्ता की अलग अवधारणाएँ चलन में थीं, जब किसी पुराने काम के ग्रन्थीय प्राधिकार का आह्वान करना कभी-कभी समकालीन रचनाकर्म को दर्ज करने से ज़्यादा महत्त्वपूर्ण होता था।

347. कवि-प्रशंसा शैली को समझने के लिए एक उपयोगी कार्यप्रणाली की रूपरेखा पॉलक 1995 में दी गयी है।

348. *काव्यनिर्णय,* 1.5, 1.8, 1.10, 1.16, 1.17।

349. *सुजानचरित्र,* 1.3

350. वही, 1.2, 1.4-9

351. शिवगोपाल मिश्र के हालिया संस्करण के आने तक इस ग्रन्थ के बारे में बहुत कम जानकारी थी।

352. *सत्कविगिराविलास,* पद 46

353. भारतीय पाण्डुलिपि पुस्तकालयों के संग्रह से पता चलता है कि ब्रज लेखकों ने वास्तव में प्रारम्भिक आधुनिक काल में कई प्रकार के शास्त्रों की रचना की, जिनमें खगोल विज्ञान, कामशास्त्र, शरीर विज्ञान, चिकित्सा और घुड़सवारी विज्ञान पर काम शामिल हैं। लेकिन अध्ययन तो दूर इस सामग्री में से लगभग कोई भी अभी प्रकाशित तक नहीं हुई है, जिससे इसके चरित्र या महत्त्व का आकलन करना मुश्किल हो जाता है। प्रारम्भिक आधुनिक ब्रज ग्रन्थ संस्कृति के दायरे का एक प्रारम्भिक अवलोकन बुश 2003 : 162-66 है; तुलना करें पॉलक 2007 : 209-11

354. इसका क्लासिक मामला रीतिग्रन्थ विधा पर रामचन्द्र शुक्ल का रवैया है, जिसकी चर्चा अध्याय-छह में की गई है।

355. रीतिग्रन्थ के विविध उपयोगों पर बुश 2004 : 53–56 में चर्चा की गई है।

356. *श्रृंगारमंजरी* (सं. मिश्र) और भिखारीदास के *काव्यनिर्णय* में 'तिलक' नामक अंश देखें।

357. इन्द्रजीत की ब्रजभाषा तत्सम (शुद्ध संस्कृत) शाब्दिक रूपों के प्रति अपने झुकाव के साथ अत्यधिक परिष्कृत है। मैकग्रेगर 1968 और 2003: 928-29 देखें।

358. 'कॉस्मोपॉलिटन वर्नाकुलर' यानी कॉस्मोपॉलिटन देशभाषा की अवधारणा शेल्डन पॉलक की है, जिन्होंने लम्बे समय से चली आ रही विद्वानों की इस आम सहमति की आलोचना की है कि भारतीय देशभाषा को मुख्य रूप से एक लोकभाषा या धार्मिक अनिवार्यता के रूप में देखा जाना चाहिए, जो लोगों की भाषा में बोलने की आसानी के उद्देश्य से प्रेरित है। इसके विपरीत, यह एक गहन विद्वत्तापूर्ण साहित्यिक उद्यम था जिसमें अक्सर संस्कृत का उपयोग या इसके शब्दकोशों, विषयवस्तुओं और शास्त्रों से लिये हुए तत्त्वों का उपयोग साफ़ तौर पर देखने को मिलता है। यह दरबारी केन्द्रों से भी निकटता से जुड़ा हुआ था। पॉलक 2006 : 283–329, 423–36

359. तेलुगु साहित्य में मार्ग और देशी श्रेणियों की प्रासंगिकता पर, राव 1995 देखें; कन्नड़ के लिए, पॉलक 1998 : 21–25 देखें।

360. सोलहवीं शताब्दी में लिखी अपनी प्रभावशाली रचना Défence et illustration de la langue françoise (फ्रेंच भाषा की रक्षा और परिशोधन) में योआखिम डु बेले ने फ्रांसीसी कवियों को लैटिन और ग्रीक की महान कृतियों की नक़ल करके अपने साहित्य को क्लासिक बनाने का आह्वान किया था (1904 : 22-25)। तुलना करें फ़ूमरोली 1984 : 157-58

361. रामानुजन 1991 : 44-46; कॉर्ट 2009

362. अगर यह पता हो कि उनकी पहचान कैसे की जाये तो इस प्रकार के वाक्यांश या टेक आधुनिक बौद्धिक संस्कृति में हर जगह हैं। उदाहरण के लिए, ब्रोनर और गैरी टब ने उल्लेख

किया है कि अप्पय दीक्षित और जगन्नाथ दोनों ही वाक्यांश 'वस्तुतस तु' (लेकिन वास्तव में) का उपयोग यह संकेत देने के लिए करते हैं कि ये लेखक अपनी राय दे रहे हैं (2008 : 626, 628)।

363. *रसगंगाधर*, पृ. 56-57

364. संस्कृत बौद्धिक परिवेश में इसका एक सशक्त उदाहरण अप्पय दीक्षित का *कुवलयानन्द* है, जिसका एक जटिल सम्बन्ध तेरहवीं शताब्दी के चन्द्रलोक के साथ है। ब्रोनर 2004 देखें।

अध्याय–चार

# मुग़ल दरबार में रीति साहित्य

यह [ब्रज] भाषा रंगों से भरपूर है तथा प्रेमी और प्रियतम की प्रशंसा की मधुर अभिव्यक्तियों से भरी हुई है। कवियों और सुसभ्य जनों के बीच इसका बहुत चलन है।

*–मिर्ज़ा ख़ान (अनूदित)*

## मुग़लकालीन हिन्दी और इसके आर्काइव की स्थिति

रीति साहित्य की उत्पत्ति का अध्ययन करने का एक तरीक़ा वह है जो हमने अध्याय–एक में अपनाया है। इसके तहत सोलहवीं सदी के उत्तरार्द्ध में ओरछा में एक साथ मिलने वाली विभिन्न सांस्कृतिक शक्तियों के सम्बन्ध में केशवदास जैसी शख़्सियत को क़रीब से देखा गया। एक नयी मुग़ल सल्तनत में एक नये वैष्णव दरबार ने साहित्यिक प्रयोगशीलता के लिए बेहद अनुकूल स्थितियाँ रचीं। अलबत्ता यह प्रयोगशीलता संस्कृतमय अतीत, और फ़ारसीमय और भक्तिमय वर्तमान के साथ महत्त्वपूर्ण रूप से संवाद कर रही थी। अध्याय-दो और तीन ने लिखित ग्रन्थों की एक परम्परा के रूप में दरबारी ब्रजभाषा की पड़ताल की यानी इसके काव्यबोध और इसमें निहित विद्वत्ता को जानने की कोशिश की गयी। अब हम शाही आश्रय के विषय पर आते हैं, जिसके बिना इस काव्य परम्परा में बहुत कम ही सम्भव हुआ होता। मुग़ल शासन के आरम्भिक दौर में उत्तर भारतीय दरबारी समुदायों में ऐसा क्या घटित हुआ कि 1650 आते-आते उन सारी जगहों पर ब्रज कवियों की माँग बढ़ गयी जो साम्राज्य के लिए महत्त्वपूर्ण थीं? दूसरे शब्दों में, ब्रजभाषा साहित्य किस तरह राजाओं की कविता में ढला? इस और अगले अध्याय में हम गुणियों के बारे में और जानेंगे। ये दरबारों के ऐसे पेशेवर सदस्य होते थे जो आरम्भिक आधुनिक राजाओं की सभाओं को जीवन्त बनाते थे। इसी के साथ हम ब्रज कवियों द्वारा अपने समाज में निभायी गयी महत्त्वपूर्ण भूमिकाओं से भी अवगत होंगे। अपने दरबारी

सन्दर्भों में रीतिग्रन्थों की भूमिका पर बल देते हुए इन अध्यायों में ख़ुद कविता की मुख्य विशेषताओं को भी रेखांकित किया गया है।

अध्याय–एक का केन्द्रीय विषय ओरछा में राजनीतिक संस्कृति में आने वाले बदलाव थे, जो मुग़ल सल्तनत का वर्चस्व मज़बूत होने के क्रम में सामने आ रहे थे। हमने यह भी देखा कि कैसे इनमें से कुछ की निशानियाँ केशवदास की रचनाओं में भी मिलती हैं। इस अध्याय में हम फिर से राजनीतिक और साहित्यिक इतिहास के बीच निर्णायक सम्बन्धों के सूत्रों को देखने की कोशिश कर रहे हैं। इसमें हमारी दृष्टि हाशिये से हटकर सीधे मुग़ल दरबार के केन्द्र पर होगी। केशवदास के रचनाकर्म को उचित कारणों से ही रीति साहित्य के लिए एक महत्त्वपूर्ण आरम्भ माना गया है। लेकिन ब्रजभाषा की लगभग एक समान्तर दुनिया मुग़ल दरबार में भी देखी जा सकती है। ब्रजभाषा को मिलने वाला मुग़ल आश्रय हिन्दी की दरबारी शैली को सुदृढ़ करने में आरम्भिक, भरपूर और बहुत महत्त्वपूर्ण कारक था। इसको दर्ज करना एक चुनौतीपूर्ण काम है। सफलता के शिखर पर पहुँचना और असल में एक साहित्यिक भाषा के रूप में ब्रजभाषा का पूरा जीवनकाल ही व्यापक रूप से मुग़ल शासन का समकालीन रहा था, और यह महज़ कोई संयोग की बात नहीं है। अगर हमें ब्रज कवियों के असाधारण प्रसार और हिन्दुस्तान भर में राजपूत दरबारों में लिखे गये ग्रन्थों की परिघटना को समझना है, जिस पर अध्याय–पाँच में बात की गई है, तब पहले हमें इस कहानी से गहराई से जुड़े इसके मुग़ल पक्ष को जानना होगा।

ब्रज साहित्यिक संस्कृति में मुग़लों और भारतीय-मुसलमानों की भूमिका को आंशिक रूप से लिखने की कोशिश भी सचमुच में एक चुनौती भरा काम है। सबसे पहले तो सामग्री (डेटा) में, जानकारी और दस्तावेज़ों में बहुत कमियाँ हैं। जिन ब्रज कवियों के बारे में बताया गया है कि वे मुग़ल दरबारों से जुड़े हुए थे, उनके बारे में हमें बहुत कम पता है, उनकी जीवनियाँ कभी भी दर्ज नहीं की गयीं। कुछ मुग़ल ब्रज-ग्रन्थ खो चुके हैं; दूसरे कई ग्रन्थ ऐसे शोध-संस्थाओं में पड़े-पड़े बर्बाद हो रहे हैं जहाँ पहुँचना मुश्किल है। वे कभी प्रकाशित नहीं हुए। लेकिन जिन कुछ मामलों में प्रकाशित ग्रन्थ उपलब्ध भी हैं, अधिकतर उनमें ब्रज कवि अपने तात्कालिक साहित्यिक और ज्ञान सम्बन्धी उद्देश्यों से परे विषयों पर मौन साबित होते हैं। याद कीजिए कि केशवदास की सारी आठ प्रमुख रचनाओं का सतर्कता के साथ अध्ययन करने के बावजूद हम मुग़ल दरबारी जीवन से उनके परिचय के बारे में कितना कम जान पाये हैं। और दूसरे ब्रज कवियों की तुलना में हम केशवदास के बारे में बहुत

कुछ जानते हैं, जबकि दूसरों की जीवनियाँ हैरान कर देने की हद तक सीमित हैं।

व्यावहारिक अर्थों में ये बहुत वास्तविक कठिनाइयाँ हैं, लेकिन ये और भी जटिल हो जाती हैं, अगर हम इनमें अवधारणा से जुड़ी समस्याओं को भी शामिल कर लें। लेकिन अगर हमें हिन्दी साहित्य के एक उत्तर-राष्ट्रवादी इतिहास लिखने की कोई भी कोशिश करनी है तो इन समस्याओं का सामना करना ही होगा। आधुनिक काल में यह एक प्रवृत्ति है कि ब्रजभाषा को मुख्य रूप से वैष्णव, और इसलिए अन्तर्निहित रूप से हिन्दू दृष्टिकोण के साथ जोड़ दिया जाता है। यह एक भारी कालभ्रम (anachronism) है। मुग़ल साहित्यिक संस्कृति का बहुत सीमित अध्ययन किया हुआ है, और जब भी उसका अध्ययन किया गया है, अक्सर इसे इस तरह लिया गया है मानो दरबार में अकेली अहम भाषा फ़ारसी ही थी।[365]

ब्रज संगीतकारों को जो मुग़ल आश्रय मिलता था, जिस प्रक्रिया पर तुलनात्मक रूप से शोध की स्थिति अच्छी है और इसकी समझ कुछ बेहतर है।[366] अलग-अलग ब्रज लेखकों जैसे कि वृन्द और सुन्दर कविराय पर भी अलग-अलग पुस्तकें मिलती हैं, जिनके बारे में यह जाना जाता है कि उन्हें मुग़ल आश्रय प्राप्त हुआ था।[367] लेकिन अब तक हमें इसकी कोई सन्तोषजनक तस्वीर नहीं मिल पायी है कि मुग़ल साहित्यिक परिदृश्य कैसा था।

अक्सर ही हिन्दी साहित्यिक इतिहासकारों ने ब्रजभाषा की दरबारी प्रवृत्तियों के प्रति जो अत्यधिक आलोचनात्मक रुख़ अपनाया है, उसने भी स्थिति को बदतर बनाया है। उनकी राय में ये प्रवृत्तियाँ हिन्दी के विकास के मार्ग में उसे भटकाकर एक ग़लत दिशा में ले गयीं। राजाओं की प्रशस्ति रचने और शृंगारिक विषयों में अपनी अत्यधिक रुचि के लिए विशेष रूप से जाने जाने वाले रीति लेखकों को अपने समकक्ष भक्ति के लेखकों की तुलना में अक्सर ही नापसन्द किया जाता है। भक्त कवियों ने ख़ुद को दरबारों और उससे जुड़ी राजनीति व सुखों से दूर रखा। आधुनिक भारत में पतनशीलता के धब्बे को मुग़ल दरबारी जीवन से जुड़े लेखकों पर बड़ी जल्दी ही मढ़ दिया जाता है। साहित्यिक स्वच्छन्दता की कहानियों में एक और आम विचार यह है कि रीति साहित्य में अलंकारों पर इतना ज़ोर है कि उसमें एक अनावश्यक आडम्बर मिलता है। यह एक क़िस्म का चमत्कार या भड़कीलापन है, जो एक ऐसे युग की परिस्थितियों से मेल खाता है, जिसने ताजमहल और मुग़ल भव्यता के अन्य आडम्बरपूर्ण प्रतीकों को जन्म दिया था। इस विचार में कम से कम ब्रज कवियों के मुग़लों के साथ सम्बन्धों को स्वीकार किया जाता है, लेकिन यह

भी माना जाता है कि इस सम्पर्क ने संस्कृति को अधिकतर भ्रष्ट ही किया। रीति को इसी रूप में भड़कीला और मर्म रहित काव्य माना जाता है।[368]

इतिहास-लेखन से सम्बन्धित एक और सरोकार इस बात से जुड़ा है कि मौखिक परम्परा और हिन्दी में काव्य-संग्रहों की भरपूर विरासत से मिलने वाले प्रमाणों को स्वीकार किया जाये या नहीं। सदियों से लिखित धाराओं के साथ-साथ साहित्यिक संस्कृति के वाचिक रूप भी जटिल स्थानीय तन्त्रों के ज़रिये विस्तृत होते रहे हैं। इन्होंने हिन्दी साहित्यिक रसिकों के बारे में किंवदन्तियों का एक मज़बूत भण्डार तैयार किया है। उनकी शख़्सियतों ने कई बार तो अनगिनत फुटकल पदों को जमा किया है, जो ज़रूरी नहीं कि पाण्डुलिपियों-ग्रन्थों की परम्परा द्वारा सत्यापित हों।[369] जैसे कि मुग़ल बादशाहों से मिलने वाले ब्रज कवियों के बारे में कहानियों की लोकप्रिय विधा का उदाहरण लेते हैं। आधुनिक लेखन में इन कहानियों को अक्सर उद्धृत किया जाता है। ऐसी एक कहानी कवि प्रवीन राय के बारे में है, जो ओरछा के राजा इन्द्रजीत की गणिका और केशवदास की एक छात्रा थीं। कहा जाता है कि प्रवीन की मिथकीय सुन्दरता को सुनकर अकबर ने उन्हें अपने दरबार में हाज़िर होने के लिए बुलाया। प्रवीन ने इनकार करते हुए बादशाह को एक दोहा भी भेजा था।[370]

ब्रज कवियों और मुग़ल बादशाहों की भेंटों का वर्णन करने वाली ऐसी दर्जनों कहानियाँ मिलती हैं। उदाहरण के लिए *चौरासी वैष्णवन की वार्ता* (सत्रहवीं सदी) में एक प्रख्यात कहानी मिलती है कि अकबर मथुरा में सूरदास से मिले और उनके पदों पर मुग्ध हो गये। लेकिन सूरदास को अकबर से बहुत कम लगाव था। उन्हें बादशाह से किसी भी तरह की बख़्शीश मिल सकती थी, लेकिन इसकी जगह उन्होंने कहा, "कृपया मुझे कभी न बुलायें और न दोबारा मुझसे मिलने आये।"[371] सम्भव है कि ऐतिहासिक रूप से प्रत्यक्षवादी या तार्किक अर्थ में ऐसी अनेक कहानियाँ सच न हों, लेकिन इतनी बड़ी संख्या में उनका होना ही मुग़ल दरबार में ब्रजभाषा काव्य की प्रतिष्ठा के बारे में एक व्यापक समग्र सच्चाई के संकेत देता है। अभी-अभी जिन दो प्रसंगों का ज़िक्र किया गया है, उनमें कवि दरबार से कोई लेन-देन नहीं रखना चाहते थे। यह तथ्य एक ऐसे दौर में मुग़ल-सत्ता के विरोध का एक भाव पैदा करता है, जब अधिकतर उत्तर भारत इसके शासन में था। ब्रज कवियों और बेबाकी के बारे में विभिन्न कथाओं की भले ही पुष्टि करना सम्भव न हो, लेकिन उनसे जुड़े हुए पद सांस्कृतिक और ऐतिहासिक स्मृति के एक समान्तर क्षेत्र की रचना करते हैं।

यह सच्चाई की एक ऐसी व्यवस्था है जो आधुनिक विद्वानों की पद्धतियों के अनुकूल भले न हो, लेकिन इसे पूरी तरह छोड़ा नहीं जा सकता है।[372]

समस्या यह है कि उस अधिक परम्परागत ऐतिहासिक सच्चाई के क़रीब कैसे पहुँचा जाये जो इन कहानियों, अज्ञात तिथिवाली रचनाओं और अज्ञात लेखकों के पीछे पायी जाती है। संक्षेप में, हम उस आर्काइव सम्बन्धी अव्यवस्था का सामना कैसे करें जो मुग़ल सांस्कृतिक जीवन के क्षेत्र में रीति साहित्य पर ऐतिहासिक दस्तावेज़ों से बनती है। हिन्दी रचना-संसार के लिहाज़ से मुग़लकालीन ग्रन्थ अकेली सामग्री नहीं हैं जो ऐतिहासिक चुनौतियाँ पेश करते हैं।[373] अगर हम जीवनीपरक सटीकता की ज़िद करें तब हमें हिन्दी रचना-संसार के अनेक दिग्गजों को भी छोड़ देना होगा, जिसकी शुरुआत सूरदास, कबीर और मीराबाई से होगी। अगर उनके नाम से जोड़े गये हर पद का सत्यापन ज़रूरी बना दिया जाये तब हिन्दी साहित्यिक अध्ययन ठप पड़ जायेगा। आर्काइव की सीमाओं को देखते हुए, मुग़ल दरबार में ब्रज कवियों की कहानी की रचना एक अपरिपूर्ण विज्ञान है। और कई बार इसमें एक रचनात्मक दृष्टिकोण की ज़रूरत होती है। कई मामलों में मैं पारिस्थितिजन्य प्रमाणों को आपस में जोडूँगी, या फिर कई बार मैं किसी ग्रन्थ में ऐसे धुँधले-से लेकिन लुभावने सुराग़ों के अनुसार एक सूत्रीकरण पेश करूँगी, जिन्हें लेखकों ने अपने ग्रन्थों में छोड़ा है। विशेष रूप से आरम्भिक मुग़लकाल के लिए दस्तावेज़ सन्तोषजनक ढंग से मिल नहीं पाते हैं। ऐसे में अधिक स्रोत संपन्न तथा तिथियों से युक्त ग्रन्थ और व्यक्ति हैं जो इस अनुसन्धान को संबल देने में मदद कर सकते हैं। विशेषकर जब परम्परागत हिन्दी स्रोतों के साथ फ़ारसी परम्परा की ऐतिहासिक स्मृति के साथ एक संवाद स्थापित किया जाये। असल में भारत के राष्ट्रवाद से पूर्व के साहित्यिक अतीत को समझने के लिए एक बहुभाषी आर्काइव महत्त्वपूर्ण साबित होता है, जिसमें हिन्दी साहित्य का क़द्रदान होने का अर्थ ज़रूरी तौर पर हिन्दू होना नहीं था।

## एक बहुभाषी संसार में साहित्यिक चुनाव

आरम्भिक आधुनिक काल की एक जटिल सांस्कृतिक व्यवस्था में क्लासिकल और देशभाषाओं में लिखे साहित्य को मिली हैसियत बदलती रही थी। पश्चिमी भारत के दरबारों में संस्कृत, ब्रज और राजस्थानी ग्रन्थ परम्पराओं को कई बार एक ही साथ आश्रय प्राप्त होता था। लेकिन राजपूत राजा मुग़ल प्रशासन में कुलीन मनसबदार भी थे, इसलिए वे फ़ारसी तहजीब से भी परिचित थे। मुग़लों और दक्कन सल्तनतों के दरबारी हलक़ों में फ़ारसी विशेष रूप से प्रभुत्वशाली थी, लेकिन दूसरी भाषाएँ भी

इन्हीं दरबारों के साहित्यिक इतिहासों में मिलती हैं और कई बार बहुत महत्त्वपूर्ण रूप से मिलती हैं। इन भाषाओं में संस्कृत, ब्रज, दक्कनी और तेलुगु उल्लेखनीय हैं।[374] इसके बावजूद मुग़ल शहंशाहों के लिए एक और पसन्द चुग़ताई तुर्की थी, कम से कम उनकी आरम्भिक पीढ़ियों में। एथनिक रूप से मुग़ल शहंशाह मध्य एशिया से आने वाले तैमूरी ख़ानदान के थे। चगताई तुर्की ही वह भाषा थी जिसमें पहले मुग़ल शहंशाह बाबर (शासनकाल 1526-30) ने अपना संस्मरण *बाबरनामा* और अपना *दीवान* दोनों लिखे थे।

समय के साथ मुग़ल भाषा और साहित्यिक प्रथाएँ भी बदलीं। बाबर के बेटे हुमायूँ (शासनकाल 1530-40; 1555-56) के यहाँ तुर्की शायर हुआ करते थे, लेकिन 1540 से 1555 के लम्बे प्रवास में सफ़ावी दरबार में उन्होंने जिस फ़ारसी अन्दाज़ को देखा, वे उससे भी प्रभावित हुए।[375] इसके प्रमाण भी हैं कि उनके दरबार में कुछ हिन्दी गायकों को वज़ीफ़ा मिलता था और यहाँ तक कि यह भी संकेत दिये जाते हैं कि अल्पज्ञात ब्रज कवि नरहरि को भी वज़ीफ़ा मिलता था। नरहरि स्थानीय भाषा के उन कई कवियों में से एक थे जिन्हें अन्तरवर्ती सूर साम्राज्य के दौर में इस्लाम शाह सूर (शासनकाल 1545-54) का आश्रय प्राप्त हुआ था। ऐसा भी माना जाता है कि वे अकबर के एक दरबारी कवि बने।[376] अकबर ने अपने पिता का फ़ारसी प्रेम विरासत में पाया, लेकिन वे स्थानीय गीतों और काव्य-रचनाओं से भी गहरे आकर्षित थे। सूर साम्राज्य के दरबार की रवायतों ने भी शायद उनके साहित्यिक आस्वाद को प्रभावित किया। सभी संकेत यही बताते हैं कि इस्लाम शाह सूर का दरबार ख़ासकर हिन्दी लेखकों के लिए एक अनुकूल स्थान था। उनमें दो दिग्गज हस्तियाँ थीं अवधी कवि मंझन (*मधुमालती* के लेखक, 1545) और अफ़ग़ान रईस शाह मुहम्मद फरमुली, जिनकी स्थानीय भाषा की कविताओं को फ़ारसी साहित्यिक जीवनीकारों ने बड़े लगाव के साथ याद किया है।[377] सोलहवीं सदी के मध्य में, ब्रज अभी भी हिन्दी कविता की प्रभुत्वशाली भाषा नहीं थी, लेकिन अकबर के शासनकाल के आख़िरी दौर में यह अवधी से आगे निकलने वाली थी। दूसरी तरफ भक्ति हलक़ों में ब्रज स्थापित हो चुकी थी। यह गायिकी की भी एक प्रमुख भाषा थी।

अकबर संगीत के एक उत्साही क़द्रदान थे, ख़ासकर ब्रजभाषा में रचे गये 'ध्रुपद' गीतों के। उनके बहुप्रशंसित दरबारी संगीतकार तानसेन का यहाँ परिचय देने की ज़रूरत नहीं है।[378] अबुल फ़ज़ल की किताब *आईन-ए अकबरी* (लगभग 1595)

में संगीत का विशेष उल्लेख है और इसका एक हिस्सा 'ध्रुपद' और 'बिष्णुपद' समेत स्थानीय गायकी शैलियों को समर्पित है।[379] अबुल फ़ज़ल अकबर के दरबार के अग्रणी बुद्धिजीवियों और इतिहासकारों में से एक, और शहंशाह के एक अज़ीज़ मित्र थे। इसके बावजूद यह एक पहेली ही है कि अबुल फ़ज़ल ने उन अनेक हिन्दी कवियों में से किसी का ज़िक्र नहीं किया है, जिन्हें अब अकबर के दरबार से जुड़ा हुआ माना जाता है। कवियों पर उनकी लम्बी चर्चा पूरी तरह से फ़ारसी लेखकों को ही समर्पित है। इस मौन के बावजूद (जो फ़ारसी इतिहास-लेखन का एक बड़ा पैटर्न का हिस्सा है, जो पहले से ही मौजूद आर्काइव सम्बन्धी चुनौतियों को और गहरा बनाता है), हिन्दी साहित्यिक इतिहासों में कई नाम और कुछ हिन्दी कवियों की कथित रचनाएँ भी नियमित रूप से आती रहती हैं। ऐसी एक शख़्सियत हैं करनेस, जिन्हें असाधारण रूप से तीन रीतिग्रन्थों *कर्णाभरण*, *श्रुतिभूषण*, और *भूपभूषण* का रचनाकार माना जाता है। इनमें से कोई भी ग्रन्थ बच नहीं पाया। बार-बार आने वाला एक और नाम मनोहर कछवाहा का है।[380] अकबर के बेटे ने अपने संस्मरण में यह उल्लेख ज़रूर किया है कि मनोहर कविता लिखते थे, लेकिन वह फ़ारसी में थी।[381] अकबर के राजस्व अधिकारी टोडरमल, और अकबर के फ़ारसी भाषा के कवि-इतिहासकार फ़ैज़ी (जो अबुल फ़ज़ल के भाई थे) जैसे विशिष्ट मुग़ल दरबारियों के बारे में कई बार कहा जाता है कि वे ब्रज कविताएँ लिखा करते थे।[382] ख़ुद अकबर के बारे में भी यह ज़िक्र मिलता है कि उन्होंने कुछ रचनाएँ की थीं। अबुल फ़ज़ल के शब्दों में, "शहंशाह की अत्यन्त उत्कृष्ट प्रकृति में हिन्दी और फ़ारसी में कविताएँ रचने का मज़बूत रुझान है, और उनमें साहित्यिक युक्तियों के बेहतरीन नुक़्तों की बारीक समझ की झलक मिलती है।"[383] हालाँकि निश्चित रूप से हमारी इच्छा होगी कि इसकी पुष्टि में प्रमाण भी मिलें, लेकिन इसकी कोई वजह नहीं हो सकती कि अबुल फ़ज़ल ने हिन्दी कविता में अकबर की क्षमताओं का ज़िक्र किया होता, अगर यह कविता मुग़ल दरबारी संस्कृति का हिस्सा नहीं रही होती।

इस बात पर कोई सवाल नहीं उठता कि अपने तैमूरी ख़ानदान और अपने मशहूर फ़ारसी प्रेम के बावजूद अकबर हिन्दी में पूरी तरह से माहिर थे। जैसा कि ग्रिल मैक्लीन ने ध्यान दिलाया है, फ़तेहपुर सीकरी में एक महदवी रहनुमा शेख़ मुस्तफ़ा गुजराती और अकबर के दरबार के सदस्यों के बीच हुई धार्मिक बहसों के पाण्डुलिपि रूप हमें "एक ख़ुशमुजाज, लेकिन ज़रा कमअक्ल और बचकाने अकबर को दिखाते हैं जिन्हें नैतिक कथाओं और शायरी में, ख़ासकर स्थानीय भाषा

के दोहरों (यानी दोहों) में बहुत मज़ा आता था।" कहा जाता है कि उन सत्रों में जिनमें अकबर उपस्थित थे, सिर्फ़ हिन्दी अंश ही पाण्डुलिपियों में मिलते हैं। जबकि शहंशाह के लिए अरबी हिस्सों का फ़ारसी अनुवाद किया जाता था, हिन्दी के लिए ऐसी किसी मदद की ज़रूरत नहीं थी।[384]

अकबर के काल में एक बड़ी सियासी ज़रूरत यह थी कि स्थानीय राजपूत राजाओं के साथ एक रज़ामन्दी क़ायम की जाये जो अभी फ़ारसीदाँ नहीं हुए थे और विभिन्न हिन्दी बोलियाँ बोलते थे। नये राजपूत-मुग़ल गठबंधन को क़ायम करते हुए, बादशाह ने राजपूत राजकुमारियों को बेगमों के रूप में स्वीकार करना शुरू किया, जिससे मुग़ल हरम के भीतर हिन्दी दाख़िल हुई। अकबर के बेटे सलीम और पोते शाहज़ादा खुर्रम (भावी शहंशाह क्रमशः जहाँगीर और शाहजहाँ) राजपूत माँओं से जन्मे थे। इसका मतलब था कि हिन्दी मुग़ल राजकुमारों की शब्दशः मातृभाषा बनने लगी थी, भले ही प्रधान सार्वजनिक भाषा फ़ारसी थी और तुर्की के साथ भी मुग़लों के सम्बन्ध क़ायम थे।[385] निःसन्देह देशभाषा की कविता में दरबार की दिलचस्पी का उपर्युक्त एक कारक रहा था।

मुग़ल दरबार में ब्रजभाषा के प्रश्रय में उस समय घटने वाली धार्मिक घटनाएँ भी प्रासंगिक थीं। अकबर की आरम्भिक राजधानी फ़तेहपुर सीकरी आगरा से लगे हुए इलाक़े पर बनी थी। यह वृन्दावन और मथुरा की ब्रजभूमि के क़रीब स्थित है। ये शहर नये वैष्णव समुदायों का केन्द्र थे, जो मुग़ल और राजपूत दोनों के समर्थनों से मज़बूत बन रहे थे। अकबर के प्रशासन में टोडरमल और मान सिंह जैसे महत्त्वपूर्ण सदस्य वैष्णव मन्दिरों और संस्थानों के प्रमुख आश्रयदाता थे। 1580 ई. आते-आते मथुरा आगरा सूबा बन गया था।[386] आगरा में जिस क़िस्म की हिन्दी बोली जाती थी, ब्रज की बोली उससे बहुत अलग नहीं रही होगी। मुग़लों को यह आसानी से समझ में आती होगी, ख़ासकर अवधी की तुलना में जिसका मूल अपने नाम के मुताबिक़ दूर पूरब में था। जो भी हो, एक प्रधान हिन्दू सांस्कृतिक केन्द्र से निकलने वाले नयी क़िस्म के गीतों और कविताओं में शहंशाह की दिलचस्पी स्वाभाविक थी, जिनके अपने कुलीन हलके के सदस्य इसकी मदद कर रहे थे और जो राजधानी के इतने क़रीब स्थित थी। फ़ारसी साहित्य को आश्रय मुग़ल शासकों द्वारा दुनिया भर में फैली सार्वदेशिक इस्लामी दुनिया में भागीदारी का संकेत था। ब्रज कविता और संगीत को सुनने का मतलब था स्थानीय संस्कृति के साथ एक रिश्ता क़ायम करना। यह एक ही साथ राजनीतिक निर्णय भी था और सांस्कृतिक पसन्द भी।

## अकबर और जहाँगीर से जुड़े प्रधान ब्रज कवि

अकबर के शासनकाल में मुग़ल दरबार से ब्रज कवियों के सम्बन्ध को लेकर उतनी अटकलें लगाने की ज़रूरत नहीं है, भले ही हमें ख़ुद कवियों के जीवन के बारे में अटकलें लगानी पड़े। हिन्दी विद्वानों को व्यापक रूप से गंग कवि का पता है, भले ही आज उन पर कम अध्ययन हुआ हो। लगता है कि उन्होंने कोई प्रबन्ध काव्य नहीं लिखा, लेकिन उनके छापवाले सैकड़ों ब्रज मुक्तक मिलते हैं। आरम्भिक आधुनिक काल में उनका व्यापक संकलन हुआ था, विभिन्न समुदायों में उनकी लोकप्रियता राजसी पुस्तकालयों में बची रह गयी उनकी अनगिनत पाण्डुलिपियों से प्रमाणित होती है। कम से कम एक मामले में चिश्ती सिलसिले के एक सूफ़ी ख़ानक़ाह में उनकी किताब मिली है।[387] डेढ़ सदी के बाद, भिखारीदास ने न सिर्फ़ उन्हें अपनी कवि-प्रशंसा में शामिल किया बल्कि हिन्दी कवियों के बीच दो सरदारों में से एक की उपाधि भी दी। दूसरे सरदार तुलसीदास थे।[388] अगर कवियों के रूप में तुलसीदास और गंग का उल्लेख एक साथ किया जा सकता है, तब हम उपनिवेशवाद से पहले की ब्रज परम्परा में उनकी ऊँची हैसियत को लेकर आश्वस्त हो सकते हैं। ऐसी आश्वस्ति को तारिणी चरण मित्र और विलियम प्राइस की टिप्पणियों से भी मज़बूती मिलती है। उन्होंने 1827 ई. में ब्रिटिश फ़ौजी रंगरूटों के लिए तैयार की गयी व्याकरण की एक किताब में लिखा कि गंग आधा दर्जन सर्वाधिक प्रतिष्ठित हिन्दी साहित्यिक शख़्सियतों में से एक थे।[389] उसके बाद से ऐसा लगता है कि हिन्दी परम्परा साहित्यिक विस्मृति के एक स्तब्ध कर देने वाले रोग से पीड़ित है।

हालाँकि आज यह आसान नहीं है कि उन पदों की सत्यता को प्रमाणित किया जा सके, जिन्हें गंग से जोड़ा जाता है। लेकिन इसमें कोई सन्देह नहीं है कि गंग का अस्तित्व था और कुछ बची रह गयी कविताएँ वास्तव में उनकी कविताएँ हैं। और इसमें भी कोई सन्देह नहीं है कि उन्होंने अपनी कविताओं को मुग़ल आश्रयदाताओं के आगे सुनाया होगा।[390] उनकी रचनाओं में एक ठेठ रीति अन्दाज़ मिलता है। उन्होंने भक्ति और श्रृंगार के पदों को प्रस्तुत किया है, जिनमें से कुछ नायिकाभेद शैली में हैं। पचहत्तर से अधिक प्रशंसाएँ मुग़ल राजकुमारों, सुल्तानों और रईस लोगों को समर्पित हैं। इनमें शामिल हैं–अकबर, उनके सिपहसालार और वज़ीर अब्दुल रहीम ख़ान-ए ख़ाना (अक्सर उन्हें सिर्फ़ 'रहीम' नाम से जानते हैं), रहीम के बेटे इराज शाहनवाज़ और दराब ख़ान, राजकुमार सलीम (भविष्य के जहाँगीर), राजकुमार दानियाल (सलीम के भाई), मान सिंह कछवाहा, और बीरबल।[391]

मुग़ल हिन्दी कवियों के अध्ययन में पद्धति और व्याख्या सम्बन्धी जो समस्याएँ आड़े आती हैं, गंग को लेकर हिन्दी में चिन्तन उसका एक प्रमुख उदाहरण है। उनकी रचनाओं को लेकर अनिश्चितता तो है ही, एक और समस्या यह भी है कि उनके जीवन के बारे में लगभग कुछ भी नहीं पता है जिसकी पुष्टि की जा सके या विश्वास के साथ कोई दावा किया जा सके।[392] सभी संकेत मुग़ल दरबार के साथ उनके नज़दीकी सम्पर्क का इशारा करते हैं, लेकिन किसी भी फ़ारसी-स्रोत में उनका उल्लेख नहीं है।[393] हिन्दी की सांस्कृतिक स्मृति उन्हें न सिर्फ़ एक पारंगत कवि बल्कि एक राजनीतिक आलोचक के रूप में भी याद करती है। माना जाता है कि उन्होंने जहाँगीर द्वारा स्वीकृत क्रूरता की एक कथित कार्रवाई के ख़िलाफ़ आवाज़ उठायी थी। यह घटना एकनौर क़स्बे में किसी ज़ायन ख़ान द्वारा ब्राह्मणों की कथित हत्या से जुड़ी है। इसका विरोध करने के लिए जहाँगीर ने हाथी से कुचलवाकर कवि की हत्या कर दी थी। या कम से कम हिन्दी किंवदन्तियों में उनके बारे में यही बयान किया जाता है।

गंग क्या सचमुच में जहाँगीर के मुखर आलोचक थे? क्या वे एक ऐसे कवि-नायक थे जो अन्याय होते देखने के बजाय मर जाना पसन्द करते? या क्या वे उस लोकप्रिय विधा के महज़ एक वाहक थे, जिसको 'पलटकर साम्राज्य को जवाब देने' के रूप में देखा गया है, जैसा कि प्रवीण राय और सूरदास सम्बन्धी क़िस्सों में देखा जा सकता है।[394] गंग से जोड़े जाने वाले अनेक कवित्तों में मिलने वाली उनकी सामान्य सिग्नेचर लाइन "कहइ कवि गंग" का आसानी से दूसरे सन्दर्भों में भी उपयोग किया जा सकता है। इसलिए यह देखना मुश्किल नहीं है कि कैसे गंग से जोड़ी जाने वाली कविता मुग़ल विरोधी प्रवृत्तियों का वाहक बन गयी, जो बहुत आगे चलकर ही प्रचलन में आयी। जहाँगीर की रूढ़ छवि अक्सर ही एक अय्याश और नाकारा शासक के रूप में बनायी गयी है, और इस तरह वे विशेष रूप से एक आसान शिकार बन जाते हैं।[395] एकनौर की जिन कथित हत्याओं का ज़िक्र आया है, उनका *जहाँगीरनामा* में कोई हवाला नहीं मिलता है। न ही किसी फ़ारसी ग्रन्थ में इसका ज़िक्र है। बदायूँनी ने ज़ायन ख़ान कोका के हिन्दी संगीत (साज़हा-ए हिन्दी) प्रेम का ज़िक्र किया है। उन्होंने मलिक नाहव तुहफा का हवाला भी दिया है, जिसने (उनके उन्नीसवीं सदी के अनुवादक के शब्दों में) "इटावा (वह ज़िला जहाँ एकनौर स्थित है) में विधर्मियों को समुचित सज़ाएँ दीं।"[396] लेकिन यह घटना पन्द्रहवीं सदी में हुई थी। अठारहवीं सदी के फ़ारसी इतिहासकार शाह नवाज़ ख़ान ज़ायन ख़ान

कोका के हिन्दी कवित्त और रागों के प्रति प्रेम पर ज़ोर देते हैं (*ज़ायन ख़ान बिकवित्त उराग शिफ़्तह बूद*), साथ ही इस नवाब के हाथी प्रेम का भी ज़िक्र करते हैं।[397] ग़ैर-मुग़ल स्रोत लेकिन इस बात को लेकर सर्वसम्मत हैं कि गंग का दुखद अन्त एक हाथी के पैरों तले कुचलकर हुआ। इसके बावजूद इस कहानी के अनेक संस्करणों में जहाँगीर का नाम नहीं आता है। उन कहानियों में एक सामान्य राजसी हस्ती है (कभी कोई नवाब, कभी कोई राजा) जिसने यह क्रूर सज़ा सुनायी। जैन मुनि सिद्धिचन्द्र ने *भानुचन्द्रगणिचरित* के नाम से अपने गुरु भानुचन्द्र की जीवनी संस्कृत में लिखी है। उन्हें इसे जहाँगीर के काल में लिखा था। इसमें सिद्धिचन्द्र इसका उल्लेख करते हैं कि जहाँगीर ने धमकी दी थी कि अगर मुनि अपने ब्रह्मचर्य को नहीं छोड़ते तो उन्हें एक क्रुद्ध हाथी से कुचलवाकर मार दिया जायेगा।[398] हालाँकि यह विशेष रूप से गंग से जुड़ी हुई बात नहीं है, लेकिन सिद्धिचन्द्र एक क्रूर बादशाह और हाथी के प्रतीक की पुष्टि करते हैं। इस किंवदंती में एक और मोड़ तब आता है, जब हम *मूल गोसाईं चरित नाम* से तुलसीदास की एक जीवनी देखते हैं। यह बाद के दिनों में लिखी गयी एक उथली जीवनी है। इसके अनुसार गंग ने जहाँगीर का नहीं बल्कि तुलसीदास का अपमान किया था, जिसके नतीजे में उन्होंने शाप दिया था कि गंग एक हाथी द्वारा मारे जायेंगे।[399] ऐसा लगता है कि शायद लोकप्रिय स्मृति में कई सारी बातें एक साथ मिल गयी थीं। मुग़लों से पूर्व के काल में हिन्दुओं की हत्याओं के ब्योरे, एक साहसी ब्रज कवि, हिन्दी कविता के साथ रिश्ता रखने वाला एक मुग़ल नवाब (जिसके पास हाथियों का एक बड़ा जमावड़ा भी था), और एक अस्थिर चित्त शहंशाह जो बड़ी जल्दी हाथी से कुचलवाकर मौत की सज़ा सुना देता था। हालाँकि इनमें से कोई भी प्रमाण एक ऐतिहासिक तथ्य के रूप में बहुत भरोसेमन्द नहीं मालूम पड़ता है, लेकिन आपस में जुड़ी हुई ये कहानियाँ कम से कम इस बात में आश्वस्त करती हैं कि गंग सोलहवीं सदी के आख़िर और सत्रहवीं सदी के आरम्भ में एक प्रख्यात ब्रजभाषा कवि थे। और कुलीन मुग़ल समाज के साथ उनका अहम रिश्ता था। यह बात अकबर के परवर्ती काल में मुग़लों की सांस्कृतिक पसन्द के बारे में एक अहम ग़वाही है कि ज़ायन ख़ान कोका (निधन 1601) हिन्दी रागों और कवित्तों के क़द्रदान थे।

ऐसे ही एक और ब्रज कवि बीरबल (निधन 1586) थे जिनकी जीवनी में विलक्षण गुण और गतिविधियों की एक व्यापक श्रृंखला मिलती है। उन्हें बड़े प्यार से अकबर के दरबार के एक नवरत्न के रूप में याद किया जाता है। आज के समय

के भारतीय बच्चे उनकी होशियारी और सूझ-बूझ की कहानियों के मज़े लेते हैं। उनकी दरबारी शख़्सियत के कुछ पहलू तथ्यों के बजाय मिथकों का हिस्सा अधिक हैं (इस परिघटना से अब तक हम बख़ूबी अवगत हो चुके हैं), लेकिन इसमें शक करने की कोई वजह नहीं है कि यह मशहूर मुग़ल दरबारी एक ब्रज कवि भी थे। बदायूँनी और शाह नवाज़ ख़ान, दोनों ने ही इसका उल्लेख किया है कि अकबर ने बीरबल को कविराय की उपाधि दी थी, लेकिन फ़ारसी इतिहासकारों में हिन्दी साहित्यिक संस्कृति के प्रति मिलने वाला मौन उनकी कविताओं के बारे में भी कोई ब्योरा नहीं देता।[400] लेकिन बीरबल के कुछ दर्जन ब्रज पद हमें 'ब्रह्मा' की छाप के साथ मिलते हैं। भिखारीदास ने कभी भी बीरबल को गंग और तुलसीदास के स्तर के एक प्रमुख कवि जैसी हैसियत नहीं दी, लेकिन वे उन्हें अपनी कवि-प्रशंसा में शामिल ज़रूर करते हैं। पूर्व औपनिवेशिक काल में बीरबल की रचनाएँ बहुत संकलित की गयी थीं।[401]

रहीम (जीवनकाल 1556-1627, चित्र 4.1) एक और मुग़ल प्रशासक थे, जो एक ब्रज कवि भी थे। उनके नाम से हम अध्याय–दो में परिचित हो चुके हैं। वे बैरम खान के बेटे थे, जिन्होंने 1556 में हुमायूँ के आकस्मिक निधन के बाद अकबर के राज्य-संरक्षक (रीजेंट) के रूप में सेवा दी थी। 1561 में बैरम ख़ान की हत्या के बाद रहीम को अकबर के दरबार में जगह दी गयी और उन्होंने मुग़ल राजनीतिक और सांस्कृतिक प्रतिष्ठान में विभिन्न भूमिकाएँ अदा कीं। शुरू-शुरू में उन्हें राजकुमार सलीम का उस्ताद नियुक्त किया गया। आगे चलकर वे अपनी फ़ौजी सफलताओं के लिए और साथ ही कला के उदार समर्थन के लिए मशहूर होने वाले थे। रहीम को एक प्रमुख साहित्यिक शख़्सियत के रूप में भी याद किया जाता है। कला के वे एक उत्साही क़द्रदान और ख़ुद एक बहुमुखी कवि थे। अपनी साहित्यिक मजलिसों में ज़्यादातर उन्होंने फ़ारसी कवियों को दावतें दीं, लेकिन कुछ स्रोत ब्रजभाषा लेखकों के आश्रय के संकेत देते हैं। उनमें गंग कवि भी शामिल हैं, जिनके नाम से रहीम के सम्मान में अच्छी-ख़ासी संख्या में प्रशस्ति पदों को जोड़ा जाता है।[402]

अनेक भाषाएँ बोलने वाले भारत के प्रभावशाली मानदण्ड पर भी रहीम का अपना रचनाकर्म अपनी बहुभाषी विशेषता के लिए उल्लेखनीय है। कहने की ज़रूरत नहीं है कि रहीम फ़ारसी बोलते थे, जो मुग़लों की शाही ज़ुबान थी। लेकिन वे चग़ताई तुर्की भी जानते थे जो उनके अब्बा बैरम ख़ान और शुरुआती मुग़ल शासकों की ज़ुबान थी। बादशाह बाबर के संस्मरणों का रहीम द्वारा किये गये

फ़ारसी अनुवाद *वाक़ियात-ए-बाबरी* के ज़रिये ही उनके समय के मुग़ल पाठक इस किताब को पढ़ पाये (जिनमें से अधिकतर तुर्की ज़ुबान नहीं जानते थे)।

चित्र 4.1 : रहीम का पोर्ट्रेट, मीर हाशिम द्वारा बनाया गया, लगभग 1626
फ्रीयर गैलरी ऑफ़ आर्ट, स्मिथसोनियन इन्स्टिट्यूशन, वाशिंगटन,
डी.सी.: पर्चेज़, एफ 1939.50ए

रहीम के बारे में माना जाता है कि पुर्तगाली सीखने वाले सबसे पहले भारतीयों में से वे एक थे। अकबर के काल में मुग़ल दरबार में एक आम मौजूदगी बन चुके जेसुइट यही ज़बान बोलते थे। कहा जाता है कि रहीम ने संस्कृत का अध्ययन भी किया था।[403] लेकिन आज जब रहीम को हिन्दी हलक़े में याद किया जाता है तो वह उनकी अवधी और ब्रजभाषा कविता के लिए।[404] उनका अधिकतर रचनाकर्म ढीले-ढाले तरीक़े से व्यवस्थित किये गये मुक्तकों का संग्रह है। जैसा कि गंग के मामले में देखा गया, यह जान पाना मुश्किल है कि रहीम के नाम से जोड़े जाने वाले काव्य का कितना हिस्सा असल में उनके द्वारा लिखा गया था। किसी भी रचना में कोई तिथि नहीं है और न ही कोई पीठिका। हिन्दी में उपलब्ध प्रकाशित संस्करण अपनी पाण्डुलिपि के स्रोतों को उजागर करने के मामले में बहुत कम पारदर्शी हैं। अगर संकलन प्रमाणित हैं (यानी छद्म नाम से नहीं लिखे गये हैं या उनमें बहुत अधिक प्रक्षेपण नहीं किया गया है), तब वे भारतीय-मुसलमानों की अहमियत की एक महत्त्वपूर्ण गवाही होंगे। भारतीय-मुसलमान रीति साहित्य परम्परा की एकदम शुरुआत में ही रीति साहित्य के महज़ आश्रयदाता ही नहीं थे, बल्कि इसके रचनाकार लेखक भी थे। रहीम और केशवदास क़रीब-क़रीब समकालीन थे।

बरवै छन्द में पदों के दो उल्लेखनीय संकलन हैं जो आश्चर्यजनक रूप से ब्रजभाषा में परवर्ती सोलहवीं सदी की साहित्यिक प्रवृत्तियों के अनुरूप हैं। इनमें एक संकलन भक्ति विषयों पर है और दूसरा संकलन एक छोटा-सा अर्ध-रीतिग्रन्थ है। भक्ति-उन्मुख बरवै पद भारतीय बारहमासा शैली के साथ एक प्रयोग हैं, जो इसी के साथ कृष्ण के बारे में काव्यात्मक परम्पराओं के कवि के गहरे ज्ञान को प्रदर्शित करते हैं। अधिकतर कविताएँ गोपियों के स्वर में हैं जो इस बात पर खीझ गयी हैं कि कृष्ण सावन के समय लौटकर नहीं आये हैं। यह मौसम प्रेमियों के लिए पुनर्मिलन के आनन्द से जुड़ा हुआ है। कुछ मुक्तकों में उद्धव द्वारा गोपियों को उपदेश दिया गया है, जो उन दिनों का एक लोकप्रिय विषय था। एक ब्रज बरवै संकलन में फ़ारसी पदों को मिलाना एक बहुत ही असाधारण बात थी, लेकिन इसने एक विशिष्ट मुग़ल रंगत दे दी।[405]

रहीम का दूसरा बरवै संकलन नायिकाभेद के ठेठ रीति सम्बन्धी विषयों पर आधारित है। हालाँकि बरवै के छोटे छन्दों में भारतीय साहित्यिक सिद्धान्त पर एक सधा हुआ और विस्तृत चिन्तन करने की गुंजाइश नहीं थी। लेकिन कविताओं का यह सुन्दर संकलन दिखाता है कि लेखक इस प्रणाली में पूरी तरह पारंगत था।[406]

यह इस बात की गवाही भी है कि सोलहवीं सदी के अन्तिम दौर में मुग़ल पाठक वर्ग के लिए रीतिग्रन्थों की क्या अहमियत थी। *आईन-ए अकबरी* में अबुल फ़ज़ल द्वारा साहित्य की चर्चा मुख्य रूप से इसी विषय पर समर्पित है। नायिकाभेद पर उनकी चर्चा के निष्कर्ष में दी गयी एक टिप्पणी से यह विचार पैदा होता है कि ये ब्रज रचनाएँ मुग़ल दायरों में पहले से ही व्यापक रूप से उपलब्ध थीं–"इस कला में नायक और नायिका के चाल-चलन को क़िस्म-क़िस्म के दृश्यों में पेश किया गया है, उन्हें मनोरंजक उदाहरणों के साथ दर्शाया गया है। इस विषय पर ग्रन्थों को उन लोगों के द्वारा पढ़ा जाना चाहिए जो इसके अध्ययन में रुचि रखते हैं।"[407] अबुल फ़ज़ल क्योंकि एक भारतीय-मुसलमान पाठक वर्ग के लिए फ़ारसी भाषा में लिख रहे थे जो संस्कृत से अवगत नहीं थे, उनके इस सुझाव को इस तरह भी देखा जा सकता है कि उन्होंने अपने पाठक वर्ग को ब्रज कविता की नियमावलियों की एक उभरती हुई परम्परा को पढ़ने के लिए आमन्त्रित किया। इसमें करनेस (अगर कभी सचमुच में उसका अस्तित्व रहा हो), नन्ददास की *रसमंजरी* (स. 1570), केशवदास की *रसिकप्रिया* (1591), और शायद नायिकाभेद पर रहीम के अपने *बरवै* प्रसंग भी इस वर्ग में शामिल हों।[408]

कुल मिलाकर यह एक तथ्य है कि शुरुआती मुग़ल शासकों द्वारा रीतिकाव्य के आश्रय के बारे में बहुत कम ज्ञात है। लेकिन जितनी बड़ी मात्रा में प्रमाण जुटाए जा सके हैं, वे एक मज़बूत दलील पेश करते हैं मुग़लों ने ही रीति कविता को सबसे पहले प्रश्रय दिया था। हम शायद यह बात कभी नहीं जान पायेंगे कि करनेस जैसी रहस्यमय शख़्सियत वाक़ई में कोई अकबरी कवि था और क्या कभी उन्होंने अकबर के लिए तीन रीतिग्रन्थ लिखे, जैसा कि शुक्ल ने दावा किया है और जैसा उनके बाद के अनेक हिन्दी साहित्य इतिहासकारों ने दोहराया है। लेकिन हम इतना तो जानते हैं कि अबुल फ़ज़ल ने अकबर के हिन्दी कविता के ज्ञान की सराहना की थी, और ख़ुद उनके भाई ने भी कुछ हिन्दी कविताएँ लिखी होंगी। अबुल फ़ज़ल रीति के बार-बार आने वाले सबसे अहम प्रतीकों में से एक से भी अवगत थे। क्योंकि उन्होंने अपने फ़ारसी पाठकों को नायिकाभेद का एक विस्तृत विवरण पेश किया था। ब्रज और मुग़ल सल्तनत की सेवा करने वाले अनेक रईस लोगों के बीच में अनेक सम्पर्क थे, जिनमें इस बात की मज़बूत सम्भावना है कि बीरबल, टोडरमल, ज़ायन ख़ान कोका और रहीम जैसे आला मुग़ल अफ़सर इस भाषा में कविताएँ लिख रहे थे। सत्रहवीं सदी शुरू होते-होते ब्रज कविता ने भारतीय दरबारी जीवन में नाटकीय रूप से प्रवेश

करना शुरू कर दिया था। अब वह ओरछा जैसे सीमावर्ती क्षेत्रों में ही नहीं, बल्कि राजनीतिक केन्द्र पर दस्तक दे रही थी।

ओरछा में जो कुछ भी हो रहा था, उससे ये सारी गतिविधियाँ किस तरह जुड़ती हैं? केशवदास और रहीम के बेटे इराज शाहनवाज़ ख़ान के बीच आश्रय सम्बन्धों को देखते हुए, जिनके संकेत केशवदास की *जहाँगीरजसचन्द्रिका* में मिलते हैं, यह सम्भव है कि रहीम को केशवदास की रचनाओं की कुछ जानकारी रही हो।[409] मुमकिन है कि वे एक-दूसरे को निजी तौर पर जानते हों, और उन्होंने एक-दूसरे से दोहे या साहित्यिक विचारों का आदान-प्रदान किया हो। मुग़ल दरबारों के साथ सम्बद्ध दूसरे कई आरम्भिक रीति कवियों के बारे में आसानी से क़रीबी सम्बन्धों का अनुमान लगाया जा सकता है। पहले पेश किये गये उस प्रमाण को याद कीजिए कि केशवदास बीरबल को जानते थे। गंग को बीरबल और रहीम दोनों के साथ इस आधार पर जोड़ा जा सकता है कि उन्होंने दोनों के लिए प्रशस्ति के पद लिखे थे। परिस्थितिजन्य तरीक़ों से केशवदास और गंग दोनों को ही बादशाह जहाँगीर के साथ जोड़ा जा सकता है। असल में केशवदास की *जहाँगीरजसचन्द्रिका* का एक अर्थ यह भी है कि जहाँगीर ब्रजभाषा कविता के एक क़द्रदान थे। यह बात बेशक इस ग्रन्थ के अपने अस्तित्व के आधार पर कही जा सकती है, लेकिन इसको कहने का आधार इसका विशिष्ट कथ्य भी है। हालाँकि यह सम्भव है कि इराज ख़ान ने अपने आदर के प्रतीक स्वरूप केशवदास से एक विस्तृत ब्रज-प्रशस्ति लिखने का काम सौंपा जिसका एक प्रतीकात्मक मूल्य था। लेकिन यह बात असम्भव लगती है कि उन्होंने इतनी तकलीफ़ उठायी होती अगर ख़ुद बादशाह की ब्रजभाषा साहित्य में कोई रुचि नहीं होती।

ब्रज कवि श्रेणियों या प्रकारों के ज़रिये अपनी बातें कहते थे। उनकी इस प्रवृत्ति के चलते साहित्यिक दस्तावेज़ों की व्याख्या एक नाज़ुक विषय बन जाती है। लेकिन यह बहुत ही महत्त्वपूर्ण बात लगती है कि जहाँगीर के लिए लिखी गयी एक प्रशस्ति में केशवदास नायिकाभेद के ज्ञान के लिए बादशाह की प्रशंसा करते हैं। इस पद को जहाँगीर की निजी पसन्दों और आदतों के सीधे-सीधे विवरण के रूप में लें, इससे पहले इसका उल्लेख करना ज़रूरी है कि एक मिलता-जुलता पद केशवदास की *कविप्रिया* में ओरछा के राजा इन्द्रजीत की प्रशंसा में मिलता है (अन्तर सिर्फ़ अन्तिम पंक्ति में है, जिसमें राजसी आश्रयदाता का उल्लेख किया गया है)।[410] इसके बावजूद, यह बात महत्त्वपूर्ण है कि केशवदास अपने रचना-संसार में

प्रशस्ति के सैकड़ों पदों में से किसी को भी चुन सकते थे, उन्होंने इस विशेष मुग़ल आश्रयदाता के लिए इस विशेष पद का दोबारा उपयोग करने का फ़ैसला किया। इस कृति के दरबार-वाले दृश्य की व्याख्या को भी ऐसी ही एक उलझन है जो जटिल बनाती है। इसमें विस्मित कर देने वाली संख्या में लोगों का वर्णन किया गया है। इसमें भाग्य और चेष्टा के मुख्य चरित्रों के साथ-साथ एक भाट, विभिन्न ब्राह्मण, एक शेख़, एक क़ाज़ी, एक अनाम राजा, कवियों और मन्त्रियों की अलग-अलग मण्डलियाँ, और आख़िरकार ख़ुद केशवदास शहंशाह को ब्रज कविताएँ पेश करते हैं।[411] यह अनुमान लगाने का प्रलोभन होता है कि कवियों के ऐसे एक मज़मे का मतलब था कि जहाँगीर के दरबार में ब्रज की प्रस्तुतियाँ एक रोज़मर्रा की बात हुआ करती थीं। लेकिन इन्हीं कविताओं में से कुछ को केशवदास की *वीरसिंहदेवचरित* से क़रीब-क़रीब जस का तस दोहराया गया है, जहाँ उन्हें राजा बीर सिंह देव के सम्मुख प्रस्तुत किया गया है।[412] पदों के दोबारा साहित्यिक उपयोग (रिसाइकलिंग) की ये कार्रवाइयाँ बताती हैं कि *जहाँगीरजसचन्द्रिका* के किसी भी अंश को शब्दशः लेने में सावधानी बरतने की ज़रूरत है। लेकिन साथ ही उन्हें पूरी तरह ख़ारिज भी नहीं किया जा सकता है।

अगर हम ब्रज प्रस्तुति के इन अस्पष्ट और असल में सन्दिग्ध प्रमाणों को जहाँगीर के संस्मरणों में आये हिन्दी कवियों और गायकों के अनेक हवालों के साथ जोड़कर देखें, तो यह साफ़ हो जाता है कि अकेली फ़ारसी ऐसी भाषा नहीं थी जिसका मुग़ल शासक साहित्यिक रूप से आदर करते थे (या मुग़ल शासकों के साहित्यिक आदर पर सिर्फ़ फ़ारसी का एकाधिकार नहीं था)। शहंशाह आमतौर पर हिन्दी कवियों को लेकर मौन ज़रूर हैं, लेकिन पूरी तरह चुप नहीं हैं। अपने भाई दानियाल के बारे में वे सरसरी तौर पर यह कहते हैं, "उसे हिन्दुस्तानी गायकी से लगाव था। कभी कभी वह हिन्दुस्तान की अवाम की ज़बान और मुहावरे में शायरी रचता था जो बुरी नहीं होती थी।"[413] साल 1608 के एक संस्मरण में जहाँगीर ने उत्साह से एक हिन्दी कविता सुनने के अपने आनन्द को दर्ज किया है, इस कविता की प्रस्तुति मारवाड़ के राजा सूरज सिंह (आगे चलकर शाहजहाँ कहलाने वाले राजकुमार खुर्रम के मामा) द्वारा आयोजित की गयी थी। जहाँगीर मूल हिन्दी पेश नहीं करते हैं, और उन्होंने फ़ारसी में अपने पाठकों के लिए कविता की व्याख्या करने का फ़ैसला किया। लेकिन वे इसका समापन ऐसी टिप्पणियों से कराते हैं, जो कम से कम एक प्रसंग में हिन्दी साहित्यिक संस्कृति में उनकी भागीदारी को प्रदर्शित करती हैं—"हिन्दुस्तान के कवियों से मैंने ऐसा बारीक काव्य-बिम्ब दुर्लभ ही सुना है। ऐसी तारीफ़ पर बख़्शीश

में मैंने उन्हें एक हाथी भेंट किया। राजपूत कवि को चारण कहते हैं।" एक-दूसरे मौक़े पर शहंशाह ने एक गायक के लिए अपने आदर का इस तरह ज़िक्र किया है कि इससे एक बार फिर उनके आश्रय और उनका हिन्दी का ज्ञान रेखांकित होता है : "मैंने तम्बूरावादक शौकी को, जो इस ज़माने के एक अजूबा हैं, आनन्द ख़ान की उपाधि प्रदान की। वह हिन्दी और फ़ारसी गीतों को इस तरह गाते हैं कि रूह को सुकून मिलता है। हिन्दी ज़ुबान में आनन्द का मतलब है सुख और चैन।"[415]

सबसे विस्मयकारी प्रमाण शायद शहंशाह के संस्मरणों में इस प्रसंग में मिलता है, जिसमें जहाँगीर हिन्दी कविता में भौंरे के बिम्ब के बारे में बड़े उत्साह से बताते हैं–

> कमल का फूल अक्सर बन्द हो जाता है और भौंरे को पूरी रात के लिए भीतर बन्द कर देता है। कुमुदिनी के साथ भी यही होता है। लेकिन जब वे खुलते हैं तब यह [भौंरा] बाहर आता है और उड़ जाता है। काला भौंरा क्योंकि इन फूलों पर लगातार आता रहता है, इसलिए हिन्दी कवि इसे एक बुलबुल की तरह मानते हैं जो गुलाब के प्यार में है, और उन्होंने इस पर आधारित शानदार काव्यात्मक बिम्बों की रचना की है।
>
> ऐसे ही एक कवि थे तानसेन कलावन्त, जो मेरे अब्बा की सेवा में थे और अपने समय में–या फिर किसी भी समय में–उनका कोई जोड़ न था। अपने गीतों में से एक में उन्होंने एक नौजवान के चेहरे की तुलना सूरज से की थी और उसकी आँखों के खुलने की तुलना कमल के खिलने और भौंरे के उभरने से की थी। एक-दूसरे गीत में उन्होंने प्रियतम के पलकें झपकाने की तुलना कमल के फूल के हिलने से की थी, जब भौंरा उस पर आकर बैठता है।[416]

न सिर्फ़ संगीतकार तानसेन, बल्कि 'हिन्दी कवियों' (शुअरा-ए-हिन्दी) के एक-बड़े वर्ग का हवाला देते हुए जहाँगीर ने एक बार फिर समकालीन भाषा साहित्य की प्रवृत्तियों के प्रति अपने लगाव के संकेत दिये हैं। भौंरे का बिम्ब सम्भव है कि अकबर के काल में भक्त कवियों सूरदास और नन्ददास द्वारा लोकप्रिय बनाये गये भ्रमरगीत का हवाला हो।[417] (ग़ौर कीजिए कि जहाँगीर किस तरह हिन्दी शब्द भौंरा का उपयोग करते हैं जो भ्रमर का बोलचाल का रूप है।) इस बात का कोई निर्णायक सूत्र नहीं मिलता है कि जहाँगीर ने हिन्दी में ग्रन्थ लिखवायें हों (कवियों को आश्रय दिया हो), लेकिन ऐसा निश्चित लगता है कि जहाँगीर के दरबार में ब्रजभाषा उससे कहीं अधिक प्रचलित थी, जितनी हमें फ़ारसी दस्तावेज़ों या बची रह गयी कविताओं से मिलने वाले प्रमाणों से पता लगता है।[418]

जहाँगीर ने एक ही साथ तानसेन और हिन्दी कविता का ज़िक्र किया–यह एक बार फिर से रेखांकित करता है कि मुग़ल परिवेश में संगीत और कविता परम्पराओं के बीच में एक गहरा सम्बन्ध था। इसके कुछ उलझन में डालने वाले प्रमाण भी हैं कि हिन्दी परम्परा में जिन लोगों को कवि माना गया, फ़ारसी ग्रन्थों में संगीतकार के रूप में उनका ज़िक्र किया गया है। संस्कृत समुदाय जगन्नाथ पण्डितराज को एक प्रमुख कवि और साहित्यिक सिद्धान्तकार मानता था, फ़ारसी दरबारी वृत्तान्तों में उन्हें कलावन्त (संगीतकार) कहा गया है।[419] *अपनी आईन-ए-अकबरी* में अबुल फ़ज़ल ने जब हिन्दी कवियों की नहीं बल्कि हिन्दी गीतकारों की सूची बनायी, तब क्या वे साहित्यिक और कलात्मक पेशेवरों की एक विविधतापूर्ण श्रेणी को इस तरह वर्गीकृत कर रहे थे, जिसका सांस्कृतिक तर्क हमारे आज के तर्क से बहुत अलग है? या शायद आधिकारिक दरबारी इतिहासों के फ़ारसी पाठक वर्ग के लिए सिर्फ़ फ़ारसी लेखक ही कवियों के रूप में गिने जाते थे। पुष्टि की शर्त के साथ स्रोतों से हम निश्चितता के साथ चाहे जितना कम कुछ पता लगा पायें, ऐसे मज़बूत संकेत मिलते हैं जो मुग़ल शासकों की दरबारी संस्कृति में ब्रज कविता (और संगीत) की अहमियत की ओर इशारा करते हैं।

## शाहजहाँ के काल में ब्रज कवियों को आश्रय

जहाँगीर के उत्तराधिकारी शाहजहाँ (शासनकाल 1628-58) ब्रज कवियों और संगीतकारों दोनों के ही एक उत्साही आश्रयदाता थे। और इस मामले में मिलने वाली सामग्री अकाट्य और स्पष्ट दोनों है। शायद किसी भी दूसरे मुग़ल शहंशाह से अधिक शाहजहाँ न सिर्फ़ ब्रज ग्रन्थों के प्रति आकर्षण को प्रदर्शित करते हैं, बल्कि कई रीति कवियों के साथ उनके निजी सम्बन्ध भी थे। अकबर की तरह ही, शाहजहाँ संगीत के एक उत्सुक क़द्रदान थे। तानसेन की महारत और उनको मिलने वाले आश्रय को उत्तराधिकार में हासिल करने वाले लाल ख़ान (तानसेन के बेटे बिलास के दामाद) और लाल ख़ान के बेटों ख़ुशहाल और विश्राम ने मुग़ल दरबार में ध्रुपद की परम्परा क़ायम रखी। 1636 में दारंग ख़ान नाम के एक-दूसरे संगीतकार को चाँदी से तुलवाया गया और शहंशाह की तरफ़ से बड़ी बख़्शीश दी गयी।[420] शाहजहाँ ने नायक बक्शु (ग्वालियर के राजा मान सिंह तोमर के एक दरबारी संगीतकार) से सम्बद्ध ब्रज पदों के एक वृहत् संकलन का काम शुरू कराया। नायक बक्शु की रचनाएँ सत्रहवीं सदी के मध्य में संगीतकारों के समूहों में लोकप्रिय थीं। सहसरस (लगभग 1640) के नाम से जानी जाने वाली कृति में एक हज़ार से अधिक पद हैं

और यह न सिर्फ़ अपने समय के सामान्य साहित्यिक और सांगीतिक परिवेश की एक महत्त्वपूर्ण गवाही है बल्कि शहंशाह की विशेष पसन्दों के बारे में भी बताती है।[421]

शाहजहाँ से अनेक ब्रज कवियों के नामों को भी जोड़ा जा सकता है। शुरुआती मुग़लकाल की तरह, कई शख़्सियतें अज्ञात हैं, जिनके बारे में बहुत कम ही जानकारी मिलती है। बस मुग़ल दरबारी वृत्तान्तकारों ने सरसरी तौर पर कभी-कभी कुछ ब्योरों का ज़िक्र किया है। *बादशाहनामा* शाहजहाँ के अपने शासनकाल का एक विशाल इतिहास है, जिसे दरबार ने ही लिखवाया था। इस ग्रन्थ में नरहरि (हुमायूँ, इस्लाम शाह और अकबर के शासनकालों में प्रसंग में पहले इनका ज़िक्र आ चुका है) के बेटे हरिनाथ के बारे में कहा गया है कि उन्हें शाही घराने से पुश्तैनी आश्रय हासिल हुआ था।[422] (हमेशा की तरह, हमें बहुत अधिक पता नहीं लगता है लेकिन 'पुश्तैनी आश्रय' जैसी बात से यह संकेत मिलता है कि अकबर और जहाँगीर के ज़मानों में हिन्दी कवियों को शाही वज़ीफ़ा मिलता था।) अठारहवीं सदी के मुग़ल इतिहासकार ख़फ़ी ख़ान बताते हैं कि शाहजहाँ के दरबार में एक अनाम हिन्दी कवि को एक हाथी और 2,000 रुपए नक़द की बख़्शीश दी गयी थी।[423] आधुनिक हिन्दी साहित्यिक इतिहासकार शिरोमणि और मशहूर ब्रज कवि बिहारीलाल के साथ शाहजहाँ की मुलाक़ातों के क़िस्से बताते हैं, लेकिन मुग़लकाल के हिन्दी और फ़ारसी-स्रोतों में इसकी ठोस पुष्टि का अभाव है।[424]

लेकिन कई कवि अपने काम की गुणवत्ता के साथ-साथ इस मामले में भी विशिष्ट हैं कि हमें उनके बारे में हासिल सूचनाओं की गुणवत्ता अलग है। ऐसे ही एक ब्राह्मण कवि ग्वालियर के सुन्दर कविराय हैं। वे कम से कम एक ऐसे कवि हैं जिन्हें हिन्दी और फ़ारसी ग्रन्थों दोनों में आसानी से खोजा जा सकता है, और जिनके बारे में यह निश्चित रूप से जाना जा सकता है कि वे एक ऐतिहासिक रूप से ज्ञात काल में मुग़ल दरबार में हुआ करते थे। कवि के प्रमुख ब्रज ग्रन्थ *सुन्दरशृंगार* (1631)[425] की भूमिका में ठेठ रीति शैली में शहंशाह की प्रशंसा की गयी है। साथ ही लेखक के बारे में निजी ब्योरा और दरबार से उन्हें प्राप्त हुए इनाम की जानकारी भी है। निम्नलिखित अंशों में भूमिका में कही गयी बातों का एक भाव समझा जा सकता है :

*नगर आगरो बसतु है जमुनातट सुभथानु।*
*तहाँ पातशाही करैं बैठे साहिजहानु।।*
*साह बड़ो कविमुख तनिक क्यों करि बरन्यो जाँहि।*
*ज्यों तारे सब गगन के मूठी में न समाँहि।।*

*साहिजहाँ तिन गुनिन को दीने अनगन दान।*
*तिनमैं सुन्दर सुकवि को कियो बहुत सनमान।।*
*नगभूषन मनि सब दिये हय हाथी सिरपाइ।*
*प्रथम दियो कविराय पद बहुरि महाकविराइ।।*
*विप्र ग्वालियर नगर को बासी है कविराज।*
*जासों साह मया करैं दास गरीबनेवाज।।*[426]

एक ब्रज कवि द्वारा अपने मुग़ल आश्रय के प्रसंग के बारे में यह पहला स्पष्ट वक्तव्य है। विशेष रूप से ध्यान देने वाली बात 'गुणिन' शब्द है जिसका उपयोग सुन्दर ने किया है (यह गुणी शब्द का ब्रज बहुवचन है, जिसे संस्कृत से लिया गया है)। यह सत्रहवीं सदी के दरबारी ब्रज ग्रन्थों में नियमित रूप से आता है। इसका उपयोग साहित्य के क़द्रदानों और दूसरे दरबारी पेशेवरों के लिए होता था जो शाही आश्रय के आकांक्षी थे। उन्हें महँगे उपहारों और प्रतीकात्मक पूँजी के चिह्नों के साथ उनकी बौद्धिक और कविता रचने वाली शख़्सियतों को बख़्शीश दी जाती थी। इनमें शाहजहाँ के हाथों से सुन्दर को मिली 'कविराय' और 'महाकविराय' नामक दो उपाधियाँ इसका उदाहरण हैं। केशवदास ने 1612 में ही गुणी का उपयोग किया था। ठीक उसी प्रशस्ति में जहाँ वे नायिकाभेद के ज्ञान के लिए जहाँगीर की प्रशंसा करते हैं। यहीं वे शहंशाह की तारीफ़ करते हैं कि उन्होंने "गुणियों के गुण-वृक्ष का फलदायी होना सम्भव बनाया"–यह ब्रज कविता को मिलने वाले आश्रय का एक और संकेत है।[427]

केशवदास की *रसिकप्रिया* की तरह *सुन्दरश्रृंगार* एक क्लासिक रीतिग्रन्थ है जो आरम्भिक आधुनिक भारत में बहुत प्रसारित हुई थी। यह कविता और चित्रकला दोनों के क़द्रदानों के बीच लोकप्रिय हुई (चित्र 4.2)।[428] कविता की यह उत्कृष्ट रचना भारतीय सौन्दर्यबोध के आधारभूत सिद्धान्तों पर चिन्तन करती है, जिसमें मुख्य ध्यान नायिकाभेद पर दिया गया है। रहीम के *बरवै संकलन के उलट, सुन्दरश्रृंगार* एक आदर्श रीतिग्रन्थ जैसा है, जिसमें परिभाषा और उदाहरण दोनों के पद मिलते हैं। कई कविताओं में आश्रयदाता को प्रसन्न करने के लिए उसको नायक के रूप में ग्रन्थ में जगह दी गयी है–जहाँ नायक एक सुन्दर स्त्री की अभिलाषा का भागीदार एक सुन्दर पुरुष है। उदाहरण के लिए साक्षात् दर्शन का उदाहरण पेश करने वाला एक कवित्त इस तरह समाप्त होता है, "शाहजहाँ की एक झलक पाकर हृदय उछलने लगता है, पूरे शरीर में आनन्द का संचार होता है।"[429] साहित्यिक सिद्धान्त में इसके तकनीकी अर्थ के अतिरिक्त, साक्षात् दर्शन का विचार मुग़ल दरबार में

झरोखा-ए दर्शन की परम्परा के संकेत भी देता है, जो ख़ुद शहंशाह द्वारा एक झरोखे से रोज़ दर्शन देने की एक दरबारी रस्म थी।[430]

चित्र 4.2 फटकारती हुई राधा के सम्मुख कृष्ण, *सुन्दरश्रृंगार* की एक पाण्डुलिपि से, काँगड़ा या गुलेर, लगभग 1780

Photograph Courtesy of Sotheby's, Incl © 2008

अपने आश्रयदाता को प्रसन्न करने के अलावा, *सुन्दरश्रृंगार* का एक सम्भावित उद्देश्य शहंशाह को भारतीय सौन्दर्य सिद्धान्त के विषय में शिक्षित करना था। ब्रज गायकी के प्रति अपने जुनून के चलते शाहजहाँ को इस क़िस्म का एक तकनीकी ग्रन्थ विशेष रूप से आकर्षक लगा होगा। रीतिकाव्य के कुछ आम प्रेम दृश्य ध्रुपद संगीत में भी आते हैं।[431] जैसा कि हमने देखा है, *आईन-ए-अकबरी* में अबुल फ़ज़ल की टिप्पणियों का अर्थ यह है कि नायिकाभेद की रचनाएँ एक मुग़ल पाठकवर्ग को आकर्षित करने लगी थीं। और इस बात की पुष्टि केशवदास भी करते हुए दिखते हैं जब वे इस विषय के ज्ञान के बारे में जहाँगीर की प्रशंसा करते हैं। महज़ कुछ ही दशकों के बाद लिखी हुई रचना *सुन्दरश्रृंगार* भारतीय साहित्यिक संस्कृति में मुग़ल दिलचस्पी को निर्णायक रूप से दर्शाती है। यह दिलचस्पी देशभाषा के काव्यशास्त्र के ज़रिये साकार होती थी। आख़िरकार, शाहजहाँ के काल में यह सम्भव हुआ है कि ब्रजकाव्य के आश्रय की ऐसी कुछ स्थितियों को अधिक ठोस रूप में प्रस्तुत किया जा सके जो, ऐसा अन्दाज़ा है कि, कम से कम दो पीढ़ियों से चली आ रही थीं।

हालाँकि मुग़ल दरबार में संस्कृत ग्रन्थों की रचना के कामों के लिए कभी-कभी

धन और सहायता दी जा रही थी, ब्रजभाषा में रचनाएँ भारतीय मुसलमान पाठकों के लिए अधिक आसान भाषा में रही होतीं। अपनी पीठिका में, सुन्दर अपनी रचना के समझ में आने के मुद्दे को साफ़-साफ़ उठाते हैं :

*सुरबानी यातें करी नरबानी मैं ल्याइ।*
*जातें मगु रसरीति को सब पै समुझ्यौ जाइ।।*
*यह सुन्दरसिंगार की पोथी रची बिचारि।*
*चूक्यो होइ जु कबि कछू लीजो तहाँ सुधारि।।*[432]

पिछले अध्याय में हिन्दू पण्डित समुदायों से मिले ऐसे प्रमाणों का सावधानी के साथ अध्ययन किया गया जो यह दिखाते हैं कि कैसे आरम्भिक आधुनिक काल में 'नरवाणी' धीरे-धीरे 'सुरवाणी' की तुलना में अधिक लोकप्रिय होने लगी थी। एक पूरी तरह से अलग सामाजिक सन्दर्भ में मुग़ल शहंशाह भी इस बड़े भाषाई रूपान्तरण में योगदान दे रहे थे।

सुन्दर की एक दूसरी कृति *सिंहासन बत्तीसी* में भी सरलता एक महत्त्वपूर्ण कारक रही होगी, जिसके बारे में कहा जाता है कि शाहजहाँ ने इसे लिखवाया था। इस कृति में मुग़ल दिलचस्पी अकबर के काल से शुरू होती है, जब उनके दरबार में मूल संस्कृत का फ़ारसी में अनुवाद हुआ था।[433] पंचतन्त्र की तरह (या इस्लामी दुनिया में इसके अनेक अनुवादों की तरह जैसे कि *अनवार-ए-सुहैली या कलिला व दिमना*) *सिंहासन बत्तीसी* नैतिक कथाओं का एक संग्रह है जो राजसी हलकों में ख़ासतौर पर लोकप्रिय था। फ़ारसी अख़लाक़ विधा की तर्ज़ पर, ये अफसाने राजकुमारों को अपनी ख़ास हैसियत से जुड़ी ज़िम्मेदारियों और सदाचार के बारे में शिक्षित करते थे। *सिंहासन बत्तीसी* का सुन्दर द्वारा किया गया अनुवाद दिखाता है कि शाहजहाँ के काल में (और शायद इसके बहुत पहले से भी) भारतीय-मुसलमान पाठकों के लिए फ़ारसी नहीं बल्कि ब्रज एक लक्ष्य भाषा के रूप में काम कर रही थी।[434] कवि का मूल ग्रन्थ दुर्भाग्य से खो चुका है, लेकिन ऐसा माना जाता है कि दो भाषा मुंशियों काज़िम अली जवान और लल्लूलाल को इसकी जानकारी थी, जिन्होंने फ़ोर्ट विलियम कॉलेज में इसका एक हिन्दुस्तानी संस्करण प्रस्तुत किया था। 1805 संस्करण की पूर्वपीठिका कहती है, "सिंहासन की ये बत्तीस कहानियों की कथा संस्कृत में थी। शहंशाह शाहजहाँ के आग्रह पर सुन्दर कविश्वर [कविराय] ने इसे ब्रज बोली में कहा।"[435] उन्नीसवीं सदी में इस संस्करण के अनेक पुनर्मुद्रणों

के क्रम में (1866 में इसको सिविल सेवा परीक्षा के लिए एक सेट टेक्स्ट के रूप में चुना गया था[436]), रचनाकार के रूप में सुन्दर का नाम और इसी के साथ मुग़ल आश्रय के सभी मूल हवाले ग़ायब हो गये। लेकिन इसकी मौजूदगी अपने आप में ही यह दिखाती है कि मुग़ल आश्रयदाताओं ने ब्रज कृतियों को प्रायोजित किया। इसकी एक वजह यह थी कि ये रचनाएँ स्थानीय साहित्यिक संस्कृति में प्रवेशद्वार का काम करती थीं। ख़ासकर अगर इसी कवि की दूसरी कृति *सुन्दरश्रृंगार* से मिलने वाले प्रमाणों को भी ध्यान में रखा जाये।

भारतीय-फ़ारसी परम्परा से सुन्दर के संस्मरणों को, जो आश्चर्यजनक रूप से ख़ूब सारे हैं, फ़ारसी इतिहासकार अब्दुल हमीद लाहौरी (*बादशाहनामा* के लेखक) और मुहम्मद सालिह कन्बो (*आमाल-ए सालिह*) उन्हें मुख्यतः एक ब्रज कवि नहीं बल्कि एक कूटनीतिज्ञ समझते हैं, जो एक अप्रत्याशित बात है। हालाँकि वे उन्हें सुन्दर कब [राय][437] (यानी कविराय) कहते हैं, लेकिन वे ऐसा कोई संकेत नहीं देते कि वे सचमुच में उनकी कविता के बारे में जानते हैं। बल्कि वे इसकी जगह उन अनेक मौकों के ब्योरे देते हैं जब शाहजहाँ ने सुन्दर को उद्दण्ड राजाओं के साथ वार्ता करने के लिए भेजा था। अकबर के काल से लागू राजपूत राजाओं को मुग़ल व्यवस्था में शामिल करने का रिवाज बीच-बीच में असफल भी हो जाता था। इसकी एक भारी नाकामी तब सामने आयी जब जहाँगीर के निधन के बाद के वर्षों में मुग़ल-ओरछा के बीच राजनीतिक सम्बन्ध टूट गये। इस मौक़े पर सुन्दर का कूटनीतिक अभियान राजा जुझार सिंह बुन्देला (शासनकाल 1627-34) के पास पहुँचा। वे केशवदास के आश्रयदाता बीर सिंह देव के पुत्र और प्रत्यक्ष उत्तराधिकारी थे, जिन्होंने शाहजहाँ के काल में दो बार बग़ावत की थी। पड़ौस के ग्वालियर से आये एक हिन्दू और एक हिन्दी भाषी कवि होने के नाते शायद माना गया होगा कि मध्य एशियाई या ईरानी मुसलमान दरबारी की तुलना में सुन्दर एक बेहतर कूटनीतिज्ञ हो सकते हैं। ओरछा राजा की उतावली महत्त्वाकांक्षाओं को शान्त करने में सुन्दर की कोशिशें आख़िरकार नाकाम रहीं, क्योंकि जुझार सिंह और उनके बेटे बिक्रमजित को 1636 में प्राणदण्ड दे दिया गया। इस घटना का बहुत दुखद चित्रण शाहजहाँ के दरबारी चित्रकारों ने किया है (चित्र 4.3, 4.4)।[438] नतीजा जो भी हो, सुन्दर कबिराय का उदाहरण नाटकीय ढंग से यह रेखांकित करता है कि ब्रज कवि मुग़ल दरबार में न सिर्फ़ एक प्रतिष्ठित साहित्यिक के रूप में मौजूद थे, बल्कि उन्होंने विश्वस्त कूटनीतिज्ञों जैसी दूसरी भूमिकाएँ भी निभायीं। और एक बार फिर

इस पर ग़ौर कीजिए कि फ़ारसी और हिन्दी-स्रोतों में उनके बारे में नज़रिया कितना अलग हो सकता है।

शाहजहाँ के दरबार में एक और गुणी कवीन्द्राचार्य सरस्वती थे। वे महाराष्ट्र से आने वाले एक पण्डित थे जिनका नाम ही उनके दौर के साहित्यिक जीवन में उनके योगदानों का संकेत करता है।[439] हिन्दी, संस्कृत और फ़ारसी-स्रोतों में उनकी जानकारी मिलती है। उनकी *कवीन्द्रकल्पलता* एक ऐसी ब्रज रचना है जो कई सारे कार्यों को पूरा करती है। इसमें रीतिकाव्य की प्रशस्ति और श्रृंगार के तत्त्वों को ध्रुपद और बिष्णुपद की संगीत परम्पराओं के साथ जोड़ा गया है। उन्होंने इसमें कुछ धार्मिक उपदेश भी जोड़े हैं। दिलचस्प यह है कि सुन्दर कविराय की तरह कवीन्द्र भी अपनी रचना से परिचित कराते हुए भाषा में लिखने के अपने फ़ैसले की तरफ़ ध्यान दिलाते हैं :

*अलंकार गुन रस सौं सनी। यांते कल्पलता है बनी।।*[440]
*भाषा करत आवति है लाज। कीनै ग्रन्थ पराए काज।।* [441]

अपने संस्कृत प्रबन्धों पर गर्व करने वाले एक विद्वान के रूप में कवीन्द्राचार्य ने महसूस किया कि सुरवाणी की जगह नरवाणी का उपयोग करने के फ़ैसले का बचाव करना ज़रूरी है।[442] इस पर ग़ौर कीजिए कि वे भाषा में इस बेचैनी के अब तक परिचित हो चुके विषय लाज का अपना रूप पेश करते हैं। उन्होंने जिन अनाम "अन्यों" की ख़ातिर भाषा में लिखने का दावा किया है, यानी मुग़ल शहंशाह शाहजहाँ और उनके बेटे दारा शुकोह की ख़ातिर, वे ऐसे आश्रयदाता नहीं थे जिनके चलते किसी क़िस्म की लज्जा उत्पन्न हो। यहाँ एक बार फिर से इस बात का एक विशेष बोध है कि मुग़ल सांस्कृतिक ज़रूरतें देशभाषाकरण पर ज़ोर देने की दिशा में एक महत्त्वपूर्ण कारक थीं।

*कवीन्द्रकल्पलता* में जाने-पहचाने और असाधारण दोनों ही क़िस्म के तत्त्व हैं, जो इसे अन्य रीतिग्रन्थों से अलग करते हैं। इसमें प्रशस्ति की अनेक कविताएँ प्रत्याशित रूप से शहंशाह की सैन्यशक्ति और धार्मिक शासन पर केन्द्रित हैं। नगर-वर्णन के स्थापित विषय में एक परिवर्तन लाते हुए कवीन्द्र ने शहंशाह के नए नये स्थापित शहर *शाहजहानाबाद* की प्रशंसा की है।[443] इस विधा में पूरी तरह से असामान्य बात यह है कि इसमें रागों में बद्ध ध्रुपद गीतों की एक कड़ी जोड़ी गई है (अन्यथा रीतिग्रन्थ प्रदर्शन या प्रस्तुति के ऐसे संकेतों से आमतौर पर मुक्त हैं)। *सुन्दरश्रृंगार* के कुछ पदों की तरह, कवीन्द्र के ध्रुपद शाहजहाँ को नायक की भूमिका में पेश करते हैं। ये गीत उनके शारीरिक स्वरूप और उनकी उग्र कामुकता की

पराकाष्ठा पर ज़ोर देते हैं। ये भारतीय साहित्यिक कल्पना में सम्मानित राजाओं की ख़ूबियाँ हैं। हालाँकि *कवीन्द्रकल्पलता* कोई काव्यशास्त्र का ग्रन्थ नहीं है, कवीन्द्र ने ठेठ रीति विषयों को भी अपने गीतों में शामिल किया है, जैसे कि जब वे दक्ष नायक के रूप में शाहजहाँ की निपुणता की प्रशंसा करते हैं।[444] एक गीत में शाहजहाँ को होली खेलते हुए दिखाया गया है, और उनकी सुन्दर संगिनियों को नायिकाभेद के तकनीकी अर्थों में वर्णित किया गया है :

*कनक महल मधि रितु वसन्त में, खेलत शाहि इह विधि की होरी*
*वसन अमोल आभूषण पहिरैं, प्रौढ़ा मुग्धा मध्या ग़ौरी...*[445]

ध्रुपद के पदों में शाहजहाँ की कलात्मक परख या क़द्रदानी पर भी ज़ोर दिया गया है। इसके संकेत कई प्रशंसात्मक उक्तियों में मिलते हैं, जिनमें महाजान, प्रज्ञान, महारसी और महादानी शामिल हैं।

शाहजहाँ कवीन्द्र की अपनी रचनाओं के सचमुच में ऐसे क़द्रदान थे, इस बात की पुष्टि दरबारी इतिहासकार कन्बो ने की है, जो "कबिन्द्र संन्यासी"[446] की प्रतिभाओं के प्रति शहंशाह की क़द्रदानी बयान करते हैं और उनको शहंशाह द्वारा नक़द बख़्शीश और सम्मान में पोशाक देने की उदारता को दर्ज करते हैं–

> कबिन्द्र संन्यासी जिन्होंने उत्तम, परिपूर्ण ध्रुपद और हिन्दी रचनाएँ (तस्नीफ़ात-ए-हिन्दी) रची हैं, आलमपनाह [शाहजहाँ] के दरबार में पहुँचे और दाखिल होने की इजाज़त पायी। जब पहुँचे हुए ज़ेहनों को उनकी रचनाओं ने प्रसन्न किया तब उन्हें एक पोशाक और 2000 रुपयों के तोहफ़े से नवाज़ा गया और उनकी इज़्ज़त आसमान की बुलन्दियों को रोशन करने लगी।[447]

इस स्रोत में हालाँकि इससे अधिक विवरण नहीं मिलता है, लेकिन यह एक तरह से निश्चित ही है कि यह इनाम विशेष रूप से *कवीन्द्रकल्पलता* के लिए दिया गया था, जो कन्बो के विवरण के साथ पूरी तरह मेल खाता है। *कवीन्द्रकल्पलता* में ध्रुपद के पद भी हैं और 'हिन्दी रचनाएँ' भी हैं। या तो शाहजहाँ के काल में ब्रज ग्रन्थों को मुग़ल दरबार से मिलने वाला समर्थन बढ़ गया था या फिर इतिहास-लेखन में किसी क़िस्म का बदलाव आया था, जिससे फ़ारसी लेखकों द्वारा हिन्दी कवियों का उल्लेख अब अधिक स्वीकार्य हो गया था। क्या हिन्दी लेखक अब इतने प्रचलित हो गये थे कि उनकी अनदेखी नहीं की जा सकती थी?

कवीन्द्र के ब्रज ग्रन्थ में एक और महत्त्वपूर्ण बात है–धार्मिक संवाद सम्बन्धी विषय। एक पद में कवीन्द्र शाहजहाँ की धार्मिक एकता के विचार की प्रशंसा करते हैं। इस पद को अध्याय-दो में उद्धृत किया गया है। शहंशाह के क़ुरान और पुराण के ज्ञान की प्रशंसा करते हुए कवीन्द्र ने एक रणनीतिक तुक रचा है। राजकुमार दारा शुकोह की प्रशस्ति में लिखे गये अनेक पदों में भी इसी तरह धार्मिक एकता और आध्यात्मिक समझ पर ज़ोर दिया गया है। 'दीन' शब्द के साथ रोचक प्रयोग करते हुए एक चतुर यमक में कवि ने ऐलान किया है कि दारा "उत्पीड़ित लोगों (दीनों) के प्रति करुणामय हैं, और दोनों धार्मिक समुदायों (दीनों) की पीड़ाओं को हरते हैं।"[448] ब्रज में इस शब्द का अर्थ 'उत्पीड़ित' है, लेकिन अरबी में इसका अर्थ 'धर्म' है। राजकुमार का "हृदय बहुत संवेदनशील है; वे धर्म की बारीकियों को जानते हैं।"[449] संस्कृत पण्डित ने भारतीय धार्मिक चिन्तन के केन्द्रीय युग्म का भी उपयोग किया है, जिसमें उन्होंने दारा शिकोह की 'मानव रूप में निराकार ब्रह्म के अवतार'[450] से तुलना की है। यहाँ कवीन्द्र इस मुग़ल राजकुमार की आमतौर पर चर्चित ख़ूबियों की पुष्टि करते हैं जो आज तक इसके लिए मशहूर हैं कि उन्होंने हिन्दू संन्यासियों के साथ संवाद किया और भारतीय आध्यात्मिक ग्रन्थों के फ़ारसी अनुवाद करवाये।[451]

दरबार में भारतीय आध्यात्मिकता के ज्ञान का कुछ अंश ख़ुद कवीन्द्र से भी आया रहा होगा, क्योंकि वे केवल एक संगीत कलाकार नहीं थे, एक शिक्षक भी थे। तत्कालीन एक संस्कृत ग्रन्थ *कवीन्द्रचन्द्रोदय* (लगभग 1650) में से एक पद उनकी इसी भूमिका पर ज़ोर देता है।[452]

*कवीन्द्रचन्द्रोदय* हमें उन साठ से अधिक पदों को समझने के लिए एक सन्दर्भ प्रदान करता है, जिनमें तत्त्वज्ञान पर चर्चा की गयी है। यह *कवीन्द्रकल्पलता* की एक और असामान्य ख़ूबी है जो अप्रत्याशित नहीं है।[453] इस अंश में, कवीन्द्र पाठक को भारतीय दर्शन के आधारभूत सिद्धान्तों का एक अद्‌भुत दौरा कराते हैं। इस क्रम में वे सांख्य, योग, पंचतन्त्र और जैन मतों के बारे में संक्षेप में बताते हुए चलते हैं, लेकिन उनकी स्पष्ट पसन्द वेदांत है। हमें बताया गया है कि दिव्य अस्तित्व के प्रति सजग हो पाने के लिए अहं पर नियन्त्रण करना होगा, इन्द्रियों पर विश्वास नहीं करना होगा और मस्तिष्क को तीव्र बनाना होगा।[454] यह बात उठती है कि एक बहु-आस्थावादी परिवेश में ऐसे वक्तव्यों का क्या एक विशेष आशय था, "मत नाना विध तैसे जानौं, एक भाँति को अलखु बखानो।"[455] अगर इस बात को ध्यान में रखें कि यह रचना शायद दरबार में अनेक मुसलमानों की मौजूदगी में पेश की गयी होगी, तब अधिक

उलझन में डालने वाला एक पद यह है जिसमें एक बहुत सीधा सवाल उठाया गया है, "काहे को निमाज रोज़ा तुरकु करत है?"[456] उनका उद्देश्य शायद धार्मिकता की सभी प्रकार की बाह्य अभिव्यक्तियों पर प्रश्न करना था, चाहे वह हिन्दू हो या कोई और। ऐसा करते हुए कवीन्द्र कबीर की राह पर चल रहे थे। पण्डित कवीन्द्राचार्य शाहजहाँ और उनके बेटे को हिन्दू धार्मिक मामलों में शिक्षित करने के लिए स्वतन्त्र थे, यह दिखाता है कि उन्हें दरबार में विशेष हैसियत हासिल थी। यह इस परिवेश की बहुप्रशंसित धार्मिक उदारता का एक और सारगर्भित संकेत है। देशभाषा की भक्ति विरासत को देखते हुए इस बात में कोई आश्चर्य नहीं है कि ब्रजभाषा धार्मिक उपदेशों का भी एक माध्यम थी। *कवीन्द्रकल्पलता* में एक प्रवचन को शामिल किये जाने से इस बात को लेकर हमारी अवधारणा विस्तार पाती है कि मुग़ल-सन्दर्भों में रीतिग्रन्थों को किस तरह उपयोग में लाया जाता था।

कवीन्द्राचार्य के दिलचस्प व्यक्तित्व के बारे में बहुत कुछ कहा जा सकता है। उनके करिश्मे को उनके काल के हिन्दी, संस्कृति और फ़ारसी ग्रन्थों में बड़े उत्साह से प्रस्तुत किया गया है।[457] मुहम्मद कन्बो में सबसे संक्षिप्त सन्दर्भ हैं, और वहाँ मुख्य भाव यह है कि कवीन्द्र गायक सह हिन्दी कवि हैं। एक समकालीन संस्कृत ग्रन्थ *कवीन्द्रचन्द्रोदय* से हम यह जानते हैं, और ख़ुद कवीन्द्राचार्य के अपने पदों से मज़बूत अनुमान लगाते हैं कि पण्डित ने दरबार में एक गुरु के रूप में भी अपनी सेवा दी थी। ब्रजभाषा और संस्कृत में उनकी बची रह गयी कृतियाँ एक विद्वान के रूप में उनकी भूमिका की पुष्टि करती हैं। एक और उल्लेखनीय उपलब्धि यह है कि कवीन्द्र ने शहंशाह को इसके लिए मना लिया कि वे प्रयाग और काशी जैसे पवित्र हिन्दू केन्द्रों के तीर्थयात्रियों पर लगने वाला कर हटा लें। यह बात ऊपर रेखांकित की गयी धार्मिक चर्चाओं से असम्बद्ध नहीं है। कवीन्द्र ख़ुद ही इस राजनीतिक पैरवी की एक ज़ोरदार कार्रवाई का उल्लेख करते हैं,[458] लेकिन इसने उनके दौर के ब्रज और संस्कृत लेखकों पर एक अधिक दूरगामी छाप छोड़ी। बड़ी संख्या में कवियों ने पण्डित के सम्मान में प्रशस्ति के पद लिखे, जो दो अलग खण्डों *कवीन्द्रचन्द्रोदय* (संस्कृत) और *कवीन्द्रचन्द्रिका* (ब्रज) में मौजूद है।[459] कविता में प्रशस्ति की हक़दार सिर्फ़ राजसी शख़्सियतें ही नहीं थीं। स्वयं एक प्रशस्ति लेखक रहे कवीन्द्र के लिए भी प्रशस्तियाँ लिखी गयीं। इन कविताओं को कैसे लिखवाया गया था, इसकी प्रक्रिया अस्पष्ट है, लेकिन वे इसे बड़े सशक्त रूप में दिखाती हैं कि किस तरह साहित्यिक और बौद्धिक शख़्सियतें आधुनिक युग से काफ़ी पहले सार्वजनिक

क्षेत्र में सामूहिक रूप से काम करती थीं।[460] यह अजीब है कि हिन्दू तीर्थयात्रियों की ओर से कवीन्द्र की पैरवी को फ़ारसी इतिहासकारों ने कभी दर्ज नहीं किया जबकि इसने एक सौ से अधिक साहित्यिक हिन्दुओं का ध्यान आकर्षित किया था। शाहजहाँ अपनी सार्वजनिक छवि पर कड़ा नियन्त्रण रखने के लिए जाने जाते हैं। एक शाही नीति को वापस लेने को शायद एक आधिकारिक दरबारी इतिहास में चर्चा करने के लायक़ बात नहीं माना गया होगा, ख़ासकर जब यह हिन्दू पैरवीकारों की बात मानने का मामला हो।[461] सुन्दर कविराय की ही तरह, फ़ारसी और भारतीय भाषा-स्रोतों में समान लोगों के बारे में ब्योरों में ख़ासा अन्तर है।

विविध समुदायों पर अपनी छाप छोड़ने वाले एक और ब्रज कवि चिन्तामणि त्रिपाठी हैं। हालाँकि उनके मामले में शाही दरबार से उनका सीधा सम्पर्क कम निश्चित है। रीति साहित्य के एक इतिहासकार के सामने चुनौतियों की यह एक ख़ास बानगी है कि चिन्तामणि का सबसे आधारभूत स्रोत कवि की अपनी रचना *रसविलास* कभी भी प्रकाशित नहीं हुई। माना जाता है कि चिन्तामणि ने अपने लेखकीय जीवन के आरम्भ में ही इस रीतिग्रन्थ को शाहजहाँ के लिए लिखा था। इसका रचनाकाल सम्भवत: 1630 का दशक रहा होगा। *रसविलास* और चिन्तामणि के दरबारी सम्बन्धों का कोई भी निर्णायक निर्धारण अभी बाक़ी है, जब तक कि उन बची रह गयी दो पाण्डुलिपियों का अधिक विस्तृत अध्ययन नहीं हो जाता है, जिनकी तिथियों का अन्दाज़ा लगाने में अध्येता सफल रहे हैं। लेकिन इसके बावजूद कुछेक बिन्दु निर्विवाद हैं।[462] इसका मुख्य विषय रस सिद्धान्त है, जिसमें एक भाग नायिकाभेद पर है। अब मुग़ल सन्दर्भ में हम ऐसी किसी चीज़ की अपेक्षा कर सकते हैं। *सुन्दरश्रृंगार* की ही तरह ऐसी एक नियमावली शिक्षित करने का काम भी करती होगी, लेकिन *रसविलास* में राजनीतिक कविता भी भरपूर है, जिसमें शाहजहाँ के लिए एक विस्तृत विरुदावली शामिल है। विरुदावली अथवा 'वीरतापूर्ण प्रशंसाओं का हार' एक परम्परागत और क़रीब-क़रीब मंत्रनुमा विधा है, जिसमें नायक की महिमा को उपाधियों की एक लम्बी सूची का बखान करते हुए सुनाया जाता है। इस ग्रन्थ में शहंशाह के लिए प्रशंसा होने से सहज ही यह संकेत मिलता है कि सम्भव है इसका क़रीबी आश्रय सम्बन्ध रहा होगा। कवि ने ख़ुद को 'चिन्तामणि कविराऊ' कहा है, जिसमें एक ऐसी उपाधि का उपयोग किया गया है जो शाहजहाँ द्वारा सुन्दर और संस्कृत लेखक जगन्नाथ पण्डितराज को दी गयी उपाधियों से मेल खाती है। लेकिन कविराव एक प्रतिष्ठित कवि के लिए एक सामान्य शब्द भी हो सकता

है।[463] शहंशाह की प्रशंसा के अलावा, कुछ दूसरी उल्लेखनीय मुग़ल शख़्सियतों के लिए भी कुछ प्रशस्ति कविताएँ इसमें शामिल हैं जैसे दारा शुकोह; शाहजहाँ के पोते जैनुद्दीन मुहम्मद (शाह शुजा के बेटे); हृदय शाह (शासनकाल 1634-78), दक्षिणी बुन्देलखण्ड में एक रजवाड़े के राजा; और एक मुग़ल मनसबदार जफ़र ख़ान। क़ायदे से इनमें से कोई भी शख़्सियत इस कृति का आश्रयदाता हो सकती है, शाहजहाँ का ही होना ज़रूरी नहीं है। केशवदास की *जहाँगीरजसचन्द्रिका* को याद करें। इसका शीर्षक चाहे जो कहता हो, शायद यह ग्रन्थ ख़ुद जहाँगीर ने नहीं लिखवाया था बल्कि रहीम के बेटे इराज शाहनवाज़ खान ने इसको लिखवाया था।

कुलीन मुग़ल हलक़ों में चिन्तामणि के रीतिग्रन्थों की स्वीकार्यता के बारे में अधिक प्रामाणिक सबूत बाद के एक फ़ारसी ग्रन्थ में मिलता है। *मआसिर अल-किराम* अठारहवीं सदी का एक फ़ारसी तज़किरा (कवियों की जीवनियों का संकलन) है जिसे ग़ुलाम अली आज़ाद बिलग्रामी ने संकलित किया था। आज़ाद अपने समय के महान बहुमुखी विद्वानों में से एक थे। उनकी बौद्धिक दिलचस्पी भारतीय काव्य सिद्धान्तों में भी थी।[464] फ़ारसी तज़किरा परम्परा में उनकी *मआसिर अल-किराम* इस मायने में असाधारण है कि इसमें हिन्दी कवियों पर एक अंश शामिल है। आज़ाद के समय तक भारतीय-मुसलमान कुलीन तबक़ा ब्रज साहित्यिक संस्कृति में एक बड़े उत्साह से भागीदार बन चुका था, लेकिन अपने से पहले के काल के चिन्तामणि के बारे में उनका ब्योरा (जिनके लिए अपने स्रोतों को वे कभी ज़ाहिर नहीं करते) इस बात को बहुत साफ़ कर देता है कि यही स्थिति सत्रहवीं सदी में भी थी। चिन्तामणि के बारे में आज़ाद का विवरण उनकी जीवनी के कुछ ब्योरों के साथ शुरू होता है :

> चिन्तामणि जहानाबाद क़स्बे में रहते थे और उनके दो भाई थे भूषण और मतिराम, वे भी मशहूर और अत्यन्त उत्कृष्ट कवि थे। चिन्तामणि संस्कृत के शास्त्र में अपने संगियों में श्रेष्ठ थे। वे शाहजहाँ के बेटे शाह शुजा के ज़िले में सम्मान के साथ रहते थे। और उनका कवित्त-विचार, जैसा कि कवि इसे आमतौर पर कहते थे, बहुत प्रतिष्ठित है।

शिवाजी के दरबारी ब्रज कवि भूषण, और बूँदी दरबार के कवि मतिराम का ज़िक्र करते हुए आज़ाद आधुनिकता काल पूर्व हिन्दी परम्परा की इस आम राय की पुष्टि करते हैं कि ये तीनों भाई थे। वे चिन्तामणि के अब खो चुके रीतिग्रन्थ कवित्त-विचार का उल्लेख भी करते हैं। इससे भी अहम बात यह है कि वे मुग़ल कुलीन

तबक़ों में रीतिग्रन्थों की लोकप्रियता के बारे में बहुमूल्य संकेत मुहैया कराते हैं।

यह बात पहले ही स्थापित की जा चुकी है कि चिन्तामणि त्रिपाठी को भारतीय-मुसलमान दरबारी व्यवस्था में प्रतिष्ठा मिल चुकी थी। इसे हम 1660 के दशक में गोलकोण्डा दरबार द्वारा तैयार करवाये गये संस्कृत अलंकार ग्रन्थ अकबर शाह की *शृंगारमंजरी* के उनके द्वारा ब्रज अनुवाद पर चर्चा के ज़रिये स्थापित कर चुके हैं।[465] आज़ाद बिलग्रामी से हमें एक और भारतीय-मुसलमान आश्रयदाता के साथ उनके सम्बन्ध का पता चलता है। वे जाजमऊ (आधुनिक कानपुर के पास) के दीवान सैयद रहमतुल्लाह थे। इसका उल्लेख मिलता है कि दीवान की महफ़िल में चिन्तामणि के एक छात्र ने भागीदारी की थी। वह महफ़िल में आये लोगों को अपने शिक्षक का रचा हुआ एक दोहा सुनाता है, जो उन्होंने अनन्वय अलंकार के नाम से जाने जाने वाले विषय पर लिखा था।[466] आज़ाद अपने फ़ारसी पाठकों को इस अवधारणा को इस तरह समझाना शुरू करते हैं–

> अनन्वय अलंकार तब उत्पन्न होता है जब विषय और तुलना का मानदण्ड एक ही वस्तु है। यह इस फ़क़ीर की छानबीन में सामने नहीं आया है कि अरब या फ़ारस के बुद्धिमान लोगों ने ऐसी किसी उपमा के बारे में बताया है कि नहीं। जो भी हो, इसका वजूद है।

आज़ाद ने अनन्वय के कुछ उदाहरण बताने की कोशिश की है, जिसमें 'जहूरी को छोड़कर जहूरी जैसा कोई नहीं है'[467] शामिल है। इसके अलावा यह भी है–

तुम्हारी शोख़ी मैं देखता हूँ ऐ दिलकश।
आशिक़ों के हसीं ख़्यालों में तुम ख़ुद अपनी मिसाल हो। (अनूदित)

अब जब उन्हें इस बात का भरोसा हो गया कि वे जिस अलंकार को समझा रहे थे, उसे उनके पाठक समझ गये हैं, आज़ाद ने चिन्तामणि के छात्र द्वारा महफ़िल में इस अलंकार के एक उदाहरण के रूप में पेश किया गया दोहा लिखा है, जिसका अंश है :

*वा मृग-नयनी की लखि, वाही की सी नयना*

छात्र ने एक छोटी-सी ग़लती कर दी थी, जिसे चिन्तामणि के भारतीय काव्य सिद्धान्त में पारंगत सैय्यद रहमतुल्लाह बताने में नहीं हिचके। कविता दोषपूर्ण साबित होती है क्योंकि अनन्वय अलंकार के नियमों के अनुसार नायिका की आँखों की तुलना ख़ुद उसकी अपनी आँखों से होनी चाहिए (क्योंकि उसकी अपनी आँखों के अलावा उनकी तुलना के लिए कोई और पर्याप्त मानदण्ड ही नहीं है)। जबकि इस

उदाहरण में उसको मृगनयनी कहकर गड़बड़ी पैदा कर दी गयी है। आगे चलकर चिन्तामणि से अपने छात्र के पद को सुधारने को कहा गया, जिसे इस तरह ठीक किया गया :

*वा सुन्दरी की मैं लखी, वाही की सी नयना*

ब्रज पद की आलोचना करते हुए दीवान नुक्ता-संजी और इसलाह के आदर्शों पर चल रहे थे, जो फ़ारसी और उर्दू संस्कृतियों में उनकी महारत की निशानी है।[468] लेकिन मुख्य बात यह है कि सैय्यद रहमतुल्लाह में अलंकारों की भारतीय प्रणाली को लेकर एक खुली क़द्रदानी मिलती है, और इस विषय में बारीक समझ का उनका प्रदर्शन उनको कविता के एक क़द्रदान के रूप में चिह्नित करता है। एक सम्बद्ध प्रसंग में सैयद रहमतुल्लाह ने चिन्तामणि को अपने साथ कुछ समय तक रहने के लिए बुलाया। आज़ाद से हमें पता चलता है कि सैयद ने विद्वान ब्रज लेखक को सोने की अशर्फ़ियाँ और सम्मान में पोशाक की बख़्शीश दी थी। भारतीय रस सिद्धान्त से अपने परिचय से ज़ाहिर तौर पर प्रेरित दीवान ने ख़ुद हिन्दी कविताओं का एक संकलन लिखा जिसे *पूरनरस* कहा जाता है।[469]

*मआसिर अल-किराम* इस बात की एक दुर्लभ झलक पेश करता है कि रीतिग्रन्थों का वास्तव में व्यवहार में कैसे उपयोग होता था। साहित्यिक श्रेणियाँ पेश की जातीं, उन पर चर्चा की जाती, बहस होती। सिर्फ़ उनकी रचना करने वाले विद्वानों द्वारा नहीं बल्कि महफ़िलों में जमा हुए क़द्रदानों द्वारा भी।[470] आज़ाद का वर्णन दावे के साथ यह रेखांकित करता है कि भारतीय-मुसलमान साहित्यप्रेमी ब्रजकाव्य और साहित्य सिद्धान्त दोनों के मुख्य पाठक-दर्शकों में से एक थे। उनमें से कुछ ने तो ब्रज रचनाओं में हाथ भी आज़माया जैसा कि रहीम और दीवान रहमतुल्लाह के साथ हम देखते हैं।

## औरंगज़ेब के काल और उनके बाद के ब्रज कवि

अब तक पेश किये गये सबूत बिना किसी सन्देह के इस बात को दिखाते हैं कि मुग़ल दरबारी संस्कृति का एक अहम हिस्सा ब्रजभाषा साहित्य था। यह शाहजहाँ तक ही नहीं रुका। जगह की सीमाएँ हमें औरंगज़ेब के लम्बे शासनकाल (1658-1707) और लम्बी अठारहवीं सदी के दौरान आश्रय की स्थितियों का पूरा-पूरा आकलन करने से रोकती हैं। लेकिन प्रमाणों का एक सरसरी आकलन भी इस बात की पुष्टि कर देता है कि तब एक जीवन्त और उत्साहवर्धक माहौल था, जिसे

ख़ुद शहंशाह से अधिक राजकुमारों और कुलीन तबक़ों द्वारा आगे बढ़ाया गया। चिन्तामणि त्रिपाठी की रचनाओं की लोकप्रियता हमें इसकी याद दिलाती है कि दरबारी संस्कृति के दायरे में सिर्फ़ शहंशाह का दरबार ही नहीं था। उसमें सूबेदारों और विभिन्न कुलीन अफ़सरों की महफ़िलें भी शामिल थीं, जिन्होंने उस चीज़ को रचने में सक्रिय रूप से भागीदारी की जिसे हम मुग़ल शैली मानते हैं। औरंगज़ेब के काल में एक नयी राजधानी औरंगाबाद दक्कन में बनायी गयी। राजनीतिक केन्द्र के दक्षिण की तरफ़ चले जाने के बावजूद उत्तर में राजकुमारों और अमीरों की महफ़िलों में हिन्दी की दरबारी संस्कृति फलती-फूलती रही।

इस बात को स्थापित करना आसान नहीं है कि ख़ुद शहंशाह औरंगज़ेब ने ब्रज कवियों को किस हद तक आश्रय दिया। औरंगज़ेब के बारे में बनायी गयी यह रूढ़ छवि एक ग़लत धारणा है कि वे हिन्दुओं के प्रति दुश्मनी का भाव रखते थे। राष्ट्रवादी कल्पना में इसका मतलब यह भी है कि वे उनको हिन्दी से वैर था। कैथरीन ब्राउन के हालिया काम ने दिखाया है कि संगीत पर उनकी पाबन्दी को कितना बढ़ा-चढ़ाकर पेश किया गया है। इससे हमें कविता के बारे में बनी-बनायी धारणाओं पर चर्चा करते हुए भी सतर्क रहने की ज़रूरत रेखांकित होती है।[471] औरंगज़ेब के निरंकुश कट्टरपन्थ के बारे में मुग़ल इतिहास-लेखन में जो भी सभी घिसी-पिटी बातें कही जाती हैं, ख़ासकर अपने शासनकाल के आरम्भिक दौर में संगीत से औरंगज़ेब के प्यार की भली-भाँति पुष्टि मिलती है। और असल में इसी दौर में डेढ़ सदी के ठहराव के बाद फ़ारसी में संगीत पर महत्त्वपूर्ण रचनाएँ मिलना शुरू होती हैं। फ़क़ीरुल्लाह का *रिसाला-ए-रागदर्पण* (1666) इस बात का एक भरपूर-सकारात्मक प्रमाण है कि औरंगज़ेब संगीतकारों को कितना आश्रय दिया करते थे।[472] फ़क़ीरुल्लाह औरंगज़ेब के मातहत कश्मीर के सूबेदार थे। शहंशाह हिन्दी कविताओं के हवाले देने के लिए मशहूर थे और, जैसा कि *मआसिर-ए-आलमगीरी* में बयान किया गया है, उन्होंने हिन्दी वर्तनी व्यवस्था में रुचि भी ली। उन्होंने इस मामले में अपने बेटे आज़म शाह के दीवान ख़ान मीर हादी से मशविरे लिये थे। कुछ विद्वानों ने कुछ मूल ब्रज कविताओं को औरंगज़ेब की रचनाएँ बताया है।[473]

इस बात के निश्चित प्रमाण मिलते हैं कि औरंगज़ेब के दल में ब्रज कवि हुआ करते थे, और ऐसा लगता है कि शहंशाह सीधे-सीधे उन्हें आश्रय देते थे।[474] एक प्रसंग ऐसा भी है जो सुन्दर कविराय के ओरछा अभियान की याद दिलाता है। औरंगज़ेब और उनके भाइयों के बीच उत्तराधिकार की लड़ाई के दौरान कम से कम

एक कवि को साहित्य से इतर गतिविधियों में जोड़ा गया था। *मुन्तख़ब अल-लुबाब* (आरम्भिक अठारहवीं सदी) के लेखक ख़फ़ी ख़ान बताते हैं कि एक ब्राह्मण 'कब' को जोधपुर के राजा जसवन्त सिंह से बातचीत करने के लिए भेजा गया था। (जो संयोग से खुद भी एक चर्चित रीति कवि थे) :

> औरंगज़ेब ने कब नाम के एक ब्राह्मण को, जो अपनी हिन्दी कविता और वाक्पटुता के लिए ख्यात थे, एक सन्देश के साथ महाराजा के पास भेजा-"हमारी गतिविधियों का उद्देश्य महाराज का सम्मान करना और अपने आश्रयदाता और हमारे मालिक और दो जहानों के क़िबला[475] का हुक्म बजा लाना है। हम प्रकाशमय दरबार में शुद्ध धार्मिक समर्पण के साथ जा रहे हैं और विरोध या युद्ध का कोई इरादा नहीं है। आपके लिए उपयुक्त होगा कि आप हमारे साथ आने का सौभाग्य पायें; लेकिन अगर यह सम्भव नहीं हो, तो आप हमारे मार्ग से हट जायें, अपने वतन (जोधपुर) लौट जायें, और ख़ुदा की ख़ल्क़ में टकराव और ख़ून-ख़राबे की वजह न बनें।"
>
> महाराजा ने शहंशाह (शाहजहाँ) के हुक्मों का हवाला देते हुए औरंगज़ेब के प्रस्ताव को क़बूल न किया और एक गुस्ताख़ी-भरा जवाब दिया। अगले दिन, दोनों पक्ष लड़ाई के लिए तैयार थे।[476]

जसवन्त सिंह के साथ इस अनाम हिन्दी कवि की मध्यस्थता उसी तरह नाकाम रही जिस तरह जुझार सिंह के साथ सुन्दर कविराय की वार्ता। शायद कूटनीति हिन्दी कवियों का मज़बूत पक्ष नहीं थी। लेकिन इसके बावजूद इस प्रसंग के साथ दिलचस्प बात यह है कि इसमें एक हिन्दी कवि को औरंगज़ेब की सेवा में दिखाया गया है। यह इस बात की याद दिलाता है कि कवि सिर्फ़ कवि ही नहीं थे, बल्कि दरबार में कई क़िस्म की क्षमताओं में अपनी सेवाएँ देते थे। और इससे फिर से इस बात की याद भी आती है कि फ़ारसी और हिन्दी के लेखकों के लिए अपने समय के सांस्कृतिक इतिहास के बहुत अलग-अलग क़िस्म के ब्योरे पेश करना सम्भव था।

औरंगज़ेब के प्रशासन में काम करने वाले एक और हिन्दी कवि मिर्ज़ा रोशन ज़मीर थे। फ़क़ीरुल्लाह की तरह, वे संगीत के क़द्रदान थे। उन्होंने फ़ारसी शायरी भी लिखी थी। उनकी ख्याति की एक वजह यह है कि उन्होंने भारतीय संगीत से सम्बन्धित एक ग्रन्थ *संगीतपारिजात* [क] का फ़ारसी अनुवाद किया था।[477] 'ज़मीर' (विवेक) उनका फ़ारसी तख़ल्लुस था, जब वे ब्रज में कविताएँ लिखते थे

तब वे 'नेही' (प्रेमी) नाम का उपयोग करते थे। ख़फ़ी ख़ान के अनुसार, ज़मीर की "फ़ारसी गद्य और पद्य और हिन्दी कविता लिखने की क्षमता इतनी महान थी कि उन्हें दूसरा अमीर ख़ुसरो कहा जा सकता था।"[478] ब्रज साहित्यिक शैली पर नेही को उल्लेखनीय महारत हासिल थी। भारतीय विधा के शिख-नख से वे अवगत थे (फ़ारसी में इससे मिलता-जुलता *सरापा* हुआ करता है) और उन्होंने नायिकाभेद के ग्रन्थों से मानक विषयों जैसे कि स्त्री के *मान* पर काम किया। उनके बारे में हमें ज़्यादातर फ़ारसी-स्रोतों में ही सूचनाएँ मिलती हैं। बलदेव मिश्र ने अठारहवीं सदी के मध्य में अपने संकलन *सत्कविगिराविलास* में केशवदास, चिन्तामणि और सुन्दर जैसे प्रख्यात लोगों के साथ नेही के पदों को भी शामिल किया है। सूदन की कवि-प्रशंसा में शामिल कवियों में नेही भी एक कवि थे। यह दिखाता है कि अब भुला दिये गये इस मुग़ल कवि को अठारहवीं सदी तक हिन्दी की स्थापित परम्परा का हिस्सा माना जाता था।[479]

औरंगज़ेब के कई दूसरे दरबारियों द्वारा और कम से कम औरंगज़ेब के एक बेटे द्वारा ब्रज कविता को आश्रय देने की बात भी भली-भाँति प्रमाणित है। हिम्मत ख़ान मीर इसा (निधन 1681) औरंगज़ेब के एक मनसबदार थे। उन्होंने जिस तरह कवियों को आश्रय दिया, उससे उन्हें 'अपने समय के रहीम' कहा जाता है। इन कवियों में ब्रज लेखक श्रीपति भट्ट (लगभग 1674, *हिम्मतप्रकाश* के लेखक), बलबीर, और कृष्ण कवि शामिल हैं। मीर इसा की अपनी ब्रज कविताओं में से कुछ बची रह गयी हैं, उनमें 'मीरन' छाप का उपयोग किया गया है।[480] फज़ील अली औरंगज़ेब के एक वज़ीर थे, उन्होंने सुखदेव मिश्र को नायिकाभेद ग्रन्थ *फज़ीलअलीप्रकाश* (1676) लिखने का काम सौंपा था।[481] इसी अवधि में औरंगज़ेब के बेटे आज़म शाह ने एक ऐसी परम्परा क़ायम की जिसे अब बेहिचक ब्रज संगीत और भारतीय साहित्य सिद्धान्त में मुग़ल रुचि कहा जा सकता है। बिंदरबन दास खुशगु ने अठारहवीं सदी में *सफ़ीना-ए-खुशगु* नाम से एक जीवनीपरक शब्दकोश तैयार किया था। उनके मुताबिक़ आज़म शाह को "हिन्दवी शायरी की अनेक विधाओं पर एक मुकम्मल महारत हासिल थी, और वे सबसे बढ़कर अपनी बेहतरीन संगीत रचनाओं के लिए मशहूर थे।"[482] कुछ हिन्दी विद्वान उन्होंने ब्रज कवि देव का पहला आश्रयदाता भी मानते हैं (हालाँकि इसके प्रमाण अस्पष्ट हैं), जिनकी कविता ब्रजभाषा में सबसे प्रशंसित कविताओं में शामिल है।[483] हम यह अधिक निश्चितता के साथ कह सकते हैं कि उन्होंने मिर्ज़ा ख़ान से *तुहफ़त अल-हिन्द* लिखवायी, जो एक मौलिक

फ़ारसी प्रबन्ध ग्रन्थ है जिसमें ब्रजभाषा पर एक विस्तृत हिस्सा शामिल है। सुन्दर और चिन्तामणि के रीतिग्रन्थों की तरह *तुहफ़त* भारतीय-मुसलमान पाठकों का ब्रज साहित्यिक संस्कृति के प्रमुख सिद्धान्तों से परिचय कराता है। इस ग्रन्थ में जिस तरह छन्द, तुक, रस, अलंकार और नायिकाभेद की चर्चा की गयी है, उसमें यह एक रीतिग्रन्थ से बहुत मेल खाता है। मिर्ज़ा ख़ान ने व्याकरण, संगीत, कामशास्त्र और सामुद्रिकशास्त्र पर चर्चाओं को भी शामिल किया है।[484]

*तुहफ़त अल-हिन्द* एक ऐसा उल्लेखनीय ग्रन्थ है जिस पर एक क़रीबी निगाह डालनी ज़रूरी है, क्योंकि इसमें सत्रहवीं सदी के अन्तिम दौर में फ़ारसीदाँ कुलीन लोगों के भारतीय भाषाओं के प्रति रवैये को लेकर अन्तर्दृष्टि मिलती है। मिर्ज़ा ख़ान के लिए तीन भाषाएँ उल्लेखनीय थीं–संस्कृत, प्राकृत और भाखा (यानी ब्रजभाषा)। जहाँ संस्कृत को देवताओं की भाषा और भारत में ज्ञान की प्रमुख भाषा के तौर पर सम्मान दिया गया[485] और प्राकृत को भी समुचित स्वीकृति मिली (अलबत्ता थोड़े अस्पष्ट तरीक़े से, इसे संस्कृत और भाखा का एक मेल माना गया जिसे राजसी लोग और लोककवि भी इस्तेमाल करते थे), लेखक ने अपना असली आदर ब्रजभाषा के लिए आरक्षित रखा है :

> सजीली शायरी और आशिक़ और माशूक़ की तारीफ़ ज़्यादातर इसी ज़ुबान में रची जाती है। यह उस दुनिया की ज़ुबान है जिसमें हम रहते हैं...यह ख़ासकर बिर्ज (यानी ब्रज) लोगों की ज़ुबान है। बिर्ज भारत में एक देश का नाम है...जिसका मरकज मथुरा में है, जो एक मशहूर ज़िला है। बिर्ज लोगों की ज़ुबान सभी ज़ुबानों में सबसे ख़ूबसूरत है...चूँकि यह ज़ुबान आशिक़ और माशूक़ की तारीफ़ में रंगीन और मीठी बातों में रची-बसी शायरी है, और कवियों और तहज़ीबयाफ़्ता लोगों के बीच में इसका काफ़ी चलन है, इस वजह से इसके व्याकरण के क़ायदों को यहाँ पेश किया गया है।[486]

अगर अभी भी किसी प्रमाण की ज़रूरत हो, तो यह नज़रिया कि ब्रज एक *अफ़शाह-इ ज़बानहा* (सब ज़बानों में सबसे ख़ूबसूरत) है। इस बात का एक अकाट्य प्रमाण है कि मुग़ल कुलीन तबक़े के कम से कम कुछ लोग मानते थे कि न सिर्फ़ फ़ारसी बल्कि ब्रजभाषा भी ख़ास नज़ाकत रखने वाली एक साहित्यिक भाषा है। औरंगज़ेब के काल में अनेक ग्रन्थों में ब्रजमण्डल और ग्वालियर की भाषा के लिए इसी से मिलती-जुलती प्रशंसाएँ कही गई हैं। फ़क़ीरुल्लाह ने

क़रीब-क़रीब समान शब्दों का उपयोग किया है। उन्होंने इसे अफ़शाहतरीन ज़बान (सबसे खूबसूरत ज़बान) बताते हुए कहा है कि शिराज़ में बोली जाने वाली फ़ारसी से इसकी तुलना की जा सकती है। एक फ़ारसी बोलने वाले शख़्स से मिली यह सचमुच में एक उदार तारीफ़ है।[487] संक्षेप में, आरम्भिक आधुनिक काल के फ़ारसी लेखक ब्रज कविता को विशेष सम्मान दे रहे थे। इस भाषा में ग्रन्थ लिखवाने के लिए आश्रय देने का मुग़ल समाज के उच्च स्तरों में एकबारगी एक बड़ा चलन था। *तुहफ़त अल-हिन्द* औरंगज़ेब के बेटे आज़म शाह की साहित्यिक पसन्द की वजह से वजूद में आया, जो ब्रज कविता के लिए इतने उत्साही थे कि चाहते थे कि हर कहीं फ़ारसी पाठक इसको समझ पायें। औरंगज़ेब के कई पोते भी उत्साही थे। रफ़ीउश्शान (आज़म शाह के बड़े भाई मुअज्जम शाह के बेटे) की कुछ कविताएँ 'न्यायी' तख़ल्लुस के साथ बची रह पायी हैं। उनके बेटे अज़ीमउश्शान कवि वृन्द (1643-1723) के एक बड़े आश्रयदाता थे।

वृन्द एक सफल लेखक थे, और अनेक सफल रीति कवियों की तरह, उनके अनेक आश्रयदाता थे। मूल रूप से राजपूत राज्य किशनगढ़ में आश्रित वृन्द 1673 में दिल्ली चले आये जब उन्हें अज़ीमउश्शान की सेवा में नियुक्त किया गया। सम्भवतः वे एक उस्ताद के रूप में बुलाये गये थे।[489] जब उनके आश्रयदाता आगे चलकर बंगाल के सूबेदार बने, वृन्द उनके साथ ढाका चले गये। वहीं उन्होंने अपनी सबसे प्रशंसित ग्रन्थ *नीतिसतसई* की रचना की। यह 1704 में पूरी हुई सात सौ सूक्तियों का एक संग्रह है। वृन्द के ग्रन्थों में एक और रचना *शृंगारशिक्षा* (1691) अजमेर में (किशनगढ़ के निकट) एक प्रभावशाली मुसलमान परिवार के लिए लिखी गयी थी। इस तरह उन्होंने शाही शैलियों को व्यापक सामाजिक हलक़ों में विस्तार देने में मदद की। उन दिनों के ब्रज कवि अक्सर यह करते थे।

*शृंगारशिक्षा* ज़्यादातर परिचित ग्रन्थ लगता है, क्योंकि मोटे तौर पर इसकी संरचना एक रीतिग्रन्थ जैसी है। लेकिन इसमें कुछ ऐसी विशेषताएँ हैं जो इस विधा के लिए सामान्य नहीं हैं, और यह इस बात का प्रमाण हैं कि किसी विशेष आश्रयदाता की ज़रूरतों के हिसाब से ऐसी विधाओं में किस क़िस्म के बदलाव किए जा सकते हैं। प्रस्तावना सामान्य हिन्दू परिपाटी से बड़ी बारीकी से प्रस्थान को दिखाती है। ज़्यादातर दरबारी ब्रज रचनाओं की शुरुआत आमतौर पर गणेश के एक संक्षिप्त मंगलाचरण से होती थी, जिसमें एकाध अतिरिक्त पद सरस्वती या कृष्ण के सम्मान में कहे जाते थे। *शृंगारशिक्षा* में वृन्द ने अभिवादन की परम्पराओं के एक

भिन्न समूह का उपयोग किया है, जो एक भारतीय-मुसलमान पाठक के हिसाब से तैयार किया गया लगता है। पहला पद असल में ईश्वर के लिए ही है, लेकिन वृन्द ने अपने आदर के विषय को प्रभु का नाम दिया है, जो संस्कृत का शब्द है लेकिन अपने अर्थ में निरपेक्ष है :

*परम ज्योति सब में प्रगट, परमानंद प्रकास,*
*ता प्रभु कौं बन्दन करौं, मन करम बचन बिलास।*

भले ही इसे अत्यन्त संस्कृत रजिस्टर में व्यक्त किया गया है, लेकिन परम ज्योति और परमानन्द प्रकास जैसे पदों में प्रकाश का बिम्ब असल में क़ुरआन सम्मत है।[490] इसमें सूफ़ीवाद की अनुगूँज भी हो सकती है। बाक़ी की प्रस्तावना संक्षिप्त शैली में ऐसी परम्परा पर चलती है जो संस्कृत या ब्रज शैलियों के बजाय ज़्यादातर फ़ारसी मसनवी से मेल खाती है। वृन्द संस्कृत और ब्रज शैलियों से सर्वाधिक परिचित रहे होंगे और अपने रचना-संसार में हर कहीं उन्होंने आमतौर पर उन्हीं का पालन किया है। पहले वे आध्यात्मिक और इसके बाद लौकिक शख़्सियतों का आह्वान करते हैं। इसमें बेहद श्रद्धेय सन्त मुईनुद्दीन चिश्ती के सम्मान में लिखे गये पद हैं, जिनका मज़ार अजमेर की एक बहुत बड़ी निशानी है। इसके बाद अपने समय के शहंशाह औरंगज़ेब की और अजमेर के स्थानीय सूबेदार मुहम्मद सलिह की प्रशंसा शामिल है, जो आश्रयदाता के पिता थे।[491]

आश्रयदाता मिर्ज़ा कादिरी को समर्पित पद अपने लहजे में कम औपचारिक हैं और उनमें इस काल में रीतिग्रन्थों को मिलने वाली स्वीकार्यता के बारे में अतिरिक्त संकेत मिलते हैं। औरंगज़ेब में जहाँ शाही ख़ूबियाँ बतायी गयी हैं (ताक़तवर, रहमदिल, तारीफ़ के क़ाबिल)[492] और मुहम्मद सलिह की उनकी नेकी के लिए तारीफ़ की गई है, वृन्द ने मिर्ज़ा कादिरी को इस तरह पेश किया है जो उनकी भावनात्मक गुणों और कला के पारखी होने को रेखांकित करता है :

*ताको मिरजा कादरी सब बिधि सरस सुजान।*
*बीर धीर बानैतबर सुबुधि सुरूप निधान।।*
*दाता ज्ञाता भोगता अति चित परम उदार।*
*कुलमनि मिरजा कादरी रस-चातुर रिझवार।।*
*सरस समझि रस रीति मैं करत प्रीति निरबाह।*
*राग रंग रुचि रैंन दिन चित चतुराई चाह।।*[493]

मिर्ज़ा कादिरी की आगे प्रशंसा की गई है क्योंकि वे लोगों की प्रतिभाओं के पारखी हैं (देत गुनी लोकन कौं मान), बेशक यह कवि द्वारा एक क़िस्म की आत्मप्रशंसा है। लेकिन यह बात यह भी बताती है कि उन दिनों कुलीन लोगों के बीच रईसाना व्यवहार से किस तरह की अपेक्षाएँ की जाती थीं।[494]

*शृंगारशिक्षा* में ज़्यादातर ऐसी सामग्री है जो नायिकाभेद के दूसरे ग्रन्थों से मेल खाती है। लेकिन इसमें कला की पक्की रसिकता की निशानियों का एक जीवन्त ब्योरा भी जोड़ा गया है। जैसे कि रंग-महल बनवाना, सुपारी का स्वाद लेना, संगीत सुनना।

इसमें जो बातें शामिल की गयी हैं, उतनी ही दिलचस्प बातें वे हैं जिन्हें छोड़ दिया गया है। *शृंगारशिक्षा* में स्वकीया नायिका की श्रेणी ली गयी है, लेकिन इस विधा की आमतौर पर अन्य दो प्रमुख श्रेणियों परकीया और सामान्या को छोड़ दिया गया है। ऐसे सुझाव पेश किये गये हैं कि कादिरी ने विवाहयोग्य बेटी की शिक्षा के लिए इस ग्रन्थ की रचना करवायी थी, यह अनुमान इस बात से भी मज़बूत होता है कि ग्रन्थ में ब्याह विधि भी जोड़ दिया गया है।[495] सोलह शृंगार पर कुछ चर्चाएँ भी शिक्षाप्रद मालूम होती हैं :

*प्रथम ब्याह विधि कहत हौं कछुक प्रसंगहि पाइ।*
*जातैं उपजत नाइका भेद अवस्था भाइ।।*

मिर्ज़ा कादिरी के घर में इस ग्रन्थ का प्राथमिक पाठक जो भी हो, *शृंगारशिक्षा* ऐन्द्रिक जीवन का एक बेबाक बयान है। अनुराग, शृंगारयुक्त शरीर, स्त्री का शृंगारकक्ष, सुपारी और दालचीनी के लुभावने स्वाद, संगीत और दूसरे रासरंगों का आनन्द लेने के उपदेशों के साथ यह पाठक में एक अत्यन्त परिष्कृत आस्वादन और संवेदना का संचार करती है। एक आरम्भिक आधुनिक समाज में क्या यौन शिक्षा इस तरह हुआ करती थी?[496] प्रेम और कला की क़द्रदानी पर ज़ोर देना निश्चित रूप से एक ऐसे ग्रन्थ के अनुकूल था जो शृंगार पर एक निर्देशावली होने का दावा करता हो, लेकिन महत्त्वपूर्ण बात यह है कि रीतिग्रन्थों को केवल साहित्यिक ग्रन्थों के रूप में ही नहीं देखा जाना चाहिए। यहाँ मक़सद एक भावनापूर्ण जीवन और सभ्य आचरण के बुनियादी तत्त्वों की सीख देना है। इसका प्रलोभन होता है कि वृन्द के ग्रन्थ को एक समकालीन फ़ारसी विधा *मिर्ज़ानामा* के साथ एक संवाद में रखा जाए, जो शरीफ़ाना व्यवहारों से जुड़ी हुई है। इस संवाद के नतीजे में यह कहने का प्रलोभन होता है कि ऐन्द्रिक विषयों के भावपूर्ण वर्णन के साथ ब्रज रचनाओं ने मुग़ल

कुलीन तबक़े में अपनी सांस्कृतिक शिक्षा की उसी तरह की एक समान भूमिका अदा की। वृन्द की रचना में एक और गहरी बात इसके एक स्त्री पाठक होने की सम्भावना से जुड़ी है। औपनिवेशिकता से पूर्व के भारत में लैंगिक (जेंडर) इतिहास या भावनाओं के इतिहास के क्षेत्र में बहुत कम काम हुआ है (अगर हम आरम्भिक आधुनिक यूरोप से तुलना करें) और यह विषय जितने सम्पूर्ण अनुसन्धान के हक़दार हैं, इसकी कोशिश यहाँ नहीं की जा सकती है। लेकिन वृन्द की *शृंगारशिक्षा* संकेत देती है कि ब्रजभाषा के दरबारी ग्रन्थों ने भारतीय और फ़ारसी दोनों परम्पराओं की एक व्यापक मण्डली के भीतर काम किया, जिनकी भूमिका हमारी संवेदनाओं को शिक्षित करना भी था।[497]

## निष्कर्ष

अकबर के शासनकाल के दौरान ब्रज ने मुग़ल दरबार में हैरान कर देने वाली लोकप्रियता हासिल करनी शुरू की थी–यह वही काल था जब केशवदास ने अपना लेखकीय जीवन शुरू किया। ब्रजभाषा ने फ़ारसी भाषा की अहमियत कम नहीं की,[498] लेकिन इसकी हैसियत फ़ारसी राजनीतिक मेलजोल के भीतर क़बूल की गयी। हम इसे देखते हैं जब अबुल फ़ज़ल अकबर के हिन्दी कविता की बारीकियों के ज्ञान की तारीफ़ करते हैं, या अठारहवीं सदी में राजकुमारों के लिए लिखी गई नियमावली *मिरात अल-मुलूक* में लेखक ताजुद्दीन दो मौक़ों पर यह उल्लेख करते हैं कि मुग़ल शाही घरानों के लिए हिन्दी कविता का ज्ञान ज़रूरी है।[499] इस अध्याय में ज़ोर लम्बी सत्रहवीं सदी पर रहा है, लेकिन अगर समय और जगह हो, तो पूरी अठारहवीं सदी और इसके बाद भी औपनिवेशिक काल में कुलीन मुग़ल दायरों में ब्रजकाव्य की अनवरत सफलता को दर्ज करना सम्भव हो सकता था।

इसमें कोई सन्देह नहीं हो सकता है कि फ़ारसीदाँ कुलीन तबक़े के सदस्य रीति साहित्य के उत्साही पाठक थे। इसके प्रमाण भी मिलते हैं कि इस समुदाय के सदस्यों द्वारा इस कविता परम्परा पर टीकाएँ लिखी गयीं, या कम से कम ऐसी टीका परम्पराओं को इस समुदाय की ज़रूरतों के लिहाज़ से बनाया गया। इसमें अलवर के जोशी आनन्दीलाल शर्मा की *सफरंग-ए सतसई* शामिल है।[500] जहानाबाद के सूबेदार नसीरुल्लाह ख़ान ने सुरति मिश्र को इसका ज़िम्मा सौंपा कि वे केशवदास की *रसिकप्रिया* की व्याख्या लिखें। इस पर उन्होंने *रसगाहकचन्द्रिका* लिखी।[501] मीर ग़ुलाम अली आज़ाद द्वारा अपनी *मआसिर अल-किराम* में हिन्दी कविता पर लम्बी

चर्चा भी फ़ारसी 'तजकिरा' परम्परा के पाठकों के बीच एक अहम पाठकीयता के संकेत देती है। जिन कवियों को इसमें जगह मिली, उनमें चिन्तामणि एक कवि हैं। अगर आज़ाद अपने समय और अपने क्षेत्र से सिर्फ़ एक कवि की तारीफ़ करते हुए बहुत भावुक हो उठे थे, तो वे थे सैयद ग़ुलाम नबी बिलग्रामी (1699-1750)। वे ब्रज में 'रसलीन' नाम से लिखते थे और अवध के नवाब सफ़दरजंग की सेवा में थे। रसलीन ने फ़ारसी और ब्रज दोनों में कविताएँ लिखीं, लेकिन उनकी ब्रज कविताओं को आज़ाद की जीवनी में जगह-जगह पर तारीफ़ के साथ ज़िक्र किया गया है : "हिन्दुस्तान में किसी भी तोते ने अपनी क़लम की ख़ूबसूरती से इतने मीठे बोल नहीं बिखेरे हैं, और इस बाग़ में किसी भी मोर ने अपनी कल्पना के इतने जादू भरे पंख नहीं फैलाये हैं।"[502] *मआसिर अल-किराम* में यह बोध हावी है कि फ़ारसी कवियों तक के लिए हिन्दी में रचना करने की सक्षमता साहित्यिक दक्षता के लिए एक पूर्वशर्त बन गयी थी। और रसलीन कोई साधारण क्षमता वाले हिन्दी कवि नहीं थे। आज़ाद ने रस और नायिकाभेद पर उनके बारीक ज्ञान पर ज़ोर दिया है। उनका कहना है कि रसलीन का रसप्रबोध (1742) निश्चित रूप से सबसे सुन्दर और सैद्धान्तिक रूप से सबसे सटीक रीतिग्रन्थ होगा जिसे किसी मुसलमान कवि ने लिखा हो।[503] यह सभी बातें संकेत देती हैं कि किस तरह भाषाई, धार्मिक और सामाजिक रूप से विविध क्षेत्रों के बीच एक साझा साहित्यिक समुदाय था। चाहे उनको दर्ज करने और उनकी विशिष्ट सांस्कृतिक दलीलों का विश्लेषण करने का काम अभी बस शुरू ही हुआ है।[504]

अठारहवीं सदी के अन्तिम दौर तक आते-आते भारतीय-मुसलमान लेखकों के बीच उर्दू फ़ारसी और ब्रज दोनों भाषाओं की जगह लेने लगी थी, लेकिन यह पसन्द रातों रात नहीं बदली। साहित्य में किसी एक अकेली भाषा के दबदबे की परम्परा एक क़ायदा बनती हुई नहीं दिखती है। शहंशाह शाह आलम द्वितीय (शासनकाल 1759-1806) लिखने के लिए दो अलग-अलग नामों का उपयोग करते थे। जब वे फ़ारसी में लिखते तो 'आफ़ताब', और जब वे ब्रज में लिखते तो 'शाह आलम'। अहम बात यह है कि वे दोनों भाषाओं में लिखते थे। आख़िरी मुग़ल शहंशाह बहादुर शाह 'ज़फ़र' (शासनकाल 1837-57) को भले ही उनकी उर्दू शायरी के लिए बेहतर जाना जाता है, वे आज भी एक ब्रज कवि के रूप में याद किये जाते हैं।[505] आधुनिक विद्वानों में औपनिवेशवाद से पहले के भारतीय लेखकों की पहचानों को खानों में बाँटने और यहाँ तक कि उनकी साम्प्रदायिक पहचान गढ़ने की प्रवृत्ति मिलती है।

ऐसा करते हुए वे ऐसे शब्दों का उपयोग करते हैं जो सिर्फ़ आधुनिक काल में ही आकर स्थापित हुए (जैसे कि फ़ारसी और उर्दू के शायर ज़रूर मुसलमान होंगे, और ब्रज कवि ज़रूर हिन्दू), साहित्यिक-ऐतिहासिक दस्तावेज़ कहीं अधिक बारीकियों और जटिलताओं को दिखाते हैं। साहित्यिक पहचानें पैदाइशी नहीं थीं, उन्हें चुना जाता था।

भारतीय साहित्यिक संस्कृति के साथ मुग़लों की भागीदारी की निशानी सिर्फ़ ब्रज कविता ही नहीं थी। अकबर ने ख़ासतौर से अनेक क्लासिक ग्रन्थों के फ़ारसी अनुवाद करवाये। इनमें *रामायण, महाभारत, हरिवंश, पंचतन्त्र* और *कथासरित्सागर* शामिल हैं। लेकिन संस्कृत ग्रन्थ आमतौर पर पहुँच से बाहर ही रहे, अपवाद सिर्फ़ अनुवाद थे। इसके उलट रीति साहित्य एक ऐसा सांस्कृतिक स्रोत था, जिसमें मुग़ल सीधे-सीधे भागीदारी कर सके। हमें सिर्फ़ अकबर के दरबारी रहीम को याद करना भर काफ़ी है, कि वे किस तरह भारतीय भाषाओं, वैष्णव भक्ति, हिन्दू गाथा, और भारतीय साहित्य के विविध तकनीकी ब्योरों में माहिर थे। बौद्धिक इतिहास के नज़रिये से यह एक अहम मुद्दा पेश करता है—आरम्भिक आधुनिक काल में देशभाषाकरण की प्रक्रिया में मुग़ल दरबारी समुदायों और रीतिग्रन्थ जैसी विधाओं का योगदान। पिछले अध्याय में हमने इसकी पड़ताल की है कि कैसे केशवदास जैसे आरम्भिक प्रतिपादकों के हाथों में रीतिग्रन्थों ने संस्कृत साहित्यिक सिद्धान्तों के देशभाषाकरण के वाहक की भूमिका निभायी। अगला अध्याय इस बात की पड़ताल करेगा कि कैसे राजपूत दायरों में ऐसे ग्रन्थों के प्रसार ने ब्रज कविकुल को एक ठोस आधार हासिल करने में मदद की, जो दिन-ब-दिन ख़ुद को संस्कृत से अलग करते जा रहे थे। लेकिन आरम्भिक आधुनिक काल में एक सांस्कृतिक रूप में रीतिग्रन्थों के भण्डार और ब्रजभाषा के प्रसार की वजह का सिद्धान्त निर्मित करते हुए आश्रय देने और पाठकों के रूप में भारतीय-मुसलमानों की निर्णायक भूमिका को भी ज़रूर ध्यान में रखना होगा।

स्रोत-सामग्री (डेटा) हमेशा मददगार नहीं है, और ब्रज में आश्रय और पाठकीयता सम्बन्धी पैटर्न अभी भी अस्पष्ट बने हुए हैं। सभी महत्त्वपूर्ण ग्रन्थ प्रकाशित नहीं हैं, और कुछ आर्काइव अभी भी अध्येताओं की पहुँच से दूर हैं। फ़ारसी और हिन्दी भाषी विद्वान समुदाय आमतौर पर एक-दूसरे से अलग-अलग काम करते हैं जो एक साझी सांस्कृतिक विरासत की पुनर्रचना करने की समस्याओं को और जटिल बना देती है।[506] मुग़ल कुलीन तबक़ों के बीच हिन्दी के उपयोग के

बारे में गम्भीरता से सोचने वाले कुछेक विद्वानों में से एक शान्तनु फुकन ने उपयोगी रूप से एक और समस्या की तरफ़ ध्यान दिलाया है, वो यह है कि "आधुनिक काल के पूर्व के भारतीय साहित्य के अध्ययन पर एकभाषावाद का एक अनुमान हावी है जिसको आमतौर पर परीक्षण की कसौटी पर नहीं कसा गया है।"[507] आर्काइव में एकभाषावाद पर अमल करने से एक बहुभाषी, बहुसाहित्यिक दुनिया की जटिलताओं को पकड़ने की गुंजाइश ख़त्म हो जाती है। ब्रजभाषा की अधिकतर सामाजिक जटिलताएँ सिर्फ़ तभी उजागर होती हैं जब हिन्दी और फ़ारसी आर्काइव का एक साथ उपयोग किया जाता है। क्योंकि इनमें से हरेक अपने आप में एक अधूरी तस्वीर बनाती है, और कुछ मामलों में कवियों की भूमिकाओं को नाटकीय रूप से अलग-अलग तरह से भी पेश किया गया है। फ़ारसी-स्रोत किसी सुन्दर की ख़बर देते हैं जिन्हें बाग़ी राजाओं के साथ मामला सुलझाने में शाहजहाँ की मदद करने के कूटनीतिक अभियान पर भेजा गया था। वे उनकी ब्रज कविता की अनदेखी कर देते हैं और उनकी प्रमुख कृति *सुन्दरश्रृंगार* का उल्लेख तक नहीं करते। हिन्दी के लिए रहीम के साफ़ लगाव और अनुराग को पूरा का पूरा फ़ारसी-स्रोतों से नहीं जाना जा सकता है, जो उनके फ़ौजी और प्रशासनिक भूमिकाओं पर ज़ोर देते हैं, और साथ ही बताते हैं कि वे किस तरह फ़ारसी कवियों को आश्रय देते थे और स्थापत्य निर्माण के बड़े पैमाने की परियोजनाओं को धन देते थे। संस्कृत और हिन्दी स्रोतों से हम जानते हैं कि कवीन्द्राचार्य सरस्वती कई तरीक़ों से प्रभावशाली थे। एक राजनीतिक कार्यकर्ता के रूप में उन्होंने आमतौर पर हिन्दुओं के हितों की सेवा की। उन्हें दिल्ली के मुग़लों और व्यापक हिन्दुस्तान के संस्कृत विद्वानों द्वारा एक अधिकृत धार्मिक विद्वान माना जाता था। वे ब्रज और संस्कृत दोनों में किताबें लिखते थे, और विविध पाठकवर्गों तक पहुँचते थे। लेकिन फ़ारसी इतिहास-लेखन में उन्हें आमतौर पर सिर्फ़ उनकी संगीत रचनाओं और हिन्दी कविताओं के लिए याद किया जाता है, जिसके लिए उन्हें भारी बख़्शीश भी मिली थी। विभिन्न आर्काइवों में ज्ञान के इस बिखराव का मतलब यह है कि जो विद्वान आरम्भिक आधुनिक शख़्सियतों और उनकी गतिविधियों (विषयों) पर काम कर रहे हैं, अगर उनकी भाषाई व्यापकता अपने विषयों के बहुभाषी ज्ञान और गतिविधियों से कम है, तब उनके सामने ख़तरा यह होगा कि वे कहानी के अहम हिस्सों से चूक जायेंगे।

मुग़ल-ग्रन्थों में कहीं-कहीं ऐसी अबूझ बातें हमें अभी भी मिलती हैं, जो उलझन में डाल देती हैं। इनके न सिर्फ़ हिन्दी साहित्यिक इतिहास के लिए बल्कि मुग़ल

इतिहास-लेखन के लिए भी गम्भीर नतीजे हैं। जब अब्दुल हमीद लाहौरी, मुहम्मद सलिह कन्बो, और शाहजहाँ की हुक्मरानी के दूसरे फ़ारसी इतिहासकार सुन्दर कविराय जैसे एक प्रमुख ब्रज लेखक की कविताओं का ज़िक्र करने में नाकाम रहते हैं, तो क्या यह महज़ इसलिए है कि वे हिन्दी की साहित्यिक प्रवृत्तियों से अवगत नहीं थे? इसका मतलब यह होगा कि मुग़ल कुलीनों में से सभी नहीं बल्कि केवल कुछ ही ब्रज में सांस्कृतिक रूप से सक्षम थे। या सम्भव यह भी है कि उनके मौन को अक्सर शाही तारीख़ विधा पर ध्यान देने की राजनीतिक, और यहाँ तक कि साम्राज्यी प्रवृत्ति के साथ जोड़कर देखा जाये। या शायद कुछ फ़ारसी लेखक मिथ्याभिमानी थे और उन्हें ऐसा लगा कि सिर्फ़ फ़ारसी शायरी ही कोई हैसियत रखती है। *अफ़साना-ए-शाहाँ* के एक प्रसंग में बताया गया है कि हुमायूँ के भाई मिर्ज़ा कामरान ने मुहम्मद शाह फरमुली को बताया था कि अगर उन्होंने फ़ारसी में लिखा होता तो उनकी शोहरत कहीं अधिक रही होती।[508] अब्दुल बाक़ी नहवंदी ने *मआसिर-ए रहीमी* नाम से रहीम की विशालकाय फ़ारसी जीवनी लिखी है। वे हिन्दी कविता पर मुश्किल से ही ध्यान देते हैं। लेकिन जब भी वे ध्यान देते हैं, वे इस पर ज़ोर देते हुए कहते हैं कि हिन्दी लेखकों के लिए बख़्शीश उनके समय के फ़ारसी लेखकों को मिली बख़्शीश का दसवाँ हिस्सा थी।[509]

वजह जो भी हो, फ़ारसी परम्परा अक्सर ही ब्रजभाषा के साहित्यिक जीवन का पर्याप्त चित्रण करने में नाकाम रहती है। *आईन-ए-अकबरी* हिन्दी गायकों-संगीतकारों पर इतनी मुखर है, लेकिन ब्रज कविता के बारे में मौन है (हालाँकि हिन्दी की सर्वाधिक महत्त्वपूर्ण विधाओं में से एक नायिकाभेद पर मौन नहीं है)। इसके बावजूद हम यह जानते हैं कि गंग जैसे कवि अकबर के दरबार में उल्लेखनीय साहित्यिक हस्ती थे। केशवदास ख़ुद को जहाँगीर के दरबार में उनको कविता सुनाते हुए चित्रित करते हैं। यह एक ऐसी घटना है कि जो *जहाँगीरनामा* में कभी दर्ज नहीं हुई। फ़ारसी-स्रोतों में कवीन्द्राचार्य के आग्रह पर तीर्थयात्राओं पर लगने वाले कर को शाहजहाँ द्वारा हटाये जाने के बारे में एक शब्द भी नहीं है। जबकि यह एक ऐसी घटना है जो उसी काल के ब्रज और संस्कृत काव्य में विस्तार से दर्ज है। भारत में कई भाषाओं की मौजूदगी ने एक साझी संस्कृति की रंगभूमि को जन्म दिया, लेकिन इसने राजनीतिक और सांस्कृतिक अभिव्यक्तियों की अलग-अलग लिखित दुनियाएँ बनायीं, उनके सामाजिक और साहित्यिक क़ायदे अलग अलग थे। चाहे हम नियमों पर आधारित विधाओं की बात कर रहे हों, जान-बूझकर तत्त्वों को छोड़ने की, या

स्रोतों की एक व्यापक शृंखला में समझ में आने लायक़ अलग-अलग बलों की, हम लिखित सामग्री के माध्यम से अतीत को समझने की अपनी क्षमता के आगे परेशान कर देने वाली एक सीमा का सामना करते हैं। कम से कम हमें इस बात को ध्यान में रखने की ज़रूरत है कि फ़ारसी-स्रोतों में मौन का अनिवार्य मतलब ऐतिहासिक अनुपस्थिति नहीं है।

यह मौन अक्सर उन स्थितियों में आता है जब हम मुग़ल शासकों की हिन्दी साहित्यिक संस्कृति को समझने की कोशिश कर रहे हैं। सभी संकेत यही बताते हैं कि यह संस्कृति फ़ारसी संस्कृति के साथ सहअस्तित्व में थी। ये संकेत इस बात में सक्षम बनाते हैं कि हम एक और मज़बूत तर्क को पेश कर सकें कि रीति परम्परा एक प्रमुख साहित्यिक संस्कृति में विकसित नहीं हुई होती अगर मुग़ल दरबार ने और भारतीय-मुसलमान समुदाय के ऊँचे तबक़ों ने इस पर उत्कृष्टता की मुहर नहीं लगायी होती। अपने समय के भक्ति समुदायों की गूँज के साथ, ब्रज साहित्यिक परिवेश एक असाधारण सफलता हासिल कर पाया क्योंकि नगरीय, कॉस्मोपॉलिटन लोगों ने इसकी क़द्रदानी की। यह राजाओं की कविता थी, जैसा कि राजपूत शासकों की दरबारी संस्कृति में इसकी भूमिका अकाट्य रूप से प्रदर्शित करती है।

## सन्दर्भ :

365. जबकि शाही दरबार द्वारा ब्रज कविता को आश्रय देने का कोई व्यापक, और ऐतिहासिक रूप से सटीक अध्ययन मौजूद नहीं है, फ़ारसी कवियों के मुग़ल आश्रय पर मुज़फ़्फ़र आलम का उत्कृष्ट अध्ययन (1998) अठारहवीं शताब्दी के कुछ स्थानीय भाषा कवियों की संक्षेप में चर्चा करता है (विशेष रूप से पृष्ठ 343-46 देखें), हालाँकि यह इसके पहले के रुझानों की अनदेखी करता है। फुकन 2000 इस धारणा में एक महत्त्वपूर्ण सुधार पेश करते हैं कि फ़ारसी रचनाकर्म ही एकमात्र मुग़ल साहित्यिक संस्कृति है।

366. देखें डेल्वोये 1991, 1994ए; ब्राउन 2006, 2007; शोफ़ील्ड 2010

367. वृन्द के दो अच्छे अवलोकन जनार्दन राव चेलर (1973) और सुधीर कुमार शर्मा (1998) द्वारा किये गये हैं। रामानन्द शर्मा (2004) और उनके छात्र अवनीश यादव (2008) ने हाल ही में सुन्दर के नये अध्ययन प्रकाशित किये हैं।

368. हिन्दी साहित्य के इतिहास-लेखन द्वारा प्रस्तुत इन और अन्य चुनौतियों पर अध्याय–छह में अधिक विस्तार से चर्चा की गयी है।

368. दो प्रभावशाली उदाहरण शिवसिंह सरोज (1878) और मिश्रबन्धु-विनोद (1913) हैं, जो कुल मिलाकर दो हज़ार से अधिक मुद्रित पृष्ठों में व्याप्त हैं। इनकी प्रामाणिकता और ऐतिहासिकता की पुष्टि करना हमेशा आसान नहीं होता है।

369. कवि प्रवीण राय से जोड़े गये इस और अन्य छन्दों के लिए *हिन्दी काव्यगंगा*, पृष्ठ 201 देखें।

370. यह प्रकरण स्नेल 1991ए : 71-73 में उद्धृत है। इसका एक विश्लेषण हॉली 2005 : 182-83 में मिलता है। आर.एस. मैकग्रेगर के अनुसार, वल्लभ सम्प्रदाय में अष्टछाप के रूप में प्रतिष्ठित आठ ब्रज कवियों में से छह को अकबर के सामने लाया गया था (1973 : 32 नोट- 7)। अकबर की ब्रज संगीत-प्रेमियों के साथ मुलाक़ातों से सम्बन्धित कई प्रकरणों की चर्चा डेल्वोये 2000 : 202-10 में की गयी है।

371. दक्षिण भारत में साहित्यिक स्मृति-निर्माण की इसी तरह की प्रक्रियाओं पर राव और शुलमान 1999 में चर्चा की गयी है।

372. भक्तिकाव्य पर, ब्रायंट 1978 : vii-xi देखें।

373. दक्कन की मिश्रित साहित्यिक संस्कृति का अनुसन्धान ईटन 1996 : 89-106 में किया गया है।

374. आलम 1998: 317-19

375. शेख़ अब्दुल बिलग्रामी और शेख़ गदाई देल्हावी, दोनों हुमायूँ के दरबार से जुड़े थे। कहा जाता है कि उन्होंने हिन्दी रचनाएँ गायी थीं। देखें पाण्डे 1940 : 6-7। स्थानीय कविता में हुमायूँ की रुचि का जायज़ा अग्रवाल 1950 : 27-29, 298-304, 309-33 में लिया गया है।

376. मंझन पर, बेह्ल और वेटमान 2000 देखें; फ़र्मुली पर देखें असकरी और अहमद 1987 : 59-60 और *मा'सिअर अल-किराम,* पृ. 352-56 देखें।

377. देखें डेल्वोये 1994ए; 2000

378. आइन-ए-अकबरी, 3 : 265–67 (अनु. ब्लॉखमैन और जेरेट)। अकबर के दरबार में संगीत की अधिक सामान्य चर्चा (जिसमें तानसेन को प्रमुख स्थान दिया गया है) 1 : 680–82 (अनु. ब्लॉखमैन) में है।

380. शुक्ल 1994 : 113–15, 121। मनोहर और करनेश से जोड़ी गयी हिन्दी कविताओं को *हिन्दी काव्यगंगा,* पृष्ठ 184, 467 में उद्धृत किया गया है।

381. *जहाँगीरनामा* (अनुवाद थैक्सटन), पृष्ठ 30

382. अकबर के दरबार के चुनिन्दा ब्रज कवियों का वर्णन अग्रवाल 1950 और मैकग्रेगर 1984 : 118–22 में किया गया है। फैज़ी से सम्बन्धित दो पदों की चर्चा ज़ैदी 1977 : 135–40 में की गयी है। वनिना 1993-94 : 67 ने इस सम्भावना पर बल दिया है कि टोडरमल अवधी कवि आलम के आश्रयदाता थे, जिनकी *माधवानलकामकंदला* की तारीख़ 991 हिजरी (1582-83) निर्धारित की गयी है।

383. *ताब-ए इलहाम-पज़ीर-ए आं हज़रत बिह गुफ़्तन-ए नज़्म-ए हिन्दी व फ़ारसी बिह ग़यात-ए मुवाफ़िक़ उफ्तादह दर दक़ाइक़-ए तखय्युलात-ए शीरी-ए नुक़्ता-संजी व मू-शिगाफ़ि [यानी शिकाफी] मीफरमायंद।* *अकबरनामा,* 1:270–71। मैंने अपने अनुवाद में बेवेरिज (*अकबरनामा,* 1:520) को संशोधित किया है। अकबर को जिन हिन्दी पदों का रचनाकार बताया गया है, उनका एक नमूना हिन्दी *काव्यगंगा,* पृष्ठ 463 में है।

384. मैकलीन 2000 : 203 (और नोट-17)।

385. जहाँगीर की माँ हरखा, जिसकी उपाधि मरियम उज-ज़मानी था, आमेर के राजा भारमल (बिहारीमल के नाम से भी जाने जाते थे) कछवाहा की बेटी थीं। जहाँगीर की राजपूत पत्नियों में से एक जगत गोसाईं (जोधपुर के राजा मालदेव की पोती), शाहजहाँ की माँ थीं। लाल 2005 : 170 देखें। हालाँकि अकबर औपचारिक रूप से निरक्षर थे, लेकिन उनके बेटे

जहाँगीर को अपनी व्यापक साहित्यिक रुचियों पर गर्व था। उन्होंने अपने संस्मरण फ़ारसी में लिखे, उनमें कभी-कभी हिन्दी शब्दों को भी शामिल किया, लेकिन चौथी पीढ़ी के इस मुग़ल का भी अपने तैमूर वंश से गहरा जुड़ाव था : अपने दादा के संस्मरणों को पढ़ने के बाद, उन्होंने तुर्की में एक वाक्य लिखा और कहा, "हालाँकि मैं हिन्दुस्तान में पला-बढ़ा हूँ, लेकिन मैं तुर्की भाषा बोलने या लिखने से अनजान नहीं हूँ।" *जहाँगीरनामा* (अनुवाद थैक्सटन), xvi, 77

386. एनट्विसल 1987 : 159
387. गंग-कब की कृष्ण-राधा देखें, जो मूल रूप से अहमदाबाद के हज़रत पीर मुहम्मद शाह पुस्तकालय में रखी गयी थी। पाण्डुलिपि ईरान कल्चर हाउस, नयी दिल्ली के सौजन्य से। मैं सन्दर्भ के लिए मुज़फ़्फ़र आलम की आभारी हूँ।
388. *काव्यनिर्णय*, 1.17
389. अन्य थे चन्द बरदाई, कबीर, तुलसी, बिहारी, केशवदास और सूर। मित्रा और प्राइस 1827 : viii-x
390. गंग की कविता के बेहतर आधुनिक मुद्रित संकलनों में से एक के सम्पादक, बटे कृष्ण ने अपने द्वारा एकत्र की गई कुछ सामग्री की प्रामाणिकता के बारे में सन्देह व्यक्त किया है। *गंगकबित्त*, पृष्ठ 8 देखें।
391. वही, पृष्ठ 88-117 और *गंग ग्रन्थावली*, पृष्ठ 234-69
392. कुछ टिप्पणियाँ, जिनमें कुछ अतिरंजित अटकलों के रूप में भी दिखती हैं, अग्रवाल 1970 : 1–21 में हैं।
393. कुछ भारतीय-फ़ारसी ग्रन्थ सूचीबद्ध नहीं हैं और सभी प्रकाशित भी नहीं हुए हैं, जिससे यह दावा अन्तिम नहीं माना जा सकता है।
394. हिन्दी कवियों द्वारा सल्तनत को 'जवाब' देने के विचार पर, देखें पॉवेल्स 2009 : 200।
395. मुग़ल इतिहास-लेखन में जहाँगीर की नकारात्मक छवि, जो उनके बेटे शाहजहाँ के समय से मजबूत हो गयी थी, का विश्लेषण लेफ़ेव्रे 2007 में किया गया है।
396. *मुन्तख़ब अल-तवारीख* (अनुवाद रैन्किंग), 1 : 378 *(कुफ़ार-ए एतावा रा मालिश-ए अज़ीम दादह सम्त-ए शिह्न मुराज़ात निमूद)*। ज़ायन ख़ान कोका की संगीत सम्बन्धी क़ाबिलियत का उल्लेख करते हुए, बदायूँनी ने उन्हें 'अपने दौर में बेजोड़' बताया। *मुन्तख़ब अल-तवारीख* (अनुवाद हैग), 3 : 327
397. *मआसिर अल-उमरा*, 2 : 369–70
398. *भानुचन्द्रगणिचरित*, पृ. 48–49
399. ग और हाथी के हाथों मौत की मूल कथा में कुछ भिन्नताएँ मिलती हैं जिन्हें अग्रवाल 1970 : 9–21 में देखा जा सकता है। तुलसीदास की जीवनी से जुड़ी *मूल गोसाईं चरित* और अन्य किंवदन्तियों पर उपयोगी पद्धतिपरक दृष्टिकोण के लिए देखें लुटगेनडॉर्फ़ 1994।
400. *मुन्तख़ब अल-तवारीख़* (अनुवाद लोवे), 2 : 164, और *मआसिर अल-उमरा* (अनुवाद बेवरिज), 1 : 420। बीरबल की कथित हिन्दी रचनाओं के नमूने सिन्हा 1980 : 170-77 में हैं।
401. पाण्डुलिपि प्रमाणों में राजस्थानी-हिन्दी हस्तलिखित ग्रन्थ-सूची, 4 : 90, 5 : 28, 10 : 80, 13 : 96, 14 : 56 की प्रविष्टियाँ शामिल हैं।

402. रहीम द्वारा ब्रजभाषा में साहित्यिक आश्रय की चर्चा नाइक 1966 : 280-462 में की गई है। गंग द्वारा रहीम के लिए लिखे गये प्रशस्ति पद्य किसी भी अन्य आश्रयदाता की तुलना में कहीं अधिक हैं। *गंगकबित्त*, पद 297-318 देखें।

403. मैकग्रेगर 1984 : 121; रहीम से जुड़ी कुछ असामान्य (फ़ारसी) भाषाई मेलवाली संस्कृत ज्योतिष ग्रन्थ *खेटकौतुकम्* के बारे में देखें दास 1997। रहीम के कुछ कथित संस्कृत पद *रहीमग्रन्थावली*, पृष्ठ 163-66 में हैं।

404. तुलसीदास (1575) ने, जो उनके समकालीन थे, अपने करियर के मध्य में अवधी से ब्रजभाषा में लिखना तब शुरू किया जब ब्रजभाषा लोकप्रिय हो गयी थी। शायद रहीम ने भी ऐसा ही किया हो।

405. देखें बरवै (भक्तिपरक), पद 86, 94-96। उद्धव और गोपियों पर, नीचे नोट 53 देखें। इस पर विस्तृत अध्ययन मैकग्रेगर 1973 है।

406. आज भी रहीम को हिन्दी में बरवै शैली का निर्विवाद उस्ताद माना जाता है (स्नेल 1994a)। अध्याय 2 में उनकी कुछ ख़ास बरवै रचनाओं पर चर्चा की गयी है। रहीम की हिन्दी रचनाओं का संक्षिप्त विवरण बुश 2010बी : 108-14 है।

407. *आईन-ए-अकबरी* (अनुवाद ब्लॉखमैन और जेरेट), 3 : 260

408. शेल्डन पॉलक (2009: xix) ने लिखा है कि अबुल फ़ज़ल भानुदत्त की संस्कृत *रसमंजरी* (लगभग 1500) से अवगत थे। उन्हें जैन भिक्षु पद्मसुन्दर द्वारा रचित संस्कृत काव्यग्रन्थ *शृंगारदर्पण* (1569) की भी जानकारी रही होगी, जो अकबर के आश्रय में लिखी गयी थी। अबुल फ़ज़ल अपने लेखन में ब्रज रीतिग्रन्थों पर भी आधारित रहे होंगे।

409. अध्याय–एक देखें।

410. "नायिका अनेकनि को नायक नगर नीत, अष्ट नायिकानिहीं सौं मनु लैयतु है"। *जहाँगीरजसचन्द्रिका*, पद 34। कविप्रिया, 11.23 से तुलना करें। नायिकाओं की आठ श्रेणियों में वर्गीकरण पर अध्याय–दो देखें।

411. *जहाँगीरजसचन्द्रिका*, पद 132-201

412. उदाहरण के लिए *जहाँगीरजसचन्द्रिका*, पद 185-92 की तुलना *वीरसिंहदेवचरित*, 33.32-47 से करें।

413. *जहाँगीरनामा* (अनुवाद थैकस्टन), पृ. 39

414. वही, पृ. 93। (मूल पाठ यह है, "*बिह इन नाज़ुकी-यी मज़ामुन अज़ शुअरा-यी हिन्द कम बिह गूश रसीदह। बिह जलदु-यी इन मदाह फ़ीली बिह व मरहमत करदम। राजपूतान-ए शाइर रा चारन मिगुयंद*", पृ. 80)।

415. वही, पृ. 197

416. वही, पृ. 239। नलिनी डेल्वोये ने भी इस ओर ध्यान दिलाया है कि कैसे यह अंश जहाँगीर के "साहित्यिक ब्रजभाषा के गहन ज्ञान और इस साहित्य में उपयोग की जाने वाली भारतीय बिम्बविधान से उनके परिचय" को दर्शाता है। डेल्वोये 1994ए : 414–15

417. ये आनन्ददायक कविताएँ कृष्ण के प्रसिद्ध दूत, उद्धव और प्रेम में डूबी गोपियों को दिये गये उनके नीरस उपदेशों के बारे में *भागवतपुराण* के प्रसंगों से ली गयी हैं। गोपियों को कृष्ण

के स्नेह की तलाश है, न कि उद्धव की दार्शनिकता की, और जब वे एक काली मधुमक्खी को देखती हैं, तो वे अपनी लालसा और हताशा को उस पर केन्द्रित कर देती हैं।

418. मतिराम त्रिपाठी द्वारा लिखी गयी एक साधारण रचना, *फूलमंजरी* से जोड़े गये जहाँगीर-काल के एक कोलोफोन की सन्दिग्ध प्रामाणिकता के बारे में अध्याय-पाँच, नोट 85 देखें।

419. ऑड्रे ट्रुश्के, व्यक्तिगत बातचीत में। फ़ारसी इतिहास-लेखन परम्परा सुन्दर कबराय और कवीन्द्राचार्य सरस्वती को जिस तरह देखती है, उसमें श्रेणियों में इसी तरह की विसंगतियों के अन्य उदाहरण स्पष्ट हो जाते हैं। इसकी चर्चा अगले खण्ड में की गयी है।

420. *बादशाहनामा* में उल्लेख है कि लाल ख़ान को 1642 में एक हाथी और 'गुणसमुद्र' (प्रतिभाओं का सागर) की उपाधि से पुरस्कृत किया गया था। क़ानूनगो 1929 : 51–52। मैं सन्दर्भ के लिए ऑड्रे ट्रुश्के की आभारी हूँ।

421. डेल्वोये 1991 : 168–74

422. क़ानूनगो 1929 : 51

423. क़ानूनगो 1929 : 51 में उद्धृत।

424. शिरोमणि पर, मिश्रबन्धु-विनोद, 2 : 467, और शिवसिंह सरोज, पृष्ठ 581–82 देखें। शिरोमणि और हरिनाथ (यहाँ हरनाथ कहा गया है) पर देखें बहुरा 1976 : 29–30। बिहारी और अंबर दरबार के बारे में अधिक जानकारी के लिए अध्याय–5 देखें।

425. सुन्दर के शीर्षक का अनुवाद कई तरह से किया जा सकता है। इसका एक विकल्प है 'दीप्तिमान आवेग।'

426. *सुन्दरश्रृंगार*, पद 2-3, 10-12

427. *गुणीना के गुण-तरु फलित करणु है, जहाँगीरजसचन्द्रिका*, पद 33

428. *सुन्दरश्रृंगार* की दृश्य परम्परा का बहुत कम अध्ययन किया गया है, लेकिन कुछ चित्र प्रकाशित किये गये हैं। उदाहरण के लिए, टॉप्सफ़ील्ड 2001 : 148 देखें। हाल ही में सॉदबी, न्यूयॉर्क में एक जर्मन संग्रहकर्ता के स्वामित्ववाली पाण्डुलिपि के पन्नों की नीलामी की गई है। वर्तमान में इस ग्रन्थ की कम से कम एक सचित्र प्रति इलाहाबाद संग्रहालय (प्राप्ति संख्या 91/1664) में रखी गयी है। बड़ौदा की एक पाण्डुलिपि पर देखें गोएट्ज़ 1949: 62–66। इसमें से कुछ सामग्री को मेरे ध्यान में लाने के लिए मैं होली शेफ़र और ऑड्रे ट्रुश्के की आभारी हूँ।

429. *जी मैं जीव आयो, सुख अंग अंग छायो, इह दर्शन पायो साहिजहाँ जू कों जबही, सुन्दरश्रृंगार*, पद 272।

430. यह अनुष्ठान शाहजहाँ के समय की दृश्य-संस्कृति का एक महत्त्वपूर्ण घटक बन गया। कोच 1997 : 133 देखें।

431. शहाब सरमदी (1996 : ix) के अनुसार सत्रहवीं शताब्दी के दौरान रागों के लिए एक वर्गीकरण प्रणाली विकसित हो रही थी जो नायिकाओं, नायकों और सखियों पर आधारित थी।

432. *सुन्दरश्रृंगार*, पद 373–74

433. सेलर 1999 : 14। जहाँगीर के काल में भी इस ग्रन्थ के पुनः अनुवाद करने का आदेश दिया गया था। देखें ट्रुश्के 2007 : 14

434. सिंथिया टॉलबोट शाहजहाँ के काल में सक्रिय और विपुल लेखन करने वाले जान कवि की फ़ारसी की तुलना में ब्रजभाषा को प्राथमिकता देने पर चर्चा करती हैं। जान कवि क्यामखानी समुदाय से थे, जो इस्लाम अपनाने वाला राजपूतों का एक ख़ानदान था। उल्लेखनीय रूप से, जान कवि की कुछ रचनाएँ फ़ारसी से ब्रजभाषा में अनुवाद हैं (2009 : 229-33)। दशरथ शर्मा ने उल्लेख किया है कि उन्होंने शाहजहाँ के सामने पंचतन्त्र का अपना ब्रज रूपान्तरण बुद्धिसागर प्रस्तुत किया था (टैलबोट 2009 में उद्धृत : 230 नोट 55)।

435. "यह कहानी *सिंहासन बत्तीसी* की संस्कृत में थी—शाहजहाँ बादशाह की फ़रमाइश से—सुन्दर कविश्वर ने ब्रज की बोली में कही," *सिंघासनबत्तीसी,* पृ.1। कुछ दशकों बाद हिन्दी-उर्दू साहित्य का पहला आधुनिक इतिहास लिखने वाले गार्सा दे तासी ने भी *सिंहासन बत्तीसी* का इसी तरह वर्णन करते हुए लिखा कि "यह एक ऐसी रचना है जिसका [सुन्दर] ने बादशाह शाहजहाँ के आदेश पर संस्कृत से अनुवाद किया।" (Ouvrage qu'il traduisit du sanscrit par ordre de l'empereur Schâh Jahân), Histoire de la littérature hindouie et hindoustanie, 3:178

436. *सिंघासनबत्तीसी,* पृ. ix

437. फ़ारसी में शब्द के अन्त में ह्रस्व स्वरों को लिखने का कोई तरीक़ा नहीं है, इसलिए कबि शब्द को 'कब' के रूप में लिखा (और पढ़ा) जाता है। 'व' से 'ब' (यानी कवि से कबि) में बदलाव सत्रहवीं शताब्दी में उच्चारण की आम पद्धति का प्रतीक है।

438. मुग़ल सेनाओं और जुझार सिंह के बीच मध्यस्थ के रूप में सुन्दर की भूमिका और रतनपुर के बाबू लक्ष्मण सिंह और नूरपुर के राजा जगत सिंह के विद्रोह के दौरान उनकी मध्यस्थता का वर्णन 'अमल-ए-सालिह, 2 : 100-7, 83-84 में किया गया है। अतिरिक्त विवरण (*बादशाहनामा* और अप्रकाशित दरबारी इतिहास से प्राप्त विवरण सहित) सक्सेना 1958 : 70-96 में हैं।

439. संस्कृत में कवीन्द्र का अर्थ है 'कवियों का राजा' और आचार्य की उपाधि महाज्ञानी होने का संकेत देती है।

440. रीति के माध्यम से, कवि आमतौर पर क्लासिकल साहित्यिक अधिसंरचना को रेखांकित करते हैं।

441. *कवीन्द्रकल्पलता,* पृ. 1, पद 8-13

442. शर्मिंदगी स्वीकार करने के बावजूद, ऐसा लगता है कि कवीन्द्राचार्य नियमित रूप से संस्कृत और ब्रज दोनों में लिखते रहे। अब तब बची रही और उनके साथ जोड़ कर देखी जाने वाली संस्कृत कृतियों में भक्ति स्तोत्रों का एक संग्रह *कवीन्द्रकल्पद्रुम,* दंडी के *दशकुमारचरित* पर उनकी टीका *पदचन्द्रिका,* जहाँगीर के नाम वीरतापूर्ण विशेषणों की एक *विरुदावलि जगद्विजयचन्दस, योगभास्कर, मीमांसा सर्वस्व* और *शतपथब्राह्मण* पर एक टीका शामिल हैं। *कवीन्द्रकल्पलता* के अलावा, उनकी प्रसिद्ध ब्रज कृतियों में एक अप्रकाशित समरसार है, जिसके बारे में कहा जाता है कि यह ज्योतिष पर है। इसके साथ ही एक *योगवसिष्ठसार* (जिसे ज्ञानसार भी कहा जाता है) है, जो प्रतिष्ठित संस्कृत वेदान्त ग्रन्थ का ब्रज में दोहों के रूप में किया गया अनुवाद है। उनके कार्यों की संक्षिप्त चर्चा यहाँ मिलती है : दिवाकर 1966 : 15, 34–39; राहुरकर 1969 : 40–41

443. *कवीन्द्रकल्पलता,* पृ. 16–17, पद 95–100

444. वही, पृ. 23, पद 14

445. वही, पृ. 25, पद 20

446. कवीन्द्र ने *कवीन्द्रकल्पलता* (पृ. 1, पद 6) के आरम्भ में अपने संन्यास व्रत का उल्लेख किया है–*सब विषयनि ते भए उदासा, बाल दसा में लयो संन्यासा।*

447. *"कबिन्दर संन्यासी किह दर तालीफ़-ए ध्रुपद व तस्नीफ़ात-ए हिन्दी सलीक़ा-ए दुरुस्त व महारत-ए ताम दारद बिह दरग़ाह-ए 'आलम-पनाह रसीदह रुख़सत बार याफ़्त। व तस्नीफातिश पसन्द-ए-ख़ातिर-ए मुबारक उफ़्तादह बिह खिलअत व इनाम-ए-दु हज़ार रूपियाह मुबाही गश्तह सर-ए इज़्ज़त बिह औज़-ए फलक बर अफरुख़्त।" अमल-ए सलिह,* 3:122

448. *दीन को दयाल दोऊ दीन के दहत दुख,* पूर्वोक्त, पृ. 49, पद 7

449. *परम नरम चित्त, धरम मरम जानें, कवीन्द्रकल्पलता,* पृ. 47, पद 2

450. *सगुण ह्वै प्रगट भयो जु है ब्रह्म निरगुण,* वही, पृ. 50, पद 11।

451. हालाँकि हाल के समय में विद्वानों ने दारा शिकोह की छवि को लोकप्रिय भारतीय कल्पना की तुलना में अधिक बारीकियों के साथ पेश किया है। देखें किनरा 2009; डी'ओनोफ्रियो 2010

452. राघवन 1940 : 161 में उद्धृत संस्कृत पद से अनूदित। कवीन्द्राचार्य को दारा शिकोह का शिक्षक माना जाता है; सम्भव है कि उन्होंने राजकुमार के लिए *योगवाशिष्ठसार* लिखा हो, लेकिन निश्चित प्रमाण का अभाव है। राहुरकर 1969 : 42 देखें।

453. वीर सिंह देव बुंदेला के लिए रचित केशवदास की *विज्ञानगीता* की दार्शनिक सामग्री को याद करें।

454. *कवीन्द्रकल्पलता,* पृ. 35-46

455. *माता नाना विधा तैसे जानौं, एक भाँति को अलखु बखानो, वही,* पृ. 37, पद 5

456. *काहे को निमाज रोजा तुरुक करत है,* वही, पृ. 41, पद 24

457. जिन पाठकों की दिलचस्पी हो, वे राघवन 1940, 1953; ताराचन्द 1944; दिवाकर 1966 को देख सकते हैं।

458. *कवीन्द्रकल्पलता,* पृ. 2, पद 14, पृ. 6, पद 14

459. दोनों काव्य-संग्रहों के बारे में कुछ जानकारी दिवाकर 1966 : 40-48 में है।

460. इस बिन्दु को बेली 1996 और नोवेत्ज़के 2007 सहित अन्य विद्वानों ने मज़बूती से पेश किया है।

461. चूड़ावत ने *कवीन्द्रकल्पलता* की अपनी भूमिका में यह बिन्दु सुझाया है, पृष्ठ 2। शाहजहाँ के अपने दरबार में इतिहास-लेखन की प्रक्रिया पर नियन्त्रण के बारे में देखें बेगली और देसाई 1990 : xv–xxiii

462. दो पाण्डुलिपियाँ (मैं जिस पाण्डुलिपि–संख्या 274–को देख पाई वह अधूरी थी) बीकानेर के अनूप संस्कृत पुस्तकालय में रखी गयी हैं। शाही परिवार ने दस्तावेजों के किसी भी पुनरुत्पादन की अनुमति नहीं दी; इसलिए, मेरा विश्लेषण उस पर आधारित है जो मैं दिसम्बर 2005 में एक छोटी-सी यात्रा में उन्हें देखकर प्राप्त कर सकी। मुग़ल आश्रय की सम्भावना

और तिथि-निर्धारण की जटिलताओं पर विद्याधर मिश्रा (1990 : 39–40) द्वारा चर्चा की गयी है, जिन्होंने पाण्डुलिपियों को देखा है।

463. यह सन्दर्भ परिच्छेद–पाँच में और सम्भवत: अन्य स्थानों पर भी आता है, जो पाण्डुलिपि के मेरे संक्षिप्त अवलोकन के दौरान मेरी नज़र से छूट गये हो सकते हैं।

464. आज़ाद की जीवनी और साहित्यिक रुचियों (उनके लेखन में अरबी रचनाएँ भी शामिल हैं जो मुख्यत: उपेक्षित रही हैं) पर हाल ही में टूरावा 2008 और शर्मा 2009 में चर्चा की गयी है।

465. अध्याय–तीन देखें।

466. मैंने अनन्य से अनन्वय से फ़ारसी में संशोधन किया है। यह एक सुस्थापित अलंकार है जिसमें उपमेय और उपमान समान होते हैं।

467. ज़ुहुरी दक्कन के एक प्रसिद्ध मुग़ल कवि हैं जो अकबर और शाहजहाँ के शासनकाल में सक्रिय थे।

468. इस्लाह पर देखें प्रिचेट 1994 : अध्याय 6

469. *मआसिर अल-किराम*, पृ. 364-66

470. अठारहवीं सदी में आगरा में आयोजित साहित्यिक सम्मेलन की चर्चा से इसकी तुलना करें, जिसकी अगले अध्याय में चर्चा की गयी है।

471. ब्राउन 2007। मानक हिन्दी पाठ्यपुस्तकीय कहानी सिन्हा 1973 : 8, 21 में मिलती है।

472. सरमदी 1996 : xii, xl–xli

473. चटर्जी 1979 : 185–93 (*मआसिर-ए आलमगीरी का हवाला देते हुए*); ज़ियाउद्दीन 1935 : 3 नोट 1। शैलेश जैदी (1977: 180 नोट 1) के अनुसार, 'आलमगीर' और 'शाह औरंगज़ेब' द्वारा रचित बतायी जाने वाली कविताएँ उन्नीसवीं शताब्दी के बाद के संकलनों जैसे कि *संगीतकल्पद्रुम* में पायी जाती हैं।

474. ज़ैदी, ब्रज और फ़ारसी दोनों परम्पराओं से परिचित कुछ विद्वानों में से एक हैं, उन्होंने औरंगज़ेब से जुड़े कई ब्रज कवियों का पता लगाया है, जिनमें ईश्वर, सामन्त, कृष्ण, द्विवेदी, नेही, मधनायक और मीर जलील शामिल हैं। ज़ैदी 1977 : 180 नोट 1। तुलना करें ग्रियर्सन 1889 : 72

473. क़िबला शब्द मक्का में स्थित काबा की दिशा बताने के लिए इस्तेमाल किया जाता है। इसलिए मस्जिद की उस दीवार को भी क़िबला कहते हैं, जिसका रुख़ मक्का की ओर होता है (अनुवादक द्वारा संशोधित)।

474. सैयद 1977 : 85 से अनुवाद को थोड़ा संशोधित किया गया है।

475. मुग़ल समाज में ज़मीर के सांगीतिक योगदान पर ब्राउन 2003 : 68–71, 202–23 में चर्चा की गयी है।

476. सैयद 1977 : 114। फ़ारसी जीवनीकारों शेर ख़ान लोदी और ग़ुलाम अली आज़ाद बिलग्रामी के आधार पर रोशन ज़मीर के बारे में अधिक जानकारी के लिए देखें ज़ैदी 1977 : 143–45

477. *सत्कविगिराविलास*, पृ. 84 (पद 310 ज़ैदी के संस्करण में पद 26 से मेल खाता है);

*सुजानचरित्र*, पद 5। सूदन ने नरहरी की भी प्रशंसा की, जिनका उल्लेख ऊपर किया गया है। वे प्रारम्भिक मुग़लकाल में सक्रिय थे। साथ ही उन्होंने शिरोमणि की भी प्रशंसा की है, जिनके बारे में माना जाता है कि वे शाहजहाँ के दरबार में थे। बलदेव मिश्र के संकलन और सूदन के *सुजानचरित्र* किस प्रकार आधुनिकता से पहले के काल में हिन्दी कैनन निर्माण पर प्रकाश डाल सकते हैं, इसकी चर्चा के लिए अध्याय-तीन देखें।

478. हिन्दी आश्रय के वर्णन और 'मीरन' की कुछ कविताएँ ज़ैदी 1977 : 181-87 में हैं। तुलना करें मा'आसिर अल-उमरा, 3 : 948

479. सभी संकेतों के मुताबिक़ यह उन्नीसवीं शताब्दी तक एक अत्यन्त लोकप्रिय रचना रही थी, जिसकी कई पाण्डुलिपियाँ मिलती हैं। देखें मैकग्रेगर 1984 : 187

480. ब्राउन 2007 : 105 में उद्धृत।

481. सम्भव है कि देव ने आज़म शाह के दरबार में अपने लम्बे और विपुल लेखनवाले करियर की शुरुआत ब्रज रीतिग्रन्थ से की हो, जिसे *भावविलास* (1689) के नाम से जाना जाता है। यह भानुदत्त की संस्कृत *रसतरंगिणी* पर आधारित था। विभिन्न पाण्डुलिपियों के अलग-अलग कोलोफ़ोन में उनके आश्रय से सम्बन्धित अलग-अलग ब्योरे मिलते हैं। मैंने जिन दो पाण्डुलिपियों का अवलोकन किया, उनमें से पुरानी (1796) पाण्डुलिपि (भावविलास, राजस्थान ओरिएंटल रिसर्च इंस्टीट्यूट, अलवर, प्रविष्टि संख्य 4771 [2], फ़ोलियो 165) में उल्लेख है कि आज़म शाह ने इस रचना को सुना और सराहा, लेकिन यह कथन 1837 की एक बाद की पाण्डुलिपि (भावविलास, राजस्थान ओरिएंटल रिसर्च इंस्टीट्यूट, भरतपुर, प्रविष्टि संख्या 212, फ़ोलियो 74बी) में नहीं मिलता है। यहाँ विचाराधीन पद का उल्लेख ग्रन्थ के हाल के संपादक द्वारा किया गया है (लेकिन उन्होंने इसे ग्रन्थ के प्रकाशित पाठ में शामिल नहीं किया है)। दीनदयाल 2004 : 11, 368 देखें।

484. सामग्री की विस्तृत रूपरेखा ज़ियाउद्दीन 1935 : 16–32 में मिलती है; संगीत सम्बन्धी अंश पर एक संक्षिप्त चर्चा ब्राउन 2003 : 73–76 में चर्चा की गई है।

485. "विभिन्न विज्ञानों और कलाओं पर पुस्तकें ज़्यादातर इसी भाषा में लिखी गयी हैं" *(अक़्साम उलूम व अन्वा फ़नून बिश्तर बदीन ज़बान तस्नीफ़ कुनन्द)*। *तुहफ़त अल-हिन्द (अनु. ज़ियाउद्दीन)*, पृ. 34, 53

486. *तुहफ़त अल-हिन्द*, पृ. 34-35

487. डेल्वोये 1991 : 179 से तुलना करें। *तर्जुमा-ए-मानकुतूहल वा रिसाला-ए-रागदरपन*, पृ. 98-99। मथुरा और ग्वालियर की भाषा के बारे में तुलनीय टिप्पणियाँ फ़क़ीरुल्लाह के समकालीनों द्वारा की गयीं। अध्याय–तीन में चिन्तामणि त्रिपाठी की चर्चा देखें; आलम और सुब्रह्मण्यम 2004 : 67 से तुलना करें।

488. आलम 1998 : 343

489. चेलर 1973 : 45–46

490. *क़ुरान* 24 : 3 में "अल्लाह आसमानों और धरती की रोशनी है" के साथ समानता पर ग़ौर करें। इस सन्दर्भ के लिए मैं मुज़फ़्फ़र आलम को धन्यवाद देती हूँ। यद्यपि वृन्द का यह

नज़रिया एक हिन्दू होने की वजह से असामान्य है, लेकिन मुस्लिम सांस्कृतिक परिवेश को ध्यान में रखते हुए भारतीय वन्दना के प्रतिमानों की पुनर्रचना जायसी और मंझन जैसे शुरुआती अवधी कवियों के बीच आम थी। यूजीनिया वनीना (1993–94 : 74) ने आलम के *माधवानल-कामकन्दला* के ऐसे ही एक इस्लामी आरम्भ पर ग़ौर किया है। यह ग्रन्थ अकबर के काल में लिखा गया था।

491. *शृंगारशिक्षा,* पद 1-6

492. ये गुण संस्कृत, फ़ारसी और अरबी विशेषणों के मेल के साथ व्यक्त किये गये हैं : महाबली, मिहरबान, सुबिहान। *शृंगारशिक्षा,* पद 4

493. *शृंगारशिक्षा,* पद 7-9। कवीन्द्राचार्य द्वारा अपने ध्रुपद छन्दों में शाहजहाँ के इसी के समान चित्रण को याद करें।

494. *शृंगारशिक्षा,* पद 10 (और पद 11 में यही भावना दोहरायी गयी है)। केशवदास सम्राट जहाँगीर के बारे में भी ऐसी ही टिप्पणी करते हैं। इस अध्याय के नोट 63 को देखें।

495. चेलर 1973 : 82-83। ब्याह-बिधि की चर्चा *शृंगारशिक्षा* है, पद 18-32।

496. तुलना करें पचौरी 2002 : 128-29

497. लैंगिक संवेदनशीलता के साथ लिखे गये साहित्यिक इतिहास की एक कोशिश वनिता और किदवई 2000 है। मिर्ज़ानामा ग्रन्थों पर देखें ओ'हैनलॉन 1999। मुग़लकाल में हिन्दी ग्रन्थों और भावना के बीच सम्बन्धों पर फुकन 2001 में चर्चा की गयी है।

498. उदाहरण के लिए, अकबर के दरबार में फ़ारसी और हिन्दी रचनाओं की हैसियत में अन्तर को आलम 1998 : 323 में स्पष्ट किया गया है। लेकिन इसी लेख में शासनकाल में भिन्नताओं का उल्लेख किया गया है, जैसे फ़रुख़ सियर और शाह आलम द्वितीय जैसे अठारहवीं शताब्दी के शहंशाह ब्रज कविता की ओर अधिक झुकाव रखते थे (346)।

499. अस्करी 1953: 29–31 (बेली 1996 : 194 में उद्धृत)

500. बिहारी पर टीका परम्परा की विस्तृत चर्चा के लिए, देखें मिश्र 1965ए : 174–86

501. देखें सिंह 1992 : 7-9, 23-25

502. *हिच टूटी दर हिन्दुस्तान बिख़ुबी-ए किलकिश शकर-अफ़शानी नानमुदाह व हिच ताउसी दर इन बूस्तान बिह निरंगी-ए फ़िक्रिश बाल उ पर नागुशुदाह। मआसिर अल-किराम,* पृ. 371

503. वही, पृ. 372-73। पांडे 1987 में रसली की ब्रज कविता की चर्चा है; बुश 2010बी : 115-18

504. रईस मुग़लों द्वारा अवधी ग्रन्थों को अपनाने के विषय पर केन्द्रित एक ऐतिहासिक अध्ययन फुकन 2000 है।

505. प्रिटशेट 1994 : 4–5; फ़ारूक़ी 2003 : 807–8। शाह आलम की ब्रज कविता के उदाहरण नादिरात-ए-शाही में हैं।

506. आधुनिकता से पहले के काल में भारत से फ़ारसी और स्थानीय (साथ ही संस्कृत) स्रोतों को एक साथ रखकर या उन्हें आपस में जोड़कर उनका अध्ययन करने में नाकामी एक

बहुत बड़ी ऐतिहासिक समस्या का लक्षण है, जिसका तत्काल समाधान करने की ज़रूरत है। एक्विल 2007 : 9–10 तुलना करें।

507. फुकन 2001 : 36

508. अस्करी और अहमद 1987 : 59–60 में उद्धृत।

509. लेफ़ेव्रे 2006। फ़ारसी ज्ञान परम्परा के नज़रिए से साहित्यिक दर्जेबन्दियों के और अधिक विश्लेषण के लिए देखें फुकन 2000 : 56-69

अध्याय–पाँच

# वृहत्तर हिन्दुस्तान में रीति साहित्य

संस्कृत ग्रन्थों को देखते हुए
मैंने उनके विचारों को भाषा में गढ़ा है...
मैंने ऐसे व्यक्ति के लिए यह नये ढंग का ग्रन्थ रचा है
जो विद्वान है, भाषा में कुशल है, साहित्यिक कलाओं में चतुर है।

*–जसवन्त सिंह (अनूदित)*

## राजपूत साहित्य और राजसी आत्म-प्रस्तुतिकरण

आरम्भिक दौर में रीति साहित्य के फलने-फूलने में मुग़ल आश्रय महत्त्वपूर्ण रहा होगा, लेकिन ब्रज कवियों ने बेशक केवल भारतीय-मुसलमान पाठक वर्ग की ही सेवा नहीं की थी। रीतिग्रन्थ दरबारी कविता के जिस परिष्कृत रजिस्टर और अधिक ज्ञानसम्पन्न एजेंडे का चरम रूप थे, इसके चलते अगली दो सदियों तक उनका व्यापक प्रसार होता रहा। ब्रज कवियों ने भक्ति समुदायों के लिए लिखना जारी रखा। कवि उन समुदायों का हिस्सा भी थे। मुग़ल साम्राज्य की व्यवस्था में शामिल हो चुके क्षेत्रीय केन्द्रों के अनेक राजपूत दरबारों में वैष्णव धार्मिक श्रद्धा जगह बनाने लगी थी। भक्ति-ग्रन्थों का पाठ या प्रदर्शन इसका एक जुड़ा हुआ पहलू था, जो ब्रजभाषा साहित्य के भारी आकर्षण का एक और कारण था।

केशवदास के समय भाषा के ज्ञानपूर्ण लेखन में प्रयोग अधिक बेबाक लगते थे और उनकी सफलता की किसी भी तरह गारंटी नहीं थी, आगे की पीढ़ियों में उन्हें अधिक स्वीकार्यता मिली। काव्य और अलंकारशास्त्र की क्लासिकल विधाओं में ब्रज कवियों ने नवोन्मेष जारी रखा। ये ऐसे लिखित साहित्य के क्षेत्र थे जिन्हें अब हिन्दी लेखकों का क्षेत्र कहा जा सकता था। हिन्दी बौद्धिक वर्ग की सांस्कृतिक

ज़रूरतों के लिए भाषा अब इस प्रकार से काम आने लगी थी, जिस तरह किसी वक़्त संस्कृत काम कर रही थी। ब्रज लेखकों ने अधिक आत्मविश्वास हासिल कर लिया था, उनकी संख्या बढ़ गयी थी, और उनसे मिलकर एक अनौपचारिक लेकिन एक व्यापक आधारवाला एक सामाजिक-सांस्कृतिक नेटवर्क बना जिसे कविकुल नाम दिया गया। यह एक क़िस्म का सद्यजन्मा साहित्यिक गणतन्त्र या काव्य-मण्डल था। आश्रय की भारी संख्या के लिहाज़ से देखें तो रीति लेखकों के लिए सबसे महत्त्वपूर्ण केन्द्र राजपूत दरबार हुआ करते थे। 'राजपूत' से मेरा मतलब आज के राजस्थान के तत्कालीन शासकों से है लेकिन इसमें उत्तरी और पूर्वी भारत तथा दक्कन के उप-शाही राजा भी शामिल हैं जो मुग़ल मनसबदार हुआ करते थे। उन्होंने इस काल में राजसी आत्म-प्रस्तुति की नयी शैलियाँ गढ़ीं।

बुन्देलखण्ड में रीति-लेखन के आरम्भिक इतिहास, और मुग़ल दरबार के साथ इसके सम्बन्धों का हमने जो पता लगाया, उन सबके साथ-साथ रीति साहित्य को राजपूत साहित्य की एक महत्त्वपूर्ण शाखा भी माना जाना चाहिए। मुग़लकाल में, राजपूत राज्यों ने नये अवसरों का उपयोग करते हुए अपनी सत्ता को मज़बूती दी। और इन सामाजिक और राजनीतिक प्रक्रियाओं के साथ-साथ बड़े सांस्कृतिक बदलाव भी आये। मुग़लों और राजपूतों के बीच सम्पर्क ने किस तरह एक नए रूप की दरबारी संस्कृति को प्रेरित किया, इसकी एक मिसाल राजपूत चित्रशैली का विकास है, जिसका काफ़ी अध्ययन भी हुआ है। हालाँकि कला इतिहासकार अक्सर 'राजपूत चित्रकला' शब्द का प्रयोग ज़्यादातर आरम्भिक आधुनिक काल की अधिक पारम्परिक, उप-शाही दृश्य संस्कृति परम्पराओं के लिए करते हैं। लेकिन अनेक चित्रकार और कलाकार मुग़ल और क्षेत्रीय दोनों तरह की कार्यशालाओं में काम करते थे, और मुग़ल और राजपूत पेंटिंग की परम्पराओं को एक आपसी संगम या संवाद में देखना बेहतर होगा।[510]

जिन दरबारों में राजपूत पेंटिंग शैलियों का विकास हुआ, उन्हीं दरबारों ने रीति साहित्य को भी आश्रय दिया, और केशवदास की *रसिकप्रिया* और बिहारी की सतसई जैसे क्लासिक रीतिग्रन्थों की नायिकाएँ और नायक लोकप्रिय विषय बन गये, और अक्सर कविताओं के प्रसंगों को चित्रों में उकेरा जाता था (देखें चित्र 2.2, 3.1, 3.2)। इस तरह ब्रज दरबारी साहित्य का विकास बहुत अन्तरंग रूप से समकालीन कलाकर्मों की एक व्यापक शृंखला के साथ सम्बद्ध था। रीतिग्रन्थ और मिनिएचर पेंटिंग क्षेत्रीय राजाओं की सांस्कृतिक आकांक्षाओं को सिंचित करती थीं। साहित्यिक

और कलात्मक गतिविधियों को प्रायोजित करते हुए इन राजाओं ने दुनिया के आगे दावा किया कि वे सत्ता के साथ-साथ संस्कृति और ज्ञान में रचे-बसे लोग थे।

अकादमिक ज़बान में 'राजपूत चित्रकला' का जितना चलन है, उतना 'राजपूत साहित्य' का नहीं है। लेकिन यह शब्द आरम्भिक आधुनिक भारत में एक अहम सांस्कृतिक प्रवृत्ति की एक सार्थक पहचान करता है। इसको अब तक पर्याप्त रूप से सिद्धान्त में विकसित नहीं किया गया है, इसकी आंशिक वजह इस काल के दरबारी स्रोतों को लेकर एक आम अनदेखी (और नकार तक) से जुड़ी हुई है। लेकिन यह एक भ्रम को भी ज़ाहिर करती है, जो एक जटिल भाषाई और साहित्यिक क्षेत्र के बारे में है जिसका आसानी से श्रेणीकरण नहीं किया जा सकता है। आधुनिक काल के पूर्व के हिन्दी साहित्य के अध्ययन में उपयोग किये जाने वाले आधुनिक शब्दों (अवधारणाओं, श्रेणियों) को लेकर सावधानी बरतने की ज़रूरत है, क्योंकि इस क्षेत्र के बारे में महत्त्वपूर्ण साहित्यिक-ऐतिहासिक निर्णय क़रीब एक सदी पहले बनाये गये थे। तब अधिकतर विद्वान बनारस और इलाहाबाद में स्थित थे, और ज़ाहिर तौर पर वे पश्चिमी भारत की परम्पराओं में हमेशा माहिर नहीं हुआ करते थे।[511] जैसे कि एक ठेठ राजस्थानी विधा रासो के बारे में आरम्भिक दौर में एक ग़लत सूचना का चलन था, जिसको रामचन्द्र शुक्ल जैसे अग्रणी साहित्य इतिहासकारों ने एक प्राचीन चारण परम्परा माना था और इसको बारहवीं सदी से जोड़ दिया था लेकिन (कम से कम अपने लिखित रूप में) यह विधा रीति परम्परा की ही तरह व्यापक रूप से मुग़लकाल से सम्बद्ध है।[512] हिन्दी साहित्य के इतिहास-लेखन के विकास की अवस्था में साहित्यिक सीमाओं का ग़लत नक़्शा बनाने में ऐसी ग़लतियों ने भारी योगदान दिया।

विश्लेषण को लेकर भ्रम को और गहराई देते हुए आधुनिक विद्वान अक्सर 'हिन्दी साहित्य का इतिहास' और 'राजस्थानी साहित्य का इतिहास' जैसी श्रेणियों के बीच में अभीष्ट श्रम विभाजन की बात को अक्सर अनकहा छोड़ देते हैं। आधुनिक काल के पूर्व के किसी ग्रन्थ को क्या इसी आधार पर राजस्थानी का कहा जा सकता है क्योंकि वह आधुनिक राजस्थान राज्य की सीमाओं के भीतर रचा गया था, जो राज्य बीसवीं सदी के मध्य में बनी एक प्रशासनिक इकाई है? या इसलिए कि इसमें ब्रजभाषा से अलग भाषाई विशेषताएँ मिलती हैं? औपनिवेशिकता से पहले के काल में क्षेत्रीय भाषाओं को इतने ढीले-ढाले तरीक़े से परिभाषित किया गया था कि इस बात को निर्धारित करने का एक सटीक नियम बनाना मुश्किल है कि

किसे 'राजस्थानी' कहा जाये (जो दशकों तक आमतौर पर 'पश्चिमी हिन्दी' नाम से लोकप्रिय थी) और किसे ब्रजभाषा। भाषाओं के बीच में ऐसी धुँधली सीमाओं के नतीजे में ऐसी अनेक अस्पष्ट उक्तियाँ बनी हैं जैसे कि "राजस्थानी-निष्ट ब्रज", "ब्रज-निष्ट राजस्थानी", "ब्रज-निष्ट डिंगल" और "पिंगल"[513]। असल में इस क्षेत्र के कुछ ग्रन्थों को भाषाई आधार पर किसी एक श्रेणी में कसकर बाँधना मुश्किल है, जिनमें एक ही रचना में मुक्त रूप से ब्रज और राजस्थानी भाषाओं, छन्दों और शैलियों का मेल मिलता है।[514] एक व्यापक सांस्कृतिक श्रेणी के रूप में 'राजपूत साहित्य' में एक अतिरिक्त ख़ूबी यह है कि यह ऐसे साहित्यों के बारे में भाषा आधारित निर्णय करने की ज़रूरत से बचने में मदद करती है, जो इस क़िस्म के सटीक श्रेणीकरण के लिए स्पष्ट रूप से उपयुक्त नहीं है।

रीति और राजस्थानी साहित्यों के बीच अन्तर करने के लिए आधारों की पहचान करना भी आसान नहीं है। दोनों ही राजपूत साहित्य के महत्त्वपूर्ण रूप हैं जिन्होंने आरम्भिक आधुनिक काल में भारत के पश्चिमी राज्यों के सांस्कृतिक और राजनीतिक मूल्यों को मुखर बनाने में मदद की। याद कीजिए मध्य भारत में ओरछा दरबार में केशवदास की पहली रचना *रतनबावनी* में रासो शैली का कितना योगदान है, जिसने उसका छप्पय छन्द और वीर-रसात्मक जुझारू स्वभाव लिया था। इसी लेखक ने आगे चलकर नवक्लासिकल विधाओं का विकास किया जिन्हें व्यापक रूप से रीति साहित्य-संस्कृति के साथ जोड़ा जाता है। यह बात रेखांकित करती है कि दोनों साहित्यिक संसार कहीं से भी असम्बद्ध नहीं थे। मोटे तौर पर कहें तो रीति शब्द हिन्दी साहित्य के नवक्लासिकल संसार के बारे में बताता है। कई क्षेत्रों में व्याप्त यह सांस्कृतिक शैली बुन्देलखण्ड और मुग़ल दरबार में पहली बार उभरी और इसके बाद व्यापक हिन्दुस्तान के अधिकतर ग़ैर-फ़ारसीदाँ राज्यों में अपनायी गयी। ऐसा सत्रहवीं सदी के उत्तरार्द्ध में हुआ। अगर हमें चुनना ही है तो हम उन ग्रन्थों को 'राजस्थानी' नाम दे सकते हैं जिन पर पश्चिमी भारतीय भाषाई रूपों की मज़बूत छाप मिलती है, जैसे कि मारवाड़ी (अक्सर इसे डिंगल कहा जाता है), या ऐसी विधाओं की छाप मिलती है जो अधिकतर स्थानीय हुआ करती थीं। राजस्थानी सामग्री रीति की तुलना में कहीं व्यापक सामाजिक परिदृश्य को समेटे हुए भी है, जिसमें लोक से लेकर दरबार तक शामिल हैं। मोटे तौर पर अगर इसको परिभाषित करें तो 'राजपूत साहित्य' एक चौराहा था जहाँ स्थानीय पश्चिमी परम्पराएँ—उल्लेखनीय रूप से रासो, डिंगल कविता और जैन कथा-शैलियाँ—मुग़लकाल के दौरान एक अधिक अखिल-

भारतीय साहित्यिक प्रणाली के साथ संवाद करती हैं। चारण, भाट और भील स्थानीय राजस्थानी शैलियों के परम्परागत सामाजिक आधार थे, जबकि ज़्यादातर ब्राह्मण (और कभी-कभी कायस्थ) रीति कवियों ने एक क्लासिकल साहित्यिक विधा को एक ऐसी भाषा, ब्रजभाषा में हस्तान्तरित किया जो इस काल के अधिकतर समुदायों के लिए संस्कृत की तुलना में कहीं अधिक बोधगम्य थी।[515]

आरम्भिक आधुनिक भारत में राजपूत शासकों के पास दरबारी संसाधनों का एक उल्लेखनीय रूप से विविध भण्डार था, जो मुग़लों से कम नहीं था। राजसी शैलियों की अभिव्यक्ति में विभिन्न गुणियों जैसे कि चित्रकारों, वास्तुकारों, संगीतकारों, कवियों और विद्वानों की एक अहम भूमिका थी। इसने दरबार को प्रतिष्ठा और आनन्द दोनों प्रदान किये। सोलहवीं सदी के अन्तिम दौर से हालाँकि राजपूत राजा फ़ारसी संस्कृति से व्यापक रूप से परिचित हो चुके थे, चाहे वे दरबार में शहंशाह से भेंट करने गये हों या शहंशाही फ़ौजी अभियानों में हिस्सा ले रहे हों—लेकिन उन्होंने यह क़ायदा अपनाया कि वे फ़ारसी साहित्य को आश्रय नहीं देंगे। इस तरह चाहे उन्होंने एक क़िस्म का प्रतिरोध किया हो या वे महज़ एक सांस्कृतिक पसन्द को व्यक्त कर रहे हों, उन्होंने स्थानीय परम्पराओं और रीति-शैलियों दोनों को सँवारा। कई दरबारों ने संस्कृत शिक्षण को मदद करना भी जारी रखा।

अधिकतर राजपूत राजाओं को कम से कम तीन क्षेत्रों को सम्बोधित करना पड़ता था—उन्हें मुग़लों के बरअक्स अपनी प्रतिष्ठा का ध्यान रखना पड़ता था जिन्होंने सांस्कृतिक आस्वादन के अपने नये मानदण्ड स्थापित किये थे। उन्हें प्रतिद्वन्द्वी राजपूत घरानों के साथ सत्ता की होड़ करनी पड़ती थी। और उन्हें अपने क्षेत्र में अपनी स्थानीय प्रजा को अपना राजसी ठाठ दिखाना पड़ता था। अध्याय-एक में हमने बीर सिंह देव बुन्देला की जिस दरबारी संस्कृति और इमारतों के निर्माण की चर्चा की है, वे इस बात के सटीक उदाहरण हैं कि किस तरह एक मनसबदार ने अनेक स्तरों पर अपनी शक्ति का प्रदर्शन किया। वीर सिंह देव बुन्देला ने ओरछा या मथुरा में मन्दिर बनवाये तब उन्होंने एक अखिल-राजपूत स्थापत्य मुहावरे को अपनाया जिसमें वैष्णव सांस्कृतिक शैली का उपयोग एक भारी राजनीतिक प्रभाव उत्पन्न करने के लिए किया गया था। उन्होंने अपने राज्य में अपनी श्रद्धा और राजसी दर्जे का ऐलान किया। इन निर्माण-कार्यों ने ओरछा राजा को इसमें भी सक्षम बनाया कि वे व्यापक भारत में संगी मनसबदारों के बीच अपनी एक अधिक व्यापक प्रतिष्ठा का दावा कर सकें। और साथ ही अपनी सम्पदा और आस्वाद

दोनों को इस भड़कीले अन्दाज़ में प्रदर्शित कर सकें कि मुग़ल शासकों का उन पर ध्यान जाये। ऐसी जटिल, परतदार आत्म-छवि इस काल में अनेक स्थानीय राजाओं की ख़ासियत थी। भारत में दरबारीपन एक प्रकार से एक नक़ल या अनुकरण पर आधारित व्यवहार भी था, जिसका मतलब यह है कि दरबार देखते थे कि दूसरे दरबार क्या कर रहे हैं, और वे उस पर प्रतिक्रिया देते थे। ख़ासकर ऊँचे दर्जे के दरबारों के साथ ऐसा होता था। मुग़ल दरबार में राजपूत मनसबदार सबसे नये, सबसे परिष्कृत सांस्कृतिक रूझानों के सम्पर्क में आते थे। इनमें से कुछ को वे अपने राज्य में ले जाते थे, और अपनी ज़रूरतों को पूरा करने के लिए रचनात्मक तरीक़ों से उसे अपनाते थे। चित्रकला और स्थापत्य के क्षेत्रों में विशेषकर ऐसा होता था। गुणी भी कई दरबारों में काम करते थे, और कई मामलों में सांस्कृतिक उत्पादन के सल्तनत रजिस्टर और स्थानीय रजिस्टरों के बीच एक संवाद क़ायम करते थे, जैसा कि मिनिएचर पेंटिंग में देखा जा सकता है।

विभिन्न दौर में अनेक शासकों ने अपनी ख़ुद की सांस्कृतिक पसन्द क़ायम की। और कई मामलों में इन पसन्दों के जटिल राजनीतिक अर्थों पर एक सिद्धान्त विकसित कर पाना सम्भव है। राजपूत-मुग़ल सम्बन्धों पर पारम्परिक कला-इतिहास के अध्ययनों, क्षेत्रीय दरबारों द्वारा भारतीय विषयवस्तु के चुनाव को परम्परावादी या विद्रोही राजनीतिक नज़रिये द्वारा देखा जाता था।[516] हाल के अध्ययनों में मिश्रण और सांस्कृतिक आदान-प्रदान के तथ्य अधिक बारीक विश्लेषण की नींव डाल रहे हैं। उदाहरण के लिए, मेवाड़ के राजा राणा जगत सिंह (शासनकाल 1628-52) द्वारा भव्य *रामायण* पेंटिंग सीरीज़ तैयार करवाने के फ़ैसले को संकीर्ण तौर पर हिन्दू, स्थानीय या परम्परावादी फ़ैसला बताना एक यान्त्रिक और रिडक्शनिस्ट नज़रिया है। किसी समय विद्वानों के बीच में यही सर्वसम्मति हुआ करती थी। लेकिन, क्लासिकल काल से चले आये राजसी अलंकार के एक समृद्ध भण्डार *रामायण* को हाल ही में अकबर के शासनकाल में एक मुग़ल राजनीतिक मुहावरे में अपनाया गया था, जिन्होंने 1590 के दशक में इसके एक शानदार सचित्र फ़ारसी अनुवाद का हुक्म दिया था। *रामायण* की सचित्र पाण्डुलिपियाँ कोई प्राचीन कला रूप नहीं थीं, जो क्लासिकल काल से चली आ रही हों। वे एक मुसलमान शहंशाह द्वारा शुरू की गयी एक नयी, आरम्भिक आधुनिक शैली थी। जगत सिंह को मुग़ल दरबार द्वारा हाल में शुरू करवाये गये इस काम का पूरा पता था, और उन्होंने शायद शाहजहाँ के समकालीन *बादशाहनामा* से भी प्रेरणा ली होगी, जो इतिहास की ऐसी ही एक चित्रमय रचना थी। इसमें शहंशाह के दर्जे और उनकी तैमूरी विरासत का बखान

किया गया था। इस तरह मेवाड़ की दृश्य-संस्कृति महत्त्वपूर्ण रूप से मुग़ल रुझानों के साथ एक संवाद में थी, जब मुग़ल दरबार स्पष्ट रूप से एक हिन्दू विषयवस्तु पर एक कलात्मक कृति की रचना कर रहा था।[517] और जैसा कि रीति साहित्य के साथ हुआ, कभी-कभी यह मुसलमान राजा थे जिन्होंने एक नयी लेकिन विशिष्ट रूप से भारतीय शैलियों की शुरुआत करने में नेतृत्वकारी भूमिका निभायी।

इस अध्याय का एक बड़ा सरोकार मुग़लकालीन भारत में राजपूत दरबारों को उपलब्ध बहुआयामी सांस्कृतिक भाषाओं की पड़ताल करना है। ख़ासकर साहित्यिक आस्वादन के विकास के मामले में। हालाँकि विभिन्न स्थानों में व्याप्त ब्रज रचनाकर्म में से स्थानीय राजस्थानी को अलग करना उतना आसान काम नहीं रह जाता है, ऐसा लगता है कि पश्चिमी भारत के पुराने वीरगाथात्मक गीत और वाचिक परम्पराएँ एक मुग़ल मनसबदार की राजसी प्रतिष्ठा का गुणगान करने में पूरी तरह से सक्षम नहीं रह गयी थीं। लगभग इसी काल में, फ्रांसीसी राजतन्त्र के तहत लिखते हुए योआखिम डु बेला ने अपने साथी कवियों से आह्वान किया कि वे अनगढ़ फ्रांसीसी विधाओं को छोड़ दें जो तब प्रचलन में थीं। और उसकी जगह परिष्कृत, नवक्लासिकी शैली अपनायें :

> पढ़ो, और सबसे अहम बात है कि फिर-फिर से पढ़ो, ओ भावी कवियो! यूनानी और लातिनी मॉडलों को दिन-रात लगाकर, पन्ने दर पन्ने पढ़ो, और तुलूज़ के सजावटी खेलों और रुएन की साहित्यिक सभाओंवाले इन पुरानी फ्रांसीसी तुकों को लिखना बन्द कर दो, उन रोंदेलों, बैलेडों, विरेले, शाही जापों को, गीतों और दूसरी तुच्छ रचनाओं को जो हमारी भाषा के स्वाद को सिर्फ़ भ्रष्ट ही करते हैं, या उससे भी बदतर है कि हमारी अज्ञानता की गवाही देते हैं।[518]

नये काल नये साहित्य की माँग करते हैं। मुग़ल सल्तनत की हुक्मरानी की नयी स्थितियों में राजपूत साहित्यिक आश्रय भी बदलने वाला था। इसके बावजूद, अत्यन्त परिष्कृत और स्तरीकृत मुग़ल व्यवस्था के भीतर नये राजनीतिक और सामाजिक दबावों के तहत, क्षेत्रीय राजाओं ने आरम्भिक आधुनिक सांस्कृतिक क्षेत्र में एक ख़ास छाप छोड़ने के तरीक़े खोजे।[519] इसका एक उपाय क्लासिसिज़्म की एक नयी शैली को अपनाना था, जिसे अब रीति साहित्य कहा जाता है। रीति कविता अधिकतर सत्रहवीं सदी के उत्तरार्द्ध से अग्रणी उप-शहंशाही दरबारों के लिए अनिवार्य तत्त्व बन गयी।

इस जटिल रूपान्तरण को समझने के लिए मैं उन तीन मामलों को पेश कर रही हूँ जिनमें इसको अपनाया गया—आमेर, मारवाड़ और बूँदी। एक नये भाषा मुहावरे में संस्कृत काव्य के राजसी पूर्ववर्तियों से मदद लेने में सक्षम रीति लेखक आरम्भिक आधुनिक दरबारों की सांस्कृतिक और राजनीतिक आकांक्षाओं को मुखर बनाने के लिए आदर्श रूप से उपयुक्त थे। हम रीति आन्दोलन को राजपूत दरबारी संस्कृति की एक सामयिक रणनीति के रूप में विश्लेषित करेंगे। इससे भी अधिक यह मुग़लकाल में राजपूत पहचान की अभिव्यक्ति का एक महत्त्वपूर्ण औज़ार था। इसी के साथ हम इसे संस्कृत और फ़ारसी परम्पराओं से लिये गये राजसी आत्म-अभिव्यक्ति के व्यापक सन्दर्भ में रखकर देखेंगे। इस साहित्यिक संस्कृति के साथ मुग़लों और राजपूतों की भागीदारी के सम्बन्धों को समझना एक अन्य उद्देश्य है। इसी के साथ, हम उत्तर भारत के बाहर, और असल में शाही दरबार के बाहर, रीतिकाव्य और ज्ञान के प्रसार के तन्त्र के बारे में भी कुछ समझेंगे।

## आमेर दरबार में ब्रजभाषा साहित्य को प्रश्रय

मुग़ल दरबार की तरह ही राजपूत दरबारों के सन्दर्भ में यह सटीक तौर पर बता पाना आसान नहीं है कि यहाँ ब्रज कवियों को आश्रय कैसे और कब एक चलन बन गया। लेकिन यह बात अर्थपूर्ण लगती है कि आमेर (आधुनिक जयपुर) इनमें अग्रणी दरबार था। भारमल कछवाहा (शासनकाल 1547-73) के समय से आमेर के कछवाहों ने मुग़ल राज्य के साथ राजपूत गठबन्धन को मज़बूत बनाने में अग्रणी भूमिका निभायी थी। भारमल कछवाहा ने पहली बार अकबर के साथ एक गठबंधन स्थापित किया और पहले राजपूत राजा बने जिन्होंने एक मुग़ल शहंशाह से अपनी बेटी की शादी की। उन्होंने राजनीतिक समागम की एक बहुत कारगर तरीक़े की शुरुआत की जो मुग़ल साम्राज्य की कामयाबी के लिए महत्त्वपूर्ण साबित हुआ। लेकिन साहित्यिक दस्तावेज़ों में दरबार साफ़ तौर पर पहली बार एक पीढ़ी के बाद मान सिंह के शासनकाल में ही शामिल हुआ (शासनकाल 1589-1614) जो अकबर के अग्रणी राजपूत सेनापति और अपने समय के एक तरह से सबसे शक्तिशाली हिन्दू राजा बने।[520] इसी काल में संस्कृत और स्थानीय भाषाओं के क्लासिसिज़्म के आरम्भिक संकेतों को देखा जा सकता है जो अगली सदी में राजपूत दरबारों में प्रचलित हुए। मान सिंह ने संस्कृत में कई ग्रन्थों के लिए धन आवन्टित किये। जैसे मुरारीदास का मानप्रकाश राजा को एक आदर्शरूप में प्रस्तुत करने वाली जीवनी है। हरिनाथ की *काव्यादर्श-मार्जन* और *सरस्वतीकंठाभरण-मार्जन* दो महान

संस्कृत काव्य जो दरअसल दण्डी और भोज द्वारा रचे गये प्रबन्धों पर टीकाएँ हैं। ये इस दरबार के साहित्यिक सिद्धान्त में रुचि के संकेत हैं।[521] ब्रजभाषा साहित्य-संस्कृति से मान सिंह के सम्बन्धों को विशेष रूप से उनके मुग़ल सम्बन्धों में और अधिक स्थानीय रूपों दोनों में तलाशा जा सकता है। उनके काल के अनेक ब्रज कवि जैसे कि गंग और केशवदास अपनी कविताओं में मान सिंह की महिमा गाते हैं।[522] *मानचरित और मानचरितरासो* नाम के भाषा के दो प्रमुख प्रबन्ध काव्य आमेर में लिखवाये गये और रीति-लेखन के भावी विकास की आरम्भिक निशानियाँ थे। पहले ग्रन्थ को अमृतराय ने 1585 में रचा था, जो अपनी भाषाई विशेषता में अधिक राजस्थानी प्रकृति रखता है (जिसमें अपभ्रंश पदों का कहीं-कहीं उपयोग किया गया है); दूसरी पुस्तक नरोत्तम की रचना है, जो इसके बाद रची गयी लेकिन उसकी तिथि का उल्लेख नहीं मिलता है। शायद यह 1600 ई. की रचना है और इसमें राजस्थानी और ब्रजभाषा का मिश्रण है। इसमें कहीं-कहीं रणनीतिक रूप से संस्कृत के दोहों को शामिल किया गया है।[523] इन दो ग्रन्थों की विविधता ही अकेले इस बात को रेखांकित करती है कि आरम्भिक आधुनिक कालीन आमेर दरबार के कवियों ने सचेत रूप से राजस्थानी (या संस्कृत) को छोड़कर ब्रज का उपयोग नहीं किया बल्कि दोनों प्रबन्धों के दो सामान्य सरोकार हैं। नरोत्तम का *मानचरित* विषयगत व्यापकता का अधिक प्रदर्शन करता है, और राजपूत ऐतिहासिक साहित्य की विशेष रूप से नई शैली का मनमोहक आरम्भिक उदाहरण भी है। उच्च काव्य के समृद्ध साहित्यिक रजिस्टरों को प्रशस्ति के साथ मिलाकर इसने एक मुग़ल मनसबदार के भाग्य के विकास का एक जीवन्त, अर्ध-यथार्थवादी विवरण प्रस्तुत किया है। इस ग्रन्थ की तुलना केशवदास के *वीरसिंहदेवचरित* के साथ की जा सकती है, जो अधिक प्रचुर तरीक़े से लिखी कुछ वर्षों बाद की कृति है।

समय-समय पर इस अध्ययन का रुख़ रीति साहित्य के आरम्भ के सवाल की तरफ़ भी मुड़ता है। पहले ओरछा के केशवदास को इसकी शुरुआत के लिए एक मज़बूत उम्मीदवार के रूप में पेश किया, जबकि भक्ति प्रवृत्तियों के प्रति उनके देय को भी स्वीकारा गया। पिछले अध्याय में उत्तर भारत में देशभाषा साहित्य-लेखन के आरम्भिक दौर में मुसलमान शहंशाहों की भूमिका के महत्त्वपूर्ण संकेतों को रेखांकित किया गया था। इस कड़ी में आमेर का दरबार भी महत्त्वपूर्ण है। नरोत्तम के कार्य के आरम्भ में एक कवि प्रशंसा में, कवि साहित्यिक इतिहास की अपनी समझ के संकेत देते हैं :

*भये पुहुमि कवि केव देव करि तिन्हु जु जानउ।*
*व्यास न पटतर कोइ होइ कलिदास समानउ।।*
*वररुचि माघ सुजान आनु हित विल्हन ध्याइय।*
*भगति हित जैदेव देव जिहि दरसनु पाइय।।*
*है अमर नाम गोवरधनह चंदु भाष-माता भयउ।*
*पाइय प्रसादु सेवत तिनहि मानचरित्र जु गुन कह्यउ।।* [524]

केशवदास की ही तरह नरोत्तम कवि भी संस्कृत काव्य के अतीत के बारे में भली-भाँति अवगत थे। लेकिन केशवदास के उलट, देशभाषा में कविता-रचना की शुरुआत को उन्होंने ख़ुद से नहीं जोड़ा। बल्कि उन्होंने अपने क्षेत्र से आने वाले पहले के एक कवि चन्द बरदाई से ख़ुद को जोड़ा जो *पृथ्वीराज रासो* के लेखक और ख़ुद इसके एक किरदार भी हैं। भाषा साहित्य के आरम्भ पर यह पश्चिमी भारतीय दरबार से आने वाला एक अधिक स्थानीय नज़रिया है, जो क़रीब-करीब उसी काल से जुड़ता है। महत्त्वपूर्ण बात यह है कि दोनों लेखकों के लिए संस्कृत से भाषा साहित्य में संक्रमण एक बहुत महत्त्वपूर्ण घटना थी।

अध्याय–एक में जैसा कि कहा गया है, रीति साहित्य के आरम्भ का कोई एक बिन्दु नहीं था बल्कि 'एक लम्बी लकीर-सा' था। इस लकीर को आमेर में कछवाहा दरबार की दिशा में भी खींचा जा सकता है। केशवदास के *वीरसिंहदेवचरित* और नरोत्तम के *मानचरित* का क़रीब-करीब एक ही साथ रचा जाना एक असाधारण बात है। बीर सिंह देव और मानसिंह न सिर्फ़ एक-दूसरे को जानते थे, बल्कि आगरा निवास के दौरान यमुना किनारे एक-दूसरे के पड़ोसी होते थे।[525] ये दो मुग़ल मनसबदार उस नयी काव्य भाषा के मुख्य आश्रयदाता थे जो क्षेत्रीय दरबारों में अस्तित्व में आ रही थी। नरोत्तम का कोई दूसरा कार्य अब नहीं बचा है, और ऐसा मानने की कोई ठीक वजह नहीं है कि उन्होंने दूसरी कोई रचना नहीं लिखी होगी, क्योंकि अपनी प्रस्तावना में उन्होंने अपने साहित्यिक अभियान का भरपूर विवरण दिया है।[526] ऐसा लगता है कि केशवदास साहित्यिक स्मृति में जीते रहे, जबकि नरोत्तम अपने दरबार के बाहर फ़ौरन ही भुला दिये गये।

नरोत्तम की *मानचरित* की अकेली बची रह गयी प्रति को मिर्ज़ा राजा जय सिंह (शासनकाल 1621-67) के आग्रह पर तैयार कराया गया था,[527] जिनके शासनकाल में रीति साहित्य की ख्याति असाधारण ऊँचाइयों पर पहुँच गयी थी। उसे नये स्तर का राजसी समर्थन मिलने लगा था। *मानचरित* को संरक्षित करने की कोशिश राजसी

चित्रण के ठेठ रीति विषयों और क्लासिसिज़्म में जय सिंह की रुचि का केवल एक संकेत है। अपने परदादा मान सिंह की तरह, जय सिंह एक असाधारण रूप से सफल राजनेता और सेनापति थे, जिन्होंने शाहजहाँ और औरंगज़ेब के तहत कई महत्त्वपूर्ण अभियानों का नेतृत्व किया था।[528] पश्चिमी भारत में कवियों को और शाही वंशावली रखने वाले अन्य दरबारी पेशेवरों को रखने की एक लम्बी परम्परा चली आ रही थी। और फिर जैन समुदाय मध्यकाल से ही पाण्डुलिपियों के उत्साही संग्रहकर्ता होते आये हैं।[529] लेकिन अनेक संकेत दिखाते हैं कि इस काल में दरबारों में परम्पराओं को बड़ा औपचारिक रूप मिला। लिखे हुए ग्रन्थों ने अधिक से अधिक मात्रा में वाचिक प्रथाओं के पूरक का काम किया और राजपूत शासकों ने पुस्तकालयों के विकास में एक नयी रुचि दिखाई, जो शायद मुग़ल प्रभाव का नतीजा थी।[530] सम्भव है कि कुछ मुग़ल लाइब्रेरियन क्षेत्रीय दरबारों में चल आये हों, क्योंकि अनेक पुस्तकों में मुग़ल सल्तनत की प्रथाओं के संकेत मिलते हैं। इसमें हिजरी तारीख़ें और फ़ारसी मुहरों के निशान शामिल हैं। आमेर पुस्तकालय (जो आगे चलकर जयपुर पोथीखाना बनने वाला था) जय सिंह के काल में शुरू हुआ, लेकिन उन्होंने पहले के काल से पाण्डुलिपियाँ हासिल की थीं।[531] इसके बावजूद, साक्षरता और पुस्तक संस्कृति में यह नयी रुचि ब्रजकाव्य, प्रशस्ति, इतिहास और साहित्यिक सिद्धान्तों के औपचारिक ग्रन्थों को आश्रय देने में ज़रूर एक कारक रही होगी।

जय सिंह ने जिन साहित्यिक और विद्धत्तापूर्ण ग्रन्थों को आश्रय दिया, वह किसी एक भाषा तक सीमित नहीं था। उन्होंने संस्कृत और ब्रजभाषा के कवियों की भरपूर मदद की। इस क्षेत्र में संस्कृत और हिन्दी सीखने की प्रथा फली-फूली। लिखित ग्रन्थों और क्लासिसिज़्म पर ज़ोर राजपूत साहित्य में एक नयी दिशा थी। जय सिंह ने सुदूर बनारस में एक संस्कृत महाविद्यालय की स्थापना की, जहाँ उन्होंने अपने बेटों को शिक्षा प्राप्त करने के लिए भेजा। उन्होंने आमेर में एक पण्डित सभा भी आयोजित की थी। शास्त्र और साहित्य की अनगिनत रचनाओं को इस काल में पोथीखाना के लिए संगृहीत किया गया। इसमें संस्कृत कवि कालिदास और श्री हर्ष की पाण्डुलिपियाँ शामिल हैं। साथ ही इसमें क्लासिक ग्रन्थों पर संस्कृत टीकाएँ और उनके हिन्दी अनुवाद भी थे।[532] इस चर्चा के लिए सबसे प्रासंगिक ग्रन्थ केशवदास की *रसिकप्रिया* की सचित्र पाण्डुलिपि थी, जिसे मिर्ज़ा राजा जय सिंह की रानी चन्द्रावतजी ने 1639 ई. में तैयार कराया था। यह रीति साहित्य में दरबार की रुचि का प्रमाण है।[533]

जब ब्रजभाषा के साहित्य को आश्रय देने की बात आती है, तब जय सिंह की चर्चा बिहारीलाल से जोड़कर की जाती है, जिनकी अकेली बची हुई रचना *बिहारीसतसई* (1662?),[534] रीतिकाव्य के सर्वोत्कृष्ट ग्रन्थों में से एक है। विभिन्न विषयों पर बिहारी के आकर्षक दोहे बड़ी कलात्मक कुशलता के साथ रचे गये थे और आज भी बड़े उत्साह के साथ उनका पाठ किया जाता है। इनमें चिन्तनशील कृष्णभक्ति से लेकर समकालीन राजनीति के विषय शामिल हैं।[535] बिहारी की इस रचना पर भी चित्र बने। बिहारीलाल के बारे में बहुत कम ऐतिहासिक तथ्य मालूम हैं। एक कवि के रूप में उनकी प्रतिष्ठा ने उनको किंवदन्तियों का विषय बना दिया है। एक उथली ब्रज जीवनी *बिहारीविहार* में कहा गया है कि इस चर्चित रीति लेखक ने फ़ारसी सीखी थी और शाहजहाँ का ध्यान आकर्षित किया था।[536] बिहारीलाल के फ़ारसी और मुग़ल दरबार से परिचय के ये विवरण सच हों या नहीं, वे उनके आश्रयदाता जय सिंह के लिए निश्चित रूप से सच थे। और यह बात असम्भव नहीं लगती है कि बिहारी भी मुग़ल दरबार के तौर-तरीक़ों से परिचित रहे होंगे, जो एक अहम मनसबदार के कवि थे।[537]

हालाँकि कवि ख़ुद अपने जीवन के ब्योरों को लेकर अत्यधिक अनुदार थे और उनके बारे में कथाओं की प्रामाणिकता को आँकना कठिन है, ऐतिहासिक तथ्यों को उनके बाद की एक पीढ़ी के एक अधिक मूल्यवान रीति कवि की मदद से जाना जा सकता है। वे बिहारीलाल के ही भांजे कुलपति मिश्र थे, जो आमेर दरबार में ही सेवारत थे। कुलपति मिश्र जय सिंह के उत्तराधिकारी राम सिंह (शासनकाल 1667-89) के शिक्षक थे। और केशवदास की तरह ही इस बात के अस्पष्ट प्रमाण हैं कि इस ब्राह्मण कवि ने महल की स्त्रियों में से कुछ को सिखाने का काम किया था।[538] दूसरी वजहों से भी केशवदास की शख़्सियत महत्त्वपूर्ण हो सकती है : *महाभारत* पर आधारित अपने एक भाषा प्रबन्ध काव्य *संग्रामसार* (1676) में कुलपति ने यह लुभावनी टिप्पणी की है :

> *कविवर मातामह सुमरि, केसउ केसोराय*
> *कहों कथा भारत्थ की, भाषा छन्द बनाय*[539]

इस पद की व्याख्या में काफ़ी कुछ कहा गया है। इसमें बीसवीं सदी के आरम्भ की एक बहस भी जुड़ी हुई है कि कहीं केशवदास बिहारीलाल के पिता तो नहीं थे। मूल मुद्दा इसे लेकर है कि दोहे की पहली पंक्ति के दूसरे हिस्से की व्याख्या कैसे की जाये। 'केसउ' (यानी केशव) और 'केसोराय' (केशवराय) दोनों ही केशवदास

के प्रमाणित हस्ताक्षर या छाप हैं, और इसकी सम्भावना है कि कुलपति असल में यहाँ केशवदास का ही ज़िक्र कर रहे हैं। इस काल में किस दूसरे व्यक्ति को 'कविराय' जैसी एक उपाधि का हक़दार माना जा सकता था? अपनी *युक्तितरंगिणी* (1686) एक ब्रज कवि ने (अन्य साहित्यिक पूर्ववर्तियों के साथ) बिहारीलाल और केशवदास दोनों को श्रद्धासुमन अर्पित किये हैं और हैरानी की बात नहीं है कि कुलपति मिश्र के ग्रन्थ पर *रसिकप्रिया* का भारी प्रभाव था।[540] लेकिन इनके गोत्र सम्बन्धी कुछ ब्योरे मेल नहीं खाते हैं, लेकिन कुछ विद्वान इस विचार को ख़ारिज करते हैं कि केशवदास बिहारी के पिता और कुलपति के नाना थे।[541] दरबारी कविता के प्रति मिश्र परिवार की तीन पीढ़ियों के समर्पण की बात न सिर्फ़ तर्कसंगत बल्कि पूरी तरह सम्भावित लगती है, लेकिन इस सम्बन्ध को बिना किसी सन्देह के स्थापित करने के लिए यह आधार अपने आप में अपर्याप्त है। केशवदास और बिहारी दोनों की कविताओं में कुछ बुन्देली बोली रूपों की पहचान की गयी है, जो दोनों कवियों के बीच में समान सूत्रों को रेखांकित करता है। ये सूत्र रीति साहित्यिक संस्कृति के उद्‌भव के मूल केन्द्र बुन्देलखण्ड के महत्त्व पर ज़ोर देते हैं।[542] वंशावली की बात को जाने दें तो बिहारी की उपलब्ध कृति कई मायनों में अद्वितीय है–उन्होंने कोई प्रमुख प्रबन्ध नहीं लिखा था और वे ऐसे दुर्लभ दरबारी कवियों में से एक थे जिन्होंने रीतिग्रन्थ विधा की अनदेखी की। इसके बावजूद उनके कार्य की व्याख्या क्लासिकल काव्यसिद्धान्त प्रणाली पर निर्भर करती है, जो रीति साहित्य का केन्द्रीय आधार था।[543] सम्भवत: बिहारी के कुछ कार्य खो गये हों, या सम्भवत साहित्य-सिद्धान्त का प्रभाव उनकी पीढ़ी में नहीं रहा हो, लेकिन उनके भांजे कुलपति मिश्र के रचनासंसार में उच्च काव्य और शास्त्र दोनों ही शामिल हैं जिसकी संगति केशवदास के रचनासंसार के साथ कहीं अधिक मिलती है।

कुलपति मिश्र ऐसा होने की एक अच्छी वजह बताते हैं, जब वे अपने गुरु का उल्लेख करते हैं। उनके गुरु और कोई नहीं ख़ुद जगन्नाथ पण्डितराज थे। ये शाहजहाँ के दरबार में माने जाने वाले प्रसिद्ध संस्कृत बुद्धिजीवी थे।[544] यह उपयुक्त ही है कि जगन्नाथ को संस्कृत परम्परा का अन्तिम मुख्य साहित्यिक सिद्धान्तकार माना जाता है।[545] संस्कृत शिक्षा की मशाल अब भाषा लेखकों के हाथों में आ रही थी, जिनमें से एक तो ख़ुद उनके अपने ही शिष्य थे। जहाँ जगन्नाथ को उनकी संस्कृत शिक्षा के लिए जाना जाता है, कुलपति मिश्र ने इस सुरवाणी (संस्कृत भाषा) में एक शब्द भी नहीं लिखा। भले ही उन्हें एक उत्कृष्ट क्लासिकल शिक्षा मिली हुई

होगी। उनसे पहले के केशवदास की तरह, उन्होंने ख़ुद को पूरी तरह से भाषा-लेखन को समर्पित कर दिया।

ब्रज में सौन्दर्यबोध पर उनका प्रबन्ध *रसरहस्य* (1670) संस्कृत ग्रन्थ *काव्यप्रकाश* के बहुत क़रीब है। इस ग्रन्थ की कई टिप्पणियाँ उनके साहित्यिक परिवेश और प्रेरणाओं की एक झलक देती हैं। इस ग्रन्थ के आरम्भ में वे राज्याश्रय से सम्बन्धित अपनी स्थितियों के बारे में बताते हैं :

> हम भाषा कविता पर चर्चा करते हुए विजय महल में बैठा करते थे।[546] कूर्म राजकुमार राम (सिंह) ने निर्देश दिया–"अगर संस्कृत में व्यक्त होने वाली सारी काव्यात्मक रणनीतियाँ भाषा में रूपान्तरित कर दी जायें, तब हर कोई रस को समझ पायेगा।"[547]

जब केशवदास ने *कविप्रिया* में अपने पाठकों को अपना परिचय दिया, तब भाषा को माध्यम चुनने का उनका फ़ैसला गम्भीर रूप से उल्लेखनीय था, चाहे यह उनके लिए थोड़ी चिन्ता की वजह ही क्यों न हो। इसके उलट कुलपति मिश्र भाषा कविता के बारे में बड़े सहज ढंग से बात करते हैं, जो साफ़ तौर पर अब अपने बूते एक क्षेत्र बन गयी थी, या कम से कम एक ऐसी चीज़ हो गयी थी, जिस पर लोग चर्चा करते थे (*भाषाकवित विचार*)। तब भी, कुलपति मिश्र की पीढ़ी के लिए देशभाषाकरण अभी भी एक जारी प्रक्रिया थी, शायद यह एक विशेष अभियान ही थी। अपनी पीठिका में वे इस पर फिर से ज़ोर देते हैं कि हिन्दी पाठकों के समुदाय के लिए मम्मट की विद्या को उपलब्ध करा रहे हैं :

> *जिते साज हैं कविता के मम्मट कहे बखानि।*
> *ते सब भाषा में कहे रसरहस्य मै आनि।*[548]

भाषा में संक्रमण जबकि कई बरसों तक जारी रहा, संस्कृत और ब्रज बुद्धिजीवियों को राजपूत दरबारों से आश्रय मिलता रहा था। वहीं सत्रहवीं सदी के मध्य से कुछ ऐसा होने लगा था जो भारतीय बौद्धिक जीवन के लिए नया और अखण्डनीय था, यानी इस दौर में भाषा विद्वान स्थापित हो रहे थे। एक दूसरी जगह पर कुलपति मिश्र उल्लेख करते हैं कि राम सिंह के राजतिलक के मौक़े पर भाषा कवि भी मौजूद थे, जो इस बात का संकेत है कि आमेर में वे अब सम्भावित रूप से पेशेवर दरबारी लोगों में से थे।[549] जल्दी ही हर जगह के राजपूत दरबारों की यही स्थिति होने वाली थी।

## जसवन्त सिंह : मारवाड़ के महाराजा और रीति आलंकारिक

सत्रहवीं सदी के मध्य से राजपूत परिवेश में स्थानीय भाषा की विद्वत्ता और साहित्य के लिए नयी प्रतिष्ठा का उदाहरण शायद जसवन्त सिंह (शासनकाल 1638-78) की शख़्सियत से बेहतर और कहीं ही मिले। अपने बड़े भाई अमर सिंह के राजसी दावों को चुनौती देते हुए ग्यारह साल की नाज़ुक उम्र में सिंहासन पर बैठे जसवन्त सिंह न सिर्फ़ मारवाड़ (जोधपुर) के महाराजा बने, बल्कि एक अग्रणी मनसबदार और मुग़ल फ़ौज में एक सेनापति भी थे (चित्र 5.1)। मिर्ज़ा राजा जय सिंह की तरह, उन्होंने शाहजहाँ और औरंगज़ेब दोनों की शहंशाही में सेवा की थी और उन्हें खुले दिल से सम्मान और तरक़्क़ी से नवाज़ा गया था। औरंगज़ेब के साथ महाराजा के सम्बन्ध थोड़े मुश्किलों-भरे थे। इसके लिए केवल एक कारण ही ज़िम्मेदार नहीं कि उन्होंने उत्तराधिकार के युद्ध में दारा शिकोह का समर्थन किया था। लेकिन अपने पूरे करियर में वे मुग़लों के क़रीबी सहयोगी बने रहे और उन्होंने अनगिनत फ़ौजी पहलक़दमियों में अहम भूमिकाएं निभायी। ख़ासकर उत्तर-पश्चिम और दक्कन में होने वाले अभियानों में। लेकिन यहाँ हमारा सरोकार उनकी फ़ौजी शख़्सियत से नहीं है, बल्कि उनकी काव्यात्मक शख़्सियत से है। और इस बात से है कि इस अवधि में राजपूत दरबारों में रीति साहित्य की प्रवृत्तियों को व्यापक रूप से अपनाये जाने के बारे में उनकी शख़्सियत क्या उजागर करती है।

हमें यह कभी पता नहीं चल पाएगा कि जसवन्त सिंह सचमुच में एक उत्कृष्ट लेखक थे या उनके पास बेहतरीन 'छद्म' लेखक मौजूद थे। लेकिन उनको ब्रजभाषा में एक व्यापक रचनाकर्म का श्रेय दिया जाता था, साथ ही संस्कृत में कुछेक कृतियाँ भी उनके नाम से जोड़ी जाती हैं।[550] इन कृतियों में कुछ में आध्यात्मिक रुझान वाली हैं जैसे वेदान्त पर *आनन्दविलास* नाम से एक प्रबन्ध है, साथ ही *गीता* और *प्रबोधचन्द्रोदय* के ब्रजभाषा अनुवाद हैं। लेकिन महाराजा का सबसे महत्त्वपूर्ण ग्रन्थ उनका *भाषाभूषण* (ल. 1660) है, जो अलंकारों का एक उत्कृष्ट रीतिग्रन्थ है। यह ग्रन्थ क्षेत्रीय दरबारों में नये रीतिग्रन्थों की दिशा का एक चरम रूप प्रस्तुत करता है। यह ग्रन्थ आधुनिक काल में किसी बेस्टसेलर रचना से कम नहीं था, और इसे अभी भी रीति शैली की एक क्लासिक रचना के रूप में देखा जाता है। उत्तर भारत के उन पुस्तकालयों में भाषाभूषण की पचास से अधिक पाण्डुलिपियाँ प्रमाणित हुई हैं, जिनके संकलन आधुनिक काल के आरम्भिक दौर में बनने शुरू हुए थे, और

इस ग्रन्थ की लोकप्रियता अहम थी क्योंकि इसने कम से कम छह टीकाओं को प्रेरित किया।[551]

चित्र 5.1 महाराजा जसवन्त सिंह अपने कुलीनों के साथ बैठे हुए, पोर्ट्रेट, लगभग 1645
फ़ोटो विक्टोरिया एंड अलबर्ट म्यूज़ियम, लन्दन

रीति लेखकों के साथ जैसा कि होता था, जसवन्त सिंह ने अपने भाषा ग्रन्थ को संस्कृत-स्रोतों पर आधारित किया, जबकि साथ ही उन्होंने अपनी रचना को एक नया और नाज़ुक ब्रज रुझान दिया। क्लासिकल पूर्ववर्तियों में प्रमुख जयदेव की चन्द्रलोक (तेरहवीं सदी) है और सोलहवीं सदी में अप्पय दीक्षित द्वारा इसके अलंकार खण्ड की पुनर्रचना *कुवलयानन्द* है। पीठिका में महाराज इस बात को लेकर सजग भी हैं और बहुत मुखर भी कि वे किस प्रकार की रचना कर रहे हैं और इसे किसके लिए लिखा जा रहा है :

*अलंकार सब अर्थ के कहे एक सौ आठ।*
*किये प्रगट भाषाविषै देखि संस्कृत पाठ।।*[552]

महज़ आधी सदी पहले जहाँ 'कुशल' और 'भाषा' को एक साथ रखना ही एक परस्पर विरोधी बात के रूप में देखा गया होता, अब अचानक एक नये क़िस्म का ग्रन्थ (ग्रन्थ नवीन) एक ख़ास क़िस्म के पाठक-श्रोता वर्ग के लिए (ताहि नर के हेत...) लिखा जा रहा था जिसकी परिभाषा यह हो गयी कि वह भाषा में विशेषज्ञता के साथ किस तरह जुड़ा हुआ है। *भाषाभूषण* अपने समय के किसी भी

अन्य ग्रन्थ जितना नवक्लासिकल ग्रन्थ है, लेकिन इसके आश्वस्त लहजे पर ग़ौर कीजिए– जसवन्त सिंह अपने भाषा साहित्य समुदाय का उल्लेख एक गर्वबोध के साथ करते हैं। इस दरबार की साहित्यिक गतिविधियों की एक बेहतर समझ और अधिक शोध के माध्यम से ही सामने आ सकेगी, लेकिन हाल के एक अध्ययन में जसवन्त सिंह को चौदह लेखकों को आश्रय देने का श्रेय दिया गया है। यह भी माना जाता है कि कवि वृन्द ने अपने साहित्यिक लेखन का आरम्भ जोधपुर में किया था।[553] इस तरह एक बात तो साफ़ है–*भाषाभूषण* की भूमिका (शुरुआती पद) भाषा सम्बन्धी मन्द मति के बारे में उस क़िस्म के आत्म-नकार से बहुत अलग है जो हमें केशवदास की *कविप्रिया* में देखने को मिलता है।[555] ब्रज बौद्धिक जीवन की समृद्ध नयी सम्भावनाओं से अवगत जसवन्त सिंह संस्कृत के अभाव की बात नहीं करते बल्कि इसके उलट इसे वे ख़ुशी-ख़ुशी अपनाते हैं।

यह बात बहुत दिलचस्प है कि सत्रहवीं सदी के एक प्रधान रीतिग्रन्थ का सम्बन्ध जोधपुर के महाराजा से जोड़ा जाता है, न कि उत्तर भारत के अधिक ताक़तवर क्षेत्रीय राजाओं से। निस्सन्देह आधुनिक काल से पहले की दुनिया में परिष्कृत कवि दरबारी जीवन में महत्त्वपूर्ण हुआ करते थे।[556] और जसवन्त सिंह विशेष रूप से इस बात के अच्छे उदाहरण हैं कि भारतीय राजे-रजवाड़े सौन्दर्यबोधीय कलाकर्मों से कितने गहरे जुड़े हुए थे। इस सम्बन्ध को इस सरल सी अवधारणा में सीमित नहीं किया जा सकता है कि शासकों ने राजकीय कर्तव्य के तहत कवियों को सहायता दी। या फिर कवियों ने अपने लेखन से महज़ अपने आश्रयताओं के विचारधारात्मक उद्देश्यों की सेवा की। शेल्डन पॉलक ने विद्वानों के इस तरह के तर्कों को 'वैधता का सिद्धान्त' कहकर इनकी आलोचना की है क्योंकि ये भारतीय राजाओं के बीच में सौन्दर्यबोध को लेकर भारी प्रतिबद्धता की व्याख्या नहीं करते हैं।[557] मुग़ल मनसबदारों के रूप में राजपूत राजाओं के पास दो क्लासिकल साहित्यिक परम्पराएँ उपलब्ध थीं–संस्कृत और फ़ारसी। इनमें से किसी ने भी उनकी ज़रूरतों को सम्पूर्ण रूप से पूरा नहीं किया, लेकिन इसके बावजूद दोनों ने ही राजपूत दरबारी शैलियों के विकास में योगदान दिया। उन्होंने एक परिष्कृत साहित्यिक मुहावरे या भाषा के रूप में ब्रजभाषा के उभार में भी योगदान दिया। रीति कवियों के लिए अधिक प्रत्यक्ष प्रेरणा रहे संस्कृत काव्य और अलंकारशास्त्र का उद्गम और उनकी रचनात्मक गतिशीलता सदियों तक दरबारी आश्रय का नतीजा थी। इस तरह वे एक हज़ार साल से अधिक समय से राजाओं से गहराई में जुड़े हुए थे। कुल मिलाकर, मुग़ल शहंशाहों द्वारा

अपनायी गयी फ़ारसी साहित्यिक शैलियों का प्रत्यक्ष प्रभाव राजपूत दरबारी काव्य के सौन्दर्यबोध या विषयवस्तु पर नहीं पड़ा था, लेकिन पश्चिमी भारत में वे नयी साहित्यिक कुलीनता और रईसों के लिए एक आम सांस्कृतिक आदर्श थीं। एक ऐसे परिवेश में जहाँ शहंशाह की तालीम और फ़ारसी साहित्य की क्लासिक रचनाओं के ज्ञान पर उनकी राजसी सम्पूर्णता का विचार केन्द्रित था। जहाँ फ़ारसी 'शेर' रचना और कहना किसी शख़्स की नफ़ासत और तालीम की निशानी बनती थी। जहाँ फ़ारसी साहित्यिक हलक़े और इतिहासकार दरबार के सबसे सम्मानित सदस्यों में से हुआ करते थे। ऐसे में राजपूत राजा भी अपने परिवेश में साहित्यिक सौष्ठव के विकास के लिए प्रेरित हुए होंगे।

आरम्भिक आधुनिक काल में भारतीय दरबारों में साहित्य एक अनिवार्य बुनियाद हुआ करता था, चाहे यह पुराने संस्कृत मुहावरों पर आधारित हो या फिर नये फ़ारसी चलन पर।[558] साहित्यिक कलाओं के चलते दरबारी जीवन में भव्यता, मर्यादा और सौन्दर्य की जगह बनती थी, लेकिन असल में वे उस परिवेश को ही रचने में मदद करती थीं, जो किसी दरबार को सम्भव बनाता था। साहित्य अलंकार सम्बन्धी उद्देश्यों को पूरा करता था। यह शिक्षा देने के काम आता था। यह रईसों की नैतिक और ऐन्द्रिक क्षमताओं का परिष्कार करने में भी मदद करता था। यह बात महज़ एक ऊपरी तौर पर रुचि का विषय नहीं है कि राजकाज पर भारतीय प्रबन्ध राजाओं को क्लासिकल साहित्य की रचना और समझ को जानने के लिए उसी तरह प्रेरित करते हैं जिस तरह वे उनसे सैनिक मामलों की जानकारी हासिल करने के लिए कहते हैं। अगर राजाओं को न्यायोचित ढंग से शासन करना था, तो उनसे सांस्कृतिक सूक्ष्मताओं को परिभाषित करने की अपेक्षा की जाती थी। इसमें कोई विस्मय की बात नहीं है कि राजा आश्रयदाता भी थे, जो अहम कलात्मक और साहित्यिक कृतियों की रचना करवाते थे और सांस्कृतिक प्रस्तुतियों को देखते थे। लेकिन दुनिया के सारे राजाओं से लेखक और विद्वान होने की अपेक्षा नहीं की जाती थी। शिक्षण के इस तत्त्व को विशेष तौर पर दक्षिण एशिया में ही ज़ोर दिया गया था। सत्रहवीं सदी के एक तेलुगु प्रबन्ध में राजसी कर्तव्यों की सूची *रायवाचकमु* कई जगहों पर राजकीय नीति के बारे में एक दस्तावेज़ से अधिक अलंकारों की एक सूची की तरह मालूम होती है। दूसरे विषयों के साथ-साथ एक राजा को नौ रसों, प्रेम अवस्थाओं की दस श्रेणियों को, और साहित्यिक विवरण के स्थापित अठारह क़िस्मों को जानने के निर्देश दिये गये हैं। उसे अलंकारों और छन्द की बारीक बातें पता होनी चाहिए, उसे

यह भी पता होना चाहिए कि साहित्यिक त्रुटियों से कैसे दूर रहें। इसी काल में उत्तर भारत में जो रीतिग्रन्थ लिखे जा रहे थे, उनके केन्द्र में यही विषय थे। *रायवाचकमु* के अनुसार, राजाओं से अपेक्षा की जाती थी कि वे 'अच्छे कवियों को खोजें और उन्हें आश्रय दें जो काव्य, नाटक और काव्य विज्ञान को भेद और लक्षण दोनों के माध्यम से सिखा सकें'। अच्छे राजा वे थे जो कई साहित्यिक बोलियों में सहज थे। उन्हें 'सात सन्तानों' को जन्म देना चाहिए, जिनमें से एक साहित्यिक रचना है।[559] किसी राजकुमार के प्रशिक्षण का एक अहम हिस्सा उसके साहित्यिक पक्ष को उन्नत करना था। उसे एक साहित्य रसिक या क़द्रदान राजा के रूप में ढालना होता था, जो काव्य का आनन्द उठा सके और ख़ुद भी काव्य रच सके।

इस सबसे यह बात समझ में आती है कि मारवाड़ के राजा जसवन्त सिंह ने क्यों अलंकारशास्त्र पर एक प्रबन्ध लिखा (या उन्हें इसका श्रेय दिया गया)। निश्चित ही सभी राजाओं ने कविता लिखने या अलंकारों पर लेखन करने का काम नहीं किया। लेकिन आश्चर्यजनक रूप से कइयों ने ऐसा किया। असल में, मैं यह कहना चाहूँगी कि संस्कृत और फ़ारसी परम्पराओं दोनों में उपलब्ध कॉस्मोपॉलिटन सांस्कृतिक मॉडलों के साथ दक्षिण एशियाई राजाओं ने कवि और साहित्य सिद्धान्तकारों के रूप में भी काम किया। यहाँ ऐसा इस पैमाने पर हुआ जो दुनिया के इतिहास में अभूतपूर्व है। ऐसे भारतीय राजाओं की संख्या हतप्रभ कर देने वाली है, जिनको साहित्यिक ग्रन्थों या साहित्य सिद्धान्तों (या दोनों) की रचना करने का श्रेय दिया जाता है- कन्नौज के हर्ष, धार के भोज, मेवाड़ के राणा कुम्भा, विजयनगर के कृष्णदेव राय, बीजापुर के इब्राहीम आदिल शाह द्वितीय, गोलकोण्डा के क़ुली क़ुतुब शाह, ओरछा के इन्द्रजीत, किशनगढ़ के सावन्त सिंह–यह सूची बहुत लम्बी हो सकती है। लेखन के क्षेत्र में मुग़ल शहंशाह भी कम सक्रिय नहीं थे। बाबर ने तुर्की भाषा में एक दीवान  लिखा। उन्होंने और जहाँगीर ने अपनी-अपनी आत्मकथाएँ लिखीं। हुमायूँ की बहन गुलबदन बेगम ने अपने भाई की एक जीवनी लिखी।[560] जहाँगीर के भाई दानियाल ने हिन्दी कविताएँ लिखीं। याद कीजिए कि अध्याय–चार में अबुल फ़ज़ल ने कैसे अकबर की *गुफ्तन-ए-नज़्म और शीरी-ए-नुक्तासंजी* (काव्यात्मक कौशल और साहित्यिक आलोचना की क़ाबिलियत) के लिए तारीफ़ की थी।[561] राजाओं ने भले ही ख़ुद कविताएँ न लिखी हों बल्कि दूसरों द्वारा लिखी गयी कविताओं पर अपने नाम दर्ज करवाए हों, इसके बावजूद भारतीय मानस सोचता है कि उन्हें कविताएँ लिखनी चाहिए थीं। थोड़े में कहें तो राजशाही के स्थापित भारतीय

मॉडल में राजनीतिक और फ़ौजी ताक़त पर ज़ोर दिया जाता है लेकिन इस मॉडल में साहित्यिक संस्कृति के साथ भी एक गहरा रिश्ता था।[362]

जसवन्त सिंह का दरबार हिन्दी के ऐतिहासिक लेखन में एक महत्त्वपूर्ण विकास केन्द्र भी था। रीति साहित्य की तरह यह लेखन भी राजपूत समुदायों के लिए एक नयी बात थी। वहाँ जैन लेखक मुहता नैणसी ने जसवन्त सिंह के पूर्ववर्ती राजा गज सिंह (शासनकाल 1620-38) के तहत भी सेवाएँ दी थीं। उन्होंने मारवाड़ क्षेत्र के इतिहास पर शोध किया था, और *नैणसी री ख्यात* (1637-66) के रूप में इसे एक नए औपचारिक आकार में ढाला था। एक बार फिर से हम देखते हैं कि शायद भाषा, शैली या एक नयी भारतोय विधा के तत्त्व के चुनाव में मुग़ल प्रभाव नहीं मिलेगा। लेकिन अकबर के काल से मुग़ल राज्य में इतिहास को दर्ज करने का एक आम रुझान मिलता है उससे एक ऐसा फ़ारसी मॉडल निर्मित हुआ था, जिसने स्थानीय इतिहास-लेखन सम्बन्धी परम्पराओं को समृद्ध बनाया और कई मामलों में सांस्कृतिक रूप से इन प्रथाओं को फिर से गढ़ने में योगदान दिया।[563] नैणसी का भव्य ग्रन्थ पहले की वंशावलियों और पश्चिमी और मध्य भारत के भाटों के बयानों को आधार बनाता है। इसी के साथ एक अभूतपूर्व दस्तावेज़ी मानदण्ड का उपयोग भी करता है क्योंकि यह कालक्रम पर अधिक केन्द्रित है जिसमें ज्ञान को व्यवस्थित करने की नयी पद्धतियों को अपनाया गया है। इसमें दिया ज्ञान विभिन्न स्रोतों द्वारा सच भी साबित होता है। अहम बात यह है कि बुन्देला राजकाज के लिए नैणसी ने केशवदास की *कविप्रिया* के राजवंश को स्रोत की तरह लिया। यह इस बात का एक और प्रमाण है कि इस काल में मनसबदारी दरबारों के बीच ग्रन्थों का प्रसार एक ऐसे तन्त्र के माध्यम से हो रहा था जिसको हम अभी तक पूरी तरह नहीं जानते-समझते हैं।[564]

## बूँदी राज्य में रीति साहित्य सम्बन्धी परम्पराएँ

इस काल में राजपूतों के बीच में इतिहास और क्लासिसिज़्म के नये रूप बूँदी में भरपूर तौर पर देखने को मिलते हैं। बूँदी ने सुरजन राव हाडा (शासनकाल 1554-85) के काल में प्रमुखता हासिल की, जिन्होंने 1569 में रन्थभौर क़िले की हतोत्साहित कर देने वाली पराजय के बाद अकबर के साथ सन्धि की जिसके चलते यह दरबार मुग़ल हलक़े का हिस्सा बना। आमेर की ही तरह उनके दरबार ने भी संस्कृत और ब्रजभाषा दोनों के कवियों को आश्रय दिया। उदाहरण के लिए सुरजन हाडा के

जीवन का एक भरपूर ऐतिहासिक वर्णन (जो एकदम पूरी तरह से तथ्यात्मक नहीं है) *सुरजनचरित* (लगभग 1590) में किया गया है। यह ग्रन्थ हाडा शासकों के दरबारी कवि चन्द्रशेखर द्वारा रचित एक संस्कृत काव्य ग्रन्थ है।[565] हिन्दी साहित्यिक इतिहास में बूँदी का प्रवेश राजा भाव सिंह (शासनकाल 1658-82) के समय में हुआ, जिनके लिए मतिराम त्रिपाठी ने *ललितललाम* (लगभग 1660[566]) नाम से एक ग्रन्थ लिखा। यह अलंकारों पर एक संक्षिप्त प्रबन्ध है और एक क्लासिकल रीतिग्रन्थ है जिसमें एक राजपूत मनसबदार की दरबारी आकांक्षाओं को प्रदर्शित किया गया है। ये मतिराम त्रिपाठी भूषण और चिन्तामणि त्रिपाठी के भाई थे।

ग्रन्थ की प्रस्तावना की शुरुआत में कई पन्नों तक साहित्यिक विषय पर कोई गम्भीर चर्चा नहीं है, जो कि ज़ाहिर है इस ग्रन्थ का मुख्य विषय है। बल्कि इसमें बूँदी की दरबारी भव्यता की एक मुखर घोषणा की गयी है। गणेश और कृष्ण के परम्परागत आह्वान के बाद, कवि बूँदी वर्णन आरम्भ करता है, जिसका उद्देश्य पाठकों को शहर की प्रचुरता और सौन्दर्य के बारे में बताना है। ऐसा करते हुए वह संस्कृत काव्य के नियमों का पालन करता है। कवि लिखता है :

> बूँदी शहर विश्वप्रसिद्ध है, यह प्रसन्नता और धन का केन्द्र है। कलियुग में यहाँ सतयुग का वास है। बूँदी के लोग होशियार हैं, वेदों, पुराणों और सत्य परम्पराओं को ध्यान लगा कर पढ़ते और सुनते हैं। वे गायकी, काव्य और कलाओं के रसिया हैं...

बूँदी को एक प्रमुख सांस्कृतिक केन्द्र बनाने वाली हरेक चीज़ इस वर्णन का हिस्सा है। जैसे इसकी स्थापत्यकला, चित्रकला और संगीत, महीन कसीदाकारी के विक्रेताओं से भरे हुए बाजार, रमणी स्त्रियाँ, उद्यान, ताल और सुरीली चिड़ियाँ। [567] संस्कृत और ब्रज के दरबारी ग्रन्थों में ऐसे विवरण आम हैं और इन्हें रीति उद्यम के अपरिहार्य अंग के रूप में ही देखा जाना चाहिए।[568] कवियों से अपेक्षा की जाती है कि वे क्लासिकल विधान के अनुरूप राजसी व्यवस्था की भव्यता का वर्णन करें।[569] मतिराम के विवरण बहुत कलात्मक हैं लेकिन उनमें कुछेक स्थानीय विशेषताएँ भी हैं। निश्चित रूप से एक निश्चित देशकाल में रीति कवियों ने जब अपने दरबारों की हैसियत की घोषणा की तो उन्होंने संस्कृति, ज्ञान और निर्मित परिवेश में अपने आश्रयदाताओं के योगदानों को रेखांकित किया।

मतिराम की प्रस्तावना में एक और प्रसंग उल्लेखनीय है, यह है बूँदी राजाओं की एक वंशावली। यह इस काल में उत्तर भारत में दूसरी जगहों के ग्रन्थ-लेखन

और राजनीतिक रुझानों के ही अनुकूल है। वंश के इस संक्षिप्त इतिहास में मतिराम अपने आश्रयदाता के हरेक पूर्वज की उपलब्धियों का गुणगान करते हैं, जिसके लिए उन्होंने कल्पनाशीलता का उपयोग तो किया ही है, अधिक तथ्यपरक रजिस्टरों का भी उपयोग किया है। सुरजन राव के बेटे भोज हाड़ा (शासनकाल 1585-1607) के बारे में कहा गया है कि उन्होंने "मुग़ल शहंशाह के प्राधिकार की टाँग तोड़कर हिन्दुओं के सम्मान की रक्षा की थी।"

*ललितललाम* में मतिराम के दावे का कोई और आधार नहीं पेश किया गया है। हालाँकि *मआसिर अल-उमरा* में एक विवाद का हवाला मिलता है जो, ऐसा माना जाता है कि, तब उठ खड़ा हुआ जब जहाँगीर ने जगत सिंह (मान सिंह कछवाहा के बेटे) की बेटी से शादी करनी चाही।[570] वंशावली में एक दूसरी जगह पर मुग़ल फ़ौजी ताक़त की अनिवार्यता हावी है, जब रतन सिंह हाड़ा (शासनकाल 1608-32) के बारे में कहा गया है कि वे "शहंशाही लड़ाइयों के आनन्द में समृद्ध हुए"। इसी तरह भाव सिंह के पिता सत्रुसाल हाड़ा (शासनकाल 1632-58) थे जो 1658 में छिड़े उत्तराधिकार के युद्ध में दारा शिकोह के पक्ष में लड़ते हुए मारे गए। "वे युद्धभूमि में अपनी जगह पर अडिग रहे, वे जानते थे कि क्षत्रियों की काशी यही है।"[571]

*ललितललाम* का ज़्यादातर प्रत्यक्ष सरोकार बूँदी के वर्तमान काल के शासक से है जिनको बहुमुखी दृष्टियों से प्रदर्शित किया गया है। ग्रन्थ का शीर्षक थोड़ा गूढ़ है जो भारतीय साहित्य सिद्धान्त में ललित नायक (रोमांटिक नायक) की अवधारणा के संकेत देता हुआ प्रतीत होता है।[572] प्रत्यक्षतः अलंकारशास्त्र के बारे में लिखे गये एक ग्रन्थ के लिए ऐसा एक शीर्षक सार्थक लगता है। लेकिन यह अपने आश्रयदाता को प्रसन्न करने की एक कार्रवाई भी हो सकती है जिनके लिए मतिराम ने असल में एक पद में 'ललितललाम' उपाधि का उपयोग किया है।[573] शायद वे यह कहना चाहते थे कि एक ललित नायक की तर्ज पर (जो कि असल में संस्कृत ग्रन्थों में अनेक आदर्श राजाओं की विशेषता थी), भाव सिंह हाड़ा एक परिष्कृत, स्त्रियों के लिए आकर्षक और प्रेम के मामलों में जानकार हैं। ऐन्द्रिक या श्रृंगारिक दृश्योंवाले पदों में जहाँ आमतौर पर राजा के बजाय नायक के रूप में कृष्ण को रखा गया है, लेकिन एक दृश्य में भाव सिंह को उस तरह से होली खेलते दिखाया गया है जो कवीन्द्राचार्य द्वारा शाहजहाँ के चित्रण की बहुत गहराई से याद दिलाता है।[574] चित्रण में ऐसी समानता महज़ कोई संयोग नहीं है, बल्कि वे इस काल में साझी राजपूत और मुग़ल सांस्कृतिक शैलियों की एक और मिसाल है।

*ललितललाम* की रचना यों तो इसी के समकालीन शाहजहाँ के *बादशाहनामा* से पूरी तरह से एक भिन्न भाषा में हुई है, लेकिन इस ग्रन्थ का रिश्ता अपने आप में समकालीन इतिहास से है। इससे हम इस रीतिग्रन्थ की एक विशेष ख़ूबी से अवगत होते हैं। यानी इसके सौन्दर्यबोधीय तर्क के केन्द्र में अक्सर ही राजनीतिक सरोकार हैं। मतिराम के काव्य-भेद वाले पद साधारण हैं। वे संस्कृत की साहित्यिक परिकल्पना से ली गयी प्रमुख श्रेणियों और विषयों को अपने आश्रयदाता की ख़ातिर पेश करते हैं लेकिन लक्षणवाले कुछ पद पूरी तरह से एक दूसरी क़िस्म का काम करते हैं। वे राजा भावसिंह या कभी-कभी उनके किसी सम्मानित पूर्वज की प्रशस्ति भी बन जाते हैं। उपमा के विषय पर मतिराम का पहला लक्षण पद इसकी नींव इस तरह रखता है[575] :

*एक रजपूत है दिवान भावसिंह जाको,*
*जंग जुरैं चौगुनो चढ़त चित चाव मैं।*
*सत्रुसाल नन्द को सुजस मतिराम यातैं,*
*फैलत महीपति समाज समुदाव मैं।*
*दिल्ली के दिनेस के प्रचंड तेज आंच लागे,*
*पानिप रह्यो न काहू भूपति तलाब मैं।*
*ऐसे सब खलक तैं सकल सकिलि रही,*
*राव मैं सरम जैसैं सलिल दरयाव मैं।*[576]

ग्रन्थ में यहाँ और अन्यत्र, बूँदी के राजा को राजपूत संप्रभुता के रक्षक के रूप में पेश किया गया है। हालाँकि रीतिकाव्य जिस संस्कृत साहित्यिक धरोहर पर इतना आधारित है, उसमें वीर रस को व्यक्त करने के कई सारे तरीक़े हैं। लेकिन यह पद और इस तरह के दूसरे पद राजसी क्लासिसिज़्म के कालातीत आदर्शों की बात नहीं करते बल्कि वे एक निश्चित वर्तमान काल की बात करते हैं। वे मुग़लकालीन भारत में मनसबदारी व्यवस्था को लेकर चल रही एक उथल-पुथल और बेचैनी के मर्म तक पहुँचते हैं।

## रीति-लेखन की राजनीतिक संस्कृति

इन प्रसंगों में जैसा कि हम देखते हैं, रीति विधाएँ सत्रहवीं सदी के लगभग मध्य से मनसबदारी दरबारी संस्कृति का अभिन्न हिस्सा बन गयी थीं। चाहे संस्कृत अलंकारशास्त्र से लिये गये प्रमुख विषयों पर काव्यात्मक नियमावलियों की रचना

हो या फिर राजसी विषयों पर प्रबन्ध काव्यों की रचना, ब्रजभाषा के लेखक एक महत्त्वपूर्ण अर्थ में क्लासिकल अतीत को मुग़ल वर्तमान में आगे बढ़ा रहे थे। इन लेखकों में बूँदी में मतिराम, और आमेर और मारवाड़ के दरबारों के उनके क़रीबी समकालीन बिहारीलाल, कुलपति मिश्र और जसवन्त सिंह आदि शामिल हैं। हम क्लासिकल सौन्दर्यबोध के प्रति इस असाधारण प्रतिबद्धता को किस तरह समझें, जो इतनी गहन थी कि अपने काल के लगभग सभी दरबारों में रीतिकाव्य को अपनाया गया?

जिन राजपूत आश्रयदाताओं ने एक साहित्यिक शैली के रूप में नव क्लासिकलवाद को अपनाया, उनको इससे सांस्कृतिक या राजनीतिक रूप से बहुत कुछ मिलने वाला था। जब ब्राह्मण कवियों ने राजपूत दरबारों के क्षेत्र में उच्च भाषा अलंकारों के नये प्रकारों का उन्मेष किया, तब उन्होंने राजसी काव्य की लम्बी परम्परा के संसाधनों को एक नये श्रोतावर्ग के लिए उपलब्ध कराया जो पुरानी भाषा के साथ हर जगह पूरी तरह से परिचित नहीं रह गया था। एक भाषाई माध्यम के रूप में ब्रजभाषा असाधारण रूप से बहुमुखी प्रतिभा रखती थी, क्योंकि यह संस्कृत जितनी परिष्कृत हो सकती थी लेकिन ऐसा करते हुए यह व्यापक रूप से समझ में आने लायक़ भी बनी रह सकती थी। औपचारिक रीतिग्रन्थ अपने रजिस्टर में संस्कृत से बहुत अलग नहीं हैं, ख़ास तरह से जो गहन जटिलताएँ लिये हुए हैं। इस तरह एक स्थानीय भाषा को अपनाते हुए क्लासिकल काव्य के उन्नत भाव को बनाये रखना और सैद्धान्तिक रचनाएँ करना और इसी के साथ एक परिवर्तनशील काव्य व्याख्यात्मक समुदाय की ज़रूरतों को सम्बोधित करना सम्भव था। हालाँकि इसमें सन्देह नहीं कि राजपूत राजाओं को फ़ारसी का कामकाजी ज्ञान था जो मुग़ल दरबारी जीवन में भागीदारी के लिए ज़रूरी था। लेकिन उनके अपने राज्यों में सांस्कृतिक रूप से ब्रजभाषा जितनी प्रासंगिक थी उतनी फ़ारसी कभी नहीं हो सकती थी। नयी ब्रज विधाओं ने सौष्ठव, मनोरंजन का सूत्रपात किया, लेकिन वे दरबार में ज्ञान के सम्भावनाशील स्वरूपों और राजनीतिक अभिव्यक्ति के भाषाई रूप ले आयीं। रस सिद्धान्त में महारत, काव्यात्मक उत्कृष्टता के सिद्धान्तों को जानना, नायिकाओं, अलंकारों और शृंगार काव्य के सभी आयामों की बारीकियों की समझ ऐसे कौशल थे जो किसी ज्ञानी व्यक्ति को विशिष्ट बनाते थे। जैसा कि वृन्द पर चर्चा के दौरान (अध्याय-चार में) संकेत दिये गये हैं, काव्य और अलंकारशास्त्र सुन्दर साहित्यिक कलाएँ थीं, लेकिन वे राजत्व की और यहाँ तक कि सांस्कृतिक तकनीकियों की शर्तें

भी थीं। इसलिए कि वे आश्रयदाता और दरबार के अन्य सदस्यों की संवेदनात्मक, नैतिक और साहित्यिक शिक्षा में योगदान देती थीं।

स्थापित भारतीय धर्मशास्त्रों में शासकों के बारे में साफ़-साफ़ बताये गये परम्परागत विचारों के अनुसार उन्हें क्षत्रिय जाति से होना चाहिए जिससे वे जन्मजात तौर पर राजसी व्यवहारों के उपयुक्त हो जाते हैं। इसके बावजूद संस्कृति सीखनी पड़ती है। और साहित्यिक संस्कृति को इसके भावनात्मक और नैतिक आयामों के साथ अर्जित करना एक ऐसा अभियान था जिसमें योगदान देने के लिए रीति कवि आदर्श रूप से सक्षम थे।[577] उस काल में देशभाषा की प्रधान दरबारी विधा रीतिग्रन्थ सचमुच में नियमावली हुआ करते थे, यह तथ्य इस सम्बन्ध में बहुत महत्त्वपूर्ण है। राजाओं ने बहुत वास्तविक अर्थ में उपयुक्त दरबारी व्यवहार पर नियमावलियाँ तैयार करवायीं।[578] और कई रीति कवियों ने परामर्शदाताओं की भूमिका निभायी जिन्होंने अपना सांस्कृतिक ज्ञान दरबार के साथ साझा किया।

प्राचीन क्लासिसिज़्म का आवरण रीतिग्रन्थ संस्कृति की विशेषता भले रही हो, उसमें समकालीन और स्थानीय सरोकारों को भी अभिव्यक्त किया गया था। अनेक रीतिग्रन्थ और प्रबन्धों ने समकालीन राजनीतिक सत्ता को आलंकारिक रूप से गढ़ा। एक ऐसे दौर में जब कुलीन मुग़ल सांस्कृतिक और राजनीतिक एजेंडा तय कर रहे थे, राजसी राजपूतों ने अपनी ख़ुद की स्वायत्तता को भी अपनाने की कोशिश की। इस काल के ग्रन्थों में हम वंशावली को एक सशक्त अनिवार्यता बनते हुए देखते हैं। यह एक तरह से अपने वंश की स्थापना करने और अपने क्षेत्रों पर दावा करने का एक तरीक़ा था। लेकिन यह साथ ही मुग़ल मनसबदारी व्यवस्था के प्रति उनकी एक प्रतिक्रिया भी थी जो राजनीतिक सफलता की बुनियाद बनने में मददगार थी।[579] सत्रहवीं सदी ठीक-ठीक एक ऐसा दौर था जब प्रतिष्ठित राजपूत घराने अपनी पहचान को ठोस रूप दे रहे थे, पुराने, अधिक खुली हैसियतवाले युद्ध सरदारों के तौर-तरीक़ों से हटकर एक बन्द, अभिजात वंशों की परिपाटी अपना रहे थे जो आरम्भिक आधुनिक काल में आकर ही स्वाभाविक बन सकी। रीतिग्रन्थों में से अनेक में वंशावलियाँ शामिल हैं जो अपने दरबारों की नयी 'वंशावलीपरक रूढ़िवादिता' को अभिव्यक्त करती हैं।[580]

मुग़ल-सत्ता के प्रति एक और प्रतिक्रिया इतिहास को लेकर एक नयी दिशा के रूप में सामने आयी, हालाँकि यह कुछ-कुछ अनियमित थी। मनसबदारी दरबारों में काम करने वाले ब्रज और राजस्थानी कवियों ने अपने फ़ारसी समकक्षों से एक

अलग ढंग अपनाया। वे वृत्तान्तकार नहीं थे जिनका काम तिथियों और विवरणों को दर्ज करना होता है। बल्कि ब्रज कवियों ने आमतौर पर एक ऐसी चीज़ लिखी जिसे मैं *सुसमृद्ध इतिहास* कहना चाहूँगी। इसको लिखने के लिए उन्होंने रोज़मर्रा के तथ्यों पर ध्यान देने के बजाय काव्य के प्रतिमानों को और राजसी शिष्टाचार के दीर्घकालिक तरीक़ों को आधार बनाया। रीति-इतिहास प्रति-इतिहास भी हो सकते हैं, जिनमें राजपूत दरबारों ने कथा का अपना संस्करण प्रस्तुत किया। केशवदास की *रतनबावनी* इस प्रति-इतिहास का एक उदाहरण है जो उनके दरबार को मुग़ल प्रभाव में लिये जाने की कहानी है, और यह मुग़ल-स्रोतों में पायी जाने वाली कहानी से बिल्कुल अलग है।[581] *मानचरित* और *ललितललाम* अपने विशिष्ट तरीक़ों से ब्रज ऐतिहासिक संस्कृति के उदाहरण हैं और वे भी राजपूत राजनीतिक संस्कृति की अन्तर्दृष्टियों से भरे हुए हैं।[582] यह बात बहुत महत्त्वपूर्ण है कि ब्रजभाषा में मुग़ल लेखन में से ऐतिहासिक लेखन की रीति विधा क़रीब-क़रीब पूरी तरह से अनुपस्थित थी। लेकिन यह राजपूत दरबारों में एक शक्तिशाली सांस्कृतिक तकनीक के रूप में उभरी। यह मुग़ल वर्तमान को एक ग्रन्थाकार रूप देने और इस तरह उसको समझने का अवसर बनी। लेकिन साथ ही यह राजपूत दरबारी अतीत का एक आत्म-इतिहास भी है। जहाँ तक मुग़लों की बात है, उन्होंने अपना अतीत फ़ारसी में लिखा।

रीति कवि बेहद बहुमुखी प्रतिभावाले थे और उन राजपूत शासकों की विविध ज़रूरतों को पूरा करने में तत्पर थे, जो मनसबदारों के रूप में मुग़ल प्रशासन का हिस्सा थे। उनके आश्रयदाता रीति साहित्य के सौन्दर्यबोधीय आकर्षण के चलते इसमें दिलचस्पी रखते थे। ब्रज ग्रन्थ जिस तरह से एक राजनीतिक आत्म-सज्जा में मदद करते थे, वे इसके प्रति भी आकर्षित रहे होंगे। इस प्रक्रिया के कुछ तत्त्व विभिन्न क्षेत्रों में लिखे गये संस्कृत के दरबारी काव्य के आरम्भिक स्वरूपों से जन्मे थे। भक्ति संवेदनाओं पर ज़ोर देने वाली काव्य परम्परा के आधुनिक तत्त्व भी सांस्कृतिक रूप से प्रासंगिक माने जा रहे थे, क्योंकि अनेक राजपूत राजकाजों का सार्वजनिक स्वरूप वैष्णव था। इन सभी आयामों को लेकर बहुत यान्त्रिक रवैया अपनाने की ज़रूरत नहीं है क्योंकि आख़िरकार कभी-कभी कविता बस कविता हुआ करती है। लेकिन क्लासिसिज़्म को लेकर भारी प्रतिबद्धता ने राजपूत दरबारों की मर्यादा में उन्नति ही की। निश्चित रूप से क्लासिसिज़्म को लेकर प्रतिबद्धता को अभी भी संस्कृत साहित्य को आश्रय देकर व्यक्त किया जा सकता था, लेकिन अब यह अधिक से अधिक रीति कवियों के समर्थन के रूप में सामने आ रही थी। इसने

हिन्दू राजत्व की प्राचीन परम्पराओं से शासकों को जोड़ा ही, साथ में फ़ारसी में मुग़लों की अपनी क्लासिकल ज़बान पर एक प्रतिक्रिया के रूप में भी काम किया।

राजपूतों ने आमतौर पर फ़ारसी विद्वानों और शायरों को अपने दरबारों में जगह नहीं दी थी। उन्होंने ब्रजभाषा में काम करने वाले रीति बुद्धिजीवियों को दरबारी पेशेवरों के एक अहम वर्ग के रूप में लिया। एक रीतिग्रन्थ लिखना या लिखवाना राजा द्वारा कविकुल के परिष्कृत दायरों में भागीदारी का संकेत था। इसने न सिर्फ़ देशभाषा के बौद्धिक जीवन के विकास को फलने-फूलने में मदद की, बल्कि इसने दरबार की हैसियत भी बढ़ायी। उस काल के सभी दरबारों में आकार में छोटे काव्यशास्त्र भी लिखवाये जा रहे थे। लेकिन राजपूत राजाओं द्वारा कुलपति मिश्र की *रसरहस्य* जैसी एक संस्कृतनिष्ठ शैली में रीतिशास्त्र के जटिल ग्रन्थों को लिखवाना सर्वाधिक सम्भव था। इस क़िस्म के विद्वत्तापूर्ण विमर्श स्वाभाविक रूप से मुग़ल दरबारों के बाहर सर्वाधिक प्रासंगिक रहे होंगे, जहाँ हिन्दू या अब हिन्दी बौद्धिक वर्ग का प्रभुत्व क़ायम हो रहा था। जैसा कि आर.एस. मैक्ग्रेगर ने सुझाया है, सत्रहवीं सदी में उत्तर भारत में एक उन्नत ब्रज गद्य शैली ने जन्म लिया क्योंकि इसने "हिन्दू दरबारों और पश्चिम की विभिन्न स्थानीय हिन्दी बोलियाँ बोलने वाले हिन्दुओं के बीच में संवाद के एक माध्यम के रूप में काम किया, उसी तरह जैसे आधुनिक मानक हिन्दी अब हिन्दी की सभी क्षेत्रीय बोलियाँ बोलने वाले शिक्षित लोगों को एक बनाती है।"[583]

## रीति कवियों को सबसे पहले आश्रय देने वाले कौन थे, मुग़ल या राजपूत?

यह सवाल अधिक चिन्तन की माँग करता है कि राजपूत दरबारों में ब्रजभाषा ने किस तरह जड़ें जमायीं। आज के उपमहाद्वीप में भाषाविज्ञान सम्बन्धी तर्क के आधार पर, जिसमें हिन्दी एक हिन्दू भाषा बन गयी है, यह अनुमान लगाना सहज हो जाता है कि हिन्दू राजपूतों ने रीति साहित्यिक रुझानों को मुग़ल दरबारों तक पहुँचाया। कोई यह अनुमान भी लगा सकता है कि राजपूत ही हिन्दी बोलियों के मुख्य उपयोगकर्ता थे, मुग़ल नहीं। हम यह जानते हैं कि अपनी पीढ़ी के एक अग्रणी हिन्दू शासक मान सिंह कछवाहा एक राजसी ज़बान में देशभाषा के काव्य के एक आरम्भिक आश्रयदाता थे। इसी तरह एक बड़ा महत्त्व रखने वाले एक राजपूत राजा के लिए काम करने वाले केशवदास ने अपना पहला नहीं बल्कि आख़िरी ग्रन्थ एक मुग़ल सन्दर्भ में

लिखा। ये तथ्य एक बार फिर से इस संक्रमण की दिशा के बारे में सम्भावित रूप से अहम संकेत दे सकते हैं। अपने संस्मरणों में जहाँगीर ने बताया है कि जसवन्त सिंह के दादा, मारवाड़ के राजा सूरज सिंह (शासनकाल 1595-1620) एक हिन्दी कवि को दरबार में ले आये थे, जिसे उन्होंने एक स्थानीय चारण बताया था।[584] यह भी इस बात का एक संकेत लगता है कि इस सांस्कृतिक सम्पर्क का रास्ता राजपूतों से मुग़लों तक पहुँचा।

लेकिन यह निश्चित है कि प्रक्रिया इससे कहीं अधिक परस्पर मिली-जुली और संवादपरक थी। 1650 के पहले के काल में बुन्देलखण्ड से बाहर के दरबारों में रीति साहित्य को बड़े पैमाने पर राजपूत आश्रय के प्रमाण आश्चर्यजनक रूप से बहुत कम हैं (मान सिंह ने जिन मिश्रित राजस्थानी चरितों को आश्रय दिया था, वे अभी पूरी तरह रीति विधा के ग्रन्थ नहीं थे)। लेकिन 1650 के बाद लगभग अचानक ही मुग़ल दरबार के मातहत ज़्यादातर दरबारों में ब्रज कवियों को देखा जाने लगा। इस बात को याद रखते हुए कि साहित्यिक आस्वाद जैसी एक जटिल चीज को किसी एक कारण से नहीं जोड़ा जा सकता है, हम इस बात पर हैरान हुए बिना भी नहीं रह सकते कि सत्रहवीं सदी में सीधे-सीधे मुग़ल सन्दर्भों से बाहर, राजपूत सन्दर्भों में जिन रीति लेखकों ने भी काम किया, वे उन क्षेत्रीय केन्द्रों में स्थित थे जो मुग़ल-सत्ता के साथ अन्तरंग रूप से जुड़े हुए थे। चाहे यह ओरछा हो, आमेर हो, जोधपुर हो या बूँदी।[585] अहम रूप से रीति लेखक मेवाड़ में अनुपस्थित हैं, जो सल्तनत के प्राधिकार के ख़िलाफ़ लगातार विद्रोह करने वाला एक दरबार था। मेवाड़ दरबार ने स्थानीय भाषा में कुछ सचित्र ग्रन्थों की रचना करवाई, जिसमें 1630 के दशक में साहिबदीन की असाधारण *रसिकप्रिया* शामिल है (चित्र 2.2) लेकिन इसने ब्रजभाषा के दरबारी साहित्य के विकास में कोई बड़ी भूमिका नहीं निभायी। इस दरबार ने रीतिग्रन्थ विधा में एक भी मौलिक कृति की रचना नहीं करायी। यह सही है कि दरबार ने एक ब्रज कवि को राज सिंह (1652-80) के शासनकाल के अन्तिम दौर में आश्रय दिया। ये थे जैन मुनि मान कवि, जिनकी *राजविलास* राजा के जीवन पर एक प्रमुख प्रबन्ध है। इसकी रचना 1677 से 1680 के बीच की गयी थी। राज सिंह ने कुछेक राजस्थानी कृतियों की रचना भी करवायी। लेकिन सत्रहवीं सदी में मेवाड़ दरबार ज़्यादातर संस्कृत साहित्य को आश्रय देने के पुराने ढंग पर ही बना रहा। यह मुग़लकाल के पूर्व की स्थापत्य परम्पराओं के लिए उनके अतीतमोह के साथ भी मेल खाता है।[586] रीति साहित्य का आरम्भ करने वाले ग्रन्थ उन जगहों से आये

जिनका मुग़लों के साथ क़रीबी सम्बन्ध था। यह एक ऐसा रुझान है, जो सिर्फ़ तभी समझ में आता है, अगर रीति साहित्य मुग़ल साम्राज्य और मनसबदारी की दरबारी संस्कृति का अभिन्न हिस्सा रहा हो।

यहाँ प्रस्तुत किये गये भारी प्रमाण सुझाते हैं कि सत्रहवीं सदी के मध्य में अग्रणी दरबारों ने रीति साहित्य को अपनाया क्योंकि वे मुग़ल सम्पर्कों के माध्यम से औपचारिक ब्रज-शैलियों से परिचित हुए। हालाँकि आज के हिन्दी विद्वानों को यह बात अतार्किक और यहाँ तक कि हास्यास्पद लग सकती है। 1650 से पहले राजपूतों द्वारा रीति साहित्य को आगे बढ़ाने के प्रमाण बहुत कम हैं, लेकिन मुग़ल सन्दर्भों में इसके भरपूर प्रमाण मिलते हैं। अध्याय–चार से महज़ कुछेक मुख्य बिन्दुओं को याद किया जाए, तो बीरबल ने 'ब्रह्म' तख़ल्लुस के साथ ब्रज कविता लिखी और अकबर ने उन्हें 'कविराय' की उपाधि दी थी। गंग ने अपने काल के अधिकतर मुग़ल राजकुमारों और अग्रणी मनसबदारों के लिए प्रशस्ति लिखे। तीन खो चुके रीतिग्रन्थों को अकबर के दरबार से जोड़ा जाता है, हालाँकि इनके बारे में कुछ भी स्पष्ट पता नहीं है। एक अग्रणी मुग़ल सेनापति रहीम के नाम से जोड़ा जाने वाला रचनाकर्म सोलहवीं सदी के अन्तिम दौर में भक्ति और रीति दोनों ही विषयों का एक सर्वोच्च उदाहरण है। अबुल फ़ज़ल अपनी *आईन-ए-अकबरी* में विषयान्तर करते हुए नायिकाभेद पर ग्रन्थों के एक वर्ग का उल्लेख करते हैं। जहाँगीर के नायिकाभेद के ज्ञान का विशेष हवाला देने वाले केशवदास ने सम्भव है कि मुग़ल दरबार का दौरा किया हो और बहुत पहले, 1586 में बीरबल की मृत्यु से पहले उनसे सम्पर्क में रहे हों। रहीम के बेटे इराज शाहनवाज़ ख़ान सम्भावित रूप से केशवदास की आख़िरी कृति *जहाँगीरजसचन्द्रिका* के आश्रयदाता थे। इससे भी बढ़कर केशवदास के बाद उभरने वाले अगले रीति कवि सुन्दर थे, जो शहंशाह शाहजहाँ के एक विश्वस्त और भरोसेमन्द दूत थे। इस बात को समझना ख़ासतौर से कठिन है जब तक कि यह न मान लिया जाये कि रीति साहित्य एक मुग़ल परम्परा थी। सुन्दर को उनकी ब्रज कविता के लिए उपाधियाँ और बख़्शीश मिली थी। इसी काल में ब्रज अलंकारशास्त्र के एक-दूसरे लेखक चिन्तामणि त्रिपाठी थे, जिन्हें दक्कन और उत्तर दोनों के भारतीय-मुसलमान कुलीन तबक़ों द्वारा व्यापक आश्रय मिला था। सम्भव तो यह भी है कि उन्हें ख़ुद शहंशाह शाहजहाँ से भी आश्रय प्राप्त हुआ हो।

सोलहवीं सदी के अन्तिम दौर और सत्रहवीं सदी के पहले दशकों में मुग़ल दरबार में रीति कवियों का जमा होना, और इसी काल में पूरे पश्चिमी भारत में रीति

कवियों से सम्बन्धित प्रमाणों की लगभग अनुपस्थिति, कम से कम यह तो दिखाता ही है कि भारतीय-मुसलमानों का आश्रय क्लासिकल हिन्दी की सफलता का आधार था। उसने कोई सहयोगी या छोटी भूमिका नहीं निभायी। ऐसा सम्भव है कि मुग़लों ने ब्रजभाषा के कवियों को जो प्रतिष्ठा प्रदान की, उससे दूसरे स्थानों पर गुणियों के रूप में उनकी माँग पैदा हुई। मुग़ल-राजपूत गठबन्धन और मैत्री बनने की प्रक्रिया में किसी स्तर पर सिर्फ़ राजनीति नहीं बल्कि कविता का महत्त्व भी था। निस्सन्देह प्रमाण सीमित और अपूर्ण हैं, लेकिन स्वाभाविक है कि कुछ ग्रन्थ खो गये हों या अभी भी विद्वानों को उपलब्ध नहीं हों।[587] लेकिन जो ग्रन्थ कम से कम आरम्भिक आधुनिक भारत में वास्तव में महत्त्व रखते थे, वे आमतौर पर वे ग्रन्थ हैं जिनको उनकी प्रतियाँ बनाकर या कम से कम बाद के लोगों द्वारा उनका उल्लेख करते हुए संरक्षित रखा गया है। आधुनिक काल से पहले के स्रोतों से स्थापित साहित्यिक रुझानों के बारे में कुछ जानकारियाँ मिलती है, ख़ासतौर पर विद्वान कवियों और बुद्धिजीवियों द्वारा लिखी गयी कवि-प्रशंसा विधा से।

मुग़ल-राजपूत सम्बन्धों पर आधारित मेरी परिकल्पना यह है कि रीतिकाव्य गम्भीर रूप सबसे पहले मुग़ल दायरों[588] में विकसित हुआ और इसके बाद ही पूरे भारत के अधीनस्थ दरबारों में इसका प्रसार हुआ, उन दरबारों में भी जो मुग़लों के विरोधी थे। यह परिकल्पना कलात्मक प्रथाओं के बारे में सम्बन्धित प्रमाणों के अनुकूल तो है ही, हम भारतीय-मुसलमान समुदायों से जुड़ी देशभाषा कविता की शुरुआत के बारे में जो जानते हैं, उससे भी यह अवधारणा मेल खाती है। यह बात सही है कि शाही चित्रखानों में क्षेत्रीय भारतीय चित्रकारों को बुलाया जाता था, और उन्होंने मुग़ल पेंटिंग के मुहावरे को विकसित करने में रचनात्मक योगदान दिया। लेकिन मुख्य चित्रात्मक रुझान आगरा और दिल्ली में ही बनते थे, जहाँ से वे राजपूत दरबारों में फैलते थे। चलन यही था, इसका उलटा नहीं। आमेर जैसे राजपूत पुस्तकालय मुग़लों की रवायतों से प्रेरित थे। ब्रज दरबारी कविता के मामले में भी ऐसी ही स्थिति क्यों नहीं रही होती? अगर यह इस आम समझ को चोट पहुँचाती है कि हिन्दी को हिन्दू ही होना चाहिए, तो ऐसा इसलिए है कि यह आम समझ पुरानी और बेमेल है और यह मुख्यतः राष्ट्रवादी सोच पर आधारित है।

भारतीय-मुसलमान समुदायों ने हिन्दी साहित्यिक इतिहास में अनेक आरम्भिक बिन्दुओं पर योगदान दिया था। इसमें अवधी भाषा की पहली बची रह गयी कृति मौलाना दाऊद की *चन्दायन* है।[589] इसलिए यह बात उपयुक्त ही हो सकती है कि

रीतिग्रन्थ विधा की नयी खोज और इसके आरम्भिक विकास में भी उन्होंने एक केन्द्रीय भूमिका निभायी थी क्योंकि इन नियमावलियों का काम उन लोगों को भारतीय साहित्य से परिचित कराना और उनके लिए ज़मीन तैयार करना था जो इसके विशेषज्ञ नहीं थे। हालाँकि ब्रज रीतिग्रन्थों का अधिकतर कथ्य अलंकारशास्त्रों से लिया गया है, जो संस्कृत साहित्यिक सिद्धान्तों की एक हज़ार साल पुरानी परम्परा है। लेकिन रीतिग्रन्थ के रूप ने आरम्भिक आधुनिक काल में ही प्रतिष्ठा पायी थी जब उसे मुसलमान आश्रयदाताओं का महत्त्वपूर्ण बल और प्रेरणा मिली। एक जटिल और व्यापक विद्धत्तापूर्ण चर्चा के उलट रीतिग्रन्थ का यह रूप आमतौर पर साहित्यिक सिद्धान्त के एक अकेले विषय पर (चाहे यह नायिकाओं से सम्बन्धित हो या रसों या अलंकारों से) एक संक्षिप्त, और तुलनात्मक रूप से एक सरल रचना होती है। असल में संस्कृत परम्परा में नायिकाभेद पर पहली स्वतन्त्र कृति भानुदत्त की *रसमंजरी* (लगभग 1500) को सम्भवतः अहमदनगर के निज़ाम शाह ने लिखवाया था। यह तथ्य इस विधा की नयी खोज को एक भारतीय-मुसलमान आश्रय का मामला बना देता है।[590] सूफ़ी लेखक ख़ूब मुहम्मद चिश्ती (1539-1614) *की छन्द छन्दां और भाव ओ भेद* पुरानी गुजराती में रचे गये अर्द्ध रीतिग्रन्थ हैं। यह बोली ब्रज के बहुत क़रीब है।[591] यह बात बहुत सम्भव लगती है कि मुसलमान समुदाय वो ताक़त थे जिन्होंने मुग़लकाल के दरबारों की पहचान बन गयी हिन्दी विधा को शुरू-शुरू में अपनाया, भले ही आगे चलकर हिन्दू समुदायों ने इसका विकास किया और उसे बौद्धिक जीवन का एक प्रमुख वाहक बनाया।

## ब्रजभाषा का कविकुल

रीति कविकुल की शुरुआत चाहे जिस तरह हुई, इसका प्रसार आश्चर्यजनक और दूरगामी था। अगर कोई भारतीय दरबारी जीवन की एक झलक भर ले, तो यह उजागर होगा कि अठारहवीं सदी आते-आते उत्तर भारत में लगभग हरेक राजा और दक्कन में कई राजाओं के सांस्कृतिक भण्डार में रीतिकाव्य शामिल था (देखें नक़्शा 2)। मुग़ल और राजपूत अभिजात तबक़ों ने ब्रज लेखकों को आश्रय दिया, और एक-दूसरे दरबार में आते-जाते कवियों का एक फलता-फूलता नेटवर्क साहित्यिक शैलियों और तकनीकों को एक दरबार से दूसरे दरबार तक पहुँचाता रहा। चूँकि भारत के सांस्कृतिक इतिहासकार आधुनिक काल से पहले के साहित्यिक समुदायों के बारे में इतना कम जानते हैं कि इस तस्वीर को रचने की कोशिश करना सार्थक

होगा। हमेशा की ही तरह, ऐसा करते हुए इस बात का ध्यान रखना ज़रूरी है कि उपलब्ध सूचनाएँ सन्तोषजनक नहीं हैं (हालाँकि इस मामले में उनका पूरी तरह अभाव भी नहीं है)।

रीति कवियों में जो क्लासिसिज़्म मिलता है और उनके प्रसार में जो गतिशीलता पायी जाती थी, इन दोनों को बख़ूबी एक ऐसे शब्द में बयान किया जा सकता है, जिसका ख़ुद कवियों ने ही उपयोग किया था, वह था *कविकुल*। कवियों और कुल को एक साथ ले आने की बात आधुनिक काल से पहले के काल में सामुदायिक निर्माण की महत्त्वपूर्ण प्रणाली के संकेत देती है, भले ही इसकी चर्चा कम ही हुई है। यह संस्कृत मूल का शब्द है, लेकिन मुग़लकाल के ब्रज लेखकों के लिए इसकी एक नयी महत्ता विकसित हुई। कृपाराम और केशवदास जैसे भाषा अलंकारशास्त्र के आरम्भिक विद्वान तो इस शब्द का उपयोग कर ही रहे थे,[592] आगे के सिद्धान्तकारों के लिए यह साफ़ तौर पर एक केन्द्रीय अवधारणा बन गयी। कविकुल का मतलब एक अवधारणात्मक समुदाय भी है और एक वास्तविक समुदाय भी। अपने सावधानीपूर्वक शोध और ग्रन्थों की रचना करते हुए रीति कवि संस्कृत परम्परा के अपने साहित्यिक अग्रगामियों के साथ संवाद कर रहे थे। इस तरह वे बीते हुए काल के एक कविकुल से संवाद में थे। वे एक हज़ार साल पीछे से आ रहे अलंकारशास्त्र के सिद्धान्तों से गहराई में जुड़े हुए थे। उनका उतना ही सरोकार ब्रजभाषा सिद्धान्त के एक नये संसार का विकास करने से था, जो कवियों को क्लासिकल साहित्य रचना के पुराने मानदण्डों और पद्धतियों के समकक्ष तो रखेगा ही, साथ ही उन्हें स्थानीय भाषा में नयी खोजों में सक्षम भी बनायेगा। इसी के साथ, रीति लेखक अपने समकालीन लेखकों के साथ संवाद में भी थे, जो कविकुल शब्द के दूसरे आयाम के संकेत देता है। ब्रज कवियों ने नये रुझानों और आश्रय के अवसरों की व्यापक होती सम्भावनाओं को अपनाया, उन्होंने कवि-विद्वानों के एक नये और अत्यन्त आत्म-सजग भाषा समुदाय को भी गढ़ा।

कविकुल के इस विचार को कई मामलों में बिल्कुल शाब्दिक अर्थों में भी समझा जा सकता है। बिहारी के कुलपति मिश्र और सम्भवतः केशवदास तक से पारिवारिक सम्बन्धों के प्रसंग को याद कीजिए। सम्भवतः जब एक कवि किसी दरबार में अपनी जगह बना लेते थे तो इसकी सम्भावनाएँ बढ़ जाती थीं कि उनका कोई सम्बन्धी भी प्रवेश पा सके। ब्रजभाषा कविकुल का एक और उल्लेखनीय मामला त्रिपाठी परिवार का है, जो अद्भुत रूप से यायावर भी था, जिनमें मतिराम

त्रिपाठी, भूषण त्रिपाठी और चिन्तामणि त्रिपाठी थे, और जिन्हें हिन्दी परम्परा बन्धुओं या भाइयों के रूप में याद करती है। उनके जन्मस्थान (आधुनिक कानपुर के क़रीब तिकवांपुर), आश्रयदाताओं के बीच सम्बन्धों के आश्चर्यजनक रूप से मेल खाने, ग्रन्थों में से तत्त्वों को लेने के सम्भावित मामले, और आधुनिक काल से पहले के ग्रन्थों में उनके नामों की अक्सर ही तुलना इस बिन्दु पर सहमति को पुष्टि देती है। अत्यन्त शाब्दिक अर्थों में ही एक 'कविकुल' बनाने वाले इन तीन कवियों के जीवन और कार्यों के बारे में कुछेक अतिरिक्त विवरणों को संक्षिप्त रूप से पता लगाना दूसरों के बारे में चर्चा को आगे बढ़ाने में मददगार साबित हो सकता है, जहाँ कविकुल एक अमूर्त धारणा अधिक है। यह इस बात को लेकर सूक्ष्म दृष्टि प्रदान कर सकता है कि यह कविकुल कैसे काम करता था। इन अर्थों में कविकुल सत्रहवीं सदी में भारत में प्रभावशाली ढंग से उभरे ब्रजभाषा के दरबारी कवियों का एक विस्तृत समुदाय था।

अफ़सोसजनक रूप से मतिराम के बारे में हम निश्चित रूप से बहुत कम जानते हैं। एक बार फिर से किसी रीति कवि के रचनाकर्म का मुग़ल आयाम एक कठिनाई ही पेश करता है। *फूलमंजरी* नाम से दोहों के एक संक्षिप्त संकलन में भूमिकास्वरूप कुछ दोहे हैं जो यह दावा करते हैं कि इस ग्रन्थ को जहाँगीर (शासनकाल 1605-27) ने लिखवाया था। लेकिन किसी ग्रन्थ की अन्तिम पंक्ति को आसानी से बाद में जोड़ा जा सकता है। और अगर हम मतिराम के *ललितललाम* की अधिक निश्चित तिथि को ध्यान में रखें तो *फूलमंजरी* का रचनाकाल सन्दिग्ध रूप से बहुत पहले का लगता है। *ललितललाम* 1658 के बाद ही लिखी गयी होगी क्योंकि उस साल शुरू हुए उत्तराधिकार के संघर्ष का इसमें उल्लेख मिलता है।[594] उनकी *रसराज* और *सतसई* को बख़ूबी प्रामाणिक माना गया है, लेकिन उनकी तारीख़ पता नहीं है और न ही यह पता लगायी जा सकती है। *रसराज* अलंकारशास्त्र पर एक प्रमुख प्रबन्ध काव्य है जो *ललितललाम* से कहीं अधिक विस्तृत है (और मुग़ल सियासत से उसका कम सरोकार है), जिसे उन्होंने बूँदी के भाव सिंह के लिए लिखा था। *सतसई* का नाम और स्वरूप बिहारीलाल के ही अधिक मशहूर काव्य संकलन से मेल खाता है, जो सात सौ मुक्तक पदों का एक असाधारण संकलन है। दिलचस्प बात यह है कि इनमें से एक तो मराठा राजा शिवाजी के प्रति श्रद्धांजलि है जो मतिराम के भाई भूषण के आश्रयदाता थे। इसी कृति के दूसरे पदों में किन्ही 'भोगनाथ' की जयकार है जिनके बारे में कुछ भी ज्ञात नहीं है, लेकिन सम्भवतः वे इसके आश्रयदाता रहे होंगे।[595]

एक *अलंकारपंचाशिका* (1690) कुमाऊँ के राजकुमार ज्ञानचन्द को समर्पित है, जो दिखाती है कि वे अपने जीवन के उत्तरकाल में उत्तर में पहाड़ों पर चले गये थे।[596] अन्त में हम मतिराम के बारे में इस तथ्य के अलावा बहुत कम बातों की पुष्टि कर सकते हैं कि वे एक बेहतरीन कवि और साहित्य सिद्धान्तकार थे जिन्होंने बहुत यात्राएँ कीं। उनमें कभी-कभी अपने काल के राजनीतिक जीवन के पहलुओं को दर्ज करने की रुचि भी दिखती है।

जब मतिराम के भाई भूषण की बात आती है तब ऐतिहासिक दस्तावेज़ थोड़े बेहतर ढंग से बचे हुए हैं। भूषण मराठा राजा शिवाजी (शासनकाल 1674–80) के दरबारी ब्रज कवि के तौर पर हिन्दी साहित्येतिहास (विशेषकर राष्ट्रवादी साहित्य इतिहास) के वृत्तान्तों में मशहूर हैं। उनकी मुख्य कृति *शिवराजभूषण* अलंकारों के विषय पर एक रीतिग्रन्थ है। भूषण ने इसमें यह बात बतायी है कि दरबार में ख़ुद को पेश करने वाले गुणियों की मण्डली में वे कैसे शामिल हुए :

*तहँ नृप रजधानी करी जीति सकल तुरकान।*<br>
*सिव सरजा रुचि दान में कीन्हों सुजस जहान।।*<br>
*देसन देसन ते गुणी आवत जाचन ताहि।*<br>
*तिनमें आयो एक कवि भूषण कहियतु जाहि।।*<br>
*सुकबिन हू की कछु कृपा समुझि कविन को पंथ।*<br>
*भूषन भूषनमय करे 'शिव-भूषण' सुभ ग्रन्थ।।*

आख़िरी पंक्ति में भूषण शब्द का ऐसा उपयोग किया गया है कि उसका (अंग्रेज़ी) अनुवाद क़रीब-क़रीब असम्भव है। यह एक ही साथ कवि का, ग्रन्थ के शीर्षक का और क्लासिकल काव्य के अलंकारों का हवाला देता है।[597]

भूषण ने अपना *शिवराजभूषण* 1673 के उस महत्त्वपूर्ण साल में लिखा (ग्रन्थ की तारीख़ ख़ुद लेखक ने दर्ज की है) जब शिवाजी के राज्याभिषेक की तैयारियाँ चल रही थीं। अपनी राजसी योग्यता का दावा करने के लिए दक्कन के इस राजा की मुख्य रणनीतियों में से एक यह थी कि उन्होंने पिछली पीढ़ियों के दौरान कई क्षेत्रों में विकसित हुई राजपूत दरबारी संस्कृति के साथ ख़ुद को जोड़ने की कोशिश की। उनकी दूसरी चिन्ता वंशावली को लेकर समस्याएँ थीं जिनसे उनके राज्याभिषेक के पटरी से उतर जाने का जोखिम था। क्लासिकल राजनीतिक चिन्तन में राजा के लिए क्षत्रिय होना ज़रूरी बताया गया था और शिवाजी क्षत्रिय नहीं थे। लेकिन साबित हुआ कि यह एक ऐसी समस्या नहीं थी जिसका समाधान नहीं निकाला जा सकता हो।

शिवाजी ने 1674 तक अपने राज्याभिषेक को टाल दिया और गागा भट्ट नाम के एक प्रतिष्ठित पण्डित को इसका समाधान निकालने के लिए नियुक्त किया। भट्ट मराठा राजा की वंशावली को मेवाड़ के सिसोदिया वंश से जोड़ने में सक्षम रहे जो कि एक सर्वोच्च राजपूत वंश था।[598]

राजा की वंशावली सम्बन्धी अड़चनों की जानकारी भूषण द्वारा *शिवराजभूषण* के आरम्भ में प्रस्तुत भोंसले वंश (शिवाजी इस मराठा परिवार से आते थे) की वंशावली को एक ख़ास महत्त्व देती है। और अगर यह अभी भी ज़रूरी है तो फिर एक बार फिर से यह इस बात का सबूत है कि रीति साहित्य अपने दौर के क्षेत्रीय राजाओं के राजकाज का एक महत्त्वपूर्ण उपकरण था। भूषण द्वारा पेश की गयी मराठा राजा की वंशावली के कुछ अहम हिस्से इस तरह हैं :

*राजत है दिनराज को बीस अबनि अबतंस।*
*जामै पुनि पुनि अवतरे कंस मथन प्रभु अंस।।*
*महाबीर ता बंस मैं भयो एक अवनीस।*
*लियो बिरद 'सीसौदिया'*[599] *दियो ईस को सीस।*
*ता कुल मैं नृपबृंद सब उपजे बखत बुलंद।*
*भूमिपाल तिन मैं भयों बड़ो 'माल मकरंद'।।*
*सदा दान किरबान मै जाके आनन अंभु।*
*साहि निजाम सखा भयो दुग्गा देवगिरि खंभु।।*
*भूषण भनि ताके भयो भुव-भूषन सुत साहि।*
*रातौ दिन संकित रहैं साहि सबै जग माहि।।*
*दशरथ जू के राम भे बसुदेव के गोपाल।*
*सोई प्रगटे साहि के श्री सिवराज भुवाल।।*
*उदित होत सिवराज को मुदित भये द्विजदेव।*
*कलियुग हट्यो मिट्यो सकल म्लेच्छन को अहमेव।।*

जा दिन जनम लीन्हो भू पर भुसिल भूप ताहि दिन जीत्यो अरि उर के उछाह को।
भूषन भनत बाल लीला गढ कोट जीत्यो साहि के सिवाजी करि चकूं चक चाह को।।
बीजापुर गोलकुंडा जीत्यो लरिकाइ ही मैं ज्वानी आए जीत्यो दिलीपती पातसाह को।।[600]

ऐसा लगता है कि अपने भाई और बूँदी के राजा के दरबारी कवि मतिराम के पदचिह्नों पर चलते हुए भूषण नगर-वर्णन की परिचित विधा में शिवाजी की राजधानी रायगढ़ का एक विस्तृत, आदर्श विवरण देते हैं। आरम्भिक पद रायगढ़ में शिवाजी

के क़िले (चित्र 5.2) की भव्यता पर ज़ोर देते हैं, जो जितना प्रभावशाली था उतना ही दुर्जेय भी :

*जा पर साहि तनै सिवराज सुरेस कि ऐसि सभा सुभ साजै।*
*यों कवि भूषण जंपत है लखि संपति को, अलकापति लाजै।।*
*जा मधि तीनिहु लोक कि दीपति ऐसो बडो गढराय बिराजै।*
*वारि पताल सी माची मही अमरावति की छबि ऊपर छाजै।।*[601]

इसके बाद भूषण अलंकारशास्त्र की लीक पर चलते हैं जो तकनीक शायद उन्होंने अपने भाई के ग्रन्थ से अपनायी थी। इसमें रीतिग्रन्थ विधा को राजनीतिक सिद्धान्त के एक मंच के रूप में इस्तेमाल किया गया है। इसकी प्रवृत्ति सम्भवत: "मिट्यो सकल म्लेच्छन को अहमेव' और 'जीत्यो दिलीपती पातसाह को" जैसी पंक्तियों में प्रत्यक्ष है।[602]

चित्र 5.2 रायगढ़ में शिवाजी का क़िला, 17वीं शताब्दी में निर्मित।
लेखिका द्वारा लिया गया एक एरियल फ़ोटो (हेलीकॉप्टर सौजन्य अजीत गुलाबचन्द)।

इस ग्रन्थ का उद्गम इसकी शैली और कथ्य से कम मोहक नहीं है। भूषण त्रिपाठी दक्कन में मराठी और संस्कृत लेखकों के बीच शिवाजी की गुणियों की मण्डली में कैसे शामिल हुए जिनका परिवार उत्तर भारत के मैदानों से आता था?[603]

शिवाजी के दरबार में संस्कृत, मराठी और फ़ारसी लेखकों की मौजूदगी कोई अनहोनी बात नहीं है (शिवाजी ने ख़ुद फ़ारसी में पत्र लिखे जिनका एक प्रमुख संकलन मिलता है), लेकिन हिन्दी की प्रतिष्ठा में एक नाटकीय बदलाव ही आया होगा कि एक ब्रज कवि इस तरह दक्षिण के श्रोता वर्ग तक पहुँच गया। साथ ही, उसे ऐसी उदारता से पारिश्रमिक मिला कि भावी पीढ़ियों से उसे प्रशंसा, बल्कि ईर्ष्या भी महसूस होने वाली थी।[604] यह बात एक कहीं अधिक व्यापक सांस्कृतिक रुझान का सूचक है कि एक मराठा राजा ने एक ब्रजकवि भूषण पर कृपादृष्टि की क्योंकि इससे न सिर्फ़ एक कवि विशेष बल्कि एक पूरी भाषा और साहित्यिक संस्कृति को अनुमोदन मिला था। ब्रजभाषा की प्रतिष्ठा के लिए इससे अधिक किसी सारगर्भित संकेत की कल्पना करना मुश्किल है कि इसे उस क्षेत्र के बाहर एक सांस्कृतिक शैली के रूप में अपनाया जाये जहाँ यह मातृभाषा के रूप में नहीं बोली जाती थी। ब्रजभाषा अपने दौर में एक नया कॉस्मोपॉलिटन मुहावरा बन रही थी और अखिल-राजपूत दरबारी संस्कृति का एक अहम घटक हो गयी थी। एक उपयुक्त राजा बनने के लिए शिवाजी को एक सही वंशावली की ज़रूरत थी, लेकिन उन्हें रीतिकाव्य की ज़रूरत भी थी।

मराठा दरबार में भूषण के बने रहने को लेकर और विवरण उपलब्ध नहीं हैं, लेकिन कुछ दूसरी जगहों पर हम उनके पदचिह्नों की, उनकी उपस्थिति की छाया की तलाश कर सकते हैं। ऐसा लगता है कि उन्होंने अपने करियर का आरम्भ चित्रकूट के एक अज्ञात राजा रुद्रशाह सोलंकी के दरबार में किया था, जो आधुनिक लखनऊ के दक्षिण में, उत्तर प्रदेश और मध्य प्रदेश की सीमा पर स्थित था। कवि हमें बताते हैं कि यहीं उन्हें 'भूषण'[605] की उपाधि मिली थी जो उनके अपने नाम पर इस तरह हावी हो गया कि हिन्दी परम्परा उन्हें सिर्फ़ इसी उपाधि के नाम से जानती है। अपने करियर के एक अन्य दौर में लगता है कि भूषण ने आज के पूर्वी मध्य प्रदेश में पन्ना का दौरा किया। यह कब की बात है हम नहीं जानते, लेकिन तब पन्ना पर छत्रसाल का शासन था। ये एक और क्षेत्रीय राजा थे जिन्होंने ब्रज कवियों को सक्रिय रूप से आश्रय दिया। भूषण छत्रसाल के दरबार में गये, यह बात इस मशहूर बुन्देलखण्ड के विद्रोही नेता के सम्मान में लिखे गए और बचे रहे दस पदों से तर्कसंगत रूप से पता लगायी जा सकती है। इन्हें छत्रसालदशक के नाम से संकलित किया गया है।[606] अनेक फुटकल कविताओं में उनकी छाप से उन दूसरी जगहों के संकेत मिलते हैं जहाँ भूषण गये होंगे, या उन दूसरे आश्रयदाताओं के संकेत मिलते

हैं, जिनके लिए उन्होंने लिखा। भले ही हम इसे निर्णायक रूप से प्रमाणित नहीं कर सकें। भूषण के नाम से कई राजपूत राजाओं की प्रशंसा में लिखे गये मुक्तकों को जोड़ा जाता है, जिनमें बूँदी के मिर्ज़ा राजा जय सिंह, उनके बेटे राम सिंह, अनिरुद्ध सिंह ( शासनकाल 1682-95) और बुद्ध सिंह (शासनकाल 1696-1735), रेंट के राजा अवधूत सिंह (शासनकाल 1700-55)[607]। सम्भव है कि भूषण ने इन सभी राजाओं के दरबारों से निजी तौर पर आश्रय न माँगा हो। सम्भव है कि उन्होंने कुछ को दूसरों के दरबारों में देखा हो, या बाद में उनके नाम पर लिखने वालों ने ऐसी कल्पना की हो। जो भी हो, भूषण का जीवन उल्लेखनीय रूप से एक कॉस्मोपॉलिटन जीवन था। वे आधुनिक उत्तर प्रदेश, राजस्थान और मध्य प्रदेश और दूर दक्षिण में दक्कन तक गये। उनसे पहले के केशवदास जैसे किसी कवि के लिए यह बात सोच से भी परे थी।

त्रिपाठी भाइयों में सबसे बड़े माने जाने वाले चिन्तामणि उनमें सबसे अधिक घुमन्तू थे। इसमें आश्चर्य की बात है किं हिन्दी विद्वानों को उनके बारे में कितना कम पता है, लेकिन चिन्तामणि सत्रहवीं शताब्दी में महत्त्व रखने वाले सभी दरबारी साहित्यिक दायरों में आते-जाते रहे जिनमें मुग़ल, राजपूत, दक़्कनी प्रमुख थे। पिछले अध्याय में हम कुलीन भारतीय-मुसलमानों द्वारा आश्रय की व्यवस्था में भी उनकी कुछ गतिविधियों का पता लगाने में सक्षम रहे थे। ऐसा दावा किया जाता है कि उनका पहला रीतिग्रन्थ *रसविलास* शाहजहाँ के दरबार में लिखा गया था। उन्हें कवीन्द्राचार्य सरस्वती से जोड़ा जा सकता है जिन्होंने तीर्थयात्रा कर को ख़त्म करने के लिए शाहजहाँ से याचना की थी। जब ब्रज कवि कुल ने इस पण्डित का अभिनन्दन किया, तो ये चिन्तामणि ही थे जिन्होंने इस अवसर के लिए किसी भी दूसरे कवि से अधिक सत्रह प्रशस्तियाँ लिखी थीं।[608] याद कीजिए कि जहानाबाद के दीवान सय्यद रहमतुल्लाह की महफ़िल में किस तरह उनका आत्मीय स्वागत किया गया था, जिनका रीतिकाव्य प्रणालियों का ज्ञान उनकी साहित्यिक रसिकता की निशानी है। दक्कन में भारतीय-मुसलमान समुदाय भी भारतीय अलंकारशास्त्र के ग्रन्थ पढ़ रहे थे और उनका आनन्द ले रहे थे। चिन्तामणि जब गोलकोण्डा आ बसे तब उन्होंने इस प्रक्रिया में भी सक्रिय रूप से योगदान दिया, जहाँ उन्होंने एक संस्कृत सौन्दर्यबोधीय प्रबन्ध का ब्रजभाषा में अनुवाद किया। अकबर शाह की यह कृति *शृंगारमंजरी* (लगभग 1670) संस्कृत आलंकारिक भानुदत्त से प्रेरित थी।[609] प्रत्यक्षत: गोलकोण्डा में चिन्तामणि का कार्यकाल दक्कन में उनके लम्बे प्रवास

का समापन था, क्योंकि कवि ने पहले शिवाजी के पिता शाहजी भोंसले की सेवा की थी। यह इस बात का एक और असाधारण उदाहरण था कि उत्तर भारत के बाहर भी ब्रज कविकुल की पहुँच थी। शाहजी ने उनसे *भाषापिंगल* (लगभग 1662) लिखवायी थी जो छन्दों पर एक प्रबन्ध थी। आने वाली सदियों में इसे एक व्यापक पाठकवर्ग हासिल होने वाला था।[610] दरबार में चिन्तामणि की उपस्थिति शाहजी द्वारा प्राजोयित एक संस्कृत-भाषा मिश्रित काव्य में भी दर्ज है। वह ग्रन्थ जयराम का *राधामाधवविलासचम्पू* था।[611]

कवि की अन्तिम ज्ञात रचना *कविकुलकल्पतरु* (लगभग 1670) अलंकारशास्त्र पर एक भव्य प्रबन्ध है, जिसके कुछ अंशों पर अध्याय–तीन में चर्चा की जा चुकी है। माना जाता है कि इसकी रचना दक्कन में नहीं बल्कि उत्तर की तरफ़ रुद्रशाह सोलंकी के एक छोटे-से राजपूत दरबार में की गयी थी। इस ग्रन्थ के अकेले प्रकाशित संस्करण में, जो 1875 का लिथोग्राफ है, आश्रय से सम्बन्धित सूचना नहीं दी गयी है। लेकिन 1878 में एक अग्रणी हिन्दी साहित्यिक इतिहास के लेखक शिवसिंह सेंगर चित्रकूट के रुद्रशाह सोलंकी के प्रति समर्पण को उद्धृत करते हैं। अगर यह प्रामाणिक है तो इसका मतलब यह है कि चिन्तामणि और उनके भाई भूषण के आश्रयदाता समान थे (और मराठा दरबार के साथ उनके सम्बन्ध भी समान थे)।[612] चिन्तामणि के अलंकारशास्त्र का बचा रह गया सबसे उत्कृष्ट नमूना *कविकुलकल्पतरु* एक विशाल, युक्तिपूर्ण ग्रन्थ है (उनका *कवित्तविचार* अब उपलब्ध नहीं है जिसकी प्रशंसा मीर ग़ुलाम अली आज़ाद ने हिन्दी और फ़ारसी कवियों की अपनी जीवनी *मआसिर अल-किराम* में की थी) जो क्लासिकल साहित्यिक सिद्धान्त के प्रमुख तर्कों का एक सुन्दर संश्लेषण है। इस पर ग़ौर कीजिए कि कविकुल का विचार चिन्तामणि के लिए इतना केन्द्रीय था कि उन्होंने इसे अपनी महाकृति के शीर्षक में शामिल कर लिया।[613]

इस तरह जब हम मतिराम, भूषण और चिन्तामणि त्रिपाठी के करियरों का नक़्शा बनाते हैं तब सत्रहवीं सदी के उत्तरार्द्ध में रीति साहित्य की संस्कृति के असाधारण प्रसार की तस्वीर बनाने में मदद मिलती है। सिर्फ़ इन तीन भाइयों के ही उत्तरी, दक्षिणी, पश्चिमी और मध्य भारत के कम से कम दर्जन भर दरबारों से सम्बन्धित होने के चिह्न मिलते हैं, और वे आवाजाही करने वाले ब्रज दरबारी कवियों के एक बिल्कुल ही नये वर्ग का प्रतिनिधित्व करते हैं। आरम्भिक आधुनिक भारत के सैकड़ों लेखक कविकुल का हिस्सा थे, क्योंकि शहंशाही केन्द्रों और क्षेत्रीय

दरबारों दोनों में ही रीति कवि सचमुच में सर्वव्यापी हो चुके थे।[614] रीति कवि मुग़ल केन्द्रों में काम कर रहे थे, वे पूरे बुन्देलखण्ड में फैले हुए थे, वे बंगाल में थे और राजस्थान के अधिकतर दरबारों में थे। आख़िरकार भारतीय चित्र परम्पराओं की तरह रीति कविता ने भी पहाड़ों के हिन्दू और सिख दरबारों में भी कहीं व्यापक क़द्रदान बनाये। ब्रज कवि दक्कन में, मराठा दरबार में और गोलकोण्डा में पाठकवर्ग और आश्रय हासिल कर रहे थे। सचमुच में ब्रज अब एक विस्तृत कवियों के 'कुल' की भाषा थी।

पहली नज़र में उत्तर भारत में बोली जाने वाली एक भाषा के रूप में अपने दायरे से बाहर ब्रज साहित्य का विकास आश्चर्यजनक लग सकता है। लेकिन हम कुछ ऐसे कारकों की पहचान कर सकते हैं जिनसे ख़ासकर दक्कन में इस रुझान को समझने में मदद मिलती है। अपने परम्परागत भाषाई इलाक़े से दूर दक्षिण में हिन्दी की लोकप्रियता को हम आसानी से समझ सकते हैं, अगर हम इस बात को याद करें कि काफ़ी पहले, चौदहवीं सदी में ही सल्तनत की फ़ौजों के दक्षिणी अभियानों में उत्तर भारतीय लोग शामिल थे। वे अपने साथ अपनी भाषा भी दक्कन में ले गये। इसके साथ-साथ ऐसे घुमन्तू मराठी कवियों की एक लम्बी परम्परा भी थी जो अक्सर हिन्दी में भी लिखा करते थे। इसके मशहूर उदाहरण सन्त कवि नामदेव (1350 के लगभग) और तुकाराम (जन्म 1598) हैं, लेकिन ख़ासकर इस साहित्यिक सीमा पर दोहरी भाषाओं का उपयोग बहुत आम था।[615] कई क्षेत्रों में एक साथ हिन्दी की मौजूदगी को इस बात से भी मज़बूती मिली कि मुग़ल दरबार अक्सर ही बुरहानपुर और औरंगाबाद जैसे दक्षिणी शहरों में ठहरा करता था। क्या पता कि रहीम और जसवन्त सिंह की ब्रज कविताएँ तब लिखी गयी हों जब ये सेनापति मुग़ल जंगें लड़ने के लिए दक्कन में डेरा डाले हुए हों। यह बात भी मायने रखती है कि बूँदी के भाव सिंह, मारवाड़ के जसवन्त सिंह और आमेर के जय सिंह आदि रीति साहित्य के सभी प्रमुख आश्रयदाता मनसबदारों ने दक्षिण में फ़ौजी अभियानों में एक साथ सेवाएँ दी थीं। इनके साथ रीति के कवि भी रहे होंगे। और अगली पीढ़ी में कवि वृन्द ने दक्षिण में ही अपनी कई कृतियों की रचना की।[616] उन्हें मुग़ल और राजपूत दरबारों दोनों से आश्रय मिले थे। बाद में वे ढाका में जाकर बस गये।

ब्रज कवियों की गतिशीलता में एक और बड़ा कारक था मुग़लों का राजनीतिक विस्तार और मुग़लों की अपनी शासन शैली जो घुमन्तू प्रकृति की थी। इसने लोगों और ग्रन्थों की आवाजाही के एक नेटवर्क के विकास में मदद की। इससे एक

रीति साहित्यिक संस्कृति का विकास सम्भव हुआ। शासकों के बीच में सांस्कृतिक अनुकरण की प्रकृति का उल्लेख पहले ही किया जा चुका है। क्लासिकल भारत के राजाओं के लिए जहाँ संस्कृत काव्य दरबारी प्रतिष्ठा का सूचक था, वहीं आरम्भिक आधुनिक काल में राजपूत और मुग़ल दरबारी संस्कृतियाँ अभिजात, और कई क्षेत्रों में व्यापक शैलियों से मिलकर बनती थीं। ब्रज साहित्यिक जगत् इसका हिस्सा था। इस तरह साहित्यिक ब्रजभाषा कभी भी एक समुदाय या एक जगह में सीमित नहीं थी। निश्चित रूप से यह उस भौगोलिक जगह पर सीमित तो नहीं ही थी जहाँ माना जाता है कि इस भाषा की उत्पत्ति हुई थी। बल्कि असल में ब्रजभाषा का प्रसार ही इसके नाम 'ब्रज-क्षेत्र की भाषा' का खण्डन करता है। भारत में साहित्यिक मजमों में घुमन्तू दरबारी कवियों की एक बड़ी संख्या शामिल थी। जैसा कि एक बार भिखारीदास ने टिप्पणी की थी, "ब्रजभाषा हेत ब्रजबास ही न अनुमानो" यानी - ब्रज में लिखने के लिए ब्रज में रहने की ज़रूरत नहीं है।"[617] ब्रजभाषा को स्पष्ट तौर पर एक कॉस्मोपॉलिटन साहित्यिक भाषा होने का सिद्धान्त विकसित करने में शायद अभी देर थी। इसको अठारहवीं सदी के उस रीति लेखक की कुशाग्रता का इन्तज़ार था, जिसने अपने काल में और अवध के सुदूर प्रतापगढ़ दरबार में, भाषाई प्रथाओं के बारे में दिलचस्प विचार पेश किये हैं। लेकिन सत्रहवीं सदी के चिन्तामणि, वृन्द और जसवन्त सिंह जैसे कवियों के लिए ब्रज कविता की कई क्षेत्रों में व्याप्ति महज़ सिद्धान्त का नहीं बल्कि व्यवहार का मामला था। वे उत्तर भारत और दक्कन के बीच, मुग़ल और मनसबदारी दरबारों के बीच, फ़ारसी और भारतीय परिवेशों के बीच आवाजाही किया करते थे। जब रीति कवि एक दरबार से दूसरे दरबार, एक शहर से दूसरे शहर में यात्राएँ करते थे, तब वे अपने समुदाय में बौद्धिक रूप से भागीदारी तो कर ही रहे होते थे। वे इसे भौतिक रूप से भी सम्पन्न करते थे जब वे अलग-अलग जगहों के बीच यात्राएँ करते, और अपने साथ अपने ग्रन्थ, अपने विचार, और सांस्कृतिक पूँजी के अन्य रूपों को लेकर जाते थे।

एक व्यापक भौगोलिक क्षेत्र में कवियों और ग्रन्थों का प्रसार कभी संस्कृत के सांस्कृतिक दायरे को परिभाषित किया करता था।[618] हाल ही में भारतीय-मुसलमान शासन के विस्तार के साथ, फ़ारसी एक बड़ी अन्त:क्षेत्रीय भाषा के रूप में फली-फूली। पहले यह माना जाता था कि ऐसा कॉस्मोपॉलिटन नज़रिया सिर्फ़ क्लासिकल भाषाओं की ही ख़ूबी थी। और इस अध्ययन का अधिकतर सरोकार देशभाषाकरण की प्रक्रिया के रूप में ब्रजभाषा साहित्य के उभार से रहा है। लेकिन मुग़लकालीन

भारत में आश्रय के अनुकूल अवसरों के चलते ब्रज कविकुल को दूर-दराज़ के दरबारी हलक़ों में भारी प्रशंसक मिले तो इससे यह भाषा भी कॉस्मोपॉलिटन बनने की प्रक्रिया से गुज़री। आरम्भिक आधुनिक काल में किस तरह ब्रज ग्रन्थ, प्रथाएँ, और स्वाभाविक रूप से उनको रचने वाले दरबारी बुद्धिजीवी एक कहीं बड़ी दुनिया में आवाजाही करने लगे थे और एक नये सांस्कृतिक स्पेस को परिभाषित कर रहे थे, इसकी एक मानक मिसाल त्रिपाठी बन्धु हैं। ये ऐसे गुणीजन थे, जिनके बिना दरबारी संस्कृति का अस्तित्व ही असम्भव था।

## साहित्यिक समुदाय और परम्परा का पुनरुत्पादन

आरम्भिक आधुनिक भारत में ब्रजभाषा के गुणियों के बारे में इतने सारे प्रमाण एक बड़े व्यापक क्षेत्र में समान रुचि रखने वाले लेखकों के एक ऐसे नेटवर्क की तस्वीर पेश करते हैं जिनकी साहित्यिक मान्यताएँ, लेखन-कर्म और दरबारी रुचियाँ साझी हुआ करती थीं। उदाहरण के रूप में जसवन्त सिंह ने अपने *भाषाभूषण* की भूमिका वाले दोहों में कुशल भाषा साहित्यिकों के साहचर्य या संगति का उल्लेख किया है। साहित्यिक समुदाय के ऐसे ही हवाले रीति साहित्य में हर जगह देखने को मिलते हैं। त्रिपाठी बन्धुओं के कार्यों में मिलने वाले दो उदाहरण यही दिखाते हैं। *रसराज* के मंगलाचरण में मतिराम लिखते हैं :

मैंने प्राथमिक रस नाम की इस नई कृति की रचना रसिकों की तुष्टि के लिए की है। सुकवियों का समुदाय मेरे कार्य को समझे और इससे आनन्द ग्रहण करे :

*समुझि समुझि सब रीझिहैं, सज्जन सुकबि समाज।*
*रसिकन के रस को कियो, नयो ग्रन्थ रसराज।।*[619]

भूषण के एक अधिक तकनीकी पद में कवि समुदाय का उल्लेख लेखक की परिभाषा की पुष्टि करने के एक माध्यम के रूप में किया गया है–

*भिन्न रूप अरु सदृस में, भेद न जानयौ जाय।*
*ताहि कहत 'सामान्य' हैं, भूषण कविसमुदाय।।*[620]

साहित्यिक समुदाय के ये हवाले अगर सिर्फ़ छिटपुट होते तो उन्हें महज़ एक विधि या बने बनाये सूत्र की अभिव्यक्ति माना जा सकता था। लेकिन भारतीय लेखकों के बीच में कविकुल को सम्बोधित करना हमेशा ही एक विषय हुआ करता था, जिनमें अक्सर यह आग्रह किया जाता कि उनकी ग़लतियों को नज़रअन्दाज़

किया जाये।[621] कभी-कभी ये अभिव्यक्तियाँ 'पदों की पूर्ति' का काम भी करती थीं।[622] लेकिन जब ऐसे हवाले अत्यधिक संख्या में मिलते हैं, और ख़ासकर जब इन्हें कवियों और रीतिग्रन्थों की बहुत बड़ी संख्या के साथ जोड़कर देखा जाये, तब ये सदियों के अन्तराल में एक मुखर और सजग साहित्यिक आन्दोलन के गौरव का दावा पेश करते हैं जो अपने कौशल को लेकर बहुत आश्वस्त था।

लेकिन यह सैद्धान्तीकरण सवाल यह पेश करता है कि रीति समुदाय की सीमाएँ क्या थीं और इस कविकुल के बीच में कविताओं और साहित्यिक मूल्यों को आपस में साझा करने की कैसी प्रणाली या तन्त्र क़ायम था? इस किताब ने ब्रजभाषा साहित्यिक संस्कृति के क़रीब-क़रीब विशेष रूप से अभिजात सामाजिक हलक़ों पर ही अपना ध्यान केन्द्रित किया है, जिसमें इसकी दरबारी विरासत पर ज़ोर दिया गया है। लेकिन असल में रीतिकाव्य की अपील और इसका सामाजिक आधार कहीं व्यापक था, इसके श्रोता-दर्शकों-पाठकों में रईस तबक़ों के सदस्य, बुद्धिजीवी, सैनिक, और व्यापारी वर्ग शामिल थे। सत्रहवीं सदी के मध्य में भाषा कविकुल में सक्रिय और आगरा में रहने वाले सक्रिय लेखक बनारसीदास अपनी युवावस्था में छन्द और अलंकारों जैसे कविता के औपचारिक अनुशासनों में सराबोर होने की बात करते हैं। परम्परा के एक आरम्भिक दौर में रीति साहित्य-संस्कृति तक जैन व्यापारियों की पहुँच का यह एक साफ़ सबूत है।[623] अठारहवीं सदी के अन्त तक रीति साहित्य भारतीय समाज के अधिकतर हिस्सों तक पहुँच बना चुका था, जिसमें शायद किसी क़िस्म का 'ट्रिकल-डाउन' इफ़ेक्ट यानी रिसकर नीचे पहुँचने की प्रक्रिया काम कर रही होगी।[624]

कविकुल दरबारी हलक़ों से बाहर किस तरह काम करने लगा था, इसको देखने का एक दुर्लभ मौक़ा राय शिवदास की अप्रकाशित रचना *सरससार* के आरम्भ में मिलता है। शिवदास आगरा में 1737 में ब्रज विद्वान सुरति मिश्र के निर्देशन में हुई ब्रजभाषा कवियों की एक सभा का जीवन्त ब्योरा पेश करते हैं। शिवदास विशेष रूप से कवि समाज की अवधारणा का हवाला देते हैं। साथ ही वे रीति साहित्य से जुड़े हुए अनेक तकनीकी शब्दों का उपयोग भी करते हैं।[625] क्लासिकल काव्यशास्त्र की एक विस्तृत जानकारी एक ऐसा साझा केन्द्रीय ज्ञान थी, जिसने कविकुल के सदस्यों को आपस में संवाद करने में सक्षम बनाया। ऐसा करते हुए वे अर्थों की एक व्यवस्था में भागीदारी कर सकें जो सबके लिए बोधगम्य थी। आम सहमति ऐसी चीज़ है जो साहित्यिक मूल्यों को अधिकृत बनाती है। और इस बात का आकलन

करने के लिए कवि एक साथ जुटे कि उनकी रीति साहित्य की व्यवस्था भविष्य में कितनी व्यावहारिक होगी। ज़रूरत के मुताबिक उन्होंने तत्त्वों का पुनर्गठन किया, और कुछ नये काव्य-सिद्धान्त भी प्रस्तावित किये। आधुनिक काल से पहले की साहित्यिक संस्कृति की प्रणालियों के बारे में बहुत कुछ ऐसा है जो अभी भी स्पष्ट नहीं है, लेकिन सत्रहवीं सदी में संगीत के मामले में मिलने वाले समान प्रमाण सुझाते हैं कि सम्भव है कि समर्पित लोगों की ऐसी सभाएँ नियमित बात रही होंगी।

साहित्यिक क़ायदों के बारे में व्यापक सहमति हासिल करने का एक दूसरा माध्यम शिक्षा थी। औपनिवेशिक काल से पहले शिक्षा सम्बन्धी दस्तावेज़ बहुत कम ही बचे रह पाये हैं, लेकिन साफ़ है कि रीतिग्रन्थ पाठ्यचर्या का एक अहम घटक थे। निस्सन्देह कुछ रीतिग्रन्थों को शिक्षा देने के उद्देश्य से रचा गया था। इन ग्रन्थों के लक्षण ऐसे निर्देशों और सम्बोधनों से भरे हुए हैं जो श्रोता-दर्शक को सीधे-सीधे सम्बोधित करते हैं। वाचिक संस्कृति के ऐसे चिह्न इस बात के संकेत देते हैं कि इनमें से कुछ ग्रन्थ आरम्भिक आधुनिक शिक्षकों द्वारा अपने शिष्यों को सिखाने के लिए तैयार किये गये पाठ हो सकते हैं। जैसा कि पहले ही बताया जा चुका है, केशवदास अपनी *कविप्रिया* में 'प्रवीन' का बार-बार उपयोग करते हैं, मानो वे अपनी शिष्या प्रवीण राय को सम्बोधित कर रहे हों। शिक्षा सम्बन्धी सन्दर्भ का हवाला देने वाले दूसरे पद भी हैं जैसे कि कविकुल, *तजहु प्रसंग और सुनहु, सकल कबिराज।* हम किसी कक्षा में छात्रों को सम्बोधित कर रहे लेखक की एक छवि की कल्पना तक कर सकते हैं। इस बात के सबूतों का भी कोई अभाव नहीं है कि रीति कवियों ने शिक्षकों के रूप में काम किया था। कुलपति मिश्र ने न सिर्फ़ राजा राम सिंह कछवाहा को बल्कि महल की स्त्रियों को भी पढ़ाया था, वे ख़ुद एक क़िस्म के संस्कृत रीतिग्रन्थ (जो अत्यन्त जटिल क़िस्म का ग्रन्थ था) के लेखक जगन्नाथ पण्डितराज द्वारा शिक्षित थे। सम्भवतः वृन्द भी मुग़ल राजकुमार अज़ीमुश्शान के शिक्षक थे। उन्होंने अजमेर के सूबेदार के परिवार को भी शिक्षा दी थी, या कम से कम *शृंगारशिक्षा* के सन्दर्भ और सामग्री से ऐसा सम्भव लगता है।[628] उदयनाथ कवीन्द्र अमेठी के राजा गुरुदत्त सिंह के दरबारी कवि थे। और चरखरी दरबार के मोहनलाल मिश्र लिखते हैं कि उन्होंने अपने बेटों की शिक्षा के लिए रीतिग्रन्थ लिखे।[629] कभी-कभार ऐसे सबूत मिलते हैं जो एक अधिक औपचारिक प्रतिष्ठान के बारे में बताते हैं। जैसे कि मिर्ज़ा राजा जय सिंह द्वारा स्थापित संस्कृत स्कूल तथा ब्रजभाषा कविता की पाठशालाएँ भी थीं।

भुज की ब्रजभाषा पाठशाला एक उल्लेखनीय संस्थान थी, जिसकी स्थापना कच्छ के राजा लखपति सिंह (शासनकाल 1741-61) द्वारा 1749 में की गयी थी। पाठशाला का प्रभाव क्षेत्र व्यापक था।

स्वाभाविक रूप से परम्परागत हिन्दी क्षेत्र के हिस्से तो इसमें आते ही थे, पश्चिमी गुजरात भी इसका अंग था जहाँ यह पाठशाला स्थित थी। लेकिन इसके छात्र कहीं अधिक बड़े क्षेत्र से आते थे जिसमें मराठी और पंजाबी भाषी क्षेत्र भी शामिल थे। क्षेत्रीय राजाओं ने कुछ छात्रों के लिए पंचवर्षीय प्रशिक्षण योजना को मदद दी, जिन्हें ज़ाहिर तौर पर दरबारी कवि के पेशे की तैयारी के लिए भेजा गया था। इस स्कूल में विविध सामाजिक समूहों से जुड़े हुए छात्र आते थे, लेकिन भाट-चारण जातियों के छात्र विशेष रूप से आते थे।[630] छात्रों को रीतिकाव्य की कॉस्मोपॉलिटन तकनीकों में प्रशिक्षित किया ही जाता था, डिंगल जैसी क्षेत्रीय साहित्यिक शैलियों में भी उन्हें प्रशिक्षण मिलता था। उन्हें गायन, पाण्डुलिपियों की रचना और समस्यापूर्ति प्रतियोगिताओं में भागीदारी करना सिखाया जाता, जिनमें आशु रचना की प्रतिभा को सम्मानित किया जाता था। इनमें सैन्यकला, चिकित्सा और घुड़सवारी जैसे असाहित्यिक विषयों का प्रशिक्षण भी दिया जाता था।[631] यह कहना मुश्किल है कि अठारहवीं सदी में भुज पाठशाला कितनी प्रतिनिधि संस्था या आदर्श थी, या इसका पाठ्यक्रम भी कितना समावेशी था, जिसमें अन्यों के अलावा नन्ददास, केशवदास, सुन्दरदास, बिहारी, कुलपति मिश्र, जसवन्त सिंह और वृन्द जैसे कवियों की रचनाएँ शामिल थीं। पश्चिमी भारत में आरम्भिक आधुनिक काल से ही इन सभी लेखकों की अनेक पाण्डुलिपियाँ मिलना सिद्ध हो चुका है, जो यह दिखाता है कि यह बात अपवाद नहीं रही होगी। छात्र समुदाय का व्यापक सामाजिक और भौगोलिक आधार और गुजरात में एक ब्रज पाठशाला का स्थापित होना ही अपने आप में इस साहित्यिक संस्कृति की व्यापक क्षेत्रीय महत्ता का प्रमाण है। यह पीढ़ी-दर-पीढ़ी इसके पुनरुत्पादन की प्रणाली की एक बख़ूबी विकसित संरचना के संकेत देता है।

## निष्कर्ष

इस अध्याय और इसके पहले के अध्याय में रीति साहित्य के विविध क्षेत्रों की पड़ताल की गयी है। साथ, ही यह देखने की कोशिश की गयी है कि यह साहित्य कहाँ-कहाँ गया, किसने इसको संचारित किया, और इसने किस क़िस्म की सांस्कृतिक ज़रूरतों को पूरा किया। हमने रीति कवियों और उनके ग्रन्थों की गतिविधियों या आवाजाही

का अध्ययन किया जो अपने आप में ही एक महत्त्वपूर्ण परिघटना है। इसी के साथ हमने आधुनिक काल के पूर्व की साहित्यिक संस्कृति के कुछ साहित्यिक लोकों और सामाजिक हलकों की पड़ताल भी की है। देशभाषाकरण और बेनेडिक्ट एंडरसन के शब्दों में 'परिकल्पित समुदायों' की व्याख्या करने के लिए समाज-विज्ञान के काफ़ी सारे सिद्धान्तों का उपयोग हुआ है जो आधुनिक काल पर ध्यान केन्द्रित करते हैं। वे प्रिंट संस्कृति, साक्षरता के विस्तार और राष्ट्रीय जुड़ावों के एक उन्नत बोध और उनमें एक निवेश जैसे कारकों पर ज़ोर देते हैं।[632] ब्रजभाषा के विस्तार में इनमें से कोई भी तत्त्व अहम कारक नहीं था।

जैसा कि यहाँ पेश किये गये सबूत दिखाते हैं, यह विशेष रूप से पाण्डुलिपियों पर आधारित एक संस्कृति की एक व्यापक रूप से सफल परम्परा थी। कुछेक शिक्षित लोग इसकी रचना करते थे, लेकिन बहुत सारे लोग इन्हें सुनते, आनन्द लेते और प्रसारित करते थे। इसके प्रतिपादक जिस सौन्दर्य संसार में भागीदारी कर रहे थे, उसके लिए किसी विशिष्ट भौगोलिक, धार्मिक या राजनीतिक समूह से जुड़ाव की कोई ज़रूरत नहीं थी। ब्रजभाषा साहित्य का एक व्यापक रूप से महत्त्वपूर्ण घटक हालाँकि एक स्थानीय हिन्दू जगत् की रचना करता है जिसमें राधा-कृष्ण का कथाचक्र प्रस्तुत किया जाता है और वृन्दावन और गोकुल में गोपालक समुदायों के बीच भगवान की दिव्य लीला दर्शाई जाती है, लेकिन ब्रजभाषा का प्रसार और पाठकीयता कभी भी इस धर्म से विशिष्ट रूप से बँधी हुई नहीं थी। न ही यह सिर्फ़ वैष्णव संवेदनाओं का वाहक थी। इससे बढ़कर हम यह कह सकते हैं कि रीति साहित्य की एक समान्तर प्रथा राजपूत चित्रकला परम्पराओं को जहाँ 'मेवाड़' और 'बूँदी' जैसी क्षेत्रीय शैलियों से प्रभावित मानती है और असल में उन्हें उसी तरह वर्गीकृत किया जाता है, वहीं विभिन्न क्षेत्रों की ब्रजभाषा की दरबारी कविता में शैली और वस्तु की एक उल्लेखनीय एकरूपता दिखाई पड़ती है।[633] यह एकरूपता उस समय हिन्दी में बढ़ते हुए कॉस्मोपॉलिटन चरित्र की झलक देती है, साथ ही यह एक व्यापक कविकुल की सामूहिक समझ को दिखाती है। 1737 के आगरा सम्मेलन में, ब्रजभाषा बुद्धिजीवियों का एक समूह काव्य सिद्धान्तों पर चिन्तन करने के लिए जमा हुआ था। यह तथ्य दिखाता है कि क्लासिकल साहित्य प्रणाली के घटक किस तरह एक ऐसा केन्द्रबिन्दु थे जिसके चारों ओर आधुनिक विद्वान जुटते थे–लगभग शब्दशः जुटते थे। भुज की साहित्यिक पाठशाला जैसे अध्यापन के परिवेश में शैक्षिक प्रथाएँ, साहित्यिक कैनन, और पाठ्यपुस्तकों ने प्रणाली की निरन्तरता को

निश्चित बनाने में मदद दी। लेकिन कविकुल किसी दरबार या पाठशाला विशेष में लोगों की एक सभा से कहीं अधिक व्यापक चीज़ थी। कवियों, छात्रों और विद्वानों की वास्तविक भौतिक सह-उपस्थिति एक साझी साहित्यिक संस्कृति की रचना के लिए ज़रूरी नहीं थी। यह एक अधिक अमूर्त, अवधारणात्मक निर्मिति थी, एक संज्ञानात्मक स्थान, जहाँ लेखकों ने महसूस किया कि वे एक बड़े सांस्कृतिक नेटवर्क का अंग थे। इससे कोई अन्तर नहीं पड़ता था कि वे सचमुच में आपस में कभी मिले हों या नहीं। रीति कवियों की पसन्दीदा पाठ्यपुस्तक विधा, जिसने क्लासिकल प्राधिकार का उपयोग किया, साहित्यिक रचना के तन्त्र या प्रणाली को दिखाती थी, और साथ ही यह साहित्यिक क़द्रदानी की प्रथाओं में मदद देती थी। यह विधा पाण्डुलिपियों की संस्कृति की सीमाओं के भीतर साहित्यिक जुड़ाव के एक मज़बूत बोध को आकार देने के लिए विशेष रूप से उपयुक्त थी। इनमें से सबसे सफल कृति, जैसे कि केशवदास की *रसिकप्रिया,* का व्यापक प्रसार हुआ (और उनके सचित्र संस्करण भी तैयार किये गये)। इस तरह कविकुल की इच्छा पाण्डुलिपियों जैसी भौतिक वस्तुओं के रूप में अभिव्यक्त हुई जो किसी कवि के जीवन के कालक्रमों से पार गयी और एक लम्बे समय तक बनी रहने वाली विरासत के रूप में स्थापित हुई। वर्तमान समय में साहित्यिक सिद्धान्त और रचनाओं को जो भी ख्याति प्राप्त हुई हो, वे कविकुल में मान्यता के ज़रिये सांस्कृतिक स्मृति में भी बची रहीं, जिसमें रचनाओं की परख और चुनिन्दा रचनाओं की स्मृतियाँ क़ायम की गईं। इस तरह उन्हें स्थापित काव्य परम्परा (कैनन) में दीर्घ व्यापी मान्यता प्राप्त हुई। यह सांस्कृतिक पूँजी पाण्डुलिपियों के लगातार पुनरुत्पादन के रूप में सामने आयी, और साथ ही इसने भावी रसिकों और विद्वानों के काव्य-संकलनों और टीकाओं को जन्म दिया।

संक्षेप में, कविकुल सांस्कृतिक शक्ति की एक जटिल संरचना थी। व्यापक हिन्दुस्तान के आरम्भिक आधुनिक साहित्यिक जीवन के केन्द्र में एक सुपरिभाषित ज्ञान प्रणाली थी जिसमें कवियों ने भागीदारी की। इसी में कुछ तयशुदा बुनियादी नियम थे जिन्हें समुदाय की आम सहमति की मान्यता हासिल थी और जिन्हें समय-समय पर फिर से सूत्रबद्ध किया जाता था। यह एक ऐसा तन्त्र था, जिसके ज़रिये लेखकों ने पसन्दीदा सांस्कृतिक परम्पराओं का प्रसार किया। औपनिवेशिक शासन के दौरान और फिर राष्ट्रवादी प्रभावों के चलते कविकुल के क़ायदों और प्रथाओं में

आमूलचूल बदलावों ने ब्रजभाषा की साहित्य-संस्कृति में विनाशकारी अवरोध पैदा किये जिससे यह कभी उबर नहीं पायी।

## सन्दर्भ :

510. देसाई 1990; बीच 1992; जोफ़ी 2005।
511. बनारस में ही 1893 में नागरी प्रचारिणी सभा की स्थापना की गयी, जो देवनागरी लिपि में हिन्दी के प्रचार-प्रसार के लिए समर्पित एक संगठन था और हिन्दी आन्दोलन के सबसे महत्त्वपूर्ण आरम्भिक संस्थानों में से एक था। इसके कुछ समय बाद 1910 में इलाहाबाद में हिन्दी साहित्य सम्मेलन की स्थापना हुई, जो इससे कम प्रभावशाली नहीं था। उस समय के सभी प्रमुख साहित्यकार इन संस्थाओं से जुड़े थे और इनमें सक्रिय कुछ लोग नये विश्वविद्यालयों और कार्यक्रमों की स्थापना की पैरवी कर रहे थे, जहाँ हिन्दी के प्रति अकादमिक दृष्टिकोण जड़ें जमा सके। बनारस हिन्दू विश्वविद्यालय के सन्दर्भ में पण्डित मदनमोहन मालवीय ऐसे ही लोगों में शामिल थे।
512. *पृथ्वीराजरासो* की पाठ सम्बन्धी समस्याओं और इसके रचनाकाल निर्धारण के बारे में देखें द्विवेदी 1957 : 54–57; टॉलबोट 2007 : 26–28
513. पिंगल ब्रज का पर्यायवाची है, जिसका प्रयोग अक्सर पश्चिमी भारत में डिंगल के विपरीत किया जाता है, जो मारवाड़ी की एक साहित्यिक बोली है। इस अवधि के कुछ ग्रन्थों के भाषाई वर्गीकरण में आने वाली जटिलता का एक विशिष्ट उदाहरण जिनविजय द्वारा महेशदास की एक ऐतिहासिक कविता *बिन्हैंरासो* का वर्णन है, जो शाहजहाँ के बेटों के उत्तराधिकार के संघर्ष को सामने लाती है, "ब्रजभाषा-प्रभावित डिंगल...जिसको कि राजस्थानी ही मानना चाहिए"। जिनविजय 1966 : 2। पिंगल नाम एक अल्पज्ञात व्यक्ति के नाम पर रखा गया है जिन्होंने कथित तौर पर संस्कृत छन्द और प्राकृत व्याकरण दोनों में योगदान दिया था।
514. *पृथ्वीराजरासो* ब्रज-राजस्थानी मिश्रण की एक क्लासिक रूपरेखा को प्रदर्शित करती है। देखें टॉलबोट 2007: 32 नोट 49। शुरुआती आधुनिक पश्चिमी भारत की साहित्यिक भाषाओं, विशेष रूप से डिंगल और पिंगल के बीच अन्तर करने के लिए, काम्पहोर्स्ट 2008 : 32-36 देखें। बोलियों के बीच 'धुँधली सीमाओं' के साथ, औपनिवेशिकता से पहले के भारत के भाषाई परिदृश्य के लिए देखें कविराज 1992 : 39-41
515. अगर मोटे तौर पर कहा जाये तो चारण वाचिक कवियों के रूप में प्रशिक्षित खेतिहर लोग थे; भाट साक्षर कवि थे; भील पश्चिमी भारत के ख़ानाबदोश समुदायों के गायक थे। डिंगल कविता का एक हालिया अध्ययन काम्पहोर्स्ट 2008 है, जिसमें इसके विविध जातीय समूहों पर विशेष ध्यान दिया गया है।
516. इसका एक आदर्श उदाहरण कुमारस्वामी 1916 हैं। मुग़ल शैलियों के साथ राजपूत चित्रकला के सम्बन्धों की अवधारणा के विशेष सन्दर्भ में इतिहास-लेखन पर उपयोगी विचार देसाई 1990; डायमंड 2000 : 42-46; ऐटकेन 2010 : 11-14 में हैं।

517. जोफी 2005: 63-79; टॉलबोट 2007 : 23-24

518. "Ly donques et rely premierement (ò Poëte futur) fueillete de main nocturne et journelle les exemplaires grecz et latins: puis me laisse toutes ces vieilles poësies francoyses aux Jeuz Floraux de Thoulouze et au Púy de Rouan: comme rondeaux, ballades, vyrelaiz, chantz royaulx, chansons, et autres telles episseries, qui corrumpent le goust de nostre langue, et ne servent si non à porter temoingnaige de notre ignorance." डू बेले 1904 : 201-3।

519. विशिष्टता और सांस्कृतिक क्षेत्र की अवधारणाओं के उपयोगी सिद्धान्त क्रमशः बोर्दियू 1984, 1993 में प्रस्तुत किये गये हैं।

520. जब अकबर ने 1601 में मान सिंह को 7000 के पद पर पदोन्नत किया, तो मान सिंह की हैसियत कुछ समय के लिए किसी भी अन्य मुग़ल सरदार से ऊपर उठ गयी थी। ब्लॉखमैन, *आइन-ए-अकबरी,* 1 : 363 में।

521. *मानप्रकाश* के विवरण के लिए देखें दुबे 1991। मान सिंह के साहित्यिक आश्रय के साथ-साथ आमेर में उनके पूर्ववर्तियों के दरबार की अल्पज्ञात विरासत पर जी.एन. शर्मा (1970, 50-51) और जी.एन. बहुरा (1976, 5-34) द्वारा चर्चा की गयी है। दुर्भाग्य से, आधुनिक विद्वानों के लिए जयपुर प्रासाद अभिलेखागार में पहुँच सम्बन्धी सामान्य मुश्किलें उन्हें आमेर के साहित्यिक इतिहास के व्यापक विवरण तैयार करने से रोकती हैं।

522. गंग द्वारा मान सिंह को लिखी गयी प्रशस्ति कविताएँ *गंगग्रन्थावली,* पृष्ठ 244-48 में हैं; केशवदास के *वीरसिंहदेवचरित,* 1.2 और *जहाँगीरजसचन्द्रिका,* पद 65 की तुलना करें।

523. अमृत राय के ग्रन्थ की तिथि साफ़ तौर अकबर का उनतीसवाँ शासन वर्ष (यानी, 1585) बतायी गयी है। नरोत्तम के *मानचरित* में मान सिंह द्वारा रोहतास की स्थापना के बाद की किसी घटना का उल्लेख नहीं है, जिसका अर्थ है कि यह 1597 की बात हो सकती है। बहुरा 1990 : 20, 34

524. *मानचरित,* पद 19।

525. कोल्फ़ 2002 : 128। केशवदास ने वीर सिंह देव के राज्याभिषेक में शामिल हुए उल्लेखनीय लोगों की सूची में मान सिंह को भी शामिल किया है। देखें *वीरसिंहहदेवचरित,* 33.15

526. देखें *मानचरित,* पद 19-53

527. बहुरा 1990 : 34। पाण्डुलिपि की प्रतिलिपि 1640 में बनायी गयी थी।

528. उन्हें बाद के लोगों का 'प्रमुख सलाहकार' माना जाता है। चन्द्रा 1989 : 37। उनके सैन्य करियर के कुछ विवरण *मा'आसिरी अल-उमरा,* अनुवाद बेवरिज, 1 : 731–34 में हैं।

529. कॉर्ट 1995 में पाण्डुलिपि संग्रह की जैन प्रथाओं पर प्रकाश डाला गया है।

530. ज़ीग्लर 1976 सोलहवीं शताब्दी के उत्तरार्द्ध से राजस्थानी कवियों के बीच साक्षरता में परिवर्तन के कई संकेतकों पर चर्चा करते हैं। ऐसा शायद इसलिए हो रहा था क्योंकि वे मुग़ल इतिहास-लेखन में नये रुझानों के सम्पर्क में थे और, जबकि डिंगल परम्पराएँ तेरहवीं शताब्दी की हो सकती हैं, लेकिन बचे रह गये लिखित दस्तावेज़ बहुत बाद की अवधि के हैं, यानी वे सोलहवीं शताब्दी के बाद से मिलते हैं। काम्पहोर्स्ट 2008 : 43–45 भी देखें।

531. पोथीख़ाना के इतिहास पर, बहुरा 1976 : 12–21 देखें; दास (2000 : 44) बताते हैं कि पुस्तकालय की स्थापना मान सिंह के शासनकाल के दौरान हुई थी।

532. बहुरा 1976 : 38–39

533. दास 2000 : 44। मैं सन्दर्भ के लिए पैटन बर्शेट का शुक्रिया अदा करती हूँ।

534. उनकी सतसई की सभी पाण्डुलिपियों में वह कोलोफ़ोन नहीं मिलती है, जिससे ग्रन्थ की तिथि 1662 निर्धारित होती है। सम्बन्धित पद *बिहारी सतसई*, पद 708 में छपा है।

535. स्नेल 1994b में बिहारी की साहित्यिक शिल्पकला पर चर्चा की गयी है।

536. श्यामसुन्दर दास द्वारा सम्पादित *बिहारीविहार* का मूल पाठ सुधाकर पाण्डे द्वारा पुनर्मुद्रित किया गया है (1999 : 32-35)।

537. जयसिंह के समय में मुग़ल और आमेर की दरबारी संस्कृति की सामान्य सुसंगति आम जानकारी में है। उदाहरण के लिए, अशर और टॉलबोट 2006 : 211-13 देखें। भगीरथ मिश्र ने उल्लेख किया है कि बिहारी ने फ़ारसी कविता सीखी और शाहजहाँ से मिले, यह कहना मुश्किल है कि वे यह दावा किस आधार पर करते हैं (1973 : 348)। बिहारी निश्चित रूप से फ़ारसी-अरबी शब्दावली का शानदार तरीक़े से उपयोग करते हैं। ड्यूहर्स्ट 1915 देखें।

538. बहुरा 1976 : 39

539. विष्णुदत्त शर्मा द्वारा उद्धृत (1970 : 49 नोट 1)

540. कुलपति ने पिंगलाचार्य, सूरदास, आलम, गंग और बिहारी का भी उल्लेख किया है। वही, 70-71

541. प्रस्ताव के पक्ष में तर्कों के लिए देखें उपरोक्त, 48–52; गणपतिचन्द्र गुप्त 1972 : 106–18; विजयपाल सिंह 1993 : 49–55। प्रभावशाली विद्वान विश्वनाथप्रसाद मिश्र ने इस संभावना को ख़ारिज कर दिया था (1966 : 503)।

542. विश्वनाथप्रसाद मिश्र बुन्देली रूपों पर ध्यान देने वाले कई विद्वानों में से एक हैं (1965ए : 155, 179)।

543. वही, 8–9

544. कुलपति मिश्र ने अपने गुरु का सीधे उल्लेख एक अंश में किया है जिसका अंश विष्णुदत्त शर्मा 1970 : 55 में मिलता है।

545. पॉलक 2001ए : 404–12 देखें।

546. 'कूर्म' आमेर राजाओं की एक उपाधि है।

547. *रसरहस्य*, फ़ोलियो 2ए, पद 9-10 *(विजई महल बैठे करत, भाषाकविता विचार, तहाँ हुकुम कीनो... (सहज?) कूरम राम कुमार/जिती देववाणी प्रगट है कविता की घात, भासा में जो होइ तो सब समुझैं रस बात)*। इस उद्धरण में रिक्त स्थान स्याही के धब्बे की वजह अस्पष्ट हो गये शब्द को इंगित करता है।

548. रसरहस्य, फ़ोलियो 84, पद 570 *(जिते साज है कविता के मम्मट कहे वषानि (बखानि), ते सब भाषा में कहे रसरहस्य मै आनि)*।

549. "वहाँ बहुत से विद्वान मौजूद थे, साथ ही कई हिन्दी कवि भी थे" *(हुते तहाँ पंडित बहुत, भाषा कवयौ अनेक)*, विष्णुदत्त शर्मा 1970 : 59 द्वारा उद्धृत।

550. महाराजा ने राजस्थानी कविता को भी आश्रय दिया। उदाहरण के लिए, लधराज, जसवन्त सिंह और गज सिंह (जसवन्त सिंह के पिता) के दरबार से जुड़े एक प्रशंसित डिंगल कवि हैं। काम्पहोर्स्ट 2008 : 47-49 देखें।

551. जसवन्त सिंह की कृतियों और इनकी पाण्डुलिपियों और उन पर लिखी गई टीकाओं के इतिहास को विश्वनाथप्रसाद मिश्र (1972 : 31-51) और कालीप्रसाद सिंह (2009 : 30-37) ने रेखांकित किया है। उनकी कविता के उदाहरण इस पुस्तक के अध्याय-दो में हैं।

552. *भाषाभूषण,* पद 207, 209।

553. कालीप्रसाद सिंह (2009 : 24–26) उन लेखकों का संक्षिप्त विवरण देते हैं, जिनके बारे में कहा जाता है कि वे जसवन्त सिंह के दरबार से जुड़े थे। काश ये सबूत और पुख़्ता होते। सुधीर शर्मा (1998 : 10–11) वृन्द और जसवन्त सिंह के बीच सम्बन्धों पर चर्चा करते हैं।

554. लैटिन साहित्य के एक रूपक, रेकुसेशो में, कवि अपने काम का परिचय एक लेखक के रूप में अपनी योग्यता के बारे में एक संकोचपूर्ण वक्तव्य या यहाँ तक कि एक स्पष्ट अस्वीकृति के साथ देता है।

555. अध्याय-एक की शुरुआत में 'मंदमति हिन्दी कवि?' की चर्चा देखें।

556. ज्योफ्री लुइस के अनुसार, उस्मानिया (ऑटोमन) सल्तनत के छत्तीस सुल्तानों में से सत्रह (आमतौर पर फ़ारसी) कविताएँ लिखते थे (1999 : 11); प्राचीन और मध्यकालीन चीन में कविता की केन्द्रीय भूमिका पर देखें यू 2005

557. पॉलक 2006 : 18–19, 514–24

558. काव्य-प्रदर्शन किस तरह राजपूत राजाओं के दैनिक जीवन का एक अभिन्न अंग था, इसका एक विचारोत्तेजक वर्णन बहुरा 1983 3–7 है; तुलना करें बंघा 2007 : 312–14। हालाँकि उनके उदाहरण अठारहवीं सदी के रीतिग्रन्थों से लिये गये हैं, लेकिन ये प्रथाएँ लगभग निश्चित रूप से पहले की अवधि पर भी लागू हो सकती हैं।

559. वैगनर 1993 : 90–94 से लिए गये उदाहरण।

560. तीनों मुग़ल संस्मरणों का अनुवाद थैकस्टन ने किया है–*बाबरनामा, जहाँगीरनामा* और *हुमायूँनामा*।

561. *अकबरनामा,* 1:270–71।

562. रोजालिंड ओ'हानलॉन ने सुझाव दिया है कि राजसी हलक़ों में साहित्य और सौन्दर्यबोध पर इस ज़ोर का कुछ सम्बन्ध विशेष रूप से भारतीय राजनीतिक संस्कृति के विशिष्ट रूपों से हो सकता है, जहाँ राजा घनिष्ठ व्यक्तिगत सम्बन्धों के माध्यम से अपनी शक्ति का प्रदर्शन करते थे, जिसे राजनीतिक ज़ोर-ज़बरदस्ती के बजाय काव्य के नैतिक और भावनात्मक आचारों और साहित्यिक परिवेश के जुड़ावों के माध्यम से बेहतर तरीक़े से बढ़ावा दिया जा सकता था (2007बी : 368-69)।

563. ज़ीग्लर 1976 : 131-35; श्रीनिवासन 2007 : 80-84।

564. *नैणसी री ख्यात,* 1 : 128-31। मैं इस सन्दर्भ के लिए दलपत राजपुरोहित को धन्यवाद देती हूँ।

565. टॉलबोट (आगामी) देखें। 'हाड़ा बूँदी' राजाओं की एक उपाधि है।

566. यह रचना 1658 के बाद ही लिखी गयी होगी, क्योंकि *ललितललाम* में औरंगज़ेब और उनके भाइयों के बीच उत्तराधिकार के युद्ध का उल्लेख है।

567. *ललितललाम,* पद 6-22

568. नरोत्तम के *मानचरित* (पद 82-87, 100-120, 406-410) में आमेर और रोहतास के वर्णन; केशवदास के *वीरसिंहदेवचरित* (विशेष रूप से अध्याय 16 से 18) में ओरछा, और भूषण के *शिवराजभूषण* (पद 15-24) में रायगढ़ के वर्णनों की तुलना करें। इस अन्तिम खण्ड का एक संक्षिप्त हवाला नीचे दिया गया है।

569. *कविप्रिया* में केशवदास के निर्देशों को याद करें कि दरबार का वर्णन कैसे किया जाना चाहिए। इसकी चर्चा इस पुस्तक के अध्याय-एक में की गयी है।

570. "हिन्दुना की राखि सरम...साही को हुकुम-पग पंगा भऊ।" *ललितललाम,* पद 25-26। *म'आसिर अल-उमरा,* अनुवाद–बेवरिज, 1 : 408-9। इतिहासकार आर.एस. माथुर (1986: 81-83) *म'आसिर अल-उमरा* में दिये गये ब्योरे पर विश्वास नहीं करना चाहते हैं, जिसे एक सदी से भी अधिक समय बाद लिखा गया था।

571. "साहनी सौं रण-रंग में जीत्यो बख्त-बिलंदा," और "जिस जानि कै छत्रीना कौं रन-कासी।" *ललितललाम,* पद 27, 33। उत्तराधिकार संघर्ष पर पद 195 से तुलना करें। *म'आसिर अल-उमरा,* अनुवाद–बेवरिज, 1:405 में सत्रुसाल की मृत्यु पर भी संक्षेप में ग़ौर किया गया है।

572. ओमप्रकाश शर्मा (1983 : 7) ने मतिराम के शीर्षक *ललितललाम* के युग्मक को हल करने के अन्य सम्भव तरीक़ों का सुझाव दिया है, और अन्त में वे 'चारु-चमत्कार' को चुनते हैं। तुलसी के *रामचरितमानस* 1.178.2 से प्रमाणित है कि युग्मक के दूसरे शब्द ललाम का मतलब 'उत्तम' हो सकता है, क्योंकि इस प्रसंग में मन्दोदरी को 'परम सुन्दरी, नारी-ललाम' के रूप में वर्णित किया गया है।

573. 250वें पद में आश्रयदाता को *'ललितललाम'* कहा गया है। पद 122 से इसकी तुलना करें, जहाँ भाव सिंह को *"सैन सोभा के ललाम"* (सेना की शोभा बढ़ाने वाले आभूषण) के रूप में वर्णित किया गया है।

574. *ललितललाम,* पद 103 की तुलना *कवीन्द्रकल्पलता,* पृष्ठ 25, पद 19 से करें।

575. ब्रज शब्द पानिप का अर्थ जल और चमक दोनों है।

576. *ललितललाम,* पद 41

577. आशर और टॉलबोट राजपूत समुदायों के बीच शिक्षा के महत्त्व को कम करके देखते हैं (2006 : 214), लेकिन स्पष्ट रूप से रीति कवियों और उनके ग्रन्थों ने इन परिस्थितियों में किसी प्रकार की शैक्षिक भूमिका निभायी थी, और साथ ही आमतौर पर लालित्य, सभ्यता और सज्जनतापूर्ण आचार-व्यवहार को बढ़ावा दिया। संस्कृतशास्त्र और काव्य के औपचारिक कार्यों ने इसी तरह मध्यकाल में दरबारी लोकाचार को बढ़ावा देने में मदद की। देखें अली 2004

578. इसी अवधि के दौरान यूरोप में भी इस तरह की नियमावलियाँ आम थीं। एक प्रसिद्ध उदाहरण कास्टिलियोन की शिष्टाचार पर नियमावली, *इल लिब्रो देल कोर्तेज्यानो* (*द बुक ऑफ़ द कोर्टियर*) है, जिसकी चर्चा पुलीसे 2008 में की गयी है। वक्तृता पर फ्रांसीसी नियमावली का एक नमूना गोएट 1990 है।

579. ज़ीग्लर 1976 : 133–34

580. कोल्फ़ 2002 : 73

581. अध्याय–एक देखें।

582. अध्याय–दो में भूषण के *शिवराजभूषण* की चर्चा और इस अध्याय में आगे की चर्चा भी देखें। रीति परम्परा के ऐसे ग्रन्थ मुग़लकाल के देशभाषा (वर्नाकुलर) के इतिहासों पर मेरी आगामी पुस्तक का केन्द्रबिन्दु हैं।

583. मैकग्रेगर 1968 : 10। नन्ददास सहित कई शुरुआती आधुनिक लेखक उन विद्वान समुदायों का भी उल्लेख करते हैं जो अब संस्कृत का उपयोग नहीं कर रहे थे। मैकग्रेगर 2003: 925 देखें।

584. अध्याय–चार देखें।

585. भूषण ने शिवाजी के लिए काम किया, जो औरंगज़ेब के धुर प्रतिद्वन्द्वियों में से एक थे, जिन्होंने मनसबदारी की राजनीति में अपना हाथ आज़माया था, लेकिन फिर ख़ुद को इससे दूर कर लिया। शिवाजी के अधीन मुग़ल-मराठा सम्बन्धों के टूटने पर देखें गॉर्डन 1993 : 70-80।

586. मैं सिथिया टॉलबोट का आभारी हूँ कि उन्होंने ब्रज *राजविलास* को मेरे ध्यान में लाया। राज सिंह के अधीन मेवाड़ की साहित्यिक और स्थापत्य कला की पहलक़दमियों पर जोफी 2005 : 95-123 में चर्चा की गयी है। मेवाड़ में राजस्थानी और संस्कृत साहित्यिक आश्रय पर, जी.एन. शर्मा (1962 : 198-99; 1965: 75, 83-84; 1968: 259; 1974: 116-17) द्वारा की गयी विभिन्न चर्चाएँ देखें।

587. रीति पाण्डुलिपियों के बेतरतीब प्रकाशन रेकॉर्ड को देखते हुए यह भी सम्भव है कि राजपूत दरबारों का सम्पूर्ण साहित्यिक इतिहास अभी भी लिखे जाने की प्रतीक्षा में है। यदि अपने समय के प्रमुख मनसबदारों के बारे में *दो मानचरित* 1990 में जाकर ही पहली बार प्रकाशित हुए, तो शायद इस अवधि के अन्य महत्त्वपूर्ण रीतिग्रन्थ अभी भी प्रकाश में लाये जा सकते हैं।

588. यहाँ मैं दरबारी कविता को भक्ति साहित्य और ब्रज गीत परम्पराओं से अलग करती हूँ, जिनका ब्रज मण्डल और ग्वालियर से सम्बन्ध पहले से रहा था।

589. उत्तर भारत में स्थानीय भाषा में साहित्यिक शुरुआत करने में भारतीय-मुसलमानों द्वारा निभायी गयी निर्णायक भूमिका को मैकग्रेगर 1984 : 1-28; शेकल 1993: 281-282; पॉलक 2006 : 392-93 में मान्यता दी गई है; बुश 2011।

590. पॉलक 2009 देखें : xx–xxiii

591. फ़ारूक़ी 2003 : 832

592. *हिततरंगिनी,* पद 11; केशवदास की *रसिकप्रिया* (16.14–16) के कोलोफ़ोन में केशवदास द्वारा कविकुल के लिए आह्वानों में से एक मिलता है। इसका अनुवाद अध्याय–एक में किया गया है।

593. विद्याधर मिश्र ने उनके भाई होने के सम्बन्धों के पक्ष में तर्कों की रूपरेखा पेश की है (1990 : 12–19)। कई स्रोतों में एक चौथे भाई जटाशंकर त्रिपाठी का भी उल्लेख किया गया है, लेकिन उन्होंने साफ़ तौर पर एक अलग पेशा चुना था। मध्ययुगीन हिन्दी की आम राय की

पुष्टि फ़ारसी लेखक आज़ाद ने भी की है, जिनकी लिखी हुई हिन्दी कवियों की जीवनी पर अध्याय–चार में चर्चा की गयी थी।

594. यहाँ कुछ सन्देह इसलिए पैदा होता है कि अन्तिम छन्द के अलावा *फूलमंजरी* के किसी अन्य दोहे में मतिराम के हस्ताक्षर नहीं हैं। मेरे विचार से, फूलों के प्रकारों के बारे में इस औसत कविता-संकलन का मेल कवि की अधिक निपुण, और सटीक रूप से प्रमाणित उनकी रचनाओं से नहीं बैठता है। कृष्णबिहारी मिश्र (1964 : 174-75) सवाल करते हैं कि क्या मतिराम ने यह रचना किशोरावस्था में लिखी होगी और 1621 में अपने सोलहवें शासन वर्ष की शुरुआत में आयोजित नवरोज़ उत्सव में जहाँगीर को यह रचना प्रस्तुत की होगी (जहाँगीर ने यहाँ नूरअफ़्शाँ बाग़ का उल्लेख किया है, *जहाँगीरनामा,* अनुवाद–थैक्सटन, पृष्ठ 359 देखें)। लेकिन मिश्र स्वीकार करते हैं कि यह बात वे केवल अटकलों के आधार पर कह रहे हैं। भारतीय फूलों में जहाँगीर की साफ़ तौर से रुचि थी, लेकिन *जहाँगीरनामा* के इस या किसी अन्य अंश को *फूलमंजरी* से जोड़ने का कोई ठोस कारण नहीं है।

595. शिवाजी का उल्लेख पद 324 में किया गया है; भोगनाथ की प्रशंसा में छन्द 612-13, 623, 643, 693-99, 701 हैं।

596. कृष्णबिहारी मिश्र ने इस (खोई हुई?) रचना (1964 : 177-79) से कुछ छन्द उद्धृत किए हैं, जिनमें से एक में स्थानीय भाषा के लिए एक दिलचस्प सन्दर्भ है : "संस्किरत को अर्थ लै, भाषा शुद्ध बिचार" (मैंने संस्कृत अर्थ लिये हैं और उन्हें सावधानी से भाषा में प्रस्तुत किया है)।

597. *शिवराजभूषण,* पद 24–25, 29 के आरम्भिक अंश से उद्धृत। अन्तिम पंक्ति है, "भूषण भूषणनमय करत, शिव भूषण शुभ ग्रन्थ।"

598. गॉर्डन 1993 : 87

599. यहाँ कवि ने बड़े अनोखे तरीक़े से 'सिसोदिया' की मेवाड़ उपाधि की ब्रजभाषा में व्याख्या की है : "दियौ ईस को सीस"।

600. *शिवराजभूषण,* पद 4–7, 9, 11–13

601. वही, पद 15

602. भूषण की प्रशस्ति और व्यंग्य के विशेष मिश्रण के उदाहरणों का विश्लेषण अध्याय–दो में किया गया है। सम्भव है कि भूषण और उनके भाई मतिराम को विद्यानाथ की संस्कृत रचना *प्रतापरुद्रीय* और *विद्याधर* की एकावली (चौदहवीं शताब्दी में दक्कन से) की जानकारी रही हो, जो इसी तरह वक्तृता सम्बन्धी रचनाओं में राजनीतिक प्रशस्ति को जोड़ती हैं।

603. राजमल बोरा के अनुसार, शिवाजी के दरबार में तीन मुख्य साहित्यिक भाषाओं का उपयोग किया जाता था : संस्कृत, मराठी और ब्रज (1987: 35)।

604. भिखारीदास भूषण को (केशवदास और बीरबल के साथ) एक ऐसे कवि के रूप में याद करते हैं जिनकी साहित्यिक सफलता ने उन्हें अपार धन दिया : "एकै लहैं बहुसंपति केसव भूषण ज्यों बरबीर बसाई।" *काव्यनिर्णय,* 1.10 (पूरा पद अध्याय 3 में उद्धृत है)।

605. *शिवराजभूषण,* पद 28

606. विश्वनाथप्रसाद मिश्र केवल उन छह पदों को प्रामाणिक मानते हैं जिनमें कवि की छाप

मिलती है (1994 : 75-80)। छत्रसाल और शिवाजी के बीच सम्बन्ध (और इसलिए उनके दरबारी कवियों के मिले-जुले होने की अधिक संभावना) का उल्लेख रीति कवि और इतिहासकार लाल ने अपने *छत्रप्रकाश* (1710?) में किया है, जिसमें उन्होंने 1670 में छत्रसाल द्वारा शिवाजी के दरबार की यात्रा का उल्लेख किया है। *छत्रप्रकाश*, पृ. 88-89; बुश 2003 : 243-53 भी देखें।

607. मैंने ये नाम विश्वनाथप्रसाद मिश्र से लिए हैं, जहाँ वे भूषण के संभावित आश्रयदाताओं की चर्चा कर रहे हैं (1994 : 93-105)। भूषण के नाम से ज़ोड़े ऐसे पद भी हैं जिनमें वे बाजीराव पेशवा, औरंगज़ेब, दारा शिकोह, सवाई जय सिंह द्वितीय, गढ़वाल के फतेह शाह, असोथर के भगवन्त राय खीची और कुमाऊँ के ज्ञानचन्द (जो मतिराम के आश्रयदाता भी थे) को सम्बोधित करते हैं, हालाँकि इन पदों की प्रामाणिकता उतनी निश्चित नहीं है। दिवाकर 1969 : 124, 126, 133 देखें।

608. अध्याय–चार और *कवीन्द्रचन्द्रिका*, पद 68-84 देखें।

609. जैसा कि अध्याय–तीन, नोट 58 में उल्लेख किया गया है, संस्कृत-स्रोत ग्रन्थ में महत्त्वपूर्ण-साक्ष्य मिलते हैं कि गोलकुण्डा दरबार के सदस्य उत्तर के दो ब्रज लेखकों केशवदास और सुन्दर को पढ़ रहे थे।

610. कृष्ण दिवाकर (1969 : 8, 36) ने लिखा है कि यह ग्रन्थ (जिसे चन्दलता सहित कई नामों से जाना जाता है) कई लिपियों में पाया जाता है और इसे आधुनिक काल के पूर्व के भारत के प्रमुख पुस्तकालयों द्वारा जमा किया गया था (इसकी एक प्रति अलवर में है)। इसे कभी प्रकाशित नहीं किया गया।

611. *राधामाधवविलासचम्पू*, पृष्ठ 275। इस चम्पू का एक पैनी दृष्टि से युक्त सन्दर्भ गुहा 2004 : 27-28 में दिया गया है।

612. देखें दिवाकर 1969 : 47–48; मिश्रा 1990 : 55–56

613. बाद के कई रीतिग्रन्थों के शीर्षकों की तुलना की जा सकती है। रामानन्द शर्मा (2003 : 16) ने अमेठी के राजा हिम्मत सिंह द्वारा रचित *कविकुलतिलकप्रकाश* (1709) का उल्लेख किया है, जिन्होंने 'महिपति' तख़ल्लुस का उपयोग किया था। दुलह त्रिवेदी (सक्रिय 1750) द्वारा रचित *कविकुलकांठभरण* अधिक प्रसिद्ध है।

614. हिन्दी दरबारी ग्रन्थों के अभूतपूर्व उभार में रुचि रखने वाले पाठक तिवारी 1972 : 338–45; स्नातक 1973 : 132–36 को देख सकते हैं।

615. नामदेव पर, देखें कलावर्ट और लैथ 1989; नोवेट्ज़के 2008; अधिक सामान्य अध्ययन कृष्ण दिवाकर (1969) और विनयमोहन शर्मा (2005) द्वारा किये गये हैं।

616. *म'आसिर अल-उमरा*, अनुवाद-बेवरिज, 1 : 406 में भाऊ सिंह हाड़ा पर प्रविष्टि देखें। चेलर (1973 : 75-82) के अनुसार, वृन्द के *अक्षरादि दोहे, नैनबत्तीसी और भावपंचासिका* की रचना 1685-86 में दक्कन में की गई थी।

617. "ब्रजभाषा हेत ब्रजबास ही न अनुमानो," *काव्यनिर्णय*, 1.16। कवि द्वारा यमक का प्रयोग देखें, जिसे भाषा (भाषा) और बास (निवास) शब्दों के बीच समानता ने सम्भव बनाया है।

618. पॉलक 1996 और 2006 : 115–34

619. *रसराज,* पद 427

620. *शिवराजभूषण,* पद 281

621. *रसिकप्रिया,* 6.57 और *काव्यनिर्णय,* 1.7 विशिष्ट हैं।

622. भूषण के दूसरे उदाहरण में, "भूषण कविसमुदाय" वाक्यांश में सुविधाजनक रूप से ग्यारह मात्राओं (गिनती के आधार पर) का वजन है जिनसे दोहे का अन्तिम चौथाई बनता है।

623. उदाहरण के लिए देखें *अर्धकथानक,* 168-69, 177, 455

624. आर.एस. मैकग्रेगर ने सुझाव दिया है कि अठारहवीं शताब्दी के उत्तरार्द्ध में दरबारी कविता लोकप्रिय होनी शुरू हुई (1984: 155, 199)। सुधाकर पाण्डे (1969 : 90) की टिप्पणियों की तुलना करें। इस पुस्तक के अध्याय–छह में थॉमस ब्रॉटन द्वारा संकलित हिंदुओं के लोकप्रिय काव्य से चयन (1814) की चर्चा भी देखें।

625. राय शिवदास के अप्रकाशित *सरससार* का यह अंश गुप्ता 1982 : 21-22 में उद्धृत है।

626. औरंगज़ेब के मंत्री फ़क़ीरुल्लाह ने बताया कि ग्वालियर के मान सिंह तोमर (शासनकाल 1486-1516) के दिनों में, रागों को नियमबद्ध करने के लिए विभिन्न विशेषज्ञ एकत्र हुए थे, और इस सभा की कार्यवाही से *मानकुतूहल* नामक एक पुस्तक तैयार की गयी थी। *तर्जुमा-ए मानकुतूहल* व *रिसाला-ए रागदर्पण,* पृ. 10-13

627. *कविप्रिया,* 3.14, 15

628. अध्याय–चार देखें।

629. अपने *रसचन्द्रोदय* (सत्रहवीं शताब्दी की पहली तिहाई) के कोलोफोन में उदयनाथ कवीन्द्र कहते हैं, "कवीन्द्र का एक बेटा था जिसका नाम दूलह था, और उन्होंने उसकी शिक्षा के लिए *रसचन्द्रोदय* लिखने का विचार बनाया" ("तासु तनय दूलह भयो, ताके पढ़िबे हेतु/ रसचन्द्रोदय तब कियो, कवि कवीन्द्र करि चेतु", पद 282, रामानन्द शर्मा 2003 : 20 में उद्धृत)। दूलह त्रिवेदी ऊपर वर्णित *कविकुलकंठाभरण* के लेखक हैं। मोहनलाल मिश्र के *शृंगारसागर* पर, देखें आसनानी 1997: 28। फ्रांसेस्का ऑर्सीनी(2002b: 45) ने बीसवीं सदी के आरम्भ के ब्राह्मण साहित्यकारों में ऐसे 'पारिवारिक संस्कारों' के मिलते-जुलते प्रमाण पाये हैं।

630. पूर्व छात्रों में दलपत राम शामिल थे, जो उन्नीसवीं सदी के मध्य में गुजरात में आधुनिकीकरण करने वाले शुरुआती गुजराती कवियों में से एक थे। देखें मैलीसन 2011 : 173–75।

631. भुज में ब्रज पाठशाला पर यह पैराग्राफ़ आसनाणी 1996 और मैलीसन 2011 पर आधारित है।

632. एंडरसन 1991; लॉज 1993: 128–35।

633. ब्रजभाषा के प्रयोग में कुछ क्षेत्रीय विभक्तियाँ देखने को मिलती हैं। केशवदास और बिहारी की रचनाओं में बुँदेली लहजे का उल्लेख ऊपर किया गया है। एक और उदाहरण (ऐसे कई और उदाहरण दिये जा सकते हैं) भरतपुर राजाओं की तीन पीढ़ियों के दरबारी कवि सूदन की भाषा है, जिनकी ब्रजभाषा में खड़ी बोली और पंजाबी की ख़ूबियाँ दिखती हैं। मैकग्रेगर 1984 : 197 देखें।

अध्याय–छह

# औपनिवेशिक भारत में रीति साहित्य का भाग्य

भारतीय लोगों के बीच विज्ञान और साहित्य का लगातार ह्रास हो रहा है।

–*लॉर्ड मिन्टो,* 1811

भारत में श्रीस्वामी शंकराचार्य के पीछे प्राय: सभी बातों में अवनति हुई, परन्तु साहित्य इस नियम से छूटा रहा है...यहाँ साहित्य-गाम्भीर्य ख़ूब है, परन्तु अंग्रेज़ी की भाँति विषयों में फैलाव नहीं है। हमारे यहाँ अवनति में रहते-रहते और सभी बातों में हीनता देखते-देखते लोगों में आत्मनिर्भरता इतनी कम रह गयी है कि वह अपनी किसी वस्तु को पाश्चात्य पदार्थों के सम्मुख प्रशंसनीय नहीं समझते हैं।

–*मिश्र बन्धु,* 1913

## साहित्य-लेखन की एक नयी व्यवस्था

हम जानते हैं कि ब्रजभाषा कविता की उपनिवेशवाद से दुर्भाग्यपूर्ण मुलाकात की कहानी किस दुखद मोड़ पर ख़त्म हुई। यह ब्रजभाषा की हार की कहानी थी। लेकिन रीति साहित्य की कोई भी कहानी उन हालात की व्याख्या किये बिना ख़त्म नहीं हो सकती है, जो इसके विनाश की वजह बनी। प्रिंट संस्कृति के तहत साहित्यिक दुनिया में जो बदलाव आये, उनको समझने में औपनिवेशिक शासन में संक्रमण के दौर की छानबीन एक पूर्वपीठिका का काम करेगी। इससे भाषा और साहित्यिक उत्कृष्टता के मानदण्डों की नयी अवधारणाओं को समझने में भी मदद मिलेगी जो ब्रिटिश सांस्कृतिक वर्चस्व का सीधा नतीजा थे। दूसरे अध्ययनों में इनमें से काफ़ी कुछ पहले ही देखा-समझा जा चुका है।[634]

यहाँ हमारा मक़सद आधुनिक हिन्दी साहित्यिक इतिहास का एक अवलोकन पेश करने का है, जो रीति विधाओं और शैलियों की नियति को समझने के लिए सबसे प्रासंगिक बिन्दुओं को रेखांकित करते हैं, जिन्हें उपनिवेशवाद और आगे चलकर

राष्ट्रवाद ने मिटा डाला। पुरानी व्यवस्था के पैरवीकार सुधारवादी हिन्दी बुद्धिजीवियों के साथ अपनी लड़ाई में लगातार पीछे हटते जाने वाले थे। ये सुधारवादी बुद्धिजीवी साहित्य को लेकर एक आमूलचूल नये नज़रिये की पैरवी कर रहे थे। उन्नीसवीं सदी की अवधारणात्मक क्रान्तियों (या निरंकुश शासनों) में संस्कृति को लेकर जो गम्भीर खेल चला, उसमें ब्रजभाषा के ख़िलाफ़ तीन से अधिक हमले किये गये। पहला विक्टोरियाई युग की नैतिक बन्दिशें जिसने ऐन्द्रिकता पर पाबन्दी लगाने की कोशिश की; दूसरा ऐसे उपनिवेशवादी और फिर राष्ट्रवादी विचारों का मज़बूत होना कि भारत 'मुस्लिम' शासन में सांस्कृतिक रूप से कमज़ोर था; तीसरा प्रोटेस्टेन्ट मत और उपयोगितावाद में दरबारी संस्कृति और साहित्यिक आडम्बर को लेकर एक आम असहजता; और भारत की उन्नति के मक़सद से उठाये गये नये सामाजिक और शैक्षिक क़दम। बीसवीं सदी की शुरुआत में तो ख़ुद ब्रजभाषा पर ही एक गम्भीर ख़तरा सामने आया, जिसको एकाएक हटाकर नयी-नयी मानकीकृत हुई खड़ी बोली ने महज़ कुछ दशकों में ही उसकी जगह ले ली। यह हिन्दी की वह शैली है जो आज व्यापक रूप में उपयोग में है। हिन्दी साहित्यिक इतिहास–लेखन रूपी अनुशासन के जन्म ने भी अपनी भूमिका अदा की, जो औपनिवेशिक और राष्ट्रवादी साहित्यिक तर्कों की सीमाओं में काम कर रहा था। आज यह बात निर्विवाद रूप से मान ली जाती है कि हिन्दी साहित्य में भक्ति और रीति के दो अलग-अलग और असमान साहित्यिक काल थे, जबकि यह बात अपने आप में पूरी तरह से एक आधुनिक धारणा है जिसे आधुनिक हिन्दी साहित्यिक अध्ययन के संस्थापकों में से एक रामचन्द्र शुक्ल ने पेश किया था। हिन्दी के पूर्व-औपनिवेशिक अतीत को लेकर भावी समझ पर इस धारणा के निहितार्थों व प्रभाव को सावधानी से जाँचने की ज़रूरत है।

## औपनिवेशिकता की दहलीज़ पर रीति साहित्य

रीति परम्परा अठारहवीं सदी में एक सुव्यवस्थित रूप ले चुकी थी, लेकिन साथ ही इसमें नवोन्मेष भी जारी थे। इस पुस्तक में शुरुआती मुग़लकाल और उसमें भी शाही दरबार पर विशेष ध्यान दिया गया है और सत्रहवीं सदी में अग्रणी राजपूत राज्यों में सांस्कृतिक अभिव्यक्ति के नये रूपों के उभार की चर्चा की गयी है। रीति काल में बाद के दौर की जटिलताओं के साथ न्याय करने के लिए एक अलग पुस्तकाकार अध्ययन की ज़रूरत होगी। अठारहवीं सदी में ऐसी नयी राजनीतिक स्थितियाँ उभरीं कि रीति कवियों की माँग और बढ़ गयी थी। नये रीतिग्रन्थ लिखे

जा रहे थे, क्लासिकल और सामयिक विषयों पर प्रबन्ध लिखे जा रहे थे। जैसा कि अध्याय–तीन में दिखाया गया है, बलदेव मिश्र जैसे अठारहवीं सदी के लेखकों में भाषा की हैसियत को लेकर अधिक आत्मविश्वास दिखाई देता है। अब वे वैधता पाने के लिए प्राचीन संस्कृत के बजाय अधिक से अधिक हिन्दी रचनाकारों के पास जाते दिखते हैं। लगातार दो सदियों तक साहित्यिक रचना और परिष्करण ने ब्रज कविकुल को अपनी उपलब्धियों को लेकर एक अपार गौरव के बोध से भरा था। किसी भी पैमाने से यह एक बेहद तर्कसंगत और परिष्कृत साहित्यिक समुदाय था, जिसके पास भली-भाँति विकसित स्थापित कैनन और आलोचनात्मक प्रोटोकॉल थे। हालाँकि ब्रजभाषा लेखक अपनी बहुमुखी प्रतिभाओं को साबित करते हुए रचनात्मक रूप से नये हालात व नये आश्रयदाताओं के अनुरूप ढलते भी रहे।

लेकिन ब्रजभाषा ग्रन्थों के दायरे के बाहर दुनिया नाटकीय रूप से बदलने लगी थी। मुग़ल वर्चस्व के सामने कहीं गम्भीर दरारें थीं और सत्ता के नये दावेदार अपने दावे पेश कर रहे थे। ब्रिटिश ताक़तें मोटे तौर पर भले ही अभी बंगाल के तटीय इलाक़ों में सीमित थीं, और हिन्दी क्षेत्र में उनकी दख़ल नहीं थी, लेकिन अब उनकी अनदेखी नहीं की जा सकती थी। औपनिवेशिक भारत में इस परवर्ती मुग़लकाल को तेज़ रफ़्तार से पतन के काल के रूप में देखना अनिवार्य बन जाने वाला था। उन्नीसवीं सदी में चलन में आयी कहानी आगे चलकर एक मानक रूप लेने वाली थी जिसके मुताबिक़ शहंशाह औरंगज़ेब की कट्टरता के नतीजे में राजपूत और मुग़ल रईसों के बीच असन्तोष पनपा। सत्ता का केन्द्र बिखरता गया, आर्थिक गिरावट आयी और फिर औरंगज़ेब के निधन के बाद कमज़ोर, अय्याश और अक्सर थोड़े समय सत्ता में रहने वाले शासकों ने सल्तनत की ख़स्ता हालत को और रफ़्तार दी। इससे सत्ता के केन्द्र में एक शून्य पैदा हुआ जिसे उत्तर-पूर्व से अफ़ग़ान हमलावरों ने और क़रीबी राज्यों से नये मराठा, जाट और बुन्देले युद्ध सरदारों के समूहों ने भरा। हाल के तीन दशकों में मुग़लकालीन भारत के इतिहासकारों ने अठारहवीं सदी को देखने के तरीक़ों में बहुत महत्त्वपूर्ण बारीक समझ को पेश किया है।[635] अब इसको भारत की एक लगातार तबाही के दौर के रूप में नहीं देखा जाता है, यह सत्ता के विकेन्द्रीकरण का काल था, और इसी दौर में 1739 में नादिरशाह और 1750 के दशक में अहमद शाह अब्दाली के अफ़ग़ान हमले तबाहकारी रहे थे। दिल्ली को लूट लिया गया, मथुरा का भी यही हाल हुआ जो ब्रज की साहित्यक तो नहीं लेकिन धार्मिक संस्कृति का केन्द्र हुआ करता था। ख़स्ताहाल शहंशाह शाह आलम द्वितीय

(शासनकाल 1759-1806) की आँखों के सामने ईस्ट इंडिया कम्पनी ने उपमहाद्वीप पर निर्णायक नियन्त्रण हासिल कर लिया।[636] हमारे लिए सवाल यह है कि ऐसी उथल-पुथल के बीच रीति साहित्य का क्या हाल था, जिसका इतना क़रीबी रिश्ता दरबारों से मिलने वाला आश्रय था।

तेज़ी से बदलती हुई इस सियासी आबोहवा के बावजूद ब्रज साहित्य की दुनिया में कम से कम फ़ौरी तौर पर कोई अहम घटना नहीं घटी। दिल्ली और मथुरा के बाशिन्दों पर मुसीबतें टूटने का मतलब यह नहीं था सारी साहित्यिक संस्कृति एकबारगी ज़मींदोज़ हो गयी। कुछ तरह के इतिहास-लेखन में किसी दौर के राजकाज की मज़बूती और उस दौर के साहित्य की मज़बूती के बीच में एक सीधा-सीधा रिश्ता दिखाया जाता है। रीति साहित्य का मामला ऐसे किसी सीधे और आसान रिश्ते को ख़ारिज करता है। उर्दू साहित्य का भी यही हाल है, जो अठारहवीं सदी में 'मुग़लों के पतन' के ठीक इसी दौर में एक अहम साहित्यिक परम्परा के रूप में प्रभावशाली हैसियत हासिल करने लगा था। इसी तरह, लेखकों के आत्मविश्वास और कवियों और साहित्यिक क्षेत्र में आश्रयदाताओं की संख्या जैसे कम से कम कुछ मानदण्डों के आधार पर देखें तो रीति साहित्य का क्षेत्र अठारहवीं सदी में भी उतना ही मज़बूत था, जितना अपने इतिहास के किसी भी दूसरे दौर में हुआ करता था।[637]

आमतौर पर रीति कवि उत्तर भारत में विविध नेटवर्कों के भीतर काम करते थे। मुग़ल दरबार से उन्हें बड़ी संख्या में मदद भले मिलती थी, लेकिन वे हमेशा ही क्षेत्रीय दरबारों और शासकों के साथ विशेष रूप से बँधे हुए थे। ओरछा, आमेर, बूँदी और जोधपुर के मनसबदारी दरबार रीति शैली के अग्रगामी केन्द्र थे, लेकिन अठारहवीं और उन्नीसवीं सदी के राजा भी कम महत्त्वपूर्ण आश्रयदाता नहीं थे। इसमें उन नये दरबारों के मुखिया भी शामिल थे, जो अभी-अभी उभरे थे। इस काल के लगभग सभी दरबारों में ब्रजभाषा लेखक हुआ करते थे—अमेठी, असोथर, चरखारी, पन्ना, रायबरेली, रीवा, बाँदा, बनारस, जैतपुर, नीमराना, समथर, पटियाला, दरभंगा, और प्रतापगढ़ के साथ-साथ दर्जनों दूसरे दरबार इसमें शामिल हैं (देखें नक़्शा 2)। भाषा कवि एक व्यापक, कॉस्मोपॉलिटन समुदाय का हिस्सा थे, लेकिन काव्य-रचना का वास्तविक कार्य एक विकेन्द्रीकृत काम था। अगर एक दरबार राजनीतिक उथल-पुथल का शिकार बनता, तब ब्रज लेखकों के पास कहीं और जाने के लिए हमेशा कोई न कोई जगह हुआ करती थी। मिसाल के लिए जब शाह अहमद

अब्दाली ने 1757 में और फिर 1760 में मथुरा को लूटा, तब राधावल्लभ सम्प्रदाय के कवि वृन्दावनदास ने पहले भरतपुर के जाट शासक सुजान सिंह के दरबार में पनाह ली, उसके बाद वे किशनगढ़ चले गये, जहाँ उन्हें बहादुर सिंह ने आश्रय दिया (जो मशहूर कवि-राजा नागरीदास के भाई थे)। अपनी रचनाओं में वृन्दावनदास ने बदले हुए राजनीतिक हालात का उल्लेख किया है, लेकिन जब उन्होंने उत्तर भारत को सताने वाले अफ़ग़ान हमलों पर अपना ग़ुस्सा दर्ज कराया है, तब उन्होंने पूरी तरह कृष्णकाव्य की विधाओं को चुना। उन्होंने *हरिकलाबेली* (1760), *लाड़सागर* (लगभग 1775) जिसमें उन्होंने राधा और कृष्ण के बालपन और विवाह का प्रसंग रचा है और *आरतीपत्रिका* (1778) की रचना की। एक नियम के रूप में ब्रज लेखकों ने उन्हीं विधियों और विधाओं में लिखना जारी रखा, जो केशवदास के दिनों से उनकी पहचान में बनी हुई थीं, लेकिन आमतौर पर उन्होंने स्थानीय रंग अपनाया और परम्परागत विषयों में अहम रूप से बदलाव किये। भरतपुर के शासकों की तीन पीढ़ियों के दरबारी कवि सोमनाथ ने अपने आश्रयदाताओं के लिए अपेक्षित रीतिग्रन्थ और वंशावलियाँ लिखीं, लेकिन उन्होंने नयी विधाओं को भी आज़माया, जैसे कि उनका *संग्रामदर्पण* एक उल्लेखनीय ब्रज प्रबन्ध है जिसमें खगोलविद्या, शस्त्रकला और चिकित्सा के तत्त्वों का मिश्रण है।[638] इसी दरबार में काम करते हुए सूदन ने *सुजानचरित्र* नाम का एक जीवन्त ऐतिहासिक ग्रन्थ लिखा। उन्होंने कई क्लासिकल तत्त्वों का उपयोग किया है लेकिन वे अपने वर्तमान काल के प्रति भी गहरे तौर पर सजग हैं। वे मुग़लों, अफ़ग़ानों और मराठाओं के साथ भरतपुर के टकरावों के भरपूर ब्योरे देते हैं। संक्षेप में कहें तो मध्य और पश्चिमी भारत के शासक साहित्यिकों, गुणीजनों और इतिहास-लेखकों के रूप में ब्रज गुणियों पर अभी भी निर्भर थे।

## आरम्भिक औपनिवेशिक भारत में ब्रज और रीति परम्पराएँ

1803 में ब्रिटिशों द्वारा दिल्ली पर क़ब्ज़े के बाद तथा उत्तर भारत में उनका प्रभाव दिखना शुरू होने के काफ़ी बाद तक रीतिकाव्य जीवित रहा। जल्दी ही विदेशी सांस्कृतिक तत्त्वों के मेल से साहित्यिक दायरा जटिल होने वाला था। कम से पश्चिमी विद्वानों के बीच आमतौर पर यह माना जाता है कि दुनिया को समझने के गहरे रूपान्तरणकारी तरीक़ों को ब्रिटिश लोगों ने अपने संस्थानों के ज़रिये स्थापित किया। उल्लेखनीय रूप से कलकत्ता में फ़ोर्ट विलियम कॉलेज ऐसा ही एक संस्थान था (ख़ासकर भाषा और साहित्य के मामले में)।[639] इस काल में ब्रिटिशों द्वारा

भारतीय भाषाओं के बारे में अक्सर ही यह आकलन सुनने को मिलता है कि भारतीय भाषाएँ अस्त-व्यस्त और अराजक स्थिति में थीं। उन्हें व्याकरणों और शब्दकोशों के औपनिवेशिक अनुशासन के ज़रिये सुधारने की ज़रूरत थी। इनका निर्माण करना कॉलेज का एक मुख्य उद्योग था। एक लिहाज़ से यह माना जा सकता है कि उनके दावे में कुछ सच्चाई थी, बशर्ते यह ध्यान में रखा जाये कि अराजकता की परिभाषा अलग-अलग लोगों के लिए अलग-अलग हो सकती है। ब्रज कवि की कोई प्रत्यक्ष रुचि भाषाई अनुरूपता या एकरूपता में नहीं थी। इसके बावजूद कवि भाषा के क्षेत्र में जो कुछ कर रहे थे, वे उसकी गम्भीरता से अवगत थे। साथ ही, रीति परम्परा के केन्द्र में साहित्यिक व्यवस्था के कठोर नियम काम करते थे। इन दोनों बातों को ध्यान में रखें तो ये हिन्दी की अराजकता के बारे में ब्रिटिश आरोपों को बेतुका साबित करने के लिए काफ़ी हैं, चाहे अराजकता का कितना भी गहरा अर्थ क्यों न लगाया जायें।

उन्नीसवीं सदी के शुरुआती तौर से भारत के सांस्कृतिक जीवन पर औपनिवेशिक राज्य की बड़ी दख़ल के बावजूद हिन्दी पर साहित्यिक प्रभाव सदी के मध्य तक अपेक्षाकृत कम थे। हिन्दी में फ़ोर्ट विलियम कॉलेज की दिलचस्पी बहरहाल हाशिये पर ही रही थी (हिन्दुस्तानी की कहानी अलग थी, जिसे उर्दू भी कहा जाता था)। कॉलेज द्वारा प्रायोजित अधिकतर हिन्दी ग्रन्थों में ख़ासतौर से परम्परावादी रुझान था, भले ही उनकी भाषाई विशेषताओं में हेर-फेर करके उन्हें ऐसा रूप दिया गया कि वे 'हिन्दी' और 'हिन्दुस्तानी' की अपारम्परिक ब्रिटिश अवधारणाओं (जो अज्ञानताओं से भरपूर भी थीं) की सेवा कर सकें।[640] इसके लिए भाषा पर काम करने वाले मुंशियों में सबसे प्रतिष्ठित लल्लूलाल (लगभग 1763-1825) के काम पर ही ग़ौर कीजिए। जैसा कि आर.एस. मैक्ग्रेगर ने उचित ही लिखा है, "हालाँकि लल्लूजी की ख्याति एक नवोन्मेषी की है, उनका सारा काम क़रीब क़रीब सीधे-सीधे या परोक्ष रूप से ब्रजभाषा से जुड़ा हुआ है।"[641] संस्कृत *हितोपदेश* का उनके द्वारा किया गया रूपान्तरण *राजनीति* (1809) पूरी तरह से ब्रज में लिखा गया था। यहाँ तक कि मुंशी द्वारा खड़ी बोली में लिखी गयी रचनाएँ भी अपने ब्रज पूर्ववर्तियों पर आश्रित हैं। यह एक विरोधाभास ही है कि जिस अमले पर हिन्दी के आधुनिकीकरण के अभियान की ज़िम्मेदारी थी, उसका हिस्सा रहे लल्लूलाल की सर्वाधिक लोकप्रिय रचना *प्रेमसागर* (1803-10) साबित हुई, जो सत्रहवीं सदी में चतुर्भुज मिश्र के ब्रजग्रन्थ दसम स्कंध (*भागवतपुराण* के दसवें खण्ड) का खड़ी बोली में रूपान्तरण है।[642] मिश्र का ब्रज

ग्रन्थ अब खो चुका है। फ़ोर्ट विलियम कॉलेज की अनेक शुरुआती पुस्तकों को भी विशेष तौर से रीति परम्परा से जोड़ा जा सकता है। लल्लूलाल की मदद से मिर्ज़ा काज़िम अली जवान ने 1801 में *सिंहासन बत्तीसी* का संकलन किया, जिसके बारे में पता लगता है कि यह मुग़ल दरबार में सुन्दर कविराय द्वारा इसी नाम से रचे गये रीतिग्रन्थ का खड़ी बोली रूपान्तरण है।[634] सुन्दर कविराय का यह ग्रन्थ खो चुका है। फ़ोर्ट विलियम कॉलेज ने 1802 में नेवाज की *शकुन्तला* का खड़ी बोली अनुवाद प्रकाशित किया, जो ब्रज में मुग़लकाल का एक शुरुआती रीतिग्रन्थ था। लल्लूलाल की अनेक दूसरी रचनाओं को भी दरबारी संस्कृति से इसी तरह जोड़ा जा सकता है, जिनमें *लालचन्द्रिका* (1818), *बिहारीसतसई* पर एक टीका, और *सभाविलास* (1828) शामिल हैं, जो ब्रज पदों का एक आरम्भिक मुद्रित संकलन था।

ब्रिटिश और ब्रज साहित्यिक क्षेत्र के बीच शुरुआती सम्पर्क का एक दूसरा स्थान ब्रिटिश सेना थी। भारतीय सिपाहियों के बीच रीतिकाव्य का प्रचलन होने की बात हम टॉमस डुअर ब्रॉटन के ज़रिये जानते हैं, जिन्होंने फ़ोर्ट विलियम कॉलेज में अपने समकालीनों के अधिक व्यावहारिक सरोकारों के उलट सौन्दर्यबोधीय वजहों से हिन्दी कविता में दिलचस्पी ली। 1814 में अपने संकलन *सेलेक्शंस फ्रॉम द पॉप्युलर पोएट्री ऑफ़ द हिन्दूज़* में ब्रॉटन जीवन्त रूप से बताते हैं कि वे कैसे अपने सैनिकों के साथ बैठे (वे बताते हैं कि ये अधिकतर ब्राह्मण और राजपूत थे) और उन्हें कण्ठस्थ ब्रजभाषा कविताओं को दर्ज किया। इस प्रक्रिया में सिपाहियों ने अपनी साहित्यिक विरासत की अपनी समझ उन्हें सौंपी।[644] यह पुस्तक हिन्दी कविता के पहले प्रकाशित संकलन के नाम से विशिष्ट दर्जा रखती है।

ब्रॉटन के संकलन में दो प्रमुख शैलियाँ मिलती हैं, जिन्हें उन्होंने 'बक्तमार्ग' (Buktmarg, भक्त/भक्ति मार्ग), और 'रसदिक' (Rusadik, रसादिक, ब्रॉटन ने इसे अंग्रेज़ी में 'amatory' यानी 'शृंगारिक' कहा है) का नाम दिया।[645] 'शृंगारिक' कविताएँ शृंगार रस के पहलू पर केन्द्रित हैं और आज हम जिसे रीति साहित्य के रूप में जानते हैं, उस श्रेणी से काफ़ी मिलती-जुलती हैं। ब्रॉटन ने हालाँकि कुछ पारिभाषिक शब्दों को ग़लत समझा है, लेकिन ऐसा लगता है कि उनके सुशिक्षित सूचनादाताओं को छन्दों समेत ब्रज काव्य के तकनीकी ब्योरों का बख़ूबी ज्ञान था, जिसे शायद वे रीतिग्रन्थों से जानते थे।[646] ब्रॉटन की प्रस्तावना में सूरदास और तुलसीदास की तारीफ़ की गयी है, लेकिन केवल कुछेक भक्ति कविताएँ ही संकलन में जगह पा सकीं जैसे सूरदास की तीन कविताएँ, और कुछ कमज्ञात भक्ति

लेखकों की कुछेक रचनाएँ। यह मुमकिन है कि रीति साहित्य के व्यापक आकर्षण ने उनके सम्पादकीय निर्णय को प्रभावित किया हो : "रसदिक या श्रृंगारिक कुबित्स [कवित्त] अत्यन्त प्रशंसित हैं और स्वाभाविक रूप से सर्वाधिक सामान्य हैं।"[647] ब्रॉटन के संकलन में बिहारीलाल और केशवदास की रचनाओं को प्रमुखता मिली है, जिनमें दोनों के क्रमश: सोलह और बारह रचनाएँ संकलित हैं।

औपनिवेशिक चिन्तन के पैठ बनाने से पहले प्रतिष्ठित हिन्दी ग्रन्थों/लेखकों और साहित्यिक आस्वादन की एक बहुमूल्य झलक ब्रॉटन के इस संकलन से मिलती है। साल 1814 में और उसके बाद के दशकों में 'श्रृंगारिक' कविताएँ हिन्दी क्लासिकल परम्परा की मुख्य विशेषताओं में गिनी जाती थीं। लेकिन महज़ एक सदी के भीतर, भारतीय काव्यात्मक मूल्यों का आमूलचूल पुनर्मूल्यांकन होने वाला था। जैसा कि पुस्तक के सम्पादक इमरे बंघा ने यह ध्यान दिलाया है कि ब्रॉटन के संकलन की एक और असाधारण विशेषता यह है कि यह इस आम धारणा को चुनौती देती है कि रीति साहित्य सिर्फ़ एक अभिजात, दरबारी परम्परा हुआ करता था। 1814 आते आते इन कविताओं को 'रस्टिक' (देहाती) और 'पॉप्युलर' (लोकप्रिय) भी माना जा सकता था। अगर बिहारी और केशवदास की कविताएँ सिपाहियों की ज़बान पर थीं, तब मुमकिन है कि रीति साहित्य की सामाजिक पहुँच उतनी ही व्यापक हो चुकी हो जितनी इसकी भौगोलिक पहुँच थी।

## उन्नीसवीं सदी के भारतीय दरबारों में रीति साहित्य, 1800-1860 ई.

इस काल में रीति साहित्य के प्रसार के दूसरे दस्तावेज़ों को ग़ैर-ब्रिटिश स्रोतों में खोजा जाना चाहिए। यहीं इस बात पर भी ज़ोर देना ज़रूरी है कि सिर्फ़ प्रसार ही नहीं, उस काल में रीति साहित्य की रचना भी जारी थी, जिसका पता लगाना भी उतना ही ज़रूरी है। 1800 के बाद से हिन्दी के ब्योरे में उन्नीसवीं सदी को साफ़ तौर पर एक पूर्वनिर्धारित नज़रिये से पेश करने का रुझान मिलता है, जिसके तहत दिखाया जाता है कि यह सदी आधुनिकता की ओर आगे बढ़ रही थी। इस काल पर चर्चा करते हुए हिन्दी साहित्य के अधिकतर इतिहासकार फ़ोर्ट विलियम कॉलेज से शुरू करते हैं और फिर सीधे हरिश्चन्द्र (1850-85) पर आ जाते हैं। इस बीच वे कुछेक चुनिन्दा शख़्सियतों के रचनाकर्म पर कुछ पल को ठहरते हैं, जिनमें आमतौर पर राजा शिवप्रसाद सिंह (1823-95), लक्ष्मण सिंह (1826-96) शामिल हैं। अपने अलग-अलग इरादोंवाले आरम्भिक हिन्दी गद्य के इन दो शिल्पकारों ने आधुनिक खड़ी बोली के विकास में योगदान दिया था।[648] लगभग 1820 से 1860

की इस अवधि की क़रीब-क़रीब पूरी तरह से अनदेखी कर दी जाती है। इसमें सन्देह नहीं है कि हिन्दी साहित्य के क्षेत्र में औपनिवेशिक राज्य के लिए यह एक निष्क्रिय समय था। हिन्दी की प्रिंट संस्कृति अभी बस जन्म ले रही थी (आमतौर पर हिन्दी में प्रकाशन उत्तर भारत के साहित्यिक क्षेत्र की अन्य प्रमुख भाषाओं–बंगाली और उर्दू भाषाओं–में प्रकाशन से दशकों पीछे था)। कलकत्ता में कुछेक शुरुआती हिन्दी किताबें प्रकाशित हुई थीं, जहाँ ब्रिटिश और मारवाड़ी समुदाय की मौजूदगी के चलते प्रकाशन संस्थाएँ विकसित थीं। लेकिन हिन्दी क्षेत्र में छपाई (प्रिंटिंग) का व्यावहारिक व्यवसाय 1857 के बाद तक मौजूद नहीं था। असल में इस क्षेत्र में छपाई का उद्यम 1860 के दशक तक शुरू नहीं हो सका था।[649] अगर हम इस बात को क़बूल कर लें कि छपाई मोटे तौर कुछ अनियमित गतिविधियों तक सीमित थी, तब क्या इससे उन्नीसवीं सदी में पूरे व्यापक हिन्दुस्तान में हिन्दी पठन-पाठन, लेखन और साहित्यिक रसास्वादन का कुल जायज़ा मिल सकता है? ख़ासकर, 1820 से 1860 के बीच की उस अवधि में क्या हो रहा था, जो फ़ोर्ट विलियम कॉलेज का उद्यम मन्दा पड़ने और छपाई की संस्कृति सचमुच फलने-फूलने के बीच की अवधि थी? साहित्यिक इतिहासकार जैसा बताते हैं, क्या यह उतना ही सारहीन या ख़ाली अन्तराल था? उन्नीसवीं सदी के पूर्वार्द्ध में ब्रजभाषा की ग्रन्थ संस्कृति की व्यापकता और प्रकृति का जो इतना कम अध्ययन किया गया है, क्या ऐसा इसलिए है कि अध्ययन करने के लिए बहुत कम चीज़ें मौजूद हैं? इनमें से किसी भी चीज़ के बारे में हम सचमुच कितना जानते हैं?

इस सन्दर्भ में कहने के लिए पहली बात सबसे बुनियादी बात भी है–उन्नीसवीं सदी में रीति साहित्यिक उत्पादन की एक भरी-पूरी जीवन्त दुनिया थी। औपनिवेशिक नियन्त्रण से बाहर लिखित हिन्दी संस्कृति के बारे में भरोसेमन्द ब्योरे मिलना भले ही मुश्किल है, लेकिन जो भी सबूत उपलब्ध हैं, वे दिखाते हैं कि रीति साहित्य की अनेक प्रथाएँ उपनिवेशवाद और अभी जन्म ले रही प्रिंट संस्कृति की नाक के नीचे जारी रहीं। कुछ ग्रन्थ अप्रकाशित हैं, इसलिए यह कहना मुश्किल है कि कुल कितने ग्रन्थ मौजूद हैं, लेकिन एक संकीर्ण अनुमान के मुताबिक़ भी उनकी संख्या सैकड़ों में मालूम पड़ती है। यह दिखाता है कि उस काल में बाक़ी जो कुछ भी हो रहा था, वह रीतिग्रन्थ संस्कृति के आगे बौना था।[650]

यहाँ पर हमारे लिए उन्नीसवीं सदी में रचे गये रीति साहित्य पर जितनी चर्चा कर सकना सम्भव है, यह विषय उससे कहीं अधिक सम्पूर्ण अध्ययन का हक़दार

है। लेकिन कुछेक उदाहरणों पर नज़र डालना महत्त्वपूर्ण है, क्योंकि यह पूरा विषय आधुनिक हिन्दी के बारे में विद्वत्ता के अवधारणात्मक नक़्शे से ही ग़ायब है। भारत में महज़ कुछ विशेषज्ञों को छोड़कर मुश्किल से ही किसी को इसकी जानकारी है। साहित्य के जो इतिहासकार उन्नीसवीं सदी के रीति साहित्य की संस्कृति का ज़िक्र करने की ज़हमत उठाते भी हैं, उनमें इसको पुरानी प्रवृत्तियों के ही एक विस्तार के रूप में देखने का रुझान मिलता है। यह किसी टिप्पणी का हक़दार भी नहीं मानी जाती।[651] एक ऐसी दुनिया में जहाँ परिवेश में अब आधुनिकता का बोलबाला था, ऐसा सोचा गया कि रीति कवियों ने इस आधुनिकता की अनदेखी की और युगों पुरानी श्रृंगारिक कविता, रस पर प्रबन्ध और राजसी प्रशस्तियाँ लिखते रहे, और एक ऐसे दौर में बड़ी लगन से अपनी पाण्डुलिपियों की नक़ल करते रहे जब हर कोई प्रिंट की नयी भौतिक तकनीक को और सुधारों की अवधारणात्मक तकनीक को अपना रहा था।

इस अध्ययन में हमने बार-बार देखा है कि रीति कवि बदलावों से कभी बचे नहीं थे, भले ही वे एक सफल साहित्यिक परम्परा के सम्मान और उसे बचाये रखने के अर्थ में रूढ़िवादी रहे हों। ब्रज कवियों ने बार-बार पुरानी संस्कृत अवधारणाओं को बदला, उन्हें नया रूप दिया। याद कीजिए कि किस तरह रीति लेखक अक्सर यह घोषणा करते थे कि उन्होंने 'अपनी मति अनुसार' ग्रन्थ की रचना की है। कुछ मामलों में उन्होंने सक्रिय रूप से नये सौन्दर्यबोधीय नज़रियों की खोज की। मुग़ल संस्कृति के सन्दर्भ ने कुछ ब्रज कवियों को फ़ारसीकृत रजिस्टर के असाधारण रूपों में प्रयोग करने को प्रेरित किया, जिसमें केशवदास और कवीन्द्राचार्य सरस्वती जैसे कवि शामिल हैं। अन्य कवियों के साथ-साथ भूषण, मतिराम और लाल कवि अपने राजनीतिक माहौल के प्रति बेहद संवेदनशील साबित हुए थे। वहीं हम सुन्दर कविराय जैसे ब्रज कवियों को भी पाते हैं जो अपने फ़ौरी साहित्यिक सरोकारों के बाहर की दुनिया का मुश्किल से ही कोई ज़िक्र करते हैं, भले ही वह दुनिया इतनी असामान्य थी कि वह टिप्पणी के लायक़ थी—आख़िरकार वे एक पण्डित थे जिन्हें मुग़ल दरबार में एक कूटनीतिज्ञ का पद हासिल था। इस तरह उन्नीसवीं सदी हो या सत्रहवीं सदी, लिखित ग्रन्थों के बाहर की दुनिया के साथ सम्बन्धों का स्तर बहुत विविधता-भरा था।

रीति कवियों को औपनिवेशिक काल में भी अनगिनत स्थानीय दरबारों में आश्रय मिलना जारी रहा, चाहे उन्होंने ब्रिटिश सत्ता के बारे में बात की हो या नहीं,

चाहे उन्होंने अपने बदले हुए सांस्कृतिक माहौल पर प्रतिक्रिया दी हो या नहीं।[652] जब बुन्देलखण्ड के एक युद्ध सरदार अनूपगिरी गोसाईं (निधन 1804) ने अठारहवीं सदी के अन्तिम दौर में ब्रिटिशों के लिए और सत्ता के किसी भी दूसरे दावेदार के लिए मुश्किलें खड़ी कीं,[653] और अपने जीवन के अन्तिम दस वर्षों में रणनीतिक रूप से ख़ुद को महाराजा के रूप में पेश किया, तब उन्होंने वही किया जो राजा लोग सदियों से करते आ रहे थे–उन्होंने एक रीति कवि को आश्रय दिया और अपना चरित लिखवाया। लेकिन अगर कोई अनूपगिरी गोसाईं द्वारा प्रायोजित इस ग्रन्थ से ब्रिटिशों के उत्थान को लेकर उनके दरबार के नज़रिये का पता लगाने की कोशिश करे तो उसे बहुत कुछ नहीं मिलेगा। पद्माकर का यह ग्रन्थ *हिम्मतबहादुरविरुदावली* एक वीर काव्य-ग्रन्थ है जो ब्रज (और संस्कृत) की सदियों पुरानी राजनीतिक कविता की शैली के अनुरूप है। इस ग्रन्थ में अनेक समकालीन झलकियाँ हैं, जिनमें अनूपगिरी और उनके प्रतिद्वन्द्वी अर्जुन सिंह के बीच में एक मशहूर लड़ाई का जीवन्त विवरण है। इस लड़ाई में अर्जुन सिंह ने जान गँवा दी। लेकिन इस क्षेत्र में ब्रिटिश मौजूदगी के संकेत सिर्फ़ एक पंक्ति में दिये गये हैं।[654] कुछ साल के बाद अपने समय के एक अग्रणी कवि के रूप में स्थापित पद्माकर ने सवाई जगत सिंह (शासनकाल 1803-18) के लिए रीतिग्रन्थ *जगतविनोद* लिखा जिसमें उनका सरोकार जगत से अधिक विनोद दिखाई देता है।[655] जयपुर के शासक के रूप में सवाई जगत सिंह का राज्याभिषेक उसी साल हुआ जिस साल लॉर्ड लेक ने दिल्ली पर क़ब्ज़ा किया था।

लेकिन साहित्यिक और सांस्कृतिक बदलावों के सबूतों की तलाश पर ज़ोर देने वाले पाठक को बाद के दौर का हरेक रीतिग्रन्थ निराश नहीं करता है। संख्या भले बहुत अधिक न हो लेकिन यह मौजूद ज़रूर है, बस देखने की दृष्टि चाहिए। यहाँ तक कि पद्माकर जैसे रूढ़िवादी कवि के नाम से यह प्रशस्ति जोड़ी जाती है जो उन्होंने ग्वालियर के शासक दौलत राव सिंधिया (शासनकाल 1794-1827) के लिए लिखी थी। इसमें वे ब्रिटिशों के ख़िलाफ़ मुखर रूप से कहते हैं :

*मीनागढ़, बंबई, सुमन्द, मन्दराज, बंद,*
*बंदर को बंद करि बंदर बसाओगे।*
*कहैं पद्माकर कसक कश्मीर हूँ को,*
*पिंजर सो घेरिके कलिंजर छुड़ाओगे।*
*बाँका नृप दौलत अलीजा महराज कभौं,*
*साजि दल पकड़ फिरंगिन भगाओगे।*

*दिल्ली दहपट्टि, पटना हूँ को झपट्टिकर,*
*कबहूँक लत्ता कलकत्ता को उड़ाओगे।*[656]

इसके क़रीब-क़रीब समकालीन ग्रन्थ *आनन्दरघुनन्दन* में रीवा के महाराज विश्वनाथ सिंह (1789-1854) तोपों की सलामी का ज़िक्र करते हैं। विश्वनाथ सिंह ऐसे दरबार के वंशज थे जिसकी ब्रज कवियों को आश्रय देने की एक लम्बी और प्रतिष्ठित परम्परा रही थी। इस ग्रन्थ में अंग्रेज़ी की कुछ बानगियाँ मिलती हैं (जो उल्लेखनीय रूप से ग़लत हैं)।[657] ग्वाल (निधन 1868) कवि के विशाल रचनासंसार में *विजयविनोद* ग्रन्थ शामिल है जिसका आंशिक सरोकार सिख नेता रणजीत सिंह से है। इसमें कुछ समकालीन सन्दर्भ भी मिलते हैं जैसे कि रेल की सवारी पर एक व्यंग्यात्मक कविता है।[658] ब्रज कविता का एक छोटा समूह 1857 के भारतीय विद्रोह की बात करता है, जिसमें 'अंग्रेज़', 'कंपनी', 'कैप्टन', 'लाट (लॉर्ड) साहिब' जैसे शब्दों को शामिल किया गया है।[659] रीति कवियों द्वारा अंग्रेज़ी के भाषाई रूपान्तरण का यह सबूत बाहरी तत्त्वों के ब्रजीकरण की लम्बी परम्परा के अनुरूप ही है, लेकिन यह विषयों के आधुनिकीकरण की निशानी भी है जो आने वाली पीढ़ी में हरिश्चन्द्र के साहित्यिक आश्रय में और भी विकसित होने वाली थी। रीतिग्रन्थ संस्कृति औपनिवेशिक शासन का संज्ञान लेने लगी थी। इसी के साथ-साथ प्रिंट संस्कृति जब ग्रन्थ-रचना के परम्परागत रूपों के साथ मिली तब भौतिक रूप से भी कुछ बदलाव होने लगे थे।

## रीति कविता का प्रिंट संस्कृति में संक्रमण

अतीत की सदियों पुरानी ग्रन्थ संस्कृति और साहित्यिक आस्वाद भारतीय प्रिंट के काल में भी जीवित रहे।[660] इस संक्रमण में भारतीय महाराजाओं और पुरानी दरबारी प्रथाओं ने अहम भूमिका अदा की। इसका मतलब यह था कि अक्सर उन्नीसवीं सदी के शुरुआती दौर की साहित्यिक शैलियाँ और नये ढंग की शुरुआती पुस्तकें कम से कम सरसरी तौर पर देखने वाले को बहुत नयी नहीं दिखती हैं। इस सिद्धान्त की एक अच्छी मिसाल बनारस दरबार की साहित्यिक आदतों का सर्वेक्षण करने पर मिलती है। कलकत्ता से महज़ कुछेक सौ मील दूर रहने वाले गोकुलनाथ के लेखन में औपनिवेशिक सम्पर्क के सबूत खोजना मुश्किल है। वे महाराजा उदित नारायण सिंह (1795-1835) के शासनकाल के दौरान सक्रिय एक ब्रजभाषा कवि थे। ऊपर से देखने पर बनारस के राजाओं का पारिवारिक इतिहास बताने वाली

उनकी *चेतचन्द्रिका,* और साथ ही *राधाकृष्णविलास* और *कविमुखमंडन* (क्रमशः रस और अलंकार पर केन्द्रित) जैसे ग्रन्थ ऊपरी तौर पर ऐसे दिखते हैं मानो वे दो सौ साल पहले भी लिखे जा सकते थे। शायद उनकी रचना का मक़सद भी यही रहा हो–साहित्यिक और राजनीतिक अभिव्यक्ति के पूरे संसार से औपनिवेशिक सत्ता के सुराग़ों को बाहर रखते हुए इसको आभासी तौर पर एक तुच्छ चीज़ के रूप में सीमित कर देना। उनका विशालकाय ब्रज महाभारत कम से कम अपनी उत्पादन प्रणाली में साफ़ तौर पर अधिक क्रान्तिकारी है, जिसे गोकुलनाथ, उनके बेटे गोपीनाथ और उनके बेटे के शिष्य मणिदेव ने मिलकर पूरा किया था। पूरे होने के बाद *महाभारत* को 1829 में प्रकाशन के लिए कलकत्ता भेजा गया। प्रिंट संस्कृति में क़दम रखने वाला इस दरबार का यह पहला ग्रन्थ बना। उदित नारायण के उत्तराधिकारी महाराज ईश्वरी नारायण सिंह (शासनकाल 1835-89) ने रीतिग्रन्थों को प्रायोजित करना जारी रखा। सरदार कवि (सन् 1850) छन्द और अलंकारों पर अपने लेखन के लिए और रीति साहित्य के क्लासिक ग्रन्थों *बिहारीसतसई, कविप्रिया* और *रसिकप्रिया* पर टीकाएँ लिखने के लिए बहुप्रशंसित थे।[661] उन्नीसवीं सदी के उत्तरार्द्ध में प्रिंट संस्कृति की गतिशील सफलता ने इन कुछ रचनाओं के साथ-साथ ब्रजभाषा की दूसरी रचनाओं को दरबार के बाहर भी आसानी से उपलब्ध बना दिया। लेकिन ये बदलाव पाठकों की संख्या में होने वाले मात्रात्मक बदलाव थे, साहित्यिक विषयों में इनसे कोई गुणात्मक बदलाव नहीं आया।[662]

साहित्यिक उत्पादन और ग्रहण की विविध प्रणालियों का यह सहअस्तित्व उन्नीसवीं सदी की साहित्यिक संस्कृति की एक दिलचस्प विशेषता की ओर संकेत देता है। यह संस्कृति इस विचार को ख़ारिज करती है कि ब्रिटिशों ने जैसे ही अपना अधिक उन्नत (enlightened) तरीक़ा दिखाया, उसी पल एक दरिद्र पिछड़ा हुआ रीति साहित्य एक साधारण/अनौपचारिक अन्त को प्राप्त हुआ। उन्नीसवीं सदी के शुरुआती दौर में परम्परागत रीति सन्दर्भों में जन्मे अनेक ग्रन्थ कुछ समय बाद प्रिंट में सामने आये। पहले जिन कुछ ग्रन्थों का ज़िक्र किया गया है, उन्हीं के सफ़रनामे पर ग़ौर कीजिए। जयपुर के महाराज द्वारा लिखवाया गया पद्माकर का *जगतविनोद* भले ही युगों पुराने विषयों और उत्पादन-मूल्यों का प्रतीक हो, लेकिन यह 1865 से 1896 के बीच कम से कम आठ संस्करणों के साथ कारोबारी तौर पर बेहद सफल रहा।[663] महाराज विश्वनाथ सिंह का *आनन्दरघुनन्दन* पहले रीवा दरबार में रचा गया, लेकिन आख़िरकार 1871 में इसकी छपाई (प्रिंटिंग) हुई। बनारस दरबार

का *महाभारत* भले ही परम्परागत शैली में काम करने वाले ब्रज बुद्धिजीवियों द्वारा रचा गया था, लेकिन कलकत्ता में छपने के बाद नवल किशोर प्रेस द्वारा 1874 से 1891 के बीच इसे तीन बार पुनर्मुद्रित किया गया।[665] इस तरह परम्परागत प्रथाओं ने नयी औपनिवेशिक प्रथाओं के साथ संवाद क़ायम किया, और ऐसा पूरी तरह से अपेक्षित तरीक़ों से ही नहीं हुआ।

असल में अनेक परम्परावादी (माने जाने वाले) दरबारों ने सबसे पहले नयी प्रिंट तकनीक को अपनाया। आख़िरकार छापेख़ाने के लिए पूँजी लगाने में औंर महँगे और जोख़िम-भरे छपाई के कारोबार को सहारा देने के लिए राजाओं से बेहतर और कौन हो सकता था?[666] नागरी लिपि में कलकत्ता से बाहर छपने वाली पहली हिन्दी पत्रिका *बनारस अख़बार* का प्रकाशन नेपाल के महाराजा के भारी सहयोग से ही सम्भव हुआ। बनारस के महाराजा द्वारा 1850 के दशक में हिन्दी में कई किताबें लिखवायी गयीं, ठीक यही वह समय था जब सरदार कवि अपनी रीति टीकाओं की रचना कर रहे होंगे। महाराजागण अभी भी साहित्यिक आश्रयदाताओं का काम कर रहे थे और इस तरह छपने के लिए पुराने ग्रन्थों के चयन में भूमिका निभा रहे थे।[667] क्लासिक भक्ति रचना *रामचरितमानस* सफल होने वाली एक प्रमुख लोकप्रिय रचना थी। इसी तरह श्रृंगारिक काव्य के संकलन और बिहारी, केशवदास, सुन्दर के प्रतिष्ठित ब्रजभाषा ग्रन्थ भी सफल रहे। इस काल में पुरानी रीति पुस्तकों के संस्करण और टीकाएँ प्रकाशित हुईं, साथ ही परम्परागत काव्य विषयों के समकालीन संकलन और नियमावलियाँ भी प्रकाशित हुईं, जिससे हिन्दी की साहित्यिक विरासत को अपनाने वाले पाठक जनसमुदाय की व्यापकता सम्भव हुई। थोड़े में कहें तो औपनिवेशिक युग में भी लम्बे समय तक रीति साहित्य एक जीवन्त उद्यम बना रहा।

## साहित्यिक सुधार और आधुनिकता के साथ आरम्भिक प्रयोग

उन्नीसवीं सदी के उत्तरार्द्ध में सुधारवादी आन्दोलनों का प्रभाव बढ़ा तो हिन्दी साहित्य के कुछ विषय और आधार अत्यन्त आधुनिकता-विरोधी दिखाई पड़ने लगे। भारतीय संस्कृति के विभिन्न पहलू चलन से बाहर, या फिर पतनशील तक माने गये। जल्दी ही ऐसा लगने लगा कि सबसे महत्त्वपूर्ण रूप से साहित्य में बदलाव लाने की ज़रूरत है। इससे कोई फ़र्क़ नहीं पड़ता था कि हिन्दी साहित्य का सदियों पुराना इतिहास था और एक परिष्कृत कविकुल के आत्मचिन्तन की विरासत इसको हासिल थी। जड़ें

जमा चुके उपनिवेशवाद के आलोक में यूरोपीय लोगों ने ऐसे मानक स्थापित किये जिनको हासिल करने की कोशिश भारतीय साहित्य का लक्ष्य होता। अनेक भारतीय भाषाओं में पश्चिमी विधाओं और विषयों को व्यापक रूप से अपनाया गया। 1854 में एजुकेशन कमिटी (शिक्षा समिति, जो आगे चलकर ऐजुकेशन डिपार्टमेंट या शिक्षा विभाग बना) की स्थापना के साथ-साथ एक फ़ौरी चिन्ता खड़ी हुई कि स्थानीय भाषाओं में पढ़ाने के लिए अच्छी किताबें नहीं थीं।[668] औपनिवेशिक सत्ता और शिक्षा संस्थानों के बढ़ते जा रहे विस्तार के साथ ही भारतीय साहित्य को मिलने वाला परम्परागत आश्रय बिखरने लगा था। कहने की ज़रूरत नहीं कि इसमें 1857 के बाद 'बाग़ी राजकुमारों' पर क्रूर दमन की भी भूमिका थी। इस शून्य में, जिसे उन्होंने ख़ुद ही बनाया था, ब्रिटिश लोगों ने दख़ल दी। उन्होंने काव्य प्रतियोगिताएँ प्रायोजित कीं और नये नाटकों, निबन्धों और उपन्यासों के श्रेष्ठ उदाहरणों को पुरस्कार पेश किये। भारत में हर जगह कवि पश्चिमी क़ायदों की तर्ज़ पर अपनी शैलियों में बदलाव ला रहे थे। किसी वक़्त मुख्य रूप से सौन्दर्यबोध पर आधारित साहित्य की भूमिका अब तेज़ी से बदलकर उपयोगितावादी हो गयी थी। अब मुद्दा समाज की बुराइयों के प्रति जागरुकता बढ़ाना और सामाजिक बदलाव ले आना था।

सुधारों को सबसे पहले बंगाली लेखकों ने अपनाया। जहाँ बंगाली वैष्णवों ने मुग़लकाल में ब्रजभाषा के अनेक कवियों से साहित्यिक प्रेरणाएँ ली थीं, अब उन्नीसवीं सदी में साहित्यिक प्रवाह की दिशा उलट गयी थी।[669] बंगाल में न सिर्फ़ शुरुआती छापेख़ाने स्थित थे, बल्कि आधुनिकता के सबसे उत्साही पैरोकार भी वहीं थे। उनमें बंकिमचन्द्र चट्टोपाध्याय और माइकेल मधुसूदन दत्त दो सबसे मशहूर उदाहरण हैं।[670] रीति साहित्य का अध्ययन करने वाले किसी भी व्यक्ति से यह विडम्बना छुप नहीं सकती कि उन्नीसवीं सदी के सबसे अहम 'आधुनिकतावादी' साहित्यिक रुझानों में से एक यह था कि संस्कृत और पश्चिमी क्लासिक ग्रन्थों का आधुनिक स्थानीय भाषाओं में गद्य-रूपान्तरण किया जाये। एक 'नये' परम्परा क़ायम करने का मतलब था कि अतीत के सम्मानित आदर्शों को लिया जाये, चाहे यह परम्परा कितनी ही आमूलचूल सुधारवादी क्यों न हो। यह हैरानी की बात है कि आधुनिक साहित्यिक इतिहासकारों ने इस 'गौण' साहित्य को ख़ारिज नहीं किया है, जैसा कि उन्होंने रीति शैलियों को मज़बूती से ख़ारिज किया था।[671]

क्लासिसिज़्म के इस नये रूप को अपनाने के साथ-साथ, भारतीय लेखकों पर ऐसे विषयों को त्यागने का दबाव था जिनकी भूमिका महज़ सजावटी मानी गयी।

कवियों के ऊपर अपने 'पतित' समाज को उठाने में योगदान करने की ज़िम्मेदारी थी। इस काल में भारत में अधिकतर साहित्यिक रुझानों में यह रूपान्तरणवादी विशेषता मिलती है। सूज़ी थारु ने इस पर टिप्पणी की है कि कैसे भारतीय भाषाओं में लिखे गये अधिकतर शुरुआती उपन्यास एक ऐसे विचारधारात्मक परिवेश को एक जवाब थे, "जिसमें लेखक की ज़िम्मेदारियों का पूरी तरह से एक नया बोध, और साथ ही साहित्य और साहित्यिक अध्ययन का सामाजिक कार्य प्रमुखता से सामने आया।"[672] *अंजुमन-ए-पंजाब* की 1874 में आयोजित सभा की कार्यवाही इसका एक नाटकीय उदाहरण पेश करती है। यह सभा ब्रिटिश प्रशासन कर्नल हॉलरॉयड ने बुलायी थी, जिसमें वे उर्दू शायरों को जाम और ज़िद्दी माशूक़ाओं के रवायती शौक़ को छोड़कर अधिक व्यावहारिक और शिक्षाप्रद विषयों को अपनाने के लिए प्रेरित करते हैं। उर्दू शायर जिस नुक़सानदेह पतनशीलता के कथित शिकार थे, उससे उनको उबारने में मदद करने के मक़सद से उन्होंने मुशायरों के नए विषयों की पेशकश की। इस नीरस सूची में 'देशप्रेम,' 'अमन,' 'इंसाफ़', 'करुणा', 'सन्तुष्टि', 'उम्मीद' और 'तहज़ीब' जैसे विषय शामिल थे।

इस सुधारवादी उद्यम को हिन्दी लेखकों ने भी बड़े उत्साह से अपनाया। उनके मामले में सिर्फ़ साहित्यिक विषयों में ही सुधार की ज़रूरत नहीं थी। अब अभूतपूर्व रूप से छानबीन का विषय ख़ुद हिन्दी भाषा थी, जिसमें खड़ी बोली हिन्दी (जो ख़ासतौर से दिल्ली-मेरठ इलाक़े में बोली जाती थी) को अधिक से अधिक आधुनिक गद्य की भाषा के रूप में बढ़ावा दिया गया। ब्रजभाषा अभी भी सौन्दर्यबोधीय रचनाकर्म के लिए अधिकतर कवियों की पसन्द थी, लेकिन रोज़मर्रा के विषय और ख़ासकर नयी पश्चिमी विधाओं को अब खड़ी बोली में लिखा जाना था। इन विधाओं में निबन्ध, यात्रा-वृत्तान्त, इतिहास, शैक्षिक सामग्री शामिल थे। हिन्दी के मामले में हॉलरॉयड जैसी एक प्रभावशाली शख़्सियत एक प्रशासनिक अधिकारी मैथ्यू केम्पसन की थी, जो बरेली कॉलेज के प्रमुख थे। केम्पसन ने हिन्दी लेखकों को संस्कृत रचनाओं के खड़ी बोली संस्करण रचने के लिए प्रोत्साहित किया और अंग्रेज़ी से अच्छे अनुवादों के लिए पुरस्कार रखे। लेकिन योजना कोई ख़ास सफल नहीं रही। इस काल में उपयोगी किताबों के मामले में हिन्दी के बजाय उर्दू में अधिक प्रगति हो रही थी।[674] असल में कुल मिलाकर उर्दू की साहित्यिक दुनिया हिन्दी की तुलना में कहीं अधिक ऊर्जावान थी और बीसवीं सदी के दूसरे दशक तक यही स्थिति रहने वाली थी।

इसका एक अहम अपवाद बनारस था। उन्नीसवीं सदी में हिन्दी साहित्य की कोई भी चर्चा भारतेन्दु हरिश्चन्द्र के बारे में कम से कम कुछ टिप्पणियों के बिना अधूरी होगी। भारतेन्दु हरिश्चन्द्र बनारस के अभिजातवर्ग के एक अग्रणी सदस्य थे, वे एक उल्लेखनीय सांस्कृतिक प्रवर्तक भी थे। पश्चिमी शैली के नाटकों और निबन्धों की रचना में अपने उत्साह के साथ भारतेन्दु हरिश्चन्द्र ने हिन्दी परिवेश (milieu) में साहित्यिक आधुनिकीकरण की पहली कुछ प्रक्रियाओं को क़ायम करने में अहम भूमिका निभाई। उनके नाटक *भारतदुर्दशा* (1880) और भाषा पर अनगिनत निबन्धों और संपादकीय लेखों में एक सुधारवादी नज़रिया रचा-बसा है, जो बीसवीं सदी में राष्ट्रवाद के दौर में हिन्दी के सफरनामे के अनेक तत्त्वों के पूर्वसंकेत देते हैं। *हरिश्चन्द्र पत्रिका* और *कविवचनसुधा* जैसी पत्रिकाओं का उनके सम्पादन ने आधुनिक हिन्दी पब्लिक स्फीयर का आधार बनाने में भूमिका निभाई, जो ब्रजभाषा कविकुल की तर्ज़ का एक नया अवतार था। क्योंकि ऐसी ही जगहों में खड़ी बोली के लेखन के लिए नई अस्मिताओं की अवधारणा जन्म ले रही थी। सागरी सेनगुप्ता और वसुधा डालमिया के विस्तृत अध्ययनों में उनके व्यापक रचनाकर्म पर, हिन्दी के पक्ष में उनके अग्रणी उद्यमों पर, और इस काल के सामाजिक और बौद्धिक इतिहास में उनके स्थान पर काफ़ी कुछ चिन्तन किया गया है।[675] यहाँ इस पूरी बात को फिर से दोहराने की ज़रूरत नहीं है।

आज आमतौर पर हिन्दी पाठ्यपुस्तकों में श्रद्धा से भारतेन्दु हरिश्चन्द्र को "आधुनिक हिन्दी का जनक" कहा जाता है। यह उक्ति इस बात को छुपाती है कि उनके लिए परम्परागत साहित्य किस स्तर तक जीवन्त था और वे जिन नई विधाओं और माध्यमों के प्रसार में सक्रिय भूमिका अदा कर रहे थे उनके लिए परम्परागत साहित्य ज़रा भी असंगत या प्रतिकूल नहीं था। भारतेन्दु हरिश्चन्द्र और उनके समकालीनों को संकीर्ण खानों में बाँट पाना आसान नहीं है। हड़बड़ी में उन पर "आधुनिक" होने का लेबल लगाने से सांस्कृतिक धाराओं की वे सारी जटिल भूमिकाएँ दब कर सपाट हो जाती हैं जो औपनिवेशिक दौर के बुद्धिजीवियों और लेखकों के विचार-जगत में घुल-मिल रही थीं। भारतेन्दु हरिश्चन्द्र के काव्य संसार का अधिकतर हिस्सा और एक धनी व्यवसायी अग्रवाल परिवार से आने वाले एक जमींदार के रूप में उनकी सामाजिक हैसियत उन्हें पुरानी प्रथाओं से जोड़ती है। उनका उत्साही वैष्णववाद (उनका परिवार वल्लभ सम्प्रदाय का अनुयायी था) उन्हें भक्ति के साहित्यिक संसार में ले जाता था, जबकि उनका अभिजात सामाजिक

दायरा उन्हें स्पष्ट रूप से रीति परम्परा से जोड़ता था, क्योंकि हरिश्चन्द्र कवियों को आश्रय दिया करते थे और ख़ुद उन्होंने ऐन्द्रिक ढंग की कविताएँ लिखी हैं।

भारतेन्दु हरिश्चन्द्र ने बदलाव की पैरवी की। लेकिन उनके कार्यक्रम में हिन्दी की मौजूदा साहित्यिक प्रथाओं को ख़त्म करने के बजाय उनका पूरक बनने का आह्वान किया गया था। वे क्लासिकल ब्रज विरासत के एक उत्सुक, संवेदनशील पाठक थे। आधुनिक हिन्दी साहित्यिक आलोचना के कुछ आरम्भिक उदाहरण उनकी पत्रिकाओं के पन्नों में देखे जा सकते हैं। यह साफ़ है कि उनके लिए भक्ति और रीति साहित्य के बीच का अवधारणात्मक विभाजन प्रासंगिक नहीं था, जो आज हिन्दी के क्षेत्र में इतना गहरा बन गया है। कह सकते हैं कि दोनों शैलियाँ उनके लिए समान रूप से प्रासंगिक थीं। उन्होंने सूरदास पर आलोचना लिखी, लेकिन *बिहारीसतसई* पर आधारित *कुंडलियाँ* पर लिखीं।[676] हिन्दी के लिए उभरती हुई साहित्यिक मुख्यधारा के क्षेत्र में रीति साहित्य एक महत्त्वपूर्ण क्षेत्र था और इस काल के 'आधुनिक' संवेदना रखने वाले लेखकों के बीच भी इसकी काफ़ी मर्यादा थी।

हरिश्चन्द्र नयी खड़ी बोली गद्य को अपनाने वाले शुरुआती लेखक थे, अपने जीवन में हिन्दी प्रिंट संस्कृति के विकास में वे अकेली सबसे अहम ताक़त थे, और एक प्रमुख साहित्यिक आलोचक थे। लेकिन साथ ही हरिश्चन्द्र अपने पिता गिरिधरदास (1833-60) की तरह एक ब्रजभाषा कवि भी थे।[677] उन्हें हिन्दी का आधुनिकीकरण करने की जो प्रतिष्ठा प्राप्त है, इसको देखते हुए परम्परागत तर्ज़ में उनकी रचनाओं की संख्या आश्चर्यजनक रूप से बहुत बड़ी है। इनमें एक कृष्णचरित, एक *चन्द्रावली* जो युगों पुराने *रासपंचाध्यायी* के विषयों पर आधारित है, एक उत्तरार्द्ध *भक्तमाल* जो आरम्भिक सत्रहवीं सदी के नाभादास से जुड़ता है। समकालीन विषयों पर लिखी गयी उनकी रचनाएँ भी ब्रज कविता से भरी हुई हैं, क्योंकि हरिश्चन्द्र ने आमतौर पर अपने नाटकों में खड़ी बोली का गद्य और ब्रज काव्य मिलाकर रचा है।

उन्नीसवीं सदी में खड़ी बोली विस्तार ले रही थी, लेकिन हिन्दी कविता अभी भी अधिकतर ब्रज में ही लिखी जा रही थी। 1870 के दशक तक कुछ कवियों ने खड़ी बोली में प्रयोग शुरू किये, लेकिन कइयों के लिए यह बात सीधे-सीधे हास्यास्पद नहीं तो अविश्वसनीय लगती थी कि एक नयी भाषा में कविता रची जा सकती थी। द *लिंग्विस्टिक सर्वे ऑफ़ इंडिया* जैसी एक उत्कृष्ट आधुनिक परियोजना के संस्थापक जॉर्ज अब्राहम ग्रियर्सन जैसी विशेषज्ञ हस्ती ने भी इस विचार को ख़ारिज कर दिया

था,[678] जबकि ख़ुद भारतेन्दु हरिश्चन्द्र ने हिन्दीभाषा (1883) में यह बहुत साफ़ कर दिया था कि वे कविता के लिहाज़ से खड़ी बोली को बहुत कठोर और अपरिष्कृत मानते थे। अपने लेखकीय जीवन के बाद के दौर में ऐसा लिखने वाले यह वही भारतेन्दु हरिश्चन्द्र थे जो यों तो नये प्रयोग करने से कतराते नहीं थे। खड़ी बोली के काव्य पर कटाक्ष करने वाले इस पद में उनका नज़रिया बहुत साफ़ है :

*भजन करो श्री कृष्ण का, मिल कर के सब लोग।*
*सिद्ध होयगा काम और छूटेगा सब सोग।।*[679]

इस पद पर हावी दीर्घ स्वर खड़ी बोली हिन्दी की आम विशेषता हैं और उन्नीसवीं सदी में ब्रज के मधुर लहजे के आदी कानों को यह बहुत ही अनगढ़ और कर्कश सुनाई पड़ता होगा।[680] और फिर इस पद की पूरी तरह से औसत गुणवत्ता के बारे में अलग से कुछ कहने की ज़रूरत नहीं है, जो आने वाले कई दशकों तक खड़ी बोली कविता के अनेक प्रयोगों को दूषित करती रहने वाली थी। उन्नीसवीं सदी की अन्तिम ढाई दशकों में हरिश्चन्द्र और उनके अधिकतर समकालीनों के लिए असन्दिग्ध रूप से ब्रजभाषा उनकी पसन्द की साहित्यिक भाषा बनी रही थी।

ब्रजभाषा कविता का वैष्णव पन्थ और दरबारी अतीत से जो भी रिश्ता रहा हो, हरिश्चन्द्र की पीढ़ी के लिए यह भाषा कविता अभी तक भारतीय प्रगति से असंगत नहीं दिखती थी। हिन्दी की साहित्यिक आधुनिकता एक विशाल उद्यम महसूस होती थी। राष्ट्रवादी साहित्यिक इतिहास-लेखन में प्रशिक्षित लोगों को यह बात एक उलटबाँसी लगेगी, लेकिन रीति साहित्य बीसवीं सदी में भी आधुनिकता का वाहक हो सकता था। हरिश्चन्द्र का अद्भुत कौशल, उत्पादकता और प्रतिष्ठा इस काल के दूसरे लेखकों के योगदानों पर हावी हो जाते हैं, जिनमें से कइयों का इस साहित्यिक हस्ती से क़रीबी सम्बन्ध था। हरिश्चन्द्र के आजीवन मित्र रहे ठाकुर जगमोहन सिंह भी उन्हीं की तरह काव्यात्मक प्रयोगशीलता को पसन्द करते थे और वे हिन्दी लेखकों की एक पूरी पीढ़ी का लक्षण पेश करते हैं जो अपनी साहित्यिक विरासत को अनिवार्य रूप से ख़ारिज नहीं करते हुए औपनिवेशिक सोच के विस्तार पर गहनता के साथ जूझ रहे थे।

हरिश्चन्द्र की तरह जगमोहन सिंह उत्तर भारत में कुलीन भूस्वामी वर्ग से आते थे। वे मध्य भारत में बिजेराघोगढ़ (अब विजयराघवगढ़, कटनी, मध्य प्रदेश) की एक अल्पज्ञात रियासत में जन्मे थे जो 1857 के बाद बर्बाद हो गयी थी। उनके पिता राजा सरयुप्रसाद सिंह को भारतीय विद्रोह के बाद विश्वासघात के लिए

गिरफ़्तार कर लिया गया था। उन्होंने आगे चलकर आत्महत्या कर ली, जिसके बाद जगमोहन बचपन में ही *कोर्ट ऑफ़ वार्ड्स* के अधीन आ गये थे। इस तरह वे एक ऐसे सामाजिक और बौद्धिक संसार में अचानक ही पहुँचा दिये गये जो उस राजपूत विशेषाधिकारों की दुनिया से भारी अलग थी जिसमें उनका जन्म हुआ था।[681] बनारस में उन्हें मिली ब्रिटिश-शैली की शिक्षा ने सुधार की सामान्य भावना के साथ मिलकर उन्हें एक ऐसी साहित्यिक दुनिया तक पहुँचने में मदद की जो सदियों तक भारतीय दरबारों में पली-बढ़ी रीतिकाव्य की परम्पराओं से ज़रा भी मेल नहीं खाती थी।

जगमोहन सिंह का लेखन इस बात का साकार रूप है कि किस तरह कवि साहित्यिक प्रवृत्तियों का आधुनिकीकरण करने में रचनात्मक योगदान देते हुए ब्रजभाषा जैसे एक 'परम्परागत' माध्यम का उपयोग करने में सक्षम थे। उनकी ब्रजभाषा कविता *प्रलय* (1889) केन्द्रीय प्रान्त (अब छत्तीसगढ़) के सिवरीनारायण गाँव में आने वाली एक बाढ़ के बारे में है, जहाँ वे एक प्रशासनिक अधिकारी के रूप में कार्यरत थे। इस कविता में काव्य-शैली में विवरण के पुराने रूपों को साहित्य के अनुभव सिद्ध होने की अपेक्षा रखने वाली नयी प्रणालियों के साथ मिलाया गया है।[682] आधुनिकीकरण की दिशा में एक और बदलाव कवि की खड़ी बोली की प्रस्तावना है, जो गाँववालों के रिवाजों और आम पिछड़ेपन के बारे में बताती है। इसका सुर समकालीन औपनिवेशिक समाज-विज्ञान की याद दिलाता है। उनकी *ओमकारचन्द्रिका* (1894) भी *प्रलय* की तरह एक मिश्रित रचना है जो बड़ी कुशलता से हिन्दू पवित्र स्थलों (इस मामले में दक्षिणी मध्य प्रदेश के ओंकारेश्वर) के माहात्म्य की लम्बी परम्परा को प्रत्यक्षदर्शी के नज़रिये से कहे गये यात्रा-वृत्तान्त की आयातित विधा के साथ मिलाया गया है। जगमोहन की अवधारणात्मक दुनिया में शैव मन्दिर के लिए श्रद्धा रेल सेवा की आधुनिक सुविधा की प्रशंसाओं के साथ बेमेल नहीं दिखती है।

उन्नीसवीं सदी के अन्तिम दौर में हिन्दी क्षेत्र में बदलाव साहित्यिक प्रयोगशीलता के नये रूपों तक सीमित नहीं थे। यहाँ पर हिन्दी और उर्दू के पैरवीकारों के बीच बढ़ते जा रहे ध्रुवीकरण पर चर्चा में जाना ज़रूरी नहीं है जो कि इस काल की एक और पहचान थी। हिन्दू और मुस्लिम धार्मिक पहचानों के ठोस रूप लेने, औपनिवेशिक भारत में रोज़गार के मौक़ों के लिए प्रतिद्वन्द्विता के साथ मिलकर इसने भाषाई और धार्मिक राष्ट्रवाद की कहीं अधिक मज़बूत भावनाओं को जन्म दिया।[683] ब्रजभाषा की साहित्यिक संस्कृति में जो अन्तर्निहित बहुलता थी, वह जल्दी ही अतीत

का विषय बन जाने वाली थी। एक राष्ट्र और एक धर्म की एक भाषा के रूप में हिन्दी में जैसे-जैसे निवेश बढ़ता गया, वैसे-वैसे इसके बारे में जागरूकता बढ़ाने की बेचैनी भी बढ़ी। इसके उत्साही पैरवीकारों ने इस उद्देश्य को पूरा करने के लिए एक संरचना विकसित की। 1893 में बनारस में स्थापित नागरी प्रचारिणी सभा इस काल में उभरे महत्त्वपूर्ण संस्थानों में से सिर्फ़ एक थी। उतनी ही महत्त्वपूर्ण घटना *हिन्दी साहित्य के इतिहास का जन्म* था।

## साहित्येतिहास लेखन का नया विज्ञान

उपनिवेशवाद से पहले के उत्तर भारत में कविकुल ने साहित्यिक ज्ञान को कई तरीक़ों से व्यवस्थित किया था। उसे कालक्रम में रखने का तरीक़ा इनमें से सिर्फ़ एक तरीक़ा था। भिखारीदास ने जब अपने *काव्यनिर्णय* में ब्रजभाषा साहित्य के महत्त्वपूर्ण और स्थापित लेखकों का ज़िक्र किया, तो उन्होंने सबसे शुरुआती दो लोगों के नाम लिये, वे थे सूरदास और केशवदास। अपनी प्रस्तावना में सूदन कवि ने भी इसी परिपाटी का उपयोग किया, जिसमें वे एक ऐतिहासिक संवेदनशीलता दिखाते हैं। वे केशवदास से शुरू करते हैं लेकिन फिर वे वर्णक्रम पर चले आते हैं।[684] लेकिन साहित्यिक सामूहिकता की एक अवधारणा विकसित करने का सबसे आम तरीक़ा अपनी पसन्दीदा कविताओं का एक संग्रह तैयार करना था। इस संग्रह को क्रमबद्ध करने में ऐतिहासिक समय की कोई भूमिका नहीं होती थी। कुछ संग्रहों में स्मरण करने का भाव होता था, जैसे कि *कवीन्द्रचन्द्रिका* में कवीन्द्राचार्य सरस्वती के सम्मान में प्रशस्ति काव्यों को संकलित किया गया था। या फिर गोपालदास की *सर्वांगी* थी जिसमें दादूपन्थी समुदाय के मुख्य कवियों का स्मरण किया गया था।[685] वैष्णव दायरे में सिर्फ़ कविताओं ही नहीं, लेखकों के संकलन का एक विशेष महत्त्व था। इस तरह से आध्यात्मिक वंशावली में गणमान्य विशिष्ट व्यक्तित्वों के बारे में पता चलता था। ज़ैसे कि उदाहरण के रूप में वल्लभ सम्प्रदाय में अष्टछाप (आठ प्रमुख कवियों) का नाम।[686] जीवनियों का संकलन या अनुकरणीय आध्यात्मिक व्यक्तित्वों के जीवनचरित के रूप में *वैष्णवन की वार्ता* और *भक्तमाल* विधाएँ एक धार्मिक समुदाय की सीमाओं को निर्धारित करने में मदद करती थीं जो कभी-कभी साहित्यिक समुदायों के साथ भी घुल-मिल जाया करती थीं।[687] भक्तों के समूहों को शुभ संख्याओं के तहत संकलित किया जाता था, जैसे कि 'चौरासी' या 'दो सौ बावन'। लेकिन भक्तमाल विधा में कोई स्पष्ट कालक्रम पर आधारित तर्क नहीं था,

सिवाय माला के मनकों को छोड़कर जो संकलनों के नामकरण और संरचना के लिए एक उपमा बनते थे। आधुनिकता से पहले के कविकुल के सदस्य देश और काल के अपार विस्तार में एक ही सांस्कृतिक स्थान पर एक साथ मौजूद थे।[688]

लेकिन उन्नीसवीं सदी के अन्तिम ढाई दशकों में हिन्दी साहित्य की अवधारणा के लिए ऐतिहासिक प्रणाली एक नयी औरं प्रभुत्वशाली तरीक़े के रूप में उभरी। इसने पुरानी प्रथाओं के विविधतापूर्ण तर्कों को पीछे छोड़ दिया। साहित्य की रचना की ऐतिहासिक स्थितियों की प्रासंगिकता के ख़िलाफ़ तर्क करना हालाँकि मुश्किल है, क्योंकि आख़िरकार ब्रजभाषा की साहित्यिक संस्कृति का जन्म ही एक ऐतिहासिक तथ्य है जो मुग़ल शासन जैसी एक नयी ऐतिहासिक राजनीतिक संरचना के उभार के साथ नज़दीकी रूप से जुड़ा हुआ है। लेकिन साहित्यिक इतिहास में एक अतिरेकपूर्ण मशीनी (यान्त्रिक) सोच का शिकार होने की आशंका रहती है। यह मॉडल अक्सर साहित्यिक संस्कृति को एक जीवन-यात्रा की तर्ज़ पर देखने की ग़लती करता है–जिसके तहत साहित्य जन्म लेते हैं, उनका विकास होता है, वे परिपक्वता हासिल करते हैं, और फिर अपरिहार्य रूप से वे जीर्णावस्था में चले जाते हैं। इससे भी बढ़कर यह माना जाता है कि महान राजनीतिक वंश महान साहित्य को जन्म देते हैं तथा यह पहले से ही मान लिया जाता है कि कमज़ोर राजनीति कमतर गुणवत्ता की साहित्यिक रचनाओं को जन्म देती है। ऐसी कोई वजह नहीं है कि साहित्य एक ऐसे सरलीकृत ढर्रे पर चले, लेकिन अजीब बात यह है कि यह मान्यता बहुत व्यापक है।[689] हिन्दी के मामले में असाधारण सटीकता के साथ साहित्यिक-ऐतिहासिक सोच की शुरुआत का पता लगाना सम्भव है। साथ ही उन मान्यताओं को दिखाना भी सम्भव है जिनमें साहित्य के नये विकसित हो रहे स्वरूपों द्वारा पुरानों को हानिकारक बताया जाता है। इनमें से सबसे अधिक नुक़सानदेह धारणा यह थी कि ब्रिटिश शासन से पहले उपमहाद्वीप एक अफ़सोसनाक सांस्कृतिक पतन के काल में डूब गया था।

अपने साहित्यिक अतीत को लेकर भारतीयों के बोध को बदलने वाली इस धारणा की शक्ति तब साफ़ हो जाती है जब हम साहित्यिक इतिहास के नये मॉडल में संक्रमण की प्रक्रिया को गहराई से देखते हैं। आधुनिक काल से पहले की हिन्दी-उर्दू परम्परा के बारे में दो प्रभावशाली ग्रन्थ, गार्सा दे तासी की L'Histoire de la littérature hindouie et hindustanie (1839) और शिवसिंह सेंगर की *शिवसिंहसरोज* (1878) आधुनिक साहित्यिक इतिहासों के बजाय भारतीय *तज़किरों* और संग्रहों से कहीं अधिक मेल खाते हैं।[690] कवियों, आश्रयदाताओं और कालों

का समुचित तरीक़े से उल्लेख किया गया है, और दोनों लेखक प्रमुख रुझानों और प्रमुख कवियों की पहचान करने की ज़रूरत के बारे में जानते हैं। लेकिन दोनों में से किसी ने भी एक ऐसा समग्र आख्यान रचने की कोशिश नहीं की है, जो सदियों की बहुमुखी साहित्यिक उपलब्धियों को एक अकेले, ज़बरदस्ती तैयार किये गये, समय आधारित तर्क में समझाने और समेटने की कोशिश करता हो।[691] इससे भी अहम बात यह है कि दोनों ने ही औपनिवेशिकता से पहले उत्तर भारतीय साहित्य के कथित पतन को समझने को अपना मक़सद नहीं बनाया है, जो इस विधा में आने वाली कृतियों का मुख्य विषय बनने वाला था। यह तो छोड़ ही दें कि ऐसा कोई पतन भी था जिसकी वजहों की व्याख्या ज़रूरी हो, गार्सा दे तासी और सेंगर को कोई पतन दिखा तक नहीं। रीति साहित्य के प्रति उपहास की भावना से भरे इतिहास की एक सदी के अन्तराल के बाद, आज के समय में सेंगर की कृति को पढ़ना एक ऐसे ताज़गी-भरे आचार के साथ फिर से जुड़ने का अहसास कराता है जो औपनिवेशिक या राष्ट्रवादी पूर्वाग्रहों से दाग़दार नहीं था। भारतीय विक्रम संवत् की सत्रहवीं सदी (लगभग 1650-1750 ईसवी) के सन्दर्भ में सेंगर लेखकों की एक लम्बी सूची का अन्त एक वक्तव्य से करते हैं : "संवत् 1700 में...कवियों ने भाषा काव्य के बड़े-बड़े अद्‌भुत ग्रन्थ बनाये।" अगली सदी (लगभग 1750-1850 ईसवी) के बारे में वे इससे भी अधिक उत्साहित हैं : "संवत् 1800 में जैसे अच्छे कवि ऐसे किसी सदी के भीतर नहीं हुए थे।"[692]

सेंगर के एक दशक के बाद जॉर्ज ग्रियर्सन ने द *मॉडर्न वर्नाक्युलर लिट्रेचर ऑफ़ हिन्दुस्तान* (1889) में एक बहुत ही अलग नज़रिया पेश किया। यह अंग्रेज़ी में लिखा गया हिन्दी साहित्य का पहला ऐतिहासिक विवरण या वृत्तान्त है। गार्सा दे तासी के साथ-साथ ग्रियर्सन को भी देशभाषा साहित्य की पैरवी करने का श्रेय दिया जाता है, जिन्होंने अपने पूर्ववर्ती इंडोलॉजिस्टों की लीक छोड़ दी, जिनका ध्यान ज़्यादातर क्लासिकल ग्रन्थों पर रहा था।[693] इनमें लेकिन इसके साथ ही भारतीय संस्कृति को लेकर एक अदम्य अहंकार भी मिला हुआ है, जो अनेक ब्रिटिश प्रशासनिक अधिकारियों में था। कुछ मायनों में तो यह ग्रन्थ गौण है क्योंकि ग्रियर्सन ने अपनी काफ़ी सारी सामग्री सेंगर के काम से ली थी, और कम से कम उनमें इतनी बेबाकी थी कि उन्होंने इस तथ्य को स्वीकार किया।[694] अंग्रेज़ी में लिखने के अलावा जो अहम बदलाव उन्होंने किया, वह था–एक नया कालक्रम जोड़ना। उनके बाद के हिन्दी साहित्य के इतिहास में उन्हीं विषयों को उठाया गया है जो ग्रियर्सन की कृति

में उठाये गये थे, इसलिए हिन्दी साहित्य परम्परा की उनकी पूरी अवधारणा को पेश करना सार्थक होगा। वे अपनी किताब को ग्यारह अध्यायों में विभाजित करते हैं :

1. चारणकाल (700-1300)
2. पन्द्रहवीं सदी का धार्मिक पुनर्जागरण
3. मलिक मुहम्मद की प्रेम कविता (1540)
4. ब्रज का कृष्ण सम्प्रदाय (1500-1600)
5. मुग़ल दरबार
6. तुलसीदास
7. द आर्स पोएटिका* (1580-1692)
8. तुलसीदास के अन्य परवर्ती कवि (1600-1700)
9. अठारहवीं सदी
10. कम्पनी के अधीन हिन्दुस्तान (1800-1857)
11. महारानी के अधीन हिन्दुस्तान (1857-1887)

(*आमतौर पर आर्स पोएटिका का अनुवाद काव्य कला किया जाता है। किशोरीलाल गुप्त ने इस अध्याय के शीर्षक का अनुवाद रीतिकाव्य किया है।)

ग्रियर्सन एक ऐसी चीज़ को सूत्रबद्ध कर पाने में सफल रहे हैं, जिसके बारे में कई विद्वान अभी भी सहमत हैं कि ये आधुनिक काल से पहले के हिन्दी साहित्य के प्रमुख पड़ाव थे। जैसे कि रामचन्द्र शुक्ल के वीरगाथाकाल की उत्पत्ति को ग्रियर्सन के 'चारणकाल' में देखा जा सकता है, भले ही इसको 700 ईसवी तक पीछे ले जाने से हिन्दी के एक प्राचीनकाल के होने का दावा खड़ा होता है, जिससे आज गम्भीर विद्वान सहमत नहीं हैं। कई अध्यायों के शीर्षक उस प्रवृत्ति के पूर्वसंकेत देते हैं, जो आगे चलकर भक्तिकाल के नाम से जाना गया (अध्याय दो, तीन, चार और छह)। शुक्ल और उनके बाद के इतिहास-लेखन में जिसे रीतिकाल कहा गया, वह अध्याय पाँच (मुग़ल दरबार), सात (द आर्स पोएटिका), आठ (तुलसीदास के अन्य परवर्ती), और नौ (अठारहवीं सदी) के तहत आता है। समस्या अध्यायों के शीर्षकों को लेकर नहीं है।

ग्रियर्सन के इस मॉडल की स्पष्ट समस्या वह व्यापक आख्यान है जो इस मॉडल को अतिनिर्धारित करता है, यानी इस साहित्यिक यात्रा को एक पूर्वनिर्धारित लक्ष्य की तरफ़ बढ़ते हुए दिखाता है। यानी इसमें हिन्दी साहित्यिक संस्कृति को एक ऐसे मार्ग पर चलते हुए दिखाया गया है जिसकी परिणति औपनिवेशिक शासन

है। शुरुआती अध्यायों में हिन्दी की साहित्यिक विरासत के अनुकूल मूल्यांकन या समीक्षाएँ की गयी हैं, लेकिन सभी सकारात्मक मूल्यांकन अध्याय नौ में ख़त्म हो जाते हैं, जिसका शीर्षक ही आशंका जगाता है–'अठारहवीं सदी'। मानो इस विषय का परिचय देने के लिए इतना कह देना ही पर्याप्त हो। साहित्यिक यात्रा के विशेष उद्देश्य को पूरा करने वाला उनका नज़रिया इस तथ्य से भी दुखद रूप से उजागर होता है कि जहाँ पहले से सभी अध्यायों के विषय कमोबेश हिन्दी साहित्यिक प्रक्रियाओं से सम्बद्ध थे, वहीं अन्तिम तीन अध्याय (जो ब्रिटिश सत्ता के उदय के समकालीन हैं) औपनिवेशिक इतिहास के घटनाक्रम को बताते हैं। लेकिन ग्रियर्सन में इन तीनों कालों के साहित्य को लेकर विचारों का अभाव नहीं था। अठारहवीं सदी के साहित्य को लेकर सेंगर के उत्साही नज़रिये से विशेष रूप से उलट, ग्रियर्सन इसको एक सांस्कृतिक रूप से बंजरभूमि के रूप में देखते हैं जो भारत के राजनीतिक उथल-पुथल का लक्षण था :

> कुछेक चारण थे, और क्योंकि वे सिर्फ़ ख़ूनख़राबे और विश्वासघात के गीत गा सकते थे, उन्होंने चुप रहना पसन्द किया। साहित्य की दूसरी शाखाओं में ऐसा ही ह्रास था। पहले दर्जे का कोई मौलिक लेखक सामने नहीं आया।[695]

हिन्दी साहित्य की जो परम्परा पहले के मूल्यांकनों में अनवरत दक्षता और उत्कृष्टता से भरी-पूरी थी, अचानक उसे औपनिवेशिकता से ठीक पहले के काल में एक झटका लगा। यहाँ ब्रिटिश शासन को एक अधिक आशावादी भविष्य के प्रकाशस्तंभ के रूप में पेश किया गया है :

> 19वीं सदी का पूर्वार्ध एक और स्पष्ट काल बनाता है जिसका आरम्भ मराठा शक्ति के पतन से शुरू हुआ और ग़दर पर ख़त्म हुआ। पिछली सदी के साहित्यिक अभाव के बाद यह पुनर्जीवन का काल था।[696]

साहित्यिक इतिहास के इससे सपाट मॉडल की परिकल्पना मुश्किल है, जो इतने सीधे-सीधे हिन्दी की काव्य-रचनाकर्म की सदियों पुरानी परिष्कृत परम्परा को भारत के राजनीतिक भाग्य के उतार-चढ़ाव से, और भविष्य की इसकी सफलता की सम्भावना को औपनिवेशिक दख़लन्दाज़ी को साथ जोड़ता हो। हैरानी की बात यह है कि इसकी बुनियादी अवधारणाओं को आने वाले दशकों में ख़ुद उपनिवेश की अपनी प्रजा द्वारा कहीं अधिक विश्वसनीयता दी जाने वाली थी। इसमें महावीर

प्रसाद द्विवेदी और दूसरे राष्ट्रवादी लेखकों ने कम भूमिका नहीं निभायी जो हिन्दी के नवजागरण के लक्ष्य के प्रति बड़े उत्साह से समर्पित थे।

## महावीर प्रसाद द्विवेदी, हिन्दी नवजागरण और ब्रजभाषा का तिरस्कार

भारतेन्दु हरिश्चन्द्र को भले ही 'आधुनिक हिन्दी का जनक' कहा जाने लगा हो, लेकिन महावीर प्रसाद द्विवेदी (1864-1938) हिन्दी आधुनिकता के अत्यन्त महत्त्वपूर्ण शिल्पियों में से एक थे और एक पूरे साहित्यिक युग को उनके शक्तिशाली व्यक्तित्व के नाम से ज़ाना जाता है। राष्ट्रवादी साहित्यिक उद्यम को उनका भारी वैचारिक समर्थन मिला। जैसा कि शुरुआती बीसवीं सदी के एक अग्रणी कवि और द्विवेदी के एक शिष्य मैथिलीशरण गुप्त सटीक तौर पर कहते हैं, "अगर भारतेन्दु ने हिन्दी को जन्म दिया, तो ये द्विवेदी थे जिन्होंने इसे पाल-पोसकर बड़ा किया।"[697] द्विवेदी के विचारों को उनके समान विचार रखने वाले अनेक हिन्दी सुधारकों ने अपनाया, लेकिन इस काल की सर्वाधिक प्रभावशाली हिन्दी पत्रिका 'सरस्वती' के सम्पादक के रूप में उनके लम्बे कार्यकाल (1903 से 1920 तक) ने उभरते हुए *हिन्दी पब्लिक स्फीयर* को एक दूरगामी शक्ति प्रदान की।

एक ऐसे इलाक़े में जहाँ देशभाषा के उपयोग पर व्याकरण के कठोर नियमों का शासन नहीं था, 'सरस्वती' शुद्ध हिन्दी पर एक नया प्राधिकार बन गयी। और 'शुद्ध हिन्दी' का अर्थ अत्यन्त सीमित था। अपने इस भाषाई तख़्तापलट में महावीर प्रसाद द्विवेदी ने समान राय रखने वाले अनेक सिपाहियों को भर्ती किया, और वे खड़ी बोली को हिन्दी की साहित्यिक अभिव्यक्ति के एकमात्र वैध स्वरूप के रूप में सत्तारूढ़ करने चल पड़े। 'सरस्वती' पत्रिका के लिए उन्होंने एक कठोर सम्पादकीय नीति अपनायी, जिसके तहत प्रकाशन के लिए सिर्फ़ खड़ी बोली की कविताएँ ही स्वीकार की जाती थीं। आमतौर पर वे बोलियों में विविधता (अलग-अलग क़िस्मों) को नापसन्द करते थे, और एक क़िस्म की मानकीकृत हिन्दी को बढ़ावा दे रहे थे जो अक्सर संस्कृतनिष्ठ होती थी। अगर यह कहा जाये कि आज स्वाभाविक बन चुकी यह सुधरी हुई खड़ी बोली हिन्दी तब के समय में कइयों के लिए बहुत हद तक एक अपरिचित भाषा थी तो इसमें कोई अतिशयोक्ति नहीं होगी। हिन्दी की बैंसवाड़ी बोली बोलने वाले और अगली पीढ़ी में हिन्दी के छायावादी दौर के अग्रणी रचनाकार निराला एक युवा के रूप में खड़ी बोली की अपनी अपमानजनक अज्ञानता को आगे चलकर याद करने वाले थे। वे यह भी बताने वाले थे कि 'सरस्वती' जैसी राष्ट्रवादी

पत्रिकाओं के पन्नों में और आधुनिक शैली के अन्य रचनाकारों के माध्यम से उन्होंने सीखने की कोशिश की।[698]

एक साहित्यिक भाषा के रूप में ब्रजभाषा के प्रति इतना लगाव था कि उसे इतनी आसानी से मिटाया नहीं जा सकता था, लेकिन द्विवेदी द्वारा इसका बलपूर्वक नकार जितना निर्मम था उतना ही प्रभावशाली भी। 1901 में पहले 'सरस्वती' में प्रकाशित एक शुरुआती निबन्ध 'कविकर्त्तव्य' ब्रज के प्रति घृणा से सराबोर था। उन्होंने ब्रज कवियों में एक अथक दोहराव की प्रवृत्ति देखी और इसका उपहास उड़ाया–"यमुना के किनारे-किनारे केलि-कौतूहल का अद्‌भुत-अद्‌भुत वर्णन बहुत हो चुका।" इस अकेले निर्मम वाक्य ने एक व्यापक साहित्यिक संसार को एक हास्यास्पद 'कैरीकेचर' बना दिया। द्विवेदी ने अपने लेखनकाल में हज़ारों बार ठीक ऐसी बातें लिखीं।[699] उनका एक और निशाना दो भाषाओं के बीच काम का यह बँटवारा था, जिसके तहत पुरानी काव्य विधाओं के लिए ब्रज और नये गद्य रूपों के लिए खड़ी बोली का उपयोग होने लगा था। यह चलन औपनिवेशिक शैक्षिक व्यवस्था के नतीजे में फल-फूल रहा था। द्विवेदी को यह भाषाई और साहित्यिक श्रम का एक अजीबोग़रीब और अतार्किक बँटवारा दिखाई पड़ा :

> गद्य और काव्य की भाषा अलग-अलग नहीं होनी चाहिए। सिर्फ़ हिन्दी में ही ऐसा होता है कि गद्य और काव्य के लिए विभिन्न क़िस्म की भाषा का उपयोग होता है। एक सभ्य समाज की भाषा में गद्य और काव्य दोनों में साहित्य होना चाहिए...एक भाषा में बोलना और दूसरी भाषा में कविता लिखना हरेक प्राकृतिक सिद्धान्त के विरुद्ध है। (अनूदित)[700]

द्विवेदी और उनके बाद से कई अनेक विद्वानों ने इस तथ्य की अनदेखी की है कि निर्विवाद रूप से एक गद्य परम्परा लम्बे समय से क्लासिकल हिन्दी विरासत का हिस्सा रहती आयी है। हालाँकि यह सही है कि काव्य हमेशा ही एक पसन्दीदा माध्यम रहा, यहाँ तक कि शास्त्रों की रचना जैसे विद्वत्तापरक कार्यों के लिए भी काव्य को ही पसन्द किया गया।[701] इसके बावजूद ब्रजभाषा के अभी भी जारी इस्तेमाल को अब एक सांस्कृतिक पिछड़ेपन के संकेत के रूप में पेश किया जाने लगा था। ऐसा लगता था कि धार्मिक काव्य और आरम्भिक आधुनिक काल के दरबारों, दोनों के साथ इसके लम्बे जुड़ाव ने इसको एक ऐसे भारत के आधुनिकीकरण, लोकतन्त्रीकरण और तकनीकीकरण की ज़रूरतों के लिहाज़ से पैदाइशी तौर पर अनुपयुक्त बना दिया था जो औपनिवेशिक उत्पीड़न से लड़ने की

ज़रूरत के प्रति कहीं अधिक सजग हो चुका था। इस काल में आधुनिकता से पहले की भारतीय संस्कृति की इतनी सारी चीज़ों की तरह ब्रजभाषा को भी 'पतनशील' कह कर बदनाम किया गया। यह सामन्तवाद का प्रतीक बनती चली गयी जिससे भारतीयों को फ़ौरी तौर पर ख़ुद को अलग करने की ज़रूरत थी।

राष्ट्रवादी जोश के इस काल में हिन्दी कवियों के ऊपर, जिन्हें अब अधिक से अधिक संकीर्ण तौर पर खड़ी बोली के कवि कहा जाने लगा था, एक ऐसे अभियान की ज़िम्मेदारी सौंप दी गयी जिस पर कर्नल हॉलरॉयड और पिछली पीढ़ी के उनके देशवासियों की आत्माएँ अभिभूत हो रही होंगी। इन कवियों को उपदेशजनक विषयों पर लिखने की ज़िम्मेदारी सौंपी गयी। चारु गुप्ता के शब्दों में, द्विवेदी-युग में–जिनका प्रभाव ऐसा था कि बाद के साहित्यिक इतिहासकारों ने एक पूरे काल का नाम उनके नाम पर रख दिया–"सौन्दर्यबोध सदाचार का एक मामला बन गया।"[702] अब हिन्दी कवियों से आह्वान किया जाने लगा कि सबसे बढ़कर वे देशभक्त बनें, छुआ-छूत, विधवा विवाह, खादी और चरख़ा जैसे फ़ौरी सामाजिक और राजनीतिक विषयों के बारे में बोलें। बढ़ते जा रहे उपनिवेशविरोधी संघर्ष में खादी और चरख़ा विशेष तौर से भारत की आत्म-निर्भरता के दो सारगर्भित प्रतीक थे।[703]

ब्रज जितनी सुन्दर थी, खड़ी बोली की कविता शायद उतनी सुन्दर नहीं थी (इस विषय पर भारतेन्दु हरिश्चन्द्र की उपहासात्मक टिप्पणियों को याद कीजिए), लेकिन इसमें आधुनिक, उपयोगितावादी मूल्य थे।[704] इसके साथ-साथ जिस माधुर्य को ब्रज का विशेष आकर्षण मानने से इसके विरोधी भी इनकार नहीं कर सकते थे, उस माधुर्य को अब शर्मिन्दगी पैदा करने वाला एक दोष बताया जाने लगा। जब एक राष्ट्र के रूप में भारत का दर्जा ही दाँव पर लगा था, तब एक ऐसी साहित्यिक व्यवस्था का क्या काम जो अलंकारों जैसी अवधारणाओं पर बनी थी? ब्रजभाषा का मूल्यांकन अब औपनिवेशिक और राष्ट्रवादी विमर्श की कसौटी पर हो रहा था, जिसमें आधुनिकता के आने से पहले के हिन्दुओं को अशक्त या अत्यधिक स्त्रैण रूप में पेश किया गया।[705] 1911 में इलाहाबाद हिन्दी साहित्य सम्मेलन की दूसरी वार्षिक सभा में बोलने वाले एक विद्वान ने दावा किया, "एक ऐसे युग में जब भारत को पुरुषों की आवश्यकता थी, ब्रज के अत्यधिक माधुर्य और सुरीलेपन ने भारतीयों को नपुंसक बना दिया है। (अनूदित)"[706] इसकी जगह पर खड़ी बोली को राष्ट्र की एक 'वीरतापूर्ण' भाषा के रूप में बढ़ावा दिया गया। एक व्यावहारिक भाषा के रूप में ब्रज के दिन गिने-चुने ही बचे थे।

इस कहानी के कुछ पहलू तो उन्नीसवीं सदी में पूरे भारत में क्षेत्रीय भाषाओं को लेकर चली प्रवृत्तियों की झलक देते हैं, जिसमें उपनिवेशवाद और राष्ट्रवाद के अधीन साहित्यिक मूल्यों पर एक नाटकीय पुनर्चिन्तन का दौर चल रहा था। लेकिन हिन्दी पट्टी में होने वाले व्यापक भाषाई सुधारों का कोई जोड़ नहीं था। बीसवीं सदी के शुरुआती दशकों में (जिन्हें विशेषज्ञ आज न सिर्फ़ द्विवेदी-युग के नाम से जानते हैं बल्कि इन्हें हिन्दी नवजागरण का एक भव्य नाम भी दिया गया है) हिन्दी को दूसरे प्रांतों में अपनी समकक्ष भाषाओं की तुलना में कहीं अधिक विचारधारात्मक कामों को अंजाम देने की ज़िम्मेदारी सौंपी गयी। इसलिए कि भारतीय भाषाओं में सिर्फ़ यही एक ऐसी भाषा थी जो विभिन्न क्षेत्रों में अपेक्षाकृत मज़बूती से उपस्थित थी, और जिसके चलते इसमें राष्ट्र-निर्माण की क्षमता थी। स्वाधीनता के प्रयासों के साथ ही साथ यह ज़रूरत भी जुड़ी हुई थी कि एक ऐसी भाषा को बढ़ावा दिया जाये जो सारे भारत का प्रतिनिधित्व कर सके। एक राष्ट्रीय भाषा होने के लिए हिन्दी के उपयुक्त होने के पक्ष में द्विवेदी का एक मुख्य तर्क यही था कि एक 'देशव्यापक भाषा' के रूप में हिन्दी की हैसियत अनूठी है।[707] बेशक हिन्दी एक देशव्यापक भाषा बन सकी थी, इसमें ब्रजभाषा के कविकुल का कोई कम योगदान नहीं था।

अकेले द्विवेदी ही नहीं थे जो हिन्दी के लिए परिकल्पना पेश कर रहे थे। उनका भाषाई परिशुद्धता का आग्रह कुछ लोगों को भावी भाषा के लिए नुक़सानदेह लगता था। ब्रजभाषा के सशक्त समर्थकों का प्रभाव भी कुछ और दशकों तक बना रहा। 1922 में स्थापित हुई 'माधुरी' द्विवेदी की पत्रिका 'सरस्वती' से कहीं अधिक प्रभावशाली बन गयी। इसके प्रधान संपादक दुलारेलाल भार्गव ने विपक्षी दृष्टिकोण को बल दिया। फ्रांचेस्का ऑर्सीनी ने जैसा कि सही ही लिखा है, हिन्दी का पब्लिक स्फीयर एक विविधतापूर्ण रंगभूमि थी जिसमें विभिन्न पृष्ठभूमियोंवाले कवि (रईस ज़मींदार, व्यापारी, ब्राह्मण, फ़ारसीदाँ कायस्थ) पत्रकार, शिक्षक और बुद्धिजीवी मिलकर हिन्दी और राष्ट्र के उद्देश्य की सेवा के लिए साथ आये थे। इस तरह अनेक साहित्यिक संस्कार एक-दूसरे से घुले-मिले।[708] 'सरस्वती' के पन्नों में मिलने वाली सीमित भाषाई और साहित्यिक शैलियों के उलट, 'माधुरी' का परिवेश कहीं अधिक खुला और उदार था। नया छायावाद इसमें जगह तो पाता ही था, लेकिन पुराने रचनाकारों के कवित्त को भी जगह मिलती थी। इसमें ब्रजभाषा साहित्य पर एक नियमित स्तम्भ भी था जिसे कवि-चर्चा के नाम से जाना जाता था। युवा पीढ़ी में इस पत्रिका का भारी आकर्षण था और यहाँ तक कि द्विवेदी-युग की दिग्गज हस्तियाँ

भी इसकी पक्की समर्थक बन गयी थीं।[709] कविता के लिए नई संस्कृतनिष्ठ खड़ी बोली को अपनाने के लिए पूरी तरह से तैयार अनेक लोग अभी भी ब्रजभाषा के अतीत पर बहुत निर्भर थे। बारह-मासा और शिख-नख जैसी युगों पुरानी साहित्यिक प्रथाएँ रातोंरात ख़त्म नहीं हो गयी, और ब्रज पद शुरुआती हिन्दी उपन्यासों का अभिन्न हिस्सा थे (जैसा कि भारतेन्दु के नाटकों में रहे थे)।[710] इस तरह ब्रजभाषा की साहित्यिक संस्कृति द्विवेदी की पीढ़ी में जानलेवा तौर पर ज़ख़्म भले लगे हों, यह एकबारगी ख़त्म नहीं हुई।

इसके उलट 1920 के दशक में कुछ समय के लिए इसमें जान भी आयी। पण्डित जगन्नाथदास रत्नाकर (1866-1932) अपने पूरे लेखनकाल में ब्रजभाषा की कविता लिखते रहे और इसकी पैरवी करते रहे थे। वे रीतिग्रन्थों के एक शुरुआती सम्पादक और नागरी प्रचारिणी सभा में सूरसागरपरियोजना के एक अग्रणी सहयोगी थे। उनका अधिकतर काम रस और नायिकाभेद के युगों पुराने विषयों के अनुरूप है, लेकिन भारतेन्दु हरिश्चन्द्र और ठाकुर जगमोहन सिंह जैसे लेखकों की तर्ज़ पर, रत्नाकर भी ब्रज को आधुनिकीकरण और सुधार के लिए एक पूरी तरह से उपयुक्त वाहक के रूप में देखते थे। द्विवेदी की तरह उनके सरोकार भी भाषाई मानकीकरण से ही जुड़े थे, लेकिन उन्होंने अपनी ऊर्जा ब्रजभाषा में लगायी। 1925 में उन्होंने एक सार्वजनिक सम्बोधन में ब्रज कवियों से अपने रचनासंसार को अद्यतित करने का आह्वान किया।[711] उनके समकालीन अयोध्या सिंह उपाध्याय 'हरिऔध' ऐसे ही एक आत्म-चेतस आधुनिकतावादी थे, जिन्होंने पुराने ब्रज रूपकों का आधुनिकीकरण किया। उनका *प्रियप्रवास* (1914) सिर्फ़ सुनने में ही क्लासिकल काव्य से लिए गये प्रेमासक्त गोपी की कथा लगता है, असल में इसमें एक नया और गम्भीर सुधारवादी सन्देश पेश किया गया था। रचना में राधा एक प्रेयसी नहीं बल्कि एक ऐसी स्त्री है जो नि:स्वार्थ भाव से समाजसेवा को समर्पित है।[712]

असल में इस काल के अनगिनत बुद्धिजीवियों ने पाया कि एक-दूसरे से गहराई से भिन्न सांस्कृतिक संसारों में एक साथ जीना सम्भव था। ऐसा ही एक और उदाहरण श्यामबिहारी, सुखदेवबिहारी और गणेशबिहारी मिश्र बन्धुओं का है। वे लखनऊ के एक रईस परिवार से आने वाले द्विभाषी बुद्धिजीवी थे, जिन्होंने हिन्दी साहित्यिक जीवन में एक भारी भूमिका निभायी।[713] दो छोटे भाई अंग्रेज़ी पढ़े-लिखे थे लेकिन अभी भी परम्परागत सांस्कृतिक मूल्यों पर क़ायम थे। वे आधुनिक ब्रिटिश सिविल सेवा में कार्यरत थे लेकिन वे ओरछा और भरतपुर रियासतों में प्रशासक भी

थे। *मिश्रबन्धु-विनोद* जैसे ग्रन्थ के सह-लेखक के रूप में वे विशेष ध्यान की माँग करते हैं, जो 1913 में पूरा हुआ हिन्दी साहित्यिक इतिहास का एक विशालकाय ग्रन्थ है। उनका विनोदग्रन्थ अपने लेखकों की ही तरह विविधता से भरे इस काल की सामाजिक पृष्ठभूमियों और विचार संसारों के बीच स्थित है।

मिश्र बन्धुओं में बार-बार एक गहरा द्विवेदीवाद दिखाई देता है जैसे कि जब वे यह चिन्ता ज़ाहिर करते हैं कि ब्रजकाव्य की सम्भावनाएँ बहुत संकीर्ण हैं। इसके लिए वे दिलचस्प रूप से एक अतार्किक तरीक़ा अपनाते हुए वे भारत में संचार के ढाँचे के अभाव को दोष देते हैं। यह ढाँचा आगे चलकर उपनिवेशवाद द्वारा क़ायम किया जाने वाला था :

> प्राचीन समय में रेल, तार, डाक, प्रेस तथा पुस्तकालयों के अभाव से सैकड़ों ग्रन्थ लुप्त एवं नष्ट हो गए। इन्हीं अभावों के कारण कवि लोग औरों द्वारा रचित ग्रन्थों का हाल पूर्णतया नहीं जान पाते थे, सो एक ही विषय पर सैकड़ों, हज़ारों ग्रन्थ बनते चले गये।[714] (मूल पृ.26)

ऐसा लगता है कि 'सैकड़ों, हज़ारों ग्रन्थ' रीतिग्रन्थों पर एक छुपा हुआ कटाक्ष है, जिसे एक सदी पुराने ब्रजभाषा कविकुल के कामों को और साहित्यिक आम सहमति को व्यक्त करने की एक भली-भाँति स्थापित व्यवस्था को औपनिवेशिक और राष्ट्रवादी विमर्श की एक टेढ़ी व्याख्यात्मक दृष्टि के आलोक में एक विचारहीन गतिविधि बना दिया गया है। मिश्रबन्धु कम से कम ऊपरी तौर पर हिन्दी की कमियों से सहमत दिखते हैं और साहित्यिक सुधार के एक नये युग का उद्घोष करते हैं: "अब तक हमारी भाषा में रोचक, किन्तु अनुपयोगी विषयों की विशेषता रही थी, परन्तु अब अंगरेज़ी राज्य के साथ संसारी लाभदायक बातों की ओर लोगों की प्रवृत्ति होने लगी।"[715] (मूल पृ.138) साहित्यिक आलोचकों के रूप में उनके अभियान में समाज कल्याण पर यह ज़ोर प्रमुख रूप से मिलता है। *हिन्दी नवरत्न* (1910) में गणेशबिहारी और सुखदेवबिहारी मिश्र ने हिन्दी के अतीत के दस प्रमुख कवियों की प्रतिभाओं को आँका है। इनमें तुलसीदास, सूर, देव, बिहारी, मतिराम और भूषण त्रिपाठी, केशवदास, कबीर, चन्दबरदाई, और हरिश्चन्द्र हैं (नवरत्न में नौ की जगह दस कवियों की सूची उन्होंने इसलिए दी है कि अजीब तरीक़े से दोनों त्रिपाठी भाइयों को एक अकेला कवि मान लिया गया है)। उत्कृष्टता का एक मानदण्ड यह था कि क्या यह कहा जा सकता है कि किसी कवि में कोई सन्देश मिलता है।[716] साफ़ है कि मिश्रबन्धुओं में रीतिकाव्य की कलात्मकता के प्रति भारी सम्मान है, लेकिन उनके

नवरत्न में ही वह प्रवृत्ति दिखाई देती है जो अगली एक सदी में हिन्दी आलोचना पर हावी हो जाने वाली थी। यानी भक्त कवियों को दरबारी कवियों से अधिक आदर देने की प्रवृत्ति क्योंकि उनकी कृतियों से नैतिक शिक्षा हासिल होती है। मिश्रबन्धुओं ने भक्त कवियों को 'गोस्वामी' और 'महात्मा' जैसी उपाधियाँ प्रदान की, जबकि दूसरे लेखकों को सिर्फ़ कवि कहा गया है।[717]

मिश्रबन्धु हालाँकि सफलता की उन नयी कसौटियों को अपना रहे थे जिनको सरस्वती में और इस काल के समान विचार रखने वाले मंचों पर बढ़ावा दिया जा रहा था, लेकिन उनका काम अपने साहित्यिक अतीत के बारे में तिरस्कार-भरी टिप्पणियों से मुक्त है जो कि एक सुखद अहसास है। जैसे कि अठारहवीं और शुरुआती उन्नीसवीं सदी की कविता के विषय पर उनका विचार द्विवेदी (और ग्रियर्सन) से और अधिक असहमत नहीं हो सकता था :

> बहुत से परमोत्कृष्ट कवि इस समय में हुए, जिनके नाम सुनकर चित्त पर ऐसा प्रभाव पड़ता है। क्या ऐसे उत्कृष्ट कवियों के होते हुए भी कोई इस काल में किसी प्रकार की न्यूनता बतला सकता है! वास्तव में हिन्दी काव्य अत्यन्त प्रशस्त और गरिमा सम्पन्न है।[718]

इस बात का अहसास उनके पूरे रचनाकर्म में किया जा सकता है कि मिश्रबन्धु हिन्दी साहित्यिक अतीत की अपनी समझ में भारत के हालिया सभ्यतागत बिखराव के प्रभुत्वशाली विचार को जोड़ने की कोशिश कर रहे थे, जिसे उपनिवेशवादी और राष्ट्रवादी दोनों ही बढ़ावा दे रहे थे। इस तरह का बौद्धिक भ्रम एक क़िस्म के राष्ट्रवादी गौरव और शर्म के आश्चर्यजनक मेल की झलक देता है, जिसे औपनिवेशिक लोग अपनी सांस्कृतिक विरासत के प्रति महसूस करने पर मजबूर बना दिये जाते हैं।[719] उर्दू कविता के दिग्भ्रमित सुधारकों के बारे में शम्सुर्रहमान फ़ारूक़ी की टिप्पणी हिन्दी साहित्यिकों पर भी खरी उतरती है, उनके अनुसार वे "पुरानी शायरी के प्यार में थे, लेकिन वे चाहते थे कि यह मिट जाये।"[720]

अपने काल की छाप लिये हुए बेतरतीब लेकिन पठनीय शैली में लिखे गये इस उल्लेखनीय ग्रन्थ *मिश्रबन्धु-विनोद* को आज के विद्वान बहुत कम ही पढ़ते हैं, लेकिन इसके 1500 पन्नों को पढ़ते हुए यह अहसास ज़रूर होता है कि मिश्रबन्धुओं ने आख़िरकार हिन्दी के कथित ह्रास और पतन की निन्दा आधे-अधूरे मन से की है। आप देख सकते हैं कि अपने अध्ययन के दौरान एक अनायास पल में वे कृष्ण और राधा पर ब्रजभाषा के पुराने कवित्त पर बड़े प्यार से तल्लीन होकर बात कर

रहे हैं। और सारी सम्भावना यही है कि राष्ट्र के नागरिक के कर्तव्य पर खड़ी बोली के काव्य के अधिक स्फूर्तिदायक अन्दाज़ में उन्हें उतना आनन्द नहीं आ रहा है। इस काल के अनेक हिन्दी बुद्धिजीवियों की तरह वे भी ज़ाहिर तौर पर एक सशक्त सुधारवादी साहित्य की प्रतिभाओं में आस्था रखते हैं, लेकर ज़रूरी नहीं कि उनका मन हमेशा इसी में लगा रहता हो। असल में अगर हम हिन्दी नवजागरण के आदर्श पर ज़ोर देने वाले राष्ट्रवादी साहित्यिक इतिहास के पन्नों से अलग हटकर देखें तो हमें यह देखकर आश्चर्य होगा कि कितने सारे साहित्यकार क्लासिकल साहित्य को अभी भी पसन्द कर रहे थे। कवियों की सभाओं में ब्रज क्लासिक ग्रन्थों का अभी भी पाठ होता था और उनका व्यापक आकर्षण क़ायम था। स्कूलों और कॉलेजों के लिए तैयार होने वाली नयी पाठ्यपुस्तकों में उनको शामिल किया जाता था, और 1920 के दशक तक आते-आते वे हिन्दी के विश्वविद्यालय पाठ्यक्रमों में शामिल हो चुकी थीं। हालाँकि 'प्रेरणास्पद' विषयों को अहमियत देने का मतलब यह था कि दरबारों का रीति साहित्य हिन्दी के नये पब्लिक स्फीयर में बहुत कम भूमिका अदा कर सकता था।[721]

## रामचन्द्र शुक्ल और साहित्य की 'रीति' श्रेणी

हिन्दी के स्थापित क्लासिकल साहित्य की हमारी समझ अधिकतर रामचन्द्र शुक्ल के *हिन्दी साहित्य का इतिहास* (1929) के प्रकाशन से निर्मित हुई है। यह शुरुआती राष्ट्रवाद के तहत हिन्दी साहित्यिक क्षेत्र पर कई दशकों तक चलने वाले आमूलचूल पुनर्विचार की एक पराकाष्ठा थी। शुक्ल का एक बड़ा योगदान यह था कि उन्होंने अपने समय में हिन्दी साहित्य के ऐतिहासिक विकास पर एक अधिक विस्तृत नज़रिये को पेश किया, उन्होंने इसे समझने का एक नया परिप्रेक्ष्य भी दिया। शुक्ल के लिए हिन्दी एक विशाल श्रेणी थी जो ब्रजभाषा और खड़ी बोली से कहीं अधिक व्यापक थी। इसमें अवधी में सूफ़ी साहित्य (हालाँकि इसको भक्ति की हिन्दी श्रेणी के अधीन रखा गया और एक तरह से इसको उसी में विलीन कर दिया गया), मध्यकालीन सन्तों का काव्य, और सबसे समस्याजनक रूप से अपभ्रंश के फुटकर काव्यों को भी समेट लिया गया, जिसने परम्परा को एक बड़ी ऐतिहासिक गहराई देने में उनकी मदद की।[722] नये राष्ट्रों को पुराने साहित्य की ज़रूरत होती है। यहाँ शुक्ल के इस दूरगामी कार्य की सभी सफलताओं और कमज़ोरियों को आँकना मेरा काम नहीं है, लेकिन रीति साहित्य पर उनकी खोजों की छानबीन करना ज़रूरी है, ख़ासकर इसलिए कि उन्होंने ही हमें यह श्रेणी सौंपी है।

शुक्ल का 'काल विभाग' साहित्यिक इतिहास की अवधारणाओं को बेहतर बनाने की कोशिश करते हुए एक अधिक व्यवस्थित ढाँचे को पेश करता है। नीचे इस काल विभाग को पूरा का पूरा पेश किया गया है (*से चिह्नित नाम अभी भी चलन में है[724]) :

| | नाम | प्रवृत्ति | कालखण्ड |
|---|---|---|---|
| 1. | आदिकाल* | वीरगाथाकाल | 992-1318 ईसवी (1050-1375 विक्रम संवत्) |
| 2. | पूर्व-मध्य काल | भक्तिकाल* | 1318-1643 ईसवी (1375-1700 विक्रम संवत्) |
| 3. | उत्तर-मध्य काल | रीतिकाल* | 1643-1843 ईसवी (1700-1900 विक्रम संवत्) |
| 4. | आधुनिक काल* | गद्यकाल | 1843-1927 ईसवी (1900-1984 विक्रम संवत्) |

इसमें हैरानी की बात नहीं है कि हिन्दी के आरम्भिक काल और सबसे नये काल को क्रमश: 'आदिकाल' और 'आधुनिक काल' कहा गया है। न ही बीच के कालों को 'मध्यकाल' कहने पर किसी को आपत्ति होती है। 'मध्यकाल' कम से कम मिश्रबन्धुओं के समय से हिन्दी में चलन में था और शुक्ल इस नाम का ही प्रयोग कर रहे थे।[725] लेकिन जहाँ उन्होंने 'मध्यकाल' का अन्त 1623 बताया था, वहीं शुक्ल इसे 1843 तक ले आते हैं। मानो उन्नीसवीं सदी के मध्य तक चली आई मध्यकालीनता का उनींदापन काफ़ी न हो, शुक्लजी इतिहास-लेखन के लिहाज़ से एक अभूतपूर्व विचार पेश करते हैं कि हिन्दी की आधुनिक काल से पहले की साहित्यिक विरासत का हिस्सा रही भक्ति कविता एक पूरी तरह से पृथक् काल से जुड़ी हुई है जो रीतिकाव्य से पहले हुई थी। उन्होंने आधुनिक काल से पहले के हिन्दी साहित्य में भक्ति और दरबारी काव्य की दो प्रमुख प्रवृत्तियों को लिया, जो शैलीगत विशेषताओं, प्रस्तुति और आश्रय के अर्थ में कहीं अधिक तार्किक रूप से अलग विशिष्टताएँ रखती हैं, और उन्हें एक नये कालक्रम के मुताबिक़ नया महत्त्व दे दिया। ब्रजभाषा में भक्ति-शैलियाँ दरबारी काव्य से तार्किक तौर पर कुछेक दशक पहले की थीं, लेकिन दोनों ऐतिहासिक रूप से आपस में गुँथी हुई हैं। अक्सर ही अनेक कवियों के रचनाकर्म में उन्हें एक-दूसरे से अलग कर के नहीं देखा जा सकता जिन्होंने अधिक धार्मिक और अधिक धर्मनिरपेक्ष कविताओं की रचना साथ-साथ की थी।

शुक्ल ने कहीं भी इस बात का औचित्य पेश नहीं किया कि क्यों उन्होंने ठीक उस बिन्दु पर मध्यकालीन हिन्दी साहित्य को दो अलग-अलग हिस्सों में बाँटना प्रस्तावित किया। भारतीय विक्रम संवत् 1700 (क़रीब 1643 ईसवी) में ऐसी कोई

घटना नहीं दिखती है जो इस साल को हिन्दी साहित्य का एक युगान्तर बना दे। इस साल न तो कोई प्रमुख राजनीतिक घटना घटी थी, और न ही किसी युगान्तरकारी साहित्यिक ग्रन्थ की रचना हुई थी। इसके उलट 1640 का दशक उथल-पुथल से भरी सत्रहवीं सदी में क़रीब-क़रीब सम्पूर्ण सन्नाटे का एक दौर था। सम्भव है कि विक्रम संवत् के 1700 में सदी बदलने जैसे एक मौक़े को एक पड़ाव के रूप में चिह्नित करना अधिक सुविधाजनक रहा हो। लेकिन शुक्ल ने कवि केशवदास के साथ जैसा व्यवहार किया है, वहाँ सुविधा का यह तर्क भी लागू नहीं होता है। यह व्यवहार इतिहास-लेखन में उस भारी भ्रम की एक मिसाल है, जिससे भक्ति और रीति का यह नया विभाजन पूरी तरह से ग्रस्त है। एक बार शुक्ल द्वारा 1700/1643 को युगान्तर की निशानी के रूप में लेने का फ़ैसला करने के बाद उनके लिए केशव को भक्ति काल में रखने के अलावा और कोई चारा नहीं था। इस बेमेलपन का एक सशक्त उदाहरण यह है कि शुक्ल ने केशवदास की रचना को ले जाकर एक परिशिष्टनुमा खण्ड 'फुटकल रचनाएँ' में डाल दिया है। किसी वक़्त आदि कवि के रूप में श्रद्धेय रहे एक कवि का यह एक भारी अवमूल्यन था।[726]

शुक्ल ने अपने इतिहास में सिर्फ़ नये कालों को ही प्रस्तावित नहीं किया बल्कि उनके ढाँचे में भक्ति और रीति के बीच में ऊंच-नीच का मज़बूत बोध भी है जो उनके साहित्यिक, सामाजिक व सांस्कृतिक गुणों पर आधारित है (हालाँकि इसकी पूरी पूरी स्थापना के लिए स्वाधीनता के बाद के साहित्यिक इतिहासकारों के उतावलेपन या अविवेक की प्रतीक्षा थी)। जहाँ आध्यात्मिकता के सकारात्मक निहितार्थों से भरपूर भक्ति की श्रेणी एक प्रतिष्ठित भारतीय सांस्कृतिक विशिष्टता की निशानी थी, वहीं रीति के विचार से ही सारहीन आडम्बर का भाव पैदा होता था। रीति एक ऐसा नाम है जिसने शुक्ल के समय से ब्रजभाषा के दरबारी साहित्य को बदनाम कर रखा है। दुर्भाग्य से अंग्रेज़ी में इसका अर्थ अक्सर mannerist लगाया जाता है। लेकिन रीति शब्द का अर्थ महज़ 'शैली' नहीं लगाया जाता है जो अर्थ में निर्दोष है तथा एक सटीक अनुवाद भी। जब रीति कहा जाता है तब इसका निहितार्थ एक *अत्यधिक आडम्बरपूर्ण रचना* ("too much style") का बनता है।

शुक्ल शब्दों के उपयोग में लापरवाही नहीं करते। उन्होंने जिस साहित्य को रीति का नाम दिया था, उसके बारे में अपने विचारों को लेकर उन्होंने कोई सन्देह नहीं छोड़ा। उनकी राय में भाषाई, साहित्यिक और बौद्धिक आधारों पर यह निराशाजनक साहित्य था। द्विवेदी-युग में बनी आम सहमति को स्वीकार करते हुए शुक्ल अफ़सोस

ज़ाहिर करते हैं कि 'मध्यकालीन' लेखकों ने कभी भी एक सशक्त गद्य परम्परा विकसित नहीं की, न ही उन्होंने ब्रजभाषा को पर्याप्त रूप से परिष्कृत बनाया जिसमें व्याकरण पर ज़रूरी ध्यान दिया गया हो (वे कवियों की विशेष रूप से आलोचना करते हैं कि उन्होंने छन्द और तुक की ज़रूरतों के मुताबिक़ एक ही क्रिया के एकदम अलग-अलग क्रियारूप बनाये)। भाषाई मेल-जोल या अशुद्धता ने भी उन्हें परेशान किया। एक ऐसे दौर में जब हिन्दी अपने अधिक बहुलतावादी हिन्दुस्तानी अतीत से दूर जाते हुए एक संकीर्ण और कइयों की नज़र में बेजान शुद्धता की दिशा में बढ़ रही थी, शुक्ल ने बहुत अधिक विदेशी शब्दों के इस्तेमाल को ख़ारिज किया। उनकी यह आलोचना साफ़-साफ़ शुरुआती आधुनिक काल के कई ब्रज कवियों द्वारा अपनायी गयी फ़ारसी-अरबी शब्दावलियों को लेकर थी।[727] ब्रजभाषा का भाषाई सम्मिश्रण एक तथ्य है, लेकिन इस तथ्य का सांस्कृतिक मूल्यांकन और इसका इतिहास बदल गया है। सदियों तक रीति लेखकों ने बड़े प्यार से अपनी अनोखी, लचीली भाषा की सम्भावनाओं के साथ प्रयोग किये। और उनका यही मिले-जुले रजिस्टर वाला शब्दों का खेल ब्रजभाषा की काव्यात्मक अपील का एक अहम घटक था जो अलग-अलग भौगोलिक क्षेत्रों और सामाजिक दायरों में इसकी सफलता की शर्त बना। लेकिन हिन्दी आन्दोलन के भाषाई शुद्धतावाद में पले-बढ़े शुक्ल और दूसरे चिन्तकों के लिए यह बहु-सांस्कृतिक सम्मिश्रण एक हास्यास्पद कमज़ोरी थी, जिसको उनके अनुसार कवियों के एक बेहतर वर्ग ने भाषा के क्षेत्र से बेदख़ल कर दिया होता तो ठीक होता। हालाँकि शुक्ल को मानना ही पड़ा कि रीतिकाव्य सुन्दर है, लेकिन राष्ट्रवादियों के लिए सौन्दर्य ही अपने आप में सन्दिग्ध बन गया था।[728] अब साहित्य से सुन्दर नहीं, उपयोगी होने की माँग की जा रही थी।

शुक्ल को सबसे अधिक खेद रीतिग्रन्थों के भरपूर प्रसार को लेकर था। उन्होंने दमघोंटू साहित्यिक रचनात्मकता के लिए इस विधा को ख़ारिज कर दिया। पहली बार किसी आधुनिक हिन्दी आलोचक ने ज्ञानात्मक कृतियों के रूप में रीतिग्रन्थों पर गहराई से ग़ौर किया, लेकिन इस मामले में भी उन्होंने एक ऐसा रुख़ अपनाया जो इस रचनाकर्म के प्रति भावी स्वीकार्यता को अत्यन्त प्रभावित या निर्धारित करने वाला था। ग्रियर्सन के बारे में चाहे जो भी कहा जाये, जिन्होंने भारतीय साहित्यिक इतिहास का एक ऐसा मॉडल पेश किया जिसमें इतिहास एक पूर्वनिर्धारित उद्देश्य को पूरा करने की दिशा में बढ़ रहा था और जिसका अंजाम सभ्यता क़ायम करने के ब्रिटिश अभियान पर हुआ। लेकिन ग्रियर्सन ने सत्रहवीं सदी के ब्रज काव्यात्मक

ग्रन्थों की प्रशंसा भारतीय 'काव्य कला' के प्रमाण के रूप में की थी।[729] मिश्रबन्धुओं ने उनकी भारी संख्या पर उलझन ज़रूर व्यक्त की थी, लेकिन उन्होंने इस प्रवृत्ति को उतना ख़ारिज नहीं किया था जितना यह इच्छा ज़ाहिर की थी कि एक ही पुस्तक (उनकी नज़र में) को बार-बार लिखते जाने के बजाय कवि कुछ अधिक उपयोगी लिखते तो बेहतर होता। लेकिन किसी भी साहित्यिक इतिहासकार ने एक बौद्धिक प्रथा या काम के रूप में ब्रज अलंकारशास्त्रों के गुणों का मूल्यांकन नहीं किया है। ऐसे में यह इच्छा होती है कि बेहतर होता अगर शुक्ल ने भी इस पर चुप्पी बनाये रखी होती। मगर रीति क्लासिसिज़्म के उद्देश्यों को ग़लत समझते हुए शुक्ल ब्रजभाषा काव्य सिद्धान्त में मौलिक विचारों के अभाव पर खेद जताते हुए नहीं थकते। इससे भी बदतर तो यह है कि उन्होंने रीति कवियों पर आरोप लगाया है कि संस्कृत में पाये जाने वाले विचारों को समुचित रूप से संचारित करने में वे सक्षम नहीं थे।[730] रीति काल की प्रमुख विधाओं पर अपने विस्तृत ब्योरे में शुक्ल कवियों की 'भ्रमित या भ्रांत धारणा' की सूची बनाते हैं, जिसमें वे बार बार 'गड़बड़ी', और उनके 'प्रमादवश' और 'असंगत' विचारों का हवाला देते हैं। यह एक भारी विडंबना ही है, क्योंकि शुक्ल अपनी सबसे कठोर आलोचना रीति कवियों की नई खोजों/उन्मेषों की चर्चा करते हुए ही पेश करते हैं। एक तरफ़ तो वे कहते हैं कि कवियों में मौलिकता का अभाव था, तो दूसरी तरफ़ जब ब्रज कवियों ने अलंकारों या नायिकाओं के नये भेदों की नींव डाली थी तो वे उन पर संस्कृत परम्परा को छोड़ देने का आरोप लगाते हैं। हम अध्याय–तीन में यह देख चुके हैं कि यह ब्रज कविकुल के बौद्धिक नवोन्मेषों की मुख्य रणनीति थी।[731]

ब्रजभाषा के दरबारी लेखन का मूल्यांकन द्विवेदीनुमा सुधारों के तीन दशकों से त्रस्त तो था ही, लेकिन *हिन्दी साहित्य का इतिहास* के प्रकाशन ने मानो इसके बारे में अन्तिम फ़ैसला सुना दिया। शुक्ल ने रीति लेखकों का इतना भरपूर खण्डन किया, और उनके साहित्यिक और बौद्धिक वजूद के आधारों की ही इतनी ग़लतबयानी की, कि उनके लिए अपनी पुरानी प्रतिष्ठा को फिर से हासिल करने की कोई उम्मीद ही नहीं बची। रीति ने जो खोया वह भक्ति को हासिल हुआ। अपने आध्यात्मिक और उपदेशजनक सामग्री के साथ साहित्यिक इतिहास में उसे सर्वोच्च दर्जा हासिल हुआ। यह प्रतिष्ठा तब से लेकर अभी तक क़ायम है।[732]

यह तर्क दिया जा सकता है कि रीति लेखकों में अपने संस्कृत पूर्वजों जैसी बौद्धिक शक्ति के अभाव के शुक्ल के विचार की जड़ों को ख़ुद आरम्भिक आधुनिक

कवियों में ही खोजा जा सकता है। आख़िरकार ख़ुद केशवदास ने ही अपने पाठकों के सामने एक मन्दमति भाषा कवि के रूप में अपना परिचय दिया था। केशवदास के उलट भाषा और संस्कृत दोनों में लिखने वाले कवीन्द्राचार्य सरस्वती ने भाषा में लिखने पर अपनी लाज की बात कही है, ऐसी बात हिन्दी भाषा की बौद्धिक प्रतिभा के पक्ष या विपक्ष में कोई मज़बूत भरोसा नहीं जगाती। और फिर सूदन ने भाषा-लेखन को कलियुग की एक ज़रूरी छूट या समझौता माना था।[733] हालाँकि ऐसा लगता है कि ये लेखक इन बातों में सचमुच आस्था रखने के बजाय अपनी साहित्यिक विनम्रता के नाते ऐसा कह रहे थे। लेकिन कम से कम उन्हें हिन्दी की विद्वत्त परम्परा के बारे में ग़लत धारणाओं के सबूतों के रूप में दर्ज किया जाना ज़रूरी है जो रामचन्द्र शुक्ल से काफ़ी पहले से क़ायम थीं।

हिन्दी भाषा में लिखना अपने आप में ही संस्कृत की गरिमा से पतित होना था, इस आम धारणा को व्यक्त करने के अलावा, कभी-कभी आधुनिक काल से पूर्व के कवियों ने साहित्यिक रुझानों और पद्धतियों के बारे में कुछ विशेष असन्तोष भी ज़ाहिर किये थे। लेकिन उनके इरादों को समझ पाना आसान नहीं है। आधुनिक काल से पहले के लेखक अपने विचारों को भी श्रेणियों के रूप में व्यक्त करते थे। जैसे अठारहवीं सदी के अन्तिम दौर के कवि ठाकुर की इस कविता को लेते हैं, जिसको हिन्दी में सुधार की ज़रूरत बताने वाली पहली कविता के रूप में पढ़ा जाता है। कवि ने इसमें रीति साहित्य के केन्द्र में मिलने वाले भरपूर बिम्बों पर एक साफ़ रोष ज़ाहिर किया है :

*सीखि लीन्हों मीन मृग खंजन कमल नैन,*
*सीखि लीन्हों जस औ प्रताप को कहानी है।*
*सीखि लीन्हों कल्पवृक्ष कामधेनु चिन्तामनि,*
*सीखि लीन्हों मेरु और कुबेर गिरि आनो है।*
*ठाकुर कहत याकी बड़ी है कठिन बात,*
*याको नहिं भूलि कहूँ बाँधित बानो है।*
*ढेंल सो बनाय आय मेलत सभा के बीच,*
*लोगन कवित्त कीबो खेल करि जानो है।।*[734]

भिखारीदास ने इस आशय की कुछ टिप्पणियाँ की थीं कि अगर कविता आनन्द प्रदान करने में असफल रहे तो कम से कम यह राधा और कृष्ण की सुमिरन का बहाना तो बन ही सकती है (*राधिका कन्हाई सुमिरन को बहानो है*)। हिन्दी विद्वानों

ने इसका मतलब भक्ति के कमजोर पड़ने की चेतना की निशानी के रूप में लगाया। इन विद्वानों की राय में यह विचार इस आधुनिक अवधारणा से बहुत अलग नहीं है कि रीति भक्ति की जीवन्तता के एक पुराने काल से पतन को चिह्नित करती है।[735]

फिर भक्ति और अधिक ऐन्द्रिक दरबारी कविताओं के बीच में अलगाव के विचार को शुक्ल ने पूरी तरह अपने मन से नहीं गढ़ा था। जनरल ब्रॉटन के सिपाहियों ने (यह विवरण शुरुआती उन्नीसवीं सदी का है) 'बुक्त मार्ग' और 'रसदिक' कविता की दो प्रमुख साहित्यिक शैलियों की पहचान की थी। जहाँ ब्रॉटन के सूचनादाता सिपाहियों ने साफ़ तौर पर यह पाया कि 'रसदिक' कविता-प्रसार के लिहाज़ से अधिक मूल्यवान है, वहीं अनेक शुरुआती आधुनिक कवियों ने इसके उलट धार्मिक कविता के प्रति अपनी पसन्द को ज़ाहिर किया था। जैसा कि अध्याय–तीन में दिखाया गया है, केशवदास का वचन था कि काव्य का उच्चतम रूप हरिरसलीन है, जिसके बाद उन्होंने राजाओं के लिए लिखी गयी कविता को रखा था। सुरति मिश्र ने ख़ुद को भक्तिकाव्य का एक लेखक बताया था, और भगवान की जगह मनुष्यों के लिए कविता लिखने को लेकर अपनी आशंकाएँ ज़ाहिर की थीं। इन दोनों कवियों ने जो भी बातें कही हों (और ऐसा लगता है कि कही गयी बात सबसे अधिक महत्त्व रखती थी), उन्होंने भक्ति और रीति दोनों कविताएँ लिखीं और असल में वे रीति कविताओं के लिए ही विशेष तौर पर याद किये जाते हैं। न सिर्फ़ उन्होंने राजाओं के लिए लिखा, बल्कि उन्होंने अपनी श्रेष्ठ रचनाएँ शाही आश्रय में ही रचीं जैसा कि उनके अनेक समकालीन कवियों ने भी किया।

सच बात तो यह है कि अगर हम ज़रा भी गम्भीरता से परखें तो भक्ति और रीति के बीच की अभेद दीवार बिखरने लगती है। इस बात को भिखारीदास के *काव्यनिर्णय* से ली गयी एक मशहूर कविता के ज़रिये शायद बेहतर तरीक़े से दिखाया जा सकता है, जिसमें औपनिवेशिकता से पहले के काल में ब्रजभाषा साहित्यिक रचनाकर्म को लेकर सबसे स्पष्ट सैद्धान्तीकरण मिलता है :

*सूर केसौं मंडन बिहारी कालिदास ब्रह्म,*
*चिन्तामणि मतिराम भूषण सु ज्ञानिये।*
*लीलाधर सेनापति निपट नवाज निधि,*
*नीलकंठ मिश्र सुखदेव देव मानिये।।*
*आलम रहीम रसखानि सुन्दरादिक,*
*अनेकन सुमति भए कहाँ लौं बखानिये।*

*ब्रजभाषा हेत बृजबास ही न अनुमानों,*
*ऐसे ऐसे कबिन की बानी हूँ सो जानिये।*[736]

यहाँ सूर, निपट, नेवाज, रसखान और तुलसी बड़े आराम से अपने रीति समानधर्माओं के साथ मौजूद हैं, जो इस बात पर ज़ोर देता है कि अठारहवीं सदी के इस साहित्यिक विद्वान के लिए वे सभी कवि एक ही संसार का हिस्सा थे, जिन्हें आज हम भक्ति या रीति में अलग-अलग बाँटकर रखते हैं। धार्मिक कवियों का दर्जा दरबारी कवियों से ऊँचा नहीं था। जिन दो कवियों को 'सुकवियों का सरदार' कहा गया है उनमें से एक (तुलसी) भक्ति परम्परा से आते हैं दूसरे (गंग) मुग़ल दरबार में थे।

हालाँकि आधुनिकता से पूर्व के काल में भक्ति और दरबारी साहित्य के बीच अन्तर ('भगवान के लिए कविता' बनाम 'राजाओं के लिए कविता'), और यहाँ तक कि सीढ़ीदार दर्जेबन्दी के निशान भी मिलते हैं। लेकिन अक्सर ऐसा भी होता कि ये दोनों शैलियाँ आपस में घुली-मिली हुई थीं। रीति और भक्ति के नामों का उपयोग दो अलग-अलग सामाजिक संसारों को बताने के लिए करना मुनासिब होगा, जो मोटे तौर पर दरबार बनाम मन्दिर के विचार में निहित हैं। लेकिन साहित्यिक रुझानों के रूप में वे अक्सर एक ही लेखक में पाये जाते हैं। कभी-कभी तो वे एक ही रचना में एक साथ मिलते हैं।[737] और औपनिवेशिक काल से पहले की सदियों में हमें इसका सबूत कहीं भी नहीं मिलता है कि एक महान साहित्यिक प्रतिभा से भरपूर एक भक्तिकाल पहले हो चुका था, जिसके बाद दो सौ सालों का एक ऐसा दौर आया जिसमें रचनात्मकता अगर पूरी तरह से ख़त्म नहीं हो गयी थी तो उसका अभाव ज़रूर था। इस विचार की जड़ें क्या हैं?

## भक्ति साहित्य और हिन्दी का 'उबारने लायक़ अतीत'

औपनिवेशवाद से आने के ठीक पहले के काल में हिन्दी साहित्य के पतन का विचार सन्दिग्ध रूप से एक दूसरी कहानी की झलक देता है। वह कहानी है औपनिवेशिक और राष्ट्रवादी इतिहास में ख़ुद भारत की कहानी। 1889 में ग्रियर्सन के हिन्दी अतीत के वृत्तान्त में जैसा कि हमने देखा अठारहवीं सदी का चिन्ताजनक अन्तराल 'ह्रास' से भरा हुआ है। हालाँकि इस बात में कुछ समय लगा जब हिन्दी भाषा के साहित्यिक इतिहास को गढ़ने में भारतीय पतन एक मुख्य सिद्धान्त बन सका।[738] मगर हिन्दी साहित्यिकों के लिए दूसरे स्रोतों से इस विचार को ग्रहण करने में कोई बड़ी मुश्किल

नहीं आयी। उन्नीसवीं सदी से सुधारवादी आन्दोलन की केन्द्रीय धारणा यही थी कि भारत अपनी राह से भटक गया था। ओरिएंटलिस्ट (प्राच्यवादी) चिन्तकों की यह बुनियादी धारणा थी कि क्लासिकल हिन्दू अतीत भारत की सभ्यता की पराकाष्ठा थी। भारतीयों ने औपनिवेशिक शिक्षा विभागों के तत्त्वाधान में संस्कृत क्लासिक ग्रन्थों के नये अनुवादों के ज़रिये इस विचार को अपनाया। लेकिन गुप्त वंश और महाकवि-नाटककार कालिदास (चौथी या पाँचवीं सदी) के ग़ौरवमय दिन कब के जा चुके थे। सवाल यह था कि भारत पतित होकर कैसे अपनी इस वर्तमान कमज़ोर दशा में पहुँचा। सांस्कृतिक विमर्शों में भारत के पतन और ह्रास के बारे में अनेक कहानियाँ इसी काल में शामिल हुईं।

इस विकसित होते हुए इतिहास-लेखन में मुसलमान नये और बड़े दोषी बने। भारतीय मुसलमान एक ब्रिटिश व्यापारी कंपनी के हाथों अपनी महान मुग़ल सल्तनत को खो देने पर हाथ मल रहे थे, वहीं हिन्दुओं के सामने दोहरी शर्म थी। वह यह कि मुसलमान और ब्रिटिश अलग-अलग समय में उन पर विजयी रहे थे। जैसा कि पार्थ चटर्जी ने दिखाया है, 1870 के दशक से भारतीय इतिहास की एक नयी रूपरेखा बनाने का सिलसिला चल पड़ा, जिसका विषय हिन्दू राष्ट्र था।[739] भारतीय इतिहास को हिन्दू आत्म/अस्मिता (और मुसलमान अन्य) की धारणाओं के साथ जोड़ने का चलन हिन्दी साहित्यिकों ने अपनाया। इसमें शायद कर्नल टॉड का प्रभाव काम कर रहा था, जिनके *एनल्स एंड एंटिक्विटीज़ ऑफ़ राजस्थान* का हिन्दी अनुवाद 1880 के दशक में हुआ माना जाता है।[740] भारत पर मुसलमानों के लम्बे शासन का काल एक महत्त्वपूर्ण गोलबन्दी का विषय बन गया, जिसमें मुसलमानों को औपनिवेशिक शासन की पीड़ा और अपमान के लिए कुछ हद तक (लेकिन पूरी तरह नहीं)[741] कसूरवार ठहराया जाने लगा। (कम से कम इस कहानी के मुताबिक़) ये मुसलमान ही थे जिन्होंने पहले भारत पर क़ब्ज़ा किया और सदियों तक उनकी एक के बाद एक लुटेरी लहरें आती रहीं, जिन्होंने मन्दिरों को लूटने के साथ ही साथ हिन्दू स्वाभिमान को भी कुचल दिया। ये मुसलमान ही थे जिन्होंने ख़ुद को भोग-विलास का ग़ुलाम बना लिया, और इस तरह पतन, अस्थिरता, और अपरिहार्य रूप से राजनीतिक पराजय का मार्ग प्रशस्त किया।

अगर दो सभ्यताओं से पराजित होने के बाद हिन्दुओं को दोहरी शर्म का भार उठाना था, तो मुसलमानों पर दोहरा आरोप लगाया गया, कि पहले तो उन्होंने हिन्दुओं को पराजित किया और फिर ब्रिटिशों से हार गये। हिन्दी की कहानी उस

समय की हिन्दू सोच की मुख्यधारा का हिस्सा बनती जा रही मुसलमान विरोधी और मुग़ल विरोधी खोखली बयानबाज़ियों का शिकार (और उससे ग्रस्त) हुए बिना नहीं रह सकी। 1890-1947 के काल में हिन्दी के समर्थक उर्दू का पक्ष लेने वाले मुसलमानों के ख़िलाफ़ एक तीखी लड़ाई में उलझे हुए थे। ब्रजभाषा का साहित्य इस लड़ाई के बीच में फँस गया, जिसके दरबारी लेखन में हमेशा ही मुसलमान लेखकों और आश्रयदाताओं की एक बड़ी संख्या हुआ करती थी। अब दरबारी ग्रन्थ अधिक से अधिक सन्दिग्ध दिखने लगे थे, जो उपयोगितावादी रुझान वाले हिन्दी साहित्यिक इतिहास की एक कमज़ोर कड़ी थे। मुग़ल बादशाहों और उनके राजपूत हमजोलियों की प्रशस्ति में लिखे गये उस सारे काव्य का पक्ष कौन ले सकता था? और फिर एक ऐसे काल में अय्याश शासकों की कामुक वृत्तियों को सन्तुष्ट करने के लिए लिखी गयी ऐन्द्रिक कविताओं से भरे हुए नायिकाभेद ग्रन्थों का क्या करें जो हिन्दुओं की शर्म के काल में रचे गये?

उन्नीसवीं सदी के अन्तिम दौर से हिन्दी बौद्धिक दुनिया के लिए ऐन्द्रिक कविता आमतौर पर एक गम्भीर समस्या बनकर खड़ी हुई। मुसलमान विरोधी भावनाओं की लहर के बीच हिन्दी के आधुनिकीकरण की धारणाएँ आकार लेने लगीं, लेकिन साहित्यिक आस्वाद के नये मानकों को रचने में विक्टोरियाई मूल्यों ने भी भूमिका अदा की। सुधारों का एक स्वाभाविक निशाना ब्रज कवियों द्वारा शृंगार पर दिया जाने वाला ज़ोर था। ब्रिटिश लोग अश्लील और कामुक के बीच में फ़र्क़ नहीं करते थे, और हर उस चीज़ को बड़े सपाट तरीक़े से ख़ारिज किया जाता जिसमें से ऐन्द्रिकता की गन्ध आती हो।[742] हालाँकि स्थापित ब्रज साहित्य का एक और प्रमुख हिस्सा कृष्ण-राधा सम्बन्धी कविता थी, जिससे कम से कम वह एक तर्कसंगत दावा कर सकती थी कि उसको भगवान का सहारा प्राप्त है, भले ही सौन्दर्यबोध का यह पवित्र क्षेत्र भी ख़तरनाक रूप से अश्लीलता के बहुत क़रीब था। लेकिन दरबारी शैलियों के पास अपने बचाव के लिए कोई सहारा नहीं था।

इस दौर में जब सुधारवादी लोग इस बात पर उग्र बहसों में लगे थे कि स्त्रियों की शिक्षा का क्या किया जाये, ऐसे समय में जटिल लैंगिक मुद्दे भी महत्त्वपूर्ण भूमिका निभाने लगे। एक तरफ़ भारतीय स्त्रियों को पिछड़ा, दयनीय दासियों की तरह, महज़ सुख की वस्तु माना जाता था जो बेहतर शिक्षित यूरोपीय स्त्रियों की तरह जीवनसंगिनी नहीं थीं। ऐसे में शिक्षा से उन्हें नैतिक और सामाजिक उत्थान प्राप्त होता। दूसरी ओर, परम्परागत रूप से जिस तरह की स्त्रियाँ शिक्षित रहती आयी थीं

(जैसे कि केशवदास की प्रतिभाशाली शिष्या प्रवीण राय), और शिक्षा की विषयवस्तु जो थी–आरम्भिक आधुनिक शिक्षा के अहम घटक रीतिग्रन्थ थे–वे उन्नीसवीं सदी के सुधारकों के दिशानिर्देशों के विशेष रूप से प्रतिकूल थे। ऐसा डर था कि रीतिग्रन्थों का ऐन्द्रिक विषय नैतिकता को मज़बूती देने के बजाय उन्हें भ्रष्ट ही करेगा। ये सारी नायिकाएँ और उनके अति-कामुक प्रेमी किस प्रकार के आदर्श थे, ख़ासकर ऐसे में जब अपनी यौनाकांक्षाओं को नियन्त्रित कर पाने की अक्षमता हिन्दू स्त्रियों की एक विशेष कमज़ोरी मानी गयी थी?[743] भारतेन्दु ने *बालाबोधिनी* से ब्रजभाषा कविताओं को प्रतिबन्धित रखा। वे यह पत्रिका स्त्रियों और बच्चों के लिए सम्पादित करते थे। यह दिखाता है कि न सिर्फ़ रीति साहित्य बल्कि अपने आप में ब्रजभाषा ही विक्टोरिया काल में समस्याजनक ऐन्द्रिकता से ग्रस्त देखी जाने लगी थी।[744]

द्विवेदी-युग आते-आते भारतीय दरबारी साहित्य में से स्त्री चरित्रों का कोई सकारात्मक मूल्यांकन सम्भव नहीं रह गया था। यह एक ऐसा समय था जब राष्ट्रवाद ने मातृभूमि की सेवा में भारतीय स्त्रीत्व की धारणा का उपयोग करना शुरू कर दिया था। बेशक भारतीय राष्ट्र की परिकल्पना एक स्त्री-रूप में की गयी, लेकिन यह स्त्रीत्व लज्जाशील और नियन्त्रित था, जो रीति कविता में पायी जाने वाली खुली यौनिकता से ठीक उलट था। भारतीय स्त्रीत्व (और राष्ट्र) को मातृत्व का समानार्थी बना दिया गया–अक्षत, आत्म-त्यागी, और जिसके लिए बलिदान दिया जा सके। पुरुषों की यौनिकता पर अंकुश लगाना भी ज़रूरी था। पुरुषों को भारतीय राष्ट्र के लक्ष्य के लिए अपने वीर्य (दोनों अर्थों में) को समर्पित करना था, उन्हें अपने तुच्छ ऐन्द्रिक सुखों में अपनी ऊर्जा को बर्बाद नहीं करना था। ठीक ऐसी ही ऐन्द्रिकता को मुसलमान शासकों के पतन का कारण माना गया।[745]

अपने इतिहास में रामचन्द्र शुक्ल की खोजों को एक मनमौजी साहित्यिक इतिहासकार के निष्कर्षों के रूप में देखने के बजाय उन्हें एक जटिल युगचेतना (zeitgeist) के मर्म के रूप में देखना ज़रूरी है। उन्होंने भले ही रीति साहित्य की श्रेणी की रचना की हो, लेकिन उन्होंने भक्ति साहित्य की श्रेणी की रचना नहीं की थी, और न ही इसको आदर्श रूप देने वाले वे पहले व्यक्ति थे। लेकिन भक्ति और रीति को एक ऐतिहासिक कालक्रम देने वाले वे पहले व्यक्ति ज़रूर थे, जिसकी वजह से भक्ति से रीति में पतन का एक विचार पनपा और यह इतिहास-लेखन में औपनिवेशिक काल से पहले मुसलिम शासन के पतन की मान्यताओं से मेल खाता था। इस तरह यह एक पतनोन्मुखी सांस्कृतिक मोड़ था। रीति साहित्य के उलट,

भक्ति में ऐसी बातें बहुत कम ही थीं जो आपत्तिजनक हों। और फिर अधिकतर भक्ति साहित्य में समकालीन ज़रूरतों की अनुगूँज मिलती थी। अगर औपनिवेशिकता से पहले की सदियों में भारतीय लोग दुनिया में अपनी महानता को क़ायम रखने में नाकाम रहे थे, तो वे आध्यात्मिक रंगभूमि में सर्वोच्च होने का अहसास तो कर ही सकते थे। सांस्कृतिक स्वायत्तता का यह एक ऐसा क्षेत्र था जिसमें वे अभी भी गर्व कर सकते थे।[746] अपनी सर्वांगीण हिन्दू आध्यात्मिकता के निहितार्थों से अलग, भक्ति समकालीन राजनीतिक ज़रूरतों को भी पूरा करती थी। यानी देशप्रेम के लिए देशभक्ति का नया शब्द पुराने शब्द भक्ति का विस्तार करते हुए उसमें एक आधुनिक, उद्देश्यपरक भाव भरता था।[747]

## रामचन्द्र शुक्ल की विरासत

रामचन्द्र शुक्ल के दिनों में स्थानीय तौर पर विकसित हुए हिन्दी रोमांटिसिज़्म यानी छायावादी आन्दोलन भी रीति साहित्य के लिए मददगार नहीं रहा। छायावादी कवियों में राष्ट्रवाद और रीति के अतीत दोनों के प्रति ही एक जटिल सम्बन्ध दिखता है।[748] वे द्विवेदी-युग के साहित्य की घोर नीरसता से हताश थे और कविता को देशप्रेम और सुधारवादी विषयों से दूर ले जाना चाहते थे। वे सौन्दर्य को एक साहित्यिक मूल्य के रूप में क़ायम करने की कोशिश कर रहे थे। लेकिन ऐसे एक नज़रिये में ख़तरा यह था कि यह कलावादी नज़रिये के क़रीब दिख सकता था, जिसे रीति साहित्य की ख़ासियत माना जाता था। भारतीय स्वाधीनता की ओर बढ़ते हुए इन वर्षों में जोखिम यह था कि ऐसा नज़रिया राजनीतिक संघर्षों से अपर्याप्त जुड़ाव रखने वाला और प्रतिक्रियावादी दिख सकता था। शायद इसीलिए इस आन्दोलन के एक प्रतिष्ठित प्रवक्ता सुमित्रानन्दन पन्त (1900-77) ने छायावादी सौन्दर्यबोध को रीति साहित्य से अलगाने की विशेष कोशिश की। पन्त की सबसे लोकप्रिय कृतियों में से एक पल्लव का यह उद्धरण पढ़ने में ऐसा लगता है मानो यह द्विवेदी की किसी पुस्तक का हिस्सा हो (या सम्भव है कि यह अठारहवीं सदी के कवि ठाकुर की पाण्डुलिपि का कोई पन्ना हो) :

> इन साहित्य के मालियों में से जिनकी विलास-वाटिका में भी आप प्रवेश करें, सबमें अधिकतर वही कदली के स्तम्भ, कमल-नाल, दाड़िम के बीज, शुक, पिक, खंजन, शंख, पद्म, सर्प, सिंह, मृग, चन्द्र; आँखें चार होना, कटाक्ष करना, आह छोड़ना, रोमांचित होना, दूत भेजना, कराहना,

मूर्छित होना, स्वप्न देखना, अभिसार करना–बस इसके सिवा और कुछ नहीं![749] (मूल पृ. 10-11)

हालाँकि रीति साहित्य को पसन्द करने वाले किसी भी व्यक्ति को कुछ छायावादी कविताओं का आडम्बर और उनका क्लासिसिज़्म भी एक जानी-पहचानी बात लगेगी। लेकिन पन्त, महादेवी वर्मा, निराला, जयशंकर प्रसाद और इस आन्दोलन के दूसरे समर्थकों ने ख़ुद को रोमांटिक्स (छायावादी) कहना पसन्द किया। वे कविता में एक नया निजी स्वर ला रहे थे, और उनकी नज़र में रीतिकाव्य और द्विवेदी-युग का सुधारवादी साहित्य दोनों ही अत्यधिक यान्त्रिक और कृत्रिम थे।

छायावाद के कुछ दशकों के बाद रीति साहित्य के प्रति कुछ समय के लिए एक सकारात्मक नज़रिया पैदा हुआ। ऐसा लेखकों के बीच नहीं बल्कि विद्वानों के बीच हुआ, जब स्वाधीनता के बाद हिन्दी में शोध की एक लहर पैदा हुई। औपनिवेशिक शासन से भारत को मिली स्वतन्त्रता अपने साथ ख़ून-सनी विभाजन की त्रासदी और मोहभंग लेकर आयी। लेकिन राष्ट्रवादी आशावाद की धारा इसके बरअक्स एक प्रफुल्ल शक्ति बनी रही थी, जो आधी सदी से हिन्दी साहित्यिक अध्ययन की पहचान बनी हुई थी। 1950, 60 और 70 के दशकों में रीति काल पर शोध में काफ़ी प्रगति हुई। नये ग्रन्थों की खोज हुई और पुरानों की ग्रन्थावलियाँ बनती रहीं। जो हिन्दी विद्वत्ता पचास साल पहले बहुत मुश्किल से ही मौजूद थी, अब भारतीय विश्वविद्यालयों का एक फलता-फूलता उद्यम बन गयी थी (पश्चिम में इसको विकसित होने में और समय लगना था)। विश्वनाथप्रसाद मिश्र (1906-82) का करियर ख़ासतौर पर इसका एक उदाहरण है कि किस तरह रीति साहित्य का अध्ययन अपनी उल्लेखनीय वापसी के लिए तैयार था। ब्रजप्रेमी लाला भगवानदीन के एक प्रतिभाशाली शिष्य (जो बनारस हिन्दू विश्वविद्यालय में शुरू हुए हिन्दी अध्ययन के साथ 1921 में नियुक्त हुए दो व्याख्याताओं में से एक थे। दूसरे व्याख्याता रामचन्द्र शुक्ल थे[750]), मिश्र ने अकेले कई रीति कवियों की ग्रन्थावलियाँ सम्पादित कीं, जिनमें केशवदास, भूषण, भिखारीदास, बोधा, जसवन्त सिंह और पद्माकर शामिल हैं। उन्होंने उनमें से हरेक के लिए सारगर्भित भूमिकाएँ लिखीं। इनमें से काफ़ी सारा काम अभी भी अद्वितीय है। मिश्र ने दो खण्डों में एक महत्त्वपूर्ण साहित्यिक इतिहास लिखा–*हिन्दी साहित्य का अतीत* (जो 1959-60 में पहली बार प्रकाशित हुआ)।

इसका उद्देश्य इतिहास-लेखन में कोई बड़ा बदलाव करना नहीं था, लेकिन यह एक प्रभावशाली कृति थी और रीति साहित्य को लेकर मिश्र के कुछ विचार

दूरगामी साबित हुए। मिश्र का सबसे मशहूर प्रस्ताव यह था कि *रीतिकाल* का नाम बदल कर *शृंगारकाल* कर दिया जाये। लेकिन उन्होंने रीति नाम को बनाये रखा, और *शृंगारकाल* के तीन उपविभाजनों को ढाँचा देने में इसका उपयोग किया। इस काल के विशिष्ट काव्यशास्त्रीय ग्रन्थों को रीतिबद्ध कहा गया, जो रीति (परम्परा) या एक-दूसरे से अधिक आकर्षक अर्थ में क्लासिकल रचनाओं से आबद्ध थे। इसके बाद बची हुई कविता को रीतिसिद्ध और रीतिमुक्त में श्रेणीबद्ध किया गया।[751] मिश्र द्वारा प्रस्तावित व्यवस्था की ख़ूबी यह थी कि यह रीति अध्यवसाय के लिए क्लासिकल शृंगार रस की महत्ता को स्वीकार करती थी। लेकिन शृंगार या काम पर केन्द्रित नाम रखने से परम्परा को उबारने के उद्देश्य को मदद नहीं मिलने वाली थी। इसलिए कि इसको परिभाषित करने वाली धारणा अभी भी भारतीय पतन के उसी पुराने औपनिवेशिक और राष्ट्रवादी रूपकों का शिकार थी। लेकिन मिश्र की व्यवस्था ने आनन्दघन और बोधा जैसे रीतिमुक्त कवियों की एक व्यापक स्वीकार्यता के लिए मंच तैयार किया। इसके बाद से इन कवियों के काम ने दरबारी परम्परा से अपनी सापेक्षिक स्वतन्त्रता के लिए, और अपनी निजी और कुछ हद तक रोमांटिक स्वरों के लिए प्रशंसा बटोरी है। रीति साहित्य के लिए भारी श्रम के लिए मिश्र को बहुत श्रेय जाता है। उनकी विद्वत्ता के बिना ज़ाहिर है, मेरी यह पुस्तक निश्चित रूप से नहीं लिखी गई होती। लेकिन रीतिकाल में जो बात उन्हें विलासिता के रूप में दिखी, वह उन्हें परेशान करती रही।[752] उनके चिन्तन में भी उसी सांस्कृतिक स्कित्सोफ्रेनिया की पुनरावृत्ति दिखती है जिसने *मिश्रबन्धु-विनोद* जैसे शुरुआती इतिहास के लेखकों को क्षति पहुँचायी थी। विश्वनाथप्रसाद मिश्र जैसे रीति साहित्य के महानतम समर्थक भी कुछ स्तरों पर इसका तिरस्कार भी करते हैं।

विश्वनाथप्रसाद मिश्र के लगभग समकालीन और देश के बेहतरीन विभागों में से एक दिल्ली विश्वविद्यालय के हिन्दी विभाग के अध्यक्ष रहे दिग्गज हिन्दी आलोचक नगेन्द्र में भी स्वाधीनता के बाद के दशकों में समान प्रवृत्ति दिखती है। 1949 में पहली बार प्रकाशित *रीतिकाव्य की भूमिका* में ऊपरी तौर पर तो नगेन्द्र का लक्ष्य रीति परम्परा की पुरानी प्रतिष्ठा पुनर्स्थापित करने का है, जो इसे हिन्दुस्तान में सुसंस्कृत लोगों के बीच किसी वक़्त प्राप्त थी। वे न सिर्फ़ उन ग़लतफ़हमियों को चुनौती देते हैं जिन्होंने ब्रजभाषा के अतीत के इस हिस्से को ग्रसित कर रखा है, बल्कि विभागाध्यक्ष रहते हुए उन्होंने अनगिनत पीएच.डी. छात्रों को रीति के विषयों पर लिखने के लिए प्रेरित किया।[753] लेकिन यह बात समझ से परे है, कि नगेन्द्र ने

रीति साहित्य को मुसलमान शासन के तहत हिन्दू पतन और सामन्तवादी सांस्कृतिक जीवन की अफ़सोसनाक ऐन्द्रिकता के उसी पुराने घिसे-पिटे तर्क में रखकर पेश किया। जिस तरह से हिन्दी का इतिहास हिन्दू राष्ट्र के इतिहास के साथ मज़बूती से घुल-मिल गया था, उसको देखते हुए शायद यह अपरिहार्य था। अपने पहले मिश्रबन्धुओं और द्विवेदी की तरह वे भी सवाल उठाते हैं कि ब्रज कवियों ने अधिक उपयोगी उद्देश्यों के लिए क़लम का इस्तेमाल क्यों नहीं किया। अपनी रीतिकाल की भूमिका में वे यह तिरस्कारपूर्ण सवाल करते हैं कि "आख़िर पूरे दो सौ वर्ष तक हिन्दी के कवियों ने किया ही क्या?"[735]

मुझे विश्वास है कि ये नगेन्द्र ही थे, जिन्होंने रीतिकाल की 'परिस्थितियों' पर चर्चा की परिपाटी हमें सौंपी, जो 1970 के दशक से इतिहास-लेखन और आलोचना का प्रमुख हिस्सा बनी हुई है। विशालकाय *हिन्दी साहित्य का वृहत् इतिहास में रीतिबद्ध* साहित्य वाला खण्ड उनके सम्पादन में संकलित किया गया था। सत्रह खण्डों का यह वृहत् इतिहास किसी भी साहित्य पर तैयार किये गये सबसे बड़े इतिहासों में गिना जाता है। इस ग्रन्थ में अभी पाठकों के सामने एक भी रीति कविता प्रस्तुत करने से पहले उन पर भारत की अफ़सोसनाक मध्यकालीन सामन्ती दशाओं के ख़िलाफ़ आक्षेपों की एक भारी बमबारी की जाती है। इन दशाओं को बड़ी मेहनत से पूरे विस्तार में पेश किया गया है जो कथित रूप से रीति साहित्य को समझने के लिए ज़रूरी पृष्ठभूमि हैं। ब्रज की दरबारी कविता के श्रृंगार-तत्त्वों को उनके क्लासिकल नियमों की अनुकूलता के अर्थ में नहीं बल्कि असल में अन्तिम दौर के मुग़ल समाज की भटकी हुई प्रथा के रूप में पेश किया गया है, जब नैतिकता और आत्म-नियन्त्रण अपनी सबसे पतित अवस्था में थे।[755] मुग़ल शासकों की अतियों को बढ़ा-चढ़ाकर पेश करते हुए, जैसे कि विलासिता, मदिरा और स्त्रियों की उनकी कथित सनक, और औरंगज़ेब (जिनका अपेक्षित रूप से एक क्रूर, मूर्तिभंजक और हिन्दुओं के घृणा करने वाले निरंकुश शासक के रूप में ग़लत चित्रण किया गया है) के काल से भारत की घटती जा रही राजनीतिक प्रतिष्ठा का राग अलापते हुए नगेन्द्र पाठकों को आमन्त्रित करते हैं कि वे रीति साहित्य को एक बीमार, मरणासन्न संस्कृति की उपज के रूप में देखें जिसका इसके अलावा कोई मतलब नहीं हो सकता था कि वे इस क़िस्म के काव्य के विरुद्ध खड़े हों।[756]

इसके बाद के दशकों में दर्जनों साहित्यिक इतिहास लिखे गये हैं, लेकिन किसी में भी उस राष्ट्रवादी पूर्वाग्रह को सुधारने की कोशिश नहीं की है, जो एक सदी पहले

हिन्दी के क्षेत्र में दाख़िल हुआ था। कई बार तो ऐसा लगता है कि हिन्दी क्षेत्र असल में इस पूर्वाग्रह से ही निर्मित हुआ है। यहाँ तक कि 'नए' सैद्धान्तीकरण भी पुरानी बातों को ही दोहराते हैं। लाल साहब सिंह का *हिन्दी साहित्य का नवीन इतिहास* अपने शीर्षक से नयी अन्तर्दृष्टियों का वादा करता है। लेकिन रीति काल को इस तरह बयान करता है :

*सामाजिक दृष्टि से भी इस काल को आदि से अन्त तक घोर अध:पतन का युग कहा जा सकता है। इस काल में सामन्तवाद का बोलबाला था...शासक वर्ग विलासिता और वैभव में आकण्ठ निमग्न था। सुरा और सुन्दरी उनकी दैनिक चर्या के प्रमुख अंग थे।*[757]

साहित्यिक परिस्थितियाँ रीति साहित्यिक आलोचना की एक अटूट विशेषता बनी रहीं।[758] रीति साहित्य को इस प्रकार की रूपरेखा और सन्दर्भ देने की प्रथा इतनी व्यापक है कि असल में मेरे मन में यह सवाल उठता रहा है कि क्या भारतीय पीएच.डी. सुपरवाइज़र अपने छात्रों को यह बताने को बाध्य महसूस होते हैं कि उन्हें रीति विषयक शोध पर अपने थीसिस को मुग़लकाल की पतनशीलता पर चर्चा से शुरू करना चाहिए? आरम्भिक आधुनिक हिन्दी अतीत के बारे में यह अथक, सन्देह रहित क़ायदा न सिर्फ़ ऐतिहासिक रूप से आपत्तिजनक है, बल्कि नयी शोधों में नयी अवधारणाओं के जन्म लेने को रोकता है व उन्हें नुक़सान पहुँचाता है। रीति साहित्य का अध्ययन हिन्दी पाठ्यपुस्तकों के फन्दे में है, इतिहास-लेखन में फँसा है, और यहाँ तक कि अपने प्रशंसकों की जकड़न में भी है, जिससे अधिक निष्ठुर बात कुछ हो ही नहीं सकती।

## निष्कर्ष

आधुनिक काल में रीति साहित्य के साथ जो हुआ है, वह कोई नियति नहीं थी। उपनिवेशवाद (भारत को मुग़ल शासन के तहत राजनीतिक और सांस्कृतिक पतन से बचाने की ज़रूरत) और राष्ट्रवाद (साहित्य को अधिक जीवन्त होने, और हिन्दू मातृभूमि की सेवा करने की ज़रूरत) ने हिन्दी के नाटकीय साहित्यिक परिवर्तन की जो कहानी तैयार की, वह उनकी ज़रूरत से निकली थी। जब ब्रजभाषा की साहित्यिक संस्कृति उन्नीसवीं सदी में दाख़िल हुई थी, तब वह उतनी ही मज़बूत थी जितनी इतिहास में कभी भी रही थी। उसका कभी पतन नहीं हुआ, जैसा कि हम लल्लूलाल, ब्रॉटन, पद्माकर, गोकुलनाथ, सरदार कवि और अनगिनत अन्य

स्रोतों से जानते हैं। भारतेन्दु और उनकी पीढ़ी के दूसरे लेखकों के लिए रीति कविता विशेष रूप से जीवन्त थी। हिन्दी की प्रिंट संस्कृति की आरम्भिक अवस्था में इसने उत्साही पाठकवर्ग को आकर्षित किया। रीति कवि बीसवीं सदी में भी सक्रिय रहे थे। उन्होंने कुछ परम्परागत कृतियाँ रचीं, लेकिन वे नये सांस्कृतिक रूपों के साथ अभी भी प्रयोग कर रहे थे। ये किसी भी पैमाने पर साहित्यिक जीवन्तता के ही संकेत हैं।

बाद के रीति लेखकों के बारे में शायद काफ़ी कुछ ऐसा है जिसे हम अभी भी पर्याप्त रूप से नहीं समझते हैं। सबसे पहले तो विद्वानों में यह प्रवृत्ति है कि वे उस भारतीय क्षेत्र में होने वाले साहित्यिक उत्पादन पर ध्यान केन्द्रित करते हैं जो सीधे ब्रिटिश शासन के मातहत था। भले ही अनेक रियासतें औपनिवेशिक रुझानों को सिर्फ़ ऊपरी तौर पर ही अपना रही थीं। इस क़िस्म के देशज सांस्कृतिक क्षेत्र हमें इस काल के बारे में अभी भी कुछ सिखा सकते हैं। उत्तर-पश्चिमी भारत के बारे में एक हालिया अध्ययन ने दिखाया है कि पंजाबी साहित्य किस तरह व्यापक तौर पर नियन्त्रण से बाहर था, यहाँ तक कि ब्रिटिशों द्वारा समर्थित उर्दू भाषा की प्रिंट व्यवस्था के नियन्त्रण के बाहर इसका अपना एक प्रसारतन्त्र था जो स्थापित नियमों को नहीं मानता था।[759] रीति साहित्य की संस्कृति हालाँकि पंजाबी ग्रन्थों की तरह अपने रजिस्टर और आदर्श पाठकों के लिहाज़ से रोज़मर्रा के व्यवहार का हिस्सा नहीं थी, लेकिन यह भी उपनिवेशवाद की नाक के नीचे काम करती रह सकती थी, ख़ासकर भारत के उन बीस फ़ीसदी हिस्सों में जो ब्रिटिश नियन्त्रण में नहीं थे। लेकिन विद्वान आमतौर पर उन्नीसवीं और बीसवीं सदी के हिन्दी साहित्य को ब्रजभाषा के परम्परावाद और खड़ी बोली की आधुनिकता के बीच एक रस्साकशी के रूप में पेश करते हैं। दोनों को एक-दूसरे के बरअक्स पेश करने वाली ऐसी अवधारणात्मक संरचना साफ़ तौर पर अपर्याप्त है। हालाँकि हमने यहाँ उन्नीसवीं सदी के रीतिग्रन्थों को बस एक सरसरी नज़र से ही देखा है, ठाकुर जगमोहन सिंह की कविता के सबूत दिखाते हैं कि औपनिवेशिक राज्य और 'परम्परावादी' सांस्कृतिक क्षेत्रों के बीच में एक अधिक जटिल संवाद चल रहा था, जिसे दोहरी संरचनाओं वाली कोई भी विश्लेषण प्रणाली समेट नहीं पायेगी।[760]

हिन्दी आधुनिकता को साफ़-सुथरे ढंग से पेश करने के चलन को भंग करने के लिए इस अध्याय में साहित्यिक इतिहास-लेखन की अतिप्रिय अवधारणाओं पर सवाल किये गये हैं। उन्नीसवीं सदी में हिन्दी साहित्य का एक साफ़ रचा हुआ ऐतिहासिक ब्यौरा मौजूद नहीं था। इसकी रचना करनी पड़ी थी। लेकिन इस निर्माण

के लिए ज़रूरी मानी जाने वाली बहुत कम ही अवधारणाएँ मौजूद थीं। विविधता से भरी सदियों पुरानी रचनाओं के संकलनों को अभूतपूर्व तरीक़ों से अवधारणाओं में कसा जाने लगा और नये प्रतीकात्मक क्षेत्रों में विभाजित किया जाने लगा। हिन्दी को जब इतिहास के लिए एक उपयुक्त विषय के रूप में लिया गया तब तक इतिहास-लेखन विकृत हो चुका था। मुग़ल शासन के तहत भारत की कथित मध्यकालीन कमज़ोरी की औपनिवेशिक कहानी इसको एक ख़ास आकार दे चुकी थी, जो ब्रिटिशों द्वारा भारत पर आधिपत्य को औचित्य ठहराने का अनकहा तरीक़ा था। ग्रियर्सन के *द मॉडर्न वर्नाक्युलर लिट्रेचर ऑफ़ हिन्दुस्तान* में अठारहवीं सदी में यह औपनिवेशिक तर्क अपनी पूरी ताक़त से मौजूद है, लेकिन उसके बाद हिन्दी के इतिहास-लेखन का आधार रहा राष्ट्रवादी तर्क भी उससे कम विकृत नहीं है। *हिन्दी साहित्य का इतिहास* में रामचन्द्र शुक्ल द्वारा ब्रजभाषा की दो परस्पर सम्बद्ध साहित्यिक धाराओं भक्तिमय और दरबारी धाराओं का कालक्रम के अनुसार किया गया पृथक्करण निरे उपयोगितावाद और अपने काल की सुधारवादी भावनाओं से प्रभावित है। इसके पीछे साहित्यिक या बौद्धिक इतिहास का कोई तर्कसंगत सिद्धान्त काम नहीं करता।

बीसवीं सदी के शुरुआती दशकों में हिन्दी का पब्लिक स्फीयर बहुत ज़ोर-शोर के साथ विकसित हुआ, और साहित्यिक इतिहास तथा खड़ी बोली का अधिकतर आधुनिक इतिहास और आलोचनातन्त्र राष्ट्र के एक योजनाबद्ध विमर्श में भागीदार बना। हिन्दी सेवियों की दृष्टि में ब्रजभाषा के कविकुल ने भाषा को भटका दिया था। इन सेवियों में महावीर प्रसाद द्विवेदी प्रधान थे। व्याकरण और गद्य विधाओं के सन्दर्भ में ब्रजभाषा की आम अक्षमताओं के साथ-साथ, इस भाषा ने अपनी शाब्दिक अशुद्धता की वजह से कम से कम कुछ आलोचकों को असहज भी किया। लेकिन 'शुद्धता' ब्रजभाषा के कवियों के लिए कभी भी कोई सांस्कृतिक मूल्य नहीं रही। मिश्रित और कई रजिस्टरों में काम करने वाली ब्रजभाषा जन्मजात तौर पर व बड़ी ख़ुशी से अशुद्ध बनी रही जो संस्कृत को और परिशुद्ध 'सुरभाषा' होने के उसके पवित्र दावे को क़रीब-करीब एक सीधी चुनौती थी। ब्रजभाषा की भाषाई विविधता न सिर्फ़ हिन्दी के आधुनिकीकरण के पैरवीकार आलोचकों की निर्णय-क्षमता में एक सैद्धान्तिक बोझ थी, बल्कि यह एक ऐसे समय में व्यावहारिक कमज़ोरी भी थी जब हिन्दी और उर्दू को अधिक से अधिक अलग-अलग दायरों में बन्द किया जाने लगा था। बीसवीं सदी की शुरुआत में ब्रजभाषा के बजाय नई संस्कृतनिष्ठ हिन्दी को प्रचारित करने को भाषाई राष्ट्र-निर्माण की एक कार्रवाई के रूप में देखा गया।

बेशक इसके कुछ विरोध भी हुए। एक भाषाई माध्यम रूप में ब्रजभाषा के समर्थकों ने और हिन्दी साहित्यिक धरोहर की एक अधिक उदार दृष्टि रखने वाले लोगों ने अपने काल की भारी बहसों में आवाज़ मिलायी। लेकिन जो कुछ भी प्रतिरोध या मिश्रित भावनाएँ उन दिनों रही हों, आख़िरकार मानकीकृत, आधुनिक हिन्दी के नये नज़रिये की जीत हुई। सामाजिक उत्थान और राष्ट्र के विषयों पर खड़ी बोली में प्रेमचन्द के उपन्यासों की भारी लोकप्रियता, हिन्दी के पब्लिक स्फीयर का लगातार विकास, और गांधी के नेतृत्व में स्वदेशी लोकप्रियतावाद की बढ़ती हुई लहर का मतलब यह था कि 1930 आते-आते इस सवाल पर कोई वापसी सम्भव नहीं रह गयी थी।[761] पूरी तरह से सुधार दी गयी और अब नये राष्ट्रवादी हथियारों से लैस हिन्दी अब उस भाषा से ज़रा भी मेल नहीं खाती थी, जो महज़ एक पीढ़ी पहले तक हुआ करती थी। ब्रजभाषा की ग्रन्थ संस्कृति के कुछ पहलू अब पूरी तरह से सन्दिग्ध बन गये थे। हिन्दी जब राष्ट्र, राजनीतिक ऊर्जाओं की तर्ज़ पर साहित्यिक ऊर्जाओं का एक नया नाम बन गयी, तब उसे भारतीय प्रगति के लक्ष्य में जोत दिया गया। ऐसे दौर में हर लिहाज़ से भक्ति साहित्य अधिक प्रासंगिक और उद्धार के अधिक योग्य दिखाई दे रहा था। उदाहरण के लिए कुछ निर्गुण सन्तों के काव्य में विद्रोह की जो भावना हावी है, राष्ट्रवादी चिन्तकों की नज़र में उसको ब्रिटिशों के ख़िलाफ़ आधुनिक संघर्षों की रोशनी में एक नया रूप दिया जा सकता था और नयी लोकतान्त्रिक राजनीतिक आकांक्षाओं की सेवा में लगाया जा सकता था। भगवान या ईश्वर के प्रति प्रेम को मातृभूमि के प्रति प्रेम में बदलने की सम्भावना थी। लेकिन रीतिग्रन्थों को सामन्ती अतीत के रीत चुके अवशेषों के रूप में पेश किया गया जो 'मध्यकालीन' हिन्दी साहित्यिक विरासत का ही प्रतीक बन गये, वे एक उपनिवेश की जनता के शर्म और पश्चात्ताप से भरे हुए थे।

हालाँकि अब किसी भी तरह इस तथ्य को बदला नहीं जा सकता है कि 1920 के दशक में एक जीवन्त भाषा से ब्रजभाषा एक ऐतिहासिक अवशेष में बदल गयी, लेकिन भाषा के इतिहास की लड़ाई को अभी भी लड़ा जा सकता है। खड़ी बोली के प्रभुत्व का मतलब यह नहीं है कि ब्रजभाषा के साहित्य के विशाल क्षेत्र को साहित्यिक तौर पर पूरी तरह से मिटा दिया जाये, जबकि आज हम ठीक इसी चीज़ को देख रहे हैं और उसका अभी भी सामना कर रहे हैं। औपनिवेशिक काल में अनेक भारतीय अपनी क्षेत्रीय साहित्यिक परम्पराओं से कट गये, दूर हो गये, लेकिन पुराने को मिटाकर पुनर्शिक्षा की प्रक्रिया हिन्दी क्षेत्रों में जितनी व्यापक थी

उतनी कहीं और नहीं थी। उन्नीसवीं सदी के अन्तिम दौर में और बीसवीं सदी के आरम्भ में ब्रजभाषा की क्लासिकल परम्परा को एक पूरी तरह से भिन्न बोली से बदल दिया गया। महज़ एक पीढ़ी में ही इस भाषा को अप्रासंगिक और व्यर्थ बना दिया गया। दुनिया के साहित्यिक इतिहास में एक तरह से यह अनूठी प्रक्रिया है। भाषा और कविता के सुधारों के क्षेत्र में इस 'विनाशकारी सफलता' का मतलब था कि कुछ ही दशकों में पुरानी भाषा यानी ब्रज अब खड़ी बोली (हिन्दी) भाषा-भाषियों के लिए अबोधगम्य होती चली जायेगी।[762] इस बीच उत्तर-औपनिवेशिक आलोचना ने हिन्दी साहित्य के उपनिवेशपूर्व-दौर के इतिहास-लेखन का पूरा का पूरा काम ही छोड़ दिया, जबकि भारत सम्बन्धी अध्ययनों में यह एक बेहद गतिशील क्षेत्र है।[763] उपनिवेशवाद के पूर्व की परिघटनाओं का प्रतिबद्धता से अध्ययन किये बग़ैर कोई गम्भीर उत्तर-उपनिवेशवादी चिन्तन सम्भव नहीं है। विऔपनिवेशीकरण के साठ वर्षों से भी अधिक समय में क्लासिकल हिन्दी अतीत का अध्ययन भारतीय नाकामी के इस प्रतिमान में ही उलझा हुआ है जो इतना थका हुआ, असत्य और हताशापूर्ण है कि उत्तर-उपनिवेशवादी, राष्ट्रवादी और हर जगह पर भारत को प्यार करने वाले लोगों को निश्चित रूप से इससे निराश। होनी चाहिए।

## सन्दर्भ :

634. चन्द्रा 1992; लेलिवेल्ड 1993; डालमिया 1999; राय 2001; ब्लैकबर्न और डालमिया 2004; स्टार्क 2007; ऑर्सीनी 2009
635. देखें प्रस्तावना, नोट 21
636. उस समय की राजनीतिक जटिलताओं के एक नाटकीय विवरण के लिए, पिंच 2006 : 1-5 देखें।
637. कुछ विद्वान, विशेष रूप से आर.एस. मैकग्रेगर पाते हैं कि साहित्यिक ओज में ह्रास आने लगा था : "हालाँकि परिवर्तन और नये विकास हुए, लेकिन इस लम्बी अवधि के दौरान दरबारी कविता एक ऐसी साहित्यिक संस्कृति की छाप छोड़ती है जो तेज़ी से ठहराव का शिकार हो रही है, नये धार्मिक बदलावों से उसे कोई प्रेरणा नहीं मिल रही है, इसके कवि काफी हद तक अपने पूर्ववर्तियों द्वारा निर्धारित मॉडलों के अध्ययन और अनुसरण करने में लगे हुए हैं और नवाचार के लिए सम्भावनाएँ उत्तरोत्तर कम पा रहे हैं" (1984 : 172)। एक विपरीत दृष्टिकोण के लिए, नीचे शुरुआती हिन्दी साहित्यिक इतिहासकारों शिव सिंह सेंगर और मिश्र बन्धुओं की चर्चा देखें।
638. वृन्दावनदास पर देखें मैकग्रेगर 1984 : 162 और बंगा 2007 : 319। सोमनाथ की रचनाएँ *सोमनाथग्रन्थावली* में संकलित हैं।
639. ब्रेकेनरिज और वान डेर वीर 1993; कोहन 1996 में संकलित निबन्ध देखें।
640. वेदालंकार 1969 : 28-76 देखें।

641. मैकग्रेगर 1974 : 68। लल्लूलाल की कृतियों की यह चर्चा मुख्य रूप से मैकग्रेगर (1974 : 66-68) के निष्कर्षों पर आधारित है।

642. मैकग्रेगर के अनुसार, खड़ी बोली में लिखी गयी इस रचना में कुछ ब्रजभाषाई विशेषताएँ भी बची हुई थीं, यह न केवल भारतीयों के बीच बल्कि ब्रिटिश प्रशासनिक अधिकारियों (सिविल सर्वेन्ट्स) के बीच भी लोकप्रिय थी, जिनके लिए यह हिन्दी की पाठ्यपुस्तक के रूप में काम आती थी। लल्लूलाल के अत्यधिक सफल मुद्रित संस्करण ने किस तरह पूर्ववर्ती *ब्रज भागवत* ग्रन्थों की जगह ली, इसके बारे में देखें मैकग्रेगर 1984 : 156

643. सुन्दर कविराय के बारे में अधिक जानकारी अध्याय चार में है।

644. ब्रॉटन 2000 : 37–39

645. जिन अन्य शैलियों का उन्होंने उल्लेख किया है, लेकिन उनको संकलित नहीं किया है, उनमें 'अटंक, या भीर' (आतंक/बीर), 'जुग्ट बरनन' (जगत-वर्णन) और 'बिष्णुपद' शामिल हैं, जो एक लोकप्रिय वैष्णव गीत विधा है। वही, 42-43

646. वे कहते हैं कि उनके सैनिकों में शामिल ब्राह्मण "जब कम्पनी की सेना में सैनिक के रूप में भर्ती होते थे तो अक्सर पण्डित की उपाधि प्राप्त कर लेते थे।" वही, पृ. 38

647. वही, पृ.44। कवित्त कविता के लिए एक सामान्य शब्द है और ब्रज चौपाई की एक विशेष शैली भी है। संग्रह की रूपरेखा का एक उपयोगी विश्लेषण बंघा 2000 में है।

648. उदाहरण के लिए मैकग्रेगर कहते हैं, "शिक्षाविद शिवप्रसाद सिंह...सदी के शुरुआती वर्षों के बाद हिन्दी के इतिहास में पहले महत्त्वपूर्ण व्यक्ति हैं" (1974 : 71)। स्टार्क 2007 : 25 नोट 30 से तुलना करें।

649. स्टार्क 2007 : 49, 59-65। यह पैराग्राफ़ और वास्तव में उन्नीसवीं सदी में हिन्दी मुद्रण संस्कृति के बारे में मेरी बहुत-सी जानकारी इस मूल्यवान पुस्तक पर आधारित है।

650. लक्ष्मीसागर वार्ष्णेय (1963 : 73-76) और भगवानसहाय पचौरी (1973 : 62-72) ने उन्नीसवीं सदी के पूर्वार्ध में बड़ी संख्या में रचे गये रीति साहित्य (जिसमें मूल रचनाएँ और गद्य टीकाएँ शामिल हैं) के मज़बूत संकेत खोजे हैं।

651. मैकग्रेगर ने अजीबोग़रीब तरीक़े से उन्नीसवीं और बीसवीं सदी की शुरुआत की हिन्दी (1974) पर अपनी किताब से रीति कविता को बाहर रखा, साथ ही पूर्व-आधुनिक हिन्दी (1984) पर अपनी किताब में परवर्ती काल के ब्रिटिशकालीन दरबारी कवि भी बाहर रखे गये हैं। उन्नीसवीं सदी के अधिकतर दरबारी कवियों की कथित रूप से मध्ययुगीन ख़ामियों के बारे में देखें पचौरी 1973 : 13–14, 77 (हालाँकि अगले पृष्ठ पर ख़ुद लेखक द्वारा दिये गये साक्ष्य ही इस कथन का खण्डन करते हैं); वार्ष्णेय 1963: 20–22 (फिर से, कुछ उद्धृत कविताएँ उनके तर्क का खण्डन करती हुई लगती हैं)।

652. मैकग्रेगर 1984 : 183–84, 198–203; आसनाणी 1997 में बाद के रीति कवियों पर संक्षेप में चर्चा की गयी है।

653. पिंच 2006 देखें, विशेष रूप से पृष्ठ 108–47

654. *असिबर अगरेजैं गली गली तेजैं अरिगन भेजैं सुरपुर कों* (अंग्रेज़ी की बेहतरीन तलवार से बार-बार वार करने से दुश्मन सेना स्वर्ग सिधार गयी), पद 200

655. पद्माकर के करियर के बारे में विस्तृत जानकारी मिश्रा 1959बी : 5-79 में है।

656. यह पद्माकर के प्रकीर्णक (कभी-कभार) छन्दों में से एक है जो न तो किसी प्रबन्ध का हिस्सा है और न ही किसी संग्रह का। *पद्माकरग्रन्थावली,* पृष्ठ 311 (प्रकीर्णक पद 27, पचौरी 1973 : 77 में उद्धृत)। पद्माकर की एक और कविता में 'मेजर' और 'कैप्टन' जैसे सेना सम्बन्धी अंग्रेज़ी शब्दों का प्रयोग किया गया है, देखें तेलंग 1972 : 7

657. इस मुद्दे पर बहस हो चुकी है, लेकिन कुछ विद्वान *आनन्दरघुनन्दन* को पहला आधुनिक हिन्दी नाटक मानते हैं। देखें छाबड़ा 1976; मैकग्रेगर 1984 : 170–71; स्टासिक 2007 विश्वनाथ सिंह के पुत्र रघुराज सिंह (1833-79) भी हिन्दी कवि थे।

658. पचौरी 1973 : 80; विद्यार्थी 1983 : 351–63

659. देखें वार्ष्णेय 1963 : 156–57

660. पूरे दक्षिण एशिया में आधुनिक काल से पहले की और प्रिंट से प्रभावित साहित्यिक रुचियों के बीच निरंतरता का पता लगाया जा सकता है। तमिल सन्दर्भ के लिए, ब्लैकबर्न 2004 देखें। ऑर्सीनी (2004a: 435–36) प्रारम्भिक भारतीय प्रिंट संस्कृति में 'पुनरुत्पादित विधाओं' और 'प्रवर्तित शैलियों' के बीच उपयोगी फ़र्क़ पेश करती हैं।

661. बनारस दरबार में साहित्यिक आश्रय के बारे में ये विवरण मैकग्रेगर 1984 : 198, 202 से लिए गये हैं। डालमिया 1999 : 69–71 भी देखें।

662. *कविप्रिया* पर सरदार की टीका कम से कम दो बार प्रकाशित हुई थी, 1865 में बनारस के राजा के अपने प्रेस द्वारा और 1886 में नवल किशोर प्रेस द्वारा। मैकग्रेगर 1984 : 202 नोट 374 देखें। उन्नीसवीं सदी की प्रिंट संस्कृति में केशवदास के काम की आम लोकप्रियता पर स्टार्क 2004 : 262 देखें।

663. प्रकाशनों के कुछ विवरण मिश्रा 1959बी : 20–22 में उपलब्ध हैं।

664. स्टैसिक 2007 : 363 देखें। महाराजा विश्वनाथ सिंह द्वारा कबीर के *बीजक* पर लिखी गयी टीका भी 1883 में छपी। स्टार्क 2004 : 262

665. स्टार्क 2007 : 320–21

666. तंजौर के राजा सर्फोजी द्वितीय (1805), हैदराबाद के निज़ाम (1810) और लखनऊ के ग़ाज़ीउद्दीन हैदर (1817) ने भी प्रेस ख़रीदे थे। वही, 42

667. स्टार्क 2004 : 259–63। ऑर्सीनी 2004बी : 119–20 से तुलना करें।

668. मीर 2006 : 420

669. आधुनिक काल में बंगाली साहित्यिक कॉस्मोपॉलिटनिज़्म पर देखें कविराज 2003 : 553–54; शुरुआती आधुनिक काल में बंगाल में ब्रज कविता के प्रचलन पर देखें चटर्जी 2009: 227–28

670. क्रमशः देखें कविराज 1995 और सीली 2004

671. महावीर प्रसाद द्विवेदी और हिन्दी के अन्य आधुनिकतावादियों द्वारा संस्कृत क्लासिक्स को दिये गये सम्मान पर रामविलास शर्मा 1977 देखें : 274–77

672. थरू 1994 : 168। उर्दू साहित्य के लिए इसका एक उत्कृष्ट उदाहरण नईम 1984 है।

673. प्रिटशेट 1994 : 36

674. स्टार्क 2007 : 101

675. सेनगुप्ता 1992; डालमिया 1999। चन्द्रा 1992 भी देखें।

676. मैकग्रेगर 1974 : 80–82; सेनगुप्ता 1992 : 1–38

677. रीवा के विश्वनाथ सिंह की तरह 'पहले आधुनिक हिन्दी नाटककार' की उपाधि के एक और उम्मीदवार गिरिधरदास हैं, हालाँकि यह साफ़ है कि इस उपाधि के कई दावेदार हैं। गिरिधरदास के बारे में, मैकग्रेगर 1984 : 202 देखें। इस पैराग्राफ में हरिश्चन्द्र की कृतियों की चर्चा मुख्य रूप से मैकग्रेगर 1974 : 75–83 पर आधारित है।

678. खड़ी बोली के बारे में ग्रियर्सन (1889 : 107) ने लिखा है, "कविता के लिए इसका कभी भी सफल उपयोग नहीं किया गया है। महानतम प्रतिभाओं ने कोशिश की है, और उन्होंने इसे कमज़ोर पाया है।"

679. भारतेन्दु के निबन्ध, पृष्ठ 63

680. शब्दांशों के भार पर आधारित एक गद्यात्मक प्रणाली में, खड़ी बोली शुरू से ही ऐसे क्रिया रूपों के चलते बाधित रही है जिनका अन्त दीर्घ स्वरों पर होता है (जैसे कि ब्रज के करत के बजाय खड़ी बोली में करता)। इसके विपरीत, ब्रजभाषा ह्रस्व स्वरों को पसन्द करती है और व्यंजन समूहों को एक संक्षिप्त '*अ*' के साथ तोड़ती है, जैसे कि प्रबीन के लिए परबीन।

681. इस और अगले पैराग्राफ़ में दी गयी जानकारी रॉबर्ट वान डे वॉल 2006 के काम पर आधारित है।

682. हरिश्चन्द्र के लिए अनुभव-सिद्ध के एक नये साहित्यिक मानदण्ड होने पर देखें डालमिया 1999 : 280

683. इस विवादास्पद बौद्धिक-ऐतिहासिक क्षेत्र का मानक अध्ययन किंग 1999 है। राय 2001 से तुलना करें।

684. भिखारीदास का पद नीचे उद्धृत है। *सुजानचरित्र,* 1.4-9 से सुदन की विधि को समझा जा सकता है।

685. क्रमशः दिवाकर 1966 और कालेवयर्ट 1993 देखें।

686. अष्टछाप कवि सूरदास, कृष्णदास, परमानन्ददास, कुम्भनदास, नन्ददास, चतुर्भुजदास, छीतस्वामी और गोविन्दस्वामी थे। मैकग्रेगर 1984 : 83-88 देखें।

687. नाभादास के *भक्तमाल* पर देखें हेर 2011।

688. यह बात अन्य भारतीय साहित्यिक परम्पराओं के विद्वानों द्वारा भी कही गयी है। तमिल और तेलुगु सन्दर्भों के लिए देखें राव और शुलमान 1999 : 9। फ्रांसिस प्रिटशेट ने नोट किया है कि उर्दू कवियों का संग्रह करने वाले तज़किरों को कालानुक्रमिक रूप से व्यवस्थित किया गया था, लेकिन उनको व्यवस्थित करने की यही अकेली रणनीति नहीं थी (2003 : 865-66)।

689. शम्सुररहमान फ़ारूक़ी (1995) ने औपनिवेशिक परिस्थितियों में उर्दू लेखकों द्वारा साहित्यिक-ऐतिहासिक मॉडल को अपनाने में आयी कुछ विकृतियों की ओर इशारा किया है।

690. दे तासी के स्रोतों (ज़्यादातर उर्दू तज़किराह) पर, देखें *Histoire de la littérature hindouie et hindoustanie*, 1 : 40-51। सेंगर ने हाल ही में प्रकाशित भाषाकाव्य

संग्रह (1875) सहित हिन्दी के विशाल संकलनों की विरासत के आधार पर लिखा था। *शिवसिंहसरोज,* पृ. 2-3; तुलना करें लुटगेनडॉर्फ़ 1994 : 66

691. गार्सा दे तासी एक नयी साहित्यिक-ऐतिहासिक पद्धति अपनाना चाहते थे, लेकिन उन्होंने कहा कि उनके स्रोतों में कालक्रम पर ध्यान न दिये जाने के कारण यह मुश्किल होगा। *Histoire de la littérature hindouie et hindoustanie*, 1 : 52

692. (संवत् 1700 में...कवियों ने भाषा काव्य के बड़े-बड़े अद्भुत ग्रन्थ बनाये। संवत् 1800 में जैसे अच्छे कवि हुए ऐसे किसी सैकड़े के भीतर नहीं हुए थे। *शिवसिंहसरोज,* पृ. 8-9) ये दो शताब्दियाँ रामचन्द्र शुक्ल द्वारा परिभाषित रीतिकाल के कमोबेश बराबर हैं।

693. विशेष रूप से ग्रियर्सन द्वारा *मॉडर्न वर्नाक्युलर लिटरेचर ऑफ़ हिन्दुस्तान* की शुरुआत में स्थानीय भाषा और साहित्य की भावपूर्ण प्रशंसा पर ध्यान दें। ग्रियर्सन 1889 : x-xi देखें।

694. वही, पृ. 128, 145

695. वही, पृ. xxii

696. वही, पृ. xxii

697. त्रिवेदी 2003 : 988 में उद्धृत।

698. पॉवेल्स 2001 : 460 में उल्लेख किया गया। द्विवेदी द्वारा लागू किये गये भाषाई मानकों के कुछ उदाहरणों के लिए *महावीर प्रसाद द्विवेदी रचनावली,* 1 : 452-83 देखें। इसी अवधि में अब प्रतिष्ठित हो चुके प्रेमचन्द और अश्क जैसे अन्य हिन्दी लेखक नस्तालिक लिपि में लिखी गयी उर्दू से देवनागरी में लिखी गयी नयी खड़ी बोली में संक्रमण कर रहे थे। देखें ऑर्सीनी 2004सी : एक्स; रॉकवेल 2004 : 20-22

699. "यमुना के किनारे-किनारे केलि-कौतूहल का अद्भुत-अद्भुत वर्णन बहुत हो चुका।" *महावीर प्रसाद द्विवेदी रचनावली,* 2 : 49। नायिकाभेद के ख़िलाफ़ विशेष रूप से द्वेष रखने वाले द्विवेदी के कई चुनिन्दा उद्धरण शर्मा 1977 : 270-304 में संकलित हैं।

700. *महावीर प्रसाद द्विवेदी रचनावली,* 2 : 47। बेशक, द्विवेदी ऐसी आलोचना करने वाले पहले व्यक्ति नहीं थे। उदाहरण के लिए, 1889 में अंग्रेज़ी प्रकाशक फ्रेडरिक पिनकॉट की टिप्पणियों को देखें, जिनकी चर्चा रिटर 2010 : 251-52 में की गई है।

701. हिन्दी में औपनिवेशिकता से पहले की गद्य-परम्पराओं के अस्तित्व पर देखें मैकग्रेगर 1968 और 1974 : 64; डालमिया 1999 : 159-60। रीतिकाल की गद्य परम्पराओं पर देखें गौतम 1972

702. गुप्ता 2000 : 105

703. ऑर्सीनी 2002बी : 82 (हरिवंशराय बच्चन को उद्धृत करते हुए)।

704. जैसा कि फ्रांचेस्का ऑर्सीनी ने उल्लेख किया है, महावीर प्रसाद द्विवेदी (श्यामसुन्दर दास और रामचन्द्र शुक्ल जैसे अन्य हिन्दी दिग्गजों के साथ) अंग्रेज़ी उपयोगितावादी विचारकों से काफ़ी प्रभावित थे (2002बी : 145)।

705. इस अवधि में राजनीति, लिंग और भाषा के विकल्प के तनावपूर्ण अन्तरसम्बन्ध पर देखें पॉवेल्स 2001 : किंग 1999 : 33–37।

706. किंग 1999 : 36 (पॉवेल्स 2001 : 455 में उद्धृत)।

707. *महावीर प्रसाद द्विवेदी रचनावली*, 1 : 125–34।

708. ऑर्सीनी 2002बी : 43–48

709. वही, 55–57

710. इस काल में ब्रजभाषा के स्थायित्व के बारे में देखें मैकग्रेगर 1974 : 98–111

711. रिटर 2010 : 269–70

712. रिटर 2004 : 417। शोमर 1998 : 10

713. हिन्दी पब्लिक स्फीयर में उनके योगदान और रियासती भारत और औपनिवेशिक सिविल सेवा दोनों में उनकी जटिल सामाजिक हैसियत के बारे में अधिक जानकारी के लिए देखें गेफ़के 1978 : 20; ऑर्सीनी 2002बी : 408–9; बुश 2010c

714. *मिश्रबन्धु-विनोद*, 1 : 30–31

715. *मिश्रबन्धु-विनोद*, 1 : 162–63

716. *हिन्दी नवरत्न*, पृष्ठ 32

717. शोमर 1998 : 57 नोट 75 (ऑर्सीनी 2002बी : 144 में उद्धृत)

718. *मिश्रबन्धु-विनोद*, 2 : 679

719. चन्द्रा 1992 : 17–70

720. फारुकी 1995 : 90

721. ऑर्सीनी 2002बी : 40–44, 101–11। ऑर्सीनी आधिकारिक रूप से स्वीकृत, 'गम्भीर' हिन्दी और लोगों द्वारा असल में पढ़ी और पसन्द की जाने वाली हिन्दी के बीच विसंगति को भी उजागर करती हैं (उदाहरण के लिए, 2002बी : 6, 7, 12)।

722. बुश 2011 में हिन्दी के नाम पर अपभ्रंश को घुसाने पर ऐतिहासिक आपत्ति उठायी गयी है।

723. जिन पाठकों को दिलचस्पी हो वे रामविलास शर्मा (1973); कृष्ण धवन (1980); महेन्द्रपाल शर्मा (1986); बच्चन सिंह (1989); मिलिंद वाकनकर (2002) द्वारा की गयी चर्चाओं को देख सकते हैं।

724. शुक्ल 1994 : 1

725. उनका कालक्रम इस प्रकार है : 'हिन्दी का उदय' (650-1286), 'दूसरा चरण' (1286-1387), 'प्रारम्भिक मध्यकालीन हिन्दी' (1387-1503), 'उन्नत मध्यकालीन हिन्दी' (1503-1623), 'प्रारम्भिक अलंकृत हिन्दी' (1623-1733), 'उन्नत अलंकृत हिन्दी' (1733-1832)—ये दो अन्तिम काल मोटे तौर पर रीति साहित्य को दर्शाते हैं—इसके बाद 'संक्रमण' (1832-1868) और 'आधुनिक हिन्दी' (1868 से)। मिश्रबन्धु-विनोद, 1 : v

726. शुक्ल 1994 : 114-19। केशवदास के साथ शुक्ल के बेढंगे व्यवहार के बारे में अधिक चर्चा के लिए, पचौरी 2002 : 143-47 देखें।

727. शुक्ल 1994 : 133। विश्वनाथप्रसाद मिश्र द्वारा ब्रजभाषा की भाषा और व्याकरण सम्बन्धी भिन्नता का विवरण कहीं अधिक सन्तुलित है, जिसे एक अन्तर-क्षेत्रीय भाषा में पूरी तरह से उचित माना जाता है। मिश्रा 1965ए : 152-63 देखें।

728. एक जगह पर असामान्य रूप से उदार भावना में वे कहते हैं, "ऐसे सरस और मनोहर उदाहरण संस्कृत के सारे लक्षणों से चुनकर इकट्ठा करें तो भी उनकी इतनी अधिक संख्या न होगी।" शुक्ल 1994 : 131।

729. उन्होंने हिन्दी साहित्य में क्लासिकल मोड़ को 'ऑगस्टन एज' के नाम से भी सम्मानित किया। ग्रियर्सन 1889 : xxi, 58।

730. महेन्द्रपाल शर्मा (1986 : 109-10) की टिप्पणियों की तुलना करें।

731. शुक्ल 1994 : 129–31

732. तुलसी की कविता पहले से ही अपने धार्मिक सन्देश के लिए ओरिएंटलिस्ट (प्राच्यवादी) हलक़ों में काफ़ी प्रशंसा प्राप्त कर चुकी थी। देखें लुटगेनडॉर्फ़ 1991 : 29। महावीर प्रसाद द्विवेदी ने 1912 में अपनी पत्रिका 'सरस्वती' में प्रकाशित मिश्रबन्धुओं के *हिन्दी नवरत्न* की समीक्षा में सूर और तुलसी को दरबारी कवियों से ऊपर बताते हुए उनकी प्रशंसा की थी (शर्मा 1977 : 275-76)। अपने समकालीन भक्ति कवियों की तुलना में केशवदास के एक निन्दापरक चित्रण के लिए देखें *महावीर प्रसाद द्विवेदी रचनावली,* 2:151।

733. ये उद्धरण क्रमश: अध्याय 1, 4 और 3 में हैं।

734. यह पद बंघा 2005 : 20-24 में उद्धृत और व्याख्यायित अनुवाद को संशोधित करके पेश किया गया है (विशेष रूप से रीति साहित्य की आधुनिक बदनामियों पर आधारित कालभ्रमित व्याख्याओं के बारे में उनके द्वारा बरती गयी सावधानी पर ध्यान दें)।

735. *काव्यनिर्णय,* 1.8 और मैकग्रेगर 2003 : 941–42 देखें।

736. *काव्यनिर्णय,* 1.16–17

737. इसी तरह अठारहवीं शताब्दी के कवि आनन्दघन ने, जिन्हें शुक्ल द्वारा दिये गये कालविभाजन के आधार पर तब से रीति कवि माना जाना चाहिए, अपने साहित्यिक जीवन के दौरान दरबार को छोड़कर मन्दिर को अपना ठिकाना बनाया था। इस तरह उन्होंने रीति और भक्ति के दो अलग-अलग साहित्यिक व्यक्तित्वों को जिया। बंघा 2001 : 180–89 देखें। जैसा कि अध्याय 1 में उल्लेख किया गया है, केशवदास की *रसिकप्रिया* एक ही साथ रीति और भक्ति दोनों विधाओं की रचना है। बिहारी की कविता के भक्ति और रीति रजिस्टरों पर, जो एक साथ काम करते हैं, स्नेल 1994बी देखें।

738. 1913 में लिख रहे मिश्रबन्धुओं ने भारतीय पतन के विचार का विरोध किया, जिससे संकेत मिलता है कि यह धारणा उनके समय में आम थी। इस अध्याय के आरम्भ में दिया गया उद्धरण देखें, *मिश्रबन्धु-विनोद,* पृष्ठ 28, 31 से उद्धृत (पूरे अंश का अनुवाद बुश 2010C में है)। अन्य प्रमाण दिये जा सकते हैं, जैसे कि इस अध्याय के आरम्भ में दिये गये दूसरे उद्धरण में लॉर्ड मिंटो की कुख्यात टिप्पणियाँ (मजूमदार 1941 : 223 में उद्धृत)। एक ब्रिटिश मिशनरी और साफ़ तौर से ग्रियर्सन से काफ़ी प्रभावित फ्रैंक की ने 1920 में लिखे गये हिन्दी के साहित्यिक अतीत के अपने लेखे-जोखे के दसवें अध्याय 'आधुनिक काल (1800 से)' की शुरुआत इस तरह की टिप्पणियों से की, 'अठारहवीं शताब्दी काफ़ी हद तक साहित्यिक अभाव का समय था, लेकिन अब एक पुनर्जागरण शुरू हुआ...देश लम्बे समय तक जिस आन्तरिक संघर्ष और अव्यवस्था से गुज़र रहा था, उसके बाद ब्रिटिश शासन भारत में जो शान्ति और सुरक्षा लेकर आया, उसने हिन्दी साहित्य की प्रतिभा को फिर से ख़ुद को स्थापित करने और अठारहवीं शताब्दी में यह जिस पतन का शिकार हो गया था, उससे उबरने का अवसर दिया।" की 1920 : 87

739. चटर्जी 1993ए : 92–106

740. इस अवधि में ऐतिहासिक विषयों पर हिन्दी लेखकों के बढ़ते रुझान पर ऑर्सीनी 2002बी : 175–224 देखें।

741. ऑर्सीनी ने लिखा है कि मैथिलीशरण गुप्त भारतीय पतन का सूत्र महाभारत युद्ध तक से जोड़ते हैं। वही, 185-86। बंकिमचन्द्र ने मुग़लों को दोषी ठहराया, लेकिन पठानों को नहीं, यह एक बारीक नुक़्ता है जो दिखाता है कि 1880 के दशक तक मुसलमान अन्य (muslim other) एक अखण्ड, एकसार चीज़ (monolithic construction) नहीं था। चटर्जी 1993ए : 113-15 देखें।

742. गुप्ता 2000; तुलना करें स्टार्क 2007 : 90-100

743. औपनिवेशिक भारत में महिलाओं को शिक्षित करने के बारे में बहस पर, चटर्जी 1993ए : 116-34 देखें; संगारी 2002 : 96-163। तुलना करें पचौरी 2001 : 184-90

744. डालमिया 1999 : 247 देखें।

745. गुप्ता 2000 : 95-105 देखें। लेकिन, जैसा कि वे निष्कर्ष में टिप्पणी करती हैं (पृष्ठ 117-18), जबकि ब्राह्मणवादी पितृसत्ता आधिकारिक़ विमर्श में विजयी रही थी, पूरे द्विवेदी काल में 'गन्दा' साहित्य और कोकशास्त्र अत्यधिक लोकप्रिय रहे।

746. चटर्जी 1993ए : 119-21

747. जैसा कि हरीश त्रिवेदी ने उल्लेख किया है, राष्ट्रवादी कवि मैथिलीशरण गुप्त ने अपनी प्रसिद्ध कविता *साकेत* (2003 : 990) में देशभक्ति और भक्ति का एक आश्चर्यजनक मेल दिखाया है। ऊपर हरिऔध के *प्रियप्रवास* का उल्लेख भक्ति सम्बन्धी विषयों का उपयोग राष्ट्रवाद की सेवा में करने के चलन के एक उदाहरण के रूप में किया गया था। देशभक्ति हरिश्चन्द्र की कुछ भक्ति कविताओं का भी विषय थी। चन्द्रा 1992 : 25 देखें।

748. शॉमर 1998 : 1–123 देखें; छायावाद आन्दोलन के अधिक हालिया अध्ययन के लिए, ग्रीन 2008 देखें।

749. पन्त 1963 : 21–22 (बंघा 2005 : 25 में उद्धरण से थोड़ा संशोधित अनुवाद)।

750. ऑर्सीनी 2002बी : 106–7

751. मिश्र 1966 : 374–400 में श्रृंगारकाल के तर्क का विस्तार से वर्णन किया गया है। हिन्दी साहित्यिक इतिहासकारों की नामकरण प्रथाओं और काल-विभाजन दोनों पर बहसों की चर्चा महेन्द्र कुमार 1995 : 277–80 में उपयोगी तरीक़े से की गयी है; बंघा 2005 : 16-19

752. पचौरी 2002 : 139

753. पचौरी 2001 : 183

754. उपरोक्त, पृष्ठ 184 में उद्धृत।

755. शम्सुर रहमान फ़ारूक़ी (1999 : 16) ने उर्दू शायर मीर द्वारा लिखी गयी एक प्रेम कविता के काव्यात्मक बिम्ब को उनकी जीवनी के रूप में देखने की बेतुकी व्याख्या का उल्लेख किया है। यह कविता लिखने के समय मीर लगभग 88 वर्ष के थे।

756. नगेन्द्र 1973 : 3-23। इस खण्ड के कुछ अधिक नुक़सानदेह उपशीर्षकों में शामिल हैं, 'राजनीति और सामाजिक दुर्व्यवस्था' और 'विलासप्रधान जीवनदर्शन तथा पतनोन्मुख

युगधर्म'। यह अंश विशेष सावित्री सिन्हा ने लिखा था, लेकिन सम्भवत: नगेन्द्र ने इस तरह से सेक्शन की शुरुआत करने का विकल्प चुना था, क्योंकि उसी वर्ष उनके सह-सम्पादकत्व में प्रकाशित भारतीय साहित्यिक इतिहास के एक संक्षिप्त डाइजेस्ट में भी ऐसा ही एक सेक्शन मिलता है (इसका श्रेय महेन्द्रकुमार को दिया गया है)। देखें नगेन्द्र और गुप्ता 1995 : 281-87

757. सिंह 1998 : 98

758. प्रतिनिधि हैं चेलर 1973 : 1-20; सिंह 1999 : 21-27। मुग़ल कवि सुन्दर का एक बहुत ही हालिया अध्ययन मुग़ल दरबारों के विलासितापूर्ण वातावरण पर खेद व्यक्त करता है। कई अर्थों में विद्या की दुनिया में एक सुखद योगदान होते हुए भी यह अध्ययन कामुकता पर ध्यान केन्द्रित करने के चलते और यहाँ तक कि असम्भव रूप से लेखक की कभी-कभी बौद्धिक चूक का कारण भी है। यादव 2008 : 7 देखें।

759. मीर 2006

760. इस पर भी विचार करें कि कैसे हरिश्चन्द्र के पास अभी भी पूर्व-औपनिवेशिक प्रथाओं तक पहुँच थी और उन्होंने औपनिवेशिक प्रथाओं के प्रति परिवर्तनशील रूप से प्रतिक्रियाएँ दीं। इसी के साथ उन्होंने उस चीज़ की बुनियाद रखी जिसे वसुधा डालमिया "भारतीय राष्ट्रवादी आधुनिकता का तीसरा मुहावरा" मानती हैं (1999 : 13-20)। चन्द्रा 1992 से तुलना करें।

761. हिन्दी के पब्लिक स्फीयर और प्रेमचन्द की रचनाओं पर व्यावहारिक चर्चा क्रमश: ऑर्सीनी 2002बी और 2004सी में की गयी है।

762. ज्योफ्री लुईस (1999) ने इसी अवधि में तुर्की भाषा में सुधार के कुछ हद तक तुलनीय सन्दर्भ के लिए 'विनाशकारी सफलता' शब्द का इस्तेमाल किया है, जिसमें उस्मानियाई तुर्की को हटाकर मुश्किल से समझ में आने वाले नये-नये गढ़े गये शब्दों को अपनाया गया। इसने सदियों से विकसित ग्रन्थों की एक समृद्ध विरासत से आधुनिक पाठकों का लगभग तत्काल अलगाव पैदा कर दिया।

763. उल्लेखनीय अपवादों में चारु गुप्ता (2000), सुधीश पचौरी (2001, 2002) और पुरुषोत्तम अग्रवाल (2009ए) द्वारा हाल ही में किये गये अध्ययन शामिल हैं।

# उपसंहार

## अतीत का पुनःस्मरण

### लाभ और हानि का हिसाब : हिन्दी अध्ययन में वर्तमानवाद

रामचन्द्र शुक्ल के दिनों से जिस काल को रीतिकाल कहा जाता रहा है, उस सत्रहवीं और अठारहवीं सदी के उत्तर भारतीय हिन्दी साहित्य को जब हम पलटकर देखते हैं तो विभिन्न क़िस्म की अवधारणात्मक बाधाएँ हमारे सामने उपस्थित होती हैं। भारत में आधुनिकता से पहले के साहित्यिक अतीत के साथ अनेक सम्बन्धों को व्यापक अलगावों ने भंग कर दिया है और उसको देखने के नज़रिये को भी बुनियादी तौर पर बदल दिया है। अपने आप में 'हिन्दी साहित्य' की श्रेणी ही उपनिवेशवाद और राष्ट्रवाद की आपस में उलझी हुई ताक़तों के साये में आधुनिक काल में जन्मी। इसी के साथ यह बात भी एक विशेष रूप में जन्मी कि हिन्दी साहित्य क्या था और यह कैसे बना। यह एक ऐसी प्रक्रिया थी जिसने एक कहीं बड़ी कथा को आकार दिया। बीसवीं सदी के शुरुआती दौर में साहित्य की चर्चा एक उद्यम थी, जिसमें साहित्य के किसी एक अंश को ही समग्रता का प्रतीक बना दिया जाता था और ऐसा दुनिया में कई जगहों पर हुआ। ख़ासतौर से हिन्दी साहित्य के बारे में बात करने का मतलब था भारतीय जनता की इतिहास-यात्रा की बात करना। उनका अतीत, उनका वर्तमान, और एक उपनिवेश के रूप में शायद सबसे अहम तौर पर उसके भविष्य पर बात करना। ऐसे समय की कल्पना करना जब भारतीय उन कथित कमज़ोरियों से मुक्त होंगे, जिन्होंने देश को विदेशी ताक़तों के हाथ में चले जाने दिया।

इस पुस्तक में मैंने उपनिवेशवाद से ठीक पहले के काल के विशेष हवाले से इस आख्यान की पर्याप्तता को परखने की कोशिश की है। अकादमिक अध्ययन के एक क्षेत्र के रूप में हिन्दी साहित्य का निर्माण ऐसी स्थितियों में किया गया, जो

विशेष रूप से अशान्त और व्यापक रही थीं। इस पर हावी हो जाने वाले अनेक शक्तिशाली विचार परम सिद्धान्त नहीं हैं बल्कि ऐसी निर्भर सच्चाइयाँ हैं जिनकी जड़ें विशिष्ट सामाजिक-ऐतिहासिक स्रोतों में हैं। हिन्दी साहित्यिक का इतिहास, औपनिवेशिक शासन और उर्दू के मुसलमान पैरवीकारों दोनों के ख़िलाफ़ लड़ाई में अस्तित्व में आया। क्या यह हिन्दी की नियति है कि यह हमेशा अपनी राष्ट्रवादी जड़ों में बँधी रहे? हाल के दशकों में समकालीन साहित्यिक क्षेत्र में काफ़ी कुछ नयी चीज़ें आयी हैं, लेकिन हैरानी की बात है कि औपनिवेशवाद से पहले के साहित्य को देखने के नज़रिये में बहुत कम बदलाव आए हैं।

उपनिवेशवाद और राष्ट्रवाद के तर्क के मुताबिक़ हिन्दी की कहानी को भारतीय प्रगति की कहानी के रूप में आकार दिया जाना चाहिए। तथाकथित कमज़ोर और जर्जर ब्रजभाषा की जगह लेकर हिन्दी आख़िरकार एक ओजपूर्ण और दूरगामी आचरण हासिल करने में कामयाब रही। द्विवेदी-युग के सुधारवादी कवियों को वैचारिक सेना में भर्ती कर लिया गया, जो इस लम्बी छलाँग को अंजाम देने वाले थे। हिन्दी को लाभ हुआ; राष्ट्र को लाभ हुआ। बीसवीं और अब इक्कीसवीं सदी की उपलब्धियों पर सवाल करना मेरा मक़सद नहीं है। हिन्दी की उपलब्धियाँ अनेक हैं; असल में दुनिया के किसी भी राष्ट्र का कोई भी नागरिक आधुनिक हिन्दी साहित्यिक जीवन की गतिशीलता और रचनात्मकता के बारे में ईर्ष्या कर सकता है। शुरुआती सुधारवादी दौर के अरसे बाद हिन्दी साहित्य का पश्चिम की विधाओं के साथ परस्पर संवाद जारी रहा, यह सम्पर्क सिर्फ़ औपनिवेशिक स्वामियों के साथ ही नहीं रहा बल्कि यूरोपीय साहित्य की महान कृतियों का हिन्दी में अनुवाद हुआ और निर्मल वर्मा जैसे आधुनिकतावादियों का लेखन पश्चिम के साथ एक सचेत संवाद था, उनका अनुकरण नहीं। जैसा कि इस पूरे अध्ययन में कहा जाता रहा है, साहित्यिक अनुकरण हमेशा एक गतिशील प्रक्रिया रही है।[764] इन सबको हिन्दी के लिए एक लाभ के रूप में पेश करना सही है। हिन्दी के लेखक प्रगतिवादी, छायावादी व प्रयोगवादी सभी रहे हैं। विभाजन के बाद कुछ अत्यधिक आधुनिकतावादी बन गये। नयी कहानी के लेखकों ने गहरे मोहभंग और विलगाव ने कटे हुए शहरी अस्तित्व की बेचैनियों और विरोधाभासों को बख़ूबी आँका है। इसके बाद से छह दशकों में, हिन्दी लेखकों ने दिखाया है कि वे देशी और सार्वदेशिक संसारों में रचने-बसने में प्रशंसनीय रूप से दक्ष हैं। चाहे यह आंचलिक शैलियाँ हों, दलित और स्त्रीवादी साहित्य के ज़रिये नये स्वरों को जगह देना हो, या फिर वैश्विक अंग्रेज़ी के साथ एक रिश्ता क़ायम करना हो।

हम जब हिन्दी आधुनिकता की बात करते हैं तब हमेशा ही हम लाभों और उपलब्धियों की बात करते हैं। कई ऐसी वजहें हैं कि हमें ऐसा करना चाहिए। इसके बावजूद मैं नुक़सान की बात करना चाहती हूँ। आज के हिन्दी साहित्यिक समुदाय ने अपना काफ़ी सारा अतीत खो दिया है, जिसका या तो पर्याप्त अध्ययन नहीं हुआ है या फिर चिन्ताजनक रूप से उसकी ग़लत समझ बनायी गयी है (और ये दोनों समस्याएँ आपस में जुड़ी हुई हैं)। अपने क्लासिकल अतीत को गुमनामी में धकेल देना बौद्धिक स्वास्थ्य का संकेत नहीं है। इन दिनों अनेक छात्रों और शोधकर्ताओं के लिए हिन्दी की कहानी उन्नीसवीं सदी के मध्य में शुरू होती है और अपने औपनिवेशिक स्वामियों के ख़िलाफ़ भारत के विद्रोह के साथ विकट रूप से जुड़ी हुई है। यह खड़ी बोली और पश्चिम के साथ हिन्दी स्फीयर की मुलाक़ात की कहानी है, जिसका अगला चरण भारतीय राष्ट्र के लिए संघर्ष था। हिन्दी साहित्य उन्नीसवीं सदी में शुरू नहीं हुआ था। यह कहना मुश्किल है कि इसकी शुरुआत कब हुई, कुछ तो इसलिए कि हम हमेशा ही इस पर सवाल उठा सकते हैं कि 'हिन्दी' से हमारा क्या मतलब है, या फिर 'साहित्य' और 'शुरुआत' का क्या मतलब है। लेकिन अधिकतर ज़िम्मेदार इतिहास-लेखन के लिए सूफ़ी लेखकों द्वारा स्थापित ख़ूबसूरत अवधी काव्य परम्परा इस आरम्भ को चिह्नित करने की एक उपयुक्त या सार्थक जगह है। इसकी शुरुआत चौदहवीं सदी में हुई थी। एक दूसरी क़िस्म की हिन्दी यानी दरबारी ब्रजभाषा की परम्परा दो सदियों के बाद शुरू हुई। लेकिन हिन्दी की कहानी निर्णायक रूप से राष्ट्र की विजय की कहानी नहीं है, न ही यह हिन्दू नागरिकों द्वारा अपनी परम्परा को सोद्देश्य रूप से पुनरुज्जीवित करने के संघर्ष की कहानी है, जिसे एक मुसलमान (और ब्रिटिश) अन्तराल ने दूषित कर दिया था।

जब हम राष्ट्र और आधुनिकता तक पहुँचने के रास्ते में हिन्दी की कहानी कहते हैं तब हम इसके अतीत की सारी बारीकियों को खो देते हैं।[765] क्योंकि ऐसा करते हुए हम अहम साहित्यिक, नैतिक, विकासपरक और सभ्यतागत घटकों पर ज़ोर देने लगते हैं जिनका ब्रजभाषा में अभाव था और जिन्हें मज़बूत औपनिवेशिक और राष्ट्रीय व्यवस्थाओं के ज़रिये स्थापित किया गया। ब्रजभाषा हिन्दी के उत्थान के आख्यान में महज़ एक पराजय की कहानी भर नहीं है, न ही भक्ति के लिए रीति को महज़ एक पराजय की बात होनी चाहिए। ये बहुत ही हास्यास्पद छवियाँ हैं जो साहित्यिक पूर्व-आधुनिकता की ऐतिहासिक और सौन्दर्यबोधीय जटिलता को मिटा देती है। हम इस तथ्य को बदल नहीं सकते हैं कि द्विवेदी-युग में खड़ी बोली हिन्दी

ने निर्णायक रूप से ब्रजभाषा को बेदख़ल कर दिया, या फिर रीति साहित्य को एक मध्यकालीन, पतनशील परम्परा के रूप में तिरस्कृत किया गया। लेकिन हम उन औपनिवेशिक और राष्ट्रवादी परिस्थितियों का संज्ञान ले सकते हैं, जो इस प्रक्रिया पर हावी रहीं। इससे भी अधिक, हम चुन सकते हैं कि ब्रिटिश औपनिवेशवाद से पहले की सदियों की साहित्यिक गतिविधि को हम भूलने नहीं जा रहे हैं, बल्कि हम उसे याद रखेंगे–उस सारे के सारे साहित्य को, न कि महज़ उन हिस्सों को जो आधुनिक सरोकारों के सबसे अनुकूल लगने वाली हिन्दी की विरासत हों।[766] इस काल की कृतियों में एक समृद्ध और गहरे तौर पर परतदार कहानी विद्यमान है।

## हिन्दी के विस्मृत अतीत

बेशक हिन्दी के कई अतीत हैं। सबसे बड़ा नुक़सान हिन्दी के आरम्भिक आधुनिक अतीत का खो जाना है। निश्चित रूप से सारा का सारा अतीत नहीं खोया। भक्ति अतीत के कई नायक हैं जिनका हिन्दी नवजागरण के काल में पुनरूद्धार किया गया। हिन्दी में भक्त कवि तुलसी और सूर, कबीर, रसखान जैसे 'अच्छे मुसलमान', बहादुर मीराबाई जो एक सम्मानित स्त्रीवादी पुरोगामी हैं आदि को जानने-समझने की सशक्त परिपाटी रही है।[767] जो चीज़ हमारे लिए सहज रूप से उपलब्ध नहीं है, वह है हिन्दी का दरबारी अतीत, इसका मुग़ल अतीत, और–मैं कहना चाहूँगी–इसका मुसलमान अतीत। राष्ट्रवादी मिथक-निर्माण के रणनीतिकारों के लिए इस भण्डार में कुछ ख़ास नहीं मिलने वाला था।

जब मैंने यह किताब शुरू की थी, तब यह देखकर मुझे सदमा-सा लगा था कि 1560 से 1860 के बीच के काल में रचे गए हिन्दी के दरबारी साहित्य के बारे में कुछेक पुरानी और बासी रूढ़ छवियों के अलावा बहुत कम चीजें उपलब्ध थीं। रीति साहित्य के टीकायुक्त संस्करण और हिन्दी अलंकारशास्त्र पर विस्तृत अध्ययन मौजूद थे[768], लेकिन विद्वानों ने ऐसे सवाल आमतौर पर नहीं उठाये थे जिन्हें उठाने से लाभ हो सकता था। ऐसे सवाल जो कविता और सौन्दर्यबोधीय सरोकारों पर अहम प्रभाव तो छोड़ते ही हों लेकिन सामाजिक, बौद्धिक और राजनीतिक इतिहास से भी जिनके सम्बन्ध जोड़ते हों। इस तरह, इस नुक़सान में लाभ की सम्भावना है।

मैंने यह दिखाने की कोशिश की है कि मुग़लकाल के हिन्दी अतीत के अध्ययन से हमें क्या लाभ मिल सकते हैं। साथ ही इसको समझने में नाकाम रहने से हम क्या कुछ खो बैठेंगे। कुछ उत्तर-उपनिवेशवादी विद्वान (जो भारतीय भाषाओं में आधुनिक काल से पहले के स्रोतों को आमतौर पर नहीं पढ़ते) मुमकिन है कि यह

तर्क रखें कि उपनिवेशीकरण के नतीजे में भारत के ज्ञानात्मक विलगाव के चलते उपनिवेशवाद से पहले का अतीत हमेशा ही ज्ञान की पहुँच से बाहर बना रहता है। कुछ उत्तर-औपनिवेशिक सिद्धान्त ज्ञान के ग्रन्थ रूपों को लेकर सन्दिग्ध रवैया अपनाते हैं क्योंकि औपनिवेशिक काल के प्राच्यवादी लोगों ने व्यवहार के ऊपर लिखित सामग्री को अधिक महत्त्व दिया (ख़ासकर मौखिक साहित्यिक परम्पराओं के ऊपर)। निस्सन्देह उपनिवेशवादियों के आने से पहले दो हज़ार वर्षों में भारतीय लोग लिखित सामग्री रचने में माहिर रहे थे। संस्कृत और रीति साहित्यिक संस्कृतियाँ इसकी भरपूर गवाही देती हैं। और उपनिवेशवाद से पहले के प्रमाणों पर ग़ौर नहीं करना मुश्किल से ही एक मज़बूत बौद्धिक-ऐतिहासिक पद्धति हो सकती है। इससे बढ़कर, उपनिवेशवाद के तहत भारत की सांस्कृतिक अवनति को चुनौती देने के लिए, या इस दौर में ज्ञान के क्षेत्र में विनाशकारी बदलावों की एक व्यवस्थित समझ बनाने के लिए, इससे बढ़कर कारगर उपाय क्या हो सकता है कि उपनिवेशकों के आने से पहले भारत की ग्रन्थ संस्कृति का ऐतिहासिक रूप से एक अधिक बारीक लेखा-जोखा तैयार किया जाये? यह निश्चित है कि ऐसी बारीकी को हासिल करना आसान नहीं होगा, क्योंकि भावी शोधकर्ताओं के सामने हिन्दी साहित्य का आर्काइव पठनीयता (बोधगम्यता) से लेकर ग्रन्थों की पहुँच तक के हरेक मामले में चुनौती पेश करता है। लेकिन मैं कहूँगी कि ज्ञान हमेशा ही अज्ञानता से बेहतर है, याद करना और अतीत से जुड़ने की कोशिश करना हमेशा ही विस्मृति से बेहतर है। एक साहित्यिक अतीत के टुकड़े-टुकड़े को जोड़ने की कोशिश इस अतीत से दूर जाने से बेहतर है। या कम से कम ये कुछ ऐसे बुनियादी आधार हैं जिन्होंने इस किताब को लिखने के मेरे अभियान में जान फूँकी।

जब तक साहित्यिक रचनाकर्म की पूरी की पूरी सदियों को ही अंधकार युग कह कर ख़ारिज किया जाता रहेगा, तब तक अतीत की पुनर्रचना की कोशिशें बहुत कम ही होंगी। इस किताब में ऐसी ही एक पुन:रचना की कोशिश की गयी है। हमें भाषा और पाण्डुलिपियों को लेकर बहुत बड़े काम की ज़रूरत है;[769] अप्रकाशित ग्रन्थों को प्रकाशित करने और पहले प्रकाशित हो चुके ग्रन्थों के पुनर्मुद्रण की ज़रूरत है; हमें अनुवादों की ज़रूरत है–लगभग यह पूरा साहित्य ही किसी यूरोपीय या भारतीय भाषाओं में अनूदित नहीं है। भारतीय पाठ्यपुस्तकों और पाठ्यचर्याओं में रीति साहित्य को जिस अपमानजनक तरीक़े से जगह दी जाती है, उसको पूरी तरह से बदलने की ज़रूरत है। लेकिन साहित्यिक क्षेत्र में किसी बड़े संसाधन के आवण्टन

या ढाँचागत बदलाव के बिना भी उपनिवेशवाद के आने से पहले की सदियों में हिन्दी कवियों के बारे में हम सन्तोषजनक ढंग से तभी समझ सकते हैं जब हम औपनिवेशिक और राष्ट्रवादी सोच की बेजान उलझनों को हटाकर अलग कर दें। जब हम मुग़ल और राजपूत दरबारों को शर्म और पतन के केन्द्रों के रूप में सोचना बन्द कर देंगे, ऐसे दरबार जिनमें पापमुक्ति के बस कुछेक दुर्लभ दौर ही हुए–जिन्हें अकबरी (या असल में राणा प्रतापी) अपवादों का नाम दिया गया–तभी इस काल के इतिहास-लेखन को ग्रस्त करने वाली भारतीय अशक्तता की मान्यता ध्वस्त होगी। अगर हम उपनिवेशवाद के अन्तिम चरण या लक्ष्य को हटा दें, तब हमारे सामने एक व्यापक विस्तार खुल जायेगा। सांस्कृतिक और इतिहास-लेखन के इस परिदृश्य को हम फिर से जीवन्त कैसे बना सकते हैं, मैं इसके बारे में कुछ प्रस्ताव रखना चाहूँगी।

## भारतीय दरबारी संस्कृति के एक नये साहित्यिक, बौद्धिक और सामाजिक इतिहास की ओर

अगर हम भारत की राष्ट्रभाषा के उपनिवेशवाद से पहले के इतिहास के आख्यान को पहले से निर्धारित नाकामी की कथा के रूप में न देखें तो यह इतिहास पूरी तरह से भिन्न दिखाई देगा। इस किताब में पेश की गयी सामग्री ऐसे स्थापित आख्यान का समर्थन नहीं करती। आधुनिक और असामयिक नज़रियों को इतिहास में ले जाकर अतीत पर लागू करने के बजाय अगर हम रीति कवियों के ग्रन्थों और गतिविधियों को उनके अपने नज़रिये से समझने की शुरुआत करें, तो हमें हैरान कर देने वाली और दूरगामी सफलता की कहानियाँ मिलेंगी।

कवि केशवदास के जीवन और कार्य को लीजिए। वे एक मौलिकता विहीन या नीरस किरदार नहीं थे जैसा कि आधुनिक विद्वान अक्सर उन्हें बताते हैं। हिन्दी के एक श्रेष्ठतम क्लासिक कवि को लेकर यह कितनी विनाशकारी ग़लत समझ और कितना भारी अन्याय है। संस्कृत शिक्षा की एक लम्बी परम्परा के उत्तराधिकारी केशवदास ने अपने समय की साहित्यिक भाषा ब्रजभाषा को एक नयी क्लासिक बनने की राह दिखायी। और आंशिक रूप से उनके ऐसा करने की वजह से ही ब्रजभाषा–और इस तरह से हिन्दी भाषा–को इसका असाधारण जीवन मिला। उन्होंने वैष्णव कवियों द्वारा मुख्य रूप से पाली-पोसी गयी भाषा को लिया और इसे संस्कृत काव्य-शैली की सम्पदा से समृद्ध बनाया, और इसे ओरछा (और आख़िरकार ऐसा लगता है कि मुग़ल) आश्रयदाताओं के आगे अपनी खोजपूर्ण कृतियों को प्रस्तुत

किया। ब्रजभाषा साहित्य निर्णायक रूप से राजाओं के क्षेत्र में दाख़िल हुई। और कुछेक दशकों के भीतर स्थिति यह हो गयी कि राजा ब्रजभाषा कविता के बिना राजा नहीं हो सकते थे।

ब्रज सौन्दर्यबोध का मुग़लकालीन भारत की राजनीतिक और दरबारी संस्कृति से जुड़ना तथा इससे विकसित हुए भाषा के नये सामाजिक उपयोग को हिन्दी के विकास में किसी क़िस्म के ग़लत मोड़ की तरह नहीं देखा जाना चाहिए। ऐसा होना जारी रहेगा जब तक हम साहित्यिक जीवन की बचकानी, उपयोगितावादी निर्मितियों को छोड़ नहीं देते हैं। इसकी जगह हम पाते हैं कि रसिकों और आश्रयदाताओं के विविध समूहों के सम्पर्क में आने पर भाषा और साहित्यिक संस्कृति भव्य रूप से समृद्ध हुई। आरम्भिक विद्वानों ने इस पर सही ही ज़ोर दिया है कि ब्रजभाषा की साहित्य संस्कृति आरम्भिक आधुनिक काल का एक अहम आध्यात्मिक क्षेत्र थी। यह एक सौन्दर्यबोधीय और राजनीतिक संसाधन भी थी। मुग़ल और राजपूत दरबारी हलक़ों दोनों के लिए यह बात सही थी।

केशवदास का करियर उसी समय में शुरू हुआ जब बुन्देलखण्ड में मुग़ल-सत्ता की नींव पड़ी, इसलिए यह निर्धारित करना मुश्किल है कि मुग़ल दरबार में रीति साहित्यिक शैलियों को ले जाने में उनकी कोई भूमिका थी या नहीं। बल्कि अधिक सम्भावना तो इस बात की है कि मुग़लों की एक परिष्कृत संस्कति ने ओरछा जैसे स्थानीय दरबारों में साहित्यिक सौष्ठव के नये रूपों के फलने-फूलने में निर्णायक भूमिका निभायी। मुमकिन है कि केशवदास कभी आगरा नहीं गए हों, लेकिन 1612 में लिखी गयी उनकी अन्तिम कृति *जहाँगीरजसचन्द्रिका* हमें बताती है कि उन्होंने मुग़ल शहंशाह के लिए काव्य-पाठ किया था। उन्होंने फ़ारसीकृत ब्रज की नयी क़िस्म के साथ प्रयोग किये, और बाहरी शब्दों को हिन्दी के परिवेश में रचनात्मक रूप से अपनाया।

केशवदास के जहाँगीर के दरबार में जाने की बात पर शक करने की कोई ठोस वजह नहीं है, लेकिन हमें बहुत कम तथ्य पता हैं। आधुनिक काल से पहले के हिन्दी अतीत के बारे में ज़्यादातर यही स्थिति है। लेकिन यह अतीत हमें अभी भी बहुत कुछ सिखा सकता है। केशवदास और उनके बाद आने वाले कवियों के रचनाकर्म का अध्ययन नये सौन्दर्य संसारों के निर्माण का गवाह बनने जैसा है। दरबारी बुद्धिजीवियों को हम भक्ति की आध्यात्मिकता के साथ जीवन्त सम्पर्कों में देखते हैं, हम उन्हें इस दुनिया को समझने की कोशिश करते हुए देखते हैं। आमतौर

पर रीति साहित्य की तरह केशवदास का रचनासंसार संस्कृतियों के आपसी मिलन-बिन्दुओं का अध्ययन करने का मौक़ा देता है। हम ब्रजभाषा को संस्कृत, मगर साथ में फ़ारसी के साथ संवाद बनाते हुए भी देखते हैं। यह तब हो रहा था जब कवि और उनके आश्रयदाता सामाजिक-भाषाई अन्तर के नये क्षेत्रों से मिल रहे थे और राजनीतिक और सांस्कृतिक सम्पर्क के नये क्षेत्रों में दाख़िल हो रहे थे। एक दरबारी भाषा के रूप में ब्रजभाषा के विकास का पता लगाना राष्ट्रवाद से पहले के एक ऐसे अनजाने संसार तक पहुँचने का रास्ता खोलता है जिसमें हिन्दू और मुसलमानों के पास अपनी कुछ सबसे अहम सांस्कृतिक ज़रूरतों के लिए एक साझी साहित्यिक भाषा और सौन्दर्यबोध था। कहने की ज़रूरत नहीं कि जैन और सिख (और कई दूसरे समुदाय) भी इस संसार का हिस्सा थे।

ज्ञानात्मक विभिन्नता के ये क्षेत्र कुछेक ऐसे बहुमूल्य उपहार हैं, जो उपनिवेशवाद से पहले के अस्तित्व में आया साहित्यिक हमें प्रदान कर सकते है। हालाँकि इस विभिन्नता तक पहुँचना ख़ुद अनेक कवियों के जीवन के बारे में पता लगाने से कम मुश्किल नहीं है। आज हिन्दी छात्र सवाल कर सकते हैं, "मुग़लकाल के दरबारों में लेखकों के साहित्यिक सिद्धान्त या सामाजिक इतिहास पर सदियों पुराने सैकड़ों प्रबन्धों को पढ़ने से मुझे क्या सीखने को मिलेगा?" मैं कहूँगी कि आधुनिककाल से पहले के साहित्य का चिन्तनपरक और सावधानीपरक अध्ययन नहीं करना अतीत की मानविकी के बारे में कुछ महत्त्वपूर्ण बातों को जानने से वंचित होना है। समृद्ध मानव होने का मतलब इतिहास की अनेक परतों का अनुभव करना है, न कि उन्हीं ढर्रों में सन्तुष्ट बने रहना है जिन्हें हम पहले से जानते हैं। अतीत की महान कृतियाँ आज के पाठकों को प्रेरित कर सकती हैं और उन्हें करना चाहिए। इनमें यूनानी, लैटिन और संस्कृत की जानी-मानी क्लासिक परम्पराएँ तो हैं ही, मैं कहूँगी कि इनमें ब्रज क्लासिक भी शामिल हैं। ये ग्रन्थ अतीत के इतिहास के रहस्य का भण्डार भर नहीं हैं, बल्कि हमसे पहले हो चुके और चिन्तनशील लोगों के साथ संवाद करने का एक असाधारण अवसर हैं। रीति साहित्य का अध्ययन करने से हमें बहुत कुछ मिलेगा। हमें ख़ूबसूरत कविता को पढ़ने का आनन्द मिलेगा, बहुसांस्कृतिक आश्रय की समृद्ध दशाओं या प्रिंट के आने से पहले के समाज में काव्य-पाठ की व्यवस्थाओं और पाण्डुलिपियों के प्रसार के बारे में हम जान सकेंगे। लेकिन रीति साहित्य को पढ़ते हुए इन सवालों से बिल्कुल अलग हटकर हमें अतीत के चिन्तनसंसार तक पहुँचने का रास्ता मिलेगा। हम राजनीतिक जीवन और सामाजिकता के अब तक

अपरिचित तरीक़ों से रूबरू हो सकेंगे। इसमें राजनीतिक मेलजोल की प्रक्रिया में सौन्दर्यबोधीय प्रक्रियाओं और सामुदायिक निर्माण में रसास्वादन की अहमियत को जानने का अवसर मिलेगा। रीति साहित्य की 'मध्यकालीनता' की मौजूदा निर्मितियाँ इतनी हतोत्साहित और अशक्त बनाती हैं, इसकी वजह यह है कि वे आधुनिकता के विमर्श के एक अपेक्षित तर्क के भीतर काम करती हैं, जहाँ सांस्कृतिक अभिव्यक्ति और जुड़ाव के अतीत के ऐसे रूपों के लिए कोई अवधारणात्मक गुंजाइश ही नहीं है, जो किसी भी पूर्वानुमान से परे, और पूर्वनिर्धारित न हों।

अतीत के बारे में सोचने और उसके अस्तित्व को दिखाने का जितना इरादा मैंने किया है, ब्रजभाषा की साहित्यिक परम्परा के बारे में जो सवाल यहाँ रखे हैं, वे एक आधुनिक शोधकर्ता या संवादकर्ता के सवाल ही हैं। जब मैंने हिन्दी के साहित्यिक इतिहास-लेखन का पुनर्मूल्यांकन करना चाहा या आधुनिक काल से पहले के साहित्यिक और धार्मिक जीवन के बीच में कथित तौर पर एक बहुत कसे हुए सम्बन्धों को जटिल बनाना चाहा तब मैंने ब्रजभाषा के समृद्ध सौन्दर्यबोधीय और राजनीतिक जीवन को दिखाने का प्रयत्न किया। मैंने यह सवाल उठाया कि क्यों रीति साहित्य को उसके क्लासिसिज़्म की वजह से ही सकारात्मक तौर पर नहीं देखा जाता है, जबकि यूरोप के साहित्य में इसी के समान्तर जो सांस्कृतिक विकास चल रहा था, उसे एक शिखरबिन्दु के रूप में देखा जाता है, तो मैं इन सवालों के साथ ही ब्रज के रचनासंसार तक पहुँती थी। मेरा मतलब यह है कि ये सवाल मेरे पास पहले से थे और ये निश्चित रूप से ऐसे सवाल हैं जो उठाये जाने की माँग करते हैं। लेकिन अपने शोध के समापन के इस मुक़ाम पर मेरे लिए उतना ही महत्त्वपूर्ण सवाल यह है कि उन जवाबों पर ग़ौर किया जाये, जो ब्रजभाषा ने उन सवालों की प्रतिक्रिया में दिये जिन्हें पूछने का मेरा कोई इरादा ही नहीं था।[770]

मेरे लिए सबसे हैरान कर देने वाली खोज वह थी जब साहित्यिक-ऐतिहासिक रिकॉर्ड ख़ुद-ब-ख़ुद अतीत की परतें खोलने लगे। मिसाल के लिए, मैंने अपनी संस्कृत की स्रोत-सामग्री से ब्रजभाषा के साहित्य सिद्धान्त की स्वतन्त्रता की दलील देने की बात कभी नहीं सोची थी–जो कि अध्याय–तीन का केन्द्रीय विषय बन कर उभरा। इस शोध प्रश्न पर मैं शुक्लजी के नज़रिये के माध्यम से नहीं पहुँच सकती थी, जो इस काल के इतिहास-लेखन को लेकर जितना प्रभुत्वशाली नज़रिया है उतना ही नुक़सानदेह भी। इसके बावजूद सदियों तक फैले हुए लेखकों का एक बहुत व्यापक सामूहिक स्वर उभरा, जिसमें वे 'अपनी मति अनुसार' अपनी कृतियाँ रचने

का दावा कर रहे थे। यह समझ जो आकार लेती है, वह मौलिकता की आधुनिक अवधारणाओं के अनुकूल नहीं बैठती, और यह एक वजह है कि क्यों रीति लेखकों का क्लासिकल रचनाकारों के महज़ नकलची के रूप में लगातार अवमूल्यन किया जाता रहा। इसलिए एक अध्येता के रूप में मेरे लिए यह अहम हो गया कि इस कालदोष से भरी हुई निर्मिति को चुनौती दूँ, जो आधुनिकतावादी मान्यताओं से प्रेरित है। इसके लिए न सिर्फ़ आधुनिकता से पूर्व के भारतीय नज़रिये की मदद ली गयी बल्कि असल में उसको भारी तरजीह दी गयी थी। यह वह नज़रिया है जो बताता है कि विद्वत्तापूर्ण रचनात्मकता कैसे काम करती है। इस नज़रिये में, रीति बुद्धिजीवियों का लेखन लगभग सम्पूर्ण परिवर्तनकारी होने के कगार पर है। उनके लिए बदलाव ऐसी चीज़ थी जिसको संयोजित करने की ज़रूरत थी। सभी सांस्कृतिक व्यवस्थाएँ प्रगतिवादी तर्क पर काम नहीं करतीं। कुछ व्यवस्थाओं को उनके मौजूदा रूपों में भी सन्तोषप्रद माना जाता है। तब सांस्कृतिक रचना का उद्देश्य बदलाव लाना नहीं बल्कि स्थिरता को उन्नत करना होता है।[771] जो कृति बदलाव को संयोजित करने के तर्क से रची जाती है, वह कमतर दिमाग़ों की कृति नहीं होती है; वह महज़ अलग क़िस्म से काम करती है। रीति कवियों को सुनते हुए हम जो सबक़ सीख सकते हैं, उनमें से एक यह है कि गहरे सांस्कृतिक और अवधारणात्मक अन्तर का महत्त्व समझ पाना और उसको लेकर सिद्धान्त बना पाने में सक्षम हो पाना।

असल में इस किताब के कई तर्क अतीत के स्वरों को सुनते हुए पैदा हुए। रीति लेखकों को सुनते हुए मैंने कविकुल के महत्त्व को समझा, जो एक व्यापक साहित्यिक समुदाय था और लेखकों की पहचान के लिए महत्त्वपूर्ण था। आधुनिकता से पहले के काल में राजाओं की हिन्दी कविता के फलने-फूलने में इसकी काफ़ी अहमियत थी। मैंने मुग़ल दरबार में ब्रजभाषा के साहित्यिक जीवन के बारे में हर क़िस्म की अप्रत्याशित चीज़ों के बारे में भी जाना। कम से कम अपने नाम के आधार पर ब्रजभाषा को एक हिन्दू भाषा माना जाता रहा है। मैं कभी भी यह इरादा लेकर नहीं चली थी कि मैं साबित करूँ कि मुग़ल इसका एक प्रमुख, और शायद निर्णायक घटक थे। और न ही मैंने यह अपेक्षा की थी कि ब्रजभाषा की साहित्यिक रचनात्मकता के बारे में जानने के लिए फ़ारसी किसी प्रकार का स्रोत हो सकती है। मुझे कोई जानकारी नहीं थी कि ब्रज-क्षेत्रीय राजाओं के राजनीतिक और सौन्दर्यबोधीय योजनाओं के साथ इतनी अन्तरंगता से जुड़ी हुई थी। यह जुड़ाव इस हद तक था कि राजपूत साहित्य पर एक आलोचनात्मक क्षेत्र के रूप में एक नई

रोशनी के रूप में देखे जाने की माँग करता है। मौजूदा प्रमाण ने अनेक अप्रत्याशित दिशाओं के संकेत दिये। बेशक किसी भी शोधकर्ता के लिए ऐसी बातें जानना रोमांचक होता है जिनको जानने की उसने अपेक्षा नहीं की हो, लेकिन संस्कृति की पुरातात्त्विक खोज को अंजाम देना ख़ासतौर से रोमांचक है—जिसके ज़रिये हम अतीत के लोगों के सांस्कृतिक, बौद्धिक और साहित्यिक जीवन तक पहुँचते हैं।

अपने शोध के दौरान रीति साहित्यिक संस्कृति को लेकर ऐसे अनेक सवाल उठे जिनका मैं कभी भी सन्तोषजनक ढंग से हल नहीं खोज पायी। ब्रजभाषा के भिन्न अवधारणात्मक और राजनीतिक स्पेस और इस गतिशील परम्परा को सहारा देने वाले जटिल पूर्वाधुनिक साहित्यिक मूल्यों की समझ बनाने में अभी हमें लम्बी यात्रा तय करनी है। हमें इन कवियों के सामाजिक इतिहास के बारे में बहुत कुछ जानना है। ऐसे लोगों के बारे में कुछ बातें हमेशा ही अस्पष्ट बनी रहेंगी जो कई मामलों में आत्म-प्रचार के नितान्त विरोधी थे, लेकिन उनकी कुछ कहानी फ़ारसी और हिन्दी स्रोतों के बीच एक संवाद के ज़रिये फिर भी रची जा सकती है। शिक्षित हिन्दू लोग किसी समय व्यापक रूप से फ़ारसी जानते थे, लेकिन क़रीब एक सदी में यह स्थिति बदल गयी है। इसका मतलब यह है कि आज काम करने वाले विद्वान (जिनमें सिर्फ़ हिन्दी-स्रोतों का इस्तेमाल करने का रुझान मिलता है) आर्काइव के अनिवार्य घटकों को छोड़ दे रहे हैं। मैं उन अनगिनत ब्रजभाषा ग्रन्थों पर गम्भीरता से काम कर पाने में सक्षम नहीं रही हूँ जो पंजाब, या गुजरात, या बंगाल में प्रसारित हुए जिन्हें सिख, जैन व्यापारी या फिर दरबारी हैसियत के आकांक्षी सभी लोगों ने इस साहित्यिक भण्डार से लेकर प्रसारित किया। इस तरह ब्रजभाषा कहीं अधिक भिन्न क्षेत्रों में व्याप्त है, बहु-सांस्कृतिक है, और बहु-साम्प्रदायिक है, कि इसको एक अकेली किताब में पर्याप्त रूप से समेटा नहीं जा सकता है। वह भी ऐसी किताब में जिसका मुख्य ध्यान मुग़ल शासन के शिखर काल में दरबारी समुदायों पर केन्द्रित रहा है।

मैं ब्रजभाषा के भारी बहु-अनुशासनिक चरित्र के साथ भी पूरा न्याय नहीं कर पायी हूँ। इस परम्परा की यह अकेली विशेषता है जिसको एक सौ सालों से अधिक समय से नकारा जाता रहा है। भक्तिकालीन विमर्श, राजनीति, इतिहास और साहित्यिक सिद्धान्त के लिए वाहक का काम करने के साथ-साथ, ब्रजभाषा का व्यापक उपयोग ज्योतिष, चिकित्सा, घुड़सवारी के विज्ञान, और यहाँ तक कि पाकशास्त्र तक पर प्रबन्धों को लिखने में किया जाता था। हम इनमें से किसी भी सामग्री के बारे में लगभग कुछ भी नहीं जानते जबकि रीतिकाल में इनकी एक

अच्छी-ख़ासी संख्या है। सम्भव है कि इस आर्काइव में कोई महान बौद्धिक क्रान्ति नहीं मिले (कम से कम हम आधुनिक लोगों की क्रान्ति की परिभाषा से), न ही शायद हमें सत्रहवीं सदी का कोई भारतीय नवजागरण मिले जो उन्नीसवीं सदी में कथित औपनिवेशिक नवजागरण का पूर्वज हो। लेकिन हमें इस बात को स्वीकार करना चाहिए कि जब तक भारतीय आर्काइवों में पड़े हुए आरम्भिक आधुनिक दौर के हिन्दी ग्रन्थों की व्यापक संख्या को विद्वान पढ़ नहीं लेते और प्रकाशित नहीं कर लेते हैं, तब तक हमें सचमुच नहीं पता कि हमारे पास क्या है और क्या नहीं है। यह क़रीब-क़रीब निश्चित है कि हम मुग़लकाल के हिन्दी अतीत के बारे में जिस तरह से सोचते हैं, उसको इसमें से कुछ सामग्री बदलकर रख देगी। कम से कम हम भारतीय बौद्धिक और सामाजिक इतिहास की और भी पुनर्रचना कर सकेंगे। जब तक हम ब्रजभाषा की ग्रन्थ संस्कृति को मुख्यतः या तो वैष्णव या शृंगारिक श्रेणियों में रखकर देखते रहेंगे, जैसा कि शुक्लजी द्वारा प्रस्तावित भक्ति और रीति की श्रेणियाँ इसे सीमित करती हैं, तब तक हम हिन्दी अतीत की अनेक आवाज़ों को सुन पाने में नाकाम बने रहेंगे। ये आवाज़ें वैज्ञानिकों या बुद्धिजीवियों या इतिहासकारों की हो सकती हैं।[772] दूसरी अहम आवाज़ें अन्तिम दौर के रीति लेखकों की हैं। इस अन्तिम दौर के लेखकों को देखें तो उपनिवेशवाद के शुरुआती दौर में लिखे गये दरबारी ग्रन्थ ऐसी अन्तर्दृष्टियाँ प्रदान करेंगे जिनकी हम कल्पना तक नहीं कर पा रहे हैं। और अभी तक पर्याप्त रूप से इस रचनाकर्म का अध्ययन नहीं हुआ है। लेकिन मैं हिन्दी के अतीत को सुनना और उससे सीखना जारी रखूँगी, इसलिए कि अभी ऐसे सारे सवाल हैं जो मुझे पता नहीं कि वे पूछे जा सकते हैं।

## सन्दर्भ :

764. पश्चिमी विधाओं के साथ भारतीय लेखकों के रचनात्मक जुड़ाव के बारे में, देखें मुखर्जी 1985; त्रिवेदी 1994।
765. ऑर्सीनी, सम्पादित 2010 में संकलित निबन्ध आधुनिक राष्ट्रवादी दृष्टिकोणों के चलते धुँधली हो चुकी कुछ हिन्दी-उर्दू परम्पराओं को सामने लाने का एक प्रयास हैं।
766. मैं जानती हूँ कि भारत में काम कर रहे कुछ हिन्दी विद्वानों का भी यही नज़रिया है। किशोरीलाल (1991 : 11-12) की क्लासिकल हिन्दी में कौशल के ह्रास की मार्मिक आलोचना देखें, जिनके कृपापूर्ण परामर्श और रीतिग्रन्थों का अथक सम्पादन निश्चित रूप से इस पुस्तक को सम्भव बनाने वाली आधारशिला रहे हैं। रामानन्द शर्मा और उनके कई छात्र भी साहित्यिक अतीत के बारे में ज्ञान के ह्रास को रोकने के लिए सक्रिय रूप से काम

कर रहे हैं। उनके शब्दों में, "मध्यकालीन काव्य विलुप्त होने से बच जाये।" शर्मा 2008 : 2। तुलना करें टण्डन 2002

767. इनमें से ज़्यादातर भक्ति कवियों की जीवनी से जुड़े ब्योरे काफ़ी हद तक मिथकीय हैं, उनके ऐतिहासिक जीवन के बारे में अब तक कुछ पता नहीं चल पाया है, लेकिन फिर भी उनकी कविताएँ अभी भी प्रशंसित हैं।

768. देखें अध्याय–तीन नोट 6

769. उदाहरण के लिए, इस पुस्तक में सत्रहवीं सदी के लेखक चिन्तामणि त्रिपाठी का अक्सर उल्लेख किया गया है, उनके विशाल महत्त्व को उनके काम के प्रकाशन के रेकॉर्ड के साथ जोड़ना असम्भव है। न तो उनका *रसविलास,* जो शायद शाहजहाँ के लिए लिखा गया था, और न ही उनका *भाषापिंगल,* जो शिवाजी के पिता शाहजी भोंसले के लिए लिखा गया था, कभी प्रकाशित हुआ। उनका औपचारिक रूप से प्रकाशित एकमात्र ग्रन्थ, *शृंगार मंजरी* था, जिसे बरसों तक मैं भारतीय और पश्चिमी पुस्तकालयों में खोजती रही और अन्त में जाकर इलाहाबाद के हिन्दी साहित्य सम्मेलन से मुझे इसकी एक फ़ोटोकॉपी मिल सकी। इस लेखक का भारत के बाहर उपलब्ध एकमात्र कार्य है *कविकुलकल्पतरु,* वह भी 1875 में मुद्रित एक लिथोग्राफ़ की केवल माइक्रोफ़िल्म।

770. रोमनिस्ट एरिक ऑवरबाख हमें याद दिलाते हैं कि हमारा लक्ष्य यह नहीं है कि हम उन पूर्व-आधुनिक ग्रन्थों की तरफ़ से बोलें जिनका हम अध्ययन करते हैं। बल्कि हमारा उद्देश्य ग्रन्थों को खुद बोलने देना है : "प्रस्थान बिन्दु ऐसी कोई श्रेणी नहीं होनी चाहिए जिसे हम सामग्री पर थोप दें, जिसके भीतर सामग्री को समेटना ज़रूरी हो, बल्कि [यह प्रस्थान बिन्दु] विषय में पाई जाने वाली विशिष्टता होनी चाहिए, जो उसके इतिहास के लिए आवश्यक है, जिसको मज़बूत करने और उसका विकास करने पर, यह विषयवस्तु को इसकी विशिष्टता में और अपने सापेक्ष अन्य विषयों में स्पष्ट करती है" (1965 : 19)।

771. यह ब्रोनर और टब (2008) के तर्कों के अनुरूप है, जिन्होंने आरंभिक आधुनिक संस्कृत आलंकारिकों के कार्यों का अध्ययन किया है और पाया है कि "नये काव्यविद् की भूमिका विश्लेषण के ढाँचे को बिगाड़ना नहीं बल्कि उसे मुक्ति दिलाना है; अपनी परम्परा के इतिहास की ओर लौटना और उसमें से जो पहले से है, उसे बचाना है"; अतीत के कई बुद्धिजीवियों ने "समग्र सैद्धान्तिक क्रान्ति की नहीं बल्कि एक तरह के नवीनीकरण की आवश्यकता देखी" (630, 631)।

772. सुधाकर पाण्डे (1972 : 79-81) ने, जो भरतपुर के दरबारी लेखक सोमनाथ द्वारा ज्योतिष ग्रन्थ का अध्ययन करने वाले ब्रज विद्वानों में दुर्लभ हैं, बहुत पहले बताया था कि ब्रज की ग्रन्थ संस्कृति भक्ति और साहित्यिक ग्रन्थों के दायरे से कहीं अधिक व्यापक है। अध्याय–तीन, नोट 74 भी देखें।

## ग्रन्थ-सूची

### पाण्डुलिपियाँ और पाण्डुलिपियों की सूचियाँ :


- *भाषाभूषण टीका,* हरिचरणदास। राजस्थान ओरिएंटल रिसर्च इंस्टीट्यूट, अलवर, प्रविष्टि संख्या 4758
- *भावविलास,* देव। राजस्थान ओरिएंटल रिसर्च इंस्टीट्यूट, अलवर, प्रविष्टि संख्या 4771 [2]।
- *भावविलास,* देव। राजस्थान ओरिएंटल रिसर्च इंस्टीट्यूट, भरतपुर, प्रविष्टि संख्या 212
- *चन्दलता,* चिन्तामणि त्रिपाठी। राजस्थान ओरिएंटल रिसर्च इंस्टीट्यूट, अलवर, प्रविष्टि संख्या 4805
- *कविप्रिया की टीका,* महाराव बख्तावर सिंह। हिन्दी साहित्य सम्मेलन, इलाहाबाद, प्रविष्टि संख्या 782
- *कृष्ण-राधा,* गंग-कब। हज़रत पीर मुहम्मद शाह लाइब्रेरी, अहमदाबाद, प्रविष्टि संख्या 1910/50
- *राजस्थानी-हिन्दी हस्तलिखित ग्रन्थ-सूची*। 24 खण्डों में। जोधपुर : राजस्थान ओरिएंटल रिसर्च इंस्टीट्यूट, 1974–2009
- *रसगाहकचन्द्रिका,* सुरति मिश्र। राजस्थान ओरिएंटल रिसर्च इंस्टीट्यूट, भरतपुर, प्रविष्टि संख्या 78
- *रसिकरंजना,* वेणीदत्त भट्टाचार्य। इंडिया ऑफ़िस लाइब्रेरी, लन्दन, प्रविष्टि संख्या 1216
- *रसरहस्य,* कुलपति मिश्र। वेलकम इंस्टीट्यूट फ़ॉर द हिस्ट्री ऑफ़ मेडिसिन, लन्दन, प्रविष्टि संख्या 749
- *रसविलास,* चिन्तामणि त्रिपाठी। अनूप संस्कृत पुस्तकालय, बीकानेर, प्रविष्टि संख्या 274


### प्राथमिक स्रोत


- *आइन-ए-अकबरी,* अबुल फ़ज़ल। डी.सी. फिलॉट द्वारा सम्पादित। एच. ब्लॉखमान और एच.एस. जेरेट द्वारा अनूदित। 3 खण्डों में। दिल्ली : लो प्राइस पब्लिकेशंस, 1994।
- अकबरनामा, अबुल फ़ज़ल। हेनरी बेवरिज द्वारा अनूदित। 3 खण्डों में। कलकत्ता : बैपटिस्ट मिशन प्रेस, 1905–13

- अकबरनामा, अबुल फ़ज़्ल। मौलवी अब्द-उर-रहीम द्वारा सम्पादित। खण्ड 1। कलकत्ता : उर्दू गाइड ऑर मुज़हुबुल उजायब प्रेस, 1877।
- अलंकारशेखर, केशव मिश्र। पण्डित शिवदत्त और काशीनाथ पाण्डुरंग परब द्वारा सम्पादित। दूसरा संस्करण। बम्बई : निर्णय सागर प्रेस, 1926। .
- अमल-ए-शालिह, मुहम्मद सलीह कम्बो। ग़ुलाम यज़दानी द्वारा सम्पादित। 3 खण्डों में। कलकत्ता : एशियाटिक सोसाइटी, 1912-28।
- *अर्धकथानक,* बनारसीदास। मुकुन्द लाठ द्वारा सम्पादित। जयपुर : राजस्थान प्राकृत भारती संस्थान, 1981
- *बाबरनामा,* बाबर। व्हीलर थैकस्टन द्वारा अनूदित। न्यूयॉर्क : द मॉडर्न लाइब्रेरी, 2002
- *बादशाहनामा,* अब्दुल हामिद लाहौरी। 2 खण्डों में। कलकत्ता : एशियाटिक सोसाइटी ऑफ़ बंगाल, 1867-68
- *बरवै* (भक्तिपरक), रहीम। *रहीम ग्रन्थावली* में, विद्यानिवास मिश्र और गोविन्द रजनीश द्वारा सम्पादित। नई दिल्ली : वाणी प्रकाशन, 1994
- *बरवै नायिकाभेद,* रहीम। *रहीम ग्रन्थावली* में, विद्यानिवास मिश्र और गोविन्द रजनीश द्वारा सम्पादित। नई दिल्ली : वाणी प्रकाशन, 1994
- *भक्तमाल,* नाभादास। भगवान प्रसाद रूपकला द्वारा सम्पादित। आठवाँ संस्करण। लखनऊ : तेजकुमार बुक डिपो, 2001
- *भानुचन्द्रगणिकाचरित्र,* सिद्धिचन्द्र। मोहनलाल दलीचन्द देसाई द्वारा सम्पादित। अहमदाबाद और कलकत्ता : संचालक सिंघी जैन ग्रन्थमाला, 1941
- *भारतेन्दु के निबन्ध*। केशरीनारायण शुक्ल द्वारा सम्पादित। वाराणसी : नन्दकिशोर एंड संस, 1967
- *भाषाभूषण,* जसवन्त सिंह। *जसवन्तसिंह ग्रन्थावली* में, विश्वनाथप्रसाद मिश्र द्वारा सम्पादित। वाराणसी : नागरी प्रचारिणी सभा, 1972
- *कवि रत्नजीत का भाषाव्याकरण*। हरिवल्लभ भायाणी और भोलाभाई पटेल द्वारा सम्पादित। बंबई : फ़ोर्ब्स गुजराती सहबा, 1992
- *भिखारीदास ग्रन्थावली*। विश्वनाथप्रसाद मिश्र द्वारा सम्पादित। 2 खण्डों में। वाराणसी : नागरी प्रचारिणी सभा, 1956-57।
- *भूषण ग्रन्थावली*। विश्वनाथप्रसाद मिश्र द्वारा सम्पादित। नई दिल्ली : वाणी प्रकाशन, 1994

- *बिहारीसतसई*। सुधाकर पाण्डे द्वारा सम्पादित। वाराणसी : नागरी प्रचारिणी सभा, 1999
- *चन्द्रलोक*, जयदेव। गंगासागर राय द्वारा सम्पादित। वाराणसी : चौखंभा, 1985
- *चन्द्रमाला*, केशवदास। *केशवग्रन्थावली*, खण्ड 2 में, विश्वनाथप्रसाद मिश्र द्वारा सम्पादित। इलाहाबाद : हिन्दुस्तानी अकादमी, 1955
- *छत्रप्रकाश*, लाल कवि। महेन्द्रप्रताप सिंह द्वारा सम्पादित। दिल्ली : श्री पटल प्रकाशन, 1973
- *ध्वन्यालोक*, आनन्दवर्धन। पट्टाभिराम शास्त्री द्वारा सम्पादित। वाराणसी : चौखम्भा, 1940
- *दो सौ बावन वैष्णवन की वार्ता*। निरंजनदेव शर्मा द्वारा सम्पादित। मथुरा : श्री बजरंग पुस्तकालय, 1965
- *गंग ग्रन्थावली*। सरयू प्रसाद अग्रवाल द्वारा सम्पादित। नयी दिल्ली : केन्द्रीय हिन्दी निदेशालय, 1970
- *गंगकबित्त*। बटे कृष्णा द्वारा सम्पादित। वाराणसी : नागरी प्रचारिणी सभा, 1960
- *हिम्मतबहादुरविरुदावली*, पद्माकर। *पद्माकर ग्रन्थावली* में, विश्वनाथप्रसाद मिश्र द्वारा सम्पादित। वाराणसी : नागरी प्रचारिणी सभा, 1959
- *हिन्दी काव्यगंगा*। सुधाकर पाण्डे द्वारा सम्पादित। खण्ड 1। वाराणसी : नागरी प्रचारिणी सभा, 1990
- *हिन्दी नवरत्न*, गणेशबिहारी और शुकदेवबिहारी मिश्र। दुलारेलाल द्वारा सम्पादित। हैदराबाद : गंगा ग्रन्थागार, 1975। मूल संस्करण, 1910
- *Histoire de la littérature hindouie et hindoustanie*, गार्साँ दे तासी। दूसरा संस्करण। 3 खण्डों में। पेरिस : एडोल्फ लाबि, 1870-71। मूल संस्करण, 1839
- *हिततरंगिनी*, कृपाराम। *कृपाराम ग्रन्थावली* में, सुधाकर पाण्डे द्वारा सम्पादित। वाराणसी : नागरी प्रचारिणी सभा, 1969
- *हुमायूँनामा*, गुलबदन बेग़म। *श्री मेमरीज़ ऑफ़ हुमायूँ* में, व्हीलर थैकस्टन द्वारा सम्पादित और अनूदित। कोस्टा मेसा, कैलिफ़ोर्निया : माज़दा पब्लिशर्स, 2009
- *जहाँगीरजसचन्द्रिका*, केशवदास। किशोरीलाल द्वारा सटीक सम्पादन। इलाहाबाद : साहित्य भवन, 1994

- *जहाँगीरनामा,* जहाँगीर। मुहम्मद हाशिम द्वारा सम्पादित। तेहरान : बुनियाद-ए-फ़रहंग-ए-ईरान, 1980
- *जहाँगीरनामा,* जहाँगीर। व्हीलर थैकस्टन द्वारा अनूदित। न्यूयॉर्क : ऑक्सफ़ोर्ड यूनिवर्सिटी आईटीई प्रेस, 1999।
- *जंगनामा,* श्रीधर। ओंकारदान चरण और रघुबीर सिंह द्वारा सम्पादित। वाराणसी : नागरी प्रचारिणी सभा, 1989
- *जोरावरप्रकाश,* सुरति मिश्र। योगेन्द्रप्रताप सिंह द्वारा सम्पादित। इलाहाबाद : हिन्दी साहित्य सम्मेलन, 1992
- *कविकुलकल्पतरु,* चिन्तामणि त्रिपाठी। लखनऊ : नवल किशोर प्रेस, 1875
- *कविकुलकंठाभरण,* दूलह त्रिवेदी। आत्माराम शर्मा द्वारा सम्पादित। दिल्ली : भाग्यवन्ती प्रकाशन, 2000
- *कवीन्द्रचन्द्रिका*। कृष्ण दिवाकर द्वारा सम्पादित। पुणे : महाराष्ट्र राष्ट्रभाषा सभा, 1966
- *कवीन्द्रकल्पलता,* कवीन्द्राचार्य सरस्वती। रानी लक्ष्मीकुमारी चूड़ावत द्वारा सम्पादित। जयपुर : राजस्थान ओरिएंटल रिसर्च इंस्टीट्यूट, 1958
- *कविप्रिया,* केशवदास। लक्ष्मीनिधि चतुर्वेदी द्वारा सम्पादित। इलाहाबाद : मातृभाषामन्दिर, 1966
- *कविप्रिया,* केशवदास। केशवग्रन्थावली के खण्ड-एक में, विश्वनाथप्रसाद मिश्रा द्वारा सम्पादित। इलाहाबाद : हिन्दुस्तानी अकादमी, 1954
- *काव्यादर्श,* दण्डी। रामचन्द्र मिश्र दण्डी द्वारा सम्पादित। दूसरा संस्करण। वाराणसी : चौखंभा विद्या भवन, 1996
- *काव्यकल्पलतावृत्ति,* अमरचन्द्र यति। पण्डित जगन्नाथ शास्त्री होशिंग द्वारा सम्पादित। वाराणसी : जय कृष्णदास हरिदास गुप्ता, 1931
- *काव्यनिर्णय,* भिखारीदास। *भिखारीदास ग्रन्थावली* खण्ड 2 में, विश्वनाथप्रसाद मिश्र द्वारा सम्पादित। वाराणसी : नागरी प्रचारिणी सभा, 1957
- *काव्यप्रकाश,* मम्मट। एन.एस. वेंकटनाथाचार्य द्वारा सम्पादित। 2 खण्डों में। मैसूर : ओरिएंटल रिसर्च इंस्टीट्यूट, 1974-77
- *केशवग्रन्थावली*। विश्वनाथप्रसाद मिश्र द्वारा सम्पादित। 3 खण्डों में। इलाहाबाद : हिन्दुस्तानी अकादमी, 1954-59
- *कुवलयानन्द,* अप्पय दीक्षित। भोलाशंकर व्यास द्वारा सम्पादित। चौथा संस्करण। वाराणसी : चौखम्भा, 1995

- *लालचन्द्रिका,* लल्लूलाल। *बिहारीसतसई* में, सुधाकर पाण्डे द्वारा सम्पादित। वाराणसी : नागरी प्रचारिणी सभा, 1999
- *ललितललाम,* मतिराम। ओमप्रकाश शर्मा शास्त्री द्वारा सम्पादित। दिल्ली : सन्मार्ग प्रकाशन, 1983
- *म'आसिर अल-किराम,* ग़ुलाम अली आज़ाद बिलग्रामी। हैदराबाद, अनुपलब्ध, 1913
- *म'आसिर अल-उमरा,* नवाब समसुद्दौला शाहनवाज़ ख़ान। मौलवी मिर्ज़ा अशरफ़ अली द्वारा सम्पादित। 3 खण्डों में। कलकत्ता : एशियाटिक सोसायटी ऑफ़ बंगाल, 1888-90
- *म'आसिर अल-उमरा,* नवाब समसुद्दौला शाहनवाज़ ख़ान। एच. बेवरिज द्वारा अनूदित। खण्ड 1। पटना : जानकी प्रकाशन, 1979
- *म'आसिर अल-उमरा,* नवाब समसुद्दौला शाहनवाज़ ख़ान। एच. बेवरिज द्वारा अनूदित। खण्ड 1 2. कलकत्ता : एशियाटिक सोसाइटी, 1952
- *महावीर प्रसाद द्विवेदी रचनावली*। भारत यायावर द्वारा सम्पादित। नयी दिल्ली : किताबघर, 1995। मानसपीयूष। अंजनीनन्दन शर्मा द्वारा सम्पादित, 8वाँ संस्करण। गोरखपुर : गीता प्रेस, 1974
- *मानचरित,* नरोत्तम। *मानचरितावली* में : आमेर के सुप्रसिद्ध राजा मानसिंह के चरित से सम्बन्धित पाँच राजस्थानी रचनाओं का संकलन, गोपालनारायण बहुरा द्वारा सम्पादित। जयपुर : महाराजा सवाई मान सिंह द्वितीय संग्रहालय, 1990
- *मिश्रबन्धु विनोद,* गणेश बिहारी, श्याम बिहारी और शुकदेव बिहारी मिश्र। 3 खण्डों में। इलाहाबाद : हिन्दी-ग्रन्थ-प्रसारक मण्डली, 1913
- *मुन्तख़ब अल-तवारीख,* अब्दुल क़ादिर बदायूँनी। कैप्टन डब्ल्यू.एन. लीज़ द्वारा सम्पादित। कलकत्ता : कॉलेज प्रेस, 1865
- *मुन्तख़ब अल-तवारीख,* अब्दुल क़ादिर बदायूँनी। जॉर्ज एस.ए. रैंकिंग द्वारा अनूदित। खण्ड 1। कराची : करीमसंस, 1976। मूल संस्करण, 1898
- *मुन्तख़ब अल-तवारीख,* अब्दुल क़ादिर बदायूँनी। सर वोल्स्ले हैग द्वारा अनूदित। खण्ड 3। कराची : करीमसंस, 1978। मूल संस्करण, 1925
- *मुन्तख़ब अल-तवारीख,* अब्दुल क़ादिर बदायूँनी। डब्ल्यू.एच. लोव द्वारा अनुवादित। खण्ड 2 कराची : करीमसंस, 1976। मूल संस्करण, 1884
- *नादिरात-ए-शाही,* शाह आलम द्वितीय। रामपुर : रामपुर रज़ा लाइब्रेरी, 2006

- *नगरशोभा,* रहीम। *रहीम ग्रन्थावली* में, गोविन्द रजनीश और विद्यानिवास मिश्र द्वारा सम्पादित। 1994
- *नैणसी री ख्यात,* बदरीप्रसाद सकारिया द्वारा सम्पादित। 4 खण्डों में। जोधपुर : राजस्थान ओरिएंटल अनुसन्धान संस्थान, 1960
- *पद्माकर ग्रन्थावली*। विश्वनाथप्रसाद मिश्र द्वारा सम्पादित। वाराणसी : नागरी प्रचारिणी सभा, 1959
- *प्रियप्रकाश,* लाला भगवानदीन। चौथा संस्करण। वाराणसी : आर्यभूषण प्रेस, 1981
- *राधामाधवविलासचंपू,* जयराम पिंडये। वी.के. राजवाड़े द्वारा सम्पादित। पुणे : वरदा पुस्तकें, 1989। मूल संस्करण, 1922
- *रहीमग्रन्थावली*। विद्यानिवास मिश्र और गोविन्दर जनीश द्वारा सम्पादित. नई दिल्ली : वाणी प्रकाशन, 1994
- *रामचन्द्रचन्द्रिका,* केशवदास। *केशवग्रन्थावली* के खण्ड 2 में, विश्वनाथप्रसाद मिश्र द्वारा सम्पादित। इलाहाबाद : हिन्दुस्तानी अकादमी, 1955
- *रामचरितमानस,* तुलसीदास। हनुमानप्रसाद पोद्दार की टीका के साथ। गोरखपुर : गीता प्रेस, 1966
- *रसगंगाधर,* जगन्नाथ पण्डितराज। मथुरानाथ शास्त्री द्वारा सम्पादित। बम्बई : निर्णय सागर प्रेस, 1947
- *रसार्णवसुधाकर,* सिंहभूपाल। टी. वेंकटाचार्य द्वारा सम्पादित। मद्रास : अडयार लाइब्रेरी एंड रिसर्च सेंटर, 1979
- *रसचन्द्रोदय,* उदयनाथ कवीन्द्र। *उदयनाथ कवीन्द्र ग्रन्थावली,* रामानन्द शर्मा द्वारा सम्पादित। दिल्ली : लोकहित प्रकाशन, 2007
- *रसिकप्रिया,* केशवदास। *केशव ग्रन्थावली* के खण्ड 1 में, विश्वनाथप्रसाद मिश्र द्वारा सम्पादित। इलाहाबाद : हिन्दुस्तानी अकादमी, 1954
- *रसराज,* मतिराम। मतिराम ग्रन्थावली में, कृष्णबिहारी मिश्र एवं ब्रजकिशोर मिश्र द्वारा सम्पादित। वाराणसी : नागरी प्रचारिणी सभा, 1964
- *रतनबावनी,* केशवदास। *केशव ग्रन्थावली* के खण्ड 3 में, विश्वनाथप्रसाद मिश्र द्वारा सम्पादित। इलाहाबाद : हिन्दुस्तानी अकादमी, 1959
- *शकुन्तला नाटक,* नेवाज। राजेन्द्र शर्मा द्वारा सम्पादित। जयपुर : मंगल प्रकाशन, 1970
- *सत्कविगिराविलास,* बलदेव मिश्र। शिवगोपाल मिश्र द्वारा सम्पादित। इलाहाबाद : हिन्दुस्तानी अकादमी, 2001।

- *सतसई*, मतिराम। *मतिराम ग्रन्थावली* में, कृष्णबिहारी मिश्र एवं ब्रजकिशोर मिश्र द्वारा सम्पादित। वाराणसी : नागरी प्रचारिणी सभा, 1964
- *सत्यसरूपरूपक*, वृन्द। *वृन्द ग्रन्थावली* में, जनार्दन राव चेलर द्वारा सम्पादित। आगरा : विनोद पुस्तक मन्दिर, 1971
- *सिंहासन बत्तीसी*, लल्लूलाल। सैयद अब्दुल्ला द्वारा सम्पादित। लन्दन : डब्ल्यूएम. एच. एलन एंड कम्पनी, 1869
- *सिंहासन बत्तीसी*, सुन्दर। मिर्ज़ा अली जवान और लल्लूलाल द्वारा अनूदित। कलकत्ता : हिन्दुस्तानी प्रेस, 1805
- *शिवराजभूषण*, भूषण त्रिपाठी। *भूषण ग्रन्थावली* में, विश्वनाथप्रसाद मिश्र द्वारा सम्पादित। दिल्ली : वाणी प्रकाशन, 1994
- *शिवसिंहसरोज*, शिवसिंह सेंगर। किशोरीलाल गुप्ता द्वारा सम्पादित। इलाहाबाद : हिन्दी साहित्य सम्मेलन, 1970। मूल संस्करण, 1878
- *सोमनाथ ग्रन्थावली*, सोमनाथ। सुधाकर पाण्डे द्वारा सम्पादित। 3 खण्डों में। वाराणसी : नागरी प्रचारिणी सभा, 1972-73
- *श्रृंगारतिलक*, रुद्रभट्ट। आर. पिशेल द्वारा सम्पादित। कपिलदेव पाण्डे द्वारा अनूदित। वाराणसी : प्राच्य प्रकाशन, 1968
- *श्रृंगारमंजरी*, अकबर शाह। वी. राघवन द्वारा सम्पादित। हैदराबाद : हैदराबाद पुरातत्त्व विभाग, 1951
- *श्रृंगारमंजरी*, चिन्तामणि त्रिपाठी। भगीरथ मिश्र द्वारा सम्पादित। लखनऊ : लखनऊ विश्वविद्यालय, 1956
- *श्रृंगारशिक्षा*, वृन्द। *वृन्द ग्रन्थावली* में, जनार्दन राव चेलर द्वारा सम्पादित। आगरा : विनोद पुस्तक मन्दिर, 1971
- *सुजानचरित्र*, सुदन। राधाकृष्ण दास द्वारा सम्पादित। इलाहाबाद : इंडियन प्रेस, 1902
- *सुन्दरश्रृंगार*, सुन्दर। *सुन्दरकविराय ग्रन्थावली* में, रामानन्द शर्मा द्वारा सम्पादित। दिल्ली : लोकवाणी संस्थान, 2004
- *तरजुमा-ए मानकुतूहल वा रिसाला-ए रागदर्पण*, फ़क़ीरुल्लाह। शहाब सरमदी द्वारा सम्पादित। नयी दिल्ली : इंदिरा गांधी राष्ट्रीय कला केन्द्र और मोतीलाल बनारसीदास, 1996
- *तुहफ़त अल-हिन्द* (*अ ग्रामर ऑफ़ ब्रज भाखा* बाई मिर्ज़ा ख़ान)। एम. ज़ियाउद्दीन द्वारा सम्पादित। कलकत्ता : विश्व-भारती बुकशॉप, 1935

* *विज्ञानगीता,* केशवदास। किशोरीलाल की टीका के साथ। दिल्ली : परिमल प्रकाशन, 1993
* *वीरसिंहदेवचरित,* केशवदास। किशोरीलाल की टिप्पणी के साथ। इलाहाबाद : हिन्दी साहित्य सम्मेलन, 1997।

## द्वितीयक स्रोत

* अग्रवाल, सरयू प्रसाद। 1950। अकबरी दरबार के हिन्दी कवि। लखनऊ : लखनऊ विश्वविद्यालय।
* ——— । 1970। 'जीवन-वृत्त।' *गंग ग्रन्थावली* में। नयी दिल्ली : केन्द्रीय हिन्दी निदेशालय।
* अग्रवाल, सरोज। 1962। *प्रबोधचन्द्रोदय और उसकी हिन्दी परम्परा*। इलाहाबाद : हिन्दी साहित्य सम्मेलन।
* अग्रवाल, पुरुषोत्तम। 2009ए। *अकथ कहानी प्रेम की : कबीर की कविता और उनका समय*। नई दिल्ली, पटना और इलाहाबाद : राजकमल प्रकाशन।
* ——— । 2009बी। 'रामानन्द की खोज में : कबीर और अन्य लोगों के गुरु' *एन्शंट टू मॉडर्न : रिलीजन, पावर, एंड कम्युनिटी इन इंडिया,* इशिता बनर्जी-दुबे और सौरभ दुबे द्वारा सम्पादित। नयी दिल्ली : ऑक्सफ़ोर्ड यूनिवर्सिटी प्रेस।
* अहमद, अज़ीज़। 1964। 'एपिक एंड काउंटर-एपिक इन मिडिवल इंडिया." *जर्नल ऑफ़ द अमेरिकन ओरिएंटल सोसाइटी* 83 (4) : 470-76
* अहमद, इक़बाल 1972। 'इंट्रोडक्शन।' मिर्ज़ा अब्दुर्रहमान 'प्रेमी' कृत नख-शिख़ में। बम्बई : महात्मा गांधी मेमोरियल रिसर्च सेंटर।
* ऐटकेन, मौली एम्मा। 2002। "परदा एंड पोर्ट्रेयल : राजपूत वुमेन एंड सब्जेक्ट्स, पैट्रन्स, एंड कलेक्टर्स"। आर्टिबस एशिया 62 (2) : 247-80
* ——— । 2010। द *इन्टेलीजेन्स ऑफ़ ट्रेडिशन इन राजपूत कोर्ट पेंटिंग*। न्यू हेवन, कॉन., और लन्दन : येल यूनिवर्सिटी प्रेस।
* आलम, मुज़फ़्फ़र। 1986। द *क्राइसिस ऑफ़ एम्पायर इन मुग़ल नॉर्थ इंडिया : अवध एंड द पंजाब,* 1707–1748। नई दिल्ली : ऑक्सफ़ोर्ड यूनिवर्सिटी प्रेस।
* ——— । 1998। 'द पर्सूट ऑफ़ पर्शियन : लैंग्वेज इन मुग़ल पॉलिटिक्स'। *मॉडर्न एशियन स्टडीज़* 32 (2) : 317–49

- ——— ।2003।'द कल्चर एंड पॉलिटिक्स ऑफ़ पर्शियन इन प्रीकोलोनियल हिन्दुस्तान'। *लिटरेरी कल्चर्स इन हिस्ट्री,* शेल्डन पोलॉक द्वारा सम्पादित। बर्कले और लॉस एंजिल्स : यूनिवर्सिटी ऑफ़ कैलिफ़ोर्निया प्रेस।
- ——— । 2009। 'द मुग़ल्स, द सूफ़ी शेख्स, एंड द फॉर्मेशन ऑफ़ द अकबरी डिस्पेंसेशन'। *मॉडर्न एशियन स्टडीज़* 43 (1) : 135–74
- आलम, मुज़फ़्फ़र, और संजय सुब्रहमण्यम, संपादक। 1998। द मुग़ल स्टेट, 1526–1750। दिल्ली : ऑक्सफ़ोर्ड यूनिवर्सिटी प्रेस।
- ——— । 2004। 'द मेकिंग ऑफ़ अ मुंशी'। *कॉम्पेरेटिव स्टडीज़ ऑफ़ साउथ एशिया, अफ्रीका एंड द मिडिल ईस्ट* 24 (2) : 61–72।
- अलवी, सीमा। 2002। द *एटींथ सेंचुरी इन इंडिया।* नई दिल्ली : ऑक्सफ़ोर्ड यूनिवर्सिटी प्रेस।
- अली, दाऊद। 2004। *कोर्टली कल्चर एंड पॉलिटिकल लाइफ इन अर्ली मेडिवल इंडिया*। कैम्ब्रिज : कैम्ब्रिज यूनिवर्सिटी प्रेस।
- एंडरसन, बेनेडिक्ट। 1991। *इमैजिन्ड कम्यूनिटीज़*। लन्दन : वर्सो।
- आप्टे, वी.एस.। 1957। द *प्रैक्टिकल संस्कृत-इंग्लिश डिक्शनरी*। पुणे : प्रसाद प्रकाशन।
- अक़ील, रज़िउद्दीन। 2007। *सूफ़िज़्म, कल्चर, एंड पॉलिटिक्स : अफ़ग़ान्स एंड इस्लाम इन मीडिवल नॉर्थ इंडिया*। नयी दिल्ली : ऑक्सफ़ोर्ड यूनिवर्सिटी प्रेस।
- ऐशर, कैथरीन। 1995ए। *आर्किटेक्चर ऑफ़ मुग़ल इंडिया*। नयी दिल्ली : कैम्ब्रिज यूनिवर्सिटी प्रेस।
- ——— । 1995बी। 'ऑथॉरिटी, विक्ट्री एंड कॉमेमोरेशन : द टेम्पल्स ऑफ़ राजा मान सिंह'। *जर्नल ऑफ़ वैष्णव स्टडीज़* 3 (3) : 25–35
- ——— , और सिंथिया टॉलबॉट। 2006। *इंडिया बिफ़ोर यूरोप*। कैम्ब्रिज : कैम्ब्रिज यूनिवर्सिटी प्रेस।
- अस्क़री, सैयद हसन। 1953।'मिरात-उल-मुलूक : ए कंटेम्परी वर्क कंटेनिंग रिफ्लेक्शंस ऑन लेटर मुग़ल एडमिनिस्ट्रेशन'। इंडिका; द *इंडियन हिस्टोरिकल रिसर्च इंस्टिट्यूट सिल्वर जुबली कॉमेमोरेशन वॉल्यूम*। बॉम्बे : सेंट ज़ेवियर्स कॉलेज।
- ——— , और क़यामुद्दीन अहमद। 1987। *कॉम्प्रिहेन्सिव हिस्ट्री ऑफ़ बिहार*। वॉल्यूम 2, पार्ट 2। पटना : काशी प्रसाद जायसवाल रिसर्च इंस्टिट्यूट।

- *आसनाणी,* निर्मला। 1996। *कच्छ की ब्रजभाषा पाठशाला एवं उस से सम्बद्ध कवियों का कृतित्व*। इलाहाबाद : हिन्दी साहित्य सम्मेलन।
- ——— । 1997। *भोज-भूषण; रसिक-विलास*। इलाहाबाद : भारती परिषद।
- आठवले, आर.बी.। 1968। 'न्यू लाइट ऑन द लाइफ ऑफ़ जगन्नाथ पण्डितराज'। *एनल्स ऑफ़ द भण्डारकर ओरिएंटल रिसर्च इंस्टिट्यूट* XLVIII–XLIX (गोल्डन जुबली वॉल्यूम) : 415–20
- आवरबाख, एरिक। 1965। लिटरेरी *लैंग्वेज एंड इट्स पब्लिक इन लेट लैटिन एंटीक्विटी एंड इन द मिडिल एजेस*। न्यूयॉर्क : पैंथियन बुक्स।
- बहादुर, के.पी., अनुवादक। 1972। द *रसिकप्रिया ऑफ़ केशवदास*। दिल्ली : मोतीलाल बनारसीदास।
- ——— । 1976। *सेलेक्शन्स फ्रॉम रामचन्द्रिका ऑफ़ केशवदास*। दिल्ली : मोतीलाल बनारसीदास।
- ——— । 1990। द *सतसई ऑफ़ बिहारीलाल*। दिल्ली : पेंगुइन बुक्स।
- बहल, काली चरण। 1974। 'द हिन्दी रीति ट्रेडिशन एंड द रसिकप्रिया ऑफ़ केशवदास : एन इंट्रोडक्टरी रिव्यू'। द *यूनिवर्सिटी ऑफ़ शिकागो कमेटी ऑन सदर्न एशियन स्टडीज़ रिप्रिंट सीरीज़* 58
- बहुरा, गोपालनारायण। 1976। *लिटरेरी हेरिटेज ऑफ़ द रूलर्स ऑफ़ आम्बेर एंड जयपुर विथ एन इंडेक्स टू द रजिस्टर ऑफ़ मैनुस्क्रिप्ट्स इन द पोथीख़ाना ऑफ़ जयपुर* (I. ख़ासमोहर कलेक्शन)। जयपुर : महाराजा सवाई मान सिंह द्वितीय संग्रहालय।
- ——— । 1983। 'इंट्रोडक्शन'। *प्रताप-प्रकाश,* गोपालनारायण बहुरा द्वारा सम्पादित। जयपुर : महाराजा सवाई मान सिंह द्वितीय संग्रहालय।
- ——— । 1990। 'प्रास्ताविक परिचय'। *मानचरितावली : आम्बेर के सुप्रसिद्ध राजा मानसिंह के चरित से सम्बन्धित पांच राजस्थानी रचनाओं का संकलन*। जयपुर : महाराजा सवाई मान सिंह द्वितीय संग्रहालय।
- बंघा, इमरे। 1999। *सनेह को मार्ग : आनन्दघन का जीवन वृत्त*। नयी दिल्ली : वाणी प्रकाशन।
- ——— । 2000। द *फर्स्ट पब्लिश्ड एंथोलॉजी ऑफ़ हिन्दी पोएट्स*। दिल्ली : रेनबो पब्लिशर्स।
- बंगा, इमरे। 2001। 'लवर एंड सेंट : द अर्ली हिस्ट्री ऑफ़ आनन्दघन्स रेप्युटेशन'। *जर्नल ऑफ़ द रॉयल एशियाटिक सोसाइटी* 11 (2) : 175–90

- ——— । 2005। 'रोमांटिक पोएट्री इन द एरा ऑफ़ कन्वेंशन? द इमर्जेन्स ऑफ़ द आइडिया ऑफ़ ए रीति-मुक्त ट्रेंड विदिन हिन्दी मैनरिस्ट लिटरेचर'। *साउथ एशिया रिसर्च* 25 (1) : 13–30।
- ——— । 2007। 'कोर्टली एंड रिलिजियस कम्युनिटीज़ ऐज़ सेंटर्स ऑफ़ लिटरेरी एक्टिविटी इन एटींथ सेंचुरी इंडिया : आनन्दघन्स कॉन्टेक्ट्स विद द प्रिंसली कोर्ट ऑफ़ किशनगढ़-रूपनगर एंड विद द मठ ऑफ़ निम्बार्क सम्प्रदाय इन सलीमाबाद'। *इंडियन लैंग्वेजेज़ एंड टेक्स्ट्स थ्रू द एजेस : एसेज़ ऑफ़ हंगेरियन इंडोलॉजिस्ट्स इन ऑनर ऑफ़ प्रोफेसर साबा टोटॉसी*, साबा देज़्सो द्वारा सम्पादित। दिल्ली : मनोहर।
- बार्ज़, आर.के. 1976। द *भक्ति सेक्ट ऑफ़ वल्लभाचार्य*। फ़रीदाबाद : थॉमसन प्रेस।
- बेयली, सी.ए. 1983। *रूलर्स, टाउनस्मेन, एंड बाज़ार्स : नॉर्थ इंडियन सोसाइटी इन द एज ऑफ़ ब्रिटिश एक्सपैंशन, 1770–1870*। न्यूयॉर्क : कैम्ब्रिज यूनिवर्सिटी प्रेस।
- ——— । 1996। *एंपायर एंड इन्फ़ॉर्मेशन*। कैम्ब्रिज : कैम्ब्रिज यूनिवर्सिटी प्रेस।
- बीच, मिलो क्लीवलैंड। 1992। *मुग़ल एंड राजपूत पेंटिंग*। कैम्ब्रिज : कैम्ब्रिज यूनिवर्सिटी प्रेस।
- बेगली, डब्ल्यू.ई., और ज़ेड.ए. देसाई, सम्पादक। 1990। द *शाह जहाँनामा ऑफ़ इनायत ख़ान*। दिल्ली : ऑक्सफ़ोर्ड यूनिवर्सिटी प्रेस।
- बहल, आदित्य। 2007। 'प्रेज़ेंस एंड एब्सेंस इन भक्ति : एन आफ्टरवर्ड'। *इंटरनेशनल जर्नल ऑफ़ हिन्दू स्टडीज़* 11 (3) : 319–24।
- ——— , और साइमन वेटमैन। 2000। 'इंट्रोडक्शन'। *मधुमालती : एन इंडियन सूफ़ी रोमांस*। आदित्य बहल और साइमन वेटमैन द्वारा अनूदित। ऑक्सफ़ोर्ड : ऑक्सफ़ोर्ड यूनिवर्सिटी प्रेस।
- भटनागर, रेणु। 1991। *केशव-काव्य पर संस्कृत साहित्य का प्रभाव*। दिल्ली : परिमल पब्लिकेशन्स।
- ब्लैकबर्न, स्टुअर्ट। 2004। 'द बर्डन ऑफ़ ऑथेंटिसिटी'। *इंडियाज़ लिटरेरी हिस्ट्री : एसेज़ ऑन द नाइन्टींथ सेंचुरी*, स्टुअर्ट ब्लैकबर्न और वसुधा डालमिया द्वारा सम्पादित। नयी दिल्ली : पर्मानेंट ब्लैक।

- ——— , और वसुधा डालमिया, सम्पादक। 2004। *इंडियाज़ लिटरेरी हिस्ट्री : एसेज़ ऑन द नाइनटींथ सेंचुरी*। दिल्ली : पर्मानेंट ब्लैक।
- बोरा, राजमल। 1987। *भूषण और उनका साहित्य*। कानपुर : साहित्य रत्नालय।
- बोर्दियू, पियरे। 1984। *डिस्टिंक्शन : ए सोशल क्रिटीक ऑफ़ द जजमेंट ऑफ़ टेस्ट*। कैम्ब्रिज, मास. : हार्वर्ड यूनिवर्सिटी प्रेस।
- ———। 1993। द *फील्ड ऑफ़ कल्चरल प्रोडक्शन : एसेज़ ऑन आर्ट एंड लिटरेचर,* रैंडल जॉनसन द्वारा सम्पादित। कैम्ब्रिज : पॉलिटी प्रेस।
- ब्रेकनरिज, कैरोल, और पीटर वान डेर वीर, सम्पादक। 1993। *ओरिएंटलिज़्म एंड द पोस्टकोलोनियल प्रेडिकामेंट*। फिलाडेल्फिया : यूनिवर्सिटी ऑफ़ पेन्सिलवेनिया प्रेस।
- ब्रोन्नर, यिगाल। 2004। '*बैक टू द फ्यूचर : अप्पय दिक्षिता की कुवलयानन्द और संस्कृत काव्यशास्त्र का पुनर्लेखन*'। वीनेर ज़ाइत्श्रिफ्ट फ़्यूर दी कुंडे ज़ूडासीन्स XLVIII : 47–77
- ———। 2010। *एक्सट्रीम पोएट्री : द साउथ एशियन मूवमेंट ऑफ़ सिमलटेनियस नैरेशन*। न्यूयॉर्क : कोलम्बिया यूनिवर्सिटी प्रेस।
- ———, और डेविड शुलमान। 2006। 'ए क्लाउड टर्न्ड गूज़'। *इंडियन इकोनॉमिक एंड सोशल हिस्ट्री रिव्यू* 43 (1) : 1–30
- ———, और गैरी टब। 2008। 'वास्तुतस् तु : मेथडोलॉजी एंड द न्यू स्कूल ऑफ़ संस्कृत पोएटिक्स'। *जर्नल ऑफ़ इंडियन फ़िलॉसफ़ी* 36 (5–6) : 619–32
- ब्रॉटन, थॉमस ड्यूर। 2000। 'सेलेक्शन्स फ्रॉम द पॉपुलर पोएट्री ऑफ़ द हिन्दूज़'। इन द *फ़र्स्ट पब्लिश्ड एंथोलॉजी ऑफ़ हिन्दी पोएट्स,* इमरे बंगा द्वारा सम्पादित। दिल्ली : रेनबो पब्लिशर्स। मूल संस्करण, 1814
- ब्राउन, कैथरीन बटलर। 2003। *हिन्दुस्तानी म्यूजिक इन द टाइम ऑफ़ औरंगज़ेब*। पीएच.डी. शोध प्रबन्ध, स्कूल ऑफ़ ओरिएंटल एंड अफ्रीकन स्टडीज़, लन्दन।
- ——— । 2006। 'इफ़ म्यूजिक बी द फ़ूड ऑफ़ लव : मैस्क्युलिनिटी एंड इरॉटिसिज़्म इन द मुगल महफ़िल'। *इन लव इन साउथ एशिया,* फ्रांचेस्का ऑर्सीनी द्वारा सम्पादित। कैम्ब्रिज : कैम्ब्रिज यूनिवर्सिटी प्रेस।

- ——— । 2007। 'डिड औरंगज़ेब बैन म्यूज़िक? क्वेश्चन फ़ॉर द हिस्टॉरियोग्राफी ऑफ़ हिन्द रेन'। *मॉडर्न एशियन स्टडीज़* 41 (1) : 77–120
- ब्रायंट, केनेथ। 1978। *पोएम्स टू द चाइल्ड-गॉड*। बर्कले और लॉस एंजिल्स : यूनिवर्सिटी ऑफ़ कैलिफ़ोर्निया प्रेस।
- ——— । 1982। 'द मैन्युस्क्रिप्ट ट्रेडीशन ऑफ़ द सूरसागर : द फ़तेहपुर मैन्युस्क्रिप्ट'। *इन द पदास ऑफ़ सूरदास,* गोपालनारायण बहुरा द्वारा सम्पादित। जयपुर : महाराजा सवाई मान सिंह द्वितीय म्यूज़ियम।
- बुश, ऐलिसन। 2003। द *कोर्टली वर्नाक्युलर : द ट्रांसफ़ॉर्मेशन ऑफ़ ब्रजभाषा लिटरेरी कल्चर (1590–1690)*। पीएच.डी. शोध प्रबन्ध, डिपार्टमेंट ऑफ़ साउथ एशियन लैंग्वेजेज एंड सिविलाइज़ेशन, यूनिवर्सिटी ऑफ़ शिकागो।
- ——— । 2004। 'द एंग्ज़ाइटी ऑफ़ इनोवेशन : द प्रैक्टिस ऑफ़ लिटरेरी साइंस इन द हिन्दी रीति ट्रेडिशन'। *कॉम्परेटिव स्टडीज़ ऑफ़ साउथ एशिया, अफ्रीका एंड द मिडिल ईस्ट* 24 (2) : 45–59
- ——— । 2005। 'लिटरेरी रिस्पॉन्सेज़ टू द मुग़ल इम्पीरियम : द हिस्टोरिकल पोएम्स ऑफ़ केशवदास'। *साउथ एशिया रिसर्च* 25 (1) : 31–54
- ——— । 2010a। 'हिडन इन प्लेन व्यू : ब्रजभाषा पोएट्स एट द मुग़ल कोर्ट'। *मॉडर्न एशियन स्टडीज़* 44 (2) : 267–309।
- ——— । 2010बी। 'रीति एंड रजिस्टर : लेक्सिकल वेरिएशंस इन कोर्टली ब्रजभाषा टेक्स्ट्स'। *बिफ़ोर द डिवाइड : हिन्दी एंड उर्दू लिटरेरी कल्चर* में, फ्रांसेस्का ऑर्सीनी द्वारा सम्पादित। नयी दिल्ली : ओरिएंट ब्लैकस्वान।
- ——— । 2010सी। 'द डिलाइट ऑफ़ द मिश्र ब्रदर्स'। इन *नेशनलिज्म इन द वर्नाक्युलर : हिन्दी, उर्दू, एंड द लिटरेचर ऑफ़ इंडियन फ्रीडम,* शोभना निज़हावन द्वारा सम्पादित। रानीखेत : पर्मानेंट ब्लैक।
- ——— । 2011। 'हिन्दी लिटरेरी बिगिनिंग्स'। *साउथ एशियन टेक्स्ट्स इन हिस्ट्री में,* यिगाल ब्रोन्नर, व्हिटनी कॉक्स, और लॉरेंस मैकक्री द्वारा सम्पादित। एन आर्बर : एसोसिएशन फ़ॉर एशियन स्टडीज़।
- कालेवर्ट, विनांद। 1993। द *सार्वांगी ऑफ़ गोपालदास*। नयी दिल्ली : मनोहर।
- ——— , और *मुकुन्द लाठ। 1989। द हिन्दी पदावली ऑफ़ नामदेव : ए क्रिटिकल एडिशन ऑफ़ नामदेव्स हिन्दी सॉन्ग्स विद ट्रांसलेशन एंड एनोटेशन*। दिल्ली : मोतीलाल बनारसीदास।

- ———, और पीटर फ़्राडलैंडर, सम्पादक। 1992। द *लाइफ़ एंड वर्क्स ऑफ़ रैदास*। नयी दिल्ली : मनोहर।
- ———, और डाइटर तैलियू, संपादक। 2002। *डिवोशनल लिटरेचर इन साउथ एशिया : करंट रिसर्च, 1997–2000*। नयी दिल्ली : मनोहर।
- केस, मागरिट, संपादक। 1996। *गोविन्ददेव : ए डायलॉग इन स्टोन*। नयी दिल्ली : इन्दिरा गांधी राष्ट्रीय कला केन्द्र।
- कैवेलिए, स्टेफ़ानिया। 2010a। *मूनलाइट ऑफ़ द एंपरर जहाँगीर'स ग्लोरी*। खण्ड LXXIII। नेपल्स : उनिवेर्सिता डेली स्टडी दी नेपोली "ल'ओरिएंटाले"।
- ———।2010बी।'सम एप्लीकेशंस ऑफ़ प्रीसेप्ट्स अबाउट द डिस्क्रिप्शंस ऑफ़ द मून इन द रामचन्द्रिका ऑफ़ केशवदास'। पैंडेनस 4 (1) : 179-97
- चन्द्रा, सतीश। 1989।'रीअसेसिंग औरंगज़ेब'। सेमिनार (364) : 35–38।
- चन्द्रा, सुधीर। 1992। द *ऑपरेसिव प्रेज़ेंट : लिटरेचर एंड सोशल कॉन्शियसनेस इन कोलोनियल इंडिया*। दिल्ली : ऑक्सफ़ोर्ड यूनिवर्सिटी प्रेस।
- चटर्जी, कुमकुम। 2009। द *कल्चर्स ऑफ़ हिस्ट्री इन अर्ली मॉडर्न बंगाल : पर्शियनाइज़ेशन एंड मुगल कल्चर इन बंगाल*। दिल्ली : ऑक्सफ़ोर्ड यूनिवर्सिटी प्रेस।
- चटर्जी, पार्थ। 1993ए। द *नेशन एंड इट्स फ्रैग्मेंट्स : कोलोनियल एंड पोस्टकोलोनियल हिस्ट्रीज़*। प्रिंसटन, एन.जे. : प्रिंसटन यूनिवर्सिटी प्रेस।
- ———।1993बी। *नेशनलिस्ट थॉट एंड द कोलोनियल वर्ल्ड : ए डेरिवेटिव डिस्कोर्स*। मिनियापोलिस : यूनिवर्सिटी ऑफ़ मिनेसोटा प्रेस।
- चटर्जी, एस.के। 1979।'अ वर्स बाई गुरु नानक इन द आदि ग्रन्थ कोल्ड बाई औरंगज़ेब आलमगीर'। *सेलेक्ट पेपर्स* में। खण्ड 2। नयी दिल्ली : पीपल्स पब्लिशिंग हाउस।
- चट्टोपाध्याय, ब्रजदुलाल। 1998। *रिप्रेज़ेंटिंग द अदर? संस्कृत सोर्सेज़ एंड द मुस्लिम्स*। दिल्ली : मनोहर।
- चतुर्वेदी, जवाहरलाल। 1962। *काव्यनिर्णय*। वाराणसी : कल्याणदास।
- चौधरी, सत्यदेव। 1973। केशवदास सेक्शन में 'आचार्यत्व' और 'भाषाशैली' पर प्रविष्टियाँ। *रीतिबद्ध काव्य* में। *हिन्दी साहित्य का बृहत् इतिहास* 6, नगेन्द्र द्वारा सम्पादित। वाराणसी : नागरी प्रचारिणी सभा।
- ———।1992। *हिन्दी रीति-परम्परा के प्रमुख आचार्य*। दिल्ली : हिन्दी माध्यम कार्यान्वयन निदेशालय [दिल्ली विश्वविद्यालय]।

- चेलर, जनार्दन राव। 1973। *वृन्द और उनका साहित्य*। आगरा : विनोद पुस्तक मन्दिर।
- छाबड़ा, गोबिन्द लाल। 1976। *हिन्दी के प्रथम नाटककार विश्वनाथ सिंह : व्यक्तित्व एवं कृतित्व*। नयी दिल्ली : अभिनव प्रकाशन।
- चौधरी, सत्य देव। 2002। *बिहारी-सतसई*। मुम्बई : भारतीय विद्या भवन।
- कोह्न, बर्नार्ड एस.। 1996। *कोलोनियलिज़्म एंड इट्स फॉर्म्स ऑफ़ नॉलेज*। प्रिंसटन, एन.जे. : प्रिंसटन यूनिवर्सिटी प्रेस।
- कूमारस्वामी, आनन्द केंटिश। 1916। *राजपूत पेंटिंग*। लन्दन, न्यूयॉर्क [आदि] : एच. मिल्फ़ोर्ड, ऑक्सफ़ोर्ड यूनिवर्सिटी प्रेस।
- कॉपलैंड, इयान। 1997। द *प्रिंसेज़ ऑफ़ इंडिया इन द एंडगेम ऑफ़ एम्पायर, 1917–1947*। कैम्ब्रिज : कैम्ब्रिज यूनिवर्सिटी प्रेस।
- कोर्ट, जॉन। 1995। 'द जैन नॉलेज वेयरहाउसेस : ट्रेडिशनल लाइब्रेरीज़ इन इंडिया'। *जर्नल ऑफ़ द अमेरिकन ओरिएंटल सोसाइटी* 115 (1) : 77-87।
- ——— । 2009। 'मेकिंग इट वर्नाक्युलर इन आगरा : द प्रैक्टिस ऑफ़ ट्रांसलेशन बाय दिगंबर जैन ऑफ़ सेवेंटीन्थ सेंचुरी'। संशोधित कॉन्फेरेन्स पेपर 'टेलिंग्स, नॉट टेक्स्ट्स : सिंगिंग, स्टोरी-टेलिंग एंड परफ़ोर्मेंस' में प्रस्तुत, स्कूल ऑफ़ ओरिएंटल एंड अफ्रीकन स्टडीज़, लन्दन, 8 जून।
- डालमिया, वसुधा। 1999। द *नेशनलाइजेशन ऑफ़ हिन्दू ट्रेडिशंस*। दिल्ली : ऑक्सफ़ोर्ड यूनिवर्सिटी प्रेस।
- दास, अशोक कुमार। 2000। 'कोर्ट पेंटिंग फ़ॉर द आम्बेर रूलर्स, सिर्का 1590–1727'। *कोर्ट पेंटिंग इन राजस्थान*, एंड्रयू टॉप्सफ़ील्ड द्वारा सम्पादित। मुम्बई : मार्ग।
- दास, नारायण। 1997। 'भूमिका'। *खानखानाविरचितं खेट-कौतुकम्*। वाराणसी : चौखम्भा विद्याभवन।
- डेविडसन, डोनाल्ड। 2001। 'रैडिकल इंटरप्रिटेशन'। *इनक्वायरीज़ इनटू ट्रुथ एंड इंटरप्रिटेशन*। दूसरा संस्करण। ऑक्सफ़ोर्ड : क्लेरेंडन प्रेस। मूल संस्करण, 1984
- डि ब्रुइजन, थॉमस। 2005। 'मेनी रोड्स लीड टू लंका : द इनटेलेक्चुअल सेमान्टिक्स ऑफ़ रामाज़ क्वेस्ट'। कंटेम्परेरी साउथ एशिया 14 (1) : 39–53
- डे, एस.के. 1988। *हिस्ट्री ऑफ़ संस्कृत पोएटिक्स*। 2सरा संशोधित संस्करण। कलकत्ता : फ़र्मा केएलएम।

- दहेजिया, विद्या। 2009। द *बॉडी अडॉर्नड : डिज़ॉल्विंग बाउंड्रीज बिटवीन सेक्रेड एंड प्रोफेन इन इंडियाज़ आर्ट*। न्यूयॉर्क : कोलम्बिया यूनिवर्सिटी प्रेस।
- डेलमोनिको, नील. 1998। 'द भक्ति-रस थ्योरी ऑफ़ रूप गोस्वामिन'। *जर्नल ऑफ़ वैष्णव स्टडीज़* 6 (1) : 75–98
- डेल्वोय, फ्रांसुआ 'नलिनी'। 1991। "Les chants dhrupad en langue braj des poètes-musiciens de l'Inde Moghole." *Littératures médiévales de l'Inde du Nord* में, सम्पादक फ्रांसुआ मैलिसन। पेरिस : École Française d'Extrême-Orient
- ——— । 1994ए। 'ध्रुपद सॉन्ग्स एट्रिब्यूटेड टू तानसेन, फ़ोरमोस्ट कोर्ट-म्यूज़िशियन ऑफ़ द मुग़ल एम्पेरर अकबर।' *स्टडीज़ इन साउथ एशियन डेवोशनल लिटरेचर* में, एलन डब्ल्यू. एंटविसल और फ्रांसुआ मैलिसन द्वारा सम्पादित। नयी दिल्ली : मनोहर।
- ——— । 1994बी। 'द सहस्रास फ़ॉर नायक बख्शु'। *कॉन्फ़्लुएंस ऑफ़ कल्चर्स : फ्रेंच कंट्रीब्यूशंस टू इंडो-परसियन स्टडीज़* में, नयी दिल्ली : मनोहर।
- ——— । 2000। 'द इमेज ऑफ़ अकबर ऐंड अ पैटर्न ऑफ़ म्यूज़िक इन इंडो-पर्शियन एंड वर्नाक्युलर सोर्सेज़।' *अकबर एंड हिज़ इंडिया* में, इरफ़ान हबीब द्वारा सम्पादित। नयी दिल्ली : ऑक्सफ़ोर्ड यूनिवर्सिटी प्रेस।
- देसाई, विशाखा। 1984। *कनॉसर्स डेलाइट : अर्ली रसिकप्रिया पेंटिंग्स इन इंडिया*। पीएच.डी. शोधप्रबन्ध, यूनिवर्सिटी ऑफ़ मिशिगन–ऐन आर्बर।
- ——— । 1990। 'पेंटिंग एंड पॉलिटिक्स इन सेवेन्टीन्थ-सेचुरी नॉर्थ इंडिया : मेवाड़, बीकानेर, एंड द मुग़ल कोर्ट।' *आर्ट जर्नल* 49 (4) : 370–78
- देशपाण्डे, माधव। 1993। 'हिस्टॉरिकल चेंज एंड द थियोलॉजी ऑफ़ एटर्नल (नित्य) संस्कृत।' *संस्कृत एंड प्राकृत : सोशियोलिंग्विस्टिक इश्यूज़* में। दिल्ली : मोतीलाल बनारसीदास।
- ड्यूहर्स्ट, आर.पी.। 1915। 'पर्शियन एंड अरबिक वर्ड्स इन द सतसई ऑफ़ बिहारी लाल'। *जर्नल ऑफ़ द रॉयल एशियाटिक सोसाइटी* (भाग 1) : 122–27
- धर्मवीर। 2008। *कबीर : बाज भी, कपोत भी, पपीहा* भी। दूसरा संस्करण। नयी दिल्ली : वाणी प्रकाशन। मूल संस्करण, 2000
- धारवाड़कर, विनय। 2003। द *वीवर्स सॉन्ग्स*। नयी दिल्ली : पेंगुइन बुक्स।

- धवन, कृष्ण। 1980। *आचार्य रामचन्द्र शुक्ल और उनका इतिहास बोध*। होशियारपुर : विश्वेश्वरानन्द वैदिक शोध संस्थान।
- डायमंड, डेबरा। 2000। द *पॉलिटिक्स एंड एस्थेटिक्स ऑफ़ साइटेशन : नाथ पेंटिंग इन जोधपुर, 1800–1843*। पीएच.डी. शोधप्रबन्ध, कोलम्बिया यूनिवर्सिटी, न्यूयॉर्क।
- डिमॉक, एडवर्ड सी., और टोनी के. स्टीवर्ट। 1999। *चैतन्य चरितामृत ऑफ़ कृष्णदास कविराज : ए ट्रांसलेशन एंड कमेंट्री*। कैम्ब्रिज, मैसाच्युसेट्स : हार्वर्ड यूनिवर्सिटी प्रेस।
- दीनदयाल ।2004। *देव और उनका भावविलास*। दिल्ली : नवलोक प्रकाशन।
- दिवाकर, कृष्ण। 1966। भूमिका। *कवीन्द्रचन्द्रिका,* कृष्ण दिवाकर द्वारा सम्पादित। पुणे : महाराष्ट्र राष्ट्रभाषा।
- ——— 1969. *भोंसला राजदरबार के हिन्दी कवि*। वाराणसी : नागरी प्रचारिणी सभा।
- डि'ऑनोफ्रिओ, स्वेवो। 2010। 'अ पर्शियन कॉमेन्टरी टू द उपनिषद्स : दारा शिकोह का 'सिर्र-ए-अकबर'।' *मुस्लिम कल्चर्स इन द इंडो-ईरानियन वर्ल्ड ड्यूरिंग द अर्ली-मॉडर्न एंड मॉडर्न पीरियड्स* में, डी. हर्मन और एफ़. स्पेज़िएल द्वारा सम्पादित। बर्लिन : क्लॉउस श्वार्त्स।
- दूबे, किशनलाल। 1991। 'भूमिका।' *मानप्रकाश*। जोधपुर : राजस्थान ओरिएंटल रिसर्च इंस्टीट्यूट।
- डू बेल्ले, योआखिम। 1904। 'ला डिफेंस एट इलस्ट्रेशन डु ला लैंग फ्रांकोयसे,' हेनरी चार्नार्ड द्वारा सम्पादित। पेरिस : अल्बर्ट फोंटेमॉइंग। मूल संस्करण, 1549
- द्विवेदी, हरिहरनिवास। 1955। *मध्यदेशीय भाषा*। ग्वालियर : विद्यामन्दिर प्रकाशन।
- द्विवेदी, हज़ारीप्रसाद। 1957। *हिन्दी साहित्य का आदिकाल*। दूसरा संस्करण। पटना : बिहार राष्ट्रभाषा परिषद्।
- ईटन, रिचर्ड मैक्सवेल। 1996। *सूफ़ीज़ ऑफ़ बीजापुर, 1300–1700*। नयी दिल्ली : मुंशीराम मनोहरलाल पब्लिशर्स।
- एलमान, बेंजामिन ए। 2000। *अ कल्चरल हिस्ट्री ऑफ़ सिविल एक्ज़ामिनेशंस इन लेट इम्पीरियल चाइना*। बर्कले और लॉस एंजेल्स : यूनिवर्सिटी ऑफ़ कैलिफ़ोर्निया प्रेस।

- एंटविसल, ऐलन डब्ल्यू.। 1987। *ब्रज, सेंटर ऑफ़ कृष्णा पिल्ग्रिमेज*। ग्रोनिंजेन : ई. फ़ोर्स्टेन।
- ———, और फ्रांसुवा मैलिसन, संपादक। 1994। *स्टडीज़ इन साउथ एशियन डेवोशनल लिटरेचर*। नयी दिल्ली : मनोहर।
- ———, और कैरोलिन सालोमोन, संपादक। 1999। *स्टडीज़ इन अर्ली मॉडर्न इंडो-आर्यन लैंग्वेजेज़,* लिटरेचर एंड कल्चर। नयी दिल्ली : मनोहर।
- फ़ारूक़ी, शमसुर रहमान। 1995। 'कन्स्ट्रक्टिंग अ लिटररी हिस्ट्री, अ कैनन, एंड अ थ्योरी ऑफ़ पोएट्री : 'आब-ए हयात' (1880) बाई मोहम्मद हुसैन आज़ाद (1830–1910)।' *सोशल साइंटिस्ट* 23 (10–12) : 70–97।
- ———। 1999। 'कन्वेन्शंस ऑफ़ लव, लव ऑफ़ कन्वेन्शंस : उर्दू लव पोएट्री इन द एटीन्थ सेंचुरी।' *एनुअल ऑफ़ उर्दू स्टडीज़* 14 : 3–32।
- ———। 2003। 'अ लॉन्ग हिस्ट्री ऑफ़ उर्दू लिटररी कल्चर, पार्ट 1।' *लिटररी कल्चर्स इन हिस्ट्री में,* शेल्डन पॉलक द्वारा सम्पादित। बर्कले और लॉस एंजेल्स : यूनिवर्सिटी ऑफ़ कैलिफ़ोर्निया प्रेस।
- फ़ुमारोली, मार्क। 1984। 'L'apologétique de la langue française classique.' *रेटोरिका* 2 (2) : 139–61
- गैफ़के, पीटर। 1978। *हिन्दी लिटरेचर इन द ट्वेंटीथ सेंचुरी*। वीएज़बाडेन : हारासोवित्ज़।
- गौतम, प्रेमप्रकाश। 1972। 'रीतिकाल का गद्य।' *रीतिमुक्त काव्य*। *हिन्दी साहित्य का बृहत् इतिहास 7*, भागीरथ मिश्र द्वारा सम्पादित। वाराणसी : नागरी प्रचारिणी सभा।
- गोट्ज, एच। 1949। 'नोट्स ऑन इंडियन मिनिएचर पेंटिंग्स।' *बुलेटिन ऑफ़ द बड़ौदा स्टेट म्यूज़ियम एंड पिक्चर गैलरी* VII : 53–66
- गोपनिक, एडम। 2008। 'राइट अगेन : द पैशंस ऑफ़ जॉन स्टुअर्ट मिल"। *द न्यू यॉर्कर,* 6 अक्टूबर।
- गॉर्डन, स्टीवर्ट। 1993। द *मराठास : 1600–1818*। नयी दिल्ली : कैम्ब्रिज यूनिवर्सिटी प्रेस।
- गॉइट, फ्रांसिस। 1990। *Traités de poétique et de rhétorique de la Renaissance.* पेरिस : Librairie générale française।
- ग्रीव्स, एडविन। 1895। 'नोट्स ऑन द ग्रामर ऑफ़ तुलसीदास।' बनारस :

ई.जे. लाज़ारस एंड कम्पनी।

- ग्रीन, सारा। 2008। द *इनडिविडुअल इन द नेशन : लोकेटिंग आइडेंटिटी एट द ट्रांज़िशन फ्रॉम डाइडैक्टिक नेशनलिज्म टू द लिरिकल इन अर्ली ट्वेन्टीथ-सेंचुरी हिन्दी पोएट्री*। पीएच.डी. शोध प्रबन्ध, डिपार्टमेंट ऑफ़ एशियन कल्चर्स एंड लैंग्वेजेज, यूनिवर्सिटी ऑफ़ टेक्सस, ऑस्टिन।
- ग्रियर्सन, जॉर्ज अब्राहम। 1889। द *मॉडर्न वर्नाक्युलर लिटरेचर ऑफ़ हिन्दुस्तान*। कलकत्ता : एशियाटिक सोसाइटी ऑफ़ बंगाल.
- ——— । 1896। द *सतसई ऑफ़ बिहारी*। कलकत्ता : सुपरिंटेंडेंट ऑफ़ गवर्नमेंट प्रिंटिंग।
- गुहा, सुमित। 2004। 'ट्रान्ज़िशंस एंड ट्रांस्लेशंस : रिजनल पावर एंड वर्नाकुलर आइडेंटिटी इन द दखन, 1500-1800।' *कम्पेरेटिव स्टडीज़ ऑफ़ साउथ एशिया, अफ्रीका एंड द मिडिल ईस्ट* 24 (2) : 23–31
- गुप्ता, भगवान दास। 2001। *मुग़लों के अन्तर्गत बुन्देलखण्ड के इतिहास-संस्कृति के हिन्दी साहित्यिक स्रोतों का मूल्यांकन*। झाँसी : भवन प्रिंटर्स एंड पब्लिशर्स।
- गुप्ता, चारु। 2000। ''डर्टी' हिन्दी लिटरेचर : कन्टेस्ट्स अबाउट ऑब्सीनिटी इन लेट कोलोनियल नॉर्थ इंडिया।' *साउथ एशिया रिसर्च 20* (2) : 89–118।
- गुप्ता, छोटे लाल। 1982। *सुरति मिश्र और उनका साहित्य*। इलाहाबाद : स्मृति प्रकाशन।
- गुप्ता, गणपतिचन्द्र। 1972। *महाकवि बिहारी का श्रृंगार-निरूपण*। दिल्ली : नेशनल पब्लिशिंग हाउस।
- हैबरमान, डेविड एल.। 1988। *एक्टिंग ऐज़ अ वे ऑफ़ साल्वेशन*। न्यूयॉर्क : ऑक्सफ़ोर्ड यूनिवर्सिटी प्रेस।
- हार्डी, फ्राइडहेल्म। 1983। *विरह-भक्ति : द कर्ली हिस्ट्री ऑफ़ कृष्ण डेवोशन इन साउथ इंडिया*। दिल्ली : ऑक्सफ़ोर्ड यूनिवर्सिटी प्रेस।
- हेअर, जेम्स पी.। 2011। *गारलैंड ऑफ़ डिवोटीज़ : नाभादासेज़ भक्तमाल एंड मॉडर्न हिन्दूइज़्म*। पी.एच.डी. शोध प्रबन्ध, डिपार्टमेंट ऑफ़ रिलीजन, कोलम्बिया विश्वविद्यालय, न्यूयॉर्क।
- हॉली, जॉन स्ट्रैटन। 1984। *सूरदास : पोएट, सिंगर, सेंट*। सिएटल और लन्दन : वॉशिंगटन विश्वविद्यालय प्रेस।

- ——— । 1988। 'ऑथर एंड अथॉरिटी इन द भक्ति पोएट्री ऑफ़ नॉर्थ इंडिया।' जर्नल ऑफ़ एशियन स्टडीज़ 47 (2) : 269–90।
- ——— । 2005। *थ्री भक्ति वॉइसेस : मीराबाई, सूरदास एंड कबीर इन देयर टाइम्स एंड अवर्स*। दिल्ली : ऑक्सफ़ोर्ड यूनिवर्सिटी प्रेस।
- ——— । 2009। *मेमोरी ऑफ़ लव*। न्यूयॉर्क : ऑक्सफ़ोर्ड यूनिवर्सिटी प्रेस।
- ——— और मार्क यूरगेन्समेयर। 1988। *सॉन्ग्स ऑफ़ द सेंट्स ऑफ़ इंडिया*। न्यूयॉर्क : ऑक्सफ़ोर्ड यूनिवर्सिटी प्रेस।
- हेस, लिंडा, और सुखदेव सिंह। 1983। द *बीजक ऑफ़ कबीर*। सैन फ्रांसिस्को : नॉर्थ पॉइंट प्रेस।
- हॉलैंड, बी. जी। 1969। द *सतसई ऑफ़ बिहारी : हिन्दी पोएट्री ऑफ़ द अर्ली रीति पीरियड*। पीएच.डी. शोध प्रबन्ध, कैलिफ़ोर्निया विश्वविद्यालय–बर्कले।
- होर्स्टमैन, मोनिका, सम्पा. 2002। *इमेजेज़ ऑफ़ कबीर*। नयी दिल्ली : मनोहर।
- ——— । 2005। 'विज़न्स ऑफ़ किंगशिप इन द ट्विलाइट ऑफ़ मुग़ल रूल।' गोंडा व्याख्यान। एम्स्टर्डम : रॉयल नीदरलैंड्स एकेडमी ऑफ़ आर्ट्स एंड साइंसेज़।
- ———, सम्पा. 2006। *भक्ति इन करंट रिसर्च, 2001–2003 : प्रोसीडिंग्स ऑफ़ द नाइंथ इंटरनेशनल कॉन्फ्रेंस ऑन अर्ली डिवोशनल लिटरेचर इन न्यू इंडो-आर्यन लैंग्वेजेज़, हाइडेलबर्ग, 23–26 जुलाई 2003*। नयी दिल्ली : मनोहर।
- इंडेन, रोनाल्ड। 1992। *इमैजिनिंग इंडिया*। कैम्ब्रिज : ब्लैकवेल।
- इंगॉल्स, डैनियल हेनरी होम्स। 1990। 'इन्ट्रोडक्शन।' द *ध्वन्यालोक ऑफ़ आनन्दवर्धन विद द लोचन ऑफ़ अभिनवगुप्त* में। डैनियल हेनरी होम्स इंगॉल्स, ज़ेफ्री मूसा मासोन, और एम.वी. पटवर्धन द्वारा अनूदित। कैम्ब्रिज, मैसाचुसेट्स : हार्वर्ड यूनिवर्सिटी प्रेस।
- इस्लाम, खुर्शीदुल और राल्फ रसेल। 1998। *थ्री मुगल पोएट्स : मीर, सौदा, मीर हसन*। दिल्ली : ऑक्सफ़ोर्ड यूनिवर्सिटी प्रेस। मूल संस्करण, 1968।
- जिनविजय, मुनि। 1966। 'संचालकीय वक्तव्य।' *बिन्हाई रासो* में, सौभाग्य सिंह शेखावत द्वारा सम्पादित। जोधपुर : राजस्थान ओरिएंटल रिसर्च इंस्टीट्यूट।
- जिन्दल, कैलाश भूषण। 1993। *अ हिस्ट्री ऑफ़ हिन्दी लिटरेचर*। नयी दिल्ली : मुंशीराम मनोहरलाल। मूल संस्करण, 1955।

- जॉफ़ी, जेनिफ़र। 2005। *आर्ट, आर्किटेक्चर एंड पॉलिटिक्स इन मेवाड़, 1628-1710*। पीएच.डी. शोध प्रबन्ध, मिनेसोटा विश्वविद्यालय।
- काम्पहोर्स्ट, जेनेट। 2008। *इन प्रेज़ ऑफ़ डेथ*। पीएच.डी. शोध प्रबन्ध, लाइडेन विश्वविद्यालय।
- कापस्टाइन, मैथ्यू। 2009। 'इन्ट्रोडक्शन।' द *राइज़ ऑफ़ विज़डम मून* में। न्यूयॉर्क : न्यूयॉर्क यूनिवर्सिटी और जे.जे.सी. फ़ाउंडेशन।
- कविराज, सुदीप्त। 1992। 'राइटिंग, स्पीकिंग, बीइंग : लैंग्वेज एंड द हिस्टॉरिकल फ़ॉर्मेशंस ऑफ़ आइडेंटिटीज़ इन इंडिया।' *Nationalstaat und Sprachkonflikt in Süd-und Südostasien* में, डगमर हेल्मन-राजनायगम और डाइटमार रोथरमुंड द्वारा संपाादित। श्टुटगार्ट : श्टाइनर।
- ——— । 1995। द *अनहैप्पी कॉन्शियसनेस : बंकिमचन्द्र चट्टोपाध्याय एंड द फ़ॉर्मेशन ऑफ़ नेशनलिस्ट डिस्कोर्स इन इंडिया*। दिल्ली : ऑक्सफ़ोर्ड यूनिवर्सिटी प्रेस।
- ——— । 2003। 'द टू हिस्ट्रीज़ ऑफ़ लिटररी कल्चर इन बंगाल।' लिटरेरी कल्चर्स इन हिस्ट्री में, शेल्डन पॉलक द्वारा सम्पादित। बर्कले और लॉस एंजिल्स : कैलिफ़ोर्निया विश्वविद्यालय प्रेस।
- के, फ्रैंक ई. 1920। *अ हिस्ट्री ऑफ़ हिन्दी लिटरेचर*। कलकत्ता : एसोसिएशन प्रेस।
- किंग, क्रिस्टोफर। 1999। *वन लैंग्वेज़, टू स्क्रिप्ट्स : द हिन्दी मूवमेंट इन नाइन्टीन्थ-सेंचुरी नॉर्थ इंडिया*। दिल्ली : ऑक्सफ़ोर्ड यूनिवर्सिटी प्रेस। मूल संस्करण, 1994।
- किनरा, राजीव। 2008। *सेक्रेटरी-पोएट्स इन मुग़ल इंडिया एंड द इथोस ऑफ़ पर्सियन : द केस ऑफ़ चन्दर भान ब्राह्मण*। पीएच.डी. शोध प्रबन्ध, डिपार्टमेंट ऑफ़ साउथ एशियन लैंग्वेजेज़ एंड सिविलाइज़ेशंस, शिकागो विश्वविद्यालय।
- ——— । 2009। 'इन्फ़ैन्टेलाइज़िंग बाबा दारा : द कल्चरल मेहरी ऑफ़ दारा शिकोह एंड द मुग़ल पब्लिक स्फीयर।' *जर्नल ऑफ़ पर्सियनएट सोसाइटीज़* 2 (2) : 165–93।
- किंसले, डेविड आर.। 1975। द *स्वॉर्ड एंड द फ़्लट*। बर्कले और लॉस एंजेल्स : कैलिफ़ोर्निया विश्वविद्यालय प्रेस।
- किशोरीलाल। 1971। *रीति कवियों की मौलिक देन*। इलाहाबाद : साहित्य भवन।

- ——— । 1991। 'हिन्दी के प्राचीन संग्रह-ग्रन्थ।' *विद्वन्मोद तरंगिणी* में। इलाहाबाद : हिन्दी साहित्य सम्मेलन।
- ——— । 1993। 'अपनी बात।' *विज्ञान-गीता* में। इलाहाबाद : परिमल प्रकाशन।
- नेक्ट्जेस, डेविड आर., और यूजीन वेंस। 2005। *रेटॉरिक एंड द डिस्कोर्सेज़ ऑफ़ पावर इन कोर्ट कल्चर*। सिएटल : वॉशिंगटन विश्वविद्यालय प्रेस।
- कोच, एबा। 1997। 'द हाइरार्किकल प्रिंसिपल्स ऑफ़ शाहजहाँनी पेंटिंग।" *किंग ऑफ़ द वर्ल्ड : द पादशाहनामा–एन इम्पीरियल मुग़ल मैन्युस्क्रिप्ट फ्रॉम द रॉयल लाइब्रेरी, विंडसर कासल में,* मिलो क्लीवलैंड बीच, एबा कोच, और डब्ल्यू.एम. थैकस्टन द्वारा सम्पादित। लन्दन : एज़ीमथ एडिशन्स।
- ——— । 2001। *मुग़ल आर्ट एंड इम्पीरियल आइडियोलॉजी : कलेक्टेड एस्सेज़*। नयी दिल्ली : ऑक्सफ़ोर्ड यूनिवर्सिटी प्रेस।
- कोल्फ़, डिर्क। 2002। *नौकर, राजपूत एंड सिपॉय*। कैम्ब्रिज : कैम्ब्रिज यूनिवर्सिटी प्रेस।
- लेकॉफ़, जॉर्ज, और मार्क जॉन्सन। 1980। *मेटाफ़र्स वी लिव बाय*। शिकागो : यूनिवर्सिटी ऑफ़ शिकागो प्रेस।
- लाल, रूबी। *डोमेस्टिसिटी एंड पावर इन द अर्ली मुग़ल वर्ल्ड*। कैम्ब्रिज : कैम्ब्रिज यूनिवर्सिटी प्रेस।
- लेफ़ेवर, कोरिन। 2006। द कोर्ट ऑफ़ अब्द-उर-रहीम ख़ान-ए-ख़ानान ऐज़ अ ब्रिज बिट्वीन ईरानियन एंड इंडियन कल्चरल ट्रेडिशन्स। 19थ यूरोपीयन कॉन्फ्रेंस ऑन मॉडर्न साउथ एशियन स्टडीज़, 30 जून में प्रस्तुत पेपर।
- ———। 2007। 'रिकवरिंग अ मिसिंग वॉयस फ्रॉम मुग़ल इंडिया : द इम्पीरियल डिस्कोर्स ऑफ़ जहाँगीर (आर. 1605–1627) इन हिज़ मेमॉयर्स।' *जर्नल ऑफ़ द इकोनॉमिक एंड सोशल हिस्ट्री ऑफ़ द ओरिएंट* 50 (4) : 452–89
- लेलीवेल्ड, डेविड। 1993।'कोलोनियल नॉलेज एंड द फ़ेट ऑफ़ हिन्दुस्तानी।' *कम्पेरेटिव स्टडीज़ इन सोसाइटी एंड हिस्ट्री* 35 (4) : 665–82।
- लुईस, जेफ्री एल.। 1999। द *तुर्किश लैंग्वेज रिफ़ॉर्म : ए कैटास्ट्रॉफिक सक्सेस*। ऑक्सफ़ोर्ड : ऑक्सफ़ोर्ड यूनिवर्सिटी प्रेस।
- लॉज, एंथनी। 1993। *फ्रेंच : फ्रॉम डायलेक्ट टू स्टैंडर्ड*। लन्दन : रूटलेज।

- लोरेन्ज़न, डेविड। 1995। 'द हिस्टॉरिकल विसिट्यूड्स ऑफ़ भक्ति रिलीजन।' *भक्ति रिलिज़न इन नॉर्थ इंडिया : कम्युनिटी आइडेंटिटी एंड पॉलिटिकल एक्शन,* डेविड लोरेन्ज़न द्वारा सम्पादित। एल्बनी : स्टेट यूनिवर्सिटी ऑफ़ न्यू यॉर्क प्रेस।
- लोसेन्की, पॉल ई.। 1998। *वेलकमिंग फिग़ानी : इमिटेशन एंड पोएटिक इंडिविजुअलिटी इन द सफ़ाविद-मुग़ल ग़ज़ल*। कोस्ता मेसा, कैलिफ़. : माज़्दा पब्लिशर्स।
- लुट्गेन्डॉर्फ़, फिलिप। 1991। द लाइफ ऑफ़ अ टेक्स्ट। बर्कले और लॉस एंजेल्स : यूनिवर्सिटी ऑफ़ कैलिफ़ोर्निया प्रेस।
- ———। 1994। 'द क्वेस्ट फ़ॉर द लिजेंड्री तुलसीदास।' *अकॉर्डिंग टू ट्रेडिशन : हैगियोग्राफिकल राइटिंग इन इंडिया,* विनैंड कैललेवर्ट और रुपर्ट स्नेल द्वारा सम्पादित। विस्बाडेन : हैरासोविट्ज़।
- मैकलीन, डेरिल एन.। 2000। 'रिअर मेन एंड फ़ाल्स मेन ऐट द कोर्ट ऑफ़ अकबर।' *बियॉन्ड तुर्क एंड हिन्दू* में, डेविड गिल्मार्टिन और ब्रूस बी द्वारा सम्पादित। लॉरेंस। गेंसविले : यूनिवर्सिटी प्रेस ऑफ़ फ्लोरिडा।
- महेन्द्रकुमार। 1995। 'उत्तर-मध्यकाल अथवा रीतिकाल।' *हिन्दी साहित्य का इतिहास,* नगेन्द्र और सुरेशचन्द्र गुप्ता द्वारा सम्पादित। 24वाँ संस्करण। दिल्ली : मयूर पेपरबैक। मूल संस्करण, 1973
- मजूमदार, जतिन्द्र कुमार। 1941। *राजा राममोहन राय एंड प्रोग्रेसिव मूवमेंट्स इन इंडिया, अ सिलेक्शन ऑफ़ रिकॉर्ड्स*। कलकत्ता : आर्ट प्रेस।
- मैलिसन, फ्रासुआ। 2011। 'द टीचिंग ऑफ़ ब्रज, गुजराती और बार्डिक पोएट्री एट द कोर्ट ऑफ़ कच्छ : द भुज ब्रज-भाषा पाठशाला (1749–1948)।' *फ़ॉर्म्स ऑफ़ नॉलेज इन अर्ली मोडर्न एशिया : एक्सप्लोरेशन इन द इंटेलेक्चुअल हिस्ट्री ऑफ़ इंडिया एंड तिब्बत, 1500–1800* में, शेल्डन पॉलक द्वारा सम्पादित। डरहम, एन.सी. : ड्यूक यूनिवर्सिटी प्रेस।
- मान, गुरीन्दर सिंह। 2001। द *मेकिंग ऑफ़ सिख स्क्रिप्चर*। ऑक्सफ़ोर्ड : ऑक्सफ़ोर्ड यूनिवर्सिटी प्रेस।
- मार्शल, पी.जे.। 2003। द *एटीन्थ सेंचुरी इन इंडियन हिस्ट्री : इवोल्यूशन ऑर रिवोल्यूशन?* नयी दिल्ली : ऑक्सफ़ोर्ड यूनिवर्सिटी प्रेस।
- मथुर, आर.एस.। 1986। *रिलेशंस ऑफ़ हदस विद मुग़ल एम्पेपरर्स, 1568–1720* ए.डी.। दिल्ली : डिप्टी पब्लिकेशंस।

- मैक्री, लॉरेंस। 2008। द *टेलीऑलॉजी ऑफ़ पोएटिक्स इन मीडिवल कश्मीर*। कैम्ब्रिज, मास. : संस्कृत और भारतीय अध्ययन विभाग, हार्वर्ड यूनिवर्सिटी।
- मैकग्रेगर, आर.एस. 1968। द *लैंग्वेज ऑफ़ इन्द्रजीत ऑफ़ ओरछा*। कैम्ब्रिज : कैम्ब्रिज यूनिवर्सिटी प्रेस।
- ——— । 1971। 'सम मैन्युस्क्रिप्ट्स कन्टेनिंग नन्ददासेज़ वर्जन ऑफ़ द प्रबोधचन्द्रोदय नाटक।' *जर्नल ऑफ़ द अमेरिकन ओरिएंटल सोसाइटी* 91 (4) : 487–93।
- ——— । 1973। द *राउंड डांस ऑफ़ कृष्णा एंड उद्धव्स मेसेज*। लन्दन : लुजाक।
- ——— । 1974। *हिन्दी लिटरेचर ऑफ़ द नाइन्टीन्थ एंड अर्ली ट्वेंटीएथ सेंचुरीज़*। विस्बाडेन : हरासोविट्ज़।
- ——— । 1984। *हिन्दी लिटरेचर फ्रॉम इट्स बिगिनिंग्स टू द नाइन्टीन्थ सेंचुरी*। विस्बाडेन : हरासोविट्ज़।
- ———, सम्पादक। 1992। *डेवोशनल लिटरेचर इन साउथ एशिया।* कैम्ब्रिज : कैम्ब्रिज यूनिवर्सिटी प्रेस।
- ——— । 2001। द *फ़ॉर्मेशन ऑफ़ मॉडर्न हिन्दी ऐज़ डेमॉन्स्ट्रेटेड इन अर्ली 'हिन्दी' डिक्शनरीज़*। एम्स्टर्डम : रॉयल नीदरलैंड्स एकेडमी ऑफ़ आर्ट्स एंड साइंसेज़।
- ——— । 2003। 'द प्रोग्रेस ऑफ़ हिन्दी, पार्ट 1 : द डेवलपमेंट ऑफ़ अ ट्रांसरेजनल इडियम।' लिटरेरी कल्चर्स इन हिस्ट्री, सम्पादित द्वारा शेल्डन पॉलक। बर्कले और लॉस एंजिल्स : यूनिवर्सिटी ऑफ़ कैलिफोर्निया प्रेस।
- माइसामी, जूली स्कॉट। 1987। *मीडिवल पर्शियन कोर्ट पोएट्री*। प्रिंसटन : प्रिंसटन यूनिवर्सिटी प्रेस।
- मीर, फ़रिना। 2006। 'इंपीरियल पॉलिसी, प्रोविंशियल प्रैक्टिसेस : कोलोनियल लैंग्वेज पॉलिसी इन नाइंटीन्थ-सेंचुरी इंडिया।' *इंडियन इकॉनॉमिक एंड सोशल हिस्ट्री रिव्यू* 43 (4) : 395–427
- मिश्र, भागीरथ। 1973। 'रीतिबद्ध काव्य।' *हिन्दी साहित्य का इतिहास,* डॉ. नजेन्द्र और डॉ. सुरेशचन्द्र गुप्ता द्वारा सम्पादित। 24वाँ संस्करण। दिल्ली : मयूर पेपरबैक्स। मूल संस्करण, 1973
- मिश्र, कृष्णबिहारी। 1964। 'भूमिका।' *मतिराम ग्रन्थावली,* कृष्णबिहारी मिश्र और ब्रजकिशोर मिश्र द्वारा सम्पादित। वाराणसी : नागरी प्रचारिणी सभा।

- मिश्र, विद्याधर। 1990। *चिन्तामणि कवि और आचार्य*। इलाहाबाद : विद्या साहित्य संस्थान।
- मिश्र, विश्वनाथप्रसाद। 1959ए। 'सम्पादकीय।' *केशव ग्रन्थावली*। खण्ड 3। इलाहाबाद : हिन्दुस्तानी अकादमी।
- ——— । 1959बी। 'सम्पादकीय।' *पद्माकर ग्रन्थावली*। वाराणसी : नागरी प्रचारिणी सभा।
- ——— । 1965ए। *बिहारी*। 5वाँ संस्करण। वाराणसी : वाणी वितान प्रकाशन। मूल संस्करण, 1950
- ——— । 1965बी। *हिन्दी साहित्य का अतीत*। खण्ड 1। वाराणसी : वाणी वितान प्रकाशन। मूल संस्करण, 1959
- ——— । 1966। *हिन्दी साहित्य का अतीत*। खण्ड 2। वाराणसी : वाणी वितान प्रकाशन। मूल संस्करण, 1960
- ——— । 1970। 'टीकाएँ और टीकाकार।' *केशवदास* में, विजयपाल सिंह द्वारा सम्पादित। दिल्ली : राधाकृष्ण प्रकाशन।
- ——— । 1972। 'इंट्रोडक्शन।' *जसवन्तसिंह ग्रन्थावली* में। वाराणसी : नागरी प्रचारिणी सभा।
- ——— । 1994। 'इंट्रोडक्शन।' *भूषण ग्रन्थावली*। नयी दिल्ली : वाणी प्रकाशन।
- मित्रा, तारिणी चरण और विलियम प्राइस, सम्पादक। 1827। *हिन्दी हिन्दुस्तानी सेलेक्शन्स : टू व्हिच आर प्रीफेस्ड द रुडिमेंट्स ऑफ़ हिन्दुस्तानी एंड ब्रज भाखा ग्रामर*। कलकत्ता : हिन्दुस्तानी प्रेस।
- मुखर्जी, मीनाक्षी। 1985। *रियलिज़्म एंड रियलिटी : द नॉवेल एंड सोसाइटी इन इंडिया*। दिल्ली : ऑक्सफ़ोर्ड यूनिवर्सिटी प्रेस।
- मलवी, लौरा। 1988। *विज़ुअल एंड अदर प्लेज़र्स*। बेजिंगस्टोक : मैकमिलन।
- नगेन्द्र, संपादक। 1973। *रीतिबद्ध काव्य। हिन्दी साहित्य का बृहद इतिहास* 6। वाराणसी : नागरी प्रचारिणी सभा।
- ——— । 1995। *रीतिकाव्य की भूमिका*। नयी दिल्ली : नेशनल पब्लिशिंग हाउस। मूल संस्करण, 1949।
- ——— , और सुरेशचन्द्र गुप्ता, संपादक।1995। *हिन्दी साहित्य का इतिहास*। 24वाँ संस्करण। नयी दिल्ली : मयूर पेपरबैक्स। मूल संस्करण, 1973।

- नाइक, छोटूभाई रणछोड़जी। 1966। *अब्दुर्रहीम ख़ान-ए-ख़ानाँ एंड हिज़ लिटरेरी सर्कल* । अहमदाबाद : गुजरात यूनिवर्सिटी।
- नईम, सी.एम.। 1984। 'प्राइज़-विनिंग अदब : अ स्टडी ऑफ़ फ़ाइव उर्दू बुक्स रिटेन इन रेस्पॉन्स टू द इलाहाबाद गवर्नमेंट गजट नोटिफ़िकेशन।' *मोरल कंडक्ट एंड अथॉरिटी : द प्लेस ऑफ़ अदब इन साउथ एशियन इस्लाम, बारबरा मेटकाफ़* द्वारा सम्पादित। बर्कले और लॉस एंजिल्स : यूनिवर्सिटी ऑफ़ कैलिफ़ोर्निया प्रेस।
- नीमान, ग्राहामे। 1983। 'भूपतिज़ भागवत एंड द हिन्दी भागवत जॉनर।' *भक्ति इन करेंट रिसर्च, 1979-1982,* मोनिका थील-हॉर्स्टमान द्वारा सम्पादित। बर्लिन : डीट्रिच राइमर।
- नोवेत्ज़के, क्रिश्चियन। 2003। 'द आइडिया ऑफ़ ऑथरशिप इन एन इंडियान रिलीजियस ट्रेडिशन।' *हिस्ट्री ऑफ़ रेलिजन्स* 42 (3) : 213–42
- ——— । 2007। 'भक्ति एंड इट्स पब्लिक।' *इंटरनेशनल जर्नल ऑफ़ हिन्दू स्टडीज़* 11 (3) : 255–72
- ——— । 2008। *रिलिजन एंड पब्लिक मेमोरी : अ कल्चरल हिस्ट्री ऑफ़ सेंट नामदेव इन इंडिया*। न्यूयॉर्क : कोलम्बिया यूनिवर्सिटी प्रेस।
- ऑफ़्रेडी, मारिओला, सम्पादक। 2000। द *बानयान ट्री : एसेज़ ऑन अर्ली लिटरेचर इन न्यू इंडो-आर्यन लैंग्वेजेस*। 2 खण्ड। नयी दिल्ली और वेनिस : मनोहर; वेनेज़िया विश्वविद्यालय, डिपार्टमेंट ऑफ़ स्टडीज़ यूरैशियाटिक।
- ओ'हानलोन, रोज़ालिंड। 1999। 'मैनलिनेस एंड इम्पीरियल सर्विस इन मुग़ल नॉर्थ इंडिया।' *जर्नल ऑफ़ द इकोनॉमिक एंड सोशल हिस्ट्री ऑफ़ द ओरिएंट* 42 (1): 47–93।
- ——— । 2007ए। 'किंगडम, हाउसहोल्ड, एंड बॉडी : हिस्ट्री, जेंडर एंड इम्पीरियल सर्विस अंडर अकबर।' *मॉडर्न एशियन स्टडीज़* 41 (5): 889–923।
- ——— । 2007बी। 'कल्चरल प्लुरिज्म, एम्पायर एंड द स्टेट इन अर्ली मॉडर्न साउथ एशिया–रिव्यू एस्से।' *इंडियन इकॉनॉमिक एंड सोशल हिस्ट्री रिव्यू* 44 (3) : 363–81।
- ——— । 2011। 'स्पीकिंग फ्रॉम शिवाज़ टेम्पल : बनारस स्कॉलरशिप हाउसहोल्ड एंड ज ब्राह्मण 'इक्युमेन' ऑफ़ मुग़ल इंडिया।' *साउथ एशियन हिस्ट्री एंड कल्चर* 2 (2) : 253–77

- ऑर्सीनी, फ्रांचेस्का। 2002ए। 'इंडिया इन द मिरर ऑफ़ वर्ल्ड फिक्शन।' *न्यू लेफ्ट रिव्यू* 13 (जनवरी/फरवरी) : 75–88
- ——— । 2002बी। द *हिन्दी पब्लिक स्फीयर, 1920–1940*। नयी दिल्ली : ऑक्सफ़ोर्ड यूनिवर्सिटी प्रेस।
- ——— । 2004ए। 'डिटेक्टिव नॉवेल्स : अ कमर्शियल जॉनर इन नाइंटीन्थ-सेंचुरी नॉर्थ इंडिया।' *इंडियाज़ लिटरेरी हिस्ट्री : एसेज़ ऑन द नाइंटीन्थ सेंचुरी,* स्टुअर्ट ब्लैकबर्न और वसुधा डालमिया द्वारा सम्पादित। नई दिल्ली: परमानेंट ब्लैक।
- ——— । 2004बी। 'पण्डित, प्रिंटर्स एंड अदर्स : पब्लिशिंग इन नाइनटींथ-सेंचुरी बनारस।' *प्रिंट एरियाज : बुक हिस्ट्री इन इंडिया* में, अभिजीत गुप्ता और स्वपन चक्रवर्ती द्वारा सम्पादित। दिल्ली: परमानेंट ब्लैक।
- ——— । 2004सी। 'इंट्रोडक्शन।' द *ऑक्सफ़ोर्ड इंडिया प्रेमचन्द*। नयी दिल्ली : ऑक्सफ़ोर्ड यूनिवर्सिटी प्रेस।
- ——— । 2009। *प्रिंट एंड प्लेज़र : पॉपुलर लिटरेचर एंड एंटरटेनिंग फ़िक्शंस इन कॉलोनियल नॉर्थ इंडिया*। रानीखेत : परमानेंट ब्लैक।
- ——— । 2010। 'बारहमासाज़ इन हिन्दी एंड उर्दू।' *बिफ़ोर द डिवाइड : हिन्दी एंड उर्दू लिटरेरी कल्चर* में, फ्रांचेस्का ऑर्सीनी द्वारा सम्पादित। नयी दिल्ली : ओरिएंट ब्लैकस्वान।
- ——— , सम्पादक। 2010। *बिफ़ोर द डिवाइड : हिन्दी एंड उर्दू लिटरेरी कल्चर*। नयी दिल्ली : ओरिएंट लॉन्गमैन।
- पचौरी, भगवान सहाय। 1973। *महाकवि ग्वाल : व्यक्तित्व एवं कृतित्व*। मथुरा : राज्यश्री प्रकाशन।
- पचौरी, सुधीश। 2001। 'रीतिकाल में फूको विचरण।' *बहुवचन* 3 (9) : 175–98
- ——— । 2002। 'रीतिकाल में फूको विचरण-2।' *बहुवचन* 3 (10): 128–47
- पाण्डे, चन्द्रबली। 1940। मुग़ल *बादशाहों की हिन्दी*। वाराणसी : नागरी प्रचारिणी सभा।
- पाण्डे, श्याम मनोहर। 1999। 'बारहमासा इन चन्दायन एंड इन फ़ोक ट्रेडिशन्स।' *स्टडीज़ इन अर्ली मॉडर्न इंडो-आर्यन लैंग्वेजेज़, लिटरेचर एंड*

*कल्चर*, एलन एंटविस्टल और कैरोल सलोमोन द्वारा सम्पादित। नयी दिल्ली : मनोहर।

- पाण्डे, सुधाकर। 1969। 'प्रस्तावना।' *कृपाराम ग्रन्थावली*। वाराणसी : नागरी प्रचारिणी सभा।
- ——— । 1972। 'प्रस्तावना।' *सोमनाथ ग्रन्थावली*। खण्ड 1। वाराणसी : नागरी प्रचारिणी सभा।
- ——— । 1987। 'प्रस्तावना।' *रसलीन ग्रन्थावली*। वाराणसी : नागरी प्रचारिणी सभा।
- ———, सम्पादक। 1992। *बलभद्र-कृत रसविलास एवं शिखनख*। वाराणसी : नागरी प्रचारिणी सभा।
- ——— । 1999। 'प्रस्तावना।' *बिहारी सतसई*। द्वितीय संस्करण। वाराणसी : नागरी प्रचारिणी सभा।
- पन्त, सुमित्रानन्दन। 1963। *पल्लव*। 7वाँ संस्करण। नयी दिल्ली : राजकमल, मूल संस्करण, 1926
- पाठक, उमाशंकर। 1999। *मध्यकालीन ओरछा-वैभव एवं विरासत*। पीएच.डी. शोध-प्रबन्ध, अवधेश प्रताप सिंह विश्वविद्यालय, रीवा, म.प्र.।
- पॉवेल्स, हाइडी। 1996। कृष्णाज़ राउंड डांस रिकन्सिडर्ड : *हरिराम व्यासेज़ हिन्दी रास-पंचाध्यायी*। रिचमंड और सरी: कर्ज़न।
- ———।2001।'डिप्टिक इन वर्स : जेंडर हाइब्रिडिटी, लैंग्वेज कॉन्शियसनेस, एंड नेशनल आइडेंटिटी इन निरालाज़ 'जागो फिर एक बार'।' *जर्नल ऑफ़ द अमेरिकन ओरिएंटल सोसाइटी* 121 (3): 449–81।
- ——— । 2002। *इन प्रेज़ ऑफ़ होली मेन : हेजियोग्राफिक पोयम्स बाय एंड अबाउट हरिराम व्यास*। ग्रोनिंगन : एगबर्ट फ़ॉर्स्टन।
- ——— । 2005। 'रोमांसिंग राधा : नागरिदास' रॉयल एप्रोप्रिएशंस ऑफ़ भक्ति थीम्स।' *साउथ एशिया रिसर्च* 25 (1): 55–78।
- ——— । 2009। 'द सेंट, द वॉरलॉर्ड, एंड द एम्परर : डिस्कोर्सेज ऑफ़ ब्रज भक्ति एंड बुन्देला लॉयल्टी।' *जर्नल ऑफ़ द इकोनॉमिक एंड सोशल हिस्ट्री ऑफ़ द ओरिएंट* 52 (2): 187–228।
- फुकन, शान्तनु। 2000। *थ्रू ए पर्शियन प्रिज्म : हिन्दी एंड पद्मावत इन द मुगल इमेजिनेशन*। पीएच.डी. शोध प्रबन्ध, डिपार्टमेंट ऑफ़ साउथ एशियन लैंग्वेजेज़ एंड सिविलाइज़ेशंस, शिकागो विश्वविद्यालय।

- ——— । 2001। 'थ्रू थ्रोट्स वेयर मेनी रिवर्स मीट : द इकोलॉजी ऑफ़ हिन्दी इन द वर्ल्ड ऑफ़ पर्शियन।' *इंडियन इकोनॉमिक एंड सोशल हिस्ट्री रिव्यू* 38 (1): 33–58।
- पिंच, विलियम आर.। 2002। 'हिस्ट्री, डिवोशन एंड द सर्च फॉर नभदास ऑफ़ गलता।' *इन इनवोकिंग द पास्ट : द यूजेज़ ऑफ़ हिस्ट्री इन साउथ एशिया,* दाऊद अली द्वारा सम्पादित। नयी दिल्ली : ऑक्सफ़ोर्ड यूनिवर्सिटी प्रेस।
- ——— । 2006। *वॉरियर एसेटिक्स एंड इंडियन एम्पायर्स*। कैम्ब्रिज : कैम्ब्रिज यूनिवर्सिटी प्रेस।
- पॉलक, शेल्डन। 1985। *'थ्योरी ऑफ़ प्रैक्टिस एंड द प्रैक्टिस ऑफ़ थ्योरी इन इंडियन इंटेलेक्चुअल हिस्ट्री।' जर्नल ऑफ़ द अमेरिकन ओरिएंटल सोसाइटी* 105 (3) : 499–519।
- ——— । 1995। 'इन प्रेज़ ऑफ़ पोएट्स : ऑन द हिस्ट्री एंड फ़ंक्शन ऑफ़ द कविप्रशंसा।' *आनन्द भारती* में, बी. चन्नकेशव और एच. वी. नागराज राव द्वारा सम्पादित। मैसूर : डॉ. के. कृष्णमूर्ति फ़ेलिसिटेशन कमिटी।
- ——— । 1996। 'द संस्कृत कॉस्मोपोलिस, 300–1300 : ट्रांसकल्चरेशन, वर्नाक्युलराइजेशन, एंड द क्वेश्चन ऑफ़ आइडियोलॉजी।' *आइडियोलॉजी एंड स्टेटस ऑफ़ संस्कृत : कंट्रीब्यूशन्स टू द हिस्ट्री ऑफ़ द संस्कृत लैंग्वेज,* यान ई.एम. हौबेन द्वारा सम्पादित। लाइडेन : ब्रिल।
- ——— । 1998। 'द कॉस्मोपॉलिटन वर्नाक्युलर।' जर्नल ऑफ़ एशियन स्टडीज़ 57 (1) : 6–37
- ——— । 2001ए। 'द डेथ ऑफ़ संस्कृत।' *कम्पेरेटिव स्टडीज़ इन सोसाइटी एंड हिस्ट्री* 43 (2) : 392–426
- ——— । 2001b। 'द सोशल एस्थेटिक एंड संस्कृत लिटरेरी थ्योरी।' *जर्नल ऑफ़ इंडियन फ़िलॉसफ़ी* 29 (1–2) : 197–229।
- ——— । 2005ए। द *एंड्स ऑफ़ मैन एट द एंड ऑफ़ प्रेमोडर्निटी*। गोंडा लेक्चर। एम्स्टर्डम : रॉयल नीदरलैंड्स अकादमी ऑफ़ आर्ट्स एंड साइंसेज।
- ——— । 2005बी। 'इंट्रोडक्शन।' *रामायण बुक टू, अयोध्या*। प्रथम संस्करण। न्यूयॉर्क : न्यूयॉर्क यूनिवर्सिटी एंड जे.जे.सी. फ़ाउंडेशन।
- ——— । 2006। द *लैंग्वेज ऑफ़ द गॉड्स इन द वर्ल्ड ऑफ़ मेन:*

*संस्कृत, कल्चर, एंड पावर इन प्रीमोडर्न इंडिया*। बर्कले और लॉस एंजिल्स : कैलिफ़ोर्निया यूनिवर्सिटी प्रेस।

- ——— । 2007। 'द लैंग्वेजेज़ ऑफ़ साइंस इन अर्ली-मॉडर्न इंडिया।" *इन एक्सपैंडिंग एंड मर्जिंग होराइजन्स,* कारिन प्राइज़ेंडांत्स द्वारा सम्पादित। वियना : *ऑस्ट्रियन अकादमी ऑफ़ साइंसेज प्रेस।*
- ——— । 2009। *बुके ऑफ़ रस एंड रिवर ऑफ़ रस*। न्यूयॉर्क : न्यूयॉर्क यूनिवर्सिटी एंड जे.जे.सी. फ़ाउंडेशन।
- ——— , सम्पादक। 2011। *फॉर्म्स ऑफ़ नॉलेज इन अर्ली मॉडर्न एशिया : एक्सप्लोरेशन्स इन द इंटेलेक्चुअल हिस्ट्री ऑफ़ इंडिया एंड तिब्बत, 1500–1800*। डरहम, एन.सी. : ड्यूक यूनिवर्सिटी प्रेस।
- प्रभा, चन्द्र। 1976। *हिस्टोरिकल महाकाव्याज़ इन संस्कृत (एलेवेन्थ टू फ़िफ़्टीन्थ सेंचुरी)*। दिल्ली : श्री भारत भारती।
- प्रकाश, वेद। 2003। *कवि बोधा और उनका इश्क़नामा*। दिल्ली : संजय प्रकाशन।
- ——— । 2006। *भिखारीदास कृत काव्यनिर्णय*। दिल्ली : संजय प्रकाशन।
- प्रीचेट, फ्रांसिस। 1994। *नेट्स ऑफ़ अवेयरनेस*। बर्कले और लॉस एंजिल्स : कैलिफ़ोर्निया विश्वविद्यालय प्रेस।
- ——— ।2003।'अ लॉन्ग हिस्ट्री ऑफ़ उर्दू लिटरेरी कल्चर, पार्ट 2 : हिस्ट्रीज़, परफ़ॉर्मेंसेज़ एंड मास्टर्स।' *लिटरेरी कल्चर्स इन हिस्ट्री,* शेल्डन पॉलक द्वारा सम्पादित। बर्कले और लॉस एंजिल्स : कैलिफ़ोर्निया विश्वविद्यालय प्रेस।
- पुगलीज़, ओल्गा ज़ोर्जी। 2008। *कास्टिलियोन्स द बुक ऑफ़ द कोर्टियर (Il Libro del Cortegiano) : अ क्लासिक इन द मेकिंग*। नेपल्स : एडिज़ियोनी साइन्टिफिक इटालियाने।
- क़ानूनगो, के.आर.। 1929। 'सम साइड-लाइट्स ऑन द कैरेक्टर एंड कोर्ट-लाइफ़ ऑफ़ शाहजहाँ।' *जर्नल ऑफ़ इंडियन हिस्ट्री* 8 : 45–52
- राघवन, वी. 1940। 'कवीन्द्राचार्य सरस्वती।' *डी.आर. भण्डारकर* वॉल्यूम में, बिमला चर्ण लॉ द्वारा सम्पादित। कलकत्ता : इंडियन रिसर्च इंस्टीट्यूट।
- ——— । 1951। 'इंट्रोडक्शन।' *शृंगारमंजरी ऑफ़ सेंट अकबर शाह में। हैदराबाद* : हैदराबाद आर्कियोलॉजिकल डिपार्टमेंट।
- ——— । 1953। 'द कवीन्द्रकल्पलतिका ऑफ़ कवीन्द्राचार्य सरस्वती।'

*इंडिका : द इंडियन हिस्टॉरिकल रिसर्च इंस्टीट्यूट सिल्वर जुबली कमेमोरेशन* वॉल्यूम। बम्बई : सेंट ज़ेवियर कॉलेज।

- राहुरकर, वी.जी.। 1969। *कवीन्द्राचार्य सरस्वती का भाषायोगवाशिष्ठसार* (ज्ञानसार)। पुणे : भारतवाणी प्रकाशनमाला।
- राय, आलोक। 2001। *हिन्दी नेशनलिज़्म*। हैदराबाद : ओरिएंट लॉन्गमैन।
- रामानुजन, ए.के.। 1991। 'थ्री हंड्रेड रामायणाज़ : फ़ाइव एक्ज़ाम्पल्स एंड थ्री थॉट्स ऑन ट्रांसलेशन।' *मेनी रामायणाज़ : द डाइवर्सिटी ऑफ़ ए नैरेटिव ट्रेडिशन इन साउथ एशिया*, पाउला रिचमैन द्वारा सम्पादित। बर्कले और लॉस एंजिल्स : कैलिफ़ोर्निया विश्वविद्यालय प्रेस।
- राव, वेल्चेरु नारायण। 1995। 'कोकोनट एंड हनी : संस्कृत एंड तेलुगु इन मिडीवल आंध्र।' *सोशल साइंटिस्ट* 23 (10) : 24–40।
- ——— , और डेविड शुल्मान। 1999। *अ पोएम एट द राइट मोमेंट*। दिल्ली : ऑक्सफ़ोर्ड यूनिवर्सिटी प्रेस।
- ——— , डेविड शुल्मान, और संजय सुब्रह्मण्यम। 1992। *सिम्बल्स ऑफ़ सब्सटेंस, कोर्ट एंड स्टेट इन नायक-पीरियड तमिलनाडु। दिल्ली : ऑक्सफ़ोर्ड* यूनिवर्सिटी प्रेस।
- ——— । 2003। *टेक्स्चर्स ऑफ़ टाइम : राइटिंग हिस्ट्री इन साउथ इंडिया।* न्यूयॉर्क : अदर प्रेस।
- राय, कुँवर। 1979। *चिन्तामणि, कुलपति और श्रीपति का तुलनात्मक अनुशीलन*। वाराणसी : हिन्दी प्रचारक संस्थान।
- रिचर्ड्स, जॉन एफ.। 1997। 'अर्ली मॉडर्न इंडिया एंड वर्ल्ड हिस्ट्री।' *जर्नल ऑफ़ वर्ल्ड हिस्ट्री 8* (2) : 197–209
- रिचमैन, पाउला, संपादक। 1991। *मेनी रामायणाज़ : द डाइवर्सिटी ऑफ़ अ नैरेटिव ट्रेडिशन इन साउथ एशिया*। बर्कले और लॉस एंजिल्स : कैलिफ़ोर्निया विश्वविद्यालय प्रेस।
- रिटर, वेलेरी। 2004। 'द लैंग्वेज ऑफ़ हरियौध्स प्रियप्रवास : नोट्स टुवड्र्स एन आर्कियोलॉजी ऑफ़ मॉडर्न स्टैंडर्ड हिन्दी।' *जर्नल ऑफ़ द अमेरिकन ओरिएंटल सोसाइटी* 124 (3) : 417–38
- ——— । 2010। 'नेटवर्क्स, पैट्रन्स, एंड जॉनर्स फ़ॉर लेट ब्रजभाषा पोएट्स।' *बिफ़ोर द डिवाइड : हिन्दी एंड उर्दू लिटरेरी कल्चर* में, फ्रांसेस्का ऑर्सीनी द्वारा सम्पादित। नयी दिल्ली : ओरिएंट ब्लैकस्वान।

- रॉकवेल, डेज़ी। 2004। *उपेन्द्रनाथ अश्क*। नयी दिल्ली : कथा।
- रोडेल, जे.आई.। 1986। द *सिनोनिम फाइंडर। न्यूयॉर्क* : वार्नर बुक्स।
- रोज़ेनस्टाइन, लुद्मिला। 1997। *स्वामी हरिदास की भक्ति कविता : प्रारम्भिक ब्रजभाषा पद्य का अध्ययन*। ग्रोनिंगन : एग्बर्ट फ़ॉर्स्टन।
- रॉथर्ब, एडवर्ड। 2009। द *आर्किटेक्चर ऑफ़ राजा बीर सिंह देव ऑफ़ ओरछा (1605–1627) : कॉन्टिन्यूइटी, एडेप्टेशन एंड इन्वेन्शन*। पीएच.डी. *शोध प्रबन्ध*, डिपार्टमेंट ऑफ़ आर्ट हिस्ट्री, कैलिफ़ोर्निया विश्वविद्यालय–लॉस एंजिल्स।
- रसेल, राल्फ। 1999। 'हाउ नॉट टू राइट द हिस्ट्री ऑफ़ उर्दू लिटरेचर।' *हाउ नॉट टू राइट द हिस्ट्री ऑफ़ उर्दू लिटरेचर एंड अदर एसेज़ ऑन उर्दू एंड इस्लाम* में। नई दिल्ली : ऑक्सफ़ोर्ड यूनिवर्सिटी प्रेस।
- सदाना, रश्मि। 2007। 'अ सुटेबल टेक्स्ट फ़ॉर अ वेजेटिरेनियन ऑडियंस : क्वेश्चंस ऑफ़ ऑथेन्टिसिटी एंड द पॉलिटिक्स ऑफ़ ट्रान्सलेशन।' *पब्लिक कल्चर* 19 (2): 307–28।
- सईद, एडवर्ड। 1978। *ओरिएंटलिज़्म*। न्यूयॉर्क : पांथेयन।
- सक्सेना, बनारसी प्रसाद। 1958। *हिस्ट्री ऑफ़ शाहजहाँ ऑफ़ दिल्ली।* इलाहाबाद : सेंट्रल बुक डिपो।
- संगारी, कुमकुम। 2002। *पॉलिटिक्स ऑफ़ द पॉसिबल : एसेज़ ऑन जेंडर, हिस्ट्री, नैरेटिव्स, कॉलोनियल इंग्लिश*। लन्दन : एंथम।
- सरमदी, शाहाब। 1996। 'इन्ट्रोडक्शन।' *तर्जुमा-ए मानकुतूहल वा रिसाला-ए रागदरपन* में। नयी दिल्ली : इंदिरा गांधी राष्ट्रीय कला केन्द्र और मोतीलाल बनारसीदास।
- स्कॉकर, जी.एच.। 1983। 'केशवदासेज़ मेथड ऑफ़ बेसिंग ब्रज कृष्णा-लिरिक्स ऑन संस्कृत ट्रेडिशन ऑफ़ लिटररी ऐस्थेटिक्स।' *भक्ति इन करंट रिसर्च, 1979–1982* में, मोनिका थील-होर्स्टमान द्वारा सम्पादित। बर्लिन : डीट्रिच राइमर।
- शोमर, करीन। 1998। *महादेवी वर्मा एंड द छायावाद एज ऑफ़ मॉडर्न हिन्दी* पोएट्री। बर्कले और लॉस एंजिल्स : कैलिफ़ोर्निया विश्वविद्यालय प्रेस। मूल संस्करण, 1983
- शोपेन, ग्रेगरी। 1991। 'आर्कियोलॉजी एंड प्रोटेस्टेन्ट प्रिसपोज़ीशंस इन द स्टडी ऑफ़ इंडियन बुद्धिज़्म।' *हिस्ट्री ऑफ़ रिलिजन्स* 31 (1): 1–23

- सीली, क्लिंटन बी.। 2004। 'इन्ट्रोडक्शन।' द *स्लेयिंग ऑफ़ मेघनाद : ए रामायण फ्रॉम कॉलोनियल बंगाल में*। न्यूयॉर्क : ऑक्सफ़ोर्ड यूनिवर्सिटी प्रेस।
- सेनगुप्ता, सगरी। 1992। द *नाइंटीन्थ-सेंचुरी ब्रजभाषा पोएट्री ऑफ़ 'भारतेन्दु' हरिश्चन्द्र : टू द लिमिट्स ऑफ़ ट्रेडिशन एंड बियॉन्ड*। पीएच.डी. शोध-प्रबन्ध, पेन्सिल्वेनिया विश्वविद्यालय।
- सेलर, जॉन विलियम। 1999। *वर्कशॉप एंड पैट्रन इन मुगल इंडिया*। ज्यूरिख और वॉशिंगटन, डी.सी. : आर्टिबस एशिया प्रकाशक।
- शैकल, क्रिस्टोफर। 1993। 'अर्ली वर्नाकुलर पोएट्री इन द इंडो वैली : इट्स कॉन्टेक्स्ट्स एंड इट्स कैरेक्टर।' *इस्लाम एंड इंडियन रीज़न में*, अन्ना लिबेरा डलापिककोला और स्टेफ़नी ज़िंगल-अवे लल्लेमां द्वारा सम्पादित। खण्ड 1। श्टुटगार्ट : फ्रांज स्टाइनर।
- शाहा, शंदीप। 2004। *क्रिएटिंग अ कम्युनिटी ऑफ़ ग्रेस : अ हिस्ट्री ऑफ़ द पुष्टि मार्ग इन नॉर्दर्न एंड वेस्टर्न इंडिया (1493–1905)*। पीएच.डी. शोध-प्रबन्ध, डिपार्टमेंट ऑफ़ क्लासिक्स एंड रिलीजियस स्टडीज़, ओटावा विश्वविद्यालय।
- शर्मा, आनन्दनारायण। 1970। 'कवि केशवदास।' केशवदास में, विजयपाल सिंह द्वारा सम्पादित। दिल्ली : राधाकृष्ण प्रकाशन।
- शर्मा, जी.एन.। 1962। *मेवाड़ एंड द मुग़ल एम्पेरर्स, 1526–1707 ए.डी.*। दूसरा संस्करण। आगरा : शिवलाल अग्रवाल।
- ———। 1965। *अ बिबलियोग्राफी ऑफ़ मिडीवल राजस्थान, सोशल एंड कल्चरल*। आगरा : लक्ष्मी नारायण अग्रवाल।
- ——— । 1968। *सोशल लाइफ़ इन मिडीवल राजस्थान, 1500–1800 ए.डी.*। आगरा : लक्ष्मी नारायण अग्रवाल।
- ——— । 1970। *राजस्थान स्टडीज़*। आगरा : लक्ष्मी नारायण अग्रवाल।
- ——— 1974। *ग्लोरीज़ ऑफ़ मेवाड़*। आगरा : शिव लाल अग्रवाल।
- शर्मा, महेन्द्रपाल। 1986। आचार्य रामचन्द्र शुक्ल की इतिहास-दृष्टि। नई दिल्ली : राधाकृष्ण।
- शर्मा, ओमप्रकाश। 1983। 'महाकवि मतिराम।' *ललितललाम*। दिल्ली : सन्मार्ग प्रकाशन।
- शर्मा, रामानन्द। 1998। *भिखारीदास का आचार्यत्व*। दिल्ली : लोकवाणी संस्थान।

* ——— । 2003। *रीतिकालीन कवि कालिदास त्रिवेदी ग्रन्थावली*। गाज़ियाबाद : के. एल. पचौरी प्रकाशन।
* ——— ।2004।'सम्पादन।' *सुन्दरकविराय ग्रन्थावली*। दिल्ली : लोकवाणी संस्थान।
* ——— । 2008। 'आशंसा।' *रीतिपूर्व रसरीति-परम्परा और सुन्दरकविराय* में, अवनीश यादव द्वारा। दिल्ली : नवसाहित्य भारती।
* ———, और हर्ष वी. दहेजिया। 2009। *कृष्णाज़ फ़ॉरगॉटेन पोएट्स*। नयी दिल्ली : लस्टर प्रेस : रोली बुक्स।
* शर्मा, रामगोपाल। 1975। *सुरति मिश्र का काव्यशास्त्र*। जयपुर : राजस्थान प्रकाशन।
* शर्मा, रामविलास। 1973। *आचार्य रामचन्द्र शुक्ल और हिन्दी आलोचना*। दिल्ली : राजकमल प्रकाशन।
* ——— । 1977। *महावीर प्रसाद द्विवेदी और हिन्दी नवजागरण*। नयी दिल्ली : राजकमल प्रेस।
* शर्मा, संध्या। 2011। *लिटरेचर, कल्चर एंड हिस्ट्री इन मुग़ल नॉर्थ इंडिया, 1550–1800*। दिल्ली : प्राइमस बुक्स।
* शर्मा, सुधीर कुमार। 1998। *कविवर वृन्द, व्यक्तित्व और कृतित्व*। दिल्ली : स्वराज प्रकाशन।
* शर्मा, सुनील। 2009। 'ट्रांस्लेटिंग जेंडर : आज़ाद बिलग्रामी ऑन पोएटिक्स ऑफ़ द लव लिरिक एंड कल्चरल सिंथेसिस।' द *ट्रांसलेटर* 15 (1) : 87–103
* ——— ।2011।'इफ़ देअर इज़ पैराडाइज़ ऑन अर्थ, इट इज़ हेअर : अर्बन एथ्नोग्राफ़ी इन इंडो-पर्शियन पोएटिक एंड हिस्टॉरिकल टेक्स्ट्स।' *फ़ॉर्म्स ऑफ़ नॉलेज इन अर्ली मॉडर्न एशिया : एक्सप्लोरेशंस इन द इंटेलेक्चुअल हिस्ट्री ऑफ़ इंडिया एंड तिबेट, 1500–1800* में, शेल्डन पॉलक द्वारा सम्पादित। डरहम, एन.सी. : ड्यूक यूनिवर्सिटी प्रेस।
* शर्मा, विनयमोहन। 2005। *हिन्दी को मराठी सन्तों की देन*। पटना : बिहार राष्ट्रभाषा परिषद्।
* शर्मा, विष्णुदत्त। 1970। *आचार्य कुलपति मिश्र : व्यक्तित्व और कृतित्व*। देहरादून : साहित्यसदन।

- शिराने, हारुओ, सम्पादक। 2008। *एनविज़निंग द टेल ऑफ़ गेंजी*। न्यूयॉर्क : कोलम्बिया यूनिवर्सिटी प्रेस।
- शोफ़ील्ड, कैथरीन। 2010। 'रिवाइविंग द गोल्डेन एज अगेन : 'क्लासिसाइज़ेशन', हिन्दुस्तानी म्यूज़िक, एंड द मुग़ल्स।' *एथ्नोम्यूज़िकोलॉजी* 54 (3) : 484–517
- शुक्ल, रामचन्द्र। 1994। *हिन्दी साहित्य का इतिहास*। 29वां संस्करण। वाराणसी : नागरी प्रचारिणी सभा। मूल संस्करण, 1929
- सिंह, बच्चन। 1989। *आचार्य शुक्ल का इतिहास पढ़ते हुए*। नयी दिल्ली : नेशनल पब्लिशिंग हाउस।
- सिंह, कैलाश। 1999। *अकबरी दरबार के हिन्दी कवि और रहीम*। कानपुर : अन्नपूर्णा प्रकाशन।
- सिंह, कालीप्रसाद। 2009। *महाराज जसवन्त सिंह*। वाराणसी : महावीर प्रेस।
- सिंह, लाल साहब। 1998। *हिन्दी साहित्य का नवीन इतिहास*। वाराणसी : विश्वविद्यालय प्रकाशन।
- सिंह, विजयपाल। 1993। *केशव और उनका साहित्य*। दिल्ली : नेशनल पब्लिशिंग हाउस। मूल संस्करण, 1967।
- ——— । 1998। *केशव का आचार्यत्व*। दिल्ली : नेशनल पब्लिशिंग हाउस। मूल संस्करण, 1968।
- सिंह, योगेन्द्र प्रताप। 1992। 'भूमिका।' *जोरावरप्रकाश*। इलाहाबाद : हिन्दी साहित्य सम्मेलन।
- सिन्हा, परमेश्वर प्रसाद। 1980। *राजा बीरबल, जीवन और समय*। पटना : जानकी प्रकाशन।
- सिन्हा, सावित्री। 1973। 'परिस्थितियाँ।' *रीतिबद्ध काव्य* में। *हिन्दी साहित्य का बृहत् इतिहास* 6, नगेन्द्र द्वारा सम्पादित। वाराणसी : नागरी प्रचारिणी सभा।
- स्नातक, विजयेंद्र। 1973। 'उपलब्ध सामग्री के मूल स्रोत।' *रीतिबद्ध काव्य में। हिन्दी साहित्य का बृहत् इतिहास* 6, नगेन्द्र द्वारा सम्पादित। वाराणसी : नागरी प्रचारिणी सभा।
- स्नेल, रूपर्ट। 1991ए। द *हिन्दी क्लासिकल ट्रेडिशन* : अ ब्रजभाषा रीडर। लन्दन : स्कूल ऑफ़ ओरिएंटल एंड अफ्रीकन स्टडीज़, यूनिवर्सिटी ऑफ़ लन्दन।

- ——— । 1991बी। द *एटी-फ़ोर हिम्न्स ऑफ़ हित हरिवंश*। दिल्ली : मोतीलाल बनारसीदास।
- ——— । 1992। 'डेवोशन रिवार्डेड : द सुदामा-चरित ऑफ़ नरोत्तमदास।' *द इंडियन नैरेटिव : पर्सपेक्टिव्स एंड पैटर्न्स,* क्रिस्टोफर शेकल और रूपर्ट स्नेल द्वारा सम्पादित। विएस्बाडेन : हार्सोवित्ज़।
- ——— । 1994ए। 'बरवै मीटर इन तुलसीदास एंड रहीम।' *स्टडीज़ इन साउथ एशियन डिवोशनल लिटरेचर,* एलन डब्ल्यू. एंटविसल और फ्रांसुआ मैलीसन द्वारा सम्पादित। नयी दिल्ली : मनोहर।
- ——— । 1994बी। 'भक्ति वर्सेज़ रीति? सतसई ऑफ़ बिहारीलाल।' *जर्नल ऑफ़ वैष्णव स्टडीज़* 3 (1) : 153–70।
- ——— । आगामी। *बिहारी, द सेवन हंड्रेड पोएम्स*। कैम्ब्रिज, मास. : हार्वर्ड यूनिवर्सिटी प्रेस। मूर्ति क्लासिकल लाइब्रेरी ऑफ़ इंडिया।
- श्रीनिवासन, रम्या। 2007। द *मेनी लाइव्स ऑफ़ अ राजपूत क्वीन : हीरोइक पास्ट्स इन इंडिया, सी. 1500–1900*। सिएटल : यूनिवर्सिटी ऑफ़ वॉशिंगटन प्रेस।
- स्टार्क, उलरिके। 2004। 'हिन्दी पब्लिशिंग इन द हार्ट ऑफ़ एन इंडो-पर्शियन कल्चरल मेट्रोपोलिस।' *इंडियाज़ लिटरेरी हिस्ट्री : एसेज़ ऑन द नाइंटीन्थ सेंचुरी में,* स्टुअर्ट ब्लैकबर्न और वसुधा डालमिया द्वारा सम्पादित। नयी दिल्ली : पर्मनेंट ब्लैक।
- ——— । 2007। *एन एम्पायर ऑफ़ बुक्स : द नवल किशोर प्रेस एंड द डिफ़्यूजन ऑफ़ द प्रिंटेड वर्ड इन कोलोनियल इंडिया*। रानीखेत : पर्मानेंट ब्लैक।
- स्तासिक, दानुता। 2005। 'भूमिभूषण ऑर हाऊ नेचर शुड बी डिस्क्राइब्ड. अ फ़्यू ग्लिम्प्सेज़ इनटू केशवदासेज़ कवि-प्रिया। *' क्रैकोव इंडोलॉजिकल स्टडीज़* VII : 275–82
- ——— । 2007। 'ऑन द थ्रेसहोल्ड ऑफ़ मॉडर्न हिन्दी ड्रामा? अ फ़्यू रिमार्क्स ऑन आनन्द रघुनन्दन।' *Theatrum Mirabiliorum Indiae Orientalis,* मोनिका नोवाकोव्स्का और जैक वोज़्नियाक द्वारा सम्पादित। वारसॉ : एलिप्सा।
- ——— । 2009। द *इनफ़िनाइट स्टोरी : पास्ट एंड प्रेजेंट ऑफ़ द रामायणाज़ इन हिन्दी*। नयी दिल्ली : मनोहर।

- सुब्रह्मण्यम, संजय। 1998। 'हियरिंग वॉइसेज़ : विन्येट्स ऑफ़ अर्ली मॉडर्निटी इन साउथ एशिया, 1400-1750।' *अर्ली मॉडर्निटीज़* (डाईडलस), शमूएल ईसेनस्टेड और वोल्फ़गांग शलुष्टर द्वारा सम्पादित।
- ———। 2001। *पेनुम्ब्रल विज़न्स : मेकिंग पोलिटीज़ इन अर्ली मॉडर्न साउथ इंडिया।* एन आर्बर : यूनिवर्सिटी ऑफ़ मिशिगन प्रेस।
- सैयद, अनीस जहाँ। 1977। *औरंगज़ेब इन मुन्तख़ब-अल लुबाब*। बॉम्बे : सोमैया पब्लिकेशन्स।
- टालबोट, सिन्थिया। 2007। 'द मेवाड़ कोर्ट्स कंस्ट्रक्शन ऑफ़ हिस्ट्री।' *किंगडम ऑफ़ द सन,* जोआना विलियम्स द्वारा सम्पादित। सान फ्रांसिस्को : एशियन आर्ट म्यूज़ियम–चोंग-मून ली सेंटर फ़ॉर एशियन आर्ट एंड कल्चर।
- ———। 2009। 'बिकमिंग तुर्क द राजपूत वे : कन्वर्ज़न एंड आइडेंटिटी इन एन इंडियन वारियर नैरेटिव।' *मॉडर्न एशियन स्टडीज़* 43 (1) : 211–43।
- ———। शीघ्र प्रकाश्य। 'जस्टिफ़ाइंग डीफ़ीट : ए राजपूत पर्सपेक्टिव ऑन द एज ऑफ़ अकबर।' *जर्नल ऑफ़ द इकनॉमिक एंड सोशल हिस्ट्री ऑफ़ द ओरिएंट।*
- टंडन, पुरनचन्द। 2002। 'अभिमत।' *कवि बोधा और उनका इश्क़नामा* में, वेद प्रकाश द्वारा। दिल्ली : संजय प्रकाशन।
- ताराचन्द। 1944। 'राफ़ी-उल-ख़िलाफ़ ऑफ़ सीताराम कायस्थ सक्सेना, ऑफ़ लखनऊ।' जर्नल ऑफ़ द गंगानाथ झा रिसर्च इंस्टिट्यूट (नवम्बर) : 7–12
- तेलंग, भालचन्द्रराव। 1972। *पद्माकर कृत रामरसायन : युद्धकाण्ड।* औरंगाबाद : पद्माकर अनुसन्धानशाला।
- थारू, सूज़ी। 1994। 'द अरेंजमेंट ऑफ़ एन अलायन्स : इंग्लिश एंड द मेकिंग ऑफ़ इंडियन लिटरेचर्स।' *रीथिंकिंग इंग्लिश : एसेज़ इन लिटरेचर, लैंग्वेज, हिस्ट्री में,* स्वाति जोशी द्वारा सम्पादित। नयी दिल्ली : त्रियांका।
- तिवारी, भगवानदास। 1972। वीर काव्य। *रीतिमुक्त काव्य*। *हिन्दी साहित्य का बृहद् इतिहास* 7। सम्पादक : भगीरथ मिश्र। वाराणसी : नागरी प्रचारिणी सभा।
- तुरावा, शौकत एम.। 2008। 'शिफा अल-'अलील ऑफ़ आज़ाद बिलग्रामी (डी. 1200/1786) : इंट्रोड्यूसिंग एन एटीन्थ-सेंचुरी इंडियन वर्क ऑन अल-मुतनब्बीज़ पोएट्री।' *मिडिल ईस्टर्न लिटरेचर्स* 11 (2) : 249–64।

- टॉप्सफील्ड, एंड्र्यू। 2001। *कोर्ट पेंटिंग एट उदयपुर : आर्ट अंडर द पेट्रनेज़ ऑफ़ द महाराणाज़ ऑफ़ मेवाड़*। ज़्यूरिख : आर्टिबस एशिया।
- त्रिवेदी, हरीश। 1994। 'रीडिंग इंग्लिश, राइटिंग हिन्दी : इंग्लिश लिटरेचर एंड इंडियन क्रिएटिव राइटिंग।' *रीथिंकिंग इंग्लिश : एस्सेज़ इन लिटरेटचर, लैंग्वेज, हिस्ट्री*, स्वाति जोशी द्वारा सम्पादित। नयी दिल्ली : त्रियांका।
- ———। 2003। 'द प्रोग्रेस ऑफ़ हिन्दी, पार्ट 2 : हिन्दी एंड द नेशन।' *लिटरेरी कल्चर्स इन हिस्ट्री* में, शेल्डन पोलॉक द्वारा सम्पादित। बर्कले और लॉस एंजिल्स : यूनिवर्सिटी ऑफ़ कैलिफ़ोर्निया प्रेस।
- टुश्के, ऑड्रे। 2007। *संस्कृत एंड पर्शियन टेक्स्चुअल कन्वर्सेशंस ऐट द मुग़ल कोर्ट*। एम.ए. थीसिस, डिपार्टमेंट ऑफ़ मिडिल ईस्टर्न एंड एशियन लैंग्वेजेज़ एंड कल्चर्स, कोलम्बिया विश्वविद्यालय।
- वान डे वाले, रॉबर्ट। 2006। 'अ ब्रज पोएट इन कोलोनियल टाइम्स।' *19थ यूरोपीयन कॉन्फ्रेन्स ऑन मॉडर्न साउथ एशियन स्टडीज़*, 29 जून।
- वानीना, यूजेनिया। 1993–94। 'माधवनाल-कमकंदल बाई आलम : अ हिन्दी पोएम ऑफ़ अकबर्स एपॉक।' द *इंडियन हिस्टोरिकल रिव्यू* 20 (1–2) : 66–77
- वनिता, रूथ, और सलीम किदवई। 2000। *सेम-सेक्स लव इन इंडिया : रीडिंग्स फ्रॉम लिट्रेचर एंड हिस्ट्री*। न्यूयॉर्क : सेंट मार्टिन प्रेस।
- वार्ष्णेय, लक्ष्मीसागर। 1963। *उन्नीसवीं शताब्दी*। इलाहाबाद : साहित्य भवन।
- वॉडेविल, शार्लोट। 1986। *बारहमासा इन इंडियन लिटरेचर्स*। दिल्ली : मोतीलाल बनारसीदास।
- ———। 1993। *अ वीवर नेम्ड कबीर*। दिल्ली : ऑक्सफ़ोर्ड यूनिवर्सिटी प्रेस।
- ———। 1996। *मिथ्स, सेंट्स एंड लेजेंड्स इन मेडिवल इंडिया*। दिल्ली : ऑक्सफ़ोर्ड यूनिवर्सिटी प्रेस।
- वेदालंकार, शारदा। 1969। द *डेवलपमेंट ऑफ़ हिन्दी प्रोज़ लिटरेचर इन द अर्ली नाइंटीन्थ सेंचुरी, 1800–1856 ए.डी.*। इलाहाबाद : लोकभारती पब्लिकेशन्स।
- विद्यार्थी, देवेंद्र सिंह। 1983। *पंजाब के दरबारी कवियों के परिप्रेक्ष्य में कवि-ग्वाल के कवित्व का अध्ययन*। पंजाब : भाषा विभाग।

- वैगनर, फिलिप बी.। 1993। *टाइडिंग्स ऑफ़ द किंग*। होनोलूलू : यूनिवर्सिटी ऑफ़ हवाई प्रेस।
- वाकणकर, मिलिंद। 2002। 'द मोमेंट ऑफ़ क्रिटिसिज़्म इन नेशनलिस्ट थॉट : रामचन्द्र शुक्ल एंड द पोएटिक्स ऑफ़ रेस्पॉन्सिबिलिटी।' *साउथ अटलांटिक क्वार्टरली* 101 (4) : 987–1014
- वाशब्रुक, डेविड। 1988। 'प्रोग्रेस एंड प्रॉब्लेम्स : साउथ एशियन इकोनॉमिक एंड सोशल हिस्ट्री c. 1720–1860।' *मॉडर्न एशियन स्टडीज़* 22 (1) : 57–96।
- यादव, अवनीश। 2008। *रीतिपूर्व रसरीति-परम्परा और सुन्दर कविराय।* दिल्ली : नवसाहित्य भारती।
- यशचन्द्र, शीतांशु। 2003। 'फ्रॉम हेमचन्द्र टू हिन्द स्वराज : रीजन एंड पावर इन गुजराती लिटररी कल्चर।' *लिटररी कल्चर्स इन हिस्ट्री,* शेल्डन पॉलक द्वारा सम्पादित। बर्कले और लॉस एंजेल्स : यूनिवर्सिटी ऑफ़ कैलिफ़ोर्निया प्रेस।
- यू, पौलिन। 2005। 'पोएम्स फ़ॉर द सम्राट : इंपीरियल टेस्ट्स इन द अर्ली नाइन्थ सेंचुरी।' *रेटॉरिक एंड द डिस्कोर्सेस ऑफ़ पावर इन कोर्ट कल्चर,* डेविड कनेक्टगेस और यूजीन वांस द्वारा सम्पादित। सिएटल : यूनिवर्सिटी ऑफ़ वाशिंगटन प्रेस।
- ज़ैदी, शैलेश। 1977। *हिन्दी के कतिपय मुसलमान कवि*। अलीगढ़ : यूनिवर्सिटी पब्लिशिंग हाउस।
- ज़िआउद्दीन, एम.। 1935। 'इंट्रोडक्शन।' *अ ग्रामर ऑफ़ द ब्रजभाषा* में, मिर्ज़ा ख़ान द्वारा। कलकत्ता : विश्व भारती बुकशॉप।
- ज़ीग्लर, नॉर्मन। 1976। 'द सेवेंटीन्थ सेंचुरी क्रॉनिकल्स ऑफ़ मारवाड़ : अ स्टडी इन द इवोल्यूशन एंड यूज़ ऑफ़ ओरल ट्रेडिशंस इन वेस्टर्न इंडिया।' *हिस्ट्री इन अफ्रीका* 3 : 127–53।


❑❑